Schauhoff/Ufer

Gemeinnützige Unternehmen und Konzerne

Gemeinnützige Unternehmen und Konzerne

Recht · Steuern · Management

Herausgegeben von
Prof. Dr. Stephan Schauhoff
Uwe Ufer

Bearbeitet von

Prof. Dr. Stephan Schauhoff
Rechtsanwalt und Fachanwalt für Steuerrecht
in Bonn

Uwe Ufer
Vorstand in Köln

Christopher Bensch
Syndikus-Steuerberater in Köln

Dr. Mathis Kampermann
Rechtsanwalt in Bonn

Dr. Eva-Maria Kraus
Rechtsanwältin und Steuerberaterin in Bonn

2022

C.H.BECK

Zitiervorschlag: Schauhoff/Ufer/*Bearbeiter* § ... Rn. ...

Verlag C. H. Beck im Internet:
beck.de

ISBN 978 3 406 74442 6

© 2022 Verlag C. H. Beck oHG
Wilhelmstraße 9, 80801 München
Druck und Bindung: Beltz Bad Langensalza GmbH,
Neustädter Straße 1–4, 99947 Bad Langensalza
Satz: Druckerei C. H. Beck Nördlingen
Umschlaggestaltung: Martina Busch, Grafikdesign
Homburg Saar

chbeck.de/nachhaltig

Gedruckt auf säurefreiem, alterungsbeständigem Papier
(hergestellt aus chlorfrei gebleichtem Zellstoff)

Vorwort

Gemeinnützige Vereine, Stiftungen, Kapitalgesellschaften oder auch Genossenschaften sind vielfach gleichzeitig unternehmerisch tätig und Teil eines Konzerns oder eines gemeinnützigen Verbandes. Mit der gemeinnützigen Aktivität oder zusätzlich zur gemeinnützigen Aktivität muss Geld verdient werden, um die Aktivitäten fortführen und ausbauen zu können. Bei der Steuerung gemeinnütziger Unternehmen und Konzerne sind nicht nur die Gemeinnützigkeitsvorschriften, sondern ebenso die für alle Unternehmen und Konzerne geltenden Rechtsregeln zu beachten. Die Vereinbarung gemeinnützigen und unternehmerischen Wirkens erfordert ein tiefes Verständnis des geltenden rechtlichen Rahmens. Dabei gelten die gemeinnützigkeitsrechtlichen Regeln nicht nur für die Steuern, sondern sind, wie der Bundesgerichtshof erst jüngst feststellte, auch zivilrechtlich für jedes handelnde Organ von wesentlicher Bedeutung. Gemeinnützige Unternehmen stehen vielfach in hartem Wettbewerb mit anderen gemeinnützigen oder kommerziellen Unternehmen. Gemeinnützigkeits- und umsatzsteuerrechtlich gibt es fein ziselierte Abgrenzungen, wann im Detail eine steuerbegünstigte oder steuerpflichtige Tätigkeit vorliegt, was sich nicht nur auf die Höhe der Steuerzahlung, sondern auch auf die Berechtigung, als gemeinnütziges Unternehmen tätig sein zu dürfen, auswirken kann.

Das Gemeinnützigkeitsrecht enthält, ähnlich wie das Bank- oder Versicherungsrecht, den Ordnungsrahmen für gemeinnützige Non-Profit-Organisationen. Jedes Organmitglied sollte ein Gefühl für rechtliche Grenzen eigener Handlungsmöglichkeiten haben. Das Recht erwartet je nach Funktion entsprechende Sachkunde in Bezug auf die einzuhaltenden Rechtsregeln. Bei Missachtung dieses Rahmens können existenzgefährdende Steuernachzahlungen drohen und bei einer persönlichen Pflichtverletzung die persönliche Verantwortlichkeit der handelnden Organe. Ein besonderes Anliegen des Werkes ist es, dem Leser einen eingehenden Überblick über den Rechtsrahmen sowie eine klare und verständliche Unterscheidung zwischen dem zwingenden rechtlichen Rahmen und den eigenen Ermessensspielräumen zu unterbreiten. Welche Entscheidung im Hinblick auf die Strategie, die Unternehmensführung oder das Controlling zweckmäßig ist, ist eine Frage der Betriebswirtschaft, nicht des Rechts. Deren Überlegungen zur Ausgestaltung gemeinnütziger Unternehmen und Konzerne werden eingehend vorgestellt, damit die Entscheidungsträger sich stets des Unterschieds zwischen rechtlichem Dürfen und zweckmäßigem Vorgehen bewusst sind. Denn nur gemeinnützige Unternehmen, die sich auf Dauer erfolgreich auf ihrem Markt behaupten können, werden den jeweiligen gemeinnützigen Zweck effektiv fördern können. Die Verbindung von betriebswirtschaftlichem und rechtlichem Verständnis ist bei gemeinnützigen Unternehmen in besonderer Weise gefordert, da es sich um einen rechtlich eng regulierten Bereich handelt.

Die Autoren sind sämtlich Praktiker aus der Rechts- und Steuerberatung bzw. als Vorstand, leitender Mitarbeiter oder Aufsichtsratsmitglied großer gemeinnütziger Unternehmen und Konzerne seit vielen Jahren erfahren in der Beratung und Führung derartiger Organisationen. Ungeachtet aller Meinungsstreitigkeiten im Detail in Bezug auf die zahlreichen in dem Buch thematisierten Rechtsprobleme ist es uns ein besonderes Anliegen, den Geschäftsführern, Organen und leitenden Mitarbeitern gemeinnütziger Unternehmen und Konzerne und ihren rechtlichen und steuerlichen Beratern eine verständliche Darlegung der wesentlichen geltenden Rechtsregeln zu unterbreiten, sodass die Entscheidungsträger die sensiblen Entscheidungspunkte erkennen können. Das Werk befindet sich auf dem Rechtsstand 1. Juni 2021 und berücksichtigt damit bereits die grundlegenden Änderungen des Gemeinnützigkeitsrechts durch das JStG 2020, bedeutsam insbesondere für die

Zusammenarbeit von gemeinnützigen Unternehmen und das Halten von Beteiligungen in gemeinnützigen Konzernen. Die integrierte Darstellung von rechtlichen und steuerlichen Regeln unter Einbezug betriebswirtschaftlicher Überlegungen ist ungewöhnlich, uE aber erforderlich, um eine umfassende Basis für die eigene Entscheidung zur guten Führung – neudeutsch good governance – eines gemeinnützigen Unternehmens oder Konzerns zu haben. Wir hoffen, dass das Werk damit hilft, gute Entscheidungen in gemeinnützigen Unternehmen und Konzernen zu treffen. Für Anregungen und konstruktive Kritik sind wir jederzeit dankbar.

Bonn/Köln im August 2021   Die Herausgeber

Inhaltsübersicht

§ 1	Rechtlicher Rahmen und Rechtsform *(Schauhoff/Kampermann)*	1
§ 2	Gemeinnützigkeit *(Schauhoff/Kampermann)*	43
§ 3	Corporate Governance *(Schauhoff/Kraus)*	101
§ 4	Strategie *(Ufer/Bensch)*	137
§ 5	Struktur des Unternehmens *(Ufer Bensch)*	155
§ 6	Geschäftsprozesse und Controlling *(Ufer/Bensch)*	179
§ 7	Steuern *(Schauhoff/Kampermann/Kraus)*	215
§ 8	Arbeitsrecht, Betriebsverfassungsrecht und Sozialversicherungsrecht *(Kraus)*	271
§ 9	Rechnungslegung *(Kampermann)*	283
§ 10	Umstrukturierung *(Kraus)*	305
§ 11	Krise, Insolvenz und Sanierung *(Kraus)*	317
§ 12	Zusammenfassung und Ausblick *(Schauhoff/Ufer)*	325
Stichwortverzeichnis		329

Inhaltsverzeichnis

Vorwort	V
Inhaltsübersicht	VII
Abkürzungs- und Literaturverzeichnis	XVII

§ 1 Rechtlicher Rahmen und Rechtsform

A. Gemeinnützige Unternehmen – Begriff und Bedeutung	3
B. Rechtlicher Rahmen für gemeinnützige Unternehmen	4
I. Handelsrecht	4
II. Konzernrecht	7
III. Allgemeines Zivilrecht	8
IV. Gemeinnützigkeitsrecht	9
V. Steuerrecht	10
VI. Rechnungswesen	11
C. Gemeinnützigkeitsrecht für Unternehmen – Überblick	11
I. Gegenstand des Unternehmens	11
II. Zweck der Tätigkeit	14
1. Bestimmter gemeinnütziger Zweck	14
2. Gewinnerzielung ohne Gewinnverwendung	16
3. Mittelbeschaffung und gemeinnützige Mittelverwendung ..	17
III. Investitionen	19
IV. Eigenkapitalbildung	21
V. Ausschließlichkeit	22
VI. Unmittelbarkeit	23
1. Operative Tätigkeit oder Fördertätigkeit	23
2. Gemeinnütziger Konzern	25
3. Eigene Steuerbegünstigung der Hilfsperson	26
VII. Selbstlosigkeit	26
VIII. Mittelverwendung	28
IX. Kontrolle der tatsächlichen Geschäftsführung	29
X. Sozialunternehmertum, Social Impact und Mission Investing ..	30
D. Rechtsformen – Rechtliche Unterschiede	32
I. Körperschaften	32
II. Grundzüge der Rechtsformen	32
1. Verein	32
2. GmbH	33
3. Aktiengesellschaft	33
4. Stiftungen	34
5. Genossenschaft	35
6. Nicht rechtsfähiger Verein	36
7. Nicht rechtsfähige Stiftung	36
8. Unternehmergesellschaft	36
III. Unterschiede und Gemeinsamkeiten in der Governance ...	37
1. Gemeinnütziges Unternehmen	37
2. Tochtergesellschaften im gemeinnützigen Konzern	38
IV. Steuerliche Unterschiede zwischen den Rechtsformen	39
E. Zusammenfassung	39

Inhaltsverzeichnis

§ 2 Gemeinnützigkeit

A. Gemeinnützigkeit als Ordnungsrahmen für die Non-Profit-Organisationen 44
    I. Bedeutung des Gemeinnützigkeitsrechts 45
        1. Satzungs- und Gesetzestreue der Organe 45
        2. Zweckverwirklichung 45
    II. Steuerbegünstigung 46
    III. Vor- und Nachteile der Gemeinnützigkeit 47

B. Auf die Verwirklichung des gemeinnützigen Zwecks gerichtet 48
    I. Gemeinnützige Zwecke 48
    II. Geschäftsführungsermessen und Business Judgment Rule 51
    III. In der Satzung niedergelegter Zweck 52
    IV. Gegenwartsnähe der Zweckverwirklichung 53
        1. Gebot der zeitnahen Mittelverwendung 53
        2. Ausnahmen 54
        3. Nachweis und praktische Umsetzung 56

C. Formelle Satzungsmäßigkeit – Zivilrecht und Gemeinnützigkeitsrecht 58

D. Finanzierung und Mittelverwendung 59
    I. Mittelbeschaffung 60
    II. Verbot der Gewinnausschüttung 63
    III. Gewinnerzielung als Mittel zur Zweckverwirklichung 64
    IV. Gewinnbegrenzung im Zweckbetrieb 66
    V. Zulässige Mittelverwendung 67

E. Selbstlosigkeit 68
    I. Tätigkeiten für den Gesellschafter 68
    II. Angemessenheitsgrundsatz 70

F. Ausschließlichkeit 70
    I. Defizite in der Mittelbeschaffung 71
    II. Mittelbeschaffung versus Mittelverwendung 72

G. Unmittelbarkeit 73
    I. Fördertätigkeit 73
        1. Mittelweitergabe (§ 58 Nr. 1 AO) 73
        2. Vertrauensschutz (§ 58a AO) 75
    II. Finanz-/Führungsholding eines gemeinnützigen Konzerns 75
    III. Unmittelbare Zweckverwirklichung ieS (§ 57 Abs. 1 AO) 77
        1. Zweifelsfragen in der Praxis 78
        2. Hilfspersonen (§ 57 Abs. 1 S. 2 AO) 79
    IV. Gemeinnützige Kooperationen 80
        1. Erscheinungsformen und rechtliche Hintergründe 80
        2. Herkömmliche rechtliche Behandlung 81
        3. Gesetzliche Regelung in § 57 Abs. 3 AO nF 81
    V. Zuschüsse zur Zweckerfüllung 83

H. Angemessenheit und Verrechnungspreise 84
    I. Angemessene Organvergütung nach aktueller BFH-Rechtsprechung 85
    II. Praktische Bedeutung für gemeinnützige Körperschaften 86
    III. Konzerninterne Leistungsbeziehungen und Verrechnungspreise 88
        1. Kategorisierung der Leistungsbeziehungen und rechtlicher Kontext 88
        2. Ermittlung eines marktüblichen Entgelts 89
        3. Einzelfragen 91
    IV. Dokumentation 92

I. Vermögensbindung 93

J. Verfahren zur Feststellung der Gemeinnützigkeit 94
    I. Feststellung der satzungsmäßigen Voraussetzungen 94
    II. Deklaration und Freistellungsbescheid 95
    III. Betriebsprüfung 96

K. Verlust und Ausstieg aus der Gemeinnützigkeit 97
    I. Voraussetzungen 97
    II. Rechtsfolgen 98

§ 3 Corporate Governance

A. Unternehmens- und Konzernleitung 102
    I. Gemeinnützigkeitsrecht als Organisationsrecht 103
    II. Leitungspflicht 104

B. Organisation aus Rechtssicht 106
    I. Entscheidungskompetenzen 106
    II. Grenzen der Autonomie 107
        1. Stifterwille und Stiftungsaufsicht 108
        2. Kirchenbehörde 108
        3. Übergeordneter Verband 109
    III. Anforderungen an die tatsächliche Geschäftsführung 110
    IV. Entscheidungsfindung in den Organen 112
        1. Mitglieder- oder Gesellschafterversammlung 112
        2. Aufsichtsgremium 115
        3. Vorstand oder Geschäftsführung 116
    V. Rechtstreue 118
    VI. Business Judgment Rule 118
        1. Angemessene Information 119
        2. Vertretbare Entscheidung 120
        3. Culpa in Eligendo 120
        4. Compliant 121
        5. Interessenkonflikt 123
    VII. Geschäftsordnung und andere interne Richtlinien 124
        1. Geschäftsführung – Ressort 125
        2. Aufsichtsgremium – Ausschüsse 125
        3. Interne Richtlinien 125
        4. Protokolle 126
    VIII. Kompetenzen des Aufsichtsgremiums 126

C. Gemeinnütziger Konzern und Gruppe 127
    I. Konzernhaftung 129
    II. Konzernleitung 132
        1. Konzern 132
        2. Gesamtverein oder Vereinsverband 133
    III. Konzernrechnungslegung 134
    IV. Gemeinnützigkeitsrecht 135

§ 4 Strategie

A. Begriff 137
    I. Allgemeine Bedeutung 137
    II. Entwicklung einer Strategie 139
    III. Change-Management 142
        1. Theoretische Grundlagen 142
        2. Besonderheiten des Change-Managements in Non-Profit-Unternehmen 146

B. Besonderheiten bei NPOs/Sozialmarkt 148
    I. Das sozialrechtliche Dreiecksverhältnis 148
    II. Käufermarkt 151

C. Zukünftige Entwicklungen 152
  I. Verkäufermärkte 152
  II. Finanzierung 152

§ 5 Struktur des Unternehmens

A. Begriff 155

B. Status quo 159
  I. Typische Aufbauorganisationen 159
  II. Agile Organisation 164

C. Structure follows strategy 167

D. Zukünftige Anforderungen 169
  I. Neue Aufbauorganisationen 169
  II. Organigramme und Erläuterungen 172
  III. Wahl der Rechtsform 176

§ 6 Geschäftsprozesse und Controlling

A. Organisation der Geschäftsprozesse 179
  I. Begriff 179
  II. Supply Chain Management 180
  III. Schaffung einer Ablauforganisation 181
    1. Operative Prozesse 182
    2. Serviceprozesse 182
    3. Prozessoptimierung 183
       a) Optimierung eines operativen Prozesses 183
       b) Optimierung eines Serviceprozesses 189

B. Controlling 193
  I. Begriff 193
  II. Entwicklung 194
  III. Betriebswirtschaftliche Führung 196
    1. Kennzahlen 196
       a) Du-Pont-Kennzahlensystem 198
       b) Rentabilitäts-Liquiditäts-Kennzahlensystem 199
       c) Balanced Scorecard 200
    2. Kostenrechnung 204
    3. Berichtswesen 210

§ 7 Steuern

A. Ertragsteuern 217
  I. Körperschaftsteuer 218
    1. Grundsystematik 218
    2. Ideeller Bereich 219
       a) Zuschuss oder Leistungsentgelt 219
       b) Spenden oder Sponsoring 221
    3. Vermögensverwaltung 221
    4. Zweckbetriebe 222
       a) Wohlfahrt 223
       b) Krankenhaus 225
       c) Behindertenhilfe und Inklusionsbetriebe 225
       d) Sport 226
       e) Bildung 227
       f) Kultur 228
       g) Wissenschaft 228
    5. Steuerpflichtiger wirtschaftlicher Geschäftsbetrieb ... 229
       a) Gewerbliche Tätigkeit 229
       b) Beteiligung an einer Personengesellschaft 231

c) Beteiligung an einer Kapitalgesellschaft	232
d) Betriebseröffnung und -einstellung – Wechsel von Wirtschaftsgütern	234
6. Bemessungsgrundlage	235
7. Verlustverwertung und Organschaft	237
8. Steuersatz	238
II. Gewerbesteuer	238
III. Kapitalertragsteuer	239
B. Lohnsteuer	240
I. Grundsystematik	240
II. Sondersachverhalte	241
C. Umsatzsteuer	242
I. Unternehmer	247
II. Organschaft	248
1. Finanzielle Eingliederung	249
2. Wirtschaftliche Eingliederung	249
3. Organisatorische Eingliederung	249
4. Umsatzsteuerzahllast	250
III. Lieferung und Leistung	251
1. Mitgliedsbeitrag	252
2. Echter oder unechter Zuschuss – Entgelt von dritter Seite	252
IV. Ort der Leistung	253
V. Steuerfreiheit	254
1. Wohlfahrt	255
2. Gesundheit und Pflege	256
3. Sport	256
4. Bildung	257
5. Kultur	257
6. Zusammenarbeit	258
VI. Bemessungsgrundlage	259
VII. Steuersatz	260
1. Geschuldete Umsatzsteuer	260
2. Ermäßigter Satz	260
VIII. Vorsteuerabzug	262
1. Für das Unternehmen	262
2. Bildung eines Vorsteuerschlüssels	264
3. Ordnungsgemäße Rechnung	265
IX. Steuerverfahren in der Umsatzsteuer	266
X. Steuerschuldner für fremde Steuerschuld: § 13b UStG und Erstattung ausländischer Umsatzsteuer	266
D. Sonstige Steuern	267
I. Schenkungsteuer	267
II. Grunderwerbsteuer	267
III. Grundsteuer	268
IV. Quellensteuerabzug für bestimmte Steuerschuldner	268
E. Steuererhebung	269

§ 8 Arbeitsrecht, Betriebsverfassungsrecht und Sozialversicherungsrecht

A. Rechtsrahmen	271
B. Arbeitsrecht	271
I. Arbeitsrechtliche Stellung der Mitarbeiter	271
1. Ehrenamtliche Mitarbeiter	272
2. Organmitglieder	272
3. Abgrenzung Selbstständige – Nichtselbstständige	273
II. Vergütung und Übernahme von Bußgeldern	273
III. Teilzeitanspruch	275
IV. Arbeitsrechtliche Schutzbestimmungen	275

C. Betriebsverfassungsrecht ... 276
  I. Bildung eines Betriebsrats ... 276
  II. Anhörung und Entscheidungsrechte ... 277
  III. Einschränkung der Mitwirkungsrechte bei Tendenzbetrieben ... 277
D. Sozialversicherungsrecht ... 279
  I. Grundsätze ... 279
  II. Vorstände und Geschäftsführer ... 280
  III. Ehrenamtliche Mitarbeiter ... 281

§ 9 Rechnungslegung

A. Arten der Rechnungslegung ... 284
B. Gesetzliche und außergesetzliche Vorgaben ... 285
  I. Vereinsrecht ... 286
  II. Landesstiftungsgesetze ... 286
    1. Buchführungspflicht ... 287
    2. Rechnungslegung ... 287
    3. Vermögensübersicht ... 287
    4. Tätigkeitsbericht ... 288
    5. Abschlussprüfung ... 288
  III. Handelsrecht ... 288
    1. Pflicht zur Buchführung und Rechnungslegung ... 288
    2. Bestandteile der Rechnungslegung und inhaltliche Ausgestaltung ... 289
    3. Besonderheiten bei gemeinnützigen Körperschaften ... 291
  IV. Stellungnahmen des IDW ... 291
    1. Stiftungen ... 291
    2. Vereine ... 292
    3. Spenden sammelnde Organisationen ... 293
  V. Allgemeine steuerrechtliche Rechnungslegungspflichten ... 294
  VI. Gemeinnützigkeitsrecht ... 294
    1. Tätigkeitsbericht ... 295
    2. Aufstellung der Einnahmen und Ausgaben ... 295
    3. Vermögensübersicht ... 296
    4. Mittelverwendungsrechnung ... 296
    5. Deklaration: KSt 1 mit Anlage Gem ... 297
  VII. Sonstige gesetzliche und freiwillige Vorgaben ... 297
C. Konzernrechnungslegung ... 299
  I. Einzelrechnungslegung innerhalb des Konzerns ... 299
  II. Gesonderter Konzernabschluss ... 299
    1. Handelsrechtliche Aufstellungspflicht ... 300
    2. Pflicht zur Aufstellung nach PublG ... 300
  III. Gruppenabschluss ... 301
D. Rechnungslegungspublizität ... 302
  I. Abschlussprüfung ... 302
  II. Offenlegung ... 303

§ 10 Umstrukturierung

A. Rechtsgrundlagen ... 306
  I. Gesamtrechtsnachfolge ... 306
  II. Einzelrechtsnachfolge ... 307
B. Umwandlung nach dem UmwG ... 308
  I. Verschmelzung ... 308
  II. Spaltung ... 310
  III. Formwechsel ... 310
C. Steuerliche Hürden ... 311
  I. Gemeinnützigkeitsrecht ... 311

II. Ertragsteuern 312
III. Sonstige Steuern 314

§ 11 Krise, Insolvenz und Sanierung

A. Gesellschaftsrechtliche Pflichten 318
B. Insolvenzantragspflicht 318
    I. Überschuldung 319
    II. Zahlungsunfähigkeit 319
    III. Vorbereitung und Stellung des Insolvenzantrags 320
C. Sanierungsmaßnahmen 320
    I. Qualifizierter Rangrücktritt 321
    II. Eigenkapitalzuschuss 321
    III. Außergerichtliche Sanierung 321
    IV. Restrukturierungsrahmen 322
D. Insolvenzverfahren 322
E. Vermeidung strafrechtlicher Haftung 323

§ 12 Zusammenfassung und Ausblick 325

Stichwortverzeichnis 329

Abkürzungs- und Literaturverzeichnis

aA	anderer Ansicht
Abs.	Absatz
Abschn.	Abschnitt
ADAC	Allgemeiner Deutscher Automobil-Club e.V.
AdV	Aussetzung der Vollziehung
ADV	Auftragsdatenverarbeitung
aE	am Ende
AEAO	Anwendungserlass zur Abgabenordnung
AEUV	Vertrag über die Arbeitsweise der Europäischen Union
aF	alte Fassung
AfA	Absetzung für Abnutzung
AG	Aktiengesellschaft, Arbeitsgruppe
AGG	Allgemeines Gleichbehandlungsgesetz
AktG	Aktiengesellschaft
allg.	allgemein/e/er/es
Alt.	Alternative
Altmeppen	Altmeppen, H.: GmbHG, 10. Aufl., München 2021
aM	anderer Meinung
amtl.	amtlich/e
Andres/Leithaus	Andres, D./Leithaus, R.: Insolvenzordnung, 4. Aufl., München 2018
Anh.	Anhang
Anlage Gem	Anlage Gemeinnützigkeit
Anm.	Anmerkung
AO	Abgabenordnung
ArbGG	Arbeitsgerichtsgesetz
ArbR	Arbeitsrecht
ArbR aktuell	Arbeitsrecht Aktuell (Zeitschrift)
ArbSchG	Arbeitsschutzgesetz
ArbZG	Arbeitszeitgesetz
ARSP	Archiv für Rechts- und Sozialphilosophie
Art.	Artikel
ASiG	Gesetz über Betriebsärzte, Sicherheitsingenieure und andere Fachkräfte für Arbeitssicherheit
AStG	Gesetz über die Besteuerung bei Auslandsbeziehungen (Außensteuergesetz)
AÜG	Arbeitnehmerüberlassungsgesetz
Aufl.	Auflage
AWO	Arbeiterwohlfahrt
Az.	Aktenzeichen
BAG	Bundesarbeitsgericht
BAGE	Entscheidungen des Bundesarbeitsgerichts
Baumbach/Hopt	Baumbach, A./Hopt, K. J.: Handelsgesetzbuch: HGB, 40. Aufl., München 2021
Baumbach/Hueck	Baumbach, A./Hueck, A.: GmbHG, 22. Aufl., München 2019
BB	Der Betriebs-Berater (Zeitschrift)
Bd.	Band
BeckHdB GmbH/ *Bearbeiter*	Prinz, U./Winkeljohann, N.: Beck'sches Handbuch der GmbH, 6. Aufl., München 2021
Beckmann	Beckmann, H.: Neue prozessuale Organisationsstrukturen in der Logistik, Handbuch für Logistik, Zürich 1997

Abkürzungs- und Literaturverzeichnis

BeckOK ArbR/*Bearbeiter*	Rolfs, C./Giesen, R./Kreikebohm, R./Meßling, M./Udsching, P.: Beck'scher Online-Kommentar zum Arbeitsrecht, München
BeckOK GmbHG/*Bearbeiter*	Ziemons, H./Jaeger, C./Pöschke, M.: Beck'scher Online-Kommentar zum GmbH-Gesetz, München
BeckOK UStG/*Bearbeiter*	Weymüller, R.: Beck'scher Online-Kommentar zum Umsatzsteuergesetz, München
BeckRS	Datenbank der Rechtsprechung in beck-online
BeckVerw	Datenbank der Verwaltungserlasse in beck-online
Begr.	Begründung
Bem.	Bemerkungen
Berndt/Nordhoff	Berndt, R./Nordhoff, F.: Rechnungslegung und Prüfung von Stiftungen, 2. Aufl., München 2019
Betr., betr.	Betreff, betrifft, betreffend
BetrVG	Betriebsverfassungsgesetz
BFDG	Bundesfreiwilligendienstgesetz
BFH	Bundesfinanzhof
BFHE	Sammlung der Entscheidungen des Bundesfinanzhofs
BFH/NV	Sammlung amtlich nicht veröffentlichter Entscheidungen des Bundesfinanzhofs
BgA	Betrieb gewerblicher Art
BGB	Bürgerliches Gesetzbuch
BGBl.	Bundesgesetzblatt
BGH	Bundesgerichtshof
BGHSt	Amtliche Sammlung der Entscheidungen des Bundesgerichtshofs in Strafsachen
BGHZ	Amtliche Sammlung der Entscheidungen des Bundesgerichtshofs in Zivilsachen
BGM	Betriebliches Gesundheitsmanagement
BGW	Berufsgenossenschaft für Gesundheitsdienst und Wohlfahrtspflege
BLSB/*Bearbeiter*	Buchna, J./Leichinger, C./Seeger, A./Brox, W.: Gemeinnützigkeit im Steuerrecht, 12. Aufl., Achim 2021
BMAS	Bundesministerium für Arbeit und Soziales
BMF	Bundesministerium der Finanzen
BMJV	Bundesministerium der Justiz und für Verbraucherschutz
BNatSchG	Bundesnaturschutzgesetz
Bofinger	Bofinger, P.: Grundzüge der Volkswirtschaftslehre, London 2007
Bott/Walter/*Bearbeiter*	Bott, H./Walter, W: Körperschaftsteuergesetz, Bonn 2021
Brock	Brock, K.: Legalitätsprinzip und Nützlichkeitserwägungen, Abhandlungen zum Deutschen und Europäischen Gesellschafts- und Kapitalmarktrecht (AGK), Schriftenreihe, Bd. 107, Berlin 2017
Brucker/Knust	Brucker, P./Knust, S.: Complex Scheduling, 2. Aufl., Berlin, Heidelberg 2012
Bruhn	Bruhn, M.: Balanced Scorecard: ein ganzheitliches Konzept der wertorientierten Unternehmensführung?, Wiesbaden 1998
Brunner/Becker/Bühler	Brunner, J./Becker, J./Bühler, M.: Value-Based Performance Management, Wiesbaden 2013
BSG	Bundessozialgericht
BSGE	Entscheidungssammlung des Bundessozialgerichts
bspw.	beispielsweise
BStBl.	Bundessteuerblatt
BT-Drs.	Bundestags-Drucksache
BTHG	Bundesteilhabegesetz
Buchst.	Buchstabe
BVG	Bundesversorgungsgesetz
BVerfG	Bundesverfassungsgericht

Abkürzungs- und Literaturverzeichnis

BVerwG	Bundesverwaltungsgericht
BWL	Betriebswirtschaftslehre
bzgl.	bezüglich
BZSt	Bundeszentralamt für Steuern
bzw.	beziehungsweise
ca.	circa
CCZ	Corporate Compliance (Zeitschrift)
Corsten	Corsten, H.: Grundlagen und Elemente des Prozeßmanagements, Schriften zum Produktionsmanagement, Band 4, Kaiserslautern, 1996
COVInsAG	Gesetz zur vorübergehenden Aussetzung der Insolvenzantragspflicht und zur Begrenzung der Organhaftung bei einer durch die COVID-19-Pandemie bedingten Insolvenz (COVID-19-Insolvenzaussetzungsgesetz)
COVMG	Gesetz über Maßnahmen im Gesellschafts-, Genossenschafts-, Vereins-, Stiftungs- und Wohnungseigentumsrecht zur Bekämpfung der Auswirkungen der COVID-19-Pandemie
CSR	Corporate Social Responsibility
DB	Der Betrieb (Zeitschrift)
DFB	Deutscher Fußball-Bund e. V.
Dh, dh	Das heißt, das heißt
DJT	Deutscher Juristentag
DLRG	Deutsche Lebens-Rettungs-Gesellschaft e. V.
DRG	Diagnosis Related Groups
Droege	Droege, M.: Gemeinnützigkeit im offenen Steuerstaat, 1. Aufl., Tübingen 2010
DStJG	Deutsche Steuerjuristische Gesellschaft
DStR	Deutsches Steuerrecht (Zeitschrift)
DStRE	Deutsches Steuerrecht – Entscheidungsdienst (Zeitschrift)
DStZ	Deutsche Steuer-Zeitung (Zeitschrift)
Dubielzig	Dubielzig, F.: Sozio-Controlling im Unternehmen: Das Management erfolgsrelevanter sozial-gesellschaftlicher Themen in der Praxis, Wiesbaden 2009
Düwell/*Bearbeiter*	Düwell, F. J.: Betriebsverfassungsgesetz, 5. Aufl., München 2018
DZI	Deutsches Zentralinstitut für soziale Fragen
eBAnz	elektronischer Bundesanzeiger
E-Bilanz	elektronische Bilanz
EBJS/*Bearbeiter*	Ebenroth, C./Boujong, K./Joost, D./Strohn, L.: Handelsgesetzbuch, Band 1, 4. Aufl., München 2020
EFG	Entscheidungen der Finanzgerichte (Zeitschrift)
EFQM	European Foundation for Quality Management
Emmerich/Habersack/ *Bearbeiter*	Emmerich, V./Habersack, M.: Aktien- und GmbH-Konzernrecht, 9. Aufl., München 2019
engl.	englisch
ErbSt	Erbschaftsteuer
ErbStG	Erbschaftsteuer- und Schenkungsteuergesetz
ErbStR	Erbschaftsteuer-Richtlinien
ESt	Einkommensteuer
EStDV	Einkommensteuer-Durchführungsverordnung
EStG	Einkommensteuergesetz
EStH	Einkommensteuer-Hinweise
etc.	et cetera
EU	Europäische Union
EuGH	Europäischer Gerichtshof
EUR	Euro
EuZW	Europäische Zeitschrift für Wirtschaftsrecht

XIX

Abkürzungs- und Literaturverzeichnis

e. V.	eingetragener Verein
evtl.	eventuell
Ewert/Wagenhofer	Ewert, R./Wagenhofer, A.: Interne Unternehmensrechnung. 7. Aufl., Berlin/Heidelberg 2008
EWIR	Entscheidungen zum Wirtschaftsrecht
f., ff.	folgend, folgende
FA, FÄ	Finanzamt, Finanzämter
FAQ	Frequently Asked Questions (Zusammenstellung von Informationen zu besonders häufig gestellten Fragen)
Fibu	Finanzbuchhaltung
FG	Finanzgericht
FGO	Finanzgerichtsordnung
Fn.	Fußnote
FormB RS/*Bearbeiter*	Formularbuch Recht und Steuern, 10. Aufl., München 2021
FR	Finanz-Rundschau (Zeitschrift)
Friedag/Schmidt	Friedag, H. R./Schmidt, W.: Balanced Scorecard: Mehr als ein Kennzahlensystem, Freiburg 1999
Fröse/Naake/Arnold/*Bearbeiter*	Fröse M./Naake B./Arnold M.: Führung und Organisation. Perspektiven Sozialwirtschaft und Sozialmanagement, Heidelberg/Berlin 2019
FS Reichmann	Lachnit, L./Lange, C./Palloks, M.: Zukunftsfähiges Controlling: Konzeption, Umsetzungen, Praxiserfahrungen, Festschrift Reichmann, München 1998
FS Reuter	Martinek, M./Rawert, P./Weitemeyer, B.: Festschrift für Dieter Reuter zum 70. Geburtstag, Berlin 2010
FS Roth	Roth, W.-H./Ackermann, T.: Privat- und Wirtschaftsrecht in Europa: Festschrift für Wulf-Henning Roth zum 70. Geburtstag, München 2015
FS Streck	Binnewies, B./Spatscheck, R.: Festschrift für Michael Streck zum 70. Geburtstag, Köln 2011
GbR	Gesellschaft bürgerlichen Rechts
gem.	gemäß
Gem 1	Erklärung zur Körperschaftsteuer und Gewerbesteuer von Körperschaften, die gemeinnützigen, mildtätigen oder kirchlichen Zwecken dienen
GG	Grundgesetz
ggf.	gegebenenfalls
GewSt	Gewerbesteuer
GewStG	Gewerbesteuergesetz
GewStR	Gewerbesteuer-Richtlinien
gGmbH	gemeinnützige GmbH
GmbH	Gesellschaft mit beschränkter Haftung
GmbHG	Gesetz betreffend die GmbH
GmbHR	GmbH-Rundschau (Zeitschrift)
GNotKG	Gesetz über Kosten der freiwilligen Gerichtsbarkeit für Gerichte und Notare
Gosch AO/FGO/*Bearbeiter*	Gosch, D.: Kommentar zur Abgabenordnung, Finanzgerichtsordnung (Loseblatt, Stand: Mai 2021), Bonn
Gosch KStG/*Bearbeiter*	Gosch, D.: Körperschaftsteuergesetz, 4. Aufl., München 2020
Grambow	Grambow, T.: Organe von Vereinen und Stiftungen, München 2011
GrESt	Grunderwerbsteuer
GrEStG	Grunderwerbsteuergesetz
grds.	grundsätzlich
GRUR	GRUR – Gewerblicher Rechtsschutz und Urheberrecht (Zeitschrift)
GRURPrax	Gewerblicher Rechtsschutz und Urheberrecht. Praxis im Immaterialgüter- und Wettbewerbsrecht (Zeitschrift)

Abkürzungs- und Literaturverzeichnis

GRUR-RR	Gewerblicher Rechtsschutz und Urheberrecht – Rechtsprechungs-Report (Zeitschrift)
GuV	Gewinn- und Verlustrechnung
Häberle	Häberle, S. G.: Das neue Lexikon der Betriebswirtschaftslehre, München 2008
Hammer/Champy	Hammer, M./Champy, J.: Business Reengineering: Die Radikalkur für das Unternehmen, Frankfurt/New York 2003
Hartmann/Metzenmacher/*Bearbeiter*	Hartmann, A./Metzenmacher: Kommentar zum Umsatzsteuergesetz (Loseblatt, Stand: Mai 2020), Berlin
HCM	Human Capital Management
HdB	Handbuch
HeimG	Heimgesetz
Helmig/Purtschert	Helmig, B./Purtschert, R.: Nonprofit-Management, 2. Aufl., Wiesbaden 2006
Hemetsberger	Hemetsberger, G.: Balanced Scorecard & Shareholder-Value: die Umsetzung wertorientierter Unternehmensstrategien, Linz 2001
HFA	Hauptfachausschuss des Instituts der Wirtschaftsprüfer
HFR	Höchstrichterliche Finanzrechtsprechung (Zeitschrift)
HGB	Handelsgesetzbuch
HHS/*Bearbeiter*	Hübschmann, W./Hepp, E. /Spitaler, A.: Abgabenordnung, Finanzgerichtsordnung, Kommentar (Loseblatt, Stand: 5/2021), Köln 2021
hL	herrschende(r) Lehre
hM	herrschende(r) Meinung
Hommelhoff	Hommelhoff, P.: Die Konzernleitungspflicht, Köln 1982
Hopt/von Hippel	Klaus, K. J./von Hippel, T.: Comparative Corporate Governance of Non Profit Organizations, Cambridge, 2010
Horváth	Horváth, P.: Controlling, 9. Aufl., München 2003
hrsg., Hrsg.	herausgegeben, Herausgeber
Hs.	Halbsatz
Hüffer/Koch/*Bearbeiter*	Hüffer, U./Koch, J.: Aktiengesetz, 15. Aufl., München 2021
Hüttemann	Hüttemann, R.: Gemeinnützigkeits- und Spendenrecht, 5. Aufl., Köln 2021
idF	in der Fassung
idR	in der Regel
idS	in diesem Sinne
IDW	Institut der Wirtschaftsprüfer
IDW-FN	IDW-Fachnachrichten
IDW Life	Mitglieder-Magazin des IDW
ieS	im engeren Sinn
iHv	in Höhe von
inkl.	inklusive
insb.	insbesondere
InsO	Insolvenzordnung
iRd	im Rahmen des/r
iSd	im Sinne der/des
iSe	im Sinne einer/eines
IStR	Internationales Steuerrecht (Zeitschrift)
IT	Informationstechnik
iVm	in Verbindung mit
Joecks/Jäger/Randt/*Bearbeiter*	Joecks, W./Jäger, M./Randt, K.: Steuerstrafrecht, 8. Aufl., München 2015
jPöR	Juristische Personen des öffentlichen Rechts
JStG	Jahressteuergesetz
Jungkurth	Jungkurth, F.: Konzernleitung bei der GmbH (hrsg. v. Hadding, W./Schneider, U. H.), Berlin 2000

Abkürzungs- und Literaturverzeichnis

Kap.	Kapitel
Kaplan/Norton	Kaplan, R. S./Norton, D.P.: Translating Strategy into Action: The Balanced Scorecard, Boston, 1996
Kfz	Kraftfahrzeug
KG	Kammergericht; Kommanditgesellschaft
KHBV	Krankenhaus-Buchführungsverordnung
Kita	Kindertagesstätte
KKRD/*Bearbeiter*	Koller, I./Kindler, P./Roth, W.-H./Drüen, K.-D.: Handelsgesetzbuch, 9. Aufl., München 2019
Klein/*Bearbeiter*	Klein, F.: Abgabenordnung, 15. Aufl., München 2020
Kniberg/Ivarsson	Kniberg, H./Ivarsson, A.: Scaling Agile @ Spotify with Tribes, Squads, Chapters & Guilds, 2012
Kölner Komm AktG/*Bearbeiter*	Zöllner, W./Noack, U.: Kölner Kommentar zum Aktiengesetz, 3. Aufl., Köln
Koenig/*Bearbeiter*	Koenig, U.: Abgabenordnung, 4. Aufl., München 2021
Kotter	Kotter, J. P.: Chaos, Wandel, Führung: Leading change, Düsseldorf 1997
KSchG	Kündigungsschutzgesetz
KSt	Körperschaftsteuer
KStG	Körperschaftsteuergesetz
KStH	Körperschaftsteuer-Hinweise
KStR	Körperschaftsteuer-Richtlinien
Küpper	Küpper, H.-U.: Controlling: Konzeption, Aufgaben, Instrumente, 4. Aufl., Stuttgart 2005
LAG	Landesarbeitsgericht
Laloux	Laloux, F.: Reinventing Organizations, München 2015
Leuschner	Leuschner, L.: Das Konzernrecht des Vereins, Tübingen 2011
lfd.	laufende
LG	Landgericht
LMRR	Lebensmittelrecht Rechtsprechung
LSG	Landessozialgericht
LSt	Lohnsteuer
LStR	Lohnsteuer-Richtlinien
lt.	laut
Lutter/Hommelhoff/*Bearbeiter*	Bayer, D./Hommelhoff, P./Lutter, M./Kleindieck, D.: Kommentar zum GmbH-Gesetz, 20. Aufl., Köln 2020
MA	Magistratsabteilung
mAnm	mit Anmerkung
MHdB GesR/V	Beuthien, V./Gummert, H./Schöpflin, M.: Münchener Handbuch des Gesellschaftsrechts, Bd. 5, Verein – Stiftung bürgerlichen Rechts, 5. Aufl., München 2021
MHLS/*Bearbeiter*	Michalski, L./Heidinger, A./Leible, S./Schmidt, J.: Kommentar zum Gesetz betreffend die Gesellschaften mit beschränkter Haftung (GmbH-Gesetz), 3. Aufl., München 2017
MiLoG	Mindestlohngesetz
Mio.	Million/en
MittBayNot	Mitteilungen des Bayerischen Notarvereins, der Notarkasse und der Landesnotarkammer Bayern
MoPeG	Gesetz zur Modernisierung des Personengesellschaftsrechts
MüKoAktG/*Bearbeiter*	Goette, W./Habersack, M./Kalss, S.: Münchener Kommentar zum Aktiengesetz, 5. Aufl., München 2021
MüKoBGB/*Bearbeiter*	Säcker, F. J./Rixecker, R./Oetker, H./Limperg, B.: Münchner Kommentar zum Bürgerlichen Gesetzbuch, 8. Aufl., München 2021
MüKoGmbHG/*Bearbeiter*	Fleischer, H./Goette, W.: Münchner Kommentar zum Gesetz betreffend die Gesellschaften mit beschränkter Haftung, 3. Aufl., München 2018

MüKoHGB/*Bearbeiter*	Drescher, I./Fleischer, H./Schmidt, K.: Münchener Kommentar zum Handelsgesetzbuch, 5. Aufl., München 2021
Müller	Müller, A.: Gemeinkostenmanagement, Wiesbaden 1998
Mugdan	Mugdan, B.: Die gesammten Materialien zum Bürgerlichen Gesetzbuch für das Deutsche Reich, Berlin, 2005
mwN	mit weiteren Nachweisen
MwStR	Mehrwertsteuerrecht (Zeitschrift)
MwStSystRL	Richtlinie 2006/112/EG des Rates vom 28. November 2006 über das gemeinsame Mehrwertsteuersystem (Mehrwertsteuersystem-Richtlinie)
Neumann	Neumann, K.: Stochastic Project Networks: Temporal Analysis, Scheduling and Cost Minimization, Heidelberg 1990
nF	neue Fassung
NJW	Neue Juristische Wochenschrift (Zeitschrift)
NJW-RR	Rechtsprechungs-Report Zivilrecht (Zeitschrift)
NK-GemnR/*Bearbeiter*	Winheller, S./Geibel, S. J./Jachmann-Michel, M.: Gesamtes Gemeinnützigkeitsrecht, 2. Aufl., Nomos 2020
Non Profit Law Yearbook	Non Profit Law Yearbook (Zeitschrift)
NPO	Non Profit Organisation
npoR	Zeitschrift für das Recht der non profit Organisationen
Nr.	Nummer
NRW	Nordrhein-Westfalen
nv	nicht veröffentlicht
NZA	Neue Zeitschrift für Arbeitsrecht
NZA-RR	Rechtsprechungs-Report Arbeitsrecht (Zeitschrift)
NZG	Neue Zeitschrift für Gesellschaftsrecht
NZS	Neue Zeitschrift für Sozialrecht
NZWiSt	Neue Zeitschrift für Wirtschafts-, Steuer- und Unternehmensstrafrecht
oÄ	oder Ähnliche(s)
Oetker	Oetker, H.: Handelsgesetzbuch, 7. Aufl., München 2021
OFD	Oberfinanzdirektion
OLG	Oberlandesgericht
OLG-NL	OLG-Rechtsprechung Neue Länder
OLGZ	Entscheidungen der Oberlandesgerichte in Zivilsachen
OVG	Oberverwaltungsgericht
OWiG	Gesetz über Ordnungswidrigkeiten
Palandt/*Bearbeiter*	Palandt, O.: Bürgerliches Gesetzbuch, 80. Aufl., München 2021
PBV	Pflege-Buchführungsverordnung
PublG	Publizitätsgesetz
RdA	Recht der Arbeit (Zeitschrift)
RdF	Recht der Finanzinstrumente (Zeitschrift)
Reiss	Reiss, M.: Koordination und Integration, Stuttgart 2003
Reiß/Kraeusel/Langer/*Bearbeiter*	Reiß, W./Kraeusel, J./Langer, M.: Kommentar zum Umsatzsteuergesetz, Bonn 2021
Rev.	Revision
RHW InsR/*Bearbeiter*	Reul, A./Heckschen, H./Wienberg, R.: Insolvenzrecht in der Gestaltungspraxis, 2. Aufl., München 2018
Richter StiftungsR-HdB/*Bearbeiter*	Richter, A.: Stiftungsrecht Handbuch, München 2019
rkr.	rechtskräftig
Rn.	Randnummer
RNotZ	Rheinische Notar-Zeitschrift

Abkürzungs- und Literaturverzeichnis

Reichert/Schimke/Dauernheim	Reichert, B./Schimke, M./Dauernheim, J.: Vereins- und Verbandsrecht, 5. Aufl., Berlin 2021
RL	Richtlinie
ROI	Return on Investment
Rspr.	Rechtsprechung
S.	Seite
s.	siehe
SanInsFoG	Gesetz zur Fortentwicklung des Sanierungs- und Insolvenzrechts (Sanierungs- und Insolvenzrechtsfortentwicklungsgesetz)
Sauter/Schweyer/Waldner	Sauter, E./Schweyer, G./Waldner, W.: Der eingetragene Verein, 21. Aufl., München 2021
SB	StiftungsBrief – Steuern, Verwaltung, Recht (Zeitschrift)
Schaltegger/Dyllick	Schaltegger, S./ Dyllick, T.: Nachhaltig managen mit der Balanced Scorecard: Konzept und Fallstudien, Wiesbaden 2002
Schaub/*Bearbeiter*	Schaub, G u.a.: Arbeitsrechtliches Formular- und Verfahrenshandbuch, 13. Aufl., München 2019
Schauhoff Gemeinnützigkeits-HdB/*Bearbeiter*	Schauhoff, S.: Handbuch der Gemeinnützigkeit, 3. Aufl., München 2010
Schlüter/Stolte/*Bearbeiter*	Schlüter, A./Stolte, S.: Stiftungsrecht, 3. Aufl., München 2016
Schmalen	Schmalen, H.: Grundlagen und Probleme der Betriebswirtschaft, 12. Aufl., Stuttgart 2002
Schmidt	Schmidt, L.: Einkommensteuergesetz, 40. Aufl., München 2021
Schmidt/Lutter/*Bearbeiter*	Schmidt, K./Lutter, M.: Aktiengesetz, 4. Aufl., Köln 2020
Schuhen	Schuhen, A.: Nonprofit governance in der freien Wohlfahrtspflege, in: Schriften zur öffentlichen Verwaltung und öffentlichen Wirtschaft, Bd. 181, Mannheim 2002
Schulte/Thomas	Schulte, K.-W./Thomas, M.: Handbuch Immobilien-Portfoliomanagement. Köln 2007
SGB	Sozialgesetzbuch
SGB III	Sozialgesetzbuch, Drittes Buch – Arbeitsförderung
SGB IV	Sozialgesetzbuch, Viertes Buch – Gemeinsame Vorschriften für die Sozialversicherung
SGB VI	Sozialgesetzbuch, Sechstes Buch – Gesetzliche Rentenversicherung
SGB VII	Sozialgesetzbuch, Siebtes Buch – Gesetzliche Unfallversicherung
SGB IX	Sozialgesetzbuch, Neuntes Buch – Rehabilitation und Teilhabe von Menschen mit Behinderungen
SGB XI	Sozialgesetzbuch, Elftes Buch – Soziale Pflegeversicherung
SGB XII	Sozialgesetzbuch, Zwölftes Buch – Sozialhilfe
Sölch/Ringleb/*Bearbeiter*	Wagner, W.: Umsatzsteuergesetz, (Loseblatt, Stand: 6/2021), München
sog.	sogenannte(r)
SolZ	Solidaritätszuschlag
SpuRt	Sport und Recht (Zeitschrift)
StaRUG	Gesetz über den Stabilisierungs- und Restrukturierungsrahmen für Unternehmen (Unternehmensstabilisierungs-und -restrukturierungsgesetz)
Staub	Grundmann, S./Habersack, M./Schäfer, C.: Großkommentar zum Handelsgesetzbuch, 5. Aufl., Berlin 2008
Staudinger/*Bearbeiter*	Staudinger, J. v.: Kommentar zum Bürgerlichen Gesetzbuch, 13. Aufl., Berlin
StGB	Strafgesetzbuch
StiftG	Stiftungsgesetz
Stöber/Otto	Stöber, K./Otto, D.-U.: Handbuch zum Vereinsrecht, 12. Aufl., Köln 2021
StPO	Strafprozessordnung

Abkürzungs- und Literaturverzeichnis

str.	strittig
Streck/*Bearbeiter*	Streck, M.: Kommentar zum Körperschaftsteuergesetz, 10. Aufl., München 2021
StuB	Unternehmensteuern und Bilanzen (Zeitschrift)
StuW	Steuer und Wirtschaft (Zeitschrift)
s. u.	siehe unten
SvEV	Verordnung über die sozialversicherungsrechtliche Beurteilung von Zuwendungen des Arbeitgebers als Arbeitsentgelt – Sozialversicherungsentgeltverordnung
SWOT	SWOT (engl. Akronym) steht für Strengths (Stärke), Weaknesses (Schwächen), Opportunities (Chancen) und Threats (Risiken)
Tamm/Tonner/Brönneke	Tamm, M./Tonner, K./Brönneke, T.: Verbraucherrecht, Beratungshandbuch, 3. Aufl., München 2020
Tipke/Kruse/*Bearbeiter*	Tipke, K./Kruse, H.W.: Kommentar zur Abgabenordnung, Finanzgerichtsordnung (Loseblatt, Stand: Juni 2021), Köln
Töpfer	Töpfer, A.: Betriebswirtschaftslehre – Anwendungs- und prozessorientierte Grundlagen, Berlin/Heidelberg 2007
TzBfG	Gesetz über Teilzeitarbeit und befristete Arbeitsverträge (Teilzeit- und Befristungsgesetz)
Tz.	Teilziffer, Textziffer
ua	unter anderem; und andere
UBG	Die Unternehmensbesteuerung (Zeitschrift)
UStAE	Umsatzsteuer-Anwendungserlass
UStDV	Umsatzsteuer-Durchführungsverordnung
UStG	Umsatzsteuergesetz
USt-ID	Umsatzsteuer-Identifikationsnummer
UmwG	Umwandlungsgesetz
UmwRG	Gesetz über ergänzende Vorschriften zu Rechtsbehelfen in Umweltangelegenheiten nach der EG-Richtlinie 2003/35/EG – Umwelt-Rechtsbehelfsgesetz
UmwStG	Umwandlungssteuergesetz
UR	Umsatzsteuer-Rundschau (Zeitschrift)
USA	United States of America
usw.	und so weiter
uU	unter Umständen
v.	vom (von)
Var.	Variation/Variante
VersR	Zeitschrift für Versicherungsrecht, Haftungs- und Schadensrecht
vGA	verdeckte Gewinnausschüttung
vgl.	vergleiche
vH	vom Hundert
Vielfalt in der steuerzentrierten Rechtsberatung	Frauen@fgs: Vielfalt in der steuerzentrierten Rechtsberatung, Köln 2020 (zitiert als: *Bearbeiter* in Vielfalt in der steuerzentrierten Rechtsberatung)
VO	Verordnung
Vogelbusch/Ufer/Nowak	Vogelbusch, F./Ufer, U./Nowak, P.: Verwaltung 4.0, Köln 2018
Wäger/*Bearbeiter*	Wäger, C.: UStG, Köln 2020
Wall/Schröder	Wall, F./Schröder, R. W.: Controlling zwischen Shareholder Value und Stakeholder Value: neue Anforderungen, Konzepte und Instrumente, München 2009
Wallenhorst/Halaczinsky/*Bearbeiter*	Wallenhorst, R./Halaczinsky, R.: Die Besteuerung gemeinnütziger und öffentlich-rechtlicher Körperschaften, 7. Aufl., München 2017

Abkürzungs- und Literaturverzeichnis

WBVG	Gesetz zur Regelung von Verträgen über Wohnraum mit Pflege- oder Betreuungsleistungen – Wohn- und Betreuungsvertragsgesetz
Weber/Sandt	Weber, J./Sandt, J.: Erfolg durch Kennzahlen: Neue empirische Erkenntnisse, Schriftreihe Advanced Controlling, Band 29, Vallendar 2001
Weber/Schäffer	Weber, J./Schäffer, U.: Einführung in das Controlling, 12. Aufl., Stuttgart 2008
Weitemeyer/Schauhoff/Achatz/*Bearbeiter*	Weitemeyer, B./Schauhoff, S./Achatz, M.: Umsatzsteuerrecht für den Nonprofitsektor, Köln 2019
Weitemeyer/Krimmer/Kleinpeter	Krimmer, H./Weitemeyer, B./Kleinpeter, S.: Transparenz im Dritten Sektor: Eine wissenschaftliche Bestandsaufnahme, Hamburg 2014
Weuster	Weuster, A.: Unternehmensorganisation: Organisationsprojekte, Aufbaustrukturen, Augsburg 1999
wistra	Zeitschrift für Wirtschafts- und Steuerstrafrecht
WP	Wirtschaftsprüfer
WPg	Die Wirtschaftsprüfung (Zeitung)
WVO	Werkstättenverordnung
zB	zum Beispiel
Ziff.	Ziffer, Ziffern
Zimmer	Zimmer, K.: Koordination im Supply Chain Management, Wiesbaden 2001
ZIP	Zeitschrift für Wirtschaftsrecht
ZPO	Zivilprozessordnung
ZStV	Zeitschrift zum Stiftungs- und Vereinswesen
Zweites Corona-Steuerhilfegesetz	Zweites Gesetz zur Umsetzung steuerlicher Hilfsmaßnahmen zur Bewältigung der Corona-Krise
zzgl.	zuzüglich

§ 1 Rechtlicher Rahmen und Rechtsform

Übersicht

	Rn.
A. Gemeinnützige Unternehmen – Begriff und Bedeutung	7
B. Rechtlicher Rahmen für gemeinnützige Unternehmen	12
I. Handelsrecht	12
II. Konzernrecht	20
III. Allgemeines Zivilrecht	24
IV. Gemeinnützigkeitsrecht	29
V. Steuerrecht	31
VI. Rechnungswesen	36
C. Gemeinnützigkeitsrecht für Unternehmen – Überblick	37
I. Gegenstand des Unternehmens	37
II. Zweck der Tätigkeit	46
1. Bestimmter gemeinnütziger Zweck	46
2. Gewinnerzielung ohne Gewinnverwendung	54
3. Mittelbeschaffung und gemeinnützige Mittelverwendung	58
III. Investitionen	66
IV. Eigenkapitalbildung	72
V. Ausschließlichkeit	76
VI. Unmittelbarkeit	78
1. Operative Tätigkeit oder Fördertätigkeit	79
2. Gemeinnütziger Konzern	84
3. Eigene Steuerbegünstigung der Hilfsperson	90
VII. Selbstlosigkeit	91
VIII. Mittelverwendung	97
IX. Kontrolle der tatsächlichen Geschäftsführung	102
X. Sozialunternehmertum, Social Impact und Mission Investing	105
D. Rechtsformen – Rechtliche Unterschiede	110
I. Körperschaften	110
II. Grundzüge der Rechtsformen	112
1. Verein	112
2. GmbH	113
3. Aktiengesellschaft	114
4. Stiftungen	117
5. Genossenschaft	122
6. Nicht rechtsfähiger Verein	125
7. Nicht rechtsfähige Stiftung	126
8. Unternehmergesellschaft	127
III. Unterschiede und Gemeinsamkeiten in der Governance	129
1. Gemeinnütziges Unternehmen	130
2. Tochtergesellschaften im gemeinnützigen Konzern	135
IV. Steuerliche Unterschiede zwischen den Rechtsformen	136
E. Zusammenfassung	138

Ziel dieses Werks ist es, die ganz unterschiedlichen rechtlichen Regelungsbereiche, die für gemeinnützige Unternehmen und Konzerne maßgebend sind, bewusst zu machen und dabei den besonderen Einfluss des Gemeinnützigkeitsrechts, des Ordnungsrechts für den wesentlichen und größten Teil des Non-Profit-Sektors, zu verdeutlichen. Das Gemeinnützigkeitsrecht wirkt auf zahlreiche Rechtsgebiete ein. Es bestimmt die Governance einer 1

§ 1 Rechtlicher Rahmen und Rechtsform

gemeinnützigen Körperschaft und prägt damit den rechtlichen Rahmen, innerhalb dessen geschäftsleitende Entscheidungen gefällt werden können wie der BGH jüngst herausgearbeitet hat.[1] In zahlreichen Rechtsgebieten gibt es Sonderregeln für gemeinnützige Körperschaften.[2]

2 Vor allem im Steuerrecht sind umfassende Steuerbefreiungen für die Kerntätigkeit gemeinnütziger Körperschaften geregelt. Die Ertragsteuern befreien insb. Einkünfte aus der Vermögensverwaltung und aus steuerbegünstigten wirtschaftlichen Geschäftsbetrieben, den sog. Zweckbetrieben, von der Besteuerung. Unter Berücksichtigung dieser rechtlichen Besonderheiten unterliegen gemeinnützige Unternehmen und Konzerne aber auch den Regularien, die das Unternehmensrecht für kommerzielle Unternehmen entwickelt hat und die die Verantwortlichen in den Grundzügen ebenso wie das Gemeinnützigkeitsrecht kennen sollten. Gemeinnützige Unternehmen und Konzerne sind gleichsam ein Zwitter: als Teil des Wirtschaftslebens werden sie im Unternehmens- und Zivilrecht zumindest partiell wie kommerzielle Unternehmen behandelt, während ihr Endziel nicht die Erwirtschaftung von ausschüttbaren Gewinnen, sondern die **gemeinnützige Mittelverwendung** ist.[3]

3 Ein weiteres Anliegen dieses Werks ist es, zwingende rechtliche Vorgaben und solche, die frei gestaltet werden können (aber in ihrer konkreten Gestaltung in den jeweiligen gemeinnützigen Unternehmen natürlich verbindlich für die Organe sind), voneinander zu trennen. Organen gemeinnütziger Unternehmen und Konzerne sollte bewusst sein, welche rechtlichen Vorgaben unabänderlich sind, welche änderbar wären und wie innerhalb des rechtlichen Rahmens entschieden werden könnte.

4 Dieses Werk verbindet Ausführungen zu den rechtlichen Grundlagen für gemeinnützige Unternehmen und Konzerne mit der Darstellung der **betriebswirtschaftlichen Möglichkeiten** einer zweckmäßigen Unternehmensführung gemeinnütziger Körperschaften. Die Trennung zwischen Rechts- und Wirtschaftswissenschaften, die viele Darstellungen prägt, soll überwunden werden. Schließlich ist es für verantwortliche Organe nicht nur wichtig zu wissen, was sie jeweils entscheiden dürfen, sondern auch, wie die Strategie oder Organisation im Einzelnen gestaltet werden könnte, um als gemeinnütziges Unternehmen erfolgreich am jeweiligen Markt agieren zu können. Damit möchte das Werk zu einer guten Entscheidungspraxis beitragen, in der dem Recht die Bedeutung beigemessen wird, die ihm zukommt.

5 Manche bestehenden Strukturen sollten bei gemeinnützigen Unternehmen und Konzernen aus aktuellem Anlass überdacht werden. Denn mit Wirkung ab 29.12.2020 (BGBl. 2020 I 3096) hat der Gesetzgeber **erstmals** in den §§ 57 Abs. 3, Abs. 4 AO **spezielle Regeln für gemeinnützige Konzerne und Unternehmen** eingeführt, die es in weit größerem Umfang als bislang ermöglichen, Beteiligungen an gemeinnützigen Tochterunternehmen und zentrale Dienstleistungen für verschiedene Unternehmen eines gemeinnützigen Konzerns im Rahmen eines steuerbefreiten Zweckbetriebs auszuführen.[4]

6 Gemeinnützige Unternehmen und Konzerne können ganz unterschiedliche Zwecke haben, was die Gemeinnützigkeit im engeren Sinn, aber auch mildtätige oder kirchliche Zwecke umfasst. Sie umfassen verschiedene Rechtsformen als Träger des Unternehmens. Vereine, Stiftungen und Kapitalgesellschaften sind ebenso wie Genossenschaften, Körperschaften des öffentlichen Rechts oder nichtrechtsfähige Stiftungen und Vereine denkbare Körperschaften, die den Status der Gemeinnützigkeit erlangen können.[5] Bei dieser Vielzahl möglicher Gestaltungsformen beschränkt sich die Darstellung notwendigerweise auf das Herausarbeiten der **wesentlichen Grundlinien und des Zusammenspiels der verschiedenen Rechtsgebiete.** Nicht jeder Meinungsstreit oder jede auf der speziellen

---

[1] BGH 15.4.2021 – III ZR 139/20, BeckRS 2021, 15603.
[2] *Hüttemann* GemeinnützigkeitsR Rn. 1.25 ff., 1.47.
[3] BLSB Gemeinnützigkeit/*Leichinger* S. 19.
[4] Dazu eingehend → § 2 Rn. 101 ff., Rn. 122 ff.
[5] HHS/*Musil* AO § 51 Rn. 20 ff.; NK-GemnR/*Martini* AO § 51 Rn. 24 ff.

Rechtsform, speziellen Verwaltungsentscheidungen oder Gerichtsurteilen beruhende Besonderheit konnte oder sollte dargestellt werden. Dies wird umfassend im Handbuch der Gemeinnützigkeit[6] und vergleichbaren Werken[7] dargestellt. Wichtig ist uns, die Linie darzustellen, die das Handeln gemeinnütziger Unternehmen und Konzerne prägen sollte.

A. Gemeinnützige Unternehmen – Begriff und Bedeutung

„Gemeinnützige Unternehmen" – das klingt in vielen Ohren nach einem Widerspruch.[8] **7**
Ein Unternehmen ist eine wirtschaftliche, finanzielle und rechtliche Einheit, für die das erwerbswirtschaftliche Prinzip konstituierend ist. Zur Erreichung seines Unternehmenszwecks, auch als Unternehmensziele bezeichnet, bedient sich das Unternehmen eines Betriebes. Betriebswirtschaftslehre, Volkswirtschaftslehre und die unterschiedlichen Rechtsgebiete haben **verschiedene Unternehmensbegriffe** entwickelt. Für ein gemeinnütziges Unternehmen steht aber nicht die Erwirtschaftung von Gewinnen im Vordergrund, sondern diese darf nur Mittel zum Zweck sein, die gemeinnützigen Zwecke zu verwirklichen.

Die gesamte Tätigkeit des Rechtsträgers, für gemeinnützige Körperschaften in aller Regel eine juristische Person,[9] muss darauf gerichtet sein, die Allgemeinheit in Bezug auf bestimmte gemeinnützige Zwecke selbstlos und ausschließlich zu fördern.[10] Gemeinnützigkeit und der Betrieb eines Unternehmens schließen sich somit nicht aus. Dabei wird zwischen sog. mittelbeschaffenden Betrieben, deren Gewinne die gemeinnützige Tätigkeit finanzieren, und Zweckbetrieben, bei denen die gemeinnützige Zweckverwirklichung durch den Betrieb erfolgt, unterschieden.[11] Die unternehmerische Tätigkeit begründet in aller Regel einen sog. **wirtschaftlichen Geschäftsbetrieb.**[12] Die aus dieser Tätigkeit resultierenden Einkünfte sind im gesetzlichen Normalfall steuerpflichtig, das Gemeinnützigkeitsrecht spricht dann von steuerpflichtigen wirtschaftlichen Geschäftsbetrieben. Sofern der wirtschaftliche Geschäftsbetrieb nicht lediglich der Mittelbeschaffung dient, sondern selbst auf die inhaltliche Verwirklichung des gemeinnützigen Zwecks abzielt, kann er hingegen steuerbefreit sein. Dann spricht das Gemeinnützigkeitsrecht von sog. Zweckbetrieben.[13] **8**

Betreibt eine gemeinnützige Körperschaft ein Unternehmen, hat sie sowohl die für gemeinnützige Organisationen geltenden Regeln aus den §§ 51 ff. AO als auch die für Unternehmen im Handelsrecht, im Arbeitsrecht und in Bezug auf viele andere Rechtsgebiete geltenden Vorschriften zu beachten.[14] Ziel dieses Werkes ist es, den rechtlichen Handlungsrahmen und betriebswirtschaftlichen Organisationsrahmen für gemeinnützige Unternehmen in einem Werk darzustellen. Dazu sollen zunächst die unterschiedlichen Begrifflichkeiten, die im Gemeinnützigkeitsrecht, im Unternehmensrecht und in anderen Rechtsgebieten verwendet werden, näher beleuchtet werden. Um den rechtlichen Handlungsrahmen verstehen zu können, ist es notwendig, sich den unterschiedlichen Bedeutungsgehalt der Begriffe **9**

---

[6] *Schauhoff,* Handbuch der Gemeinnützigkeit, 3. Aufl. 2010; demnächst als *Schauhoff/Kirchhain* in 4. Aufl. erhältlich.
[7] *Hüttemann,* GemeinnützigkeitsR; BLSB Gemeinnützigkeit.
[8] Nach anfänglichen blinden Flecken wird der Begriff allerdings inzwischen im Rahmen der staatlichen Coronahilfen auch von offizieller Seite verwendet; vgl. etwa Tz. 5.3 der FAQ zu den jeweiligen sog. Überbrückungshilfen (bspw. https://www.ueberbrueckungshilfe-unternehmen.de/UBH/Redaktion/DE/FAQ/ausserordentliche-wirtschaftshilfe.html).
[9] § 51 Abs. 1 AO iVm § 1 KStG. Auch nichtrechtsfähige Stiftungen oder Vereine sind damit taugliche Körperschaften, → Rn. 110 ff.
[10] §§ 55, 56 AO, vgl. auch → § 2 Rn. 75–90.
[11] Klein/*Gersch* § 51 Rn. 2; Tipke/Kruse/*Seer* AO Vor §§ 51–68 Rn. 3.
[12] §§ 14, 64 AO, vgl. auch → § 7 Rn. 50 ff.
[13] §§ 65 ff. AO, vgl. auch → § 7 Rn. 25–49.
[14] Vgl. Schauhoff Gemeinnützigkeits-HdB/*Trötter* § 14 Rn. 70 ff.; zur Rechnungslegung vgl. Wallenhorst/Halaczinsky Besteuerung/*Wallenhorst* Kap. B. Rn. 1 ff. sowie → § 9 Rn. 1 ff.

in den verschiedenen Rechtsgebieten bewusst zu machen. Jedes Rechtsgebiet verwendet seine Begrifflichkeiten, die sich aus den jeweiligen gesetzlichen Normen ableiten und häufig deckungsgleich verwendet werden, häufig aber auch verschiedene Bedeutungsgehalte aufweisen (sog. **Relativität der Rechtsbegriffe**).[15]

10   Dies trifft insb. auf den **Begriff des „Unternehmens"** bzw. „Unternehmers" zu. Dieser wird in verschiedenen gesetzlichen Kontexten mit unterschiedlicher Bedeutung verwendet. Im Handelsgesetzbuch – dem zentralen Regelungswerk für unternehmerische Tätigkeiten – kommt dieser Begriff zwar recht häufig vor. Die rechtlich zentralen Begriffe sind aber immer noch die aus der Urfassung des Gesetzes im 19. Jahrhundert stammenden Begriffe des „Kaufmanns" und des „Handelsgewerbes".[16] Diese sind grundsätzlich enger als der Begriff des Unternehmers, weil der Begriff des Handelsgewerbes freiberufliche und kleingewerbliche Tätigkeiten ausklammert.[17] Weitere Bedeutungsdimensionen ergeben sich, wo das Unionsrecht den Unternehmer als Gegenpart zum (strukturell schützenswerten) Verbraucher in die Gesetze der Mitgliedstaaten einfließen lässt.

11   Nicht nur in Ermangelung einer gesetzlichen Definition ist daher inzwischen allgemein anerkannt, dass der deutschen Rechtsordnung **kein einheitlicher Unternehmer-/Unternehmensbegriff** zugrunde liegt. Vielmehr muss im jeweiligen normativen Kontext nach Sinn und Zweck des Begriffs unterschieden und ein spezifisches Begriffsverständnis entwickelt werden (sog. teleologischer Unternehmensbegriff).[18]

B. Rechtlicher Rahmen für gemeinnützige Unternehmen

I. Handelsrecht

12   Ein gewerbliches Unternehmen unterliegt grundsätzlich der Eintragung im Handelsregister, es sei denn, dass das Unternehmen nach Art oder Umfang keinen in kaufmännischer Weise eingerichteten Geschäftsbetrieb erfordert.[19] Die Eintragung in das Handelsregister kann Rechtsfolgen in Bezug auf die Rechnungslegung, aber auch in Bezug auf die Rechtsregeln auslösen, die für zivilrechtliche Verträge gelten. Gemeinnützige Unternehmen unterhalten typischerweise ein gewerbliches Unternehmen iSd §§ 1 ff. HGB.[20] Das Handelsrecht stellt nicht darauf ab, ob die gewerbliche Tätigkeit steuerbefreit ist oder nicht. Ein Gewerbe ist in Ermangelung einer Legaldefinition nach herrschender Auffassung jede erlaubte wirtschaftliche selbstständige Tätigkeit, die auf eigene Rechnung und eigene Verantwortung und auf eine gewisse Dauer mit Gewinnerzielungsabsicht betrieben wird, mit Ausnahme freiberuflicher Tätigkeit und der Urproduktion.[21] Für Kapitalgesellschaften, auch für steuerbegünstigte, ergibt sich die Kaufmannseigenschaft ungeachtet eines betriebenen Handelsgewerbes unmittelbar aus der Rechtsform (sog. **Formkaufleute**).[22]

13   Gemeinnützige Organisationen sind schon nach Gemeinnützigkeitsrecht im steuerpflichtigen Bereich zur Mittelbeschaffung verpflichtet. Unterhalten sie einen steuerpflichti-

---

[15] Siehe dazu grundlegend *Ryu/Silving* ARSP 59 (1973), 57.
[16] Anders als in Österreich, wo das dortige Handelsgesetzbuch gleichen Ursprungs im Jahr 2007 zu einem Unternehmensgesetzbuch (UGB) novelliert wurde, sind in Deutschland entsprechende Reformbestrebungen bislang erfolglos geblieben.
[17] Vgl. MüKoHGB/*K. Schmidt* HGB § 1 Rn. 20 f.
[18] Vgl. Emmerich/Habersack/*Emmerich* AktG § 15 Rn. 8; *Leuschner* KonzernR, 66 ff.
[19] §§ 1, 2 HGB. Dies gilt nur eingeschränkt für land- und forstwirtschaftliche Unternehmen (vgl. § 3 Abs. 1 HGB).
[20] OLG Frankfurt 24.1.2017 – 20 W 290/14, npoR 2017, 250, Rn. 41 ff.; HHS/*Fischer* AO § 64 Rn. 19.
[21] Staub/*Oetker* HGB § 1 Rn. 17 ff.
[22] § 6 Abs. 2 HGB iVm § 13 Abs. 3 GmbHG bzw. § 3 Abs. 1 AktG. Gleiches gilt gem. § 17 Abs. 2 GenG für eingetragene Genossenschaften.

gen wirtschaftlichen Geschäftsbetrieb, wird dieser auf Gewinnerzielung ausgerichtet sein, da der Unterhalt von Dauerverlustbetrieben gemeinnützigkeitsrechtlich nur im Bereich der ideellen Mittelverwendung erlaubt ist.[23] Im Bereich der sog. Zweckbetriebe ist es gemeinnützigen Organisationen erlaubt, auch ohne Gewinnerzielungsabsicht tätig zu werden, da im steuerbegünstigten Bereich Mittel für die gemeinnützigen Zwecke ausgegeben werden dürfen. Häufig haben gemeinnützige Organisationen aber einen Zweckbetrieb, der durchaus planmäßig auf Gewinnerzielung ausgelegt ist. Dies ist insb. erforderlich, wenn sich die gemeinnützige Tätigkeit, wie bspw. häufig im Wohlfahrtsbereich, im Wesentlichen aus der Zweckbetriebstätigkeit finanziert. Im Wohlfahrtsbereich begrenzt das Gemeinnützigkeitsrecht die Möglichkeit, Gewinne zu erwirtschaften. Nur der konkrete Finanzierungsbedarf zur Unterhaltung des Wohlfahrtsbetriebes darf erwirtschaftet werden.[24] In all diesen Fällen wird die Tätigkeit auf die Gewinnerzielung ausgerichtet sein, sodass die gemeinnützigen Organisationen mit ihren Gewerbebetrieben **regelmäßig im Handelsregister eingetragen** werden müssen.[25]

Konsequenz der Eintragung in das Handelsregister ist insbesondere, dass auf die Rechtsbeziehungen zu Dritten von nun an das **Sonderprivatrecht für Kaufleute** Anwendung findet. Aus dem HGB ergibt sich zum einen die Pflicht, Handelsbücher zu führen und Jahresabschlüsse aufzustellen.[26] Für Kaufleute wird zudem prinzipiell unterstellt, dass diese ein höheres Maß an Professionalität und ein größeres Bedürfnis an Gestaltung und Privatautonomie aufweisen als die gewöhnlichen Privatrechtssubjekte oder gar Verbraucher. Daher kommen Verträge zwischen Kaufleuten grundsätzlich einfacher zustande und die Vertragsparteien können sich zum Schutz des Vertrauens auf eine schnelle Geschäftsabwicklung nur unter besonderen Voraussetzungen von ihren vertraglichen Pflichten lösen.[27] Kaufleute können zur Vereinfachung von Vertragsabschlüssen ihren Mitarbeitern Prokura oder Handlungsvollmacht erteilen.[28] Auch können Kaufleute einen von den gesetzlichen Vorgaben abweichenden Gerichtsstand vereinbaren, sogar im Rahmen von Allgemeinen Geschäftsbedingungen.[29] Das Handelsregister weist zudem eine sog. Publizitätswirkung auf, die insb. den Schutz des Rechtsverkehrs bezweckt. Daher gelten Tatsachen, die im Register eingetragen sind, als bekannt, während eintragungsbedürftige, aber nicht eingetragene Tatsachen, Dritten gegenüber keine Wirkung entfalten können.[30] 14

Eine gemeinnützige Organisation kann – unabhängig von ihrer Rechtsform – ein gewerbliches Unternehmen unterhalten. Auch ein eingetragener Verein oder eine Stiftung sind taugliche Träger.[31] Vielfach wird die gemeinnützige Organisation nur mit einem Teilbereich ein zur Eintragung verpflichtendes Handelsgewerbe unterhalten, bspw. mit ihrem steuerpflichtigen wirtschaftlichen Geschäftsbetrieb, sofern dieser **einen in kaufmännischer Weise eingerichteten Betrieb erfordert.** Ein in kaufmännischer Weise eingerichteter Betrieb liegt vor, wenn insb. die Rechnungslegung, die Bezeichnung (Firma), die Vertretungsordnung oder die Haftung kaufmännischen Maßstäben entsprechen. Die tatbestandliche Erforderlichkeit der Einrichtung richtet sich nach normativen Maßstäben in typologischer Gesamtbetrachtung der Art und Weise der Geschäfte und ihrer Abwicklung 15

---

[23] Siehe dazu genauer → § 2 Rn. 82 ff.
[24] AEAO zu § 66 Tz. 2; näher unter → § 2 Rn. 68 ff.
[25] Vgl. OLG Frankfurt 24.1.2017 – 20 W 290/14, npoR 2017, 250, Rn. 38; OLG Köln 24.5.2016 – I-2 Wx 78/16, npoR 2017, 152, Rn. 20; ausführlich *Schwenn* npoR 2021, 93.
[26] Vgl. insb. §§ 238 ff., 242 ff. HGB. Genauer zu den Rechnungslegungspflichten siehe → § 9.
[27] Vgl. etwa den Vertragsabschluss durch Schweigen auf ein Angebot nach § 362 HGB oder die gesetzlich nicht geregelten Grundsätze des kaufmännischen Bestätigungsschreibens als Unterfall der sog. Handelsbräuche (§ 346 HGB) sowie die besondere Mängelrügeobliegenheit (§ 377 HGB) bei Handelskäufen.
[28] Vgl. §§ 48 ff. HGB. Auch die Erteilung der Prokura bedarf einer Eintragung im Handelsregister (§ 53 Abs. 1 HGB).
[29] Vgl. § 38 Abs. 1 ZPO.
[30] Vgl. § 15 HGB.
[31] Gleiches gilt im Übrigen für das zivilrechtlich anerkannte und als sonstiges Recht geschützte (vgl. §§ 823 Abs. 1, 1004 BGB) Rechtsgut des „eingerichteten und ausgeübten Gewerbebetriebs": BGH 3.6.2020 – XIII ZR 22/19, npoR 2020, 298, Rn. 20 f.

(qualitativ) und deren Umfangs (quantitativ).[32] Für das in quantitativer Hinsicht besonders relevante Merkmal des Umsatzes wird bisweilen eine Schwelle von 250 000 EUR als maßgeblich erachtet.[33]

16 Unterhält ein gemeinnütziges Unternehmen nur mit einem **Teilbereich** ein gewerbliches Unternehmen (bspw. mit einem steuerpflichtigen wirtschaftlichen Geschäftsbetrieb), begrenzt dessen Umfang den Umfang des Handelsgewerbes und damit den Geltungsbereich der Regeln des Handelsgesetzbuches.[34] Dem steht nicht entgegen, dass aus technischen Gründen die Körperschaft als solche (also insgesamt) in das Handelsregister einzutragen ist. Die Vermutungsregelung des § 344 Abs. 1 HGB, wonach von einem Kaufmann vorgenommene Rechtsgeschäfte im Zweifel als zum Betrieb seines Handelsgewerbes gehörig gelten, findet zwar nach inzwischen wohl herrschender Auffassung auch auf steuerbegünstigte Vereine und Stiftungen Anwendung.[35] Sie findet aber ihrem Wortlaut nach nur auf Zweifelsfälle Anwendung und ist ihrer Natur nach auch widerlegbar.

17 Tätigkeiten der **ideellen Sphäre** und der Sphäre der **Vermögensverwaltung** stellen demnach ganz prinzipiell kein Handelsgewerbe dar.[36] Wenn zB eine Stiftung also von einem Großhändler technische Ausstattung erwirbt und durch eigene Angestellte in Empfang nimmt, um damit im Rahmen ihrer ideellen Tätigkeit (dh unentgeltlich) Schulen auszustatten, greift in Bezug auf die empfangenen Güter auch dann nicht die besondere Obliegenheit zur Mängelrüge aus § 377 HGB, wenn sie im Übrigen aus Gründen der Mittelbeschaffung einen steuerpflichtigen wirtschaftlichen Geschäftsbetrieb im Umfang eines Handelsgewerbes unterhält.

18 **Wirtschaftliche Geschäftsbetriebe,** insb. allein zur Mittelbeschaffung dienende, stellen hingegen regelmäßig auch im handelsrechtlichen Sinne einen Gewerbebetrieb dar.[37] Bei **Zweckbetrieben** ist allerdings zu differenzieren. Insbesondere, wenn diese nicht mit Gewinnerzielungsabsicht unterhalten werden, kann nur mit einer im Vordringen befindlichen Literaturauffassung[38] ein Gewerbebetrieb angenommen werden. Hierbei wird es maßgeblich darauf ankommen, ob die Tätigkeit nachhaltig entgeltlich am Markt angeboten wird. Dies ist etwa beim Betrieb eines Krankenhauses im Wettbewerb mit kommerziellen Marktteilnehmern regelmäßig der Fall, sofern hierbei überhaupt eine Gewinnerzielungsabsicht fehlen sollte.[39]

19 Aufgrund der Reichweite der gesetzlich angeordneten Fiktion bzw. unwiderleglichen Vermutung gelten diese differenzierenden Ausführungen nicht für Kapitalgesellschaften und sonstige **Formkaufleute.** Anders als Einzelkaufleute sowie Vereine und Stiftungen haben diese nach ihrer gesetzlichen Konzeption – ungeachtet etwaiger ideeller Satzungszwecke – keine nichtgewerbliche Tätigkeitssphäre. Ihre Tätigkeiten gelten daher vollumfänglich als Handelsgewerbe, auch wenn es sich um eine gemeinnützige Kapitalgesellschaft handeln sollte.[40]

---

[32] Zu beispielhaften Anzeichen für eine Erforderlichkeit sowie weiteren Einzelheiten siehe Baumbach/Hopt/*Hopt* HGB § 1 Rn. 23 f.
[33] Vgl. EBJS/*Kindler* HGB § 1 Rn. 52 mwN.
[34] Baumbach/Hopt/*Hopt* HGB § 1 Rn. 28; *Schwenn* npoR 2021, 93 (94).
[35] *Hüttemann* FS Roth, 2015, 241 (261); KKRD/*Roth* HGB § 344 Rn. 2; aA aber Oetker/*Pamp* HGB § 344 Rn. 8.
[36] Vgl. *Hüttemann* FS Roth, 2015, 241 (260).
[37] Zu den damit verbundenen handelsrechtlichen Rechtsfolgen siehe anschaulich *Schwenn* npoR 2021, 93 (95). Insbesondere führt dies dazu, dass Vereine und Stiftungen zumindest insoweit Prokura erteilen können (§ 48 Abs. 1 HGB) und im Rahmen ihrer gewerblichen Tätigkeit den handelsrechtlichen Anforderungen an Geschäftsbriefe nachkommen müssen (§ 37a HGB).
[38] Hiernach kommt es nicht auf eine Gewinnerzielungsabsicht, sondern auf eine entgeltliche marktorientierte Tätigkeit im Wettbewerb mit Privatunternehmen an. Vgl. nur Baumbach/Hopt/*Hopt* HGB § 1 Rn. 16–18 mwN.
[39] Zu den weiteren Einzelheiten dieser Abgrenzung anschaulich und induktiv *Hüttemann* FS Roth, 2015, 241 (255 ff.).
[40] *Hüttemann* FS Roth, 2015, 241 (261 f.).

II. Konzernrecht

Gemeinnützige Unternehmen können aber auch als einheitlich geführte Gruppe organisiert sein oder einen Konzern bilden.[41] Als Konzern bezeichnet man generell den Zusammenschluss eines herrschenden und eines oder mehrerer abhängiger Unternehmen zu einer wirtschaftlichen Einheit unter der Leitung des herrschenden Unternehmens, wobei jedes Unternehmen weiterhin rechtlich selbstständig bleibt. Die verbundenen Unternehmen nennt man Konzernunternehmen. Der Konzern unterscheidet sich von einer Kooperation[42] rechtlich unabhängiger gemeinnütziger Organisationen dadurch, dass es dieser regelmäßig an einer **einheitlichen Leitung** fehlt. In der Betriebswirtschaftslehre und dem Handelsrecht versteht man unter Konzern eine unter der einheitlichen Leitung eines herrschenden Unternehmens zusammengefasste Unternehmensgruppe.[43] Besteht eine Abhängigkeit nach § 17 Abs. 1 AktG, wird widerlegbar vermutet, dass eine einheitliche Leitung vorliegt. Gehört die Mehrheit der Anteile eines rechtlich selbstständigen Unternehmens einem anderen Unternehmen oder steht einem anderen Unternehmen die Mehrheit der Stimmrechte zu (Mehrheitsbeteiligung), so ist das Unternehmen ein im Mehrheitsbesitz stehendes Unternehmen. Von einem im Mehrheitsbesitz stehenden Unternehmen wird vermutet, dass es von dem an ihm mehrheitlich beteiligten Unternehmen abhängig ist.[44]

20

Diese Regelungen gelten nicht nur für Aktiengesellschaften, sondern generell für Kapitalgesellschaften. Aber auch eine Stiftung oder ein eingetragener Verein kann ein herrschendes Unternehmen sein, wenn diese juristische Person eine einheitliche Leitung über in seinem Mehrheitsbesitz befindliche Unternehmen ausübt. Leitung bedeutet, dass die eigenverantwortliche Tätigkeit der Geschäftsführer der beherrschten Gesellschaft durch eine fremdbestimmte und weisungsgebundene Tätigkeit ersetzt wird, nämlich die Weisungen des Gesellschafters, es sei denn, diese Beherrschung wäre im Gesellschaftsvertrag gerade ausgeschlossen.

21

Konzernrechtlich hat das Vorliegen einer Beherrschung zur Folge, dass es dem herrschenden Unternehmen verboten ist, dem beherrschten Unternehmen Nachteile zuzufügen; ansonsten müssen diese ausgeglichen werden. Zudem kann das Vorliegen eines Konzerns unter Umständen dazu führen, dass ein Konzernabschluss erstellt werden muss. Dies ist aber nur dann der Fall, wenn bestimmte Größenklassen überschritten werden.[45] Das Vorliegen eines Konzerns kann zudem bspw. im Wettbewerbsrecht oder in anderen Rechtsgebieten erhebliche Bedeutung haben, weil dann die verschiedenen Aktivitäten der zu einem Konzern gehörenden Unternehmen ggf. zusammengerechnet oder zusammen betrachtet werden. Zudem wird sich regelmäßig aus dem Vorliegen eines Konzerns für die Geschäftsleitung des herrschenden gemeinnützigen Unternehmens die Pflicht ergeben, den Konzern ggf. einheitlich im Hinblick auf das übergeordnete gemeinnützige Unternehmensziel zu führen. Noch verbreiteter als gemeinnützige Konzerne sind sog. **Gesamtvereine,** bei denen rechtlich unabhängige Vereine über Satzungsregelungen miteinander verbunden sind und bei denen – mitunter konzernähnlich – geschäftsleitende Vorgaben von den Dachvereinen gemacht werden.[46]

22

Das Gemeinnützigkeitsrecht ist dagegen bislang nur in Ansätzen auf den gemeinnützigen Konzern oder die Gruppe ausgerichtet gewesen, woraus sich verschiedene praktische Probleme ergeben haben.[47] Nunmehr hat der Gesetzgeber in § 57 AO neue Regeln geschaffen, wonach die Zusammenarbeit in gemeinnützigen Konzernen oder Gruppen erlaubt ist,

23

---

[41] Genauer dazu → § 3 Rn. 87 ff.
[42] Genauer dazu siehe → § 2 Rn. 115 ff.
[43] Vgl. § 18 AktG.
[44] §§ 16, 17 AktG.
[45] Näher unter → § 9 Rn. 62 ff., 67, 69.
[46] Näher unter → § 3 Rn. 92 zu den möglichen rechtlichen Folgen derartiger Bestimmungen.
[47] Vgl. etwa BLSB Gemeinnützigkeit/*Leichinger* S. 190, 194 f.

ohne dafür eine steuerpflichtige und auf Gewinnerzielung gerichtete Mittelbeschaffungsaktivität begründen zu müssen.[48]

III. Allgemeines Zivilrecht

24   Auch im allgemeinen Zivilrecht des Bürgerlichen Gesetzbuchs (BGB) kennt das deutsche Recht die Figur des Unternehmers, den in dieser Funktion insb. im Kontext vertraglicher Schuldverhältnisse besondere Rechtsfolgen (dh regelmäßig Pflichten) treffen.[49] Hierzu bietet das BGB eine Legaldefinition, wonach Unternehmer – als **Gegenbegriff zum schutzwürdigen Verbraucher**[50] – jedes Rechtssubjekt ist, das bei Abschluss eines Rechtsgeschäfts in Ausübung seiner gewerblichen oder selbstständigen beruflichen Tätigkeit handelt.[51] Anders als für den Kaufmannsbegriff des Handelsrechts spielt der Umfang der gewerblichen Tätigkeit keine Rolle. Auch Kleingewerbetreibende sind somit Unternehmer iSd § 14 Abs. 1 BGB.[52]

25   Die Annahme einer Unternehmereigenschaft nach § 14 Abs. 1 BGB hat Auswirkungen auf die Anwendbarkeit von überwiegend unionsrechtlich geprägten Schutzvorschriften, die die strukturell asymmetrischen Machtverhältnisse zwischen gewerblichen (also professionellen) Akteuren und Verbrauchern betreffen. Diese Schutznormen, die allesamt auf die allgemeine Definition des Verbrauchers und des Unternehmers in §§ 13 f. BGB zurückgreifen, finden sich an unterschiedlichster Stelle im BGB verortet. Verbraucher sind insb. im Rahmen der sog. Verbrauchsgüterkäufe, Verbraucherdarlehen und im Rahmen Allgemeiner Geschäftsbedingungen durch besondere Rechte geschützt.[53] Nach § 13 BGB kann Verbraucher nur eine natürliche Person sein. Gemeinnützige Körperschaften können daher nicht von diesen vorteilhaften rechtlichen Bestimmungen profitieren.[54] Umgekehrt können sie selbst als Unternehmer besondere Pflichten und Anforderungen treffen, wenn sie in rechtliche Beziehungen zu Verbrauchern treten.

26   Die Eigenschaft als Verbraucher oder Unternehmer ist nicht kategorisch subjektbezogen (wie etwa die handelsrechtliche Kaufmannseigenschaft), sondern ist vielmehr **situativ für jedes einzelne Rechtsgeschäft** gesondert festzustellen.[55] Sofern es sich bei gemeinnützigen Körperschaften um juristische Personen handelt, liegen die personellen Voraussetzungen der Unternehmereigenschaft vor.[56] Nach überwiegender Auffassung steht die Verfolgung steuerbegünstigter Zwecke der Annahme einer Unternehmereigenschaft auch nicht grundsätzlich entgegen.[57] Die sachliche Voraussetzung – also das Handeln in Ausübung der gewerblichen Tätigkeit – ist allerdings bei gemeinnützigen Organisationen, selbst bei gemeinnützigen Unternehmen, nicht stets gegeben. Auch wenn diese als juristische Personen keine Verbraucher sein können, müssen sie nicht zwangsläufig Unternehmer sein.[58]

---

[48] Siehe dazu genauer → § 2 Rn. 102 f., 122 ff.
[49] Das bürgerliche Recht kennt daneben im Kontext der besonderen Schuldverhältnisse aus althergebrachtem Sprachverständnis noch den sog. (Werk-)Unternehmer als Auftragnehmer eines Werkvertrags (§ 631 Abs. 1 BGB); vgl. auch *Otterbach* ZStV 2020, 196 (196).
[50] Vgl. § 13 BGB.
[51] Vgl. § 14 Abs. 1 BGB.
[52] Zur Abgrenzung der Begriffe des Unternehmers des BGB und des Kaufmanns nach HGB sowie weiteren Unternehmerbegriffen vgl. Staudinger/*Fritzsche* BGB § 14 Rn. 17 f. bzw. 30 ff. jeweils mwN.
[53] Vgl. etwa §§ 241a, 310 Abs. 3, 447, 474 ff., 491 ff. BGB. Eine vollständige Übersicht bietet Staudinger/*Fritzsche* BGB § 14 Rn. 18 ff.
[54] Vgl. *Otterbach* ZStV 2020, 196 (197), der allerdings in Einzelfällen besonderer Schutzbedürftigkeit auch kleineren (insb. nicht gewerblich agierenden) Vereinen eine Verbrauchereigenschaft zusprechen möchte (vgl. *Otterbach* ZStV 2020, 196 (198 f.)); *Struck* MittBayNot 2003, 259 (260) mwN.
[55] Vgl. § 14 Abs. 1 BGB: „bei Abschluss eines Rechtsgeschäfts".
[56] Lediglich bei nicht rechtsfähigen Vereinen kann dies demnach ausscheiden.
[57] Palandt/*Ellenberger* BGB § 14 Rn. 2; Staudinger/*Fritzsche* BGB § 14 Rn. 37.
[58] So schon *Rieger* MittBayNot 2002, 325 (327): Vereine und Stiftungen als „Weder-Verbraucher-Noch-Unternehmer"; vgl. auch *Meier/Schmitz* NJW 2019, 2345 (2347 f.).

Vielmehr ist – ähnlich wie bereits im Zuge des Handelsrechts[59] – jedenfalls bei Vereinen und Stiftungen zwischen den einzelnen Tätigkeitsbereichen zu differenzieren, insb. ist zwischen den Sphären der unternehmerischen bzw. vermögensverwaltenden und ideellen Tätigkeit zu unterscheiden.[60] Parallel zum Handelsrecht könnten **gemeinnützige Kapitalgesellschaften** insgesamt als gewerblich und damit als Unternehmer zu behandeln sein.[61]

Die Absicht zur **Gewinnerzielung** ist nach allgemeiner Auffassung auch für den Unternehmerbegriff des § 14 BGB keine notwendige Voraussetzung, vielmehr reicht bereits ein selbstständiges und planmäßiges, auf gewisse Dauer angelegtes Anbieten entgeltlicher Leistungen am Markt zur Annahme der tatbestandlichen gewerblichen Tätigkeit aus.[62] Auch nach diesen geringen Anforderungen begründet aber – mangels entgeltlicher Tätigkeit am Markt – weder die genuin ideelle Tätigkeit noch die steuerfreie Vermögensverwaltung eine Unternehmereigenschaft.[63] Zumindest bei (entgeltlichen) Tätigkeiten im Rahmen der wirtschaftlichen Geschäftsbetriebe dürften aber die sachlichen Voraussetzungen der gewerblichen Tätigkeit regelmäßig erfüllt sein. Werden hierbei etwa Verbrauchern Erzeugnisse zum Verkauf angeboten, gelten zugunsten des Käufers veränderte Vorschriften zur Mängelgewährleistung und Garantie. Bei der Vergabe von Darlehen an Verbraucher gilt damit (jedenfalls im Bereich der Mittelbeschaffung) für den Darlehensvertrag ein besonderes Schriftformbedürfnis mit inhaltlichen Mindestanforderungen.[64]

27

Bei **Zweckbetrieben** ist vergleichbar den handelsrechtlichen Ausführungen zu differenzieren.[65] Rechtsgeschäfte im Rahmen von Zweckbetrieben, welche mit Gewinnerzielungsabsicht betrieben werden, begründen grundsätzlich die Unternehmereigenschaft. Auch wenn eine Gewinnerzielungsabsicht nicht erforderlich ist, solange eine entgeltliche Tätigkeit am Markt erfolgt, kann beispielsweise bei lediglich symbolischen „Entgelten" die Gewerblichkeit und damit die Unternehmereigenschaft im Einzelfall zu verneinen sein. Allerdings kann diese Wertung wegen des zugrunde liegenden Regelungszwecks von Erwägungen des Verbraucherschutzes ebenso gut in die andere Richtung beeinflusst werden.

28

IV. Gemeinnützigkeitsrecht

Zwar ist das Gemeinnützigkeitsrecht auch Teil des Steuerrechts, denn durch die §§ 51 ff. AO wird in erster Linie geregelt, unter welchen Voraussetzungen Aktivitäten einer gemeinnützigen Körperschaft von den Ertragsteuern befreit werden. Darin erschöpft sich aber nicht die Bedeutung dieser Normen. Vielmehr zwingt das Gemeinnützigkeitsrecht die Körperschaften, in ihrer Satzung die wesentlichen gemeinnützigkeitsrechtlichen Grundprinzipien aufzunehmen (sog. **formelle Satzungsmäßigkeit,** § 60 AO). Dadurch sind die Körperschaften je nach Rechtsform auch vereins-, stiftungs- oder gesellschaftsrechtlich gezwungen, gemeinnützige Zwecke zu verfolgen. Der Bedeutungsgehalt dieser im Steuerrecht veranker-

29

---

[59] Siehe dazu → Rn. 12 ff.
[60] *Voigt* Non Profit Law Yearbook 2004, 223 (224).
[61] Die Gewerblichkeitsfiktion der Formkaufleute lässt sich allerdings nicht ohne Weiteres sachgerecht auf den Bereich des Verbraucherschutzes übertragen. Ansonsten müsste auch bei der Vergabe zinsloser Darlehen iRd eigentlichen Zweckverfolgung (ideeller Bereich) ein Verbraucherkredit angenommen werden. So aber *Meier/Schmitz* NJW 2019, 2345 (2348) mwN. Allgemein lässt sich in der Literatur eine Tendenz erkennen, die handelsrechtlichen Wertungen 1:1 auf die §§ 13 f. BGB zu übertragen (so zB Palandt/*Ellenberger* BGB § 14 Rn. 2 bzgl. § 344 HGB).
[62] Jedenfalls für den Verbrauchsgüterkauf st. Rspr. seit BGH 29.3.2006 – VIII ZR 173/05, BGHZ 167, 40, Rn. 14; vgl. Palandt/*Ellenberger* BGB § 14 Rn. 2; *Struck* MittBayNot 2003, 259 (262).
[63] So allgemein für die Verwaltung und Anlage eigenen Vermögens (solange diese keinen gewerblichen Umfang erreicht) BGH 23.10.2001 – XI ZR 63/01, BGHZ 149, 80, Rn. 23; aA wohl *Meier/Schmitz* NJW 2019, 2345 (2348).
[64] Vgl. § 492 BGB.
[65] Siehe genauer bereits → Rn. 13.

ten Begriffe der ausschließlichen, unmittelbaren und selbstlosen Verfolgung des jeweiligen gemeinnützigen Zwecks prägt die Handlungsmaßstäbe der Organe nicht nur zur Ermittlung der steuerlichen Bemessungsgrundlage, sondern umfassend.[66] Bei Verstoß gegen eine Vorschrift der §§ 51 ff. AO ist entweder die Geschäftsführung so zu ändern, dass die Zweckverfolgung wieder in Übereinstimmung mit den gesetzlichen Vorschriften stattfindet, oder es muss alternativ der Zweck geändert werden. Eine Zweckänderung, weg von der gemeinnützigen Zweckverfolgung, ist bei Stiftungen nur unter selten vorliegenden Voraussetzungen möglich und erfordert bei Vereinen nach § 33 Abs. 1 S. 2 BGB regelmäßig die Zustimmung aller Mitglieder.[67]

30 Das Gemeinnützigkeitsrecht bildet deswegen das **Ordnungsrecht** für den größten Bereich der Non-Profit-Organisationen. Es ist untypisches Steuerrecht, da es nicht in erster Linie um die Erhebung von Steuern zur Deckung des allgemeinen Finanzbedarfs geht, sondern um die Lenkung der Tätigkeiten von Non-Profit-Organisationen.[68] Auch gemeinnützige Unternehmen sind in erheblichem Umfang steuerpflichtig. Allerdings enthält das Gemeinnützigkeitsrecht Abgrenzungen zwischen dem steuerpflichtigen und dem steuerfreien Bereich.[69]

V. Steuerrecht

31 Im Steuerrecht spielt der Unternehmensbegriff zum einen eine Rolle im Umsatzsteuerrecht, zum anderen im Ertragsteuerrecht.

Im **Umsatzsteuerrecht** ist maßgebend, ob ein Unternehmer Leistungen gegen Entgelt ausführt.[70] Jeder, der Leistungen gegen Entgelt ausführt, unterliegt mit diesen grundsätzlich der Umsatzsteuer, es sei denn, die entsprechenden Leistungen sind im Einzelfall umsatzsteuerbefreit oder der Unternehmer ist ein sog. Kleinunternehmer.[71]

32 **Ertragsteuerlich** unterliegt jedes gemeinnützige Unternehmen grundsätzlich der Körperschaft- und Gewerbesteuer. Allerdings können die Einkünfte aus der gemeinnützigen Tätigkeit steuerbefreit sein, wenn die unternehmerischen Tätigkeiten bspw. im Rahmen eines steuerbegünstigten Zweckbetriebes ausgeführt werden. Außerhalb des unternehmerischen Bereiches kann zwar auch Körperschaftsteuer anfallen, bspw. unter bestimmten Voraussetzungen für vermögensverwaltende Tätigkeiten.[72] Im Regelfall werden gemeinnützige Organisationen aber nur im Bereich des steuerpflichtigen wirtschaftlichen Geschäftsbetriebes besteuert. Unterschieden werden **vier Sphären.**[73] Im sog. ideellen Bereich und im Bereich der Vermögensverwaltung sowie im Bereich des Zweckbetriebes bleiben Gewinne der gemeinnützigen Organisation unbesteuert. Der Gesetzgeber prämiert mit der Steuerfreiheit die gemeinnützige Zweckverfolgung im Interesse der Allgemeinheit.

33 Gemeinnützige Unternehmen unterliegen ggf. auch der **Gewerbesteuer.**[74] Der Gewerbesteuer unterliegt jeder stehende Gewerbebetrieb, soweit er im Inland betrieben wird, wobei die Tätigkeit der Kapitalgesellschaft stets und in vollem Umfang als Gewerbebetrieb gilt. Als ein solcher gilt auch die Tätigkeit der sonstigen juristischen Personen des privaten Rechts und der nichtrechtsfähigen Vereine, dh insb. der Stiftungen und Idealvereine, soweit sie einen wirtschaftlichen Geschäftsbetrieb (ausgenommen Land- und Forstwirtschaft) unterhalten.[75] Im steuerpflichtigen wirtschaftlichen Geschäftsbetrieb wird der nach steuerli-

---

[66] Vgl. BGH 15.4.2021 – III ZR 139/20, BeckRS 2021, 15603.
[67] Näher sogleich unter → Rn. 41.
[68] Dazu *Hüttemann* 72. DJT I/G, 2018, 19 f.
[69] Genauer dazu unter → § 2 Rn. 49 ff.; → § 7.
[70] Vgl. § 2 UStG.
[71] Näher unter → § 7 Rn. 85 ff.
[72] Näher unter → § 2 Rn. 53.
[73] Ausführlich dazu → § 2 Rn. 50 ff.
[74] § 2 Abs. 1 GewStG.
[75] § 2 Abs. 3 GewStG.

chen Vorschriften ermittelte Gewinn, das Einkommen, der Körperschaft- und Gewerbesteuer zzgl. des Solidaritätszuschlags unterworfen.

Gemeinnützige Unternehmen schulden aber ggf. auch **Grundsteuer,** wobei für gemeinnützig genutzte Immobilien eine Befreiung greifen kann, oder **Schenkungsteuer,** wenn eine Zuwendung im wirtschaftlichen Geschäftsbetrieb verbraucht wird.[76] 34

Besondere Vorsicht ist beim **Wechsel von der steuerpflichtigen in die steuerfreie Sphäre** erforderlich, weil es dann zu einer Schlussbesteuerung im steuerpflichtigen Bereich kommen kann. Es wäre ein Irrtum zu glauben, gemeinnützige Unternehmen seien generell von Steuern befreit. Vielmehr sind viele Detailregelungen zu bedenken.[77] 35

VI. Rechnungswesen

Gemeinnützige Unternehmen unterliegen typischerweise besonderen Rechnungslegungsvorschriften.[78] Dabei gilt es zu unterscheiden zwischen Rechnungslegungsvorschriften, die an die Rechtsform anknüpfen, wie bspw. für Kapitalgesellschaften und Rechnungslegungsvorschriften, die für jegliche Unternehmen ab bestimmten Größenklassen greifen.[79] Auch für die Frage, ob eine gemeinnützige Organisation gesetzlich zwingend der Wirtschaftsprüfung unterliegt, ist wiederum von wesentlicher Bedeutung, ob ein gemeinnütziges Unternehmen vorliegt.[80] Sollte nur teilweise eine unternehmerische Tätigkeit ausgeübt werden, ist rechtlich zwingend meist nur in Bezug auf ein Teilvermögen ein bestimmter Rechnungslegungsabschluss vorgesehen. Praktikabler ist es natürlich, dann für die gesamte Einheit einen einheitlichen Rechnungslegungsabschluss zu erstellen, wie es auch der weit verbreiteten Praxis entspricht.[81] 36

C. Gemeinnützigkeitsrecht für Unternehmen – Überblick

I. Gegenstand des Unternehmens

Im Gesellschaftsrecht, im Vereinsrecht und im Stiftungsrecht ist ebenso wie im Gemeinnützigkeitsrecht geregelt, welcher Zweck verfolgt wird und was Gegenstand der Tätigkeit des Unternehmens ist. Im Vereinsrecht ist bestimmt, dass ein Verein, dessen Zweck nicht auf einen wirtschaftlichen Geschäftsbetrieb gerichtet ist, die Rechtsfähigkeit durch Eintragung in das Vereinsregister des zuständigen Amtsgerichts erlangt (§ 21 BGB). Entscheidend für das Vereinsrecht ist, dass der Verein nur dann durch Eintragung die Rechtsfähigkeit erlangen kann, wenn der Zweck nicht auf einen wirtschaftlichen Geschäftsbetrieb gerichtet ist (sog. **Idealverein**). Lange Zeit war streitig, ob gemeinnützige Vereine, die primär ein gemeinnütziges Unternehmen unterhalten, indem sie bspw. Kindertagesstätten betreiben, überhaupt als Idealvereine existieren können. 37

Der BGH hat nunmehr aber entschieden, dass die Gemeinnützigkeit ein wesentliches Indiz dafür ist, dass ein Verein in erster Linie ideelle Zwecke verfolgt und der wirtschaftliche Geschäftsbetrieb nur im Rahmen des sog. **Nebenzweckprivilegs** ausgeübt wird.[82] Die 38

---

[76] Wallenhorst/Halaczinsky Besteuerung/*Halaczinsky* Kap. O Rn. 45 ff. bzw. Kap. M Rn. 121 (aE).
[77] Eingehend → § 7 Rn. 1 ff.
[78] Vgl. zur Rechnungslegung etwa Wallenhorst/Halaczinsky Besteuerung/*F. Wallenhorst* Kap. B (passim); näher → § 9 Rn. 46 ff.
[79] Näher → § 9 Rn. 22 ff. und Rn. 56 ff.
[80] Näher → § 9 Rn. 78 f.
[81] Zur sog. „Einheitsrechnungslegung" siehe auch *Hüttemann* GemeinnützigkeitsR Rn. 5.187 f. mwN.
[82] Vgl. BGH 16.5.2017 – II ZB 7/16, BGHZ 215, 69, Rn. 23 ff. unter Bezugnahme auf *Schauhoff/Kirchhain* ZIP 2016, 1857.

Gesetzgebungshistorie zeige, dass der Gesetzgeber den gemeinnützigen Verein als Regelfall eines Idealvereins angesehen habe.[83] Der Idealverein sei damit gerade als Gegenstück zu den (Kapital-)Gesellschaften entworfen worden, deren Gesellschaftsinteresse auf Erzielung eines Geschäftsgewinns und den wirtschaftlichen Vorteil des Einzelnen abziele.[84] Für die Annahme eines unschädlichen Nebenzwecks sei schließlich nicht der Umfang der wirtschaftlichen Tätigkeit entscheidend, sondern die **funktionale Unterordnung** unter den ideellen Hauptzweck.[85] Dies umfasse zugleich die Verfolgung des ideellen Zwecks unmittelbar durch den Geschäftsbetrieb, wie dies bei einem der Entscheidung zugrunde liegenden Kita-Verein typischerweise der Fall ist.

39 Auch wenn es in der vereinsrechtlichen Literatur stellenweise weiterhin umstritten ist,[86] ob die Gemeinnützigkeit generell als hinreichend dafür anzuerkennen ist, dass die Idealvereins-eigenschaft gegeben ist, wird die BGH-Entscheidung – nachdem der Gesetzgeber in Kenntnis dieser Entscheidung eine Gesetzesänderung abgelehnt hat – von der Rechtspraxis als maßgebende Leitentscheidung angesehen.[87] Es gibt allerdings keine Bindung der Vereinsregister an die Entscheidungen der Finanzbehörden. Von daher gibt es gelegentlich Fälle, in denen bspw. bei Sportvereinen die Idealvereinseigenschaft – ungeachtet des Umstandes, dass die Finanzverwaltung die Gemeinnützigkeit anerkannt hat – bestritten wird. Sofern aber den Vereinsregistern oder Finanzbehörden keine Erkenntnisse vorliegen, die gegen die Übereinstimmung der Geschäftsführung mit den satzungsmäßigen Vorgaben sprechen, wird die Idealvereinseigenschaft auch beim Betreiben von funktional untergeordneten steuerpflichtigen oder steuerbefreiten wirtschaftlichen Geschäftsbetrieben anerkannt.

40 Im Stiftungsrecht muss nach § 81 Abs. 1 Satz 3 Nr. 3 BGB der **Zweck der Stiftung** in der Satzung niedergelegt sein. Eine Zweckänderung ist nach § 87 Abs. 1 BGB bislang grundsätzlich nur möglich, wenn die Erfüllung des Stiftungszwecks unmöglich geworden ist, da die Stiftung der Verwirklichung des ursprünglichen, im jeweiligen Stiftungsgeschäft niedergelegten Stifterwillens dient. Wollte der Stifter eine gemeinnützige Tätigkeit, wird dies regelmäßig bedeuten, dass die Geschäftsführung bei einem sich ändernden Gemeinnützigkeitsrecht gezwungen ist, den geänderten Rechtsrahmen zu beachten, um die Zweckvorgabe zu erfüllen. Gemeinnützigkeitsrechtlich ist vorgeschrieben, dass nicht nur der verfolgte Zweck, sondern auch die Art der angestrebten Tätigkeit in der Satzung festzuschreiben ist (§ 60 Abs. 1 S. 1 AO).

41 Sowohl für Vereine als auch für Stiftungen stellt sich die Frage, wie die **Art der Tätigkeit** von dem eigentlichen Vereins- oder Stiftungszweck abzugrenzen ist. In § 33 Abs. 1 S. 2 BGB ist bestimmt, dass der Vereinszweck regelmäßig nur einstimmig geändert werden kann,[88] im Stiftungsrecht ist dies nur nach Maßgabe des mutmaßlichen Stifterwillens unter Berücksichtigung geänderter wesentlicher Umstände sehr eingeschränkt möglich. In § 85 BGB hat der Gesetzgeber durch das soeben verabschiedete Gesetz zur Vereinheitlichung des Stiftungsrechts v. 16.7.2021 (BGBl. 2021 I 2947) geregelt, dass Zweckänderungen nur genehmigungsfähig sind, wenn die dauernde und nachhaltige Erfüllung des Stiftungszwecks unmöglich ist.[89] Es gibt mittlerweile eine Reihe von Urteilen, aus denen sich ergibt, dass die **Gemeinnützigkeit** eines Vereins oder einer Stiftung regelmäßig **konstitutiver Bestand-**

---

[83] So BGH 16.5.2017 – II ZB 7/16, BGHZ 215, 69, Rn. 24 unter Auswertung von *Mugdan* Die gesammelten Materialien zum Bürgerlichen Gesetzbuch für das Deutsche Reich, Bd. I, S. LIX, 400 f., 604.
[84] BGH 16.5.2017 – II ZB 7/16, BGHZ 215, 69, Rn. 25.
[85] BGH 16.5.2017 – II ZB 7/16, BGHZ 215, 69, Rn. 29 ff. mwN.
[86] Vgl. nur MüKoBGB/*Leuschner* BGB §§ 21, 22 Rn. 27 ff. mwN.
[87] Vgl. *Hüttemann* JZ 2017, 897–901.
[88] Allerdings liegt dieser Anforderung nach hM ein enges Begriffsverständnis des „Zwecks" zugrunde, sodass nicht jede textliche Änderung der diesbezüglichen Satzungsbestimmung einer tatbestandlichen Zweckänderung gleichkommt: OLG Düsseldorf 28.2.2020 – I-3 Wx 214/19, NZG 2020, 956, Rn. 22; vgl. zum Zweckbegriff auch sogleich → Rn. 46 ff.
[89] Eingehend → Rn. 118.

teil des Zwecks ist und daher nur unter den dargestellten erschwerten Erfordernissen eine Änderungsmöglichkeit besteht.⁹⁰

Abweichend von Vereins- und Stiftungsrecht ist im **GmbH-Recht** in § 3 Abs. 1 Nr. 2 **42** GmbHG geregelt, dass der Gesellschaftsvertrag den **Gegenstand des Unternehmens** enthalten muss. Das GmbHG kennt daneben allerdings ebenfalls den Begriff des (Gesellschafts-)Zwecks.⁹¹ Die Begriffe sind nach herrschender Auffassung nicht synonym zu verstehen, die Einzelheiten der Abgrenzung sind umstritten.⁹² Mit dem satzungsobligatorischen Gegenstand des Unternehmens ist letztlich die Art und der Bereich der Tätigkeit des Unternehmens gemeint, während der Gesellschaftszweck den Endzweck bzw. das Ziel iSd eigentlichen Motivation für das gesellschaftliche Zusammenwirken umreißt. Typischerweise sind dies (erwerbs-)wirtschaftliche oder ideelle Zwecke.⁹³ Regelmäßig konkretisiert der Unternehmensgegenstand daher den Gesellschaftszweck, sodass der Zweck auch als Oberbegriff des Unternehmensgegenstands verstanden werden kann.⁹⁴ Auch bei im Kern erwerbswirtschaftlich ausgerichteten Kapitalgesellschaften spielen aber in zunehmendem Maße ideelle Nebenaspekte eine Rolle, wenngleich diese mangels Ausschließlichkeit der gemeinnützigen Tätigkeit iSd § 56 AO nicht steuerbegünstigt sind.⁹⁵

Überlagert werden diese vereins-, stiftungs- oder gesellschaftsrechtlichen Erfordernisse **43** für gemeinnützige Unternehmen durch § 60 AO. In § 60 AO hat der Gesetzgeber bestimmt, dass in der Satzung einer gemeinnützigen Körperschaft zum einen die Satzungszwecke, zum anderen aber auch die Art der Verwirklichung der Satzungszwecke so genau bestimmt sein müssen, dass **aufgrund der Satzung** geprüft werden kann, ob die satzungsmäßigen Voraussetzungen für Steuervergünstigungen gegeben sind. Zusätzlich regelt § 60 Abs. 2 AO, dass die Satzung einer gemeinnützigen Körperschaft diesen Erfordernissen grundsätzlich während des ganzen Veranlagungs- oder Bemessungszeitraumes entsprechen muss. Mit anderen Worten: Unterjährige Satzungsänderungen wirken gemeinnützigkeitsrechtlich möglicherweise erst für den nachfolgenden Veranlagungszeitraum.

Das Gemeinnützigkeitsrecht ist ausgesprochen satzungsstreng ausgestaltet. Der Gesetzgeber hat Wert darauf gelegt, dass die Organe einer gemeinnützigen Körperschaft – gleich welcher Rechtsform – durch die Satzung dazu verpflichtet werden, die tatsächliche Geschäftsführung an den gemeinnützigkeitsrechtlichen Geboten auszurichten. Dabei wird im Gemeinnützigkeitsrecht typischerweise unterschieden zwischen dem gemeinnützigen Zweck, was sich auf die gemeinnützigen Oberbegriffe wie „Förderung von Wissenschaft und Forschung" oder „Förderung des Wohlfahrtswesens" oder „Förderung des Sports" bezieht. Ergänzend kommt das Erfordernis hinzu, die **Art der Verwirklichung** des gemeinnützigen Zwecks zu bezeichnen, bspw. indem es in der Satzung heißt „Unterhaltung einer Werkstatt für behinderte Menschen" oder „Unterhaltung eines Altenheimes" etc. Damit soll schon aus der Satzung die Übereinstimmung der geplanten Tätigkeit mit einer gemeinnützigen Zweckverfolgung ersichtlich sein.⁹⁶

---

⁹⁰ So jetzt ausdrücklich BGH 15.4.2021 – III ZR 139/20, BeckRS 2021, 15603 (Rn. 41 ff.); vgl. zuvor OLG Celle 12.12.2017 – 20 W 20/17, npoR 2018, 164 ; OLG Hamm 16.8.2011 – I-15 W 546/10, BeckRS 2011, 24067, Rn. 38 f.; OLG Köln 29.11.1994 – 24 U 101/94, NJW-RR 1996, 1180; anders OLG Frankfurt 11.11.1998 – 23 U 256/97, BeckRS 1998, 16133 für die lediglich klarstellende Aufgabe einer im Bereich der tatsächlichen Geschäftsführung bereits seit langem nicht mehr bestehende und nicht mehr anerkannte Gemeinnützigkeit; vgl. ausdrücklich Stöber/Otto VereinsR-HdB/*Otto* Rn. 1115 ff. für den Ausstieg aus der Gemeinnützigkeit; Erman/*Westermann* BGB § 33 Rn. 1 (aE); sowie *Hüttemann* FS Reuter, 2010, 121 (136), der für den Ausstieg eines Idealvereins aus der Gemeinnützigkeit danach differenziert, ob damit zugleich das ideelle Verbandsziel zugunsten einer erwerbswirtschaftlichen Zielsetzung aufgegeben wird.
⁹¹ Vgl. §§ 1, 61 Abs. 1 GmbHG; Gleiches gilt für die AG: § 23 Abs. 3 Nr. 2 AktG.
⁹² Vgl. Lutter/Hommelhoff/*Bayer* GmbHG § 1 Rn. 2 f.; Roth/Altmeppen/*Altmeppen* GmbHG § 1 Rn. 4 ff.
⁹³ Vgl. MüKoGmbHG/*Fleischer* GmbHG § 1 Rn. 9.
⁹⁴ So Lutter/Hommelhoff/*Bayer* GmbHG § 1 Rn. 3; Roth/Altmeppen/*Altmeppen* GmbHG § 1 Rn. 6.
⁹⁵ Zur Geschichte und Funktion von *Corporate Social Responsibility* (CSR) und *Corporate Purpose* im Sinne eines höheren Daseinszwecks vgl. nur *Fleischer* ZIP 2021, 5.
⁹⁶ So ausdrücklich § 60 Abs. 1 S. 1 AO.

45 Die Finanzverwaltung hat erfolgreich darauf hingewirkt, in § 60 Abs. 1 S. 2 AO zu regeln, dass sich die Satzungen gemeinnütziger Körperschaften an der sog. **Mustersatzung** der Finanzverwaltung orientieren müssen und Abweichungen davon nur in sehr begrenztem Umfang möglich sind.[97] Deswegen wird zwischen den Satzungen oder Gesellschaftsverträgen gemeinnütziger Organisationen typischerweise nach dem Zweck und der Art der Verwirklichung des Zwecks unterschieden. Es ist aber keineswegs so, dass der vereinsrechtliche Begriff des Zwecks mit diesem gemeinnützigkeitsrechtlichen Begriff des Zwecks identisch wäre. Das zeigt sich schon daran, dass nach der Mustersatzung auch gemeinnützige Kapitalgesellschaften einen satzungsmäßigen „Zweck" angeben müssen, während das Gesellschaftsrecht für die Satzung beziehungsweise den Gesellschaftsvertrag lediglich die Angabe des „Unternehmensgegenstands" verlangt. Was vereinsrechtlich oder stiftungsrechtlich der nur schwer änderbare Zweck ist, ist durch Auslegung der Formulierung zu ermitteln. Der Kern dessen, was aus Sicht der Vereinsmitglieder bzw. des Stifters in jedem Fall betrieben oder fortgeführt werden soll, macht den Zweck aus. Typischerweise wird dies die gemeinnützige Zweckerfüllung durch eine bestimmte Tätigkeit auf einem bestimmten Gebiet sein. Die Art der Verwirklichung der gemeinnützigen Zweckerfüllung kann aber auch beispielhaft gemeint sein und weitere Durchführungsformen können in der Satzung niedergelegt werden, ohne dass deswegen eine Zweckänderung im vereins- oder stiftungsrechtlichen Sinne erforderlich wäre.

II. Zweck der Tätigkeit

1. Bestimmter gemeinnütziger Zweck

46 Nach § 59 AO ist Voraussetzung für die Steuervergünstigung wegen Gemeinnützigkeit, dass sich aus der Satzung, dem Stiftungsgeschäft oder der sonstigen Verfassung ergibt, welchen Zweck die Körperschaft verfolgt, dass dieser Zweck den Anforderungen der §§ 52–55 AO entspricht und dass er ausschließlich und unmittelbar verfolgt wird.[98] Die tatsächliche Geschäftsführung muss diesen Satzungsbestimmungen entsprechen. Aus dieser Norm ergibt sich, dass eine gemeinnützige Körperschaft nur Zwecke verfolgen darf, die dem Satzungszweck entsprechen. Dabei kommt es entscheidend darauf an, dass der verfolgte Zweck ein gemeinnütziger Zweck ist.

47 Die **gemeinnützigen Zwecke** (ieS) sind in § 52 AO definiert. Die wichtigsten Zwecke für gemeinnützige Unternehmen sind die Förderung von Wissenschaft und Forschung sowie die Förderung des öffentlichen Gesundheitswesens, die Förderung der Jugend- und Altenhilfe, der Kunst und Kultur, der Erziehung, die Volks- und Berufsbildung sowie die Förderung des Wohlfahrtswesens oder die Förderung der Entwicklungszusammenarbeit, des Umweltschutzes (einschließlich des Klimaschutzes[99]) oder von Verbraucherberatung und Verbraucherschutz sowie des Sports.

48 Durch die Gemeinnützigkeitsreform 2020[100] neu hinzugekommen sind die Förderung der Hilfe für aufgrund ihrer geschlechtlichen Identität oder Orientierung diskriminierte Menschen, die Förderung der Ortsverschönerung, des Freifunks sowie die Förderung der Unterhaltung und Pflege von Friedhöfen.[101]

---

[97] Dies bedeutet aber – entgegen der Auffassung von Teilen der Finanzverwaltung – nicht, dass diese Formulierungen ausnahmslos wortwörtlich in die Satzung aufgenommen werden müssen: Hessisches FG v. 26.2.2020 – 4 K 594/18, EFG 2020, 902, Rn. 44 (Rev. BFH V R 11/20); zum weiteren Streitstand siehe *Weitemeyer* GmbHR 2021, 57 (59) mwN.
[98] Vgl. zu den inhaltlichen Anforderungen Klein/*Gersch* AO § 59 Rn. 1; Koenig/*Koenig* AO § 59 Rn. 4.
[99] Dieser war bereits vor der Klarstellung im Rahmen des Jahressteuergesetzes 2020 nach herrschender Meinung von der Förderung des Natur- und Umweltschutzes gem. § 52 Abs. 2 S. 1 Nr. 8 AO erfasst: vgl. Tipke/Kruse/*Seer* AO § 52 Rn. 30.
[100] Jahressteuergesetz 2020, BGBl. 2020 I 3096 (3125); vgl. zu den neu hinzugekommen Zwecken im Einzelnen *Bott* BB 2021, 414 (415 f.).
[101] Vgl. AEAO zu § 52 Tz. 2.6, 2.7 und 2.9.

49 Alle gemeinnützigen Zwecke können gemeinnützig oder nichtgemeinnützig verfolgt werden. Wissenschaft wird sowohl von Unternehmen betrieben, die Forschungslabore unterhalten, als auch von Universitäten oder gemeinnützigen Forschungsinstituten. Auf allen vorgenannten Feldern gibt es mittlerweile Wettbewerb zwischen gemeinnützigen und kommerziellen Anbietern. Dies steht grundsätzlich nicht der gemeinnützigen Zweckverfolgung entgegen. Allerdings kann der Wettbewerb dazu führen, dass Einkünfte aus einer entsprechenden Tätigkeit unter Umständen wegen des in § 65 Nr. 3 AO verankerten Gebots, dass eine gemeinnützige Körperschaft nicht mehr als unvermeidlich in Wettbewerb zu kommerziellen Anbietern treten darf, zu steuerpflichtigen wirtschaftlichen Geschäftsbetrieben führen. Ein Problem für gemeinnützige Unternehmen kann sich ergeben, wenn ihre ursprünglich als gemeinnützig anerkannte Tätigkeit aufgrund einer geänderten Verwaltungsauffassung oder neuen Rechtsprechung fortan als steuerpflichtig beurteilt wird und damit die Zweckverfolgung nicht ausschließlich auf steuerbegünstigte Zwecke ausgerichtet ist.[102]

50 Allerdings gibt es zahlreiche Tätigkeitsfelder gemeinnütziger Unternehmen, die nach §§ 66–68 AO **spezielle Zweckbetriebsbegünstigungen** in Anspruch nehmen können. Dies ist bspw. für Alten- und Pflegeheime oder Werkstätten für behinderte Menschen, für Kindergärten oder Krankenhäuser, für Inklusionsbetriebe oder für kulturelle Einrichtungen und Veranstaltungen sowie für Bildungs- und Forschungseinrichtungen der Fall. Durch das JStG 2020 neu hinzugekommen sind Zweckbetriebe für Einrichtungen der Flüchtlingshilfe und zur Fürsorge für psychische und seelische Erkrankungen.[103] Diese Organisationen müssen dann im Detail darauf achten, dass die jeweilige Zweckbetriebsbegünstigung, die für den jeweiligen Tätigkeitsbereich an unterschiedliche Voraussetzungen anknüpft, auch tatsächlich beachtet werden, soll nicht die Gemeinnützigkeit gefährdet werden.

51 Wie sich aus dem Gesetz ergibt, muss das gemeinnützige Unternehmen den jeweils in der Satzung niedergelegten gemeinnützigen Zweck auch tatsächlich verfolgen. Nach derzeit herrschender Auffassung ist es einer gemeinnützigen Körperschaft nicht möglich, bspw. in einer Flüchtlingskrise zu helfen, wenn Zweck des Vereins das Betreiben von Sport ist. Diese sehr strenge Auffassung, die sich aus der herkömmlichen Auslegung des Gesetzes ergibt, wurde von der Finanzverwaltung im Billigkeitswege in letzter Zeit bei der sog. Flüchtlingskrise 2015 oder der Coronakrise jeweils aufgeweicht.[104] Generell stellt sich die Frage, ob nicht gemeinnützigen Unternehmen erlaubt werden sollte, **gelegentlich auch andere Tätigkeiten** auszuführen, die nicht der Förderung des eigentlichen Satzungszwecks dienen, so wie auch kommerzielle Unternehmen gelegentlich im Rahmen der Corporate Social Responsibility losgelöst vom eigentlichen Unternehmenszweck gemeinnützige Projekte fördern dürfen.

52 Dies war bereits früher nach Maßgabe des § 58 Nr. 2 AO möglich und ist durch die Neufassung des § 58 Nr. 1 AO im Zuge der Gemeinnützigkeitsreform 2020[105] vom Gesetzgeber bekräftigt worden. Fördertätigkeiten können dadurch – ohne Einschränkung im Umfang – auch für (steuerbegünstigte) Bereiche erfolgen, die nicht den eigenen Satzungszwecken entsprechen. Der Gesetzgeber hat nun in Abweichung zur bisherigen Verwaltungsauffassung anerkannt, dass eine Fördertätigkeit ebenso wie eine operative gemeinnützige Tätigkeit der Verwirklichung des jeweiligen gemeinnützigen Zwecks dient und nur gesondert in der Satzung genannt werden muss, wenn sich die gemeinnützige Körperschaft auf eine Fördertätigkeit beschränkt (§ 58 Nr. 1 S. 4 AO). Problematisch sind damit vor allem die Fälle, in denen eine gemeinnützige Körperschaft außerhalb des eigenen Zwecks nicht einen anderen fördert, sondern eigene Aufwendungen tätigt, was als Mittelfehlverwendung gewertet

---

[102] Dazu näher unter → § 7 Rn. 25 ff. (zu § 65 AO) und → § 2 Rn. 81 ff. (zu § 56 AO).
[103] Vgl. § 68 Nr. 1 Buchst. c und Nr. 4 AO nF; siehe dazu *Bott* 2021, 479 (482).
[104] Vgl. BMF 22.9.2015, BStBl. I 2015, 745 (745 f.) bzw. BMF 9.4.2020, BStBl. I 2020, 498 (498 f.) jeweils Ziff. II und III.
[105] Jahressteuergesetz 2020, BGBl. 2020 I 3096 (3125); dazu genauer unter → § 2 Rn. 95 ff.

werden kann. Im Vorfeld der jüngsten Gemeinnützigkeitsreform wurde umfassend diskutiert, inwiefern **gelegentliche politische Äußerungen** oder Tätigkeiten einer gemeinnützigen Körperschaft außerhalb der eigentlichen Zweckverwirklichung gemeinnützigkeitsschädlich sind. Danach ist die Unterzeichnung von Aufrufen, beispielsweise gegen Rassismus oder für Geschlechtergerechtigkeit oder gegen soziale Diskriminierung auch gemeinnützigen Körperschaften erlaubt wie auch das gelegentliche Sammeln von Mitteln zur Unterstützung von Flüchtlingen. Der Gesetzgeber hielt dazu keine gesetzliche Klarstellung für erforderlich.[106] Wenn allerdings dauerhaft Tätigkeiten außerhalb des Bereichs der in der Satzung niedergelegten Zwecke aufgenommen werden sollen, wird dies zuvor eine Satzungsänderung erfordern.

53 Das Gemeinnützigkeitsrecht schreibt nicht vor, in welcher Weise der jeweilige steuerbegünstigte Zweck gefördert wird. Wesentlich ist aber, dass er gefördert werden soll. Die Zielrichtung der Tätigkeit muss sein, auf dem jeweiligen Gebiet im Interesse der Allgemeinheit eine Verbesserung zu bewirken. § 63 Abs. 1 AO formuliert, dass die tatsächliche Geschäftsführung der Körperschaft auf die ausschließliche und unmittelbare Erfüllung der steuerbegünstigten Zwecke *gerichtet* sein und den Bestimmungen entsprechen muss, die die Satzung über die Voraussetzungen für die Steuervergünstigungen enthält. Aus dieser Norm ergibt sich, dass die gemeinnützige Körperschaft nicht dafür verantwortlich zu machen ist, wenn der erhoffte Effekt nicht eintritt. Es wird **kein Erfolg geschuldet,** sondern ein Bemühen.[107] Auch beurteilt das Gemeinnützigkeitsrecht nicht, welche einzelnen Maßnahmen mehr oder weniger Erfolg versprechend sein könnten, dies haben vielmehr die gemeinnützigen Körperschaften selbst zu entscheiden. Es ist eine der Stärken des Dritten Sektors, dass er das Ausprobieren neuer Methoden erlaubt, um gesellschaftliche Fortschritte zu erreichen. Dem stünde entgegen, wenn der Staat im Einzelnen Vorgaben machen würde, auf welche Weise die Erfolge angestrebt werden sollen. Allerdings gibt es eine Reihe von gemeinnützigkeitsrechtlichen Regeln, die bewirken sollen, dass tatsächlich die gemeinnützige Zweckerfüllung den Kern der Tätigkeit ausmacht und nicht andere Nebenziele in den Vordergrund rücken.

2. Gewinnerzielung ohne Gewinnverwendung

54 Gemeinnützigen Unternehmen ist es durchaus erlaubt, Gewinne zu erwirtschaften.[108] Aus betriebswirtschaftlicher Sicht ist dies regelmäßig notwendig, damit die Unternehmen sich dauerhaft halten und ihre Tätigkeit fortführen können. Eine bestimmte Rendite ist schon deswegen notwendig, damit die Unternehmen in der Lage sind, Ersatzinvestitionen zu tätigen, für die häufig über mehrere Jahre Eigenkapital angespart werden muss. Das Gemeinnützigkeitsrecht sieht in § 62 Abs. 1 AO ausdrücklich vor, dass eine Rücklage gebildet werden darf, soweit dies erforderlich ist, um die steuerbegünstigten, satzungsmäßigen Zwecke nachhaltig zu erfüllen. In § 62 Abs. 1 Nr. 2 AO wird die Rücklage für die beabsichtige Wiederbeschaffung von Wirtschaftsgütern ausdrücklich erwähnt.[109]

55 Gemeinnützigkeitsrechtlich strengstens untersagt ist hingegen, dass die Mitglieder, Gesellschafter oder der Stifter Gewinnanteile oder in ihrer Eigenschaft als „Mitglieder" (vgl. § 55 Abs. 3 AO) sonstige Zuwendungen aus Mitteln der Körperschaft erhalten (§ 55 Abs. 1 Nr. 1 S. 2 AO). Das **Gewinnverwendungsverbot** ist konstitutiv für die ideelle gemeinnützige Zweckverfolgung. Unterstrichen wird dies durch die Regelung in § 55 Abs. 1 Nr. 3 AO, wonach keine Person durch Ausgaben, die dem Zweck der Körperschaft fremd sind, oder durch unverhältnismäßig hohe Vergütungen begünstigt werden darf. Bei verdeckten Zuwendungen an die Mitglieder, Gesellschafter oder an Dritte droht der Verlust der Ge-

---

[106] Vgl. dazu *Hüttemann* DB 2021, 72 (80).
[107] Gosch/*Unger* AO § 63 Rn. 8; Koenig/*Koenig* AO § 63 Rn. 2.
[108] Klein/*Gersch* AO § 55 Rn. 2; Schauhoff Gemeinnützigkeits-HdB/*Schauhoff* § 7 Rn. 73.
[109] Genauer zu Rücklagen nach § 62 AO siehe unter → § 2 Rn. 30 ff.

meinnützigkeit. Damit ist es ein immer wichtiger werdendes Thema für gemeinnützige Unternehmen, dass sie angemessene Preisvereinbarungen mit Dritten treffen.[110]

Jüngst hat der BFH einer gemeinnützigen Körperschaft die Gemeinnützigkeit für einzelne Jahre aberkannt, weil an den Geschäftsführer überhöhte Gehälter gezahlt wurden.[111] Das praktische Problem besteht darin, wie die fremdüblichen Gehälter für bestimmte Tätigkeitsbereiche ermittelt werden können. Der Bundesfinanzhof hat entschieden, dass es stets eine Gehaltsbandbreite gibt und dann, wenn mehr als 20% über dem obersten Wert der jeweils einschlägigen Bandbreite gezahlt werden, eine Unangemessenheit iSd § 55 Abs. 1 Nr. 3 AO vorliegen könne.[112] Das Grundproblem hierbei ist, dass es häufig nur eine schmale Datengrundlage dafür gibt, welche Gehälter von gemeinnützigen Unternehmen gezahlt werden, je nachdem, in welchem Sektor die Unternehmung tätig ist. Während sich für Krankenhäuser allgemeine Gehaltsstandards herausgebildet haben, ist dies in anderen Bereichen weit weniger der Fall, was die Ermittlung eines rechtlich noch angemessenen Gehaltes erschwert. Mittlerweile gibt es Einzelerhebungen bei großen gemeinnützigen Körperschaften, um Bandbreiten zu entwickeln. 56

Auch der in § 56 AO niedergelegte **Ausschließlichkeitsgrundsatz** sorgt dafür, dass die Tätigkeit einer gemeinnützigen Körperschaft allein auf die Verfolgung der steuerbegünstigten Zwecke ausgerichtet sein muss.[113] Ausprägung des Ausschließlichkeitsgrundsatzes ist, dass das gemeinnützige Unternehmen im Bereich der Vermögensverwaltung oder steuerpflichtigen wirtschaftlichen Geschäftsbetriebe auf Gewinnerzielung ausgerichtet sein muss.[114] Diese sind gemeinnützigkeitsrechtlich nur dann unschädlich, wenn sie **kein Selbstzweck** sind, sondern des steuerbegünstigten Zwecks willen erfolgen, indem sie zB der Beschaffung von Mitteln zur Erfüllung der steuerbegünstigten Aufgabe dienen.[115] Ist die Vermögensverwaltung bzw. der steuerpflichtige wirtschaftliche Geschäftsbetrieb nicht idS dem steuerbegünstigten Zweck untergeordnet, sondern stellt dieser vielmehr einen davon losgelösten Nebenzweck oder gar den Hauptzweck der Betätigung der Körperschaft dar, scheitert die Steuerbegünstigung an § 56 AO.[116] Deswegen muss ein gemeinnütziges Unternehmen vor Aufnahme einer neuen mittelbeschaffenden Tätigkeit stets sorgfältig prüfen, ob die Tätigkeit eine angemessene Rendite erwarten lässt und es muss diese Erwartungen und ihre Tatsachengrundlagen dokumentieren, damit die Ordnungsmäßigkeit der gemeinnützigen Geschäftsführung belegt werden kann. Im Gemeinnützigkeitsrecht gibt es detaillierte Vorschriften, unter welchen Umständen sog. Dauerverlustbetriebe gemeinnützigkeitsschädlich sein können.[117] 57

3. Mittelbeschaffung und gemeinnützige Mittelverwendung

Das Gemeinnützigkeitsrecht unterscheidet scharf zwischen der Mittelbeschaffung und der gemeinnützigen Mittelverwendung.[118] Die Mittelbeschaffung muss stets auf die gemeinnützige Zweckerfüllung ausgerichtet sein. Im Bereich der Verwendung von Mitteln zur Erfüllung des steuerbegünstigten Zwecks ist dagegen intendiert, dass Vermögen oder Einkünfte eingesetzt werden, um im Hinblick auf den jeweiligen steuerbegünstigten Zweck die Lage zu verbessern und diesen zu fördern. Im Bereich der Mittelbeschaffung (Vermögensverwaltung und steuerpflichtiger wirtschaftlicher Geschäftsbetrieb) wird streng kontrolliert, dass hier keine Dauerverluste entstehen und dass die gemeinnützige Körperschaft auch 58

---

[110] Genauer zur Selbstlosigkeit siehe unter → § 2 Rn. 75 ff.; zur Angemessenheit siehe außerdem → § 2 Rn. 127 ff.
[111] BFH 12.3.2020 – V R 5/17, BStBl. II 2021, 55; genauer dazu Anm. *Kirchhain/Kampermann* npoR 2020, 310.
[112] BFH 12.3.2020 – V R 5/17, BStBl. II 2021, 55, Rn. 40 ff., 53.
[113] Genauer dazu sogleich → Rn. 76 f. sowie → § 2 Rn. 81 ff.
[114] Schauhoff Gemeinnützigkeits-HdB/*Schauhoff* § 7 Rn. 5 ff.
[115] AEAO zu § 56 Tz. 1.
[116] HHS/*Musil* AO § 56 Rn. 14.
[117] Siehe dazu insb. AEAO zu § 55 Abs. 1 Nr. 1 Tz. 4 sowie genauer → § 2 Rn. 82 ff.
[118] Vgl. Gosch/*Unger* AO § 55 Rn. 120 f.

tatsächlich in diesem Bereich darauf ausgelegt ist, die notwendigen Einkünfte zu erwirtschaften, um die gemeinnützigen Zwecke verfolgen zu können.[119] Die Mittelbeschaffung ist nicht nur erlaubt, sondern vielfach notwendig und erwünscht, um im Interesse der Allgemeinheit tätig werden zu können. Es gibt auch keinen Rechtsgrundsatz, in welchem Umfang Mittelbeschaffungsaktivitäten entfaltet werden dürfen. Vielmehr hat der Bundesfinanzhof mit Urteil vom 4.4.2007 entschieden, dass die sog. Geprägetheorie abgeschafft ist.[120]

59 Unabhängig von der Größe eines steuerpflichtigen wirtschaftlichen Geschäftsbetriebes oder der Bedeutung der vermögensverwaltenden Aktivitäten – sei es gemessen an Umsätzen, Gewinnen oder der Anzahl der Beschäftigten – ist nunmehr entscheidend, dass diese Aktivitäten **funktional untergeordnet** bleiben und dazu dienen, den gemeinnützigen Zweck zu fördern. Es gibt viele gemeinnützige Körperschaften, die sehr viel Zeit und Kraft in die Mittelbeschaffung investieren, während die Mittelverwendung sich lediglich auf die Förderung anderer steuerbegünstigter Organisationen beschränkt. Dies ist gemeinnützigkeitsrechtlich auch nicht verboten. Verboten ist, wie dargestellt, dass die Mittelbeschaffung ein Selbstzweck wird, ohne die nötigen Erträge zur gemeinnützigen Zweckverfolgung zu erwirtschaften.

60 Bei gemeinnützigen Unternehmen wird auch überprüft, welche Überschüsse von dem gemeinnützigen Zweckbetrieb erwirtschaftet werden dürfen. Speziell für Wohlfahrtsbetriebe hat die Finanzverwaltung angeordnet, dass ein gemeinnütziges Unternehmen **nicht „des Erwerbs wegen"** betrieben werden darf. Das sei der Fall, wenn damit Gewinne angestrebt würden, die den konkreten Finanzbedarf des jeweiligen wirtschaftlichen Geschäftsbetriebs übersteigen, sodass die Wohlfahrtspflege mithin in erster Linie auf die Mehrung des eigenen Vermögens gerichtet sei.[121] Erlaubt wird aber die Erzielung von Gewinnen in gewissem Umfang, zB zum Inflationsausgleich oder zur Finanzierung von betrieblichen Erhaltungs- und Modernisierungsmaßnahmen.

61 Werden in drei aufeinanderfolgenden Veranlagungszeiträumen jeweils Gewinne erwirtschaftet, die den konkreten Finanzierungsbedarf der wohlfahrtspflegerischen Gesamtsphäre der Körperschaft übersteigen, ist widerlegbar von einer zweckbetriebsschädlichen Absicht der Körperschaft auszugehen, den Betrieb des Erwerbs wegen auszuüben.[122] Unbeabsichtigte Gewinne aufgrund von Marktschwankungen oder besonderen Ereignissen können die Schädlichkeit widerlegen, nicht aber die dauerhafte Erwirtschaftung unangemessener Renditen. Gewinne aufgrund staatlich regulierter Preise (zB auf Grundlage einer Gebührenordnung nach Maßgabe des § 90 SGB XI) sind kein Indiz dafür, dass der Zweckbetrieb des Erwerbs wegen ausgeübt wird.[123] Damit ist für einen erheblichen Bereich der Wohlfahrtspflege gewährleistet, dass keine schädliche Gewinnerzielungsabsicht vorliegt.

62 Praktisch erwirtschaften gemeinnützige Unternehmen und Konzerne typischerweise eine **angemessene niedrige Rendite** in Relation zum Umsatz. Dies ist auch erforderlich, um nicht nur den konkreten Ersatzbedarf zu decken, sondern auch um ggf. Erweiterungen der bisherigen Tätigkeit finanzieren zu können. Um am Markt bestehen zu können, ist nicht nur die Ersatz- oder Modernisierungsinvestition notwendig, sondern die Marktstellung hängt vielfach davon ab, die von den jeweiligen Nachfragen und Kunden erwarteten Kapazitäten bereitstellen zu können und ggf. in diese Position hineinzuwachsen. Zwar stellt sich die Rechtsfrage, wie festgestellt werden soll, ob durch gemeinnützige Zweckbetriebstä-

---

[119] Gosch/*Unger* AO § 55 Rn. 116; Klein/*Gersch* AO § 55 Rn. 2.
[120] BFH 4.4.2007 – I R 76/05, BStBl. II 2007, 631. Vormals sollte nach Auffassung der Finanzverwaltung der Unterhalt eines steuerpflichtigen wirtschaftlichen Geschäftsbetriebs nur dann mit der Selbstlosigkeit vereinbar sein, wenn dieser seiner Art und seinem Umfang nach der Körperschaft nicht ihr „Gepräge" gab. Ein solches Gepräge sollte insb. gegeben sein, wenn „in erster Linie" die (eigen)wirtschaftlichen Tätigkeiten verfolgt werden. Zum dahinterstehenden Grundsatz der Selbstlosigkeit (ieS) gem. § 55 Abs. 1 Hs. 1 AO siehe → Rn. 91 ff. sowie → § 2 Rn. 75 ff.
[121] AEAO zu § 66 Tz. 2 unter Bezugnahme auf BFH 27.11.2013 – I R 17/12, BStBl. II 2016, 68.
[122] Einzelne Finanzgerichte haben sich dieser konkreten Verwaltungsauffassung angeschlossen, vgl. etwa FG Düsseldorf 3.9.2019 – 6 K 3315/17 K,G, DStRE 2020, 282 (Rev. anhängig, Az. BFH: V R 49/19).
[123] Gosch/*Unger* AO § 66 Rn. 17.

tigkeiten erwirtschaftete Gewinne nicht davon herrühren, dass eine übertriebene Gewinnorientierung vorliegt. Andererseits sind Geschäftsführungsorgane gemeinnütziger Körperschaften regelmäßig gehalten, vorausschauend so zu wirtschaften, dass das Unternehmen am Markt erhalten bleiben kann und notwendige Vorsorge gegen überraschenden Gewinnschwankungen getroffen wird. Deswegen sollte gemeinnützigen Unternehmen grundsätzlich eine angemessene Umsatzrendite erlaubt werden.

Auch können gemeinnützige Unternehmen nicht gezwungen werden, entgegen der üblichen Marktpreise ihre Leistungen im Zweckbetrieb zu Dumping-Preisen anzubieten.[124] Der Sozialgesetzgeber übt in einer erheblichen Zahl von Bereichen eine Preiskontrolle aus, die nicht durch eine gemeinnützigkeitsrechtliche gesonderte Kontrolle angemessener Preise ergänzt werden darf. Ansonsten würde eine Überregulierung mit unterschiedlichen Preisvorgaben die gemeinnützigen Unternehmen mit überbordender Bürokratie belasten. Auch gibt es viele Bereiche, in denen gemeinnützige Unternehmen in Wettbewerb mit kommerziellen Anbietern stehen, bspw. im Bereich der Hochschulen, der Kultureinrichtungen oder der Zweckbetriebe im Sportbereich. **63**

Noch ist offen, ob diese für Wohlfahrtsbetriebe entwickelten Regelungen generell für Zweckbetriebe gelten. Gemeinnützige Unternehmen sollten in diesem Bereich nicht gezwungen werden, ihre Leistungen unterhalb der Marktpreise anzubieten. Vielmehr sichert das Gemeinnützigkeitsrecht die gemeinnützigkeitsgemäße Mittelverwendung dadurch ab, dass erwirtschaftete Überschüsse gemeinnützig verwendet werden müssen, indem entweder die Leistungen bei gleichen Preisen weiter verbessert werden oder das Angebot ausgeweitet wird. Es gibt keinen Grund dafür, durch das Gemeinnützigkeitsrecht einen Verdrängungswettbewerb zu fördern, in dem gemeinnützige Organisationen gezwungen werden, ihre Leistungen zu marktunüblich niedrigen Preisen anzubieten.[125] **64**

Das Gemeinnützigkeitsrecht stellt durch die sog. **zeitnahe Mittelverwendung** (§ 55 Abs. 1 Nr. 5 AO) sicher, dass nicht zeitlich unbegrenzt Mittelbeschaffung betrieben werden kann, mit der (Schutz-)Behauptung, *irgendwann* die Mittel für die gemeinnützige Zweckerfüllung verwenden zu wollen. Vielmehr sind im Grundsatz die im Jahr 1 erzielten Einnahmen bis zum Ende des Jahres 3 für gemeinnützige Zwecke auszugeben.[126] Eine entsprechende Zweckverwendung kann auch vorliegen, wenn nach § 62 AO zulässigerweise Rücklagen gebildet werden. Im Grundsatz kann die gemeinnützige Körperschaft somit die Einnahmen aus zwei Jahren ansparen, bevor diese für die gemeinnützigen Zwecke verwendet werden müssen. Durch das Gebot der zeitnahen Mittelverwendung werden auch die Möglichkeiten gemeinnütziger Körperschaften, im Mittelbeschaffungsbereich zu investieren und die wirtschaftlichen Aktivitäten auszuweiten, sowie die Möglichkeiten der Eigenkapitalbildung begrenzt.[127] **65**

III. Investitionen

Für gemeinnützige Unternehmen ist es wie für alle anderen Unternehmen erforderlich, regelmäßig zu investieren, um sich am jeweiligen Markt mit Erfolg behaupten zu können. Ohne Investitionen droht der unternehmerische Abstieg. Gemeinnützigen Unternehmen sind Investitionen auch durchaus erlaubt. Im sog. Mittelverwendungsbereich (ideeller Bereich und steuerbegünstigter Zweckbetrieb) sieht § 55 Abs. 1 Nr. 5 S. 2 AO vor, dass eine gemeinnützige Mittelverwendung auch vorliegt, wenn Mittel für die Anschaffung oder Herstellung von Vermögensgegenständen ausgegeben werden, die satzungsmäßen Zwe- **66**

---

[124] Schauhoff Gemeinnützigkeits-HdB/*Schauhoff* § 7 Rn. 85.
[125] Zweifelhaft daher BFH 27.11.2013 – I R 17/12, BStBl. II 2016, 68; zur berechtigten Kritik an dem Urteil und dessen Umsetzung im AEAO vgl. *Hüttemann* GemeinnützigkeitsR Rn. 6.229; *Kirchhain* DStR 2016, 505 (507 f.).
[126] In § 55 Abs. 1 Nr. 5 S. 4 AO ist nun angeordnet, dass dies nicht für Körperschaften mit jährlichen Einnahmen von nicht mehr als 45 000 EUR gilt; vgl. dazu *Bott* BB 2021, 414 (416 f.).
[127] Näher unter → § 2 Rn. 27 ff.

cken dienen. Man spricht von der Anschaffung oder Herstellung von sogenanntem **nutzungsgebundenem Kapital**.[128] Bilanziell führt die Anschaffung zu einem Aktivtausch und nicht zum Verbrauch von Mitteln. Gemeinnützigkeitsrechtlich ist diese Form der Mittelverwendung ohne Weiteres zulässig.[129] Auch die erworbenen Anteile an einer gemeinnützigen Tochtergesellschaft (insb. gGmbH) stellen aufgrund der Neufassung des § 57 Abs. 4 AO nutzungsgebundenes Vermögen dar.[130]

67 Einem gemeinnützigen Unternehmen ist es aber auch erlaubt, vorhandenes Vermögen zur **Vermögensanlage** zu nutzen, um sich dadurch stetige Erträge zur Verfolgung des gemeinnützigen Zwecks zu beschaffen. Dabei schreibt das Gemeinnützigkeitsrecht nicht die Art der Vermögensanlage vor. Denkbar ist bspw. die Vermögensanlage in Immobilien und Kapitalanlagen, seien es Aktien, Private Equity Fonds oder Anleihen. Wichtig ist, dass die Vermögensanlage auf die Mittelbeschaffung gerichtet ist. Es gilt ein Spekulationsverbot. Wenn nicht mit **überwiegender Wahrscheinlichkeit** von einer ertragreichen Anlage ausgegangen werden kann, hat sie zu unterbleiben. Aber natürlich lehrt die Anlageerfahrung, dass Aktieninvestments, wie auch Anleihen oder die Zeichnung von Private Equity Fonds zu Erträgen führen, die dann gemeinnützig verwendet werden können.

68 Ebenso ist denkbar, dass das gemeinnützige Unternehmen ein **steuerpflichtiges Tochterunternehmen** gründet. Regelmäßig führt die Gründung eines steuerpflichtigen Tochterunternehmens und dessen Ausstattung mit Eigenkapital zu einer Investition im Bereich der Vermögensverwaltung, es sei denn, es würde tatsächlich ein entscheidender Einfluss auf die laufende Geschäftsführung der Kapitalgesellschaft ausgeübt oder der Tochtergesellschaft eine wesentliche Betriebsgrundlage zur Nutzung überlassen wird.[131] Eine sog. Betriebsaufspaltung ist gegeben, wenn die Stimmenmehrheit an der Tochtergesellschaft besteht und dieser beispielsweise eine Immobilie oder ein immaterielles Wirtschaftsgut, wie ein Markenrecht oder ein bestimmter Geschäftswert für einen bestimmten Kundenkreis überlassen wird. Dann kann die Beteiligung Betriebsvermögen eines steuerpflichtigen wirtschaftlichen Geschäftsbetriebs werden.[132] Auch die Einlage von Eigenkapital in einen steuerpflichtigen wirtschaftlichen Geschäftsbetrieb, mit dem bspw. eine steuerpflichtige Dienstleistungstätigkeit aufgenommen wird, ist zulässig. Wichtig ist, dass im Mittelbeschaffungsbereich eine **Dokumentation** vorliegt, wonach die jeweilige Investition auch tatsächlich eine angemessene Rendite erwarten lässt, damit nach einer längeren Verlustphase des wirtschaftlichen Geschäftsbetriebs nicht ein Verstoß gegen das Ausschließlichkeitsgebot angenommen werden kann. Die Geschäftsführung der gemeinnützigen Tätigkeit muss auf die gemeinnützige Zweckerfüllung gerichtet sein und deswegen bei Investitionen im Mittelbeschaffungsbereich erkennen lassen, dass die positive Mittelbeschaffung nicht nur Ziel der Investition ist, sondern auch bei Gründung des Geschäftsbetriebs zu erwarten war. Nach den Grundsätzen der sog. **Business Judgment Rule** muss ersichtlich sein, dass auf der Grundlage angemessener Informationen eine vertretbare Investitionsentscheidung getroffen wurde, die eine ausreichende Rendite im Verhältnis zum Risiko, welches mit jeder Investition verbunden ist, erwarten lässt.[133]

69 Begrenzt werden die Investitionen im Mittelbeschaffungsbereich dadurch, dass ein gemeinnütziges Unternehmen seine Mittel grundsätzlich **zeitnah** für gemeinnützige Zwecke verwenden muss (§ 55 Abs. 1 Nr. 5 AO). Der Aufbau wirtschaftlicher Aktivitäten kann daher im Ergebnis nur aus nicht zeitnah zu verwendenden Mitteln finanziert werden. Dabei ist wichtig zu verstehen, dass bei der Nachprüfung der Mittelverwendung nicht auf die

---

[128] Koenig/*Koenig* AO § 55 Rn. 30.
[129] Vgl. § 55 Abs. 1 Nr. 5 S. 2 AO sowie AEAO zu § 55 Abs. 1 Nr. 5 Tz. 28.
[130] Vgl. AEAO zu § 57 Abs. 4 Tz. 14; *Kirchhain* DStR 2021, 129 (136); dazu genauer → § 2 Rn. 28.
[131] Vgl. BFH 17.11.2020 – I R 72/16, DStR 2021, 1149.
[132] Näher dazu unter AEAO zu § 64 Tz. 3; vgl. Wallenhorst/Halaczinsky Besteuerung/*R. Wallenhorst* Kap. F. Rn. 50.
[133] Näher unter → § 2 Rn. 21 ff.

Herkunft der Geldmittel abgestellt wird, die nunmehr zur Mittelbeschaffung eingesetzt werden sollen. Entscheidend ist vielmehr, wie zum Ende des jeweiligen Veranlagungsjahres die Gesamtheit aller zeitnah zu verwendenden Zuwendungen und sonstigen Einnahmen bzw. Vermögenswerte der Körperschaft investiert sind. Es gilt eine sog. Saldo- bzw. Globalbetrachtung.[134]

Gemeinnützige Unternehmen haben vielfältige Möglichkeiten, **Eigenkapital** zu bilden, welches nicht zeitnah verwendet werden muss.[135] So kann nach § 62 Abs. 1 Nr. 3 AO eine sog. **freie Rücklage** gebildet werden, indem ein Drittel des Überschusses aus der Vermögensverwaltung und darüber hinaus höchstens 10% der sonstigen zeitnah zu verwendenden Mittel in eine Rücklage eingestellt werden, die der Eigenkapitalbildung dient. Darüber hinaus sieht AEAO zu § 55 Abs. 1 Nr. 5 Tz. 32 vor, dass Vermögen der Körperschaft, welches durch Umschichtungen innerhalb des Bereichs der Vermögensverwaltung entstanden ist (zB durch den Verkauf eines zum Vermögen gehörenden Grundstücks einschließlich des den Buchwert übersteigenden Teils des Preises), angespart werden darf und nicht zeitnah für gemeinnützige Zwecke ausgegeben werden muss. Insofern können gemeinnützige Unternehmen sich vielfach durch eine Rücklagenbildung unter Ausnutzung der gesetzlichen Möglichkeiten erhebliche finanzielle Reserven schaffen, die sie nicht zeitnah für gemeinnützige Zwecke einsetzen müssen, sondern im Mittelbeschaffungsbereich investieren dürfen. Allerdings setzt dies voraus, dass bei Aufstellung des jeweiligen Jahresabschlusses die Einstellung von Mitteln in die Rücklage beschlossen wird. Eine spätere Nachholung ist nur in sehr eingeschränktem Umfang möglich.[136] **70**

Entsprechende Vermögenswerte können sich auch daraus ergeben, dass zugeflossene Mittel regelmäßig erst zwei Jahre nach dem Zufluss für steuerbegünstigte Zwecke verwendet werden müssen, → Rn. 65. Dieses **„Vor-sich-Herschieben"** erheblicher Vermögenswerte ermöglicht Investitionen mit Eigenkapital. Es obliegt regelmäßig den Geschäftsführungsorganen der gemeinnützigen Körperschaft, wie Vermögen angelegt wird, bis es verwendet wird. Typischerweise haben diese nach den allgemeinen gesellschaftsrechtlichen, vereins- oder stiftungsrechtlichen Regeln dafür Sorge zu tragen, dass das vorhandene Vermögen der Mittelbeschaffung dient und nicht einfach „schlummert" oder spekulativ oder aus Eigeninteresse eines Organmitglieds mit einem unangemessenen Risiko investiert wird.[137] Es ist Aufgabe der Geschäftsführer, darüber nachzudenken, wie Erträge erwirtschaftet werden können. Die Regeln für gemeinnützige Organisationen sind insoweit nicht anders, als dies für die Verwaltung fremden Vermögens in der Rechtsordnung generell vorgesehen ist: Die Sorge um den Vermögenserhalt und die Vermögensmehrung gehört zum Aufgabenkatalog. **71**

IV. Eigenkapitalbildung

Gemeinnützige Unternehmen können über sehr erhebliches Eigenkapital verfügen. Es gibt in Deutschland Stiftungen, die in der Form von Eigenkapital über ein zweistelliges Milliardenvermögen verfügen. Dies sind idR unternehmensverbundene Stiftungen. Der Stifter oder die Stifterin haben zB eine Unternehmensbeteiligung gestiftet, die stetig an Wert gewonnen hat oder es ist der Stiftung gelungen, durch Veräußerungen einen hohen Wert zu realisieren und einen Teil des Vermögens in Kapitalanlagen zu investieren. Zudem sieht das Gemeinnützigkeitsrecht vor, dass ein Drittel des Überschusses aus der Vermögensverwaltung, darüber hinaus höchstens 10% der sonstigen zeitnah zu verwendenden Mittel, **72**

---

[134] Vgl. BFH 20.3.2017 – X R 13/15, BStBl. II 2017, 1110 sowie AEAO zu § 55 Abs. 1 Nr. 5 Tz. 29; → § 2 Rn. 27–42.
[135] Vgl. die Übersicht bei Tipke/Kruse/*Seer* AO § 62 Rn. 2 ff.; → § 2 Rn. 30 ff.
[136] Vgl. § 62 Abs. 1 Nr. 3 S. 2 AO.
[137] Zum Ausschluss von Organmitgliedern bei Entscheidungen unter Interessenkonflikt siehe → § 3 Rn. 73 ff.; zu den Prüfungsmaßstäben bei der Vermögensanlage → § 2 Rn. 23 und Rn. 64.

angespart werden darf. **Umschichtungsgewinne** im Bereich der Vermögensverwaltung müssen ebenfalls nicht zeitnah verwendet werden.[138]

73 Das Eigenkapital einer gemeinnützigen Unternehmung gliedert sich je nach Rechtsform in das zwingend zu erhaltende Vermögen, das Stammkapital (für die GmbH), das Grundkapital (für die AG) bzw. das Vermögen, welches dauerhaft ungeschmälert zu erhalten ist, und das sonstige Eigenkapital, welches aus weiteren Vermögenszuführungen oder Zuwendungen oder aus erwirtschafteten Gewinnen gebildet werden kann (für die Stiftung). Gemeinnützige Unternehmen können ihr Eigenkapital (bilanzrechtlich gesprochen[139]) sodann in eine **Kapitalrücklage,** die durch Zuwendungen von außen gebildet wird, oder Gewinnrücklagen aufgliedern, die typischerweise aus dem Jahresergebnis gebildet werden. In der Satzung kann die Bildung bestimmter **Gewinnrücklagen** vorgeschrieben sein, wie dies bei Stiftungen häufig für die Bildung der sog. freien Rücklage vorgegeben ist. Darüber hinaus kann ein Gewinn- oder Verlustvortrag aus den Vorjahren sowie ein Jahresüberschuss oder -fehlbetrag ausgewiesen werden.

74 In der Sprache des Gemeinnützigkeitsrechts wird das Eigenkapital im Unterschied zur handelsrechtlichen Terminologie unterschiedslos in Rücklagen – die sich wiederum in verschiedene denkbare Rücklagen aufgliedern lassen und für die unterschiedliche Tatbestandsvoraussetzungen gelten (§ 62 AO)[140] – und sonstige nicht zeitnah zu verwendende Mittel unterteilt. Es ist möglich und im Regelfall auch empfehlenswert, wenn sich aus dem Jahresabschluss des gemeinnützigen Unternehmens die **Aufgliederung des Eigenkapitals** nicht nur nach den Vorschriften des Zivil- und Gesellschaftsrechts ergibt, je nachdem, welche Rechtsform vorliegt, sondern gleichzeitig auch die Aufteilung nach den gemeinnützigkeitsrechtlichen Vorgaben aus dem Jahresabschluss nachvollziehbar ist. Dies kann durch sog. Davon-Vermerke bei einzelnen Bilanzpositionen erreicht werden.

75 Gemeinnützigen Unternehmen ist damit eine Eigenkapitalbildung in erheblichem Umfang möglich, aber gleichzeitig auch nicht unbegrenzt. Das Gemeinnützigkeitsrecht will gerade sicherstellen, dass nicht die Eigenkapitalbildung und das Wachstum der unternehmerischen Aktivitäten Selbstzweck der gemeinnützigen Unternehmung werden. Zweck muss die Mittelverwendung für gemeinnützige Zwecke sein, weswegen mit den Vorschriften über die zeitnahe Mittelverwendung in §§ 55 Abs. 1 Nr. 5, 62 AO vom Gesetzgeber detailliert vorgegeben ist, in welchem Umfang Eigenkapitalbildung betrieben werden darf.[141] Wird eine diesen Vorschriften entsprechende Eigenkapitalbildung betrieben, steht dies der Annahme einer gemeinnützigen Zweckverfolgung nicht entgegen. Vielmehr hat der Gesetzgeber bewusst den gemeinnützigen Unternehmen diese Spielräume zur Eigenkapitalbildung gelassen.

V. Ausschließlichkeit

76 Nach § 56 AO darf eine gemeinnützige Körperschaft nur ihre gemeinnützigen Zwecke verwirklichen. Dies hat Auswirkungen darauf, welche Rendite in der Mittelbeschaffung angestrebt werden muss und unter welchen Voraussetzungen wirtschaftliche Aktivitäten ggf. eingestellt werden müssen.[142] Auch darf der Unterhalt steuerpflichtiger wirtschaftlicher Geschäftsbetriebe oder die Vermögensverwaltung oder Beteiligung an Tochtergesellschaften kein Selbstzweck sein.[143] Aus diesen wirtschaftlichen Beschaffungsaktivitäten soll eine an-

---

[138] Zu diesen hauptsächlich im Rahmen des § 62 AO geregelten Ausnahmen vom Gebot der zeitnahen Mittelverwendung siehe überblicksartig NK-GemnR/*Theuffel-Werhahn* AO § 62 Rn. 4 f.
[139] Genauer dazu siehe → § 9 Rn. 34 und Rn. 39.
[140] Vgl. mehr dazu unter → § 2 Rn. 30 ff.
[141] Zur im Zuge der Gemeinnützigkeitsreform 2020 eingefügten Ausnahme für kleine Körperschaften (§ 55 Abs. 1 Nr. 5 S. 4 AO) siehe genauer unter → § 2 Rn. 29.
[142] BFH 13.12.1978 – 1 R 39/78, BStBl. II 1979, 482; BFH 26.5.1989 – I R 209/85, BStBl. II 1989, 670; BFH 28.6.1989 – I R 86/85, BStBl. II 1990, 550.
[143] Vgl. BFH 4.4.2020 – I B 57/18, BFH/NV 2020, 1236, Rn.,17; → § 2 Rn. 81 ff.

gemessene Rendite fließen, um damit die satzungsmäßigen Zwecke finanziell zu unterstützen. Dies beeinflusst auch die Ausschüttungen von Tochtergesellschaften und die zulässigen Thesaurierungen innerhalb einer steuerpflichtigen Tochtergesellschaft.[144]

Grundsätzlich müssen **Mittelbeschaffungsaktivitäten auf Gewinne ausgerichtet** sein. Stellt sich heraus, dass diese nicht zu erreichen sind, sind die Mittelbeschaffungsaktivitäten einzustellen. Die zeitliche Begrenzung, die die Finanzverwaltung dafür nach bereits drei Jahren vorsieht,[145] ist (zu) kurz bemessen. Gerade bei Immobilieninvestitionen oder auch bei Investitionen von Kapitalanlagen gelten typischerweise weitaus längere Fristen. Jedenfalls sollte eine gemeinnützige Körperschaft ein wirtschaftliches neues Engagement innerhalb der ersten Jahre besonders genau überwachen, um zu prüfen, ob ggf. die Einstellung einer verlustträchtigen Aktivität angezeigt ist. Es ist zweifelhaft, ob die Rechtsauffassung der Finanzverwaltung zutreffend ist, dass es auf die objektive Verlusterzielung ankommt.[146] 77

VI. Unmittelbarkeit

Voraussetzung der Erfüllung der Gemeinnützigkeitsvorschriften ist, dass die gemeinnützige Körperschaft die gemeinnützigen Zwecke **ausschließlich, selbstlos und unmittelbar** verwirklicht. Dementsprechend ist in der Mustersatzung der Finanzverwaltung für gemeinnützige Körperschaften angeordnet, dass der Unmittelbarkeitsgrundsatz in die Satzung geschrieben wird, es sei denn, es handelt sich um eine sog. Förderkörperschaft.[147] 78

1. Operative Tätigkeit oder Fördertätigkeit

Nach § 57 Abs. 1 AO verfolgt eine Körperschaft unmittelbar ihre steuerbegünstigten satzungsmäßigen Zwecke, wenn **sie selbst** diese Zwecke verwirklicht. Das kann auch durch sog. Hilfspersonen geschehen. **Hilfspersonen** sind gegeben, wenn nach den Umständen des Falls, insb. nach den rechtlichen und tatsächlichen Beziehungen, die zwischen der Körperschaft und der Hilfsperson bestehen, das Wirken der Hilfsperson wie eigenes Wirken der Körperschaft anzusehen ist (§ 57 Abs. 1 S. 2 AO).[148] Die Finanzverwaltung hat in AEAO zu § 57 Abs. 1 Tz. 2 diese Tatbestandsvoraussetzungen bislang weiter eingeengt. Damit das Wirken einer Hilfsperson der gemeinnützigen Körperschaft zugerechnet werden kann, ist es nach Auffassung der Finanzverwaltung erforderlich, dass die Hilfsperson nach den Weisungen der Körperschaft einen konkreten Auftrag ausführt. Deswegen müssen gemeinnützige Körperschaften durch Vorlage entsprechender Vereinbarungen nachweisen, dass sie den Inhalt und den Umfang der Tätigkeit der Hilfsperson im Innenverhältnis bestimmen können. Darüber hinaus ist nachzuweisen, dass die Tätigkeit der Hilfsperson überwacht und die weisungsgemäße Verwendung der Mittel sichergestellt wird.[149] 79

Natürlich ist die Tätigkeit durch **angestellte Mitarbeiter,** Organe der gemeinnützigen Körperschaft oder durch **Beauftragte** der häufigste und typischste Fall der Verwirklichung der Satzungszwecke durch die gemeinnützige Körperschaft. Allerdings gibt es zahlreiche Grenzfälle, in denen sich die Frage stellt, wie die Weisungsbefugnis ausgestaltet sein muss, damit das Gemeinnützigkeitsrecht die Tätigkeit der Hilfsperson der gemeinnützigen Körperschaft zurechnet. Reicht es aus, so eine beachtliche Literaturauffassung,[150] wenn die gemeinnützige Zweckverwirklichung vorgegeben ist, aber die Ausführung der Tätigkeit nicht 80

---

[144] Dazu → § 2 Rn. 32 und Rn. 61.
[145] AEAO zu § 55 Abs. 1 Nr. 1 Tz. 8 (für die Vermögensverwaltung iVm Tz. 9).
[146] Zum zulässigen Ausgleich von Verlusten im Rahmen der Mittelbeschaffung unter → § 2 Rn. 82 ff.
[147] § 1 Abs. 1 Mustersatzung (Anlage 1 zu § 60 AO). Zur Ausnahme für reine Förderkörperschaften siehe AEAO zu § 59 Tz. 1 Satz 5 und seit der Reform im JStG 2020 § 58 Nr. 1 S. 4 AO.
[148] Zu den Einzelheiten siehe Tipke/Kruse/Seer AO § 57 Rn. 3 f.
[149] Vgl. Klein/Gersch AO § 57 Rn. 2.
[150] Hüttemann GemeinnützigkeitsR Rn. 4.48; Hüttemann/Schauhoff FR 2007, 1133; Schauhoff GemeinnützigkeitsHdB/Schauhoff § 9 Rn. 48, 52.

im Einzelnen vorgegeben wird? Typischerweise wird ein Subunternehmer beauftragt, der nach eigenem Ermessen den Auftrag ausführen kann. Das Risiko, dass die gemeinnützige Zweckerfüllung durch die Tätigkeit des Subunternehmers verfehlt wird, trägt die gemeinnützige Körperschaft, die ihn einsetzt. Aber ob tatsächlich die gemeinnützige Zweckerfüllung verfehlt wurde, hängt nicht davon ab, wie im Vertragstext mit der sog. Hilfsperson die Weisungsabhängigkeit im Einzelnen ausgestaltet ist. Die Steuerung kann auch durch Auflagen erfolgen, bei denen der Empfänger der Geldmittel das Risiko trägt, ob er zweckentsprechend tätig wird und die gewährten Geldmittel ggf. zurückzahlen muss, sollte dies nicht der Fall sein. Damit kann vom Empfänger zwar keine Erfüllung der Tätigkeit in bestimmter Weise verlangt werden, aber die zweckgerechte Mittelverwendung hat er zu gewährleisten. Ein Abgrenzungsfall stellt sich bspw., wenn gemeinnützige Unternehmen, die die Ausbildung in bestimmten Lehrberufen fördern wollen, Zuschüsse an nicht gemeinnützige Unternehmen geben, die diese Mittel nachweislich für die Ausbildungsförderung einzusetzen haben. Eine Weisungsabhängigkeit in Bezug auf die konkrete Ausbildungstätigkeit ist nicht gegeben, aber eine Verpflichtung, die Mittel für die Ausbildungsförderung einzusetzen.

81 Die Finanzverwaltung lehnt diese Gestaltung nach den bestehenden Regelungen im AEAO zu § 57 Abs. 1 Tz. 2 derzeit ab. Sie stützt ihre These darauf, dass das Gesetz in den §§ 57, 58 AO zwischen der operativen eigenen gemeinnützigen Tätigkeit auf der einen Seite und der fördernden gemeinnützigen Tätigkeit nach § 58 AO (insb. Nr. 1 und Nr. 3) unterscheidet. Voraussetzung für eine Förderung nach § 58 AO ist aber, dass der Mittelempfänger, wenn es sich um eine inländische oder beschränkt steuerpflichtige Körperschaft handelt, seinerseits als gemeinnützig anerkannt ist. Wird eine (nicht in Deutschland steuerpflichtige) ausländische Körperschaft gefördert, muss grundsätzlich nachgewiesen werden, dass diese die Mittel für die steuerbegünstigten Zwecke verwendet.[151]

82 Auch wenn sich somit aus dem Gesetzeswortlaut ergibt, dass der Gesetzgeber in Teilen für die Zweckverfolgung im Inland strengere Bedingungen aufstellt als für die Zweckverfolgung mittels einer ausländischen Körperschaft, so ist diese Sichtweise doch in vielerlei Hinsicht zu relativieren. Es gibt viele gemeinnützige Förderkonzepte, bspw. die Vergabe von Stipendien an junge Wissenschaftler oder Musiker, bei denen das Forschungsthema oder die Art, wie Musik gespielt wird, natürlich nicht vorgegeben wird. Vielmehr reicht es aus, wie § 57 Abs. 1 S. 2 AO vorschreibt, dass nach den Umständen des Falles das Wirken der Hilfsperson wie eigenes Wirken der Körperschaft anzusehen ist. Dies ist der Fall, wenn die Mittel vergeben werden, damit die Wissenschaft durch junge Wissenschaftler oder die Kunst durch junge Künstler gefördert wird, die ohne diese Förderung nicht in der Lage wären, Wissenschaft oder Kunst zu betreiben. Nichts anderes gilt, wenn gemeinnützige Organisationen Mittel an Unternehmen vergeben, damit diese Ausbildungsplätze einrichten, die ansonsten nicht eingerichtet würden. Die **Unterscheidung** zwischen unmittelbarer und mittelbarer Förderung des gemeinnützigen Zwecks **ist überholt** und wird vielfach kritisiert.[152]

83 Durch die Bestimmung des § 57 Abs. 3 AO führen ab 2021 **Kooperationen** mit zumindest einer anderen steuerbegünstigten Körperschaft schon bei einem „planmäßigen Zusammenwirken" zu einer gemeinnützigen Tätigkeit. Das planmäßige Zusammenwirken verlangt nicht, dass die mittelverwendende Körperschaft die andere Körperschaft steuert, sondern dass das Ziel der Verwirklichung des gemeinnützigen Zwecks übereinstimmend angestrebt wird.[153] Somit sind nunmehr aus gemeinnützigkeitsrechtlicher Sicht – nicht aber umsatzsteuerlicher Sicht – Kooperationen mit anderen gemeinnützigen Körperschaften unproblematisch möglich, während bei Kooperationen mit nicht gemeinnützigen Körperschaften (auch steuerbefreiten Berufsverbänden oder steuerpflichtigen Unternehmen) darauf zu achten ist, dass die gemeinnützige Körperschaft das Geschehen steuert, sodass die Voraussetzungen des § 57 Abs. 1 AO nachgewiesen werden können.

---

[151] So jetzt § 58 Nr. 1 S. 3 AO nF; genauer dazu siehe → § 2 Rn. 98.
[152] Vgl. dazu *Hüttemann/Schauhoff/Kirchhain* DStR 2016, 633; siehe dazu genauer → § 2 Rn. 91 f.
[153] Zu den Einzelheiten vgl. *Hüttemann* DB 2021, 72 (74 ff.) sowie ausführlich unter → § 2 Rn. 122 ff.

2. Gemeinnütziger Konzern

Eine besondere Problematik stellte sich, wenn ein gemeinnütziges Mutterunternehmen, sei es in der Rechtsform des Vereins, der Stiftung oder einer Kapitalgesellschaft, die operativen gemeinnützigen Tätigkeiten durch ausgegründete gemeinnützige Tochtergesellschaften verwirklicht, typischerweise in der Rechtsform der gemeinnützigen GmbH. Das Gemeinnützigkeitsrecht kannte bislang keinen Konzern, auch wenn sich die Finanzverwaltung schon seit mehreren Jahren mit dieser Problematik beschäftigt hatte. Durch die Gemeinnützigkeitsreform ist nunmehr in § 57 Abs. 4 AO nF eine Regelung zur gemeinnützigkeitsrechtlichen Zulässigkeit von **Holdingstrukturen** eingefügt worden.[154]

84

Ein wesentliches Problem war bislang, dass **Hilfstätigkeiten,** die der gemeinnützigen Zweckerfüllung dienen, typischerweise nur dann steuerbegünstigt durchgeführt werden konnten, wenn sie für dieselbe juristische Person vorgenommen werden. Ist dagegen die Konzernmutter als Einkaufsgesellschaft für die gemeinnützigen Konzerntöchter tätig oder werden die Buchhaltung, das Rechnungswesen, das Personalwesen und ähnliche Tätigkeiten zentral von der gemeinnützigen Muttergesellschaft als Serviceleistung für gemeinnützige Tochtergesellschaften durchgeführt, führte dies bislang regelmäßig zu steuerpflichtigen wirtschaftlichen Geschäftsbetrieben auf Ebene der Muttergesellschaft, da dann isoliert für sich zu betrachtende Serviceleistungen für eine andere gemeinnützige Körperschaft ausgeführt werden. Dieses Problem wurde größtenteils durch die gesetzliche Anerkennung gemeinnütziger Kooperationen iRd § 57 Abs. 3 AO nF entschärft.[155]

85

Konsequenz solcher Leistungsbeziehungen kann zudem sein, dass es zu zusätzlichen Umsatzsteuerlasten kommt, es sei denn, im gemeinnützigen Konzern kann eine umsatzsteuerliche Organschaft hergestellt werden.[156] Sodann müssen derartige Tätigkeiten im steuerpflichtigen wirtschaftlichen Geschäftsbetrieb stets zu angemessenen Marktpreisen ausgeführt werden. Im steuerpflichtigen wirtschaftlichen Geschäftsbetrieb muss deswegen regelmäßig mit einem **angemessenen Gewinnaufschlag** gearbeitet werden, was die entsprechenden Dienstleistungen verteuert.[157] Schließlich stellte sich oftmals die Frage, wieso das gemeinnützige Mutterunternehmen überhaupt steuerbegünstigt ist. Die Tätigkeit der gemeinnützigen Tochtergesellschaften konnte hier allein aufgrund des Abhängigkeitsverhältnisses nicht zugerechnet werden. Die Tätigkeit der gemeinnützigen Konzerntochter wird nicht als Hilfspersonentätigkeit angesehen, obwohl das Wirken der Tochtergesellschaft aufgrund der rechtlichen Abhängigkeit und der tatsächlichen Weisungsgebundenheit durchaus der Konzernmutter zugerechnet werden könnte.

86

Vielfach wurde die Steuerbegünstigung derartiger gemeinnütziger Mutterunternehmen daher darüber gesichert, dass sie als Förderkörperschaft iSd § 58 Nr. 1 AO ausgestaltet wurden. In der Sprache des Konzernrechts fungieren sie dann als Finanzholding: die Gewinne, die von einer Tochtergesellschaft erwirtschaftet werden, werden ggf. einer anderen Tochtergesellschaft zugewendet. In der Praxis ist bislang vielfach zu beobachten, dass die typischen Zentraltätigkeiten von Konzernholdings nicht von den Tochtergesellschaften vergütet werden. Vielmehr wird ein Beitrag erhoben, der unabhängig von der jeweiligen Leistungsbeziehung ist, und mit den jeweiligen gemeinnützigen Tochtergesellschaften das gemeinsame Wirken insgesamt finanziert. Auf diese Weise wird die Entstehung entsprechender steuerpflichtiger wirtschaftlicher Geschäftsbetriebe und einer umsatzsteuerbaren Leistungsbeziehung vermieden.

87

---

[154] Vgl. Jahressteuergesetz 2020, BGBl. 2020 I 3096 (3125); *Hüttemann* DB 2021, 72 (76 f.); genauer dazu siehe → § 2 Rn. 102 f.

[155] Vgl. Jahressteuergesetz 2020, BGBl. 2020 I 3096 (3125); *Kirchhain* DStR 2021, 129 (133 ff.); siehe dazu genauer → § 2 Rn. 122 ff.

[156] Zu den Vorteilen der umsatzsteuerlichen Organschaft für gemeinnützige Körperschaften siehe NK-GemnR/*Bertels* UStG § 2 Rn. 23 ff. und ausführlich → § 7 Rn. 111.

[157] Vgl. dazu genauer → § 2 Rn. 149 ff.

88 Aus Sicht der gemeinnützigen Tochtergesellschaften ist die **Mittelabführung,** gesellschaftsrechtlich gesprochen die Gewinnausschüttung, an die Mutter eine Fördertätigkeit nach § 58 Nr. 1 (bzw. zuvor § 58 Nr. 2 aF) AO. Generell empfiehlt es sich im gemeinnützigen Konzern auch nach der Gemeinnützigkeitsreform 2020, dass abweichend von der Mustersatzung der Finanzverwaltung vorgesehen wird, dass Gewinnausschüttungen durch die gemeinnützige Tochtergesellschaft an die gemeinnützige Mutter nach § 58 Nr. 1 AO erlaubt sind, da nur dann eine Kapitalgesellschaft sicher Ausschüttungen vornehmen darf.

89 Gesellschaftsrechtlich führen Zuwendungen einer Tochtergesellschaft an die Muttergesellschaft typischerweise zu verdeckten oder offenen Gewinnausschüttungen, die eine entsprechende Beschlusslage aus gesellschaftsrechtlicher Sicht erfordern. Keine verdeckte oder offene Gewinnausschüttung liegt vor, wenn von vornherein innerhalb des gemeinnützigen Konzerns vereinbart ist, welche Zuwendungen gemacht werden sollen. Dann handelt es sich aus Sicht der gemeinnützigen Tochtergesellschaft um außerordentliche satzungsgemäße Aufwendungen, die ebenfalls eine rechtliche Grundlage haben sollten.

3. Eigene Steuerbegünstigung der Hilfsperson

90 Gemeinnützige Konzerne und Unternehmen unterliegen in Bezug auf ihre Organisation denselben Erfordernissen wie kommerzielle Unternehmen. Deswegen finden sich auch dort Matrixstrukturen, bei denen der gemeinnützige Konzern organisatorisch Führungskreise bildet, in denen wesentliche Entscheidungen für den Gesamtkonzern und einzelne Tochtergesellschaften gefällt werden. Bei derartigen Strukturen kommt es zum Zusammenwirken verschiedener gemeinnütziger Organisationen. Dazu gab es Jahre lang rechtliche Unsicherheit, ob die Steuerbegünstigung einer Hilfsperson ausgeschlossen ist, wenn eine gemeinnützige Tochtergesellschaft sich darauf beschränkt, die steuerbegünstigte Tätigkeit einer anderen Körperschaft zu unterstützen.[158] Dazu hat der BFH entschieden, dass ein gemeinnütziges Unternehmen, welches mit seiner Hilfspersonentätigkeit **zugleich eigene steuerbegünstigte Satzungszwecke** verfolgt, steuerbegünstigt agieren kann. Die Zurechnung derselben gemeinnützigen Tätigkeit zu zwei unterschiedlichen Steuersubjekten ist daher möglich.[159] Allerdings erwartet die Finanzverwaltung, dass der Beitrag im Außenverhältnis **selbstständig und eigenverantwortlich** erbracht wird. Beschränkt sich eine Tochtergesellschaft darauf, als Subunternehmer für eine gemeinnützige Muttergesellschaft tätig zu sein, die alleine nach außen auftritt, so war bislang zweifelhaft, ob insoweit eine gemeinnützige steuerbegünstigte Tätigkeit gegeben ist. Auch dieses Problem ist aber im Zuge der Gemeinnützigkeitsreform durch die Neufassung der §§ 57 Abs. 3, 58 Nr. 1 AO weiter entschärft worden. Eine Zurechnung ist nun in bestimmtem Umfang möglich.[160]

VII. Selbstlosigkeit

91 Eine gemeinnützige Körperschaft muss nach § 55 Abs. 1 Nr. 1 AO selbstlos handeln. Dies ist dann der Fall, wenn sie weder selbst noch zugunsten ihrer Mitglieder, Gesellschafter oder des Stifters oder deren nahen Angehörigen eigenwirtschaftliche Zwecke verfolgt. Diese Vorgabe ist als Bestandteil der Mustersatzung[161] ebenfalls in die Satzung jeder gemeinnützigen Körperschaft aufzunehmen. Ist die Tätigkeit einer Körperschaft in erster Linie auf die Mehrung ihres eigenen Vermögens gerichtet, so handelt sie nicht selbstlos, wobei eine Eigenkapitalbildung im dargestellten Umfang gemeinnützigkeitsrechtlich erlaubt ist.[162] Eine

---

[158] Vgl. die Darstellung bei HHS/*Musil* AO § 57 Rn. 34.
[159] BFH 17.2.2010 – I R 2/08, BStBl. II 2010, 1006; vgl. AEAO zu § 57 Abs. 1 Tz. 2.
[160] Siehe dazu genauer → § 2 Rn. 122 ff.
[161] §§ 2–4 Mustersatzung (Anlage 1 zu § 60 AO).
[162] Zur dogmatischen Abgrenzung zum Ausschließlichkeitsgrundsatz siehe NK-GemnR/*von Holt* AO § 55 Rn. 9; *Maciejewski* npoR 2021, 69 (72 f.) sowie → § 2 Rn. 81; → Rn. 72 ff.

Körperschaft verfolgt hingegen unter Umständen **in erster Linie eigenwirtschaftliche Zwecke,** wenn sie ausschließlich durch Darlehen ihrer Gründungsmitglieder finanziert ist und dieses Fremdkapital satzungsgemäß tilgen und verzinsen muss.[163]

Eine Tätigkeit, die in erster Linie im Interesse der Gesellschafter und nicht der Allgemeinheit liegt, kann auch dann gegeben sein, wenn ein Unternehmen über eine gemeinnützige Tochtergesellschaft Kindertagesstätten betreibt oder einen Ausbildungsbetrieb in Form einer gemeinnützigen GmbH unterhält. Allerdings ist diese rechtliche Wertung deswegen fragwürdig, weil die Gemeinnützigkeit eben nicht nur zur Feststellung der Steuerbegünstigung dient, sondern zahlreiche öffentlich-rechtliche Vorschriften an die Gemeinnützigkeit anknüpfen. So gibt es eine Reihe von Bundesländern, in denen nur in gemeinnütziger Rechtsform betriebene Kindertagesstätten Zuschüsse des jeweiligen Bundeslandes zum Betrieb erhalten. Werden derartige Betriebskindergärten aber von der Gemeinnützigkeit ausgeschlossen, kommt es zu Wertungsdiskrepanzen zwischen Sozialrecht und Gemeinnützigkeitsrecht. 92

Für sog. **Eigengesellschaften** von Körperschaften des öffentlichen Rechts, bspw. eine Gesellschaft, die den Rettungsdienst in einem Landkreis übernimmt, hat der BFH entschieden, dass die zur Erfüllung von Pflichtaufgaben einer juristischen Person des öffentlichen Rechts eingesetzte Eigengesellschaft keine idS eigennützigen Interessen ihres Gesellschafters verfolgt. Eine Steuerbegünstigung der Eigengesellschaft kommt grundsätzlich nur in Betracht, wenn die von ihr erbrachten Leistungen von der Körperschaft des öffentlichen Rechts angemessen vergütet werden. Maßstab ist regelmäßig die Höhe des Entgelts, das von einem ordentlichen und gewissenhaften Geschäftsleiter auch mit einem Nichtgesellschafter als Auftraggeber vereinbart worden wäre. Dazu soll das Entgelt regelmäßig die Kosten ausgleichen und einen marktüblichen Gewinnaufschlag beinhalten.[164] 93

Bei steuerbegünstigten Einrichtungen ist allerdings aufgrund der fehlenden Gewinnorientierung die Erhebung eines **Gewinnaufschlags idR nicht marktüblich,** da diese gerade die Allgemeinheit und nicht sich selbst begünstigen wollen. Typischerweise wird bei derartigen Gesellschaften aufgrund des Vergaberechtes die Vergabe des Auftrags und die Preishöhe im Wettbewerb entschieden. In derartigen Fällen erübrigt sich damit die Prüfung, ob die Preise angemessen sind. Es gibt keinen Grund, dass das Gemeinnützigkeitsrecht eigene Angemessenheitsvorstellungen entwickelt, wenn sich die Preise offensichtlich im Wettbewerb gebildet haben, oder es sich um Preise handelt, die von einer staatlichen Behörde geprüft und bewilligt wurden, wie dies typischerweise im Wohlfahrtsbereich der Fall ist. 94

Gemeinnützigen Unternehmungen ist es nach § 55 Abs. 1 Nr. 3 AO verboten, eine Person durch Ausgaben, die dem Zweck der Körperschaft fremd sind, oder durch unverhältnismäßig hohe Vergütungen zu begünstigen. Damit sieht das Gesetz eine **allgemeine Angemessenheitskontrolle** für Ausgaben einer gemeinnützigen Körperschaft vor. Dies gilt nicht nur für Ausgaben im Bereich der Mittelbeschaffung, sondern ebenso für Ausgaben im Bereich der Mittelverwendung. Es gilt der Grundsatz, dass die Ausgaben **fremdüblich** sein müssen, dh dem entsprechen sollen, was ein ordentlicher und gewissenhafter Geschäftsleiter vereinbart hätte. Die Ermittlung dieses Werts erweist sich in der Praxis jedoch mitunter als schwierig. Es handelt sich um eine normative Vorgabe, die letztlich von Verwaltung und Gerichten aus der *ex-post*-Sicht überprüft wird. Es geht nicht um die empirische Prüfung, welche Honorierung im Regelfall am Markt für eine bestimmte Tätigkeit gezahlt wird, sondern um die Rechtsfrage, ob das konkret Vereinbarte so auch von einem ordentlichen und gewissenhaften Geschäftsleiter vereinbart worden wäre. Bei der Beurteilung ist allein der Fremdvergleichsmaßstab aus der *ex-ante*-Sicht anzulegen. Ein wesentliches Indiz sind 95

---

[163] BFH 13.12.1978 – I R 39/78, BStBl. II 1979, 482; BFH 26.4.1989 – I R 209/85, BStBl. II 1989, 670; BFH 28.6.1989 – I R 86/85, BStBl. II 1990, 550; BFH 22.8.2019 – V R 67/16, BStBl. II 2020, 40; vgl. AEAO zu § 55 Abs. 1 Nr. 1 Tz. 1.

[164] BFH 27.11.2013 – I R 17/12, BStBl. II 2016, 68, Tz. 25 ff.; vgl. AEAO zu § 55 Abs. 1 Nr. 1 Tz. 2.

Marktpreise. Bei Vereinbarungen zwischen fremden Dritten, wenn also kein Näheverhältnis ersichtlich ist, spricht eine Vermutung dafür, dass die Geschäftsleiter einer gemeinnützigen Körperschaft den Dritten nicht begünstigen wollten, auch wenn vielleicht nach längerer Prüfung ein niedrigerer Preis für das Produkt oder die Dienstleistung hätte gefunden werden können.

96 Natürlich gibt es gemeinnützige Unternehmungen, bei denen **Fehlentscheidungen** vorkommen und auf Grundlage besserer Informationen das aus der *ex-post*-Sicht eher ungünstige Geschäft nicht abgeschlossen worden wäre. Es wäre unverhältnismäßig, wenn dafür die Gemeinnützigkeit aberkannt würde. Das Gemeinnützigkeitsrecht sollte gem. § 63 AO mit der Aberkennung der Gemeinnützigkeit ein Verhalten sanktionieren, das nicht mehr auf die gemeinnützige Zweckverfolgung ausgerichtet ist. Dagegen sollten irrtümliche Fehlmaßnahmen, die menschlich sind, vom Gemeinnützigkeitsrecht ungerügt bleiben. Es gilt die Grundsätze der sog. verdeckten Gewinnausschüttung, die im Körperschaftsteuerrecht zur Abgrenzung der Steuersphären der Körperschaft und ihrer Gesellschafter dienen,[165] mit Augenmaß auf das Gemeinnützigkeitsrecht zu übertragen. Typischerweise werden zwischen fremden Dritten angemessene Preise vereinbart und derartige Fälle nicht als verdeckte Gewinnausschüttung aufgegriffen. Es geht nicht um eine generelle Rechts- und Preiskontrolle bei gemeinnützigen Organisationen, sondern darum, eine verfehlte Zweckverfolgung ggf. zu ahnden. Wie die Angemessenheitskontrolle im Einzelfall durchgeführt wird, richtet sich unter anderem nach den sog. Verrechnungspreisgrundsätzen, die insb. im internationalen Steuerrecht detailliert ausgearbeitet sind, deren Grundsatzüberlegungen aber auch auf das Gemeinnützigkeitsrecht mit dieser Modifikation übertragen werden können.[166]

VIII. Mittelverwendung

97 Nach § 55 Abs. 1 AO dürfen sämtliche Mittel der Körperschaft nur für die satzungsmäßigen Zwecke verwendet werden. Dabei ist denkbar, dass die gemeinnützige Körperschaft selbst die Mittel ausgibt und durch eine operative gemeinnützige Tätigkeit die erwirtschafteten Erträge – seien es Erträge, die aus Spenden, aus Mitgliedsbeiträgen, aus steuerbegünstigten Zweckbetrieben, aus der Vermögensverwaltung oder aus den steuerpflichtigen wirtschaftlichen Geschäftsbetrieben stammen – ausschließlich für die gemeinnützigen Zwecke einsetzt.

98 Für gemeinnützige Unternehmen ist typisch, dass die in einem gemeinnützigen Zweckbetrieb erwirtschafteten Überschüsse wieder im gemeinnützigen Zweckbetrieb reinvestiert werden. Allerdings ist auch der gemeinnützigen Körperschaft eine Vermögensbildung erlaubt und auch der Einsatz erwirtschafteter Überschüsse im Bereich der Vermögensverwaltung oder des steuerpflichtigen wirtschaftlichen Geschäftsbetriebs ist denkbar. Dabei gelten die oben dargestellten Restriktionen, vgl. → Rn. 66 ff.

99 Die gemeinnützige Mittelverwendung kann grundsätzlich auf zwei Arten erfolgen. Entweder kann die gemeinnützige Körperschaft selbst ihre Mittel für Personal- oder Sachkosten oder Investitionen im gemeinnützigen Bereich einsetzen. Denkbar ist auch, dass die gemeinnützige Körperschaft bspw. **unentgeltlich Dienstleistungen** für gemeinnützige Tochtergesellschaften erbringt und dadurch Aufwand hat, der den Tochtergesellschaften zugutekommt. Eine andere denkbare Form der gemeinnützigen Mittelverwendung sind Zuwendungen unter den Voraussetzungen von § 58 Nr. 1, Nr. 4 oder Nr. 5 AO als sog. Förderkörperschaft. Allerdings gilt hier der Grundsatz, dass Zuwendungen nur an andere steuerbegünstigte Organisationen oder Körperschaften des öffentlichen Rechts für steuerbegünstigte Zwecke zulässig sind. Bei Zuwendungen an im Ausland ansässige Organisationen – die nach deutschem Recht mangels Sitzes im Inland regelmäßig nicht steuerbegünstigt sein

---

[165] Vgl. § 8 Abs. 3 S. 2 KStG sowie KStH bzw. KStR 8.5 ff.
[166] Dazu näher unter → § 2 Rn. 127 ff.

können – erlaubt § 58 Nr. 1 AO gleichfalls die Zuwendung, sofern die Verwendung für gemeinnützige Zwecke bei der Empfängerkörperschaft gesichert ist.[167] Wesentlich ist, dass die gemeinnützige Körperschaft nachweisen kann, dass die der Empfängerkörperschaft zugewendeten Mittel ordnungsgemäß für gemeinnützige Zwecke verwendet wurden.[168]

Nach allgemeinen Grundsätzen schuldet die gebende Organisation allerdings nicht den erfolgreichen Mitteleinsatz durch die Empfängerkörperschaft. Vielmehr hat sie (insb. vertraglich) darauf hinzuwirken, dass der gemeinnützige Mitteleinsatz gewährleistet ist und muss sich ggf. bei Fehlverwendungen um die Rückforderung der Mittel bemühen. Häufig sind diese dann aber bereits verbraucht, und zwar ggf. für Tätigkeiten, die nach deutscher Rechtsanschauung nicht den gemeinnützigkeitsrechtlichen Vorgaben entsprechen. Ungeachtet dessen genießt die gebende Körperschaft **Vertrauensschutz**, wenn sie darauf vertrauen durfte, dass die Empfängerkörperschaft die Mittel entsprechend den deutschen gemeinnützigkeitsrechtlichen Vorgaben verwendet (vgl. nun § 58a AO).[169] 100

Wichtig ist, dass das deutsche Gemeinnützigkeitsrecht auch bei Zuwendungen innerhalb Europas die Standards setzt. Es gibt kein einheitliches europäisches oder gar weltweit geltendes Gemeinnützigkeitsrecht. Der bloße Nachweis, dass die empfangende Körperschaft in ihrem Heimatstaat als gemeinnützig anerkannt ist, reicht deswegen üblicherweise nicht aus. Vielmehr muss die **konkrete Mittelverwendung im Ausland** im Einklang mit den gemeinnützigkeitsrechtlichen Vorgaben des deutschen Rechts nachgewiesen werden. Typischerweise werden dazu Berichte erstellt, aus denen die Mittelverwendung im Einzelnen ersichtlich ist. 101

IX. Kontrolle der tatsächlichen Geschäftsführung

Nach § 63 AO hat jedes gemeinnützige Unternehmen den **Nachweis** zu führen, dass die tatsächliche Geschäftsführung den notwendigen gemeinnützigkeitsrechtlichen Erfordernissen entspricht. Eine bestimmte Form für diese Nachweisführung ist nicht vorgeschrieben. Es sind **ordnungsmäßige Aufzeichnungen,** insb. eine Aufstellung der Einnahmen und Ausgaben, ein Tätigkeitsbericht, sowie eine Vermögensübersicht mit Nachweisen über die Bildung und Entwicklung der Rücklagen zu führen.[170] Die Vorschriften des Handelsrechts einschließlich der entsprechenden Buchführungsvorschriften gelten, sofern sich aus der Rechtsform der Körperschaft, wie bei einer gemeinnützigen GmbH, oder aus ihrer wirtschaftlichen Tätigkeit ergibt.[171] Bei der Verwirklichung steuerbegünstigter Zwecke im Ausland besteht eine **erhöhte Nachweispflicht (§ 90 Abs. 2 AO).**[172] 102

Bei gemeinnützigen Unternehmen wird somit der Nachweis der gemeinnützigen Mittelverwendung zum einen durch den Jahresabschluss und die Bilanz sowie durch einen Tätigkeitsbericht geführt, aus dem ersichtlich ist, dass die erwirtschafteten Mittel entsprechend den gemeinnützigkeitsrechtlichen Vorgaben für die gemeinnützigen Zwecke verwendet worden sind. Für Stiftungen wird von den Stiftungsaufsichtsbehörden vielfach vorgeschrieben, dass gemeinnützige Stiftungen sich die satzungsmäßige Mittelverwendung vom Wirtschaftsprüfer testieren lassen müssen. Für ein derartiges Testat sind die laufenden Dispositio- 103

---

[167] Dies gilt nicht, sofern die ausländische Körperschaft aufgrund von Einkünften im Inland beschränkt steuerpflichtig ist. Zu dieser im Rahmen der Gemeinnützigkeitsreform erfolgten Verschärfung gegenüber der Vorfassung vgl. *Kirchhain* DStR 2021, 129 (132) sowie → § 2 Rn. 98.
[168] Verfahrensrechtlich kommt erschwerend hinzu, dass den Steuerpflichtigen nach § 90 Abs. 2 AO bei Auslandssachverhalten erhöhte Mitwirkungs- und Beweisvorsorgepflichten treffen. Genauer dazu sogleich unter → Rn. 102.
[169] Genauer zu dieser durch das JStG 2020 eingefügten Regelung siehe → § 2 Rn. 99 f. sowie Koenig/*Koenig* AO § 58a Rn. 3.
[170] Vgl. BLSB Gemeinnützigkeit/*Leichinger* S. 268 ff.; → § 9 Rn. 48 ff.
[171] Siehe bereits → Rn. 12 ff. und ausführlich → § 9 Rn. 1 ff.
[172] Zu den konkreten Auswirkungen Klein/*Rätke* AO § 90 Rn. 25 f.

nen daraufhin zu prüfen, ob sich die einzelnen Förderprojekte und/oder Zuwendungen mit den in der Satzung festgelegten Stiftungszwecken decken. Die Zweckmäßigkeit der Entscheidung der Stiftungsorgane spielt keine Rolle. Auch die Angemessenheit der Verwaltungsorganisation und die Erfolgsaussichten für Geschäfte können Teil der Prüfung sein, bevor die satzungsmäßige Mittelverwendung und Ordnungsmäßigkeit der Geschäftsführung bestätigt werden kann. Wesentlich ist der Nachweis, dass die Tätigkeit der gemeinnützigen Unternehmen insgesamt auf die gemeinnützige Zweckerfüllung ausgerichtet war. Vergütungen müssen angemessen gewesen sein. Die Verwaltungskosten in Relation zur Zweckerfüllung dürfen nicht übermäßig hoch gewesen sein. Die angestrebten Gewinne müssen den gemeinnützigkeitsrechtlichen Vorgaben entsprechen.[173] Aber nicht nur das Ausgabeverhalten insgesamt muss angemessen sein, sondern auch jede einzelne Ausgabe kann daraufhin überprüft werden, ob sie im Einklang mit der gemeinnützigen Zweckerfüllung stand. Dabei kommt es auf eine Perspektive *ex ante* an und auf die Sichtweise eines ordentlichen und gewissenhaften Geschäftsleiters, der unter Berücksichtigung angemessener Informationen eine vertretbare Entscheidung gefällt hat.[174] Hierbei ist nicht maßgeblich, welchen Effekt die Entscheidung tatsächlich im Nachhinein hatte, sondern vielmehr, ob im Vorhinein nachvollziehbar mit der Ausgabe eine gemeinnützigkeitsgemäße Mittelverwendung angestrebt worden ist.

104 Zu Recht wird bei gemeinnützigen Organisationen typischerweise vermutet, dass die Mittelverwendung den gemeinnützigkeitsrechtlichen Vorgaben entsprochen hat. Allerdings ist das gemeinnützige Unternehmen nach § 63 AO **im Zweifel beweispflichtig dafür, dass die Gemeinnützigkeitsvorschriften eingehalten wurden.** Um aber den Prüfungsumfang angemessen zu reduzieren, wird die Finanzverwaltung nur in Ausnahmefällen, wenn konkrete Zweifel an der zweckentsprechenden Verwendung aufgekommen sind, eingehend prüfen, ob tatsächlich die gemeinnützigkeitsgemäße Mittelverwendung angestrebt worden ist. Typischerweise wird in Betriebsprüfungen gemeinnütziger Organisationen zunächst auch der Internetauftritt daraufhin untersucht, ob die gemeinnützige Zielrichtung daraus deutlich wird oder Projekte beschrieben werden, die mit den gemeinnützigkeitsrechtlichen Erfordernissen möglicherweise nicht ohne Weiteres vereinbar sind. Der Geist der Gemeinnützigkeit, im Interesse der Allgemeinheit für den bestimmten gemeinnützigen Zweck zu wirken, sollte deutlich werden und die Mitarbeiterinnen und Mitarbeiter sollten darauf verpflichtet sein.

X. Sozialunternehmertum, Social Impact und Mission Investing

105 Viel diskutiert werden derzeit Begriffe wie *Social Impact* oder *Mission Investing*.[175] *Social Impact* meint Initiativen, mit denen unternehmerisches und gemeinnütziges soziales Handeln verbunden werden soll. *Mission Investing* bezeichnet die wirkungsorientierte Anlage von Vermögen.[176] Wer dies betreibt, kann grundsätzlich ein gemeinnütziges Unternehmen sein, dies ist aber nicht zwingend.[177] Es gibt mittlerweile zahlreiche Social Impact Labs, in denen sog. *Social Entrepreneurs*[178] Ideen finden und entwickeln können, um einerseits unternehmerisch aktiv zu werden und andererseits die Umwelt, Wohlfahrt, Bildung oder einen der anderen gemeinnützigen Zwecke zu fördern.

---

[173] Dazu bereits → Rn. 54 ff.
[174] Vgl. zur sog. Business Judgment Rule → § 2 Rn. 21 ff.
[175] Vgl. nur die zahlreichen Organisationen, die bei einer Internetsuche nach diesen Stichworten genannt werden.
[176] Vgl. *Weber/Schneeweiß* Mission Investing im deutschen Stiftungssektor, 2012.
[177] Vgl. zu ideellen Beweggründen und höheren Daseinsgründen (sog. *Corporate Purpose*) bei erwerbswirtschaftlichen Unternehmen *Fleischer* ZIP 2021, 15.
[178] Gebräuchlich sind teilweise auch die Formulierungen Intre- bzw. Intrapreneurship. Eingehend zum Begriffsverständnis *Momberger* Social Entrepreneurship, 10 ff.

106 Eine Möglichkeit besteht darin, zu diesem Zweck ein gemeinnütziges Unternehmen zu gründen. Dieses muss ausschließlich auf die gemeinnützige Zweckerfüllung ausgerichtet sein, weswegen Gewinnausschüttungen ebenso wenig möglich sind wie die Zahlung unangemessener Vergütungen. Hat sich die Geschäftsidee bewährt und ist das gemeinnützige Unternehmen erheblich im Wert gestiegen, können die Anteile daran von den Gründern natürlich, wie bei jedem anderen Start-up, veräußert werden, im Regelfall steuerpflichtig nach § 17 EStG. Allerdings wird der Erwerber berücksichtigen müssen, dass wegen des Grundsatzes der Vermögensbindung das in der Zeit der Gemeinnützigkeit geschaffene Vermögen dauerhaft gemeinnützigen Zwecken gewidmet bleiben muss und der **Ausstieg aus der Gemeinnützigkeit,** je nach Einzelfall, zumindest mit erheblichen steuerlichen Belastungen verbunden sein kann.[179] Kommerzielle Erwerber werden aber aus der Gemeinnützigkeit aussteigen wollen, um zukünftig die Gewinne für sich vereinnahmen zu können. Im Übrigen sind bei gemeinnützigen Unternehmen vielfach ideenreiche und erfolgreiche Sozialunternehmer tätig, die nicht die Materialisierung des unternehmerischen Erfolgs für private Zwecke anstreben, sondern dauerhaft gemeinnützig wirken wollen. Es gehört zu den Aufgaben eines Sozialunternehmens, innovative Ansätze zu verfolgen, um dauerhaft am Markt erfolgreich zu bleiben.[180]

107 Was den *Social Impact*-Ansatz auszeichnet, ist das Bemühen, mithilfe einer Wirkungsanalyse die positiven Wirkungen in einem bestimmten Themenfeld darlegen zu können.[181] Unterschieden wird dabei zwischen dem *Output,* also beispielsweise der Anzahl der Jugendlichen, die geschult werden, und dem *Outcome,* also der dadurch erlangten Fähigkeit von Jugendlichen, tatsächlich einen Arbeitsplatz zu erhalten, wobei noch umstritten ist, wie dies genau gemessen werden kann.[182]

108 *Mission Investing* meint Vermögensanlagen, mit denen neben der Renditeerzielung auch beabsichtigt ist, bestimmte gemeinnützige Zwecke zu verfolgen. Gemeinnützige Sozialunternehmen können sich teilweise durch entsprechende Kredite finanzieren, die Privatpersonen oder Fonds mit diesen Absichten vergeben. Dies ist attraktiv, wenn die Finanzierung dadurch deutlich billiger wird und sich die Kontrolle der Finanziers auf die Überwachung der Zweckbindung beschränkt. *Mission Investing* kann es in der Form von nachhaltigen Geldanlagen, sog. *Impact Investing,* bei dem Eigenkapital in risikoreiche gemeinnützige Projekte gesteckt wird, oder auch als *Venture Philanthropie* geben.

109 Aus Sicht einer gemeinnützigen Körperschaft, die ihrerseits *Mission Investing* betreiben möchte, ist zu beachten, dass jede Vermögensanlage im Bereich der Mittelbeschaffung erfordert, eine **angemessene Rendite im Vergleich zum Risiko** erzielen zu können.[183] Zwar ist auch die Investition von Wagniskapital mit einem entsprechend erhöhten unternehmerischen Risiko nicht von vornherein ausgeschlossen. Regelmäßig entspricht den gemeinnützigkeitsrechtlichen Vorgaben aber nur eine Beimischung im Rahmen einer diversifizierten Vermögensanlagepolitik unter sorgfältiger Auswahl der Investitionsobjekte, die daher der Höhe nach begrenzt ist. Wenn dagegen eine hoch risikoreiche Investition geplant ist, wird dies häufig nur mittels einer gemeinnützigen Projektgesellschaft umgesetzt werden können. Investiert ein gemeinnütziges Unternehmen gemeinsam mit anderen *Social Entrepreneurs* in derartige Venture-Projekte, ist regelmäßig zu prüfen, ob das Investitionsobjekt selbst auch gemeinnützig sein muss, damit sich ein gemeinnütziger Eigenkapitalgeber daran beteiligen darf.

---

[179] Näher zum Ausstieg aus der Gemeinnützigkeit → § 2 Rn. 173 ff.
[180] Zu weiteren Strategiefragen ausführlich → § 4.
[181] Vgl. zum Begriff des *Social Impact* grundlegend Then/Kehl Stiftung&Sponsoring (Rote Seiten) 3/2016.
[182] Zu den betriebswirtschaftlichen Kennzahlen siehe auch → § 6 Rn. 35 ff.
[183] Näher dazu → § 2 Rn. 66.

D. Rechtsformen – Rechtliche Unterschiede

I. Körperschaften

110 Gemeinnützige Organisationen sind weitgehend frei darin, in welcher Rechtsform sie sich organisieren. Nach § 51 Abs. 1 AO kommen allerdings nur „Körperschaften" für die Steuervergünstigungen der Gemeinnützigkeit in Betracht. Darunter sind **Körperschaften, Personenvereinigungen und Vermögensmassen iSd KStG** zu verstehen.[184] Dies sind insb. Vereine, Kapitalgesellschaften (wie Unternehmergesellschaften, GmbH oder Aktiengesellschaften) sowie Stiftungen und Genossenschaften. Auch nicht rechtsfähige Vereine – also solche, die nicht im Vereinsregister eingetragen sind – sind taugliche Körperschaftsteuersubjekte, ebenso wie nicht rechtsfähige Stiftungen.[185] Bei regionalen Untergliederungen, bspw. bei Landes-, Bezirks- oder Ortsverbänden von Großvereinen kann es sein, dass diese als nicht rechtsfähige Vereine selbstständige Körperschaftsteuersubjekte sind.[186] Dies ist der Fall, wenn der Landes-, Bezirks- oder Ortsverband über eigene satzungsmäßige Organe (Vorstand, Mitgliederversammlung) verfügt und über diese auf Dauer nach außen im eigenen Namen auftritt und eine eigene Kassenführung hat. Auch Abteilungen von Großvereinen können uU selbstständige Steuersubjekte werden, wenn diese drei genannten Voraussetzungen vorliegen.

111 Im Folgenden werden die Grundzüge der verschiedenen Rechtsformen vorgestellt, die rechtsformspezifisch ausgestaltet sind. In → Rn. 129 ff. und → § 3 werden dann die wesentlichen Grundregeln, die rechtsformübergreifend im Rahmen der Corporate Governance zu beachten sind, näher erläutert. Bei der Neugründung einer gemeinnützigen Unternehmung kann anhand der Eigenarten der einzelnen möglichen Rechtsformen entschieden werden, welche im konkreten Fall geeignet erscheint.[187]

II. Grundzüge der Rechtsformen

1. Verein

112 Es gibt in Deutschland über 600 000 Vereine, die in der ganz überwiegenden Anzahl gemeinnützig tätig sind. Das Merkmal eines Vereins ist, dass die Vereinsmitglieder das oberste Organ darstellen und in der **Mitgliederversammlung** ua über die Satzung sowie über den Vorstand als geschäftsführendes Organ des Vereins entscheiden können. Das Mitgliedschaftsverhältnis bedeutet, dass das einzelne Mitglied zwar ein Stimmrecht in Bezug auf die Ausgestaltung des Vereins hat, wobei es aber auch stimmrechtslose Mitgliedschaftsverhältnisse (bspw. sog. Fördermitglieder) geben kann. Das einzelne Vereinsmitglied ist aber nicht am Vermögen des Vereins beteiligt. Übertragungen von Vermögen auf einen Verein durch ein Mitglied werden daher typischerweise nicht als Einlage, sondern als Schenkung behandelt. Denkbar ist, dass ein Verein den Mitgliedern unterschiedliche Stimmrechte gibt, solange der sog. **Gleichbehandlungsgrundsatz** gewahrt bleibt. Die Stimmrechte können bspw. von der Höhe der Mitgliedsbeiträge oder dem persönlichen Engagement der einzelnen Mitglieder abhängig gemacht werden. Ein Verein muss keine Mitgliedsbeiträge erheben, er kann dies aber tun. Grundsätzlich dürfen die Mitglieder einstimmig über die Zweckbestimmung des Vereins entscheiden. In den §§ 21 ff. BGB sind die wesentlichen Vorschriften für den Verein enthalten. Der Verein zeichnet sich dadurch aus, dass sich sein Handeln nach

---

[184] So wörtlich § 51 Abs. 1 S. 2 AO.
[185] Zu diesen siehe genauer → Rn. 125 f.
[186] Dazu genauer → § 3 Rn. 92.
[187] Zu weiteren Aspekten der Rechtsformwahl vgl. Schauhoff Gemeinnützigkeits-HdB/*van Randenborgh* § 1.

dem Willen der Mitglieder richtet und die Mitglieder typischerweise mit Mehrheit ihre Beschlüsse fassen. Die Willensbildung erfolgt somit im Grundsatz entsprechend demokratischen Regeln. Zur Erlangung der Rechtsfähigkeit bedarf ein Idealverein der Eintragung in das Vereinsregister, vgl. § 21 BGB.

2. GmbH

Bei einer GmbH bestimmen die Gesellschafter nach Maßgabe ihrer Kapitalanteile darüber, wie die Organe der GmbH besetzt werden bzw. die Satzung gestaltet wird. In gemeinnützigen Konzernen ist die (g)GmbH die typische Rechtsform, über die die gemeinnützige Arbeit durchgeführt wird. Dies ist insb. deswegen der Fall, weil bei einer GmbH geregelt werden kann, dass die Geschäftsführung den Weisungen der Gesellschafterversammlung und damit möglicherweise des Alleingesellschafters, einer gemeinnützigen Körperschaft, im Einzelfall unterliegt. Eine GmbH kann damit wie eine unselbstständige Abteilung innerhalb eines gemeinnützigen Konzerns geführt werden. Sie tritt nach außen rechtlich selbstständig auf und schottet dadurch das Vermögen der GmbH und die möglichen Verluste der GmbH von dem sonstigen Vermögen der gemeinnützigen Mutterkörperschaft ab. Die GmbH kann somit für die sog. *Asset Protection* genutzt werden, um im Insolvenzfall das originäre Vermögen der gemeinnützigen Körperschaft zu schützen. Insbesondere erlaubt die GmbH auch, dass der Gesellschafter entscheidet, diese zu begründen oder zu liquidieren, wenn sich die Aufgaben erledigt haben. Anders als beim Verein, bei dem jegliche Zweckänderung rechtlichen Hürden ausgesetzt ist, darf bei der GmbH ein Gesellschafter – wenn er eine entsprechende qualifizierte Mehrheit der Stimmrechte innehat – entsprechende Entscheidungen treffen. Der Minderheitsschutz für einzelne Gesellschafter ist bei einer GmbH nur schwach ausgeprägt. Nachteilig an einer GmbH kann sein, dass sämtliche Satzungsänderungen der notariellen Beurkundung unterliegen und daher der Gründungsaufwand höher ist. Auch ist eine GmbH typischerweise ein sog. Formkaufmann, weswegen Bilanzen aufgestellt werden müssen. Auch dadurch können höhere Kosten entstehen als bspw. bei einem Verein.[188]

113

3. Aktiengesellschaft

Die Aktiengesellschaft ist wie die GmbH eine Kapitalgesellschaft, bei der die Aktionäre in der Hauptversammlung die grundlegenden Entscheidungen fällen, etwa über die Satzungsgestaltung oder die Besetzung des Aufsichtsrats. Anders als eine GmbH besetzt bei der Aktiengesellschaft aber nicht die Hauptversammlung und damit die Gesellschafter den Vorstand, sondern der Aufsichtsrat. Auch hat der Vorstand bei einer Aktiengesellschaft eine weitaus größere Autonomie, als dies bei einer GmbH der Fall ist. Der Vorstand leitet die Geschäfte der Aktiengesellschaft und wird dabei vom Aufsichtsrat überwacht. Wegen dieser zwingenden gesetzlichen Erfordernisse und des Umstandes, dass die Durchführung einer Hauptversammlung bei einer Aktiengesellschaft weitaus aufwendiger ist als bei einer GmbH, kommt diese typischerweise nicht als Rechtsform für eine Tochtergesellschaft innerhalb eines gemeinnützigen Konzerns in Betracht.

114

Die Rechtsform der Aktiengesellschaft hat sich aus dem Verein heraus entwickelt. Es gibt einzelne gemeinnützige Aktiengesellschaften, die Aktionären Stimmrechte (ggf. gewichtet) geben und entsprechend den demokratischen Gegebenheiten über die Ausrichtung der gemeinnützigen Tätigkeit entscheiden, ohne die Geschäftsführung im Detail beeinflussen zu können. Damit sind die Aktionäre, die auch durch Einlagen in das Vermögen der Aktiengesellschaft zu deren gemeinnützigem Wirken beitragen können, weiter weg von der Geschäftsführung, als dies beim Verein der Fall sein muss. Als Kapitalgesellschaft ist auch die

115

---

[188] Zu weiteren Unterschieden zwischen Verein und GmbH aus gemeinnütziger Warte siehe *Weitemeyer* GmbHR 2021, 57 (57 f.).

Aktiengesellschaft ein sog. Formkaufmann[189] und muss deswegen einen Jahresabschluss nach handelsrechtlichen Vorschriften erstellen.

116 Kapitalgesellschaften – dies gilt für die GmbH und die Aktiengesellschaft gleichermaßen – sind grundsätzlich zum **Erhalt ihres Stammkapitals oder Grundkapitals** verpflichtet, wobei die Mindesthöhe bei der GmbH 25 000 EUR und bei der AG 50 000 EUR beträgt, die aber nicht vollständig eingezahlt werden müssen. Anders als ein Verein, der durchaus auch ein Negativvermögen haben darf, wird eine Kapitalgesellschaft, deren Stamm- oder Grundkapital aufgebraucht ist, gezwungen sein, die Geschäftstätigkeit so auszurichten, dass der Erhalt des Kapitals wieder erreicht wird, was in Einzelfällen mit dem Grundsatz der zeitnahen Mittelverwendung kollidieren kann.

4. Stiftungen

117 Eine Stiftung zeichnet sich dadurch aus, dass ihr von dem Stifter oder der Stifterin ein Vermögen zur Verfolgung eines bestimmten gemeinnützigen Zwecks gegeben wird. Die Zweckverfolgung wird typischerweise **aus den Vermögenserträgen finanziert.** Die Stiftung ist zum dauerhaften Erhalt des sog. Grundstockvermögens verpflichtet, es sei denn, der Stifter hätte eine Verbrauchsstiftung errichtet. Bei einer Verbrauchsstiftung muss von vornherein die Zeitdauer und der Umfang, in dem das gestiftete Vermögen bis wann verbraucht werden soll, in der Stiftungsurkunde definiert werden.

118 Eine Stiftung und deren Organe können typischerweise nicht nach eigenem Gutdünken eine Änderung der Stiftungssatzung beschließen. Vielmehr sind sie an den **Stifterwillen** gebunden, bis die Erfüllung des Stiftungszwecks unmöglich geworden ist. Im Regelfall möchten Stifter das dauerhafte Wirken der Stiftung und deren Fortentwicklung mit der Zeit („Ewigkeitscharakter" der Stiftung). Dazu ist der mutmaßliche Stifterwille zu ermitteln. Der Gesetzgeber geht in § 85 BGB nF (ab 1.7.2023) in einem Drei-Stufen-Modell davon aus, dass der Stiftungszweck nur bei dauernder Unmöglichkeit der Zweckerfüllung geändert werden kann. Prägende Bestimmungen wie Name, Sitz, Art der Zweckerfüllung oder Vorschriften zum Vermögen sollen nur geändert werden können, wenn es notwendig ist für eine Anpassung an wesentlich geänderte Verhältnisse und sonstige Bestimmungen und auch nur, wenn es dem Wohl der Stifung dient.[190]

119 Typischerweise haben Stiftungen ein geschäftsführendes Organ, den **Stiftungsvorstand.** Dieser kann in Abhängigkeit von der Maßgabe des Stifters besetzt werden. In der Praxis finden sich Regelungen, wonach die Stiftungsorgane sich durch Kooptation bei Ausscheiden eines Mitglieds selbst ergänzen oder bestimmte Dritte, wie bspw. die Familie des Stifters oder öffentliche Institutionen, das Recht haben, Sitze in den Stiftungsgremien zu besetzen. Wenn Stiftungsorgane ihr Amt niederlegen, werden sie nach der Satzung regelmäßig gehalten sein, Nachfolger zu suchen und ggf. zu bestimmen. Sollten sie ausfallen, ist notfalls auch die Stiftungsaufsichtsbehörde gezwungen, für eine ordnungsgemäße Besetzung der Ämter Sorge zu tragen.

120 Da Stiftungen den Stifterwillen zu verwirklichen haben, aber keine Gesellschafter oder Mitglieder die Stiftungsorgane kontrollieren, sind die **staatlichen Stiftungsaufsichtsbehörden** eingerichtet worden. Sie nehmen subsidiär zu Aufsichtsgremien in der Stiftung eine **Rechtmäßigkeitskontrolle** in Bezug auf die Entscheidungen der Stiftungsorgane vor, insb. kontrollieren sie, ob diese im Einklang mit den Vorgaben der Stiftungssatzung handeln und das Vermögen der Stiftung dauerhaft erhalten wird. Gäben die Stiftungsorgane nämlich dauerhaft mehr für die gemeinnützige Zweckverwirklichung aus, als ihnen an Erträgen zur Verfügung steht, würde die Lebensdauer der Stiftung entgegen dem Stifterwillen begrenzt. Auch dies gilt es zu überwachen. Die staatliche Stiftungsaufsicht ist aber nicht

---

[189] Vgl. § 3 Abs. 1 AktG (iVm § 6 Abs. 2 HGB).
[190] Zum neuen Stiftungsrecht *Schauhoff/Mehren* Stiftungsrecht nach der Reform (erscheint voraussichtlich Mitte 2022).

dafür zuständig, Streitigkeiten zwischen Stiftungsorganen über ihre jeweiligen Kompetenzen zu entscheiden. Dafür sind vielmehr die Zivilgerichte zuständig.

Sofern Stiftungen ihr Grundstockvermögen verloren haben sollten, sind die Organe gehalten, ggf. durch die Drosselung der Ausgaben wieder Vermögen anzusparen. Stiftungsorgane schulden keine erfolgreiche Vermögensanlage, sondern sie sind gehalten, unter Beachtung angemessener Informationen vertretbare Anlageentscheidungen zu treffen. Kommt es zu Vermögensverlusten, weil ein Stiftungsorgan schuldhaft die Pflichten verletzt hat, können die Mitglieder der Stiftungsorgane, insb. der Vorstand, ggf. auf Haftung in Anspruch genommen werden. Diese Ansprüche werden typischerweise die Nachfolger in den Organen geltend machen. Die Stiftungsaufsichtsbehörden prüfen in derartigen Fällen, ob eine Abberufung der Stiftungsorgane und deren Ersatz durch andere angezeigt ist, die mitunter dann auch angehalten werden, Schadensersatzansprüche gegenüber den abberufenen Organmitgliedern geltend zu machen. Stiftungen existieren somit losgelöst von den aktiven Mitgliedern, die die Existenz eines Vereins voraussetzt. **121**

5. Genossenschaft

Eine Genossenschaft bezeichnet einen Zusammenschluss von (natürlichen oder juristischen) Personen zu Zwecken der Erwerbstätigkeit oder der wirtschaftlichen oder sozialen Förderung der Mitglieder durch einen gemeinschaftlichen wirtschaftlichen Geschäftsbetrieb. Da auch sog. Zweckbetriebe, bei denen ein gemeinnütziger Zweck durch entgeltliche, aber steuerbegünstigte Tätigkeiten verwirklicht wird, wirtschaftliche Geschäftsbetriebe iSd Zwecks sind, kommen gemeinnützige Genossenschaften als Rechtsform in Betracht. Eine eingetragene Genossenschaft muss aus mindestens drei Mitgliedern bestehen und über eine Satzung mit einem gesetzlich vorgeschriebenen Mindestinhalt verfügen. Die Gründung der Genossenschaft setzt ein Gutachten eines Prüfungsverbandes voraus, aufgrund dessen die Genossenschaft in das Genossenschaftsregister des zuständigen Amtsgerichts eingetragen werden kann. **122**

Eine Genossenschaft ist in mancher Hinsicht einem eingetragenen Verein ähnlich. Der wesentliche Unterschied ist, dass eine Genossenschaft **auf einen wirtschaftlichen Geschäftsbetrieb ausgerichtet** ist. Anders als beim Idealverein muss daher nicht nachgewiesen werden, dass die wirtschaftliche Tätigkeit nur Nebenzweck der gemeinnützigen Zweckerfüllung ist. Die Genossenschaft kann daher als eine Sonderform oder Weiterentwicklung des wirtschaftlichen Vereins betrachtet werden. Die Genossenschaft ist eine juristische Person und Formkaufmann.[191] Die Haftung der Mitglieder kann auf die Höhe des Genossenschaftsanteils begrenzt werden. Genossenschaften müssen jährlich von einem genossenschaftlichen Prüfungsverband geprüft werden. **123**

Die Genossenschaft wird als Rechtsform für gemeinnützige Organisationen nur ausnahmsweise in Betracht gezogen. Nachdem der BGH entschieden hat, dass gemeinnützige Vereine im Regelfall in Bezug auf ihre wirtschaftlichen Aktivitäten in den Genuss des sog. **Nebenzweckprivilegs** kommen,[192] ist ein wesentliches Motiv dafür, warum Genossenschaften als Rechtsform in Erwägung gezogen wurden, entfallen. Gemeinnützige Genossenschaften finden sich gelegentlich zur Organisation von *Joint Ventures* von mehreren gemeinnützigen Organisationen. Im Gegensatz zu einem Verein ermöglicht die Genossenschaft die kapitalmäßige Beteiligung der Mitglieder. Im Gegensatz zur Kapitalgesellschaft kann einfacher geregelt werden, dass Wertsteigerungen des wirtschaftlichen Geschäftsbetriebes, die sich bei einer erfolgreichen Tätigkeit ergeben, im Vermögen der Genossenschaft verbleiben und dort reinvestiert werden. Bei Kapitalgesellschaften kann sich dagegen die Frage stellen, unter welchen Voraussetzungen ein Gesellschafter seine Beteiligung verkaufen und sich damit die Wertsteigerung zu eigen machen darf. **124**

---

[191] Zu den handelsrechtlichen und zivilrechtlichen Folgen → Rn. 12 ff., 24 ff.
[192] BGH 16.5.2017 – II ZB 7/16, BGHZ 215, 69.

6. Nicht rechtsfähiger Verein

125 Im Unterschied zum rechtsfähigen Verein wird der nicht rechtsfähige Verein (§ 54 BGB) nicht in das Vereinsregister eingetragen. Er gründet sich durch die Verabschiedung einer selbst gegebenen Satzung durch die Mitglieder, die gleichzeitig nach außen auftreten und über eine eigene Kasse verfügen. Ungeachtet seines Namens ist der nicht rechtsfähige Verein im Rechtsverkehr grundsätzlich handlungsfähig. Allerdings ist die Abgrenzung zwischen dem nicht rechtsfähigen Verein und einer Gesellschaft bürgerlichen Rechts (GbR), bei der die einzelnen Gesellschafter sich ggf. persönlich verpflichten und mit ihrem Vermögen für die Erfüllung der Verpflichtungen des Vereins haften, häufig schwer zu ziehen. Der Gesetzgeber hat soeben mit Wirkung zum 1.1.2024 das Personengesellschaftsrecht umfassend geändert, was Einfluss auf diese Abgrenzung hat.[193] Der nicht rechtsfähige Verein ist eine „unpraktische" Rechtsform, die typischerweise unbeabsichtigt entsteht, indem bspw. für **Orts- oder Regionalverbände** von Großvereinen angenommen wird, dass ein eigenes Rechts- und Steuersubjekt entstanden ist.[194]

7. Nicht rechtsfähige Stiftung

126 Der wesentliche Unterschied zwischen einer rechtsfähigen und einer nicht rechtsfähigen Stiftung ist, dass die nicht rechtsfähige Stiftung **nicht selbst im Rechtsverkehr handlungsfähig ist.** Die nicht rechtsfähige Stiftung kann nur durch ihren Rechtsträger nach außen handeln, der sich zivilrechtlich selbst verpflichtet, mit den Erträgen aus dem ihm übertragenen Vermögen der nicht rechtsfähigen Stiftung die Stiftungszwecke zu erfüllen. Anstelle der staatlichen Rechtsaufsicht ist bei der nicht rechtsfähigen Stiftung der Rechtsträger aufgrund vertraglicher Vereinbarung mit dem Stifter dafür verantwortlich, dass das Vermögen entsprechend dessen Vorgaben verwaltet und die Erträge aus dem Vermögen entsprechend dem gemeinnützigen Zweck eingesetzt werden. Eine nicht rechtsfähige Stiftung kommt insb. dann in Betracht, wenn die staatliche Stiftungsaufsicht als Rechtsaufsicht gescheut wird. Im Unterschied zur rechtsfähigen Stiftung ist bei der nicht rechtsfähigen Stiftung auch insofern eine größere Gestaltungsfreiheit gegeben, als der Stifter selbst festlegen kann, wann diese wieder aufgelöst werden soll. Die Strenge des Stiftungsrechts für rechtsfähige Stiftungen gilt für nicht rechtsfähige Stiftungen insoweit nicht. Unpraktikabel ist die nicht rechtsfähige Stiftung aber häufig, wenn ihr erhebliches Vermögen übertragen werden soll, weil dann die haftungsmäßige Vermischung des Eigenvermögens des Rechtsträgers mit dem Stiftungsvermögen drohen kann.[195] Für gemeinnützige Unternehmen kommt die nicht rechtsfähige Stiftung dann bspw. in Betracht, wenn zum Spendensammeln ein eigenes, als gemeinnützig anerkanntes Vermögen gesucht wird. Die Verwaltung einer nicht rechtsfähigen Stiftung durch einen gemeinnützigen Rechtsträger kann aus Sicht des Gemeinnützigkeitsrechts zu einem steuerpflichtigen wirtschaftlichen Geschäftsbetrieb führen. Streitig ist, ob diese Tätigkeit auch der Umsatzsteuer unterliegt.[196]

8. Unternehmergesellschaft

127 Die in § 5a GmbHG geregelte Unternehmergesellschaft stellt keine neue Rechtsform dar. Vielmehr handelt es sich um eine **GmbH mit einem geringeren Stammkapital** als dem für die gewöhnliche GmbH vorgeschriebenen Mindeststammkapital von 25 000 EUR. Die Unternehmergesellschaft ist eine juristische Person, als gemeinnützige Unternehmer-

---

[193] Nicht rechtsfähige Vereine werden künftig nach § 54 Abs. 1 BGB nF als „Verein ohne Rechtspersönlichkeit" bezeichnet, auf die bei Verfolgung ideeller Zwecke das Vereinsrecht entsprechende Anwendung findet; vgl. BGBl. 2021 I 3436 (3437 f.).

[194] Vgl. genauer unter → § 3 Rn. 92.

[195] Die Erbeinsetzung einer nicht rechtsfähigen Stiftung führt mangels Rechtsfähigkeit dazu, dass der Stiftungsträger Erbe wird: OLG Düsseldorf 12.8.2019 – I-3 Wx 231/17, ZEV 2020, 111, Rn. 13 mwN.

[196] Vgl. *Hüttemann* GemeinnützigkeitsR Rn. 2.61.

gesellschaft ist sie wie die anderen Kapitalgesellschaften unter den gleichen Voraussetzungen von der Körperschaftsteuer und Gewerbesteuer befreit. Die Unternehmergesellschaft kann mit einem Stammkapital von lediglich einem Euro gegründet werden. Im Gegensatz zu einer GmbH sind bei einer Unternehmergesellschaft keine Sacheinlagen zulässig.

Da die sog. Stammeinlage von 25 000 EUR, die auch nur zur Hälfte einbezahlt werden muss, auch bei der „normalen" GmbH für die gemeinnützige Aktivität der Gesellschaft investiert werden kann, entfällt häufig der Grund für die Errichtung einer Unternehmergesellschaft. Häufig überlegen sich Gesellschafter von Kapitalgesellschaften, mit welcher Stammeinlage sie im Handelsregister eingetragen werden wollen, um dem Rechtsverkehr die Ausstattung der Kapitalgesellschaft zu zeigen. Eine Unternehmergesellschaft deutet nach ihrer Firma schon auf eine schwach ausgestattete Kapitalgesellschaft hin.[197] **128**

III. Unterschiede und Gemeinsamkeiten in der Governance

Verein, Stiftung und Kapitalgesellschaft können nach der deutschen Rechtsordnung weitgehend frei in Bezug auf die Anzahl, Zusammensetzung und Befugnisse der Organe gestaltet werden.[198] Eine Ausnahme bildet lediglich die Aktiengesellschaft, bei der der Gesetzgeber formstrenge Vorgaben gemacht hat. Die Vereinsmitglieder, der Stifter oder die Gesellschafter können entscheiden, ob die Körperschaft ein **Geschäftsführungsorgan** hat (Vorstand oder Geschäftsführer genannt), wie viele Personen diesem angehören, und ob ein gesondertes **Aufsichtsgremium** (**Beirat, Aufsichtsrat oder Kuratorium** genannt) eingerichtet wird. Auch die Zusammensetzung und die Kompetenzen eines derartigen Aufsichtsgremiums können weitgehend frei gestaltet werden. In Abhängigkeit von der Funktion der jeweiligen gemeinnützigen Gesellschaft wird die Governance eingerichtet. **129**

1. Gemeinnütziges Unternehmen

Für die Spitze eines gemeinnützigen Konzerns – sei es ein Verein, eine Stiftung oder eine Kapitalgesellschaft – stellt sich natürlich in erster Linie die Frage, wie die Governance gestaltet wird, um wirtschaftlich effektiv gemeinnützige Tätigkeiten verwirklichen zu können.[199] Bei der **Stiftung** bestimmt der Stifter, wie die gemeinnützigen Aktivitäten organisiert werden. Seine Vorgaben sind nicht ohne Weiteres änderbar, wenigstens nicht in Bezug auf die Grundsatzfragen. Der Stifter selbst kann in der Satzung festlegen, in welchem Maße er erlaubt, die Vorgaben später zu ändern (§ 85 Abs. 4 BGB nF). Im **Verein** bestimmt dagegen die Mitgliederversammlung als oberstes Organ, wie die rechtlichen Verhältnisse innerhalb des Vereins und auch in Bezug auf Tochtergesellschaften gestaltet werden. Viele Vereine sehen vor, dass die Mitgliedschaft im Verein nicht von jedem Interessierten selbst begründet werden kann, sondern die Vereinsorgane das Mitglied erst zulassen müssen. Damit soll verhindert werden, dass der Verein gleichsam von außen übernommen werden kann. **130**

Es gibt nicht wenige Vereine, die Zukunftssorgen haben, weil sie nicht mehr genug engagierte Mitglieder an sich binden können. Allerdings lässt sich dieses Problem durch eine Änderung der Rechtsform nicht ohne Weiteres beheben. Auch eine Stiftung lebt vom Engagement ihrer Organmitglieder. Vereine können auch mit wenigen Mitgliedern existieren. Die Mindestanzahl von sieben bei Gründung kann später unterschritten werden. Oberstes Organ bei einer **Kapitalgesellschaft** sind dagegen die Gesellschafter. Bei der Kapitalgesellschaft findet eine Nachfolge in den Kapitalgesellschaftsanteil durch Tod statt, während die **131**

---

[197] Zur Möglichkeit einer Eintragung der Firma als gemeinnützige Unternehmergesellschaft (gUG) vgl. BGH 28.4.2020 – II ZB 13/19, NJW 2020, 2035.
[198] Näher dazu → § 3 mit Darstellungen, wie bestimmte in der Satzung niedergelegte Bestimmungen typischerweise ausgelegt bzw. durch gesetzliche Normen ergänzt werden.
[199] Dazu im Detail → § 3.

Mitgliedschaft im Verein oder im Organ einer Stiftung nicht übertragbar ist. Dagegen scheidet ein Vereinsmitglied durch Tod oder Austritt aus dem Verein aus.

132 Alle genannten Rechtsformen haben somit ihre Berechtigung als Mutterkörperschaft eines gemeinnützigen Konzerns oder als rechtliches Vehikel für ein gemeinnütziges Unternehmen. Es gibt keine empirischen Belege dafür, dass eine Rechtsform besser als eine andere Rechtsform gewährleisten könnte, wie erfolgreich eine gemeinnützige Körperschaft wirkt. Vielmehr ist das Engagement der handelnden Personen entscheidend. Letztlich können die Initiatoren festlegen, in welcher Rechtsform das gemeinnützige Wirken stattfinden soll. Es gibt auch nicht wenige gemeinnützige Konzerne, bei denen eine Stiftung zwar nicht die Mutterkörperschaft ist, aber dennoch gegründet wurde, um Mittel für die gemeinnützige Tätigkeit einzusammeln oder einen bestimmten Teilbereich rechtlich zu verselbstständigen. In jedem Fall sollte bei der Gestaltung der Satzung – gleich welcher Rechtsform – bedacht werden, dass unternehmerische Entwicklungen typischerweise sehr dynamisch sind und deswegen die Satzung genügend Gestaltungsfreiheit lassen sollte, um die Körperschaft ggf. weiterzuentwickeln. Dies ist bei allen genannten Rechtsformen möglich, hängt aber in erheblichem Maße von den Detailbestimmungen in der Satzung oder dem Gesellschaftsvertrag ab.

133 In diesem Zusammenhang ist zudem wichtig, dass das deutsche **Umwandlungsrecht** die Verschmelzung einer Kapitalgesellschaft oder deren Spaltung ermöglicht.[200] Dagegen sind die Möglichkeiten für Stiftungen, eine Umwandlung vorzunehmen, begrenzt. Die Stiftung kann zwar mit einer anderen Stiftung zusammengelegt oder dieser zugelegt werden, wenn dies das Stiftungsgeschäft erlaubt (vgl. §§ 86 ff. BGB nF). Der Formwechsel einer Stiftung in eine Kapitalgesellschaft ist aber nicht vorgesehen, auch nicht der Formwechsel in einen eingetragenen Verein. Auch die Umwandlungsmöglichkeiten für einen Verein sind deutlich begrenzt. Zwar ist die Verschmelzung eines Vereins mit einem anderen Verein möglich oder auch die Ausgliederung von Vermögen aus einem Verein auf eine Kapitalgesellschaft. Schließlich ist es möglich, den Verein in eine Kapitalgesellschaftsform zu wechseln, wobei die Mitglieder Anteile am Vermögen des Vereins erhalten, was gemeinnützigkeitsrechtlich aber typischerweise nicht dazu führt, dass die Mitglieder werthaltiges Vermögen erhielten, da nach dem sog. Vermögensbindungsgrundsatz das in der Zeit der Gemeinnützigkeit geschaffene Vermögen gemeinnützig verhaftet bleiben muss. Eine Ausnahme ist nur für in die gemeinnützige Körperschaft eingelegtes Vermögen möglich.

134 Somit sollte die Entscheidung, welche Rechtsform gewählt wird, um gemeinnützige Zwecke zu verwirklichen, auch von der Bedeutung der genannten Unterschiede abhängig gemacht werden. In Bezug auf die Umwandlungen ist zu bedenken, dass nach deutschem Steuerrecht im Regelfall nur Umwandlungen, die auf den Vorschriften des Umwandlungsgesetzes beruhen, steuerneutral durchgeführt werden können. Dabei gelten allerdings viele Besonderheiten. In Bezug auf das im gemeinnützigen Bereich investierte Vermögen wird es typischerweise auch gar nicht darauf ankommen, weil die Aufdeckung stiller Reserven durch eine Vermögensübertragung typischerweise steuerfrei wird durchgeführt werden können.

2. Tochtergesellschaften im gemeinnützigen Konzern

135 Die Tochtergesellschaften im gemeinnützigen Konzern werden **typischerweise in der Rechtsform der gemeinnützigen GmbH** errichtet. Dies hat zum einen den Grund, dass die Governance einer gemeinnützigen GmbH ermöglicht, dass die Geschäftsführer weisungsabhängig in die Konzernhierarchie einbezogen werden können. Auch eine Matrixorganisation ist möglich.[201] Zudem ermöglicht die gemeinnützige GmbH am einfachsten Umwandlungen, wie Verschmelzungen oder Spaltungen des Vermögens. Damit bietet sie die notwendige Flexibilität, um auf Veränderungen reagieren zu können.

---

[200] Dazu näher → § 10 Rn. 13 ff.
[201] Siehe dazu → Rn. 90; → § 3 Rn. 87 ff.

IV. Steuerliche Unterschiede zwischen den Rechtsformen

In Bezug auf die Gemeinnützigkeit und das für gemeinnützige Körperschaften geltende Steuerrecht unterscheiden sich der Verein, die Stiftung und die Kapitalgesellschaft nicht. Ein bedeutsamer Unterschied ist aber, dass die Vermögensübertragung aus dem Privat- oder Betriebsvermögen eines Stifters auf eine Stiftung als ein unentgeltlicher Vorgang bewertet wird, der der Schenkungsteuer unterliegen kann. Dagegen führt die Vermögensübertragung auf eine Kapitalgesellschaft, an der der Übertragende selbst beteiligt ist, regelmäßig zu einer sog. **Einlage in das Vermögen.** Sind die übertragenen Vermögensgegenstände im Vermögen des Gesellschafters steuerlich verhaftet, weil es sich bspw. um Anteile an einer Kapitalgesellschaft über 1 % oder um steuerliches Betriebsvermögen handelt, so kann die Übertragung zur **Aufdeckung der stillen Reserven** in den übertragenen Vermögensgegenständen führen. Die daraus drohende Steuerlast kann die Wahl der Rechtsform des Empfängers bestimmen. Ist die Dachgesellschaft ein gemeinnütziger Verein, liegt ebenfalls regelmäßig eine Schenkung des Mitglieds an den Verein vor. Denn die Mitgliedschaft im Verein führt nicht zu einer vermögensmäßigen Beteiligung an dem Verein, weswegen keine verdeckte Einlage gegeben ist. Bei der **Übertragung von Grundbesitz** spielen diese Rechtsformunterschiede auch für die Grunderwerbsteuer eine Rolle. **136**

Besonders tückisch kann die Vermögensübertragung an eine gemeinnützige Kapitalgesellschaft von Todes wegen sein, wenn deren Gesellschafter dann als Erben des Übertragenden an dieser Gesellschaft beteiligt sind. Zwar ist nach richtiger Auffassung in diesen Fällen der Tatbestand der verdeckten Einlage nach § 17 Abs. 1 S. 2 EStG teleologisch zu reduzieren. Insoweit besteht aber eine erhebliche Rechtsunsicherheit, da die gesetzliche Norm den Sonderfall der Übertragung auf eine gemeinnützige Kapitalgesellschaft nicht regelt und der Umstand, dass die Anteile an einer gemeinnützigen Kapitalgesellschaft in der Zeit der Gemeinnützigkeit typischerweise wertlos sind, nicht allgemein von der Finanzverwaltung im Ertragsteuerrecht anerkannt ist.[202] Deswegen gibt es eine erhebliche Rechtsunsicherheit, der in derartigen Fällen durch einen Antrag auf verbindliche Auskunft, § 17 EStG teleologisch zu reduzieren, begegnet werden sollte. **137**

E. Zusammenfassung

Gemeinnützige Unternehmen unterliegen kraft ihrer Satzung den Vorgaben des Gemeinnützigkeitsrechts und sind vielfach gleichzeitig Unternehmen iSd Handelsrechts. Das Gemeinnützigkeitsrecht schreibt vor, dass das Unternehmen ausschließlich und unmittelbar sowie selbstlos gemeinnützige Zwecke verfolgen muss. Das Gemeinnützigkeitsrecht lässt den Organen einen weiten Spielraum, wie sie die Zweckverwirklichung im Einzelnen betreiben möchten. Eine gemeinnützige Körperschaft schuldet keinen bestimmten Erfolg, aber ihr Wirken muss ausschließlich auf die gemeinnützige Zweckerfüllung gerichtet sein. **138**

Daraus ergibt sich, dass die Gemeinnützigkeit gefährdet sein kann, wenn Dauerverluste im Bereich der Vermögensverwaltung oder eines steuerpflichtigen wirtschaftlichen Geschäftsbetriebs entstehen. Schon bei Begründung derartiger – so die Terminologie im Gemeinnützigkeitsrecht – Mittelbeschaffungsaktivitäten ist darauf zu achten, dass nachweislich erwartet werden durfte, eine angemessene Rendite mit der Investition erwirtschaften zu können. Im gemeinnützigen Bereich wiederum muss die gemeinnützige Zweckerfüllung eindeutig im Vordergrund stehen. Zwar ist den gemeinnützigen Körperschaften im Rahmen bestimmter gesetzlicher Vorschriften die Eigenkapitalbildung erlaubt, sie dürfen Über- **139**

---

[202] Vgl. gleich lautende Erlasse der obersten Finanzbehörden der Länder 9.10.2013, BStBl. I 2013, 1362.

schüsse erwirtschaften. Verboten ist aber jede Form der (zweckfremden) Gewinnverwendung, indem Gewinne, und sei es in verdeckter Form, an Dritte ausgeschüttet werden. Bei der Preisgestaltung ist auf Angemessenheit zu achten und niemand darf eine unverhältnismäßig hohe Vergütung erhalten. Insbesondere dürfen die Gesellschafter, Vereinsmitglieder oder der Stifter und seine Angehörigen keine – auch keine verdeckten – Gewinnausschüttungen von der gemeinnützigen Körperschaft erhalten.

140 Das Gemeinnützigkeitsrecht verankert in der Satzung die hohe Bedeutung dieser Vorgaben, die Voraussetzungen dafür sind, dass der Körperschaft der Status der Gemeinnützigkeit zuerkannt wird. Eine Änderung der gemeinnützigen Zweckausrichtung wird bei Stiftungen immer dann möglich sein, wenn die bisherige gemeinnützige Zweckerfüllung unmöglich geworden sein sollte.

141 Bei Vereinen erfordert die Veränderung häufig die einstimmige Zustimmung aller Vereinsmitglieder, was faktisch eine Änderung erschwert. Auch **vereinsrechtlich, stiftungsrechtlich oder gesellschaftsrechtlich** sind die Organe gezwungen, nach Vorgabe der Satzung tätig zu werden. Solange die Satzung nicht geändert ist, sind sie auf die gemeinnützige Zweckerfüllung ausgerichtet. Was dies im Einzelnen bedeutet, legt das Gemeinnützigkeitsrecht fest, faktisch dadurch, was Finanzverwaltung und die Rechtsprechung der Finanzgerichte in Auslegung der unbestimmten Rechtsbegriffe des Gemeinnützigkeitsrechts vorgeben. Eine Auslegung der Satzungsbestimmungen wird in aller Regel dynamisch erfolgen, dh der Bedeutungsgehalt der einzelnen Begriffe, wie „ausschließlich, unmittelbar und selbstlos" kann sich entsprechend der aktuellen Rechtsprechung und Finanzverwaltungsauffassung ändern. Denn die Gesellschafter, der Stifter oder die Vereinsmitglieder werden Wert auf den Erhalt der Gemeinnützigkeit legen, der aber nur dann möglich ist, wenn die sich wandelnde Rechtsanschauung zu den Begriffen berücksichtigt wird.

142 Ungeachtet dieses gemeinnützigkeitsrechtlichen Rahmens bleibt den Organen einer gemeinnützigen Körperschaft ein **weites Ermessen,** wie sie deren Tätigkeit auf die gemeinnützige Zweckerfüllung ausrichten. Dabei sind sie gehalten, auf der Grundlage angemessener Informationen eine vertretbare Entscheidung zu fällen, aus der sich ergibt, dass mit der einzelnen Maßnahme die Möglichkeit besteht, den gemeinnützigen Zweck, dem die Körperschaft verpflichtet ist, zu fördern.

143 Für gemeinnütziges Tätigwerden gibt es natürlich nicht die eine richtige Rechtsform. Ob gemeinnütziges Wirken über eine Stiftung, einen Verein oder eine Kapitalgesellschaft durchgeführt wird, hängt in erster Linie davon ab, was die Initiatoren sich in Bezug auf die Bindung späterer Generationen an ihre Vorgaben vorstellen. Die **Stiftung** ist diejenige Rechtsform, durch die ein Stifter oder eine Stifterin auf Dauer bindend für nachfolgende Generationen festlegen kann, was mit den Erträgen aus dem Stiftungsvermögen geschehen soll. Eine Loslösung davon ist schwierig. Über die Erfüllung der Stiftungszwecke wacht auch die staatliche Stiftungsaufsicht. Ein **Verein** ermöglicht dagegen den Vereinsmitgliedern, die Satzung ständig sich wandelnden Gegebenheiten anzupassen. Allerdings können Zweckänderungen beim Verein schwierig werden, weil sie Einstimmigkeit erfordern, es sei denn, in der Vereinssatzung wäre davon eine Ausnahme vorgesehen. Damit kann jedes Vereinsmitglied uU eine Neuausrichtung des Vereins verhindern. Dagegen ermöglicht die **Kapitalgesellschaft** den Gesellschaftern mit qualifizierter Mehrheit von 75%, jederzeit Änderungen im Gesellschaftsvertrag vorzunehmen oder die Gesellschaft aus der Gemeinnützigkeit herauszuführen. Allein gemeinnützigkeitsrechtlich ist sowohl für die Stiftung als auch den Verein oder die Kapitalgesellschaft vorgeschrieben, dass das in der Zeit der Gemeinnützigkeit geschaffene Vermögen dauerhaft für gemeinnützige Zwecke gewidmet bleiben muss. Wenn aber gegen diesen Grundsatz verstoßen werden sollte, ist die Rechtsfolge, dass rückwirkend für zehn Jahre die Körperschaft so behandelt wird, als ob sie stets steuerpflichtig gewesen wäre. Inwiefern diese Regelung vor grundlegenden Änderungen abschreckt, hängt von den konkreten Umständen des Einzelfalls ab.

144 Bei allen drei Rechtsformen kann die **Corporate Governance** innerhalb der Körperschaft frei gestaltet werden. Es lässt sich nach der Organisationslehre sehr darüber streiten,

wie ein gemeinnütziges Unternehmen am besten organisiert wird.[203] Aus rechtlicher Sicht spricht nichts dagegen, die aufgrund betriebswirtschaftlicher Überlegungen als besonders geeignet erscheinende Organisation auch zu implementieren. Es gibt gemeinnützige Konzerne, die eine Matrixstruktur verwirklicht haben. Es gibt gemeinnützige Organisationen, die den Tochtergesellschaften erhebliche Freiheit bei den Entscheidungen lassen. Es gibt, wie auch bei kommerziellen Unternehmen, hoch integrierte gemeinnützige **Konzerne,** wie auch sehr getrennt vorgehende gemeinnützige Konzerne mit Tochtergesellschaften auf unterschiedlichen Gebieten. Für **Tochtergesellschaften** innerhalb gemeinnütziger Konzerne eignet sich typischerweise die GmbH, weil bei dieser einerseits die Gesellschafterversammlung eine enge organisatorische Anbindung gewährleisten kann, andererseits der Grundsatz der Kapitalerhaltung des Stammkapitals unproblematisch verwirklicht werden kann, weil typischerweise aus einer gGmbH keine Gewinne ausgeschüttet werden, es sei denn, an die gemeinnützige Muttergesellschaft, was sowohl GmbH-rechtlich als auch gemeinnützigkeitsrechtlich jedenfalls dann möglich ist, wenn die Satzung derartige Ausschüttungen zulässt.

145 Gemeinnützige Unternehmen und Konzerne unterliegen aber nicht nur den Vorgaben des Gemeinnützigkeitsrechts oder des Vereins-, Stiftungs- und Gesellschaftsrechts. Vielmehr sind sie häufig auch Kaufmann iSd Handelsgesetzbuches, woraus sich Folgerungen für die Rechnungslegung und auch für die zivilrechtlichen Bindungen oder die Haftung ergeben. Zudem kann daraus die Pflicht für eine Eintragung in das Handelsregister entstehen.

---

[203] Siehe dazu ausführlich → § 6 Rn. 1 ff.

§ 2 Gemeinnützigkeit

Übersicht

	Rn.
A. Gemeinnützigkeit als Ordnungsrahmen für die Non-Profit-Organisationen	1
I. Bedeutung des Gemeinnützigkeitsrechts	4
1. Satzungs- und Gesetzestreue der Organe	4
2. Zweckverwirklichung	6
II. Steuerbegünstigung	8
III. Vor- und Nachteile der Gemeinnützigkeit	10
B. Auf die Verwirklichung des gemeinnützigen Zwecks gerichtet	13
I. Gemeinnützige Zwecke	14
II. Geschäftsführungsermessen und Business Judgment Rule	21
III. In der Satzung niedergelegter Zweck	24
IV. Gegenwartsnähe der Zweckverwirklichung	27
1. Gebot der zeitnahen Mittelverwendung	27
2. Ausnahmen	30
3. Nachweis und praktische Umsetzung	37
C. Formelle Satzungsmäßigkeit – Zivilrecht und Gemeinnützigkeitsrecht	43
D. Finanzierung und Mittelverwendung	49
I. Mittelbeschaffung	50
II. Verbot der Gewinnausschüttung	60
III. Gewinnerzielung als Mittel zur Zweckverwirklichung	63
IV. Gewinnbegrenzung im Zweckbetrieb	68
V. Zulässige Mittelverwendung	72
E. Selbstlosigkeit	75
I. Tätigkeiten für den Gesellschafter	75
II. Angemessenheitsgrundsatz	80
F. Ausschließlichkeit	81
I. Defizite in der Mittelbeschaffung	82
II. Mittelbeschaffung versus Mittelverwendung	88
G. Unmittelbarkeit	91
I. Fördertätigkeit	94
1. Mittelweitergabe (§ 58 Nr. 1 AO)	95
2. Vertrauensschutz (§ 58a AO)	99
II. Finanz-/Führungsholding eines gemeinnützigen Konzerns	101
III. Unmittelbare Zweckverwirklichung ieS (§ 57 Abs. 1 AO)	107
1. Zweifelsfragen in der Praxis	109
2. Hilfspersonen (§ 57 Abs. 1 S. 2 AO)	113
IV. Gemeinnützige Kooperationen	115
1. Erscheinungsformen und rechtliche Hintergründe	116
2. Herkömmliche rechtliche Behandlung	119
3. Gesetzliche Regelung in § 57 Abs. 3 AO	122
V. Zuschüsse zur Zweckerfüllung	125
H. Angemessenheit und Verrechnungspreise	127
I. Angemessene Organvergütung nach aktueller BFH-Rechtsprechung	130
II. Praktische Bedeutung für gemeinnützige Körperschaften	134
III. Konzerninterne Leistungsbeziehungen und Verrechnungspreise	139
1. Kategorisierung der Leistungsbeziehungen und rechtlicher Kontext	141
2. Ermittlung eines marktüblichen Entgelts	146
3. Einzelfragen	153
IV. Dokumentation	155

	Rn.
I. Vermögensbindung	159
J. Verfahren zur Feststellung der Gemeinnützigkeit	162
I. Feststellung der satzungsmäßigen Voraussetzungen	164
II. Deklaration und Freistellungsbescheid	165
III. Betriebsprüfung	171
K. Verlust und Ausstieg aus der Gemeinnützigkeit	173
I. Voraussetzungen	173
II. Rechtsfolgen	177

A. Gemeinnützigkeit als Ordnungsrahmen für die Non-Profit-Organisationen

1 Der gesetzliche Regelungsrahmen für das Gemeinnützigkeitsrecht ist in Deutschland im **Steuerverfahrensrecht** in den §§ 51 ff. AO geregelt. Dies ist alles andere als selbstverständlich. In anderen Ländern finden sich ähnliche Bestimmungen nicht im Steuerrecht, sondern in eigenständigen Gesetzen, mit denen im Interesse der Allgemeinheit handelnden zivilgesellschaftlichen Organisationen der ordnungsrechtliche Rahmen vorgegeben wird.[1] Das Gemeinnützigkeitsrecht hat damit einerseits die Aufgabe, gemeinwohlbezogenes Handeln unter bestimmten Voraussetzungen steuerlich zu privilegieren, indem etwa in steuerbegünstigten Zweckbetrieben erzieltes Einkommen oder Erträge aus der Vermögensverwaltung steuerfrei bleiben, oder gemeinnützige Organisationen mit Spenden finanziert werden können, wobei die Spender eine Steuerermäßigung durch ihre Spende erlangen können. Das Gemeinnützigkeitsrecht hat aber zugleich auch eine **institutionelle Funktion.** Viele Rechtsgebiete knüpfen an den steuerlichen Gemeinnützigkeitsbegriff an.[2] In der öffentlichen Wahrnehmung hat der Status der Gemeinnützigkeit daher oftmals den Stellenwert eines „staatlichen Gütesiegels" und ist Voraussetzung für den Empfang von Zuschüssen der öffentlichen Hand.[3]

2 Das Gemeinnützigkeitsrecht zwingt über die satzungsmäßige Gemeinnützigkeit nach §§ 59, 60 AO der gemeinnützigen Körperschaft eine bestimmte Organisationsverfassung auf. Das Gemeinnützigkeitsrecht legt dadurch als rechtsformübergreifender Rechtsrahmen für die Organe, Mitglieder oder Gesellschafter der jeweiligen Rechtseinheit fest, in welchem Rahmen sie agieren dürfen, um tatsächlich gemeinnützig tätig werden zu können.[4] Organe, Mitglieder oder Gesellschafter gemeinnütziger Körperschaften sind an die Satzung gebunden. Nur wenn sie sich satzungskonform verhalten, verfolgen sie tatsächlich den statuarisch niedergelegten gemeinnützigen Zweck, ansonsten begehen sie eine Pflichtverletzung, für die sie – bei schuldhafter Schadensverursachung – persönlich in Haftung genommen werden können. Das Gemeinnützigkeitsrecht hat damit eine **erhebliche organisationsrechtliche Relevanz.** Es wäre ein Fehlverständnis, zu meinen, allein der steuerliche Berater habe darauf zu achten, dass die Gemeinnützigkeitsvorschriften eingehalten werden. Vielmehr sind die Organe gemeinnütziger Körperschaften generell nach deren Satzung zur Beachtung der gemeinnützigkeitsrechtlichen Vorgaben verpflichtet und machen sich ggf. schadenersatzpflichtig, wenn sie schuldhaft die gemeinnützigkeitsrechtlichen Vorgaben missachten. Auch wird dis-

---

[1] *Hüttemann* GemeinnützigkeitsR Rn. 1.10 ff.
[2] Vgl. etwa § 56b StGB, § 153a StPO, § 91 GNotKG, § 32 Abs. 4 BNatSchG; dazu *Hüttemann* 72. DJT, Gutachten G., 18 f., 96 f. mwN. Auch Verbandsklagerechte sind vielfach an den Status als gemeinnützige Körperschaft geknüpft, vgl. *Gröhn* NuR 2019, 225 zu § 3 Abs. 1 S. 2 Nr. 4 UmwRG für Umweltvereinigungen oder *Spittka* GRURPrax 2019, 272 für das Datenschutzrecht.
[3] So *Hüttemann* GemeinnützigkeitsR Rn. 1.10.
[4] Vgl. auch *Weitemeyer* GmbHR 2021, 57 (58, Rn. 7 und 62 f.).

kutiert, ob eine strafbare Untreue nach § 266 StGB vorliegt, wenn die Organe Mittel einer gemeinnützigen Körperschaft vorsätzlich fehlverwenden.[5]

Anders als in Fällen, in denen die Durchbrechung einer Satzungsvorgabe allenfalls das Verhältnis der Organe zu den Gesellschaftern oder zu den Mitgliedern eines Vereins berührt, können **Verstöße** gegen die gemeinnützigkeitsrechtlichen Vorgaben **vielfältige Folgen** haben: Nicht nur kann die Steuerbegünstigung verloren gehen, auch Zuschüsse der öffentlichen Hand sind vielfach an die gemeinnützige Mittelverwendung geknüpft oder es kann passieren, dass Aufsichtsbehörden (bspw. die Stiftungsaufsicht) einen Schadensersatzanspruch gegen die handelnden Organe geltend machen (lassen), wenn Mittel satzungswidrig verwendet werden.[6] Das Gemeinnützigkeitsrecht zwingt die gemeinnützige Körperschaft über die Satzungsvorschriften in ihrem Handeln stets den vom Gemeinnützigkeitsrecht vorgegebenen Handlungsrahmen zu beachten. 3

I. Bedeutung des Gemeinnützigkeitsrechts

1. Satzungs- und Gesetzestreue der Organe

Compliance ist ein Begriff, der in den letzten Jahren ausgiebig thematisiert wurde. Compliance ist die betriebswirtschaftliche und rechtswissenschaftliche Umschreibung für die **Regeltreue** von Unternehmen. Für gemeinnützige Unternehmen ist die wesentliche einzuhaltende Regel die Beachtung der in der Satzung niedergelegten gemeinnützigkeitsrechtlichen Vorgaben. Die Gesamtheit der Grundsätze und Maßnahmen eines Unternehmens zur Einhaltung bestimmter Regeln und damit zur Vermeidung von Regelverstößen wird als **Compliance-Managementsystem** (kurz: CMS) bezeichnet. Unternehmen bemühen sich, eine Compliance-Kultur zu entwickeln, damit es nicht zu Regelverstößen durch einzelne Mitarbeiter kommt. Vielfach wird die Compliance-Kultur in besonderen Richtlinien oder Verhaltenskodizes, oft *code of conduct* genannt, festgehalten und auch im Intranet oder Internetauftritt des Unternehmens publik gemacht.[7] 4

Die gemeinnützige Ausrichtung des Unternehmens ist das wesentliche Ziel. Eine Kernaufgabe der Geschäftsleitung gemeinnütziger Unternehmen und Konzerne ist es, für die regelkonforme Ausrichtung der Unternehmensprozesse hin auf die gemeinnützige Zweckverwirklichung Sorge zu tragen. Dafür ist ein tiefes Verständnis von der Bedeutung der gemeinnützigen Kernbegriffe erforderlich. Jede gemeinnützige Körperschaft muss **ausschließlich, selbstlos und unmittelbar gemeinnützig** handeln. Eine Einschränkung hiervon gilt für Förderkörperschaften, die mittelbar die satzungsmäßigen gemeinnützigen Zwecke verfolgen (vgl. § 58 Nr. 1 AO). Dies bedeutet, es dürfen keine Nebenzwecke verfolgt werden. Die Abgrenzung kann im Einzelfall schwierig sein. Auch was Selbstlosigkeit der eigenen Tätigkeit eigentlich bedeutet, sollte sich jedes Organ eines gemeinnützigen Unternehmens oder Konzerns bewusst machen.[8] 5

2. Zweckverwirklichung

Die Geschäftsführung einer gemeinnützigen Körperschaft muss nach § 63 AO auf die Verfolgung der satzungsmäßigen steuerbegünstigten Zwecke ausgerichtet sein. Nicht erlaubt ist die Förderung irgendwelcher gemeinnütziger Zwecke. Vielmehr dürfen die Handlungen nur dazu dienen, die konkret in der Satzung niedergelegten steuerbegünstigten Zwecke zu verfolgen.[9] Sollen **andere Tätigkeiten** aufgenommen werden, die möglicher- 6

---

[5] Dazu *Weitemeyer* GmbHR 2021, 57 (63, Rn. 30); einschränkend OLG Celle 23.8.2012 – 1 Ws 248/12, npoR 2012, 202 unter Berufung auf BGH 13.9.2010 – 1 StR 220/09, BGHSt 55, 288 (301).
[6] MHdB GesR V/*Gottschald*/*Knoop* § 105 Rn. 55 ff.
[7] Vgl. zum Thema Compliance umfassend → § 3 Rn. 59.
[8] Vgl. → Rn. 75 ff., Rn. 127 ff.
[9] *Koenig*/*Koenig* AO § 56 Rn. 1.

weise nach dem Gesetz auch steuerbegünstigt durchgeführt werden können, aber nicht in der Satzung als Zweck aufgeführt sind, sollte vor der Aufnahme der Tätigkeit ggf. die Satzung ergänzt werden.[10] Es sollte in der Körperschaft jederzeit Klarheit darüber herrschen, welche gemeinnützigen Zwecke eigentlich verfolgt werden, da dies die Ausrichtung der Körperschaft wesentlich bestimmt.

7 Typischerweise dienen einzelne Tätigkeiten vielfach verschiedenen gemeinnützigen Zwecken. Das Gemeinnützigkeitsrecht unterscheidet zwischen Wissenschaft (§ 52 Abs. 2 Nr. 1 AO) und Bildung (§ 52 Abs. 2 Nr. 7 AO), obwohl an Hochschulen beides betrieben wird. Die Förderung der Wohlfahrtspflege (§ 52 Abs. 2 Nr. 9 AO) ist etwas anderes als die Unterstützung kranker oder wirtschaftlich hilfsbedürftiger Menschen (§ 52 Abs. 2 Nr. 10 AO). Eine Kultureinrichtung kann gleichzeitig die Musik (§ 52 Abs. 2 Nr. 5 AO), aber auch die Bildung (§ 52 Abs. 2 Nr. 7 AO) fördern. In der Praxis gibt es immer wieder Fälle, bei denen eine bestimmte Fördermaßnahme zwar im weiteren Sinne mit den Zwecken der gemeinnützigen Körperschaft zusammenhängt, aber nicht iSd engeren Definitionen, die das Gemeinnützigkeitsrecht für den einzelnen Zweck festlegt. An dieser Stelle können die einzelnen Formen gemeinnütziger Zweckverfolgungen nicht im Detail erörtert werden.[11] Nicht ohne Grund ordnet § 60 AO an, dass in der **Satzung** nicht nur der gemeinnützige Zweck, sondern **auch die Art der Verwirklichung** zur Förderung dieses gemeinnützigen Zwecks angegeben werden muss, damit die Steuerbegünstigung der Körperschaft aufgrund dessen geprüft werden kann.[12] Wer breit fördern möchte, wird auch eine entsprechend breiter angelegte Satzungsformulierung benötigen. Während es für die typische kommerzielle Gesellschaft regelmäßig unerheblich ist, ob sämtliche Gegenstände der Geschäftstätigkeit auch tatsächlich in der Satzung abgebildet sind, da letztlich maßgebend ist, dass mit den geschäftlichen Maßnahmen ein Gewinn angestrebt wird, verknüpft das Gemeinnützigkeitsrecht die Nichtverfolgung des niedergelegten Satzungszwecks grundsätzlich mit Sanktionen.[13] Auch sind die Organe grundsätzlich verpflichtet, **alle in der Satzung niedergelegten Zwecke** zu verfolgen, zumindest in mittelfristiger Perspektive. In der Satzung sollte eine Priorisierung und Gewichtung der verschiedenen Zwecke vorgenommen werden, sofern sie vollkommen unterschiedlich gefördert werden sollen. Gleichwohl ermöglicht § 58 Nr. 1 AO in neuer Fassung die Weiterleitung von gemeinnützig gebundenen Mitteln auch an steuerbegünstigte Körperschaften, die nicht die eigenen Satzungszwecke teilen.[14]

II. Steuerbegünstigung

8 Die Steuerbegünstigung gemeinnütziger Körperschaften hat mehrere Dimensionen. Das Einkommen gemeinnütziger Körperschaften ist grundsätzlich **ertragsteuerbefreit**.[15] Dies gilt insb. für Einkommen aus der Verwaltung des eigenen Vermögens oder für sog. Zweckbetriebseinkünfte. Mit Zweckbetrieben sind wirtschaftliche Geschäftsbetriebe – also wirtschaftliche Tätigkeiten iSd § 14 AO – gemeint, mit denen die satzungsmäßigen Zwecke verwirklicht werden, ohne dass die gemeinnützige Körperschaft damit mehr als unvermeidbar in Wettbewerb zu anderen Körperschaften tritt. Für die ganz große Masse der gemeinnützigen Zweckbetriebe gelten spezielle Zweckbetriebsbefreiungen in den §§ 66 ff. AO, bspw. für Krankenhäuser, Pflegeheime, Kultureinrichtungen, Bildungseinrichtungen

---

[10] Vgl. zu möglichen Ausnahmen in thematischen Sonderfällen wie Katastrophenhilfe oder Aspekten staatsbürgerlicher Verantwortung → § 1 Rn. 51.
[11] Vgl. dazu auch → § 7 Rn. 27 ff. zur Abgrenzung der verschiedenen Zweckbetriebe.
[12] Zur Satzungsgestaltung → Rn. 24 ff.; zur Möglichkeit einer nachträglichen Zweckänderung → § 1 Rn. 41.
[13] Zur Schädlichkeit sog. Vorratszwecke siehe sogleich unter → Rn. 24.
[14] Vgl. *Kirchhain* DStR 2021, 129 (132) sowie genauer unter → Rn. 96. Dies bedeutet aber nicht, dass dies auch zivil-/gesellschaftsrechtlich bzw. spendenrechtlich unproblematisch möglich wäre.
[15] Vgl. § 5 Abs. 1 Nr. 9 KStG, § 3 Nr. 6 GewStG.

oder Forschungsinstitute, bei denen der Wettbewerbstest nach § 65 Nr. 3 AO keine Rolle spielt.[16]

Die Steuerbegünstigung ist aber auch wesentlich dafür, dass eine gemeinnützige Körperschaft **Spenden empfangen** kann. Für viele Spender ist es wichtig, dass die Steuerbegünstigung vermittelt wird und der Spendenabzug zur Finanzierung der Spende beiträgt.[17] Ebenso ist die Gemeinnützigkeit wichtig, um **erbschaft- und schenkungsteuerfrei Zuwendungen** empfangen zu können oder unter Umständen ertragsteuerneutral **Sachspenden** aus dem betrieblichen Vermögen von Zuwendenden zu erhalten.[18] Die Steuerbegünstigung ist aber faktisch vielfach auch Voraussetzung für staatliche Subventionen. So ist in einer Reihe von Bundesländern geregelt, dass nur gemeinnützige Kindertagesstätten Zuschüsse des jeweiligen Bundeslandes erhalten. Zwar knüpfen im **Umsatzsteuerrecht** aufgrund der Vorgaben der europäischen Mehrwertsteuersystemrichtlinie vom 28.11.2006 (RL 2006/112/EG) die Umsatzsteuerbefreiungsnormen nicht mehr unmittelbar an die Gemeinnützigkeit an. Jedoch sieht das deutsche Umsatzsteuerrecht weiterhin vor, dass steuerbegünstigte Einrichtungen[19] den sog. ermäßigten Umsatzsteuersatz nach § 12 Abs. 2 Nr. 8 UStG in Anspruch nehmen können.[20] Alle diese steuerlichen Vorteile können die Finanzierung der gemeinnützigen Tätigkeit in ganz erheblichem Maße stützen.

III. Vor- und Nachteile der Gemeinnützigkeit

Der Gemeinnützigkeitsstatus hat aber nicht nur viele wirtschaftliche Vorteile, etwa indem die Körperschaft Steuerbegünstigungen in Anspruch nehmen und sich daher oft aus steuerfreiem Einkommen finanzieren sowie das Eigenkapital erhöhen kann. Den vielfältigen wirtschaftlichen Vorteilen stehen auch **erhebliche Bindungen** gegenüber. Das Gemeinnützigkeitsrecht zwingt die Körperschaft, ihre Mittel zeitnah für gemeinnützige Zwecke zu verwenden. Es kontrolliert in besonderer Weise Investitionen im Mittelbeschaffungsbereich, insb., ob sie tatsächlich ausschließlich der gemeinnützigen Zweckverfolgung dienen. Es erfordert in besonderer Weise eine Regeltreue. Bei (nennenswerten) Verstößen folgt mit der **Aberkennung der Gemeinnützigkeit** regelmäßig die Nachzahlung erheblicher Steuern, die existenzgefährdend für die gemeinnützige Körperschaft werden kann.[21]

Deswegen überlegen gemeinnützige Unternehmen und Konzerne zu Recht immer wieder, ob Teilbereiche aus der gemeinnützigkeitsrechtlichen Bindung in die Steuerpflicht übertragen werden sollten, um sich von den beschriebenen Bindungen zu lösen. Dies ist eine mögliche und sinnvolle Abwägungsentscheidung, denn das Gemeinnützigkeitsrecht bringt nicht nur Vorteile mit sich. Es kann das Handlungsermessen der Organe in erheblicher Weise einschränken. Es lässt sich regelmäßig gut gestalten, durch eine Satzungsänderung aus der Gemeinnützigkeit **zumindest partiell auszusteigen.** Ein Beispiel sind die zahlreichen Fußballvereine, die in den letzten Jahrzehnten ihre Lizenzspielermannschaften auf Kapitalgesellschaften übertragen haben.

Deutlich schwieriger ist es allerdings, sich generell von der Gemeinnützigkeit zu lösen. Dies ist zivilrechtlich bei gemeinnützigen Kapitalgesellschaften grundsätzlich durch eine Satzungsänderung möglich. Bei Vereinen kann einer **Zweckänderung** das Gebot, dass Än-

---

[16] Dazu → § 7 Rn. 27 ff.
[17] Vgl. § 10b Abs. 1 S. 2 Nr. 2 EStG und § 63 Abs. 5 AO.
[18] § 13 Abs. 1 Nr. 16 Buchst. b ErbStG.
[19] Dies meint gemeinnützigen, mildtätigen und/oder kirchlichen Zwecken verpflichtete Einrichtungen.
[20] Kritisch dazu aber zuletzt BFH 23.7.2019 – XI R 2/17, BFH/NV 2020, 69; gegen das Urteil ist beim BVerfG eine Verfassungsbeschwerde anhängig (1 BvR 2837/19); eingehend → § 7 Rn. 94 ff., insb. Rn. 153 ff.
[21] Zu den konkreten Auswirkungen siehe → Rn. 159 ff. und → Rn. 177 ff.; eindringlich *Weitemeyer* GmbHR 2021, 57 (61 f.).

derungen Einstimmigkeit bei den Mitgliedern erfordern können, entgegenstehen.[22] Bei Stiftungen erfordert eine derartige Änderung der Stiftungssatzung, dass diese Änderung dem mutmaßlichen Stifterwillen entspricht. Aber nicht nur zivilrechtlich ist der Ausstieg aus der Gemeinnützigkeit häufig schwierig, auch steuerlich kann dieser zur rückwirkenden Besteuerung der vergangenen zehn Jahre führen.[23]

B. Auf die Verwirklichung des gemeinnützigen Zwecks gerichtet

13 Die zentrale Vorschrift des Gemeinnützigkeitsrechts ist in der Praxis § 63 AO. Die **tatsächliche Geschäftsführung** einer gemeinnützigen Körperschaft muss auf die ausschließliche und unmittelbare Erfüllung der steuerbegünstigten Zwecke gerichtet sein und den Bestimmungen entsprechen, die die Satzung über die Voraussetzungen für Steuervergünstigungen enthält. Zudem muss eine gemeinnützige Körperschaft auch selbstlos handeln. Ihr Vermögen unterliegt der gemeinnützigen Vermögensbindung. Ausschließlichkeit bedeutet insbesondere, dass die gemeinnützige Körperschaft im gesamten Veranlagungszeitraum nur auf die Erfüllung des steuerbegünstigten Zwecks ausgerichtet sein darf.

I. Gemeinnützige Zwecke

14 Das Gemeinnützigkeitsrecht ist Organisationsrecht. Es verpflichtet die Organe der gemeinnützigen Körperschaften auf die gemeinnützige Zweckausrichtung. Das Gesetz definiert, was gemeinnützige Tätigkeiten sind. In § 52 Abs. 2 AO sind die **gemeinnützigen Zwecke katalogartig** aufgeführt. Erweitert wird dieser Katalog gemeinnütziger Tätigkeiten durch § 53 AO, wonach auch **mildtätige Zwecke** verfolgt werden können, sowie § 54 AO, der die Verfolgung **kirchlicher Zwecke** als steuerbegünstigt (bzw. „gemeinnützig" im weiteren Sinne) definiert. Ein gemeinnütziges Unternehmen muss daher auf einem der Gebiete tätig sein, die im Gemeinnützigkeitskatalog vom Gesetzgeber als gemeinnützige Zwecke definiert sind.

15 Wesentlich ist stets, dass die Zweckverfolgung im Interesse der **Allgemeinheit** geschieht. Das Angebot richtet sich an die Allgemeinheit, die in der Lage sein sollte, dieses Angebot auch wahrnehmen zu können.[24] So gibt es spezielle Regeln, dass bspw. **Privatschulen,** die besonders hohe Entgelte von den Schülern für den Schulbesuch erheben, nicht als gemeinnützig anerkannt werden können, weil damit Teile der Bevölkerung von der angebotenen Bildung ausgeschlossen werden.[25] In AEAO zu § 52 Tz. 5 Satz 3 hat die Finanzverwaltung festgelegt, dass eine Förderung der Allgemeinheit durch eine Ergänzungsschule dann angenommen werden kann, wenn in der Satzung der Körperschaft festgelegt ist, dass bei mindestens 25 % der Schüler keine „Sonderung" nach den Besitzverhältnissen der Eltern iSd Art. 7 Abs. 4 S. 3 GG und der Privatschulgesetze der Länder vorgenommen werden darf.[26] Exklusive Privatschulen fördern zwar die Bildung, aber nicht unbedingt die Allgemeinheit, wenn die dargestellte Grenze überschritten wird. Ähnlicher – einer Gemeinnützigkeit entgegenstehender – Ausschlusscharakter wird Mitgliedsbeiträgen beigemessen, die der Höhe nach nur von

---

[22] Vgl. zu hierzu bereits → § 1 Rn. 41.
[23] Vgl. § 61 Abs. 3 AO, dazu → Rn. 173 ff.; zu weiteren Vor- und Nachteilen der Gemeinnützigkeit siehe Wallenhorst/Halaczinsky Besteuerung/*R. Wallenhorst* Kap. C Rn. 13 ff.
[24] Vgl. § 52 Abs. 1 S. 2 AO; dazu Klein/*Gersch* AO § 52 Rn. 2 ff.
[25] Vgl. FG Düsseldorf 20.8.2019 – 6 K 1054/17 K, nv (Revision beim BFH anhängig unter V R 31/19); dazu *Zimmermann* DStZ 2020, 252 (255 f.) mwN.
[26] Vgl. dazu genauer *Zimmermann* DStZ 2020, 252 (253).

einem geringen Teil der Bevölkerung aufgebracht werden können, wenn die Tätigkeiten der Körperschaft vor allem ihren Mitgliedern zugutekommen (zB in Golfclubs).[27]

16 § 52 Abs. 1 S. 2 AO definiert wörtlich, dass eine Förderung der Allgemeinheit dann nicht gegeben ist, wenn der **Kreis der Personen,** dem die Förderung zugutekommt, fest abgeschlossen ist, zB Zugehörigkeit zu einer Familie oder zur Belegschaft des Unternehmens, oder infolge seiner Abgrenzung, insb. nach räumlichen oder beruflichen Merkmalen, **dauernd nur klein sein kann.** Gegenwärtig wird ein Rechtsstreit dazu geführt, ob eine GmbH, die Kindertagesstätten für Unternehmen betreibt, nur dann gemeinnützig sein kann, wenn sie sozialrechtlich öffentlich gefördert wird und dadurch die sozial angemessene Entgelterhebung sichergestellt ist.[28] Nicht jeder Betrieb eines Sozialunternehmens, sei es ein Pflegeheim, eine Kindertagesstätte oder ein Krankenhaus, ist selbst bei Verzicht auf Gewinnausschüttungen schon gemeinnützig gestaltbar. Hinzukommen muss, dass (wie beispielsweise in §§ 66, 67 AO gesetzlich niedergelegt) in besonderer Weise sozial bedürftige Menschen gefördert werden.[29]

17 Einer der gemeinnützigen Zwecke ist die Förderung der **Wissenschaft und Forschung.** Auch hier ist entscheidend, dass die Allgemeinheit durch die wissenschaftliche Tätigkeit gefördert wird.[30] Die Wissenschaft und Forschung wird auch durch Forschungslabore der Industrie in erheblichem Maße vorangebracht. Wenn aber dieses Wissen exklusiv einem oder mehreren Unternehmen vorbehalten werden soll (sog. **Auftragsforschung**), wird hierdurch nicht die Allgemeinheit gefördert.[31] Wesentlich ist somit für die gemeinnützige Förderung der Wissenschaft und Forschung, dass die Forschung überwiegend durch Veröffentlichungen allgemein bekannt gemacht wird. Zwar kann eine gemeinnützige Wissenschaftsorganisation in den Grenzen des § 68 Nr. 9 AO auch Auftragsforschung betreiben und den Auftraggebern die Rechte an den Forschungsergebnissen vorbehalten. Dies ist aber nur in den in § 68 Nr. 9 AO definierten Grenzen möglich. Auch ist nicht jede Tätigkeit, die typischerweise von Forschungsorganisationen ausgeführt wird, eine gemeinnützige Forschung. Die bloße **Anwendung gesicherter wissenschaftlicher Erkenntnisse** fällt nach § 68 Nr. 9 S. 3 AO ebenso wenig unter die gemeinnützige Zweckerfüllung wie die Übernahme von Projektträgergesellschaften oder wirtschaftliche Tätigkeiten ohne Forschungsbezug (wie Labortätigkeiten). Derartige Tätigkeiten im Interesse Dritter dürfen nur als Mittelbeschaffung gegen angemessenes Entgelt mit dem Zweck der Gewinnerzielung ausgeübt werden. Anders kann dies nun nach § 57 Abs. 3 AO im Rahmen von gemeinnützigen Kooperationen zu bewerten sein; vgl. ausdrücklich *Kirchhain* DStR 2021, 129 (134).

18 Ähnliche Abgrenzungsfragen stellen sich für **Einrichtungen der Wohlfahrtspflege** iSd §§ 66, 67, 68 AO. Für **Krankenhäuser** hat der Gesetzgeber in § 67 AO definiert, unter welchen Voraussetzungen diese als gemeinnützige Einrichtungen betrieben werden können.[32] Auch hier ist wesentlich, dass die Allgemeinheit gefördert wird. Dies ist der Fall, wenn mindestens 40% der jährlichen Belegungstage oder Berechnungstage auf Patienten entfallen, bei denen nur Entgelte für allgemeine Krankenhausleistungen berechnet werden. Für Wohlfahrtsbetriebe stellen sich Abgrenzungsfragen bspw. im Bereich von ambulanten Hilfsangeboten. So erfüllt die bloße Beförderung von Personen, für die der Arzt eine Krankenfahrt verordnet hat, nicht die Kriterien nach § 66 Abs. 2 AO. Die entgeltliche Übernahme von **Verwaltungstätigkeiten** durch Einsatzstellen, Zentralstellen und Träger iSd

---

[27] Vgl. BFH 23.7.2003 – I R 41/03, BStBl. II 2005, 443, Tz. 16 f.; AEAO zu § 52 Tz. 1.1 (+ff.), wonach jedenfalls Mitgliedsbeiträge iHv durchschnittlich 1023 EUR pa und Mitglied unschädlich sein sollen; dazu *Hantzsch* DStZ 2020, 286.
[28] So FG Düsseldorf 28.10.2019 – 6 K 94/16 K, npoR 2020, 116 (Rev. BFH V R 1/20); vgl. *Weitemeyer* GmbHR 2021, 57 (59).
[29] Dies war entscheidend für das FG Düsseldorf 28.10.2019 – 6 K 94/16 K, npoR 2020, 116; insofern missverständlich *Weitemeyer* GmbHR 2021, 57 (59 Rn. 8); näher zu den speziellen Zweckbetriebsvoraussetzungen → § 7 Rn. 28 ff.
[30] Vgl. zu Einzelheiten Gosch/*Jachmann* AO § 52 Rn. 46 ff.
[31] Vgl. BFH 4.4.2007 – I R 76/05, BStBl. II 2007, 631, Rn. 13; zu § 68 Nr. 9 AO → § 7 Rn. 46.
[32] Vgl. HHS/*Musil* AO § 67 Rn. 8 ff.

Bundesfreiwilligengesetzes ist eine Dienstleistung für Dritte, aber keine Förderung der Wohlfahrtspflege, und führt deswegen zu einem steuerpflichtigen wirtschaftlichen Geschäftsbetrieb.[33] **Beschäftigungsgesellschaften,** die Menschen beschäftigen wollen, die keinen Zugang mehr in den ersten Arbeitsmarkt finden, können nur unter den in AEAO zu § 64 Abs. 1 Tz. 13 niedergelegten Bedingungen als gemeinnützig anerkannt werden. Im Grundsatz handelt es sich um gewerbliche Unternehmen, wenn sie Waren herstellen und vertreiben oder Leistungen an Dritte erbringen. Der Umstand, dass durch die wirtschaftliche Tätigkeit Arbeitsplätze erhalten oder geschaffen werden, rechtfertigt nicht die Anerkennung der Gemeinnützigkeit. Nur dann, wenn das Schwergewicht ihrer Tätigkeit auf der beruflichen Qualifizierung, der Umschulung oder der sozialen Betreuung liegt, werden entsprechende steuerbegünstigte Zweckbetriebe angenommen. Auch **Werkstätten für behinderte Menschen** oder **Inklusionsbetriebe,** die die Voraussetzungen des § 68 Nr. 3 AO erfüllen, können als steuerbegünstigte Zweckbetriebe anerkannt werden. Auch hier können sich im Einzelfall Abgrenzungsprobleme ergeben.[34]

19 Eine Förderung von **Bildungszwecken** liegt grundsätzlich nur vor, wenn die Bildung auf geistige Offenheit ausgerichtet ist. Der BFH hat für die zur Volksbildung gehörende **politische Bildung** entschieden, dass es wesentlich ist, die politische Wahrnehmungsfähigkeit und das politische Verantwortungsbewusstsein zu fördern. Dabei können auch Lösungsvorschläge für Problemfelder der Tagespolitik erarbeitet werden. Unzulässig ist aber eine Bildungsarbeit, die darauf abzielt, die politische Willensbildung und die öffentliche Meinung vorgeprägt zu beeinflussen, ohne die Zuhörer über mögliche denkbare Alternativen zu unterrichten.[35] Umstritten ist nunmehr, was die Notwendigkeit, in geistiger Offenheit zu unterrichten, in der Praxis bedeutet. Das Parlament hat es im Rahmen der Beratung über das JStG 2020 abgelehnt, eine gesetzliche Klarstellung vorzunehmen, in welchem Umfang gemeinnützige Organisationen politische Zwecke verfolgen dürfen. Damit bleibt es bei der bisherigen Rechtsprechungslinie des BFH, wonach gemeinnützige Körperschaften sich politisch betätigen dürfen, soweit dies der Verfolgung eines der in § 52 Abs. 2 AO ausdrücklich genannten Zwecke dient.[36] Ob damit im Allgemeininteresse eine Förderung der Bildung angestrebt wird, oder ob eine bestimmte politische Meinung im Volk verbreitet werden soll, ist letztlich eine Frage der Gesamtwürdigung der Umstände. Natürlich erlaubt das Recht, eigene Auffassungen im Rahmen eines Vortrags zu vertreten. Allerdings hat dies in geistiger Offenheit zu geschehen und es ist deutlich zu machen, dass es andere Auffassungen gibt und auch geben kann. So hat es der BFH zugelassen, dass ein gemeinnütziger Verein sich zur (satzungsgemäßen) Förderung des Umweltschutzes für eine Volksabstimmung gegen eine energiepolitische Maßnahme einsetzt.[37] Wer den Umweltschutz fördert, darf also durchaus diese Zielsetzung an erste Stelle rücken und in der Abwägung andere politische Aspekte in den Hintergrund treten lassen. Wer allerdings Bildung fördert, hat die Bevölkerung in einer Weise zu bilden, dass unter dem Etikett der Volksbildung nicht bestimmte andere Zwecke wie eine politische Betätigung oder die Förderung bestimmter religiöser Anschauungen verfolgt wird.[38]

20 Das deutsche Gemeinnützigkeitsrecht definiert daher in den §§ 51 ff. AO, welche Tätigkeiten als gemeinnützig angesehen werden. Betriebliche oder **wirtschaftsfördernde Tä-**

---

[33] Daran ändert sich auch durch § 57 Abs. 3 AO nF (ausführlich dazu → Rn. 122 ff.) nichts, sofern es sich bei den dienstleistungsempfangenden Dritten um jPöR handelt. Zur umsatzsteuerlichen Wertung vgl. jüngst BFH 24.6.2020 – V R 21/19, BFH/NV 2020, 1398.
[34] Näher dazu → § 7 Rn. 35 ff.
[35] BFH 17.10.2019 – V R 60/17, BStBl. II 2019, 301; BFH 10.12.2020 – V R 14/20, NJW 2021, 573 *(Attac I+II)*.
[36] BFH 29.8.1984 – I R 203/81, BStBl. II 1984, 844, Rn. 28; BFH 20.3.2017 – X R 13/15, BStBl. II 2017, 1110, Rn. 86, 92.
[37] BFH 20.3.2017 – X R 13/15, BStBl. II 2017, 1110.
[38] Siehe etwa zur Gemeinnützigkeit von Scientology FG Hamburg 13.12.1984 – II 125/80, EFG 1985, 397; FG Münster 25.5.1994 – 15 K 5247/87 U, EFG 1994, 810; aufgrund von Verfahrensmängeln aufgehoben durch BFH 21.8.1997 – V R 65/94, BFH/NV 1998, 971.

tigkeiten sind im Regelfall keine gemeinnützige Zweckverfolgung. Eine unternehmerische Betätigung schließt aber nicht aus, dass damit eine gemeinnützige Zweckverfolgung verbunden ist, sei es auf dem Gebiet der Bildung, der Wissenschaft oder des Wohlfahrtswesens. Auch Krankenhäuser, Pflegeeinrichtungen, Kulturbetriebe oder Sportvereine können unter den näher im Gesetz definierten Voraussetzungen als gemeinnützig anerkannt werden. Insoweit setzt der Gesetzgeber branchenspezifische Rahmenbedingungen, die von der jeweiligen gemeinnützigen Körperschaft zu berücksichtigen und einzuhalten sind. Konstitutiv ist für jede gemeinnützige Tätigkeit das Gewinnausschüttungsverbot, wie es in § 55 AO gesetzlich verankert ist.[39]

II. Geschäftsführungsermessen und Business Judgment Rule

Der Gesetzgeber hat angeordnet, dass die gemeinnützige Organisation ausschließlich und unmittelbar sowie selbstlos auf die Erfüllung der satzungsmäßigen Zwecke ausgerichtet sein muss. Demnach ist zunächst zu definieren, welche Tätigkeiten im Einzelnen in Bezug auf die jeweilige Zweckverwirklichung als gemeinnützig angesehen werden. Nach § 60 AO sind in der Satzung nicht nur der gemeinnützige Endzweck, sondern auch die Maßnahmen niederzulegen, die insb. zur Verwirklichung des Zwecks verfolgt werden sollen. Ist dieser Rahmen bestimmt, haben die Organe der gemeinnützigen Körperschaft ein **weites Ermessen,** wie sie genau die Verfolgung des gemeinnützigen Zwecks anstreben. Dies schreibt der Gesetzgeber nicht vor. Vielmehr muss jede Maßnahme **geeignet erscheinen,** den Zweck zu fördern. Die Maßnahme muss jedoch nicht zwingend erfolgreich sein. Eine tatsächliche Verbesserung der Lage in Bezug auf einen bestimmten gemeinnützigen Zweck ist nicht Voraussetzung für die Gewährung der Begünstigung. Aber wenigstens muss es möglich erscheinen, mit den einzelnen Maßnahmen den jeweiligen gemeinnützigen Zweck auch tatsächlich zu fördern. Nur dann darf die entsprechende Maßnahme ergriffen werden.[40]

21

Dazu gehören natürlich auch alle **notwendigen Nebentätigkeiten,** wie die Verwaltung der gemeinnützigen Körperschaft, die Erfüllung der Rechnungslegungspflichten, Maßnahmen der Öffentlichkeitsarbeit, um das Ansehen der gemeinnützigen Körperschaft für das Personal oder die Allgemeinheit zu steigern oder das Bekanntmachen des eigenen Angebotes. Somit sind sämtliche Maßnahmen gestatten, die dazu dienen sich in der Branche zu etablieren und zu halten. Nur dürfen derartige Nebentätigkeiten nicht zum (Neben-)Zweck anwachsen. Sie müssen funktional der gemeinnützigen Zweckverfolgung dienen und untergeordnet sein.

Insoweit gilt für gemeinnützige Unternehmen im Grundsatz dasselbe wie für kommerzielle Unternehmen: Jede Entscheidung, die getroffen wird, soll auf Basis angemessener Informationen vertretbar erscheinen, um den gemeinnützigen Zweck tatsächlich fördern zu können. Nach der sog. **Business Judgment Rule** wird auch von Organen gemeinnütziger Körperschaften natürlich nicht erwartet, dass sie quasi die Zukunft vorhersehen können. Erwartet wird aber, dass sie sich um Informationen bemühen, damit auf deren Grundlage eine vertretbare Entscheidung gefällt werden kann.[41] Falls sich im Nachhinein herausstellen sollte, dass die Maßnahme erfolglos war und letztlich Mittel der Körperschaft ohne Effekt verbraucht wurden, kann uU eine Dokumentation, beispielsweise in Form des Protokolls der entscheidenden Sitzung nebst vorbereitenden Unterlagen, verlangt werden, um darzulegen, wieso die entsprechende Maßnahme ergriffen wurde. Nach § 63 Abs. 3 AO hat die

22

---

[39] Dazu → Rn. 60, 75 ff.
[40] Schauhoff Gemeinnützigkeits-HdB/*Schauhoff* § 9 Rn. 8 ff.
[41] In § 63 AO sollte der Gesetzgeber dies klarstellen. Nicht der objektive Verstoß aus *ex post*-Sicht, sondern die Entscheidung unter Beachtung der gemeinnützigkeitsrechtlichen Vorgaben aus *ex ante*-Sicht ist maßgebend: ebenso *Weitemeyer* GmbHR 2021, 57 (63, Rn. 29); MüKoBGB/*Weitemeyer* BGB § 86 Rn. 33; *Hüttemann* DJT, Gutachten G. 58.

gemeinnützige Körperschaft den Nachweis, dass ihre tatsächliche Geschäftsführung den dargestellten Erfordernissen entspricht, durch **ordnungsmäßige Aufzeichnungen** über ihre Einnahmen und Ausgaben zu führen. Die Finanzverwaltung erwartet einen Tätigkeitsbericht, aus dem sich ersehen lässt, warum bestimmte Aufwendungen getätigt wurden, um den gemeinnützigen Zweck zu fördern.[42] Bei entsprechenden Beschlussfassungen sollten sich die Organe gemeinnütziger Körperschaften bewusst sein, dass die Körperschaft darlegungs- und im Zweifel auch beweispflichtig dafür ist, dass mit den konkreten Maßnahmen der gemeinnützige Zweck gefördert werden sollte. In Beschlussfassungen sollte diese Überlegung daher ggf. zum Ausdruck kommen.

23   Auch wenn das Endziel der gemeinnützigen Tätigkeit stets die gemeinnützige Zweckverwirklichung ist, so bedeutet dies nicht, dass der gemeinnützigen Körperschaft verboten wäre, Investitionen zu tätigen, ihr Vermögen anzulegen oder wirtschaftliche Tätigkeiten aufzunehmen. Auch insoweit hat die gemeinnützige Körperschaft ein weites Ermessen, welche Maßnahmen sie ergreift, um Erträge aus ihrem Vermögen zu erwirtschaften oder um durch bestimmte steuerpflichtige Tätigkeiten zusätzliche **Mittel für die gemeinnützige Zweckerfüllung zu beschaffen.** Ebenso kann die gemeinnützige Zweckverwirklichung mit der Einnahmenerzielung Hand in Hand gehen. Dies ist bei den sog. Zweckbetrieben der Fall, bei denen die Erwirtschaftung von Erträgen mit einer Tätigkeit erfolgt, die selbst der gemeinnützigen Zweckerfüllung dient. Im Bereich der Vermögensverwaltung und des steuerpflichtigen wirtschaftlichen Geschäftsbetriebes hat die gemeinnützige Körperschaft vor der Investition darauf zu achten, dass eine angemessene Rendite aus der Investition zu erwarten ist und **keine schädlichen Dauerverluste** entstehen.[43] Es dürfen keine Dritten durch die Preisgestaltung begünstigt werden, was aber nicht der Fall ist, wenn marktübliche Preise gewählt werden.[44] Eine Begrenzung des erwirtschafteten Gewinns der Höhe nach sieht das Recht nicht vor. In einer Marktwirtschaft werden Gewinnerwartungen durch den Markt begrenzt. Bei besonders gewinnträchtigen Tätigkeiten wird typischerweise Wettbewerb aufkommen und dadurch die Rendite begrenzt werden. Spezielle Einschränkungen kennt das Gemeinnützigkeitsrecht insoweit nicht. Bezogen auf die sog. Zweckbetriebe sieht das Gemeinnützigkeitsrecht aber durchaus **Gewinnbegrenzungen** vor, die beachtet werden müssen.[45]

III. In der Satzung niedergelegter Zweck

24   Nach § 63 AO müssen die in der Satzung niedergelegten Zwecke von der gemeinnützigen Körperschaft verfolgt werden.[46] Manche gemeinnützige Organisationen inkludieren deshalb in ihren Satzungen sog. **Vorratszwecke.** Zwar wird bspw. gegenwärtig nur ein Teil der aufgeführten Zwecke auch tatsächlich verfolgt, aber es ist geplant, später einmal zusätzliche/andere gemeinnützige Tätigkeiten aufzunehmen. Dies wird in der Praxis auch deswegen so gehandhabt, weil jegliche Zweckänderung sowohl vereinsrechtlich als auch stiftungsrechtlich hohen Hürden ausgesetzt ist. Zumindest muss bei der Satzungsgestaltung für den Verein oder die Stiftung mitbedacht werden, unter welchen Voraussetzungen ggf. weitere Zwecke ergänzt werden sollen, um weitere Tätigkeiten aufnehmen zu können. Die Formenstrenge, die das Gemeinnützigkeitsrecht in § 60 AO gesetzlich niedergelegt hat, kann in Widerspruch zur zivilrechtlichen Schwerfälligkeit von Zweckänderungen geraten. Die **Definition des jeweiligen Zwecks** entspricht im Vereins-, Stiftungs- oder Gesellschaftsrecht nicht der Definition des Zwecks in § 52 AO.[47] Vereinsregister, Stiftungsaufsichtsbehörden

---

[42] Vgl. hierzu genauer → § 9 Rn. 49.
[43] Vgl. BFH 13.11.1996 – I R 152/93, BStBl. II 1998, 711; AEAO zu § 55 Abs. 1 Nr. 1 Tz. 4–8.
[44] BFH 12.3.2020 – V R 5/17, BStBl. II 2021, 55, Rn. 43; FG München 29.2.1996 – 15 K 4332/93, EFG 1996, 938, Rn. 36 rkr.
[45] Siehe dazu unter → Rn. 68 ff.
[46] Gosch/*Unger* AO § 63 Rn. 8 f.
[47] Dazu → § 1 Rn. 37 ff.

und Finanzbehörden sollten sich bewusst sein, dass diese Diskrepanz in der Zweckdefinition erfordert, den gemeinnützigen Körperschaften die Möglichkeit zu lassen, den Zweck in der Satzung ggf. anzupassen, wenn dies im Willen des Stifters inkorporiert war oder dies in der Vereinssatzung vorgesehen ist.

Auf der anderen Seite gilt im Grundsatz, dass Vorratszwecke unzulässig sind. Die Organe einer gemeinnützigen Körperschaft haben **alle in der Satzung niedergelegten Zwecke zu erfüllen.** Dies bedeutet nicht, dass sie jedes Jahr auf jedem der genannten Tätigkeitsfelder auch tatsächlich tätig werden müssen. Aber es muss doch die Absicht bestehen, mittelfristig auf allen in der Satzung vorgegebenen Feldern tätig zu werden.[48] Der Tätigkeitsrahmen einer gemeinnützigen Körperschaft ist durch ihre Satzung definiert. Sofern bestimmte Tätigkeitsbereiche dauerhaft nicht oder nicht mehr ausgeübt werden sollen oder bestimmte Tätigkeitsbereiche von einem gemeinnützigen Unternehmen in gemeinnützige Tochtergesellschaften ausgegliedert wurden, ist regelmäßig eine Änderung der Satzung erforderlich. Die gemeinnützige Tätigkeit wird dann nicht mehr selbst, sondern durch ein Tochterunternehmen ausgeübt. Eine Zweckänderung ist darin nicht zu sehen, jedoch ist eine Satzungsänderung erforderlich, weil die Maßnahmen, die zur Zweckverfolgung ergriffen werden, grundlegend verändert werden sollen. Dementsprechend beanstandet es die Finanzverwaltung, wenn gemeinnützige Zwecke in der Satzung enthalten sind, die tatsächlich auf absehbare Zeit nicht verfolgt werden sollen und für die deswegen auch keine Art der Zweckverwirklichung bestimmt werden kann.

Gemeinnützigkeitsrechtlich ist umstritten, inwiefern die gesetzlichen Vorgaben der **Mustersatzung** der Finanzverwaltung nach § 60 Abs. 1 AO iVm Anlage 1 zwingend in der Satzung enthalten sein müssen.[49] Es gibt Finanzämter, die die Gemeinnützigkeit nur deswegen aberkennen, weil die Satzung der Organisation nicht wortwörtlich den aktuellen Erfordernissen der sog. Mustersatzung entspricht.[50]

IV. Gegenwartsnähe der Zweckverwirklichung

1. Gebot der zeitnahen Mittelverwendung

Nach § 55 Abs. 1 Nr. 5 AO muss eine gemeinnützige Körperschaft ihre gesamten Mittel – das ist das Nettovermögen der gemeinnützigen Körperschaft – vorbehaltlich des § 62 AO grundsätzlich zeitnah für ihre steuerbegünstigten satzungsmäßigen Zwecke verwenden. **Verwendung** idS ist auch die Verwendung der Mittel für die Anschaffung oder Herstellung von Vermögensgegenständen, die satzungsmäßigen Zwecken dienen.[51] Diese Vermögensbestandteile werden auch als **nutzungsgebundenes Kapital** bezeichnet. Diesen entspricht auf der Passivseite der Bilanz einer gemeinnützigen Körperschaft ein Teil des Eigenkapitals, welches in entsprechenden Vermögensgegenständen gebunden ist.

Aus der Neufassung des § 57 Abs. 4 AO iRd Gemeinnützigkeitsreform 2020[52] lässt sich zugleich folgern, dass auch der Erwerb einer Beteiligung an einer gemeinnützigen Tochterkapitalgesellschaft eine Verwendung iSd § 55 Abs. 1 Nr. 5 (S. 2) AO darstellt. Die erworbene Beteiligung ist daher ebenfalls nutzungsgebundenes Vermögen. Der Erwerb einer Beteili-

---

[48] *Hüttemann* GemeinnützigkeitsR Rn. 4.130.
[49] Zur Auffassung der Finanzverwaltung AEAO zu § 60 Tz. 2; dagegen Hessisches FG 26.2.2020 – 4 K 594/18, EFG 2020, 902, Rn. 44 (Rev. BFH V R 11/20); zum weiteren Streitstand siehe *Weitemeyer* GmbHR 2021, 57 (59) mwN.
[50] Hessisches FG 26.2.2020 – 4 K 594/18, EFG 2020, 902, Rn. 52 (Rev. BFH V R 11/20); offen gelassen von BFH 23.7.2020 – V R 40/18, BStBl. II 2021, 3; zu Recht kritisch *Weitemeyer* GmbHR 2020, 57 (59 f.).
[51] Vgl. AEAO zu § 55 Abs. 1 Nr. 5 Tz. 28 Abs. 1 S. 2; solange die Veranlassung zu deren Anschaffung im ideellen Bereich begründet liegt, ist auch eine zeitweise Verwendung des nutzungsgebundenen Vermögens im Rahmen eines wirtschaftlichen Geschäftsbetriebs selbst dann gemeinnützigkeitsrechtlich grundsätzlich unbedenklich, wenn diese dauerdefizitär ist (insb. durch anteilige Abschreibungen); zu den Einzelheiten vergleiche *Dittrich/Kirchhain/Sielaff* DStR 2020, 1477 und in Grundzügen AEAO zu § 55 Abs. 1 Nr. 1 Tz. 5.
[52] Jahressteuergesetz 2020, BGBl. 2020 I 3096 (3124); zu § 57 Abs. 4 AO nF siehe genauer → Rn. 102 f.

gung stellt nämlich – als notwendige Voraussetzung bzw. Teil des tatbestandlichen Haltens und Verwaltens nach Maßgabe des § 57 Abs. 4 AO – eine **unmittelbare Form** der Verfolgung steuerbegünstigter Zwecke dar. Daher dürfen zeitnah zu verwendende Mittel von Muttergesellschaften nunmehr auch für die Anschaffung und Verwaltung von Beteiligungen an gemeinnützigen Körperschaften verwendet werden.[53] Sofern Anteile an einer gemeinnützigen GmbH bereits aus nicht zeitnah zu verwendenden Mitteln erworben wurden, zwingt die Gesetzesänderung nicht zu einer Umqualifikation dieses Vermögens in nutzungsgebundenes Kapital. Welches Vermögen nicht zeitnah zu verwenden ist, richtet sich nach dem Eigenkapital der gemeinnützigen Körperschaft, unabhängig davon, in welchem Vermögensgegenstand dieser Teil des Eigenkapitals gerade konkret gebunden ist.

29 § 55 Abs. 1 Nr. 5 S. 3 AO bestimmt, dass eine zeitnahe Mittelverwendung gegeben ist, wenn die Mittel spätestens in den auf den Zufluss folgenden zwei Kalender- oder Wirtschaftsjahren für die steuerbegünstigten satzungsmäßigen Zwecke verwendet werden.[54] Nach § 55 Abs. 1 Nr. 5 S. 4 AO sind Körperschaften von der Pflicht zur zeitnahen Mittelverwendung befreit, wenn sie Gesamteinnahmen von höchstens 45 000 EUR pro Jahr haben. Nach dem Willen des Gesetzgebers sollen kleine Körperschaften (regelmäßig Vereine, Stiftungen und Genossenschaften) dadurch insb. vom damit verbundenen Bürokratieabbau profitieren.[55] Zugleich ermöglicht dies aber den Aufbau von Eigenkapital, das nach einigen Jahren für effektivere Formen der Zweckverwirklichung (oder Mittelbeschaffung) eingesetzt werden kann.[56]

2. Ausnahmen

30 § 62 AO enthält Ausnahmen von der Pflicht zur zeitnahen Mittelverwendung und bestimmt damit, unter welchen Voraussetzungen eine gemeinnützige Körperschaft ihr zugeflossenes Vermögen vorübergehend oder dauerhaft ihrem Eigenkapital zuführen darf.[57]

31 Für **Zuwendungen** bestimmt § 62 Abs. 3 Nr. 1 AO, dass Zuwendungen von Todes wegen nicht zeitnah verwendet werden müssen, sondern der dauerhaften Stärkung des Eigenkapitals der gemeinnützigen Körperschaft dienen, solange der Erblasser nichts Gegenteiliges vorgeschrieben hat. Gleiches gilt für Zuwendungen, bei denen ausdrücklich erklärt wird, dass sie zur Ausstattung der Körperschaft mit Vermögen dienen sollen oder Sachzuwendungen, die ihrer Natur nach zum Vermögen gehören (§§ 62 Abs. 3 Nr. 2 bzw. Nr. 4 AO). Bei Entgegennahme entsprechender Zuwendungen ist daher ggf. darauf zu achten, dass der oder die Zuwendende eine entsprechende Bestimmung trifft, will man verhindern, dass die gemeinnützige Körperschaft gezwungen ist, die Mittel für gemeinnützige Zwecke zeitnah auszugeben. Derartige Zuwendungen werden typischerweise bilanziell unter den Kapitalrücklagen der gemeinnützigen Körperschaft erfasst.

32 Sodann gibt es als Teil der Gewinnrücklagen einer gemeinnützigen Körperschaft die Möglichkeit, **„Rücklagen"** zu bilden, um die steuerbegünstigten satzungsmäßigen Zwecke nachhaltig erfüllen zu können (§ 62 Abs. 1 Nr. 1, Nr. 2 AO). Der hierbei verwendete Begriff der Rücklagen ist missverständlich bzw. darf nicht (allein) im bilanziellen Sinne verstanden werden. Zwar ist es grundsätzlich sachgerecht, diese im Fall der Aufstellung einer Bilanz als Unterfall der auf der Passivseite aufgeführten Rücklagen darzustellen.[58] Auch nicht bilanzierenden Körperschaften steht aber die Bildung von gemeinnützigkeitsrechtlichen Rücklagen iSd § 62 AO offen. Bei solchen Körperschaften ist etwa die Bildung einer gemeinnützigen Rücklage für Aspekte angezeigt, die in einer Bilanz als Rückstellung ein-

---

[53] Vgl. AEAO zu § 57 Abs. 4 Tz. 14; *Hüttemann* DB 2021, 72 (76 f.).
[54] Zu Einzelheiten der Berechnung Wallenhorst/Halaczinsky Besteuerung/*R. Wallenhorst* Kap. C Rn. 83 ff.
[55] Vgl. die Gesetzesbegründung: BT-Drs. 19/25160, 223.
[56] Zur Eigenkapitalbildung siehe bereits → § 1 Rn. 72 ff.
[57] Klein/*Gersch* AO § 62 Rn. 2; Koenig/*Koenig* AO § 62 Rn. 5 ff.
[58] Typischerweise unter Verwendung von „Davon-Vermerken"; vgl. dazu genauer → § 9 Rn. 31.

gebucht würden, weil die Erfüllung der Verpflichtung zu gemeinnützigen Zwecken überwiegend wahrscheinlich ist.

Vermögen, welches berechtigterweise durch einen Beschluss der auch für die Bilanzfeststellung zuständigen Gremien der gemeinnützigen Körperschaft innerhalb der Verwendungsfrist in eine Rücklage eingestellt wurde, gilt als zeitnah verwendet.[59] Zulässig ist eine derartige Rücklage in Abhängigkeit von den Abschreibungssätzen, bspw. einer Immobilie, da eine Rücklage aus dem Gewinn für die Wiederbeschaffung in Höhe der Abschreibungen der Wirtschaftsgüter gebildet werden darf (§ 62 Abs. 1 Nr. 2 AO). Sodann ist eine entsprechende Rücklage zulässig, um Eigenkapital anzusparen, welches benötigt wird, um nachhaltig die gemeinnützigen Zwecke verwirklichen zu können (§ 62 Abs. 1 Nr. 1 AO). Voraussetzung für diese Rücklagenbildung ist, dass in einem angemessenen Zeitraum[60] von fünf bis zehn Jahren voraussichtlich genügend Mittel angespart werden können, um die geplante Mittelverwendung auch tatsächlich vornehmen zu können (sog. **Investitions- oder Projektrücklage**). Ein spezieller Fall einer derartigen Rücklage ist die sog. **Betriebsmittelrücklage,** die zur Sicherstellung der Liquidität für periodisch wiederkehrende Ausgaben (zB Löhne, Gehälter, Mieten) in Höhe des diesbezüglichen Mittelbedarfs im Umfang einer angemessenen Zeitperiode gebildet werden darf.[61] Die wohl herrschende Meinung geht hierbei von einem Zeitraum von jedenfalls drei Monaten aus.[62] Auch die vorsorgliche Bildung einer Rücklage zur Bezahlung von Steuern (außerhalb eines steuerpflichtigen wirtschaftlichen Geschäftsbetriebs) ist zulässig, solange Unklarheit darüber besteht, ob die Körperschaft insoweit in Anspruch genommen wird.[63]

Sobald eine entsprechende Maßnahme umgesetzt wird, ist die **Rücklage aufzulösen** und der Aufwand ggf. mit dieser zu verrechnen oder sie ist in eine Rücklage für sog. nutzungsgebundenes Kapital umzugliedern. Die Pflicht zur Auflösung greift auch, wenn die Gründe für deren Bildung später wegfallen (§ 62 Abs. 2 S. 2 AO). Die durch Auflösung wiederauflebende Pflicht zur zeitnahen Mittelverwendung kann aber erneut durch Bildung einer einschlägigen Rücklage erfüllt werden, sofern deren Voraussetzungen erfüllt sind. Keine Berücksichtigung dürfen diese freigewordenen Mittel nach Auffassung der Finanzverwaltung aber bei der Bildung der freien Rücklage finden.[64]

Eine gemeinnützige Körperschaft sollte stets aus ihren jährlichen Überschüssen im Rahmen des gesetzlich Möglichen eine sog. **freie Rücklage** nach § 62 Abs. 1 Nr. 3 AO bilden. Danach können jährlich ein Drittel der Überschüsse aus der Vermögensverwaltung und ein Zehntel der Überschüsse aus dem Zweckbetrieb, dem steuerpflichtigen wirtschaftlichen Geschäftsbetrieb oder aus den Einnahmen über die Aufwendungen im ideellen Bereich in eine Rücklage ohne konkrete inhaltliche Bindung eingestellt werden.[65] Vorteil der freien Rücklage ist, dass entsprechendes Eigenkapital auch in ferner Zukunft nicht mehr zeitnah für gemeinnützige Zwecke eingesetzt werden muss, sondern dauerhaft als Eigenkapital der gemeinnützigen Zweckverwirklichung dienen kann. Dagegen ist das nutzungsgebundene Kapital grundsätzlich wieder für die gemeinnützigen Zwecke einzusetzen, wenn später einmal der für gemeinnützige Zwecke genutzte Gegenstand (bzw. die Beteiligung) verkauft werden sollte.[66] Der Zwang zur zeitnahen Mittelverwendung lebt in Höhe des Veräußerungserlöses wieder auf.

Eine weitere bedeutsame Ausnahme von der Pflicht zur zeitnahen Mittelverwendung ergibt sich aus AEAO zu § 55 Abs. 1 Nr. 5 Tz. 32. Danach können **Erträge aus der Veräu-**

---

[59] Vgl. § 62 Abs. 2 S. 1 AO; AEAO zu § 62 Abs. 2 Tz. 14 Abs. 1.
[60] Vgl. zu den konkreten Anforderungen, die die Finanzverwaltung an einen angemessenen Zeitraum stellt AEAO zu § 62 Abs. 1 Nr. 1 Tz. 4 Sätze 3 f.
[61] Vgl. AEAO zu § 62 Abs. 1 Nr. 1 Tz. 4 Satz 5.
[62] Vgl. Wallenhorst/Halaczinsky Besteuerung/*R. Wallenhorst* Kap. C Rn. 144e.
[63] Vgl. AEAO zu § 62 Abs. 1 Nr. 1 Tz. 4 Satz 6.
[64] Vgl. AEAO zu § 62 Abs. 2 Tz. 14 Abs. 3.
[65] HHS/*Musil* AO § 62 Rn. 17 ff.
[66] AEAO zu § 55 Abs. 1 Nr. 5 Tz. 30.

ßerung von nicht zeitnah zu verwendendem Vermögen **dauerhaft thesauriert** werden. Die Regelung hat insb. für Stiftungen eine hohe Bedeutung, die mit Stiftungskapital ausgestattet wurden, welches stiftungsrechtlich dauerhaft im Wert zu erhalten ist. Ist aber ein derartiger dauerhafter Werterhalt vorgeschrieben, wird er vielfach zum Realwerterhalt zwingen. Diese stiftungsrechtlichen Vorgaben sollen auch gemeinnützigkeitsrechtlich respektiert werden, weswegen typisierend nicht nur die Erträge aus der Vermögensverwaltung zu einem Drittel dauerhaft thesauriert werden dürfen (§ 62 Abs. 1 Nr. 3 AO), sondern auch Erträge aus der Veräußerung von zugewendetem Vermögen – sei es Stiftungsvermögen oder sonstige Zuwendungen iSd § 62 Abs. 3 AO – nicht zeitnah für gemeinnützige Zwecke ausgegeben werden müssen.[67] Werden Mittel, die nicht der Pflicht zur zeitnahen Verwendung unterliegen, nach § 58 Nr. 1 AO einer anderen steuerbegünstigten Körperschaft weitergeleitet,[68] unterliegen diese auch bei der Empfängerkörperschaft nicht dem Gebot der zeitnahen Mittelverwendung.[69]

3. Nachweis und praktische Umsetzung

37 Die Regeln zur zeitnahen Mittelverwendung stehen somit in erheblichem Umfang der Bildung von Eigenkapital nicht entgegen? Allerdings werden die Regeln vielfach missverstanden, weswegen sie in der praktischen Rechtsanwendung in hohem Maße kritisiert werden. Verständlich ist, dass der Gesetzgeber nur eine gegenwartsnahe gemeinnützige Mittelverwendung fördern will und die unbegrenzte Bildung von Eigenkapital, um irgendwann in der Zukunft gemeinnützige Zwecke zu verwirklichen, nicht in der Gegenwart steuerlich begünstigen kann.

38 Auch ist es selbstverständlich, dass die gemeinnützige Körperschaft einen Nachweis darüber zu führen hat, wie sie der Verpflichtung zur zeitnahen Mittelverwendung nachgekommen ist. Sie hat insb. nachzuweisen, inwiefern das am jeweiligen Veranlagungsstichtag vorhandene Eigenkapital zeitnah für gemeinnützige Zwecke verwendet werden muss oder eben nicht. Die gemeinnützige Körperschaft hat ggf. eine sog. **Mittelverwendungsrechnung** vorzulegen, die praktischerweise im Regelfall in die Handelsbilanz integriert wird, indem durch Vermerke die Kapitalrücklagen oder die Gewinnrücklagen entsprechend unterschieden werden. Die Mittelverwendungsrechnung orientiert sich zweckmäßigerweise an den Bilanzansätzen und lässt stille Reserven, die sich gebildet haben mögen, unberücksichtigt.[70]

39 Allerdings ist es ein Fehlverständnis, wenn formuliert wird, in Bezug auf jeden Vermögensgegenstand müsse im Einzelnen nachgewiesen werden, dass die jeweiligen Mittel zeitnah für gemeinnützige Zwecke eingesetzt werden.[71] Hier gilt der Grundsatz: „Geld ist nicht angestrichen". Soweit nicht aus der allgemeinen Rechnungslegung der gemeinnützigen Körperschaft ersichtlich ist, dass die Mittel im Wesentlichen schon im Jahr des Zuflusses für die steuerbegünstigten Zwecke verwendet oder zulässigerweise dem Vermögen zugeführt werden, ist ihre zeitnahe Verwendung uU durch eine Nebenrechnung oder einen Bilanzausweis nachzuweisen, der die Regeln über die zeitnahe Mittelverwendung berücksichtigt. Der Zweck des Grundsatzes der zeitnahen Mittelverwendung gebietet es, dass bei der Nachprüfung der Mittelverwendung nicht auf die einzelne Zuwendung abzustellen ist, sondern auf die Gesamtheit aller zeitnah zu verwendenden Zuwendungen und sonstigen Einnahmen bzw. Vermögenswerte der Körperschaft (sog. **Global- bzw. Saldobetrachtung**).[72] Dies bedeutet: Die gemeinnützige Körperschaft hat zu ihrem jeweiligen Bilanz-

---

[67] Schauhoff Gemeinnützigkeits-HdB/*Schauhoff* § 9 Rn. 101.
[68] Dazu genauer → Rn. 95 ff.
[69] AEAO zu § 58 Nr. 1 Tz. 6.
[70] Vgl. dazu → § 9 Rn. 52.
[71] Vgl. bspw. AEAO zu § 55 Abs. 1 Nr. 5 Tz. 16 f., in dem auf den Einsatz von Geld als Darlehen abgestellt wird.
[72] BFH 20.3.2017 – X R 13/15, BStBl. II, 1110; AEAO zu § 55 Abs. 1 Nr. 5 Tz. 29.

stichtag darzulegen, inwiefern das vorhandene Eigenkapital nicht zeitnah für gemeinnützige Zwecke zu verwenden ist, weil es sich um Zuwendungen in das Vermögen der Körperschaft (§ 62 Abs. 3 AO) oder um Erträge aus der Umschichtung entsprechenden Vermögens handelt (AEAO zu § 55 Abs. 1 Nr. 5 Tz. 32), weil eine freie Rücklage gebildet wurde (§ 62 Abs. 1 Nr. 3 AO), oder weil das Eigenkapital in sog. nutzungsgebundenem Vermögen gebunden ist, oder weil zulässigerweise eine Rücklage zur Verfolgung der satzungsmäßigen Zwecke nach § 62 Abs. 1 Nr. 1, Nr. 2 AO gebildet wurde.[73]

Erst wenn auch nach Prüfung dieser einzelnen Schritte weiteres Eigenkapital vorhanden ist, stellt sich die Frage, ob entsprechende Vermögenswerte nicht erst in den beiden vorangegangenen Jahren zugeflossen sind. Sodann kann auch noch, weil die Mittelverwendung nach § 55 Abs. 1 Nr. 5 AO auf den Zufluss abstellt, der Forderungsbestand ausgeschieden werden, weil dieser Teil des Vermögens noch nicht zugeflossen ist. In aller Regel ergibt sich bei verständiger Würdigung und zutreffender Darstellung bereits aus der Bilanz der gemeinnützigen Körperschaft, dass diese dem Gebot der zeitnahen Mittelverwendung genügt. Wesentlich dafür ist, dass bei der Feststellung jedes Jahresabschlusses über die mögliche Rücklagenbildung nachgedacht wird und dies entsprechend dokumentiert wird, damit bei erfolgreichem Vermögensaufbau stets nachgewiesen werden kann, dass kein Verstoß gegen die zeitnahe Mittelverwendung vorliegt. Unerheblich ist es, ob möglicherweise stille Reserven in einzelnen Vermögenswerten vorhanden sind. Auch im Rahmen der zeitnahen Mittelverwendung wird das bilanzielle Vorsichtsprinzip beachtet. Erst wenn Vermögenswerte tatsächlich realisiert sind, sind sie ggf. zu verwenden. Da die zeitnahe Mittelverwendung im Rahmen der dargestellten Saldobetrachtung stets auf das Eigenkapital der gemeinnützigen Körperschaft abstellt, ist es selbstverständlich, dass Rückstellungen oder Verbindlichkeiten oder Rechnungsabgrenzungsposten, die nach den handelsbilanziellen Vorschriften das Vermögen mindern, das zeitnah zu verwendende Vermögen ebenfalls entsprechend schmälern. **40**

In Teilen unklar ist derzeit, wie sich die Ausnahme vom Gebot zur zeitnahen Mittelverwendung für kleine Körperschaften nach § 55 Abs. 1 Nr. 5 S. 4 AO auf die Darstellung und buchhalterische Erfassung auswirkt, insb. sobald diese den Schwellenwert von 45 000 EUR jährlichen Gesamteinnahmen[74] (erstmals) überschreiten. Nach unserer Auffassung dürfte das vor dem Hintergrund des Gesetzeszweckes einer Bürokratievermeidung nicht dazu führen, dass für die in zurückliegenden Jahren zurückgelegten Mittel rückwirkend eine Pflicht zur zeitnahen Verwendung entsteht. Vergleichbares dürfte auch für Körperschaften gelten, die **stark schwankende Einnahmen** haben und daher möglicherweise sogar abwechselnd in einem Jahr der Pflicht unterlägen, im folgenden Jahr mit den dortigen Einnahmen wiederum nicht. Dieser Auffassung hat sich die Finanzverwaltung in der Neufassung des AEAO angeschlossen. Demnach ist in Veranlagungszeiträumen mit Einnahmen unter 45 000 EUR für sämtliche vorhandenen Mittel die Pflicht zur zeitnahen Mittelverwendung ausgesetzt.[75] Bei einem Überschreiten des Schwellenwerts kommt es zudem nicht zur rückwirkenden Begründung einer Pflicht zur zeitnahen Mittelverwendung für die Vorjahre.[76] **41**

In der Praxis zeigt sich, dass es den gemeinnützigen Körperschaften in aller Regel ohne Weiteres gelingen kann, die Erfüllung der Verpflichtung der zeitnahen Mittelverwendung nachzuweisen, wenn die jährliche Dokumentation unter der Beachtung der dargestellten Grundsätze auch tatsächlich vorgenommen wird. Gerade für gemeinnützige Unternehmen und Konzerne ist es wichtig, fortlaufend Eigenkapital zu bilden und zu erhöhen, um sich dauerhaft die Finanzierungsgrundlage zu schaffen, die für ein erfolgreiches Bestehen am Markt für gemeinnützige Unternehmen erforderlich ist. **42**

---

[73] Vgl. zu den Darstellungsmöglichkeiten Wallenhorst/Halaczinsky Besteuerung/*F. Wallenhorst* Kap. B Rn. 141 ff.
[74] Zur Berechnung vgl. AEAO zu § 55 Abs. 1 Nr. 5 Tz. 30.
[75] Vgl. AEAO zu § 55 Abs. 1 Nr. 5 Tz. 31 Satz 1.
[76] So AEAO zu § 55 Abs. 1 Nr. 5 Tz. 31 Satz 2.

C. Formelle Satzungsmäßigkeit – Zivilrecht und Gemeinnützigkeitsrecht

43 Der Status der Gemeinnützigkeit setzt voraus, dass die verfolgten gemeinnützigen Satzungszwecke in der Satzung aufgeführt sind. § 60 Abs. 1 AO bestimmt, dass die Satzungszwecke und die Art ihrer Verwirklichung so genau bestimmt sein müssen, dass **allein aufgrund der Satzung geprüft werden kann,** ob die (satzungsmäßigen) Voraussetzungen für die Steuervergünstigungen gegeben sind. Die Finanzverwaltung hat zur Erleichterung der Prüfung dieser Voraussetzungen eine Mustersatzung geschaffen, die im Detail vorschreibt, welche Bestimmungen in der Satzung einer gemeinnützigen Körperschaft enthalten sein müssen (Anlage 1 zu § 60 AO). Die Selbstlosigkeit muss ebenso wie die Ausschließlichkeit ausdrücklich in der Satzung enthalten sein. Auch das Verbot, eine Person durch Ausgaben, die dem Zweck der Körperschaft fremd sind, oder eine Person durch unverhältnismäßig hohe Vergütung zu begünstigen, muss in der Satzung stehen. Geregelt sein muss außerdem, dass die Satzungszwecke unmittelbar – also nach Maßgabe der §§ 57, 58 AO – verwirklicht werden. Zudem ist in jeder Satzung einer gemeinnützigen Körperschaft der sog. **Vermögensbindungsgrundsatz** enthalten, wonach das Vermögen bei Wegfall des gemeinnützigen Zwecks oder der Auflösung der gemeinnützigen Körperschaft weiterhin für gemeinnützige Zwecke gewidmet bleiben muss (vgl. §§ 55 Abs. 1 Nr. 4, 61 Abs. 1 AO). Zulässig ist nur, dass offene Einlagen, die bei Gründung der Körperschaft eingelegt wurden, wieder an die Gründer zu dem Wert zurückgegeben werden können, den sie im Moment der Gründung hatten (vgl. § 55 Abs. 1 Nr. 2 und Abs. 2 AO). Wertsteigerungen bleiben also gemeinnützig gebunden.

44 Natürlich ist es möglich, die Satzung zum Ende der Gemeinnützigkeit zu ändern und das entsprechende Vermögen doch nicht auf eine andere gemeinnützige Körperschaft zu übertragen. Die Sanktion ist dann aber, dass die gemeinnützige Körperschaft zehn Jahre rückwirkend die Steuerbegünstigung verliert (§ 61 Abs. 3 AO).[77] Der Übergang in die Steuerpflicht kann existenzbedrohend sein und wird stets sorgfältig im Detail gestaltet werden müssen.[78]

45 In Bezug auf die Darstellung der konkret geplanten Maßnahmen nach § 60 AO begnügen sich die Finanzämter im Regelfall damit, dass das gemeinnützige Tätigkeitsfeld benannt ist und die Maßnahmen bezeichnet werden, die ausgeführt werden sollen. Unerheblich ist hierbei, ob die jeweilige Maßnahme als kommerzielles Unternehmen ebenso durchgeführt werden könnte. Förderung der Bildung durch den Betrieb einer Kindertagesstätte wäre eine zulässige Darstellung, wenn in Kombination mit den in der Mustersatzung vorgeschriebenen Formulierungen deutlich wird, dass dies als gemeinnützige Tätigkeit durchgeführt werden soll. Die Satzung muss so präzise gefasst sein, dass aus ihr unmittelbar entnommen werden kann, ob die Voraussetzungen der Steuerbegünstigungen vorliegen. Die bloße Bezugnahme auf Satzungen und andere Regelungen Dritter genügt dagegen nicht. Mittlerweile akzeptiert die Finanzverwaltung, wenn sich die Formulierungen der Mustersatzung überhaupt in der Satzung der gemeinnützigen Körperschaft wiederfinden. Derselbe Aufbau und dieselbe Reihenfolge der Bestimmungen wie in der gesetzlich vorgeschriebenen Mustersatzung werden nicht verlangt.

46 Lange Zeit wurde es für unzulässig gehalten, wenn in der Satzung auch eine **wirtschaftliche Tätigkeit,** die – gemeinnützigkeitsrechtlich gesprochen – der Mittelbeschaffung dient, aufgenommen wurde oder bspw. den Vereinsmitgliedern wichtig war, dass der Verein auch die Geselligkeit unter den Mitgliedern in angemessener untergeordneter Form fördern solle.[79] Mittlerweile werden derartige Formulierungen akzeptiert, wenn daraus deutlich wird, dass sich diese beabsichtigte Tätigkeit im gemeinnützigkeitsrechtlich zulässigen

---

[77] Klein/*Gersch* AO § 61 Rn. 4; Koenig/*Koenig* AO § 61 Rn. 7 ff.
[78] Vgl. genauer → Rn. 173 ff.
[79] In diesen konkreten Fällen also im Rahmen der §§ 55 Abs. 1, 56 bzw. § 58 Nr. 7 AO.

Rahmen hält. Solche Tätigkeiten dürfen kein eigenständiger Nebenzweck sein, sondern sie müssen eindeutig der gemeinnützigen Tätigkeit **funktional untergeordnet** werden. Andererseits ist es zB bei gemeinnützigen Stiftungen oft gegeben, dass der Stifter unternehmerisches Vermögen von der Stiftung dauerhaft erhalten wissen will. Dafür ist aber wiederum erforderlich, dass in der Satzung der Erhalt des Stiftungsvermögens in dieser Form festgelegt wird. Von daher muss es unproblematisch möglich sein, in der Satzung auch wirtschaftliche Tätigkeiten, die der Mittelbeschaffung für die gemeinnützige Zweckverwirklichung dienen, zu beschreiben und im Hinblick darauf Regelungen zu treffen.

Eine besondere Schwierigkeit kann sich daraus ergeben, dass die Satzung nach § 60 Abs. 2 AO den vorgeschriebenen Erfordernissen bei der Körperschaftsteuer und bei der Gewerbesteuer **während des ganzen Veranlagungs- oder Bemessungszeitraums** entsprechen muss, bei den anderen Steuern jedenfalls im Zeitpunkt der Entstehung der Steuer.[80] Daher helfen unterjährige Korrekturen der Satzung nicht, um vom Beginn des Veranlagungszeitraums an die Steuerbegünstigung zu gewähren.[81] Für den Fall, dass eine Satzungsbestimmung unklar und gemeinnützigkeitsrechtlich zweifelhaft ist, akzeptiert es die Finanzverwaltung allerdings oftmals aus Billigkeitsgründen, diese in der nächsten Mitglieder- oder Gesellschafterversammlung zu korrigieren und versagt die Gemeinnützigkeit dann nicht wegen eines formellen Verstoßes. Zivilrechtlich ist zu beachten, dass eine Satzung typischerweise nicht bereits mit dem Gesellschafterbeschluss oder dem Beschluss der Mitglieder oder der Organmitglieder einer Stiftung in Kraft tritt, sondern erst dann, wenn das Vereinsregister die **Satzungsänderung eingetragen** hat oder der Gesellschafterbeschluss notariell beurkundet worden ist.[82] Entscheidend ist, wann eine Satzungsänderung **zivilrechtlich wirksam** ist.[83] Bei Stiftungen ist zu beachten, ob die Änderung der Stiftungssatzung der Genehmigung durch die Stiftungsaufsichtsbehörde bedarf (wie es nach neuem Stiftungsrecht ab Mitte 2023 stets der Fall sein wird) oder in einzelnen Bundesländern von den Organen bei unwesentlichen Satzungsänderungen selbst beschlossen werden kann. 47

Sofern die Finanzverwaltung eine bestimmte Tätigkeit als gemeinnützigkeitskonform anerkannt hat, die in der Satzung hinreichend genau beschrieben ist, ist es ihr verwehrt, rückwirkend die Gemeinnützigkeit abzuerkennen, wenn genau diese Tätigkeit ausgeübt wird. Die Anerkennung der Gemeinnützigkeit setzt nach § 63 Abs. 1 AO voraus, dass die satzungsmäßigen Zwecke verwirklicht werden. Werden diese in der Fassung verwirklicht, die die Finanzverwaltung als gemeinnützigkeitskonform anerkannt hat, wird regelmäßig Vertrauensschutz gewährt werden müssen und allenfalls mit Wirkung für die Zukunft eine Änderung der Tätigkeit verlangt werden können. 48

D. Finanzierung und Mittelverwendung

Der Zweck einer gemeinnützigen Körperschaft besteht in der gemeinnützigen Zweckverwirklichung. Das ist etwas grundlegend anderes als der Zweck eines kommerziellen Unternehmens. Dessen Zweck besteht darin, Gewinne zu erwirtschaften, die an die Gesellschafter ausgeschüttet werden. Dies bedeutet aber nicht, dass gemeinnützigen Körperschaften die Erwirtschaftung von Gewinnen verboten wäre. Es bedeutet vielmehr, dass erwirtschaftete Gewinne nicht zugunsten der Gesellschafter, der Mitglieder oder selbst beliebiger Dritter verwendet werden dürften. Vielmehr ist jede Form der Gewinnverwendung außer- 49

---

[80] Vgl. im Einzelnen HHS/*Musil* AO § 60 Rn. 18.
[81] AEAO zu § 60 Tz. 8.
[82] Nach HHS/*Musil* AO § 60 Rn. 19 und Koenig/*Koenig* AO § 60 Rn. 9 soll es aber ausreichen, wenn der Antrag auf Eintragung zum Beginn des Veranlagungszeitraums gestellt ist und die Eintragung später tatsächlich erfolgt.
[83] Vgl. BFH 23.7.2020 – V R 40/18, BStBl. II 2021, 3, Rn. 16; AEAO zu § 60a Abs. 2 Tz. 7 S. 1.

halb der gemeinnützigen Körperschaft und Zweckverfolgung untersagt. Gewinne dürfen nur dazu dienen, den gemeinnützigen Zweck zu verfolgen. Die Finanzierung der gemeinnützigen Tätigkeit – wie es in der Sprache des Gemeinnützigkeitsrechts heißt: die Mittelbeschaffung – muss der gemeinnützigen Zweckverwirklichung dienen. Sie darf kein Selbst- bzw. Nebenzweck sein. Das Gemeinnützigkeitsrecht erwartet die Beachtung des Gewinnausschüttungsverbotes und die zeitnahe Verwendung der erwirtschafteten Mittel nach den dargestellten Regeln, verlangt aber nicht (mit einer Ausnahme für Wohlfahrtszweckbetriebe[84]), dass Gewinne nur in einer von wem auch immer zu bestimmenden Höhe erzielt werden dürfen.[85]

I. Mittelbeschaffung

50   Der gemeinnützigen Körperschaft steht es frei, auf welche Weise sie sich die Mittel beschafft, um den gemeinnützigen Zweck verwirklichen zu können. Gemeinhin wird zwischen vier Bereichen unterschieden, in denen die gemeinnützige Körperschaft Mittel erwirtschaften kann:

51   • Gemeinnützige Körperschaften finanzieren sich vielfach durch Spenden oder Zuwendungen sowie durch Zuschüsse der öffentlichen Hand (sog. **ideeller Bereich**). Soweit es sich bei den Zuschüssen um sog. echte Zuschüsse iSd Umsatzsteuerrechts handelt, bei denen bspw. die gemeinnützige Körperschaft institutionell gefördert wird, ohne eine Gegenleistung für den gewährten Zuschuss erbringen zu müssen, unterliegen entsprechende Einkünfte bei Vereinen und Stiftungen von vornherein nicht der Besteuerung.[86] Der Körperschaftsteuer unterliegen bei Vereinen und Stiftungen keine Geldzuflüsse, die unentgeltlich gewährt wurden. Die Abgrenzung zwischen sog. echten und unechten Zuschüssen ist im Einzelfall häufig umstritten. Dazu gibt es eine umfangreiche Rechtsprechung der Finanzgerichte, die in unzähligen Fällen die jeweilige Konstellation gewürdigt haben. Im Grundsatz sind Spenden, Zuwendungen oder Zuschüsse, die allein mit der Auflage gewährt werden, mit den Mitteln die satzungsmäßigen Zwecke zu erfüllen, kein Entgelt. Der Umstand, dass eine gemeinnützige Körperschaft ggf. zivilrechtlich zur Zurückzahlung des Zuschusses verpflichtet sein kann, wenn dieser nicht entsprechend der Auflage verwendet wird, ist unerheblich. Auch ist unschädlich, wenn die gemeinnützige Körperschaft vertraglich verpflichtet wird, über die ordnungsgemäße Verwendung der Mittel zu berichten.

52   Allerdings richtet sich die Abgrenzung zu dem Fall, dass der Geldgeber zivilrechtlich einen Anspruch gegenüber der gemeinnützigen Körperschaft hat, dass diese in bestimmter Weise tätig wird, nach den gesamten Umständen des Einzelfalls. Dabei stellt das Steuerrecht nicht nur auf den vertraglichen Text ab; entscheidend ist vielmehr der wirtschaftliche Gehalt des Vereinbarten. Wenn sich die gemeinnützige Körperschaft im Vertrag zu Leistungen verpflichtet hat, wird häufig ein echter Zuschuss nicht mehr in Betracht kommen. Auch wenn keine Leistungsverpflichtung vertraglich festgehalten wurde, aber die gemeinnützige Körperschaft faktisch bei den einzelnen Tätigkeitsschritten eng an die Vorgaben der Geldgeber gebunden ist, wird dies vom Steuerrecht regelmäßig gleichfalls als eine vereinbarte Gegenleistung und als sog. unechter Zuschuss gewürdigt. Maßgeblich ist letztlich die Würdigung des Sachverhaltes in seiner Gesamtheit.

53   • Zahlreiche gemeinnützige Körperschaften erwirtschaften Erträge aus der **Vermögensverwaltung**.[87] Bei Stiftungen ist es typisch, dass der Stifter oder die Stifterin ein Vermö-

---

[84] Dazu → Rn. 68 ff. sowie → § 7 Rn. 28 ff.
[85] Ebenso *Weitemeyer* GmbHR 2021, 57 (67, Rn. 44); abzulehnen FG Düsseldorf 3.9.2019 – 6 K 3315/17, EFG 2020, 65, Rn. 70 ff. (Rev. BFH V R 49/19); näher unter → Rn. 63 ff.
[86] Zur Abgrenzung → § 7 Rn. 17; vgl. UStAE Abschn. 10.2 Abs. 7 unter Verweis auf BFH 28.7.1994 – V R 19/92, BStBl. II 1995, 86 und BFH 13.11.1997 – V R 11/97, BStBl. II 1998, 169.
[87] Zur Abgrenzung vgl. BLSB Gemeinnützigkeit/*Seeger/Brox* S. 284 f. sowie näher → § 7 Rn. 22 ff.

D. Finanzierung und Mittelverwendung

gen hingibt, damit aus dessen Erträgen die gemeinnützigen Zwecke verwirklicht werden können. Erträge aus der Vermögensverwaltung liegen vor, wenn vorhandenes Vermögen dauerhaft einem Dritten zur Nutzung überlassen wird (vgl. § 14 S. 3 AO). Das vorhandene Vermögen können bspw. Immobilien, Rechte, Unternehmensbeteiligungen oder Kapitalvermögen sein. Ein Fall der Vermögensverwaltung liegt auch vor, wenn die gemeinnützige Körperschaft duldet, dass mit ihrem guten Namen geworben wird und sie dafür Sponsoringeinnahmen erzielt.[88] Die Abgrenzung zwischen Vermögensverwaltung und einem steuerpflichtigen wirtschaftlichen Geschäftsbetrieb kann im Einzelfall schwierig sein. Betätigt sich eine gemeinnützige Körperschaft als Bauträger, indem sie Grundstücke bebaut und die Häuser anschließend verkauft, findet die Judikatur zum gewerblichen Grundstückshandel entsprechende Anwendung. Danach ist insb. die sog. Drei-Objekt-Grenze maßgeblich, wonach bei Veräußerungen von mehr als drei Objekten innerhalb von fünf Jahren die Veräußerungsgewinne insgesamt in einem steuerpflichtigen wirtschaftlichen Geschäftsbetrieb anfallen. Dabei sind zahlreiche Sonderregelungen zu beachten.[89] Wenn eine gemeinnützige Körperschaft ihre Räumlichkeiten fortlaufend an wechselnde Nutzer vermietet und dabei auch noch Leistungen wie das Catering erbringt oder die Veranstaltungstechnik stellt, liegen gleichfalls Einkünfte im steuerpflichtigen wirtschaftlichen Geschäftsbetrieb vor, da keine unschädlichen Nebenleistungen zur Vermietung und Verpachtung mehr gegeben sind.[90]

- Sodann können gemeinnützige Körperschaften ihre Tätigkeiten durch einen **Zweckbetrieb** finanzieren.[91] Der Zweckbetrieb zeichnet sich dadurch aus, dass Einkünfte zwar im Rahmen eines wirtschaftlichen Geschäftsbetriebs (näher dazu sogleich → Rn. 58), aber inhaltlich durch die satzungsmäßige gemeinnützige Tätigkeit selbst erwirtschaftet werden. Zweckbetriebe sind Krankenhäuser, Kultureinrichtungen, deren Eintrittsgelder für die Kulturaufführung erhoben werden, oder Bildungseinrichtungen, die Entgelte für die Teilnahme an der Bildungsveranstaltung erheben. Die Beispiele umfassen den Großteil des gemeinnützigen Sektors. Wesentlich ist, dass für die Masse der Zweckbetriebe der Gesetzgeber selbst in den §§ 66 ff. AO angeordnet hat, unter welchen Umständen die Tätigkeit als steuerbegünstigt anerkannt wird. Auf eine Prüfung, ob die gemeinnützige Körperschaft mit diesem Zweckbetrieb im Wettbewerb zu kommerziellen Unternehmen steht, kommt es dann nicht an. 54

Natürlich gibt es fortlaufend **erheblichen Wettbewerb** zwischen gemeinnützigen und steuerpflichtigen Anbietern. Im Sportbereich denke man nur an die Kletterhallen oder Fitnessstudios, die sowohl gemeinnützige Körperschaften als auch kommerzielle Anbieter betreiben. Im Bildungsbereich gibt es Universitäten, die von gemeinnützigen oder kommerziellen Anbietern getragen werden. Auch der Krankenhausbereich lässt sich sowohl in börsennotierte Großunternehmen als auch in gemeinnützige Unternehmen oder Unternehmen von Körperschaften des öffentlichen Rechts unterteilen. Selbst Wissenschaftsinstitute kennen sowohl gemeinnützige als auch kommerzielle Träger. Der Pflegemarkt ist aufgeteilt unter vielen gemeinnützigen Anbietern, aber noch mehr kommerziellen Anbietern, die in heftigem Wettbewerb zueinanderstehen. Diese Wettbewerbslage ist dem Gesetzgeber auch bekannt. Bewusst lässt er den Wettbewerb zu und akzeptiert die Gemeinnützigkeit, wenn die Voraussetzungen der speziellen Zweckbetriebsbegünstigung für die jeweilige Tätigkeit eingehalten werden. Daher stehen gemeinnützige Unternehmen im Regelfall im Wettbewerb mit kommerziellen Anbietern und müssen sich auf dem jeweiligen Markt entsprechend behaupten. Teil dieses Wettbewerbs ist es, dass die gemeinnützigen Unternehmen Konkurrentenklagen von kommerziellen Wettbewerbern ausgesetzt sind, die das Ziel verfolgen, dem gemeinnützigen Anbieter die Steuerbegünstigung zu 55

---

[88] AEAO zu § 64 Tz. 6.
[89] Vgl. dazu Schmidt/*Wacker* EStG § 15 Rn. 47 ff.
[90] Im Einzelnen → § 7 Rn. 22 ff.
[91] Zu den Abgrenzungen im Einzelnen → § 7 Rn. 25 ff.

versagen.⁹² Auf diesem Feld wird der Wettbewerb zunehmend auch mit juristischen Mitteln ausgetragen.

56 Gegenüber den phänotypischen Zweckbetrieben, wie sie in den §§ 66 ff. AO geregelt sind, kommt dem Zweckbetrieb nach § 65 AO nur eine untergeordnete Bedeutung zu. Verfolgt eine gemeinnützige Körperschaft mit einer entgeltlichen Tätigkeit ihre satzungsmäßigen Zwecke, kann dies zu einem Zweckbetrieb führen, sofern sie mit dieser Tätigkeit nicht mehr als unvermeidbar in Wettbewerb zu kommerziellen Anbietern tritt (§ 65 Nr. 3 AO). Dabei kommt es auf den potenziellen Wettbewerb an. Umstritten ist, welche Feststellungen vom Finanzamt oder einem Gericht getroffen werden müssen, um annehmen zu können, dass ein potenziell schädlicher Wettbewerb vorliegt.⁹³ Potenzieller Wettbewerb kann natürlich ohne Weiteres behauptet werden. Da stets auch ein anderer dieselbe Tätigkeit ausführen könnte, kann grundsätzlich gegenüber jeder gemeinnützigen Zweckbetriebstätigkeit Wettbewerb aufkommen. Diese Behauptung allein genügt aber nicht. Vielmehr ist festzustellen, ob in dem konkreten Einzelfall ein kommerzieller Anbieter realistischerweise wirtschaftlich überhaupt in der Lage wäre, die konkrete Tätigkeit durchzuführen. Die typischen Zweckbetriebe nach § 65 AO zeichnen sich dadurch aus, dass die gemeinnützige Körperschaft diese Tätigkeit nicht nur aus dem Zweckbetrieb finanzieren kann, sondern dafür auch Spendenmittel oder Zuschüsse der öffentlichen Hand einsetzt. Zwar ist richtig, dass es für die Frage, ob schädlicher Wettbewerb denkbar ist, nicht auf die aktuelle tatsächliche Wettbewerbssituation vor Ort ankommt.⁹⁴ Verlustträchtige Tätigkeiten werden aber typischerweise nicht von kommerziellen Anbietern durchgeführt, sodass kein potenzieller Wettbewerb zu befürchten ist, wenn die spezielle satzungsgemäße Tätigkeit keine kostendeckenden Einnahmen am konkreten Markt erwarten lässt.⁹⁵ Es kommt auf die Würdigung aller Umstände des Einzelfalls an.

57 Auch ist herauszuarbeiten, ob überhaupt eine **Zweckbetriebstätigkeit nach § 65 AO** vorliegt, weil die Tätigkeit satzungsmäßigen Zwecken dient und zur Erreichung dieser Zwecke erforderlich ist (§ 65 Nr. 1 und Nr. 2 AO). Wird ein Wissenschaftsunternehmen als Hilfsperson für Verlage tätig, werden regelmäßig keine satzungsmäßigen Zwecke verfolgt.⁹⁶ Auch der Betrieb einer Beschaffungsstelle, mit der der zentrale Ein- und Verkauf von Ausrüstungsgegenständen oder die Auftragsbeschaffung zentralisiert wird, ist nach Auffassung der Finanzverwaltung kein tauglicher Zweckbetrieb, da dieser weder unentbehrlich noch das einzige Mittel zur Erreichung des steuerbegünstigten Zwecks ist.⁹⁷ Wenn die Wissenschaftsorganisation dagegen wissenschaftliche Texte herausgibt, handelt es sich um die Förderung der Wissenschaft, da durch diese Tätigkeit die wissenschaftlichen Erkenntnisse gehoben werden. Wesentlich ist dann, ob durch diese Tätigkeit der Wettbewerb mehr als unvermeidbar beeinträchtigt wird. Dafür kann wesentlich sein, ob die wissenschaftliche Lektoratstätigkeit letztlich vom Markt nicht finanziert würde, weil ein wissenschaftliches Qualitätsniveau bei der Herausgabe der Publikation betrieben und gesichert wird, welches am Markt von den Abnehmern typischerweise nicht bezahlt werden kann. Die Prüfung der Voraussetzungen des § 65 Nr. 3 AO erfordert daher eine genaue Analyse der jeweiligen Tätigkeiten und der Wettbewerbsverhältnisse.

58 • Zudem kann sich eine gemeinnützige Körperschaft durch einen oder mehrere **steuerpflichtige wirtschaftliche Geschäftsbetriebe** finanzieren.⁹⁸ Nach der allgemeinen

---

⁹² Vgl. dazu bspw. die Debatte zum Umsatzsteuerrecht *Schauhoff/Kirchhain* UR 2017, 729 und *Schauhoff/Kirchhain* UR 2018, 504.
⁹³ Dazu *Schauhoff/Danz* DStR 2019, 23 (27 f.).
⁹⁴ Vgl. dazu AEAO zu § 65 Tz. 4 Satz 3; BFH 30.3.2000 – V R 30/99, BStBl. II 2000, 705.
⁹⁵ Dazu Tipke/Kruse/*Seer* AO § 65 Rn. 11; *Schauhoff/Danz* DStR 2019, 23 (27 f.) sowie FG Berlin-Brandenburg 24.1.2019 – 8 K 8286/17, EFG 2019, 1049 (Rev. BFH V R 5/19).
⁹⁶ FG Baden-Württemberg 14.10.2019 – 10 K 1033/19 (Rev. BFH V R 37/20), BeckRS 2019, 55315.
⁹⁷ AEAO zu § 65 Tz. 3; nun überholt durch § 57 Abs. 3 AO, → Rn. 122 ff.
⁹⁸ Dazu genauer → § 7 Rn. 50 ff.

D. Finanzierung und Mittelverwendung

Definition in §§ 14, 64 AO liegt ein – in Abgrenzung zu den Zweckbetrieben – steuerpflichtiger wirtschaftlicher Geschäftsbetrieb vor, wenn die Körperschaft Leistungen gegen Entgelt erbringt, ohne dass mit diesen Leistungen die satzungsmäßigen Zwecke verfolgt werden. Einkünfte im Bereich des steuerpflichtigen wirtschaftlichen Geschäftsbetriebes unterliegen der Körperschaft- und Gewerbesteuer und damit einer typischen Steuerbelastung von derzeit etwa 30%. Diese kann in Abhängigkeit vom jeweiligen Gewerbesteuerhebesatz in der Gemeinde, in der die Tätigkeit ausgeführt wird, leicht darüber oder darunter liegen. Sowohl im Bereich der Vermögensverwaltung als auch des steuerpflichtigen wirtschaftlichen Geschäftsbetriebes ist auf Gewinnerzielung zu achten. Dauerverluste sind gemeinnützigkeitsschädlich.[99] Der Betrieb eines steuerpflichtigen wirtschaftlichen Geschäftsbetriebes oder einer Vermögensverwaltung, ohne dass damit Gewinne erzielt werden sollen, verstößt gegen den Ausschließlichkeitsgrundsatz.[100]

Das Gemeinnützigkeitsrecht kennt in § 64 Abs. 3 AO eine Regel, wonach bei Einnahmen **59** bis zu 45000 EUR im Jahr die den Geschäftsbetrieben zuzuordnenden Besteuerungsgrundlage nicht der Körperschaft- und Gewerbesteuer unterliegen.[101] Zudem gibt es für die Verwertung von Altmaterial und für Sponsoringleistungen, die im Zusammenhang mit der steuerbegünstigten Tätigkeit stehen, besondere Vorschriften für eine fiktive Gewinnermittlung (§ 64 Abs. 5 bzw. Abs. 6 Nr. 1 AO). Das Kernproblem, dem der Gesetzgeber mit dieser Vorschrift begegnen wollte, besteht darin, dass typischerweise ein erheblicher Teil der mit der steuerpflichtigen Tätigkeit zusammenhängenden Aufwendungen steuerlich nicht geltend gemacht werden kann, da dieser in erster Linie durch die gemeinnützige Tätigkeit veranlasst ist. Damit werden wirtschaftlich dem steuerpflichtigen wirtschaftlichen Geschäftsbetrieb Übergewinne zugeordnet. Für Werbemaßnahmen im Zusammenhang mit einer Zweckbetriebstätigkeit, bspw. für das Sponsoring von Kulturveranstaltungen, hat der Gesetzgeber deshalb pauschal angeordnet, dass 15% der Einnahmen als Gewinn fingiert werden.[102]

II. Verbot der Gewinnausschüttung

Zentral für eine gemeinnützige Körperschaft ist, dass sie erwirtschaftete Gewinne nicht **60** an die Gesellschafter oder Mitglieder ausschütten darf. In § 55 Abs. 1 Nr. 1 S. 2 AO ist bestimmt, dass die Mitglieder oder Gesellschafter – wozu auch die Stifter und ihre Erben oder Körperschaften des öffentlichen Rechts als Träger von gemeinnützigen Betrieben gewerblicher Art gehören können (vgl. § 55 Abs. 3 AO) – keine Gewinnanteile und auch keine sonstigen Zuwendungen aus Mitteln der Körperschaft erhalten dürfen. Darüber hinaus bestimmt § 55 Abs. 1 Nr. 3 AO, dass die gemeinnützige Körperschaft keine Person durch Ausgaben, die dem Zweck der Körperschaft fremd sind, oder durch unverhältnismäßig hohe Vergütungen begünstigen darf. Jede gemeinnützige Fehlverwendung kann damit den Verlust der Gemeinnützigkeit für das betreffende Veranlagungsjahr bewirken.

Zulässig ist allerdings eine Gewinnausschüttung einer gemeinnützigen Tochtergesellschaft **61** an ihre gemeinnützige Mutter. In § 58 Nr. 1 AO[103] ist ausdrücklich bestimmt, dass eine Körperschaft ihre Mittel einer anderen, ebenfalls steuerbegünstigten Körperschaft zuwenden darf. So klar das Gewinnausschüttungsverbot im Grundsatz ist, so schwierig kann es natürlich im Einzelfall werden, zu bestimmen, ob bspw. die festgelegten Preise zwischen der

---

[99] Vgl. AEAO zu § 55 Abs. 1 Nr. 1 Tz. 4 (iVm Tz. 9), → Rn. 63 ff.
[100] Vgl. dazu unter → Rn. 82 ff. bzw. → § 1 Rn. 77.
[101] Bis einschließlich des Veranlagungszeitraums 2019 galt eine Besteuerungsgrenze von 35000 EUR, vgl. AEAO zu § 64 Abs. 3 Tz. 18 Abs. 2.
[102] Dazu näher Schauhoff Gemeinnützigkeits-HdB/*Bott* § 8 Rn. 305 ff. sowie unter → § 7 Rn. 76.
[103] Auch vor der Gemeinnützigkeitsreform 2020 war dies bereits über den im Zuge der Gesetzesänderung gestrichenen § 58 Nr. 2 AO aF grundsätzlich ohne satzungsmäßige Entsprechung (aus gemeinnützigkeitsrechtlicher Warte) zulässig.

gemeinnützigen Körperschaft und einem fremden Dritten dem sog. Dritt- bzw. Fremdvergleich standhalten oder ob eine unverhältnismäßig hohe Vergütung vorliegt.[104] Offene Gewinnausschüttungen oder Zuwendungen an andere als gemeinnützige Körperschaften sind grundsätzlich unzulässig. Gleiches gilt erst recht für verdeckte Gewinnausschüttungen gem. § 8 Abs. 3 S. 2 KStG.

62 Möglich ist aber natürlich, dass die Mitglieder gemeinnütziger Vereine in Bezug auf Begünstigungen für den Eintritt von Veranstaltungen dieselben Rabatte erhalten wie fremde Dritte. In vielen Vereinen ist es üblich, dass **Mitglieder in besonderer Weise begünstigt** werden, um die Mitgliederbindung zu verstärken. In der heutigen Bevölkerung herrscht eine gewisse Erwartungshaltung vor, dass mit der Mitgliedschaft in einem Verein stets unmittelbare Vorteile verbunden sein sollten. In diesen Fällen ist darauf zu achten, dass die Vorteile für die Mitglieder wertmäßig im Durchschnitt deutlich unter den eingenommenen Mitgliedsbeiträgen liegen. Die Preisdifferenz zwischen dem Preis für Mitglieder und für Dritte sollte entweder auf allgemein gültige wirtschaftliche Gegebenheiten (wie den Umfang der Nutzung etc) gestützt werden können oder aber die Begünstigungen dürfen in Summe in Relation zu den Mitgliedsbeiträgen nur vernachlässigbar sein. Dies gilt erst recht, wenn die Ermäßigung – wie bspw. bei Spielen in den Profi-Sportligen – eine steuerpflichtige wirtschaftliche Tätigkeit betrifft. Grundsätzlich darf ein gemeinnütziger Verein seinen Mitgliedern nur **sozialadäquate Annehmlichkeiten** zukommen lassen. Nach § 58 Nr. 7 AO sind dies bspw. gesellige Zusammenkünfte, die im Vergleich zu ihrer steuerbegünstigten Tätigkeit von untergeordneter Bedeutung sind. Die Finanzverwaltung stellt dabei darauf ab, ob auch nach lohnsteuerrechtlichen Überlegungen eine zulässige Annehmlichkeit vorliegt.[105]

III. Gewinnerzielung als Mittel zur Zweckverwirklichung

63 Im Mittelbeschaffungsbereich, dh in der steuerfreien Vermögensverwaltung und im steuerpflichtigen wirtschaftlichen Geschäftsbetrieb, muss die Tätigkeit auf Gewinnerzielung ausgerichtet sein. Derartige Tätigkeiten dürfen nicht der Mittelverwendung bzw. -vernichtung, sondern müssen der **Mittelbeschaffung** dienen. Nun ist jede unternehmerische oder vermögensverwaltende Tätigkeit typischerweise mit Risiken verbunden. Auch gilt entsprechend den allgemeinen Rechtsregeln die Business Judgment Rule. Die Körperschaft muss nachweisen können, dass sie auf der Grundlage angemessener Informationen eine vertretbare Entscheidung gefällt hat, als sie sich entschieden hat, ihr Vermögen in bestimmter Weise anzulegen oder einen steuerpflichtigen wirtschaftlichen Geschäftsbetrieb zu eröffnen.

64 Natürlich lässt sich die Rendite nicht mit Gewissheit vorhersagen. Allerdings stehen für Investitionen in den Kapitalmarkt umfangreiche Informationsquellen zur Verfügung, da die an den Börsen notierten Unternehmen verpflichtet sind, die Öffentlichkeit fortlaufend und detailliert über wesentliche Umstände zu informieren. Darüber hinaus gibt es typischerweise Analysteneinschätzungen in Bezug auf die einzelne Aktienanlage. Letztlich ist für den Erfolg im Bereich der Vermögensverwaltung der Gesamtsaldo maßgebend. Es sollte, sofern nicht bei einer Stiftung das Stiftungsgeschäft die Vermögensanlage determiniert, für das frei anlegbare Vermögen ein Vermögensmix angestrebt werden, um die Risiken aus der Vermögensanlage zu verteilen (sog. Diversifikation). Ein Verlust in einem Wert wird dann typischerweise durch Gewinne in anderen Werten ausgeglichen werden können. In den Anlagebereichen, in denen keine öffentlich zugänglichen Informationen zur Verfügung stehen (bspw. im Bereich von Private Equity oder Einzelinvestments wie Darlehensvergaben an

---

[104] Siehe dazu → Rn. 127 ff.
[105] Eingehend zu den Anforderungen an Mitgliedervergünstigungen aus vereins- und steuerrechtlicher Sicht *Kirchhain* npoR 2019, 153.

mittelständische Unternehmen[106]), wird im Einzelnen selbstständig vor der Investition geprüft werden müssen, wie sich Chancen und Risiken aus dieser Investition darstellen. Wird dann auf Grundlage angemessener Informationen eine vertretbare Entscheidung gefällt und kann somit das Anstreben von Gewinnen nachgewiesen werden, ist die Vermögensanlage auch bei letztlich negativem Ausgang unbedenklich.[107] Wesentlich ist, dass die Anlagen **fortlaufend darauf überprüft werden müssen,** ob aktuelle Entwicklungen eine Neujustierung erfordern. Insbesondere eine Pflicht zum Verkauf nach Kurseinbrüchen – und damit zur Realisierung dieser (Kurs-)Verluste – besteht entgegen eines verbreiteten Irrtums auch für gemeinnützige Körperschaften nicht. Besondere Vorsicht ist geboten, wenn ein Darlehen an ein den Mitgliedern (iSd § 55 Abs. 3 AO) nahestehendes Unternehmen ausgezahlt wird, selbst wenn eine Beteiligung an diesem besteht. Entspricht der Zinssatz nicht dem marktüblichen Zins, droht eine Aberkennung der Gemeinnützigkeit.[108]

65 Dieselben Grundsätze gelten auch für die Eröffnung eines steuerpflichtigen wirtschaftlichen Geschäftsbetriebes. Die gemeinnützige Körperschaft sollte einen **Business-Plan** vor Eröffnung aufstellen, in dem unter Berücksichtigung realistischer Annahmen das mögliche Ergebnis aus der wirtschaftlichen Tätigkeit niedergelegt wird. Die angemessene Information bedeutet hier, dass auf Grundlage der erkennbaren wesentlichen Umstände festgehalten wird, warum aus der konkreten Tätigkeit mit einem angemessenen Gewinn gerechnet werden darf. Lässt sich eine derartige Aussage nicht treffen, weil wesentliche Umstände viel zu unsicher sind, sollte die Investition unterbleiben. Gemeinnützigen Körperschaften ist es verboten, zu spekulieren. **Spekulation** liegt vor, wenn nicht mit überwiegender Wahrscheinlichkeit von einem positiven Überschuss ausgegangen werden kann, sondern allenfalls nur eine Chance von 50 % oder weniger auf ein positives Ergebnis besteht.

66 Körperschaften sind gehalten, im Rahmen der Mittelbeschaffung den unter Berücksichtigung von Chancen und Risiken möglichen Gewinn zu erwirtschaften. Die Untergrenze wird häufig eine angemessene Rendite auf das eingesetzte Eigenkapital sein, unter Berücksichtigung der Risiken, die in dem konkreten Investment stecken. Im Bereich der Vermögensverwaltung gibt es heute bei Staatsanleihen sogar Negativrenditen. Ob eine Rechtspflicht besteht, derartige Negativrenditen zu vermeiden, indem das Vermögen anders angelegt wird, lässt sich pauschal nicht sagen. Wenigstens sollten die Organe gemeinnütziger Körperschaften prüfen, ob nicht durch eine andere, auch noch risikoadäquate Vermögensanlage wenigstens eine geringe Rendite aus dem Vermögen erzielt werden kann. Viele gemeinnützige Körperschaften schichten das Vermögen von Anleihen in Immobilien oder Aktieninvestments um, um dadurch eine im Vergleich zum Risiko angemessene Rendite zu erzielen.

67 Ein besonderes Problem kann sich stellen, wenn eine gemeinnützige Körperschaft an Unternehmen beteiligt ist und dort **Entscheidungen über die Ausschüttungen** der Unternehmensgewinne treffen darf. Eine vollständige Thesaurierung des Gewinns auf Ebene der steuerpflichtigen Tochtergesellschaften wird nur im Ausnahmefall zulässig sein. Natürlich ist es möglich, zur dauerhaften Absicherung der wirtschaftlichen Tätigkeit des Tochterunternehmens auf Ebene der Tochtergesellschaft Gewinne in einem erheblichen Umfang zu reinvestieren.[109] Andererseits ist es aber auch üblich, dass erfolgreiche Unternehmen Ausschüttungen an ihre Gesellschafter vornehmen. Ein allgemeingültiger Satz lässt sich dazu nicht bestimmen. Vielmehr hängt es von den Umständen des jeweiligen Einzelfalls ab, in welchem Umfang eine Thesaurierung von Gewinnen auf Ebene einer Tochtergesellschaft noch von vernünftigen wirtschaftlichen Erwägungen gedeckt ist und unter welchen

---

[106] Dazu BFH 22.8.2019 – V R 67/16, BStBl. II 2020, 40; FG München 25.4.2016 – 7 K 1252/14, DStRE 2018, 497.
[107] Schauhoff Gemeinnützigkeits-HdB/*Schauhoff* § 7 Rn. 73.
[108] Vgl. BFH 22.8.2019 – V R 67/16, BStBl. II 2020, 40: Im dortigen Sachverhalt war ein langfristiges, unbesichertes Darlehen zu 0,6 % pa über dem 1-Jahres-Euribor gewährt worden. Der BFH verneint jedoch anders als die Vorinstanz bereits die Selbstlosigkeit ieS (DStRE 2019, 1525 Rn. 30 ff.); dazu genauer → Rn. 76 ff. Vgl. auch *Maciejewski* npoR 2021, 69 (71) sowie *Weitemeyer* GmbHR 2021, 57 (61 f.).
[109] Vgl. BFH 15.7.1998 – I R 156/94, BStBl. II 2002, 162.

Umständen eine Ausschüttung an die gemeinnützige Gesellschafterin erwartet werden darf. Zur ausschließlich gemeinnützigen Zweckverwirklichung gehört es, aus den Vermögensanlagen eine angemessene Rendite zu erzielen, um die gemeinnützigen Zwecke verwirklichen zu können.

IV. Gewinnbegrenzung im Zweckbetrieb

68 Zweckbetriebe dienen vornehmlich der gemeinnützigen Zweckverwirklichung und damit der Allgemeinheit. Der Zweckbetrieb muss tatsächlich unmittelbar die satzungsmäßigen Zwecke der Körperschaft verwirklichen. Damit darf nicht der Hauptzweck sein, mit der Zweckbetriebstätigkeit Gewinn zu erwirtschaften. Vielmehr muss die Gemeinnützigkeit des jeweiligen Satzungszwecks das Handeln bestimmen. Für die Zweckbetriebe ist nur im Bereich der Wohlfahrtspflege von der Finanzverwaltung ein Regelungssystem aufgestellt worden, wann übermäßige Gewinne aus einem Zweckbetrieb vorliegen. In AEAO zu § 66 Tz. 2 ist bestimmt, dass dann kein Betrieb der Wohlfahrtspflege mehr vorliegt, wenn damit **Gewinne angestrebt werden, die den konkreten Finanzierungsbedarf des jeweiligen Geschäftsbetriebs übersteigen,** die Wohlfahrtspflege mithin in erster Linie auf die Mehrung des eigenen Vermögens gerichtet ist. Dabei kann die Erzielung von Gewinnen in gewissem Umfang – zB zum Inflationsausgleich oder zur Finanzierung von betrieblichen Erhaltungs- und Modernisierungsmaßnahmen – geboten sein, ohne in Konflikt mit dem Zweck der steuerlichen Begünstigung zu stehen.[110] Auch der im Zuge der Gemeinnützigkeitsreform 2020 eingeführte spezielle Zweckbetrieb für Einrichtungen zur Versorgung, Verpflegung und Betreuung von Flüchtlingen (§ 68 Nr. 1 Buchst. c AO)[111] verweist in seinen Anforderungen auf die Gewinnbeschränkung in § 66 Abs. 2 AO.[112]

69 Die Finanzverwaltung geht davon aus, dass dann, wenn in **drei aufeinander folgenden Veranlagungszeiträumen** jeweils Gewinne erwirtschaftet werden, die den konkreten Finanzierungsbedarf der sog. **wohlfahrtspflegerischen Gesamtsphäre**[113] der Körperschaft übersteigen, widerlegbar von einer zweckbetriebsschädlichen Gewinnerzielungsabsicht der Körperschaft auszugehen ist.[114] Gewinne aufgrund staatlich regulierter Preise, wie sie im Wohlfahrtsbereich für weite Teile der Tätigkeit üblich sind (zB auf der Grundlage einer Gebührenordnung nach Maßgabe des § 90 SGB XI), bleiben unberücksichtigt. Ebenso unschädlich sind nicht vorhersehbare Gewinne aufgrund von überraschenden Marktereignissen. Grundsätzlich soll die Preispolitik so ausgerichtet sein, dass eine für einen Zweckbetrieb angemessene, niedrige Rendite zum dauerhaften Erhalt des Betriebes erwirtschaftet wird. Die Finanzverwaltung definiert sodann die wohlfahrtspflegerische Gesamtsphäre. Häufig erzielen Wohlfahrtsbetriebe aufgrund der Marktgegebenheiten Überschüsse (bspw. im Bereich der Jugendarbeit), während im Pflegebereich ausgeglichene Ergebnisse erwirtschaftet werden können und bei den Kindertagesstätten strukturelle Dauerverluste aufgrund einer unzureichenden Finanzierung durch die öffentliche Hand hingenommen werden müssen. Die Finanzverwaltung lässt zu, dass innerhalb dieser wohlfahrtspflegerischen Gesamtsphäre die Gewinne aus der einen Tätigkeit zur Deckung der Verluste aus der anderen Tätigkeit herangezogen werden können.

---

[110] So AEAO zu § 66 Tz. 2 Abs. 1 S. 3 unter Verweis auf BFH 27.11.2013 – I R 17/12, BStBl. II 2016, 68.
[111] Jahressteuergesetz 2020, BGBl. 2020 I 3096 (3126).
[112] Diese ausdrückliche Verortung diente allerdings ausweislich der Gesetzesbegründung vornehmlich dazu, den entsprechenden Einrichtungen die Prüfungs- und Nachweispflichten bezüglich der Hilfebedürftigkeit der Leistungsempfänger (§ 53 AO) zu ersparen, die eine – auch zuvor bereits regelmäßig mögliche – Erfassung in § 66 AO mit sich brächte. Vgl. BT-Drs. 19/25160, 226.
[113] Genauer dazu AEAO zu § 66 Tz. 2 Abs. 2.
[114] Vgl. AEAO zu § 66 Tz. 2 Abs. 1 S. 4. Die entsprechenden Zahlen werden in Gestalt der sog. Anlage Gem im Zuge der Steuererklärung abgefragt; dazu genauer unter → Rn. 166 sowie → § 9 Rn. 53 ff.

Ob diese Überlegungen **auf andere Zweckbetriebe** übertragen werden können, ist nach geltendem Recht abzulehnen.[115] Dagegen spricht bereits, dass der Gesetzgeber eine solche Übertragung auf Zweckbetriebe im Kontext der Flüchtlingshilfe jüngst explizit im Gesetz angeordnet hat (vgl. § 68 Nr. 1 Buchst. c Satz 2 AO). Jedenfalls gilt für alle gemeinnützigen Körperschaften der Grundsatz des § 55 AO, wonach die Körperschaft mit ihrer Tätigkeit im Zweckbetrieb nicht auf die Mehrung des eigenen Vermögens ausgerichtet sein darf. Es lässt sich beobachten, dass es erfolgreichen und gut geführten gemeinnützigen Körperschaften möglich ist, Eigenkapital zu bilden, um damit den gemeinnützigen Betrieb fortlaufend auszubauen. Dies sollte gemeinnützigkeitsrechtlich auch nicht verboten werden. Das Gemeinnützigkeitsrecht stellt durch die detaillierten Vorschriften zur zeitnahen Mittelverwendung ausreichend sicher, dass temporäre Erfolge im gemeinnützigen Sektor dort gebunden bleiben. Die Renditen im gemeinnützigen Bereich sind typischerweise niedrig und reichen bei guter Wirtschaftsführung gerade aus, um den notwendigen Ersatzbedarf zu finanzieren und sich im Wettbewerb gegenüber den kommerziellen Anbietern behaupten zu können. Gemeinnützige Unternehmen, denen es nicht gelingt, sich am Markt zu behaupten, werden häufig von erfolgreicher wirtschaftenden gemeinnützigen Wettbewerbern übernommen. Ein häufiger Grund für das Scheitern ist eine unzureichende Risikovorsorge, die die Finanzverwaltung nicht durch zu strenge Regeln zur Gewinnbegrenzung fördern sollte. 70

Ein Erfordernis, strenge Regeln aufzustellen und weitere komplexe Systeme zur Prüfung der zulässigen Gewinnerzielung im Zweckbetriebsbereich zu entwickeln, ist nicht ersichtlich. Gerade im Wohlfahrtsbereich gibt es umfassende Kontrollen durch staatliche Behörden, die auf die Angemessenheit der Preisgestaltung achten. In den typischen anderen Bereichen gemeinnützigen Wirkens gibt es meist einen erheblichen Wettbewerb im Markt, der verhindert, dass übermäßige Renditen erwirtschaftet werden können. Andererseits ist auch nicht einzusehen, warum gemeinnützige Körperschaften gezwungen werden sollten, ihre Leistungen unter Marktpreis anzubieten. Vermögen sie durch erfolgreiche wirtschaftliche Tätigkeit Gewinne zu erwirtschaften, sollte dies begrüßt und nicht dahingehend missdeutet werden, dass die Tätigkeit deswegen nicht auf die gemeinnützige Zweckerfüllung ausgerichtet sei. Im Wohlfahrtsbereich hat der BFH in einer umstrittenen Entscheidung[116] strengere Regeln wegen des Tatbestandsmerkmals in § 66 AO „zugutekommen" aufgestellt. Diese Überlegungen lassen sich nicht auf sämtliche Zweckbetriebe übertragen. 71

V. Zulässige Mittelverwendung

Die Mittelverwendung steht bei der gemeinnützigen Körperschaft unter dem Vorbehalt, dass die Mittel ausschließlich für die satzungsmäßige Zweckerfüllung eingesetzt werden dürfen. Erfolge werden im gemeinnützigen Bereich nicht geschuldet, wohl aber das Bemühen, im Hinblick auf den satzungsmäßigen Zweck die Lage zu verbessern (sog. **Finalität**). Die Mittelverwendung kann fördernd unter den Voraussetzungen des § 58 (insb. Nr. 1) AO oder durch eigene operative Tätigkeiten erfolgen, bei denen auch sog. Hilfspersonen (§ 57 Abs. 1 S. 2 AO) eingeschaltet werden können, mit deren Hilfe die gemeinnützigen Zwecke verwirklicht werden.[117] Typischerweise werden bei der operativen Tätigkeit die Beschäftigten und Organe der gemeinnützigen Körperschaft eingesetzt. Der Personalaufwand und der Sachaufwand bestimmen die Kosten der operativ tätigen Körperschaft und das Wirken der Beschäftigten muss dabei auf die Zweckerfüllung ausgerichtet sein. 72

---

[115] Ebenso *Weitemeyer* GmbHR 2021, 57 (67, Rn. 44); kritisch auch Tipke/Kruse/*Seer* AO § 66 Rn. 2 f.

[116] BFH 27.11.2013 – I R 17/12, BStBl. II 2016, 68; kritisch dazu *Hüttemann* GemeinnützigkeitsR Rn. 6.229; *Kirchhain* DB 2014, 1831.

[117] Zu dieser gesetzlichen Unterscheidung siehe genauer unter → Rn. 91 f. sowie ausführlicher bereits → § 1 Rn. 79 ff.

73 Das Gemeinnützigkeitsrecht kennt indes keine Vorgabe, dass unsinnige Ausgaben verboten wären. Diese sind natürlich nicht erwünscht, aber auch gemeinnützigen Körperschaften muss (wie auch Unternehmen oder Privatpersonen) ein Handlungsrahmen zugelassen werden, der ggf. **Fehlentscheidungen** einschließt. Die zweckgerichtete Begünstigung Dritter ist dagegen nach § 55 Abs. 1 Nr. 3 AO verboten.[118] Die **unbeabsichtigte Begünstigung** eines Vertragspartners, weil aus Unkenntnis ein zu hoher Preis bezahlt wurde, fällt nicht darunter, sondern gehört zu den Fehlentscheidungen. Auch gibt es keine grundsätzliche Pflicht, die in Anspruch genommenen Dienstleistungen auszuschreiben. Gemeinnützige Körperschaften sind keine Behörden. **Vergabesysteme** stehen zudem im Verdacht, dass sie mitunter mehr Kosten verursachen als Nutzen bringen. Die Vergleichbarkeit von Leistungen und Preisen erfordert in jedem Einzelfall aber eine übliche Prüfung, von der typischerweise ausgegangen werden kann, wenn keine Anhaltspunkte für eine bewusste Fremdbegünstigung vorliegen.

74 Auch wenn sich aus *ex post*-Sicht herausstellen sollte, dass es für die gemeinnützige Körperschaft zielführendere Handlungsalternativen gegeben hätte, ist dies kein Grund, ihre Tätigkeiten zu beanstanden. Für die Mittelverwendung ist auch nicht entscheidend, ob die einzelne Maßnahme notwendig ist oder ob eine noch effektivere Maßnahme zur Verfügung gestanden hätte. Das Gemeinnützigkeitsrecht will es den zivilgesellschaftlichen Organisationen gerade ermöglichen, Neues auszuprobieren. Wesentlich ist, dass aus der *ex ante*-Sicht der gemeinnützigen Körperschaft damit gerechnet werden kann, dass die jeweilige Maßnahme den gemeinnützigen Zweck fördert. Die Zweckmäßigkeit der einzelnen Maßnahme wird von Rechts wegen nicht geprüft. § 63 AO stellt auf die Gesamtrichtung der Tätigkeit ab und lässt unbeanstandet, wenn einzelne Maßnahmen besser oder schlechter von der jeweiligen Körperschaft ausgeführt werden. Es wird kein bestimmter Standard für die gemeinnützige Zweckverwirklichung vorgegeben.

E. Selbstlosigkeit

Eine gemeinnützige Körperschaft handelt selbstlos, wenn sie weder selbst noch zugunsten ihrer Mitglieder eigenwirtschaftliche Zwecke verfolgt (§ 55 Abs. 1 Nr. 1 AO).

I. Tätigkeiten für den Gesellschafter

75 Es gibt zahlreiche Beispiele in der Rechtsprechung dafür, dass die gemeinnützige Tätigkeit deswegen nach § 55 Abs. 1 (Hs. 1) AO nicht anerkannt wurde, weil sie letztlich in erster Linie wirtschaftlichen Zwecken eines Gesellschafters diente (**„eigenwirtschaftliche Zwecke"**, sog. Selbstlosigkeit ieS): Ist eine gemeinnützige Körperschaft ausschließlich durch Darlehen ihrer Gründungsmitglieder finanziert und wird dieses Fremdkapital fremdüblich getilgt und verzinst, bestehen Zweifel, ob die vordergründigen satzungsmäßigen (dh steuerbegünstigten) Zwecke wirklich den Zweck der Körperschaft darstellen, oder ob ihre Tätigkeit nicht in erster Linie auf die Bewirtschaftung dieses Kapitals zum Wohle der darlehensgebenden Gesellschafter gerichtet ist.[119] Ähnliches gilt, wenn eine Körperschaft die durch Spenden ihrer Gesellschafter erlangten Vermögensmittel ausschließlich und von vorneherein nur zur Finanzierung einer von diesen Gesellschaftern beherrschten Personengesellschaft einsetzt.[120] Auch in einem Fall, in dem eine gemeinnützige Körperschaft im Rahmen eines gemeinsamen Marktauftritts mit einer gewerblichen Tochtergesellschaft ein

---

[118] Vgl. Gosch AO/FGO/*Unger* AO § 55 Rn. 79 f.
[119] Vgl. BFH 13.12.1978 – I R 39/78, BStBl. II 1979, 482; BFH 26.4.1989 – I R 209/85, BStBl. II 1989, 670; BFH 28.6.1989 – I R 86/85, BStBl. II 1990, 550; dazu AEAO zu § 55 Abs. 1 Nr. 1 Tz. 1.
[120] BFH 22.8.2019 – V R 67/16, BStBl. II 2020, 40.

E. Selbstlosigkeit

komplexes Leistungspaket anbot, wurde daran gezweifelt, ob dies überhaupt eine gemeinnützige Tätigkeit sein kann.[121] Letztlich war in allen diesen Fällen maßgebend, dass die Tätigkeit nach Würdigung des Sachverhalts durch das Gericht wesentlich auf eine Gewinnerzielung im gewerblichen Bereich gerichtet war und der Gemeinnützigkeitsstatus nur als schmückendes Beiwerk, aber nicht als eigentlicher Zweck erschien.

In solchen Konstellationen scheitert eine Steuerbegünstigung unabhängig von etwaigen satzungsentsprechenden Maßnahmen der Zweckverfolgung schon dem Grunde nach an der fehlenden Selbstlosigkeit der Körperschaft.[122] Dies darf aber nicht mit einer veralteten Auffassung dahingehend verstanden werden, dass die Selbstlosigkeit eine subjektive Komponente beinhalte, die sozusagen voraussetzt, dass die Mitglieder der Körperschaft „in erster Linie" von einer altruistischen Motivation geleitet sein müssen.[123] Vielmehr ergibt sich aus der Gesetzesformulierung **„in erster Linie"** das Bedürfnis einer **Abwägung** zwischen möglichen eigenwirtschaftlichen Vorteilen der Mitglieder und den Vorteilen, die der Allgemeinheit durch die satzungsmäßige Fördertätigkeit zukommen.[124] **76**

Ein besonderes Problem hat sich stets in den Fällen gestellt, in denen eine bestimmte gemeinnützige Tätigkeit zur Erfüllung von Pflichtaufgaben einer juristischen Person des öffentlichen Rechts gehört und diese eine gemeinnützige Tochtergesellschaft (typischerweise in Form einer gGmbH) ausgründet, die die entsprechende Tätigkeit dann durchführt.[125] Diese **Verlagerung gemeinnütziger Pflichtaufgaben** auf eine Tochtergesellschaft führt nicht zu der Wertung, dass deren Aufgabenerfüllung in erster Linie im wirtschaftlichen oder rechtlichen Interesse des Gesellschafters vorgenommen wird. Solange marktübliche Preise von der gemeinnützigen Tochtergesellschaft für die Durchführung der Aufgaben erhoben werden, wird die Tätigkeit von der Finanzverwaltung nicht beanstandet. Bei gemeinnützigen Tochtergesellschaften ist die Erhebung eines Gewinnaufschlages nicht gefordert.[126] Anderes gilt, soweit Leistungen im steuerpflichtigen Bereich ausgeführt werden. Dann ist eine marktübliche Vergütung angezeigt, selbstverständlich auch im Verhältnis zu dem Gesellschafter. Dabei gelten auch die strengen Vorgaben für die Beurteilung von **verdeckten Gewinnausschüttungen** und verdeckten Einlagen im Verhältnis zu einem beherrschenden Gesellschafter (§ 8 Abs. 3 Sätze 2 und 3 KStG). Die entsprechende vertragliche Vereinbarung muss daher auf einer wirksamen, klaren, eindeutigen und im Vorhinein abgeschlossenen Vereinbarung beruhen, welche überdies zivilrechtlich wirksam und tatsächlich durchgeführt worden sein muss. Nur dann kann die Annahme einer gemeinnützigkeitsschädlichen verdeckten Gewinnausschüttung im Verhältnis zum Gesellschafter vermieden werden.[127] **77**

Ähnlich sind die Fälle gelagert, in denen Unternehmen **gemeinnützige Tochtergesellschaften ausgründen,** um diesen bestimmte Funktionen zu übertragen. Wird bspw. zur betrieblichen Ausbildung des Nachwuchses eine gemeinnützige Tochtergesellschaft gegründet, die sich nicht nur an den Gesellschafter selbst, sondern an einen breiten Kreis von Unternehmen richtet, und damit das Allgemeinheitserfordernis des § 52 Abs. 1 AO erfüllt, ist dies möglich. Allerdings ist darauf zu achten, dass auch von den Gesellschaftern entsprechende marktübliche Vergütungen für Dienstleistungen erhoben werden. **78**

---

[121] FG Düsseldorf 3.9.2019 – 6 K 3315/17 K,G, EFG 2020, 65 (nrkr. – Rev. BFH V R 49/19).
[122] Vgl. auch FG Düsseldorf 12.4.2019 – 6 K 3664/16 K,F,AO, EFG 2019, 1434, BeckRS 2019, 17067 Rn. 20.
[123] BFH 22.8.2019 – V R 67/16, BStBl. II 2020, 40, DStRE 2019, 1525 Rn. 26 knüpft beispielsweise in bedenklicher Weise begrifflich zumindest missverständlich an diese veraltete Literatur an; vgl. dazu kritisch *Maciejewski* npoR 2021, 69 (71 f.).
[124] Vgl. *Hüttemann* GemeinnützigkeitsR Rn. 4.81 f. Diese Abwägung kam bspw. in BFH 22.8.2019 – V R 67/16, BStBl. II 2020, 40 zu kurz, wie *Maciejewski* npoR 2021, 69 (72) überzeugend herausarbeitet.
[125] BFH 27.11.2013 – I R 17/12, BStBl. II 2016, 68; dazu AEAO zu § 55 Abs. 1 Nr. 1 Tz. 2.
[126] Genauer dazu unter → Rn. 149.
[127] Vgl. BFH 11.10.2012 – I R 75/11, BStBl. II 2013, 1046 (Rn. 6) mwN; zu den weiteren Anforderungen an diesen sog. „formellen" Fremdvergleich siehe den Überblick bei Gosch KStG/*Gosch* KStG § 8 Rn. 318 ff.

79　Gemeinnütziges Tätigwerden trägt typischerweise auch zum Image-Gewinn auf Seiten des Gesellschafters bei. Dieser Umstand allein ist nicht gemeinnützigkeitswidrig. Maßnahmen, die im Rahmen der **Corporate Social Responsibility** (kurz: CSR) von einem Unternehmen auch selbst durchgeführt werden können, können ebenso auf eine gemeinnützige Tochtergesellschaft verlagert werden. Allerdings ist darauf zu achten, dass bei Werbeauftritten für die Muttergesellschaft und deren Image ein marktüblicher **Sponsoringvertrag** abgeschlossen und durchgeführt wird. Zudem darf die gemeinnützige Tätigkeit nicht in erster Linie dem Image-Gewinn des Konzerns dienen, sondern dies darf nur ein untergeordneter **Nebenzweck** der gemeinnützigen Tätigkeit sein.

II. Angemessenheitsgrundsatz

80　In § 55 Abs. 1 Nr. 3 AO hat der Gesetzgeber festgehalten, dass eine gemeinnützige Körperschaft keine Person durch Ausgaben, die dem Zweck der Körperschaft fremd sind, oder durch unverhältnismäßig hohe Vergütungen begünstigen darf. Der Zweck der Körperschaft darf eben nur die gemeinnützige Zweckerfüllung sein. Die größte Schwierigkeit liegt hierbei darin, wie eine unverhältnismäßig hohe Vergütung oder die Begünstigung eines Dritten festgestellt werden kann. Wie oben ausgeführt[128] bedeutet die Vorschrift jedoch nicht, dass unbeabsichtigte Begünstigungen Dritter direkt zum Verlust der Gemeinnützigkeit führen, ein gewisser Spielraum (auch für Fehler) ist hier eröffnet. Die bewusste und zielgerichtete Begünstigung Dritter ist dagegen nicht erlaubt. Dies ist letztlich eine Frage der Würdigung des jeweiligen Einzelfalls. Auch in welchen Fällen eine unverhältnismäßige Vergütung vorliegt, hängt letztlich maßgebend davon ab, wie hoch die verhältnismäßige Vergütung im konkreten Einzelfall sein darf.[129]

F. Ausschließlichkeit

81　Das Gemeinnützigkeitsrecht schreibt vor, dass die Tätigkeit ausschließlich auf die Erfüllung der steuerbegünstigten Zwecke gerichtet sein muss.[130] Daraus ergibt sich, dass die Tätigkeit der Körperschaft **nicht in erster Linie auf die Mehrung ihres eigenen Vermögens** gerichtet sein darf (AEAO zu § 55 Abs. 1 Nr. 1 Tz. 1). Die Unterhaltung steuerpflichtiger wirtschaftlicher Geschäftsbetriebe oder die Anlage von Vermögen im Bereich der Vermögensverwaltung muss der Mittelbeschaffung dienen. Daran zeigt sich bereits, dass es bestimmte Überschneidungen in den Schutzzwecken der Ausschließlichkeit und der Selbstlosigkeit ieS (§ 55 Abs. 1 Hs. 1 AO) gibt. Auch wenn ein Verstoß gegen den Selbstlosigkeitsgrundsatz für sich genommen ebenso zur Aberkennung der Gemeinnützigkeit führen kann wie ein Verstoß gegen die Ausschließlichkeit, ist die Abgrenzung (etwa bzgl. eines Fehlverhaltens im Rahmen der tatsächlichen Geschäftsführung) in der Praxis mehr als eine dogmatische Spitzfindigkeit. Dies gilt jedenfalls, solange nicht unzweifelhaft ein Verstoß gegen beiderlei Grundsätze vorliegt.[131] Nach herrschender Auffassung stehen diese gemeinnützigen Grundprinzipien gleichrangig nebeneinander.[132] Die Ausschließlichkeit wird

---

[128] Siehe → Rn. 73.
[129] Vgl. BFH 12.3.2020 – V R 5/17, BStBl. II 2021, 55; näher unter → Rn. 130 ff.
[130] Im Grunde entspricht eine ausschließliche Verfolgung des satzungsmäßig vorgegebenen Zwecks bereits den originär zivilrechtlichen Vorgaben (zur Ausstrahlungswirkung des Gemeinnützigkeitsrechts durch Vorgaben der satzungsmäßigen Gemeinnützigkeit → Rn. 43 ff.); vgl. für die rechtsfähige Stiftung BT-Drs. 14/8765, 9 (aE): „Die Zwecksetzung prägt das Stiftungsgeschäft und die Satzung der Stiftung in allen Einzelheiten, da alles Tun der Stiftung allein auf die Verwirklichung des vom Stifter gesetzten Zweckes zu richten ist".
[131] So richtig *Maciejewski* npoR 2021, 69.
[132] Scheinbar anderer Auffassung (Ausschließlichkeit gegenüber Selbstlosigkeit nachrangig) BFH 22.8.2019 – V R 67/16, BStBl. II 2020, 40 (Rn. 38); zu Recht kritisch *Maciejewski* npoR 2021, 69 (72 f.).

demnach – neben der fehlenden Eignung einer wirtschaftlichen Betätigung zur Mittelbeschaffung – insb. verletzt, wenn die gemeinnützigen Zwecke nur als vorgeschoben erscheinen, um die wahren Ziele der Körperschaft zu verdecken.[133] Um dies festzustellen bedarf es regelmäßig einer Gesamtwürdigung jedweder Betätigung der steuerbegünstigten Körperschaft.

I. Defizite in der Mittelbeschaffung

Die Finanzverwaltung hat in AEAO zu § 55 Abs. 1 Nr. 1 Tz. 4 ff. detaillierte Regelungen dazu getroffen, unter welchen Umständen Verluste im steuerpflichtigen wirtschaftlichen Geschäftsbetrieb oder im Bereich der Vermögensverwaltung gemeinnützigkeitsschädlich sind. Nach Auffassung der Finanzverwaltung ist der Bereich des steuerpflichtigen wirtschaftlichen Geschäftsbetriebes und der Bereich der Vermögensverwaltung getrennt zu betrachten, dh mit Gewinnen in der Vermögensverwaltung können keine Verluste im steuerpflichtigen wirtschaftlichen Geschäftsbetrieb ausgeglichen werden. Auch steht die Finanzverwaltung derzeit im Regelfall auf dem Standpunkt, dass es auf das objektive Ergebnis der Verlusterzielung ankommt. 82

Für das betreffende Veranlagungsjahr geht demnach die Gemeinnützigkeit verloren, wenn eine gemeinnützige Körperschaft im Bereich eines steuerpflichtigen wirtschaftlichen Geschäftsbetriebes nach einer dreijährigen Anlaufphase im vierten Jahr weiterhin einen Verlust erwirtschaftet, ohne dass dieser Verlust mit positiven Ergebnissen aus anderen steuerpflichtigen wirtschaftlichen Geschäftsbetrieben kompensiert werden kann oder aus den sieben vorangegangenen Jahren positive Einkünfte aus einem steuerpflichtigen wirtschaftlichen Geschäftsbetrieb zur Verfügung stehen, die den Ausgleich dieses Verlustes erlauben. 83

Diese Rechtsauffassung ist nach der Rechtsprechung sehr zweifelhaft. Denn schließlich kann es je nach unternehmerischer Lage, wie zB die Corona-Krise gezeigt hat, ohne dass eine gemeinnützige Körperschaft hierfür verantwortlich ist, unausweichlich zu Verlusten kommen. Die Finanzverwaltung hat deswegen für die Dauer der Krise eine Ausnahme von dem Verbot der Verlusterzielung gemacht.[134] 84

In Einzelfällen hat die Finanzverwaltung sich auch schon davon überzeugen lassen, dass es für die Gemeinnützigkeit nicht auf den tatsächlich erzielten Verlust und den Zeitpunkt seiner Realisierung ankommt. Entscheidend ist vielmehr, ob die gemeinnützige Unternehmung bei Beginn der steuerpflichtigen Tätigkeit hinreichend geprüft hat, dass eine positive Rendite zu erwarten ist und die **verlustträchtige Tätigkeit eingestellt** hat, nachdem klar war, dass dies nicht der Fall sein würde. Typischerweise ist mit der Einstellung der verlustträchtigen Tätigkeit der Verlust des investierten Eigenkapitals verbunden. Die These der Finanzverwaltung, dass es allein auf den objektiv eingetretenen Verlust ankommt, begünstigt die Fortführung defizitärer steuerpflichtiger wirtschaftlicher Geschäftsbetriebe, nur um eine Verlustrealisation zu vermeiden. 85

Richtiger wäre es, von vornherein auf eine sorgfältige Prüfung bei Investitionen im steuerpflichtigen Bereich oder der Vermögensverwaltung durch die rechtlichen Regelungen hinzuwirken. Ansatzpunkt für die Beurteilung der Investitionen im Mittelbeschaffungsbereich oder im Bereich der Vermögensverwaltung ist § 63 AO. **Im Moment der Investitionsentscheidung** ist zu prüfen, ob die Renditeerzielung überwiegend wahrscheinlich war. Tritt in anderen Jahren dann tatsächlich ein Verlust ein, sollte dies die Gemeinnützigkeit nicht berühren, sofern angemessene Maßnahmen ergriffen werden, um die Entstehung weiterer Verluste zu unterbinden. 86

---

[133] Vgl. BFH 4.3.2020 – I B 57/18, BFH/NV 2020, 1236; *Maciejewski* npoR 2021, 69 (73).
[134] BMF 9.4.2020, BStBl. I 2020, 498 (500), Ziff. VIII. 1. (sog. Gründonnerstagsschreiben); Anwendung verlängert bis einschließlich 31.12.2021 mit BMF 18.12.2020, BStBl. I 2021, 57; vgl. dazu *Runte* npoR 2020, 163 (164).

87 Die Finanzverwaltung hat in AEAO zu § 55 Abs. 1 Nr. 1 Tz. 4 ff. detailliert **weitere Ausnahmen** geregelt, bei denen ein einmal eingetretener Verlust doch unschädlich ist. Dies ist bspw. der Fall, wenn der Verlust auf einer Fehlkalkulation beruht oder durch die Berücksichtigung von anteiligen Abschreibungen auf gemischt genutzte Wirtschaftsgüter entstanden ist, die für den ideellen Bereich angeschafft wurden, aber zur Kapazitätsauslastung (zu marktüblichen Konditionen) für die Mittelbeschaffung im Rahmen eines wirtschaftlichen Geschäftsbetriebs eingesetzt werden. Beim Aufbau eines neuen Betriebes wird idR erwartet, dass binnen drei Jahren nach dem Ende des Entstehungsjahrs des ersten Verlustes diese wieder ausgeglichen werden können. Damit setzt das Gemeinnützigkeitsrecht zu strenge Regeln für den Zeitraum, in dem Anlaufverluste im wirtschaftlichen Bereich akzeptiert werden.

II. Mittelbeschaffung versus Mittelverwendung

88 Diese strengen Regeln gelten nach § 56 AO im Mittelbeschaffungsbereich sowohl für die Frage, ob die Aufnahme einer wirtschaftlichen Tätigkeit oder die Vermögensanlage mit den gemeinnützigkeitsrechtlichen Vorgaben zu vereinbaren ist, als auch für die Frage, ob Verluste aus Mittelbeschaffungsbereichen gemeinnützigkeitsschädlich sein können. Daher ist die Abgrenzung zwischen dem steuerbegünstigten Zweckbetrieb, dem steuerpflichtigen wirtschaftlichen Geschäftsbetrieb und der Vermögensverwaltung für die Steuerung eines gemeinnützigen Unternehmens von erheblicher Bedeutung. Das Vorliegen eines **Zweckbetriebes** erfordert die Erfüllung bestimmter gesetzlicher Tatbestandsmerkmale.[135] Im Regelfall möchte das Gemeinnützigkeitsrecht erreichen, dass Aktivitäten im Wettbewerb zu steuerpflichtigen Anbietern auch bei gemeinnützigen Körperschaften steuerpflichtig sind. Dazu gibt es Bereichsausnahmen (§§ 66 ff. AO) für zahlreiche gemeinnützige Unternehmungen, für die jeweils spezielle Zweckbetriebsvorschriften gelten, die eine Steuerung der gemeinnützigen Unternehmungen unter Beachtung dieser Vorgaben verlangen. Im Zusammenhang mit **Kooperationen** oder Service(tochter)gesellschaften kann sich seit der Gemeinnützigkeitsreform 2020 die Zweckbetriebseigenschaft auch aus dem planmäßigen Zusammenwirken zwischen zwei unterschiedlichen Körperschaften ergeben.[136]

89 Auch die **Abgrenzung** zwischen Vermögensverwaltung und steuerpflichtigem wirtschaftlichen Geschäftsbetrieb kann schwierig sein.[137] Sofern Einnahmen durch eine Tätigkeit erzielt werden, liegt ein wirtschaftlicher Geschäftsbetrieb vor. Wenn dagegen die Einnahmen aus der Überlassung von vorhandenem Vermögen stammen, ist Vermögensverwaltung gegeben. Nach den Grundsätzen der sog. **Betriebsaufspaltung** kann allerdings die Überlassung von Vermögen an eine steuerpflichtige Tochtergesellschaft mit dem Zweck, dieser eine wesentliche Betriebsgrundlage für ihre Tätigkeit zu verschaffen, dazu führen, dass anstelle von Vermögensverwaltung der überlassene Vermögensgegenstand (bspw. eine Immobilie oder Schutzrechte) ebenso wie die Beteiligung an der Tochtergesellschaft im steuerpflichtigen wirtschaftlichen Geschäftsbetrieb geführt werden.[138]

90 Wegen der hohen Bedeutung, die Verluste im Mittelbeschaffungsbereich oder die Investitionen oder Eigenkapitalbildung im Mittelbeschaffungs- oder Mittelverwendungsbereich für die Steuerung eines gemeinnützigen Unternehmens haben, ist stets die Vorfrage zu prüfen, ob Vermögensgegenstände bei der gemeinnützigen Unternehmung einem Zweckbetrieb, dem Bereich der Vermögensverwaltung oder dem steuerpflichtigen wirtschaftlichen Geschäftsbetrieb zuzuordnen sein werden.

---

[135] Siehe näher dazu → § 7 Rn. 25 ff.
[136] Vgl. § 57 Abs. 3 AO nF sowie genauer unter → Rn. 122 ff.
[137] Im Einzelnen → § 7 Rn. 22 ff.
[138] Tipke/Kruse/*Seer* AO § 14 Rn. 11 ff.; → § 7 Rn. 62 ff.

G. Unmittelbarkeit

Das Gemeinnützigkeitsrecht unterscheidet zwischen **operativen Tätigkeiten,** die der unmittelbaren Zweckverwirklichung durch die Körperschaft selbst oder ihre Hilfspersonen dienen (§ 57 Abs. 1 AO), und sog. **Fördertätigkeiten** nach § 58 AO. Die Unterscheidung zwischen diesen verschiedenen Formen der gemeinnützigen Zweckverwirklichung ist in der Sache überholt. Es wäre geboten, die §§ 57, 58 AO zusammenzufassen und darauf abzustellen, dass die gemeinnützige Körperschaft nach eigenem Ermessen entscheiden kann, auf welche Weise sie die gemeinnützige Zweckverwirklichung anstrebt. Die auch nach der Gemeinnützigkeitsreform 2020[139] im Kern fortgeltende Unterscheidung zwischen unmittelbarer (operativer) und Fördertätigkeit bereitet erhebliche Schwierigkeiten bei Kooperationen von verschiedenen gemeinnützigen Rechtsträgern.[140] Sie ist ungeeignet für gemeinnützige Konzerne. 91

Die Unterscheidung ist **in der Sache nicht geboten,** da nicht entscheidend ist, ob gemeinnützige Körperschaften ihren Erfüllungsgehilfen Weisungen geben müssen, oder wie im Einzelnen die gemeinnützige Tätigkeit umgesetzt wird. Entscheidend ist vielmehr, dass die Tätigkeit auf die gemeinnützige Zweckerfüllung gerichtet ist und dies ggf. durch Auflagen an Empfänger gesichert wird. Die Verletzung entsprechender Auflagen berechtigt zur Rückforderung des Zuschusses. Insofern sollten gemeinnützige Körperschaften wie der Staat arbeiten dürfen, der gleichfalls zivilgesellschaftliches Wirken durch Zuschüsse fördert, die mit entsprechenden Auflagen versehen werden, in welcher Weise die Förderung des gemeinnützigen Ziels durchgeführt werden soll. 92

Auch die Änderungen der Gemeinnützigkeitsreform 2020 stehen allerdings der Auffassung der Finanzverwaltung nicht entgegen, wonach § 58 AO eine Ausnahme zum allgemein geltenden Grundsatz der gemeinnützigen Zweckverwirklichung durch die Körperschaft selbst in § 57 AO enthalte. Diese Rechtsauffassung ist aber nach dem Gesetzeswortlaut auch weiterhin nicht zwingend.[141] Sie widerspricht zudem den tatsächlichen Gegebenheiten in Deutschland, da bspw. der überwiegende Teil der gemeinnützigen Stiftungen in Deutschland sog. Förderkörperschaften sind. 93

I. Fördertätigkeit

Nach der bis Ende 2020[142] geltenden Gesetzeslage unterschied § 58 AO die Fördertätigkeit noch weiter in Förderkörperschaften, die als Hauptzweck Mittel für andere steuerbegünstigte Körperschaften, ausländische Körperschaften oder Körperschaften des öffentlichen Rechts zur Verwirklichung steuerbegünstigter Zwecke beschaffen (Nr. 1 aF), und in gemeinnützige operativ tätige Körperschaften, die nur gelegentlich und nur mit einem Teil ihrer Mittel fördern (Nr. 2 aF). 94

1. Mittelweitergabe (§ 58 Nr. 1 AO)

Diese Unterscheidung ist durch die Gemeinnützigkeitsreform 2020 beendet und § 58 Nr. 2 AO aufgehoben worden.[143] Jede Körperschaft darf nach der einheitlichen Regelung zur Mittelweitergabe in § 58 Nr. 1 AO gemeinnützigkeitsrechtlich daher nunmehr **ohne** 95

---

[139] Jahressteuergesetz 2020, BGBl. 2020 I 3096 (3125).
[140] Dies hat sich aber durch die Einführung des § 57 Abs. 3 AO nF graduell verbessert. Genauer zu gemeinnützigen Kooperationen sogleich unter → Rn. 115 ff.
[141] Siehe schon *Hüttemann/Schauhoff/Kirchhain* DStR 2016, 633 (635).
[142] Die Änderungen des JStG 2020 sind mit Wirkung zum 29.12.2020 in Kraft getreten: vgl. Jahressteuergesetz 2020, BGBl. 2020 I 3096 (3134).
[143] Vgl. Jahressteuergesetz 2020, BGBl. 2020 I 3096 (3125).

betragsmäßige Beschränkung selbst entscheiden, ob und inwieweit sie ihre Mittel in Gestalt operativer Tätigkeiten den satzungsmäßigen Zwecken zugutekommen lässt, oder diese fördernd an andere Körperschaften weiterleitet.[144] Einzig **reine Förderkörperschaften** müssen nach § 58 Nr. 1 S. 4 AO die Mittelweitergabe als Art der Zweckverwirklichung – und damit nicht mehr als eigenständigen Zweck[145] – in der Satzung benennen.[146]

96   Auch die bisherige Unterscheidung zwischen zur Weiterleitung beschaffter Mittel und der Weiterleitung eigener Mittel wird damit obsolet. Außerdem wurde der Anwendungsbereich der Fördertätigkeit inhaltlich über die weiterhin geltende Überlassung von Räumen und Arbeitskräften (§ 58 Nr. 4 und Nr. 5 AO) hinaus auf **schlechthin alle Vermögenswerte** erstreckt und damit erheblich vergrößert (§ 58 Nr. 1 S. 2 AO).[147] Schließlich weist der Gesetzgeber in der Gesetzesbegründung darauf hin, dass die empfangende Körperschaft die erhaltenen Mittel nicht für die Satzungszwecke der Geberkörperschaft verwenden muss.[148]

Für die Fälle einer Nutzungsüberlassung oder Erbringung von Dienstleistungen, die lediglich gegen Kostendeckung erfolgen, ordnet die Finanzverwaltung diese Einnahmen im neuen AEAO „dem Zweckbetrieb" zu (vgl. AEAO zu § 58 Nr. 1 Tz. 7 Abs. 1 Satz 1). Unklar bleibt, ob hieran dieselben Anforderungen zu stellen sind, die sich im Rahmen gemeinnütziger Kooperationen gem. § 57 Abs. 3 AO stellen.[149] Insbesondere spricht der Wortlaut des Erlasses nicht dafür, dass für die Annahme eines solchen Zweckbetriebs die Voraussetzungen des § 65 (insb. Nr. 3) AO vorliegen müssen. Sollte dies nicht der Fall sein, könnte diese Gestaltung für den Fall, dass zwei steuerbegünstigte Körperschaften in dieser Form zusammenwirken, eine Alternative zur Kooperation nach § 57 Abs. 3 AO bilden, da vielfach nur auf Kostendeckungsbasis abgerechnet wird.

97   Allerdings ist die gemeinnützigkeitsrechtliche Zulässigkeit nicht mit einem „zivilrechtlichen Freifahrtschein" gleichzusetzen.[150] Etwaige Vorgaben in der Satzung oder im Gesellschaftsvertrag müssen daher bei der Entscheidung über die Art der Zweckverwirklichung im Rahmen der Geschäftsführung weiterhin berücksichtigt werden. Nur die satzungsmäßige Förderung ist gemeinnützigkeitsrechtlich zulässig. Bei unveränderter Zweckverfolgung ist eine Satzungsänderung nur aufgrund der Gesetzesänderung in § 58 Nr. 1 AO allerdings nicht erforderlich, vgl. AEAO zu § 60 Tz. 9. Auch nach zivilrechtlicher Wertung[151] handelt es sich bei der Bestimmung, inwiefern eine gemeinnützige Körperschaft fördernd oder operativ tätig wird, um eine Bestimmung zur Art und Weise der Zweckverwirklichung, die mit satzungsändernder Mehrheit angepasst werden kann. Stets sollte man sich jedoch bewusst machen, dass die gewollte Zweckausrichtung und die gemeinnützigkeitsrechtliche Klassifizierung der verschiedenen Zwecke nicht zwingend übereinstimmen und es bei verständiger Auslegung vor allem darauf ankommt, dass das nach der Zweckdefini-

---

[144] Vgl. AEAO zu § 58 Nr. 1 Tz. 1 Satz 1.
[145] So aber bislang die Finanzverwaltung: AEAO zu § 58 Nr. 1 Tz. 1 Satz 2 aF; vgl. nunmehr AEAO zu § 58 Nr. 1 Tz. 3 Abs. 1.
[146] Die Finanzverwaltung bezieht diese Pflicht in ihrer Neufassung des AEAO zu § 58 Nr. 1 Tz. 3 Abs. 2 allerdings auf jeden einzelnen Satzungszweck, zu dessen Verwirklichung keinerlei operative Tätigkeiten entfaltet werden sollen.
[147] Dies umfasst ausweislich der Gesetzesbegründung künftig auch die (unentgeltliche oder verbilligte) Erbringung von Dienstleistungen oder die Nutzungsüberlassung. Vgl. BT-Drs. 19/25160, 224. Zum Verhältnis zwischen § 58 Nr. 1 und Nr. 4 bzw. Nr. 5 siehe AEAO zu § 58 Nr. 3 bis 10 Tz. 18.
[148] Vgl. BT-Drs. 19/25160, 224. Zuvor hatten die Finanzverwaltung und Teile der Rechtsprechung verlangt, dass der Förderzweck in der Satzung der fördernden Körperschaft und in der Satzung der empfangenden Körperschaft sich entsprechen (sog. Zwecksynchronität): vgl. FG Hessen 26.4.2012 – 4 K 2239/09, DStRE 2013, 434, Rn. 36 f.; AEAO zu § 58 Nr. 1 Tz. 1 Satz 8 aF; vgl. nunmehr abweichend AEAO zu § 58 Nr. 1 Tz. 3 Abs. 4.
[149] Siehe dazu sogleich unter → Rn. 122.
[150] So auch *Kirchhain* DStR 2021, 129 (132); ähnlich unter Verweis auf diesen bereits im Kontext des § 58 Nr. 2 AO (aF) in spendenrechtlicher Hinsicht BLSB Gemeinnützigkeit/*Leichinger* S. 206.
[151] Zur insofern gleichlaufenden gemeinnützigkeitsrechtlichen Wertung vgl. nunmehr § 58 Nr. 1 S. 4 AO.

tion der jeweiligen gemeinnützigen Körperschaft Gewollte auch tatsächlich durchgeführt wird.

Das Gesetz schreibt nach § 58 Nr. 1 AO vor, dass die Förderung von in Deutschland un- **98** **beschränkt oder beschränkt**[152] **steuerpflichtigen Körperschaften** nur zulässig ist, wenn der Empfänger seinerseits eine in Deutschland steuerbegünstigte Körperschaft ist.[153] Bei Förderungen an in Deutschland nicht steuerpflichtige ausländische Körperschaften kommt es dagegen allein darauf an, dass die Verwendung der Mittel für die gemeinnützige Zweckerfüllung rechtlich sichergestellt ist, sodass die Förderkörperschaft unter Umständen zivilrechtlich in der Lage sein muss, fehlverwendete Beträge zurückzufordern.[154] Durch entsprechende Verträge muss sichergestellt sein, dass die gemeinnützige Zweckerfüllung mit den Mitteln auch tatsächlich durchgeführt wird.

2. Vertrauensschutz (§ 58a AO)

Neu im Gesetz aufgenommen ist der Vertrauensschutz zugunsten der Förderkörperschaft **99** in § 58a AO. Dieser wird gewährt, wenn sich die zuwendende Körperschaft zum Zeitpunkt der Zuwendung die **Steuerbegünstigung** der empfangenden Körperschaft nach § 5 Abs. 1 Nr. 9 KStG **hat nachweisen lassen.** Dies kann entweder durch einen **Freistellungsbescheid** bzw. eine Anlage zum KSt-Bescheid erfolgen, die nicht älter als fünf Jahre sind, oder einen **§ 60a-Bescheid,** der nicht älter als drei Jahre ist (§ 58a Abs. 2 AO).[155] Zur ordnungsgemäßen Dokumentation (§ 63 Abs. 3 AO) ist regelmäßig erforderlich, dass die zuwendende Körperschaft eine Kopie der Bescheinigung zu ihren Akten nimmt.[156] Vertrauensschutz scheidet aus, wenn der Geberkörperschaft entgegen des vorgelegten Nachweises die fehlende Steuerbegünstigung der Empfängerkörperschaft bekannt oder in Folge grober Fahrlässigkeit unbekannt war oder sie selbst die Fehlverwendung veranlasst hat (§ 58a Abs. 3 AO).

Liegen die Voraussetzungen für Vertrauensschutz vor, darf die gebende Körperschaft so- **100** wohl auf den **steuerbegünstigten Status** der Empfängerkörperschaft als auch darauf vertrauen, dass diese die Zuwendung **für steuerbegünstigte Zwecke verwendet** (§ 58a Abs. 1 AO). Auch wenn eine zivilrechtliche Rückforderung im Fall der Kenntniserlangung von einer Fehlverwendung im Regelfall geboten sein wird, hängt die Gemeinnützigkeit der Geberkörperschaft bei schützenswertem Vertrauen nicht mehr maßgeblich davon ab. Für Zuwendungen an jPöR weist der Gesetzgeber darauf hin, dass bei diesen ohnehin – vor dem Hintergrund des Rechtsstaatsprinzips – von einer zweckentsprechenden Verwendung ausgegangen werden darf.[157]

II. Finanz-/Führungsholding eines gemeinnützigen Konzerns

Ein besonderes Problem stellte sich bislang, wenn sich bei einem gemeinnützigen Kon- **101** zern die Muttergesellschaft entweder auf die Finanzierung der Aktivitäten der Tochterge-

---

[152] Beachte dazu § 5 Abs. 2 Nr. 2 KStG, der die Steuerbefreiung für beschränkt Steuerpflichtige auf Körperschaften beschränkt, die in einem EU-/EWR-Staat ansässig sind.
[153] Nach § 58 Nr. 1 AO aF galt diese Anforderung nur für unbeschränkt steuerpflichtige Körperschaften. Insofern stellt die Reform eine Verschärfung dar; vgl. Koenig/*Koenig* AO § 58 Rn. 6. Die Finanzverwaltung differenziert in der Neufassung des AEAO zwischen beschränkt steuerpflichtigen Körperschaften aus EU/EWR- und aus Drittstaaten. Letztere können entgegen dem Gesetzeswortlaut auch bei Einkünften in Deutschland wie bisher gefördert werden, wenn die spätere Verwendung der Mittel für steuerbegünstigte Zwecke ausreichend nachgewiesen wird, vgl. AEAO zu § 58 Nr. 1 Tz. 2. Dem liegt zugrunde, dass für beschränkt Steuerpflichtige mit Sitz in Drittstaaten der Gesetzeswortlaut teleologisch zu reduzieren ist, weil diesen keine dem § 5 Abs. 2 Nr. 2 KStG entsprechende Anerkennungsmöglichkeit offensteht.
[154] Vgl. AEAO zu § 58 Nr. 1 Tz. 2.
[155] Dieses Zeitmoment ist § 63 Abs. 5 S. 1 AO entlehnt.
[156] Vgl. AEAO zu § 58a Tz. 3.
[157] Vgl. BT-Drs. 19/25160, 225; so jetzt ausdrücklich auch AEAO zu § 58a Tz. 2.

sellschaften konzentrierte oder als deren Führungsgesellschaft fungierte.[158] Da das Gemeinnützigkeitsrecht lange Zeit für gemeinnützige Konzerne keine Zuordnungsregeln traf, wie es bspw. das Umsatzsteuerrecht für die umsatzsteuerliche Organschaft oder das Körperschaftsteuerrecht für die Konzernbesteuerung nach § 14 KStG[159] kennt, behalfen sich gemeinnützige Körperschaften bislang typischerweise damit, dass die Muttergesellschaften selbst **in einem Randbereich gemeinnützige Aktivitäten** entfalteten und „daneben" als Führungs- und Finanzholding für die gemeinnützigen Tochtergesellschaften tätig waren. Es wurde nicht beanstandet, wenn die Tätigkeit einer entsprechenden Mutterkörperschaft nicht in erster Linie auf die operativen Tätigkeiten ausgerichtet war, sondern das gemeinnützige Wirken der Tochtergesellschaften entweder durch finanzielle Zuschüsse als Finanzholding oder durch eine Führungsholding gefördert wurde, die gegenüber den gemeinnützigen Tochtergesellschaften nicht gesondert vergütete Dienstleistungen in Zentralfunktionen erbringt (wie Buchhaltung, Zentraleinkauf, Immobilienverwaltung oder Personalwesen).

102 Der Realität einer weiten Verbreitung von Konzernstrukturen auch im sog. Dritten Sektor hat der Gesetzgeber nun endlich im Rahmen der Gemeinnützigkeitsreform 2020[160] Rechnung getragen und damit die **Bildung und Aufrechterhaltung von Konzernstrukturen** zwar lediglich punktuell, aber in wesentlichen Punkten vereinfacht. Die augenscheinlichste Neuerung findet sich in § 57 Abs. 4 AO, wonach auch das reine Halten und Verwalten von Beteiligungen ausschließlich an steuerbegünstigten Kapitalgesellschaften eine (eigene) „unmittelbare" Zweckverfolgung iSd § 57 Abs. 1 S. 1 AO begründet. Holdingkörperschaften müssen daher in Zukunft keinerlei eigene operative Tätigkeit mehr entfalten, sondern können sich voll und ganz auf ihre Lenkungsfunktion konzentrieren.[161]

103 Der Normwortlaut ließe sich eventuell so auslegen, dass die (Holding-)Unmittelbarkeit nur gegeben ist, wenn Beteiligungen ausschließlich an steuerbegünstigten Kapitalgesellschaften bestehen. Dies würde in der Realität eine erhebliche Einschränkung darstellen, zumal nach Gesetzeswortlaut und -begründung unklar ist, ob sich diese etwaige Beschränkung auch auf mittelbare Beteiligungen an steuerpflichtigen Enkelgesellschaften erstrecken würde. Da diese erhebliche Einschränkung dem erkennbaren Willen des Gesetzgebers, Holdingstrukturen zu vereinfachen, entgegenstünde, ist mit der herrschenden Auffassung in der Literatur[162] davon auszugehen, dass mit § 57 Abs. 4 AO lediglich eine **weitere Ausprägung „unmittelbarer" Zweckverwirklichung** geschaffen werden sollte. Einer daneben ausgeübten ideellen oder wirtschaftlichen Betätigung nach den bisherigen gemeinnützigen Vorgaben soll die Holdingtätigkeit nicht entgegenstehen.[163] Schließlich dürften im Zusammenspiel mit § 57 Abs. 3 AO – dazu genauer sogleich unter → Rn. 122 ff. – viele steuerpflichtige Tochtergesellschaften (insb. Servicegesellschaften) zurück in die Gemeinnützigkeit geholt werden können, ohne deren hergebrachte Funktion im Konzern hierdurch zu beeinträchtigen.

104 Eine gemeinnützige Körperschaft muss ihre gemeinnützigen Tochtergesellschaften nicht zwingend durch Geld fördern. In § 58 Nr. 4 und Nr. 5 AO waren auch bislang schon Beispiele für Förderungen durch **Personal- oder Immobilienüberlassungen** genannt. § 58 Nr. 1 AO umfasste nach richtiger Auffassung auch bislang nicht nur die Zuwendung von

---

[158] Dazu *Hüttemann/Schauhoff/Kirchhain* DStR 2016, 633 (634, 638).
[159] Zu Implikationen von Beherrschungs- und Gewinnabführungsverträgen in gemeinnützigen Konzernen siehe NK-GemnR/*von Holt* AO § 56 Rn. 55 f.
[160] Jahressteuergesetz 2020, BGBl. 2020 I 3096 (3125 f.).
[161] Bei gemeinnützigen Stiftungen kann allerdings im Einzelfall zu prüfen sein, ob dies dem stiftungsrechtlichen Verbot der Selbstzweckstiftung zuwiderläuft.
[162] AEAO zu § 57 Abs. 4 Tz. 12 Sätze 1 und 4; *Hüttemann* DB 2021, 72 (76 f.); *Seer/Unger* FR 2021, 564 (570); Koenig/*Koenig* AO § 57 Rn. 11.
[163] So anschaulich *Exner* npoR 2021, 63 (68); so auch ausdrücklich AEAO zu § 57 Abs. 4 Tz. 12 Satz 4; ebenso wohl *Hüttemann* DB 2021, 72 (76 f.): „ausschließlich" beziehe sich auf die Form der Zweckverfolgung allein durch das Halten von Beteiligungen. Daher sei die Holding (auch) unmittelbar gemeinnützig tätig, soweit sie Anteile an steuerbegünstigten Körperschaften halte und verwalte; ähnlich *Kirchhain* DStR 2021, 129 (136).

Geldmitteln, sondern ebenso von Sachmitteln oder unentgeltliche Dienstleistungen zur Förderung der gemeinnützigen Tätigkeit des Empfängers. Durch die Neufassung des § 58 Nr. 1 (Satz 2) AO wird diese Auffassung nunmehr im Gesetz verankert und inhaltlich auch auf **teilentgeltliche Leistungen** erstreckt.[164] Hinzu kommt, dass allgemeine Serviceleistungen auch unter Heranziehung des § 57 Abs. 3 AO (genauer sogleich unter → Rn. 124, 145) als unmittelbare Zweckverwirklichung bewertet werden können, was einer Holdingkörperschaft ebenfalls den steuerbegünstigten Status vermitteln kann.[165]

Der Umstand, dass bestimmte Dienstleistungen im wirtschaftlichen Geschäftsbetrieb steuerpflichtig sein könnten, wenn sie vergütet würden, lässt die gemeinnützige Mittelverwendung bei Förderung gemeinnütziger Tochtergesellschaften unberührt. Die Steuerpflicht ergibt sich bei entgeltlicher Dienstleistung regelmäßig aus Gründen des Wettbewerbsschutzes nach § 65 Nr. 3 AO. Die **Effizienzsteigerung,** die bei gemeinnützigen Konzernen durch die Zentralisierung von Dienstleistungen erreicht wird, lässt das Gesetz zu, denn dadurch wird der Wettbewerb nicht beeinträchtigt. 105

Typisch für eine gemeinnützige Führungsholding ist, neben der Zentralisierung bestimmter Dienstleistungen, dass diese den Konzern steuert. Dies geschieht typischerweise durch die Ausübung der Gesellschafterrechte in den Tochtergesellschaften, die Ausschüttung von Gewinnen seitens der Töchter an die Mutter,[166] sowie durch die Verteilung der Finanzmittel je nach Investitionsbedarf bzw. durch die Vorgabe von Konzernrichtlinien, um eine möglichst effiziente Mittelverwendung zu erreichen. Allerdings kann in Bezug auf steuerpflichtige Tochtergesellschaften die enge Führung bewirken, dass die Beteiligung an diesen Tochtergesellschaften in einem steuerpflichtigen wirtschaftlichen Geschäftsbetrieb gehalten wird.[167] Manche gemeinnützigen Konzerne unterhalten Entwicklungsabteilungen, um neue Geschäftsmodelle für ihren Tätigkeitsbereich zu entwickeln. All dies erlaubt das geltende Gemeinnützigkeitsrecht. Nur eine entsprechende Offenheit des Rechtsrahmens für die betriebswirtschaftlichen Erfordernisse wird dem Sektor die notwendige Weiterentwicklung ermöglichen. 106

III. Unmittelbare Zweckverwirklichung ieS (§ 57 Abs. 1 AO)

Der Grundfall der Zweckverwirklichung ist die unmittelbare Zweckverwirklichung iSd § 57 Abs. 1 S. 1 AO, also die Verwirklichung durch die Körperschaft selbst. Gemeinnützige Körperschaften können als juristische Personen nicht aus sich selbst heraus handeln, sondern müssen zur Vollziehung von Handlungen entweder Menschen als **Organe** einsetzen, oder im Übrigen **Arbeitnehmerinnen und Arbeitnehmer** bzw. fremde **Dritte als Dienstleister** beschäftigen. Offenkundig kann der Gemeinnützigkeitsstatus nicht davon abhängen, wer wie eingeschaltet wird, um den gemeinnützigen Zweck zu fördern. Nach § 57 Abs. 1 S. 2 AO kann sich eine gemeinnützige Körperschaft zudem **Hilfspersonen** bedienen, um ihre Tätigkeit zu erfüllen. Wer hierbei überhaupt eine Hilfsperson darstellt, ist jedoch offen (genauer dazu sogleich → Rn. 113). Ob die eigenen Organe und Beschäftigten auch als Hilfspersonen anzusehen sind oder deren Wirken direkt der gemeinnützigen Körperschaft zugerechnet werden kann, ergibt sich nicht aus § 57 Abs. 1 AO.[168] 107

Unklar ist zudem, inwiefern das Fehlverhalten einzelner Mitarbeiter ggf. auf die Gemeinnützigkeit des Arbeitgebers durchschlagen kann. Nach richtiger Auffassung kann das kriminelle Verhalten eines Mitarbeiters, der bspw. Untreuehandlungen begeht, nicht der 108

---

[164] Siehe dazu bereits genauer → Rn. 96.
[165] Vgl. AEAO zu § 57 Abs. 4 Tz. 15 Satz 2.
[166] Auch dies war bereits nach bisheriger Verwaltungsauffassung zulässig, wenn die Gesellschafter ausschließlich steuerbegünstigt sind: AEAO zu § 58 Nr. 2 Tz. 2 Satz 3 aF.
[167] BFH 30.6.1971 – I R 57/70; AEAO zu § 64 Abs. 1 Tz. 3 Satz 5; BFH 25.8.2010 – I R 97/09, BFH/NV 2011, 312; dazu unten → § 7 Rn. 62 sowie *Weitemeyer* GmbHR 2021, 57 (65, Rn. 36).
[168] Vgl. Gosch AO/FGO/*Jachmann/Unger* AO § 57 Rn. 8 ff.

gemeinnützigen Körperschaft selbst zugerechnet werden. Nur wenn das Handeln der gemeinnützigen Körperschaft selbst nicht auf die gemeinnützige Zweckerfüllung ausgerichtet war, weil die Organe tatsächlich andere Zwecke verfolgt haben, ist die Gemeinnützigkeit real gefährdet. Exzesshandlungen einer einzelnen Person berechtigen dagegen nicht zur Aberkennung der Gemeinnützigkeit.[169]

1. Zweifelsfragen in der Praxis

109 Es gab und gibt durchaus eine Reihe von Fällen, in denen zweifelhaft ist, ob eine gemeinnützige Unternehmung tatsächlich unmittelbar den gemeinnützigen Zweck erfüllt oder nur als Dienstleisterin für andere Organisationen tätig ist, ohne die eigentliche gemeinnützige Förderung vorzunehmen. So ist umstritten, ob die Herausgabe von wissenschaftlichen Werken durch ein gemeinnütziges Unternehmen in Zusammenarbeit mit einem kommerziellen Verlag unter die unmittelbare Verwirklichung einer wissenschaftlichen Tätigkeit fällt. Richtigerweise ist abzugrenzen, ob die gemeinnützige Körperschaft die Wissenschaft fördert, indem sie bspw. die wissenschaftliche Qualität der Beiträge gewährleistet und prüft, oder ob sich ihre Tätigkeit in **Hilfstätigkeiten** in redaktioneller Hinsicht erschöpft.[170]

110 Der BFH hatte über einen Rechtsstreit zu entscheiden, in dem eine vermeintlich gemeinnützige Körperschaft im Interesse einer Bundeseinrichtung zur Förderung des Gesundheitswesens ein pauschalierendes Vergütungssystem für allgemeine voll- und teilstationäre Krankenhausleistungen auf der Grundlage bestimmter Kennzahlen entwickeln, errichten und pflegen sollte.[171] Nach Auffassung des BFH war darin keine unmittelbare Förderung des öffentlichen Gesundheitswesens zugunsten der Allgemeinheit zu erblicken. Die gemeinnützige Körperschaft habe weisungsabhängig die entsprechenden Beratungstätigkeiten durchführen müssen und damit „unmittelbar" nur ihre Gesellschafter bzw. die mit diesen verbundenen gemeinnützigen Organisationen (insb. Krankenhäuser) gefördert. Dies sei lediglich nach Maßgabe des – hier nicht erfüllten – § 58 AO möglich.[172] Dass die Tätigkeit damit nicht der Allgemeinheit diene, stehe zudem einer Anerkennung als Förderung der Wissenschaft und Forschung entgegen.[173] Gegen diese Würdigung des Sachverhaltes spricht allerdings, dass § 57 Abs. 1 AO auch nach seiner herkömmlichen Konzeption lediglich die *personelle* **Unmittelbarkeit** behandelt. Nirgends im Gesetz findet sich die Vorgabe, dass eine Förderung der Allgemeinheit „direkt" durch die steuerbegünstigte Körperschaft erfolgen muss. Auch die finanzielle Förderung von Künstlern und Wissenschaftlern durch eine gemeinnützige Organisation ist selbstverständlich auf eine tatbestandliche Förderung der Allgemeinheit auf diesen Gebieten gerichtet.[174]

111 Letztlich ist es eine Frage der Sachverhaltswürdigung im Einzelfall, ob ein gemeinnütziger Zweck gefördert wird oder außerhalb der gemeinnützigen Zweckverwirklichung Dienstleistungstätigkeiten für andere – seien es Körperschaften des öffentlichen Rechts, Unternehmen oder Privatpersonen – ausgeführt werden. Zu Recht hat der BFH daher 2010 entschieden, dass eine Tätigkeit des gemeinnützigen Unternehmens als **Erfüllungsgehilfe** für eine juristische Person des öffentlichen Rechts oder eine andere gemeinnützige Körperschaft der **eigenen Gemeinnützigkeit** nicht entgegensteht und seine Rechtsauffassung aus dem Urteil vom 7.3.2007 aufgegeben.[175] Regelmäßig werden derartige Koope-

---

[169] Zu diesen Zurechnungsfragen iRd tatsächlichen Geschäftsführung vgl. auch BFH 10.1.2019 – V R 60/17, BStBl. II 2019, 301, NJW 2019, 877 Rn. 36.
[170] Dieses Problem ist allerdings ebenfalls zumindest in Fällen gemeinnütziger Kooperationen durch die Einführung des § 57 Abs. 3 AO entschärft worden; siehe dazu sogleich → Rn. 122 ff.
[171] BFH 7.3.2007 – I R 90/04, BStBl. II 2007, 628; *Hüttemann/Schauhoff* FR 2007, 1133.
[172] BFH 7.3.2007 – I R 90/04, BStBl. II 2007, 628, DStR 2007, 938 Rn. 22 f.
[173] BFH 7.3.2007 – I R 90/04, BStBl. II 2007, 628, DStR 2007, 938 Rn. 27 f.
[174] Vgl. § 52 Abs. 1 AO; vgl. zur weitergehenden Kritik an besagtem Urteil *Hüttemann/Schauhoff* FR 2007, 1133.
[175] BFH 7.3.2007 – I R 90/04, BStBl. II 2007, 628; AEAO zu § 57 Abs. 1 Tz. 2 Abs. 3.

rationen nunmehr unter § 57 Abs. 3 AO gefasst werden können.[176] In dieser Norm wird allein auf das **planmäßige Zusammenwirken** abgestellt, unabhängig davon, wie die Hierarchieverhältnisse ausgestaltet sind und wie eng das planmäßige Zusammenwirken aufeinander abgestimmt ist.

Die Frage, ob eine unmittelbare Zweckverwirklichung für einen anderen vorliegt, hat auch erhebliche Bedeutung für die umsatzsteuerrechtliche Würdigung. Umsatzsteuerrechtlich wird zwischen dem sog. **echten Zuschuss** und dem Entgelt für eine Leistung eines anderen unterschieden.[177] Bei letzterem fällt regelmäßig Umsatzsteuer an und es liegt ein wirtschaftlicher Geschäftsbetrieb vor, der nur unter Umständen steuerbegünstigt sein kann. Ist dagegen keine Leistung an einen anderen, sondern ein echter Zuschuss gegeben, kann die gemeinnützige Körperschaft im Rahmen ihrer ideellen Tätigkeit den gemeinnützigen Zweck verwirklichen. **112**

2. Hilfspersonen (§ 57 Abs. 1 S. 2 AO)

Bei einer engen Auslegung der Vorschrift des § 57 AO betrifft diese Norm **nur Dritte**, also andere Personen als die Organe oder die Mitarbeiterinnen und Mitarbeiter der gemeinnützigen Körperschaft. Die Finanzverwaltung hat dazu in AEAO zu § 57 Abs. 1 Tz. 2 bestimmt, dass deren Wirken nur dann der steuerbegünstigten Körperschaft zugerechnet werden kann, wenn nach den Umständen des Falles, insb. nach den rechtlichen und tatsächlichen Beziehungen, die zwischen der Körperschaft und der Hilfsperson bestehen, das Wirken dieser Person wie eigenes Wirken der Körperschaft anzusehen ist. Dafür müsse die Hilfsperson **nach den Weisungen der Körperschaft** einen konkreten Auftrag ausführen. Hilfspersonen können dabei eine natürliche Person, eine Personenvereinigung oder eine juristische Person sein. Die Körperschaft habe durch Vorlage entsprechender Vereinbarungen nachzuweisen, dass sie den Inhalt und den Umfang der Tätigkeit der Hilfsperson im Innenverhältnis bestimmen kann.[178] **113**

Diese Vorgaben der Finanzverwaltung sind übermäßig.[179] Zum einen gibt es natürlich zahlreiche vertragliche Beziehungen, die nicht durch Vorlage entsprechender Vereinbarungen nachgewiesen werden können. Viele Beauftragungen erfolgen mündlich, was auch vollkommen unproblematisch ist. Für wesentliche Arbeitsbereiche einer gemeinnützigen Körperschaft können diese Ausführungen in AEAO zu § 57 Abs. 1 Tz. 2 daher keine Bedeutung haben. Auch ist nicht verständlich, wieso alle Hilfspersonen weisungsabhängig gegenüber der gemeinnützigen Körperschaft sein müssen. Wesentlich ist allein, dass entsprechend dem Wortlaut des § 57 Abs. 1 AO jede Seite einen bestimmten gemeinnützigen Erfolg im Zusammenwirken anstrebt. Es ist nicht erforderlich, dass dabei eine gemeinnützige Körperschaft der anderen gleichsam vorgesetzt wird. Das Zusammenwirken kann einvernehmlich erfolgen und beide gemeinnützigen Körperschaften verfolgen eine bestimmte gemeinnützige Zweckverwirklichung, ohne dass eine Weisungsabhängigkeit oder Auftragserfüllung erforderlich wäre. Das **gleichgeordnete und gleichberechtigte Erfüllen** der gemeinnützigen Aufgabe ist ebenso begünstigt wie die Erfüllung gemeinnütziger Tätigkeiten durch einen anderen, der einen entsprechenden Auftrag erhält. Daran zeigt sich, dass wesentlich letztlich die **Zurechnung gemeinnützigen Wirkens** zu der zu beurteilenden Körperschaft ist. Eine entsprechende Zurechnung ist aber auch schon dann möglich, wenn ein Zuschuss zur Erfüllung der gemeinnützigen Tätigkeit gegeben wird, der diese erst möglich macht. Es gibt keinen Grund, zusätzlich eine Weisungsabhängigkeit zu fordern. **114**

---

[176] Zu diesen siehe genauer sogleich → Rn. 122ff.
[177] Vgl. → § 7 Rn. 124ff. und UStAE 10.2.
[178] Zu den Einzelheiten (auch bei Hilfspersonen im Ausland) Klein/*Gersch* AO § 57 Rn. 1, 2.
[179] So auch Niedersächsisches FG 8.4.2010 – 6 K 139/09, BeckRS 2010, 26030189, Rn. 17 (rkr.), wonach entscheidend „nicht eine Weisungsgebundenheit der Hilfsperson [ist], sondern allein der Umstand, ob die Tätigkeit mit dem Willen der übergeordneten Körperschaft erfolgt, was letztlich nur dann der Fall ist, wenn die Tätigkeit jedenfalls hinsichtlich ihres Ziels im Wesentlichen durch die Körperschaft veranlasst ist"; vgl. BLSB Gemeinnützigkeit/*Leichinger* S. 191.

IV. Gemeinnützige Kooperationen

115 Kooperationen unter Beteiligung gemeinnütziger Körperschaften spielen in der Rechtswirklichkeit eine **bedeutende Rolle**. Lediglich in Fällen einer auftragsmäßigen Unterordnung unterfielen gemeinnützige Kooperationen bislang – für den Auftragnehmer bzw. Dienstleister außerdem erst, nachdem der BFH der Auffassung der Finanzverwaltung entgegentrat[180] – dem Begriff der Hilfsperson in § 57 Abs. 1 S. 2 AO. Im Übrigen wurde die Gemeinnützigkeit der jeweiligen Tätigkeit für jede Körperschaft isoliert bewertet.

1. Erscheinungsformen und rechtliche Hintergründe

116 In Ermangelung einer gesetzlichen Definition ist das Phänomen der (gemeinnützigen) Kooperationen begrifflich wie faktisch facettenreich. Ungeachtet der konkreten Bezeichnung[181] kennzeichnet sich eine Kooperation durch ein **freiwilliges und abgestimmtes Zusammenwirken** zwischen mindestens zwei rechtlich selbstständigen Akteuren.[182] Das Kooperationsverhältnis kann zwischen den Beteiligten sowohl hierarchisch (dh Über-/Unterordnung) als auch gleichgeordnet ausgestaltet sein, bei mehr als zwei Partnern ist auch eine Kombination aus beiden Varianten denkbar. Für das allgemeine Begriffsverständnis einer gemeinnützigen Kooperation ist es zudem prinzipiell unerheblich, ob neben gemeinnützigen Akteuren zusätzlich jPöR oder sogar steuerpflichtige Körperschaften oder Personengesellschaften einen Beitrag leisten. Arbeitsteiliges (operatives) Vorgehen ist üblicherweise die Motivation zur Eingehung einer Kooperation,[183] wobei das Motiv gemeinnützigkeitsrechtlich irrelevant ist.

117 Auch nach bisherigem Begriffsverständnis hängt die Annahme einer Kooperation nicht von besonderen zivilrechtlichen Anforderungen ab, sodass auch ein **rein faktisches Zusammenwirken** grundsätzlich hiervon erfasst ist. Vor dem Hintergrund der seitens der Finanzverwaltung iRd § 57 Abs. 1 S. 2 AO bislang geforderten Weisungsgebundenheit und dem Erfordernis eines entsprechenden Nachweises basieren viele Kooperationen bereits auf einer (schriftlichen) **schuldrechtlichen Vereinbarung.** Solche können zwei- oder mehrseitig ausgestaltet sein und begründen nicht zwangsläufig ein eigenständiges Rechtssubjekt. Bei eigenständigem Auftreten der Kooperation nach außen hin kann – ungeachtet einer schriftlichen Fixierung – jedoch eine rechtsfähige Personengesellschaft entstehen (insb. eine GbR oder OHG).[184] Dies sollte schon deshalb grundsätzlich vermieden werden, weil eine solche gem. § 5 Abs. 1 S. 3 GewStG prinzipiell selbst als Unternehmerin Steuerschuldnerin für die Gewerbesteuer ist, sofern ihre Tätigkeit zumindest in Teilen als Gewerbebetrieb anzusehen ist.[185] Tritt die Kooperation in eigenem Namen nach außen hin auf und erzielt sie Einnahmen aus einer entgeltlichen Tätigkeit, wird dadurch ein eigenes Umsatzsteuersubjekt begründet.[186]

118 Eine Kooperation kann auch in Gestalt einer gemeinsamen **Tochtergesellschaft institutionalisiert** werden. Diese wird regelmäßig selbst steuerbegünstigt sein, sodass sich inso-

---

[180] Vgl. BFH 17.2.2010 – I R 2/08, BStBl. II 2010, 1006, Rn. 26.
[181] Neben der „Kooperation" sind auch die Bezeichnung als (ggf. Projekt-/Förder-)„Partnerschaft", „Gemeinschaft(sprojekt)", „Joint Venture" oder schlicht „Zusammenarbeit" (oä) gebräuchlich.
[182] Vgl. NK-GemnR/*Hakert* AO Anhang zu § 57 Rn. 1 ff.; *Orth* DStR 2012, 116 (116 f.).
[183] Vgl. BFH 17.2.2010 – I R 2/08, BStBl. II 2010, 1006.
[184] Vgl. *Meyn* npoR 2012, 1 (1). Diese rechtliche Wertung kann sich im Zuge der beschlossenen Änderun des Personengesellschaftsrechts („MoPeG") ändern.
[185] Vgl. *Orth* DStR 2012, 116 (117 ff.). Dies ist jedenfalls bei Zweckbetrieben und anderen wirtschaftlichen Geschäftsbetrieben grundsätzlich der Fall; vgl. § 2 Abs. 1 S. 1 und 2 (iVm EStG) sowie genauer unter → § 7 Rn. 82. Erschwerend kommt hinzu, dass eine Personengesellschaft mangels Eigenschaft als Körperschaft iSd KStG schon grundsätzlich nicht von der Gewerbesteuerbefreiung wegen Gemeinnützigkeit (§ 3 Nr. 6 GewStG) profitieren kann.
[186] Näher → § 7 Rn. 107 ff.; vgl. *Meyn* npoR 2012, 1 (4).

fern keine besonderen Probleme ergeben, weil die Gesellschafter ihre Tochtergesellschaft insb. nach Maßgabe des § 58 Nr. 1 AO fördern können.

2. Herkömmliche rechtliche Behandlung

Bis zur Gesetzesänderung mit Wirkung ab 2021 wurde bei Kooperationen der Tätigkeitsbeitrag zur beabsichtigten gemeinnützigen Zweckerfüllung für jedes beteiligte gemeinnützige Unternehmen **isoliert** gewürdigt. Vielfach bestand daher die Gefahr, dass einzelne Kooperationspartner ertrag- und umsatzsteuerpflichtige Einnahmen erzielten. Nach richtiger Auffassung, die allerdings erst vom BFH bestätigt werden musste, reicht es aus, wenn im Rahmen von Kooperationen eigene steuerbegünstigte Satzungszwecke verfolgt werden und der Beitrag der gemeinnützigen Körperschaft im Außenverhältnis selbstständig und eigenverantwortlich erbracht wird, damit die gemeinnützigkeitsrechtlichen Steuerbefreiungen zur Anwendung kommen.[187]

119

Ist damit auch das Wirken einer gemeinnützigen Tochtergesellschaft, die im Rahmen einer Matrixorganisation in einen gemeinnützigen Konzern eingebunden ist und von einer Konzernmutter beherrscht wird, nicht mehr als eigenständiges und eigenverantwortliches Wirken anzusehen? Nach richtiger Auffassung, die der BFH für die sog. Eigengesellschaften der öffentlichen Hand entwickelt hat, ist es unerheblich, ob eine gemeinnützige Körperschaft mit der gemeinnützigen Aufgabenerfüllung **auch die Vorgaben eines Gesellschafters** erfüllt.[188] Die Vorgabe der gemeinnützigen Zweckerfüllung im Gesellschaftervertrag ist selbstverständlich. Die Gesellschafter sind nach den gesellschaftsvertraglichen Regelungen legitimiert, im Einzelfall Weisungen zur Durchführung der gemeinnützigen Tätigkeiten vorzugeben, jedenfalls in der Rechtsform der gemeinnützigen Kapitalgesellschaft, in anderen Rechtsformen je nach Ausgestaltung der jeweiligen Satzung. Bei dieser Sachlage müssen Gesellschafter und Gesellschaft bei ihrem Zusammenwirken im gemeinnützigen Konzern stets zusammen gedacht werden. Eine Abstrahierung der Absichten voneinander ist nicht sachgerecht.

120

Sowohl bei rechtlich gleichgeordneten Kooperationen als auch bei einem Zusammenwirken in Über-/Unterordnungsverhältnissen war es bislang nach Auffassung der Finanzverwaltung erforderlich, dass jeder Beitragende in isolierter Betrachtung eine (für sich genommen) gemeinnützige Tätigkeit entfaltete. Insbesondere **rein verwaltende und organisatorische Beiträge** hatten damit – ungeachtet ihrer faktischen Bedeutung für die Durchführung der Kooperation – keine Chance, als gemeinnütziges Wirken anerkannt zu werden. Eine Zurechnung der Beiträge Anderer auf Grundlage des gemeinsamen Wirkens war selbst bei einer vertraglichen Grundlage der Kooperation nicht möglich.[189]

121

3. Gesetzliche Regelung in § 57 Abs. 3 AO nF

Dies hat sich nun durch § 57 Abs. 3 AO geändert, der iRd Gemeinnützigkeitsreform 2020 in die Abgabenordnung eingefügt wurde.[190] Hiernach liegt eine „unmittelbare" Zweckverfolgung iSd § 57 Abs. 1 S. 1 AO auch dann vor, wenn eine Körperschaft satzungsgemäß durch **planmäßiges Zusammenwirken** mit mindestens einer weiteren steuerbegünstigten Körperschaft einen steuerbegünstigten Zweck verwirklicht. Die tatbestandliche „Planmäßig[keit]" spricht ihrem Wortlaut nach gegen ein Vertragserfordernis, vielmehr dürfte auch lediglich **faktisch abgestimmtes Zusammenwirken** ausreichen.[191] Die Fi-

122

---

[187] BFH 17.2.2010 – I R 2/08, BStBl. II 2010, 1006, Tz. 26; so auch AEAO zu § 57 Abs. 1 Tz. 2 Abs. 3.
[188] BFH 27.11.2013 – I R 17/12, BStBl. II 2016, 68, Tz. 20 ff.
[189] Zur Behandlung gemeinnütziger Kooperationen vor Einführung des § 57 Abs. 3 AO siehe NK-GemnR/*Hakert* AO Anhang zu § 57 Rn. 10 ff.
[190] Jahressteuergesetz 2020, BGBl. 2020 I 3096 (3125).
[191] So auch *Hüttemann* DB 2021, 72 (75). Zu Dokumentationszwecken bietet sich eine vertragliche Fixierung allerdings jedenfalls für die nach bisheriger Rechtslage nicht gemeinnützig agierenden Partner aber regelmäßig an. Vgl. auch *Becker/Volkmann/Sokollari* DStZ 2021, 185 (186 f.).

nanzverwaltung fordert in der Neufassung des AEAO (zu § 57 Abs. 3 Tz. 8 Satz 2), dass sowohl wechselseitig die Kooperationspartner als auch die jeweilige Art und Weise der Kooperation in den Satzungen der Beteiligten bezeichnet werden müssen.[192] Offen gelassen hat die Finanzverwaltung, ob eine abstrakte Beschreibung der (möglichen) Kooperationspartner ausreicht oder diese namentlich bezeichnet werden müssen. Wird letzteres verlangt, kann § 57 Abs. 3 AO zu weitgehend totem Recht führen, da nicht vor einer Kooperation alle Beteiligten jeweils die Satzung ändern können. Diese zusätzliche Anforderung ergibt sich nicht aus dem Sinn und Zweck oder Wortlaut der Norm.[193] Nach dem Gesetzeswortlaut müssen satzungsgemäß bestimmte gemeinnützige Zwecke verfolgt werden, aber nicht satzungsgemäß bestimmte Kooperationen mit bestimmten anderen Kooperationspartnern verfolgt werden. Die Kooperation ist weder Satzungszweck noch Art der Zweckverwirklichung, sondern ein Mittel, um besonders effektiv die eigenen gemeinnützigen Zwecke zu verfolgen und muss wie alle Handlungsmöglichkeiten zur Zweckerreichung nicht in der Satzung aufgeführt werden. Bei Stiftungen und Vereinen gelingen Satzungsänderungen regelmäßig – wenn überhaupt – nur mit erheblichem Zeit- und Verwaltungsaufwand. Es bleibt zu hoffen, dass sich die Finanzverwaltung insofern eines Besseren besinnt und von dieser Anforderung baldmöglichst wieder abrückt.[194] Ansonsten wird der gesetzgeberische Wille einer Vereinfachung und Unterstützung von gemeinnützigen Kooperationen im Keim erstickt.[195]

Der Gesetzeswortlaut des § 57 Abs. 3 AO ist insofern unzureichend, als die in der Praxis vielfach anzutreffenden Kooperationen zwischen steuerbegünstigten Einrichtungen und Körperschaften des öffentlichen Rechts zur Förderung steuerbegünstigter Zwecke vom Wortlaut der Norm nicht erfasst werden. Nur wenn die juristische Person des öffentlichen Rechts einen eigenen steuerbegünstigten Betrieb gewerblicher Art unterhält, soll anderes gelten.[196] Gründen gemeinnützige Wissenschaftsorganisationen zusammen mit Universitäten eine Einkaufsgesellschaft, um die Wissenschaft zu fördern, ist dies nur möglich, wenn gegenüber den Universitäten mit Gewinnaufschlag, gegenüber den gemeinnützigen Organisationen aber im Zweckbetrieb agiert wird. Die Sinnhaftigkeit dieser Unterscheidung erschließt sich nicht und im AEAO sollte dieses gesetzgeberische Versehen durch eine Analogie geschlossen werden, die die Kooperationstätigkeit auch gemeinsam mit juristischen Personen öffentlichen Rechts zu steuerbegünstigten Zwecken ermöglicht. Gleiches gilt bei Kooperationen, in die im Ausland ansässige Körperschaften einbezogen sind und bei denen arbeitsteilig der gemeinsame steuerbegünstigte Zweck gefördert werden soll, weil diese regelmäßig nicht nach deutschem Recht als steuerbegünstigt anerkannt sind.

Auch bei entgeltlichem Wirken ist nunmehr bei der Bewertung der Zweckbetriebseigenschaft nach §§ 14, 65–68 AO iVm § 57 Abs. 3 S. 2 AO eine Zusammenfassung der kooperativen Tätigkeiten maßgeblich.[197] Nach dem Wortlaut des § 57 Abs. 3 Satz 1 AO ist allein maßgebend, dass der Kooperationspartner, die Körperschaft, steuerbegünstigte Zwecke nach deutschen Vorschriften verwirklicht. Wenn dies entgeltlich iSd § 65 AO geschieht oder die Körperschaft selbst nicht in Deutschland als steuerbegünstigt anerkannt ist, ist dies nach dem Gesetzeswortlaut unerheblich. Zu Recht begünstigt der Gesetzgeber Kooperationen in Verfolgung gemeinnütziger Zwecke umfassend.

123 Damit können von nun an auch „profane" (dh isoliert betrachtet klassischerweise steuerpflichtige) Dienstleistungstätigkeiten in der Gesamtschau eine gemeinnützige Tätigkeit

---

[192] Ausdrücklich aA Koenig/*Koenig* AO § 57 Rn. 8; Tipke/Kruse/*Seer* AO § 57 Rn. 11.
[193] Eingehend *Kirchhain* npoR 2021, 238 f.
[194] Auch das IDW hat sich in einer Eingabe an das BMF vom 26.7.2021 sehr kritisch zu dieser Vorgabe geäußert, vgl. zusammenfassend die Meldung in BB 2021, 1898.
[195] Zu einer alternativen Gestaltung von Kooperationen zwischen steuerbegünstigten Körperschaften auf Kostendeckungsbasis iRd § 58 Nr. 1 AO siehe oben → Rn. 96.
[196] Vgl. AEAO zu § 57 Abs. 3 Tz. 7. Dies stellt indes keine inhaltliche Ausweitung dar, weil BgA bereits in § 1 Abs. 1 Nr. 6 KStG als (potenziell steuerbegünstigte) Körperschaftsteuersubjekte aufgelistet werden.
[197] Genauer zur Bestimmung der Zweckbetriebseigenschaft vgl. AEAO zu § 57 Abs. 3 Tz. 10.

darstellen und dem Dienstleister einen steuerbegünstigten Status vermitteln, wenn diese im Zusammenwirken mit bzw. zur Unterstützung einer anderen gemeinnützigen Körperschaft erfolgen. Dies gilt selbst für den denkbaren Fall, dass nur ein einziger Kooperationspartner die „eigentliche" (dh auch isoliert betrachtet) gemeinnützige Tätigkeit ausübt und eine Vielzahl anderer Körperschaften diesem gegenüber gewöhnliche Dienstleistungen erbringt.

Dies dürfte beispielsweise dazu führen, dass auch die (entgeltliche) Tätigkeit als **Projekt- 124 träger** – entgegen der unangetastet gelassenen Einschränkung in § 68 Nr. 9 S. 3 (Alt. 2) AO – einen Zweckbetrieb darstellen kann, wenn der Projektträger mit der eigentlichen Wissenschafts- und Forschungseinrichtung planmäßig zusammenwirkt.[198] Der klassischere Anwendungsfall, den auch die Gesetzesbegründung nennt, dürfte allerdings die steuerpflichtige **Service(tochter)gesellschaft** sein. Diese erbringt marktgängige und damit typischerweise jedenfalls aufgrund von § 65 Nr. 3 AO nicht steuerbegünstigte Leistungen gegen Entgelt. Soweit diese Leistungen gegenüber gemeinnützigen Körperschaften als Vorleistung ihrer satzungsmäßigen Tätigkeit erbracht werden (bspw. Krankenhauswäscherei, Kantine), handeln künftig auch die Servicegesellschaften nach Maßgabe des § 57 Abs. 3 AO „unmittelbar" gemeinnützig. Bei Servicegesellschaften können die Dienstleistungen an andere gemeinnützige Unternehmen innerhalb oder außerhalb des Konzerns fortan steuerbegünstigt ausgeführt werden.[199] Zur Anerkennung als steuerbegünstigte Körperschaft sind allerdings zunächst auch die **satzungsmäßigen Voraussetzungen** herzustellen.[200] Nach überzeugender Auffassung dürfte sich auch im Kontext gemeinnütziger Kooperationen, die sich nicht auf reine Zuschüsse beschränken, ein **Vertrauensschutz** in entsprechender Anwendung des § 58a AO ergeben.[201]

V. Zuschüsse zur Zweckerfüllung

Gemeinnütziges Wirken erfolgt vielfach nicht nur in Kooperationen, sondern auch da- 125 durch, dass Zuschüsse vergeben werden, damit auf diese Weise bestimmtes gemeinnütziges Wirken ausgelöst werden kann. Ein typischer Beispielsfall dafür sind die **Stipendien**, die Forschern gegeben werden, damit diese im Interesse der Allgemeinheit Forschungsleistungen erbringen können. Typischerweise werden den Wissenschaftlern dabei keine Weisungen erteilt, auf welche Weise sie zu forschen haben. Dies würde auch der Wissenschaftsfreiheit widersprechen. Daher können diese Personen auch nicht als Hilfspersonen einer gemeinnützigen Körperschaft angesehen werden. Dasselbe gilt auch für Künstler, bspw. Musiker, denen ein Instrument zur Verfügung gestellt wird, damit diese musizieren können. Auch hier gibt es keine Weisungsabhängigkeit der Musiker, welche Konzerte diese mit dem Instrument spielen dürfen. Vielmehr dient das Instrument dem Einsatz bei öffentlichen Auftritten und damit der Kulturförderung. Dies reicht für den Nachweis des gemeinnützigen Wirkens aus.

Aus diesen Beispielen lässt sich bereits ersehen, dass das Gemeinnützigkeitsrecht in vielen 126 Fällen die Mittelvergabe durch **Zuschüsse unter Auflage** als gemeinnütziges Tätigwerden

---

[198] So auch *Kirchhain* DStR 2021, 129 (134).
[199] Sofern daneben auch Dienstleistungen gegenüber nicht steuerbegünstigten Empfängern erbracht werden, stehen dieser einer Annahme der Gemeinnützigkeit nicht prinzipiell entgegen, sind allerdings als steuerpflichtiger wirtschaftlicher Geschäftsbetrieb im Rahmen der Mittelbeschaffung zur Gewinnerzielung verpflichtet.
[200] Das Zusammenwirken mit anderen steuerbegünstigten Körperschaften muss als Art der Zweckverwirklichung in die Satzung aufgenommen werden, vgl. AEAO zu § 57 Abs. 3 Tz. 8 Satz 1. Formulierungsvorschläge bei *Becker/Völkmann/Sokollari* DStZ 2021, 185 (187) und *Hüttemann* DB 2021, 72 (74). Zum abzulehnenden Erfordernis der wechselseitigen namentlichen Nennung der Kooperationspartner nach AEAO siehe → Rn. 122. In Ermangelung einer Übergangsregelung werden gemeinnützige Kooperationen iSd § 57 Abs. 3 AO damit erstmals mit Wirkung für den VZ 2022 anerkannt werden können (vgl. § 60 Abs. 2 AO).
[201] So jetzt ausdrücklich AEAO zu § 57 Abs. 3 Tz. 9; zuvor schon *Kirchhain* DStR 2021, 129 (134).

anerkennt. Auch hier zeigt sich, dass die Auslegung der Gesetzesformulierungen der §§ 57, 58 AO durch die Finanzverwaltung weiterhin zu eng gefasst und überarbeitungsbedürftig sind. Gerade in der heutigen Zeit sollte gemeinnützigen Körperschaften die Möglichkeit gegeben werden, die Zweckerfüllung flexibel zu betreiben. Wesentlich ist es, die gemeinnützige Zielerreichung anzustreben, nicht das Mittel, wie diese angestrebt wird. Die These, dass nur bei einer weisungsgebundenen Tätigkeit und einem Auftragnehmer sichergestellt sei, dass der gemeinnützige Erfolg erreicht werden könne, ist offenkundig überholt. Die vielfältigen Formen der Kooperation und Incentivierung von gemeinnützigem Wirken sollten nicht länger eingeschränkt werden.

H. Angemessenheit und Verrechnungspreise

127 Nach § 55 Abs. 1 Nr. 3 AO darf eine gemeinnützige Körperschaft keine Person durch Ausgaben, die dem Zweck der Körperschaft fremd sind, oder durch unverhältnismäßig hohe Vergütungen begünstigen. Damit scheint eine gesetzliche Ermächtigung für eine weitgehende Preiskontrolle durch die Finanzverwaltung niedergelegt zu sein. Allerdings schließt niemand – auch keine gemeinnützige Körperschaft – ausschließlich optimale Verträge mit ihren Vertragspartnern ab. Die Angemessenheit der im Einzelfall vereinbarten Vergütung kann sehr schnell in Zweifel gezogen werden. Das in § 55 Abs. 1 Nr. 3 AO aufgerufene gesetzliche Erfordernis stellt dem Normkontext entsprechend darauf ab, ob die **Ausgabe dem Zweck der Körperschaft fremd ist.** Darunter können auch Fehlverwendungen fallen, bei denen vorgeblich eine Leistung vergütet wurde, tatsächlich aber damit eine Person begünstigt werden sollte und zwar zu einem Zweck, der außerhalb der gemeinnützigen Zweckerfüllung liegt. Die Gesetzesformulierung legt nahe, dass die intendierte Zweckverfolgung wesentlich für die Beurteilung sein kann. Nur wenn sich aus den Umständen ergibt, dass eine zweckwidrige, unangemessene Begünstigung gewollt gewesen ist, liegt idR ein Verstoß gegen § 55 Abs. 1 Nr. 3 AO vor. Dasselbe Problem stellt sich in Bezug auf **unverhältnismäßige** Vergünstigungen, die (nicht gemeinnützigen) Leistungsempfängern gewährt werden.

128 Auch liegt es im Ermessen der gemeinnützigen Körperschaft, welchen Standard sie bspw. für Veranstaltungen, die sie verantwortet, oder die Ausstattung ihrer Diensträume oder Konferenzplätze setzt. Natürlich wird diese Entscheidung auch immer in Abhängigkeit von den finanziellen Mitteln gefällt, die der gemeinnützigen Körperschaft zur Verfügung stehen. Den Organen der gemeinnützigen Körperschaft ist dabei ein weites Ermessen zuzubilligen, denn schließlich obliegt es diesen, sicherzustellen, dass sich die gemeinnützige Körperschaft positiv entwickelt, die gemeinnützigen Zwecke dauerhaft erfüllt werden können und die finanziellen Grundlagen dafür gegeben sind. Das jeweils geschaffene Umfeld beeinflusst das Arbeitsklima und die Bereitschaft von Sponsoren oder Großspendern, Mittel für die ideelle Zweckverwirklichung zu geben. Auch wenn viele gemeinnützige Körperschaften ausgesprochen sparsam agieren, heißt dies nicht, dass alle gemeinnützigen Körperschaften grundsätzlich einem **Sparzwang** unterliegen. Organmitglieder und Mitarbeiter von gemeinnützigen Körperschaften sind beispielsweise im Regelfall weder gezwungen, bei dienstlich veranlassten Zugfahrten zweiter Klasse zu reisen, noch Hotels der Budgetkategorie zu buchen. Die Angemessenheit beurteilt sich stets nach dem Einzelfall, was bezweckt ist und welche finanziellen Mittel typischerweise aufgewendet werden müssen, um diesen Zweck erreichen zu können, wobei verschiedene Strategien zur Zweckverwirklichung verfolgt werden dürfen.

129 Da gemeinnützige Unternehmen im allgemeinen Interesse agieren müssen, unterliegen sie einer strengeren Angemessenheitsprüfung als steuerpflichtige GmbHs.[202] In Bezug auf

---

[202] Zutreffend *Weitemeyer* GmbHR 2021, 57 (61, Rn. 24).

Vereinbarungen zwischen **fremden Dritten** findet bei diesen keine Angemessenheitskontrolle statt, da nur bei Geschäften mit den Gesellschaftern oder diesen nahestehenden Personen die Gefahr besteht, dass es zu Vermögensverschiebungen zulasten des Fiskus kommt. Entsprechend dem Gesetzeszweck des Angemessenheitsgebotes in § 55 Abs. 1 Nr. 3 AO darf auch ein objektiv nicht zu Marktpreisen abgeschlossenes Geschäft nicht als unangemessen qualifiziert werden, wenn es im Rahmen des § 63 AO auf Grundlage angemessener Informationen **aus der *ex ante*-Sicht zu vertretbaren Bedingungen** abgeschlossen wurde. Anders als bei der Prüfung der verdeckten Gewinnausschüttung geht es nicht um die Abgrenzung von Besteuerungssphären, sondern darum, ob im Hinblick auf den jeweils verfolgten Zweck der Mitteleinsatz in Relation zum verfolgten Ziel unter Berücksichtigung der jeweiligen Strategie angemessen ist. Zwar decken sich die Prüfungen von verdeckter Gewinnausschüttung und Angemessenheit weitgehend, sie sind aber nicht deckungsgleich. In Fällen, in denen das gemeinnützige Unternehmen besonders gefährdet erscheint (wie bei Geschäften mit einzelnen Organmitgliedern), ist zunächst vom Verfahren her darauf zu achten, dass die Organwalter für das gemeinnützige Unternehmen regelmäßig nicht selbst über Geschäfte zu ihren Gunsten entscheiden dürfen[203] und dass in besonderer Weise die Angemessenheit des jeweiligen Geschäfts zu prüfen ist (ggf. durch sachverständige Dritte).

I. Angemessene Organvergütung nach aktueller BFH-Rechtsprechung

Der BFH hat in seiner Entscheidung vom 12.3.2020[204] einer gGmbH für mehrere Jahre die Gemeinnützigkeit aufgrund eines Verstoßes iRd tatsächlichen Geschäftsführung aberkannt, weil diese ihrem Geschäftsführer eine unverhältnismäßig hohe Vergütung gezahlt hatte. Aus der Entscheidung ergibt sich, dass nicht jede Fehleinschätzung eines angemessenen Gehaltes zur Aberkennung der Gemeinnützigkeit führt. **130**

Die maßgebliche Prüfung erfordert nach Auffassung des BFH unter entsprechender Heranziehung der iRd sog. verdeckten Gewinnausschüttung herangezogenen Grundsätze[205], dass die gegenständliche Vergütung einem sog. **(externen) Fremd- bzw. Drittvergleich** unterzogen wird. Dabei wird für den Organwalter unter Zuhilfenahme verfügbarer Daten (insb. Gehaltsstrukturuntersuchungen) eine **marktübliche Gesamtausstattung** ermittelt (dh, letztlich wird eine Bandbreite geschätzt).[206] Der BFH hat hierzu – entgegen der Auffassung einzelner Finanzbehörden – bestätigt, dass für die Marktüblichkeit keine spezifisch gemeinnützige Betrachtung erforderlich ist, sondern dass auch für gemeinnützige Körperschaften – und erst recht Unternehmen – die **allgemeinen Marktpreise** maßgeblich sind, die auch von gewinnorientierten Unternehmen gezahlt werden.[207] **131**

Bei der Ermittlung dieser **Bandbreite** marktüblicher Vergütung bringt es die Datenlage regelmäßig mit sich, dass die bspw. durch allgemein verfügbare Gehaltsstrukturuntersuchungen ermittelten Beträge statistisch bereinigt (zB bei unerklärlicher Volatilität) oder an die Spezifika der gemeinnützigen Organisation (insb. Branche, Umsatz, Mitglieder) und ggf. an die Eigenarten und die Qualifikation des Organwalters angepasst werden müssen. Dies geschieht typischerweise durch **Zu- und Abschläge** auf die gefundenen (Mittel-)Werte,[208] **132**

---

[203] Zum Stimmrechtsausschluss bei Insichgeschäften → § 3 Rn. 73 f.
[204] BFH 12.3.2020 – V R 5/17, BStBl. II 2021, 55; siehe auch npoR 2020, 303 m. Anm. *Kirchhain/Kampermann*.
[205] Genauer dazu sogleich unter → Rn. 135 f.
[206] BFH 12.3.2020 – V R 5/17, BStBl. II 2021, 55, Tz. 41 ff.
[207] BFH 12.3.2020 – V R 5/17, BStBl. II 2021, 55, Tz. 43.
[208] Vgl. BFH 12.3.2020 – V R 5/17, BStBl. II 2021, 55, Tz. 18 f.; *Kirchhain/Kampermann* npoR 2020, 310 (311); auch bei Mehrfach-Geschäftsführung können Abschläge angezeigt sein: so konkret bei BFH 12.3.2020 – V R 5/17, BStBl. II 2021, 55, Tz. 51 f.

im Einzelfall kann auch die grundsätzliche Orientierung an einem überdurchschnittlichen Wert sachgerecht sein.[209] Dem Bestellungsorgan der gemeinnützigen Körperschaft ist es überlassen, welche Persönlichkeit mit welcher Qualifikation für die jeweilige Geschäftsführungstätigkeit gesucht werden soll. Daher ergeben sich naturgemäß Bandbreiten möglicher Vergütungen, die umso größer ausfallen können, je weniger in der jeweiligen Branche bestimmte Vergütungen üblich oder bekannt sind. Der Umstand, dass ein Gehalt innerhalb kurzer Zeit erheblich angehoben wird, kann hingegen schon aus sich heraus zur Fehlverwendung führen.[210] Natürlich ist das Anheben auf ein marktübliches Niveau in vielen Situationen geboten, um eine bewährte Fachkraft halten zu können.

133   In Anbetracht der Tatsache, dass sich die maßgebliche Vergleichsgröße notwendigerweise als Bandbreite darstellt, begründet eine nur geringfügige Überschreitung dieser Angemessenheitsgrenze nach Auffassung des BFH noch keine **Mittelfehlverwendung.** Eine solche liegt erst bei einem „krassen Missverhältnis" der Gesamtvergütung vor, welches ab einer Überschreitung der ermittelten Angemessenheitsgrenze um mehr als 20% anzunehmen sein soll (sog. **Sicherheitszuschlag**).[211] Zusätzlich hat der BFH bei einer nach diesen Kriterien anzunehmenden Mittelfehlverwendung vor dem Hintergrund des allgemeinen Verhältnismäßigkeitsgrundsatzes die Versagung der Gemeinnützigkeit unter einen **Bagatellvorbehalt** gestellt, wenn die Verfehlung betragsmäßig nur gering ist.[212] Die Grenze sieht der BFH hier allerdings bei 10 000 EUR in jedem Fall als überschritten an, lediglich bei 3000 EUR überhöhter Zahlung nahm er keinen Verstoß an. Aufgrund der erheblichen Unsicherheiten in Bezug auf den Rahmen, was denn eine marktübliche Vergütung bestimme, wäre es wünschenswert gewesen, den gemeinnützigen Unternehmen eine breitere Irrtumstoleranz zuzubilligen.

II. Praktische Bedeutung für gemeinnützige Körperschaften

134   Die Vergütung muss nach richtiger Auffassung[213] **schlechterdings unverhältnismäßig** sein. Die Prüfung im Einzelfall erfordert zunächst eine genaue Ermittlung des konkret vorliegenden Sachverhaltes. Preise oder Vergütungen sind je nach Funktion, die die betreffende Person ausüben soll oder die der erworbene Gegenstand erfüllen muss, sehr unterschiedlich. Es liegt im Ermessen der gemeinnützigen Körperschaft, welche Person sie beschäftigen möchte, sofern nachvollziehbar dargelegt werden kann, warum eine Person mit entsprechenden Qualifikationen für die ausgeschriebene Position geeignet erscheint. Im Rahmen von Vertragsverhandlungen tritt der künftige Organwalter zudem als Privatperson auf, der primär seinen eigenen Interessen verpflichtet ist und daher zu seinem eigenen finanziellen Wohl verhandeln darf. Es besteht **keine besondere (vorvertragliche) Pflicht zur Rücksichtnahme** auf die Finanzen der gemeinnützigen Körperschaft.

135   Bereits nach bislang herrschender Auffassung beurteilte sich die Unangemessenheit einer Zahlung nach den gleichen Grundsätzen, die auch für das Verhältnis zwischen einem Gesellschafter und einer Gesellschaft in Bezug auf eine sog. verdeckte Gewinnausschüttung gelten (§ 8 Abs. 3 S. 2 KStG).[214] Diese Auffassung hat der BFH nunmehr in seiner Entscheidung für gemeinnützige Körperschaften bestätigt. „Unverhältnismäßig" iSd § 55 Abs. 1 Nr. 3 AO und „unangemessen" iRd vGA-Grundsätze haben damit im Grundsatz

---

[209] Im Urteil des BFH 12.3.2020 – V R 5/17, BStBl. II 2021, 55, Tz. 48 hat dieser die durch eine Vergleichbarkeit der Umsätze begründete Orientierung am oberen Quartil (auch 0,75-Quantil – dh ein Viertel der ermittelten Werte liegt oberhalb dieses Betrags) durch die Vorinstanz bestätigt.
[210] So die Vorinstanz FG Mecklenburg-Vorpommern 21.12.2016 – 3 K 272/13, npoR 2017, 265, Rn. 88 ff. unter Verweis auf die allgemeine vGA-Rspr.
[211] BFH 12.3.2020 – V R 5/17, BStBl. II 2021, 55, Tz. 53 unter Verweis auf die vGA-Rspr. mwN.
[212] BFH 12.3.2020 – V R 5/17, BStBl. II 2021, 55, Tz. 59 ff.; dazu genauer unter → Rn. 174.
[213] So letztlich auch der BFH 12.3.2020 – V R 5/17, BStBl. II 2021, 55, Tz. 53, wenn er auf das für die Annahme einer vGA erforderliche „krass[e] Missverhältnis" abstellt.
[214] Vgl. die Übersicht bei *Kampermann* Organvergütung, 244.

dieselbe Bedeutung, weil hierbei gleichermaßen das Marktübliche von der Begünstigung abgegrenzt wird.²¹⁵ Dabei ist allerdings stets zu berücksichtigen, in welchem rechtlichen und tatsächlichen Kontext die jeweilige Angemessenheitsprüfung erfolgt.²¹⁶

Das Körperschaftsteuerrecht muss mit der Prüfung einer verdeckten Gewinnausschüttung ermitteln, welcher Gewinn in der Sphäre des Gesellschafters und welcher Gewinn in der Sphäre der Körperschaft selbst angefallen ist. Typischerweise besteht die Gefahr, dass Steuerpflichtige versuchen, die Erträge von der einen in die andere Sphäre zu verlagern, um dadurch ggf. steuerliche Vorteile zu erlangen. Deswegen schreibt das Recht vor, dass im Verhältnis von Gesellschaft und Gesellschafter auf einen sog. Dritt- bzw. Fremdvergleich abzustellen ist. Wesentlich ist hier, dass bei Leistungsbeziehungen zwischen der Körperschaft und einem (fremden) Dritten grundsätzlich davon ausgegangen wird, dass die vereinbarten Preise der Besteuerung zugrunde gelegt werden können. Nur wenn es sich um Leistungsbeziehungen zu einem Gesellschafter oder zu einer diesem nahestehenden Person handelt, kann anderes gelten. **136**

Demgegenüber schreibt das Gemeinnützigkeitsrecht in § 55 Abs. 1 Nr. 3 AO vor, dass zweckfremde Ausgaben zu einer Mittelfehlverwendung führen, ebenso wie unverhältnismäßig hohe Vergütungen.²¹⁷ In Bezug auf die Vergütungen lässt sich feststellen, dass die typische Gefährdungslage gegeben ist, wenn die Organe der gemeinnützigen Körperschaft über die eigene Vergütung oder die Vergütung von ihnen nahestehenden Personen entscheiden können. In den zahlreichen Fällen, in denen eine derartige Gefahr der Selbstbegünstigung nicht besteht, kann das Recht dagegen regelmäßig davon ausgehen, dass sich die Organe um eine angemessene Vergütung der jeweiligen Personen bzw. Vertragspartner bemüht haben, da die Organe im Interesse der gemeinnützigen Körperschaft zu wirken verpflichtet sind. Auch wenn sich einfach zweifeln lässt, ob nicht für dieselbe Tätigkeit auch jemand hätte gefunden werden können, der bereit gewesen wäre, ggf. für ein geringeres Entgelt tätig zu werden, erfordert eine Angemessenheitsprüfung eine konkrete Auseinandersetzung mit den Details des jeweiligen Falles und den marktüblichen Standards. Bei der **Gesamtwürdigung** des jeweiligen Falles müssen alle Umstände berücksichtigt werden. **137**

Vor diesem Hintergrund mehren sich die Diskussionen mit der steuerlichen Betriebsprüfung darüber, ob bspw. bei Leistungsbeziehungen innerhalb eines gemeinnützigen Konzerns eine angemessene Vergütung vorgelegen hat oder ob einzelne Organmitglieder tatsächlich angemessen vergütet worden sind. Dabei ist zu berücksichtigen, dass es Bereiche gemeinnützigen Wirkens gibt, in denen sich Standards für die Vergütung von Organverantwortlichen herausgebildet haben, wie bspw. bei Krankenhäusern oder bestimmten Sozialorganisationen. Es gibt **keine gemeinnützigkeitsrechtliche Verpflichtung, stets die niedrigste oder eine mittlere Vergütung zu bezahlen.** Wie der BFH festgestellt hat, ist die Körperschaft berechtigt, eine ermittelte Bandbreite angemessener Vergütung auszuschöpfen oder sogar zu überschreiten. Letztlich stellt sich bei der Besetzung entsprechender Positionen stets die Frage, welcher Aufwand vernünftigerweise betrieben werden muss, um eine marktübliche Vergütungshöhe zu ermitteln. Bei vielen Führungspositionen werden heutzutage regelmäßig Personaldienstleister eingeschaltet, die einen Marktüberblick über übliche Vergütungshöhen haben. Andererseits gibt es im gemeinnützigen Sektor aber auch häufig einzelne Positionen zu besetzen, für die ein derartiger marktüblicher Rahmen kaum zu ermitteln ist, da entsprechende Daten nicht verfügbar sind. Dies kann bspw. für Vorstände mit Verantwortung für große Stiftungsvermögen gelten, bei denen nur Marktinsider die übliche Vergütungshöhe kennen. **138**

---

215 So wörtlich BFH 12.3.2020 – V R 5/17, BStBl. II 2021, 55, Tz. 40.
216 Genauer dazu *Kirchhain/Kampermann* npoR 2020, 310 (310).
217 Zu dieser Differenzierung siehe auch NK-GemnR/*von Holt* AO § 55 Rn. 114.

III. Konzerninterne Leistungsbeziehungen und Verrechnungspreise

139 Der BFH hat in seiner das Urteil vom 12.3.2020 begleitenden Pressemitteilung[218] darauf hingewiesen, dass die dort niedergelegten Maßstäbe **auch auf andere Geschäftsbeziehungen** mit gemeinnützigen Körperschaften (zB Miet-, Pacht-, Darlehensverträge) angewendet werden können. Insbesondere bei gemeinnützigen Konzernen besteht allerdings insofern eine Überschneidung mit dem Anwendungsbereich der bezüglich der sog. Verrechnungspreise entwickelten Grundsätze. Letztlich geht es aber bei diesen Maßstäben ungeachtet ihrer unterschiedlichen normativen Verortung inhaltlich um eine Überprüfung der Marktüblichkeit der gegenständlichen Ausgestaltung unter **Heranziehung eines (externen) Fremdvergleichs.** Sie stehen damit nicht in Konkurrenz zueinander, sondern ergänzen sich typischerweise.[219] Dies gilt bereits für den unmittelbaren Anwendungsbereich und damit erst recht für eine entsprechende Heranziehung im Rahmen des Gemeinnützigkeitsrechts.

140 In gemeinnützigen Konzernen finden sich häufig neben gemeinnützigen Tochtergesellschaften, im Regelfall in der „Rechtsform" der gGmbH, auch steuerpflichtige Gesellschaften, meist in der Rechtsform der GmbH. Aus Sicht der Tochtergesellschaft ist dann zu beurteilen, ob ein **ordentlicher und gewissenhafter Geschäftsleiter** die Preisvereinbarung in gleicher Höhe mit einem fremden Dritten geschlossen hätte wie er dies mit der gemeinnützigen Mutterkörperschaft vereinbart hat. Aus Sicht der gemeinnützigen Mutter ist wiederum zu beurteilen, ob keine Mittelfehlverwendung in der Form vorliegt, dass Vermögensvorteile ohne weitere Gegenleistung an die Tochtergesellschaft erbracht werden.

1. Kategorisierung der Leistungsbeziehungen und rechtlicher Kontext

141 Eine Verlagerung von Vermögen auf eine steuerpflichtige Tochtergesellschaft begründet grundsätzlich keinen Gemeinnützigkeitsverstoß. Regelmäßig kann die Verlagerung von Vermögen und Aktivitäten auf eine steuerpflichtige Tochtergesellschaft daher gemeinnützigkeitsunschädlich gestaltet werden, solange sie auch nach den Grundsätzen der zeitnahen Mittelverwendung dargestellt werden kann.[220]

142 Gemeinnützigkeitsrechtlich ist der **Verzicht** – auch sofern er durch die gesellschaftsrechtliche Verbindung veranlasst ist – **auf ein marktübliches Entgelt** unschädlich, wenn die darin liegende Unterstützung einer der Ausnahmen in § 58 Nr. 1, 4 oder 5 AO unterfällt.[221] Durch die im Rahmen der Gemeinnützigkeitsreform 2020[222] in § 58 Nr. 1 S. 2 AO eingefügte Regelung, wonach **sämtliche Vermögenswerte** Gegenstand einer Fördertätigkeit sein können, ist ein weiter Anwendungsbereich eröffnet. Nicht nur Barmittel, Arbeitskraft und Räume können Gegenstand einer Förderleistung sein, sondern schlechthin alle Vermögenswerte. Dies umfasst auch die (verbilligte oder unentgeltliche) Nutzungsüberlassung oder die Erbringung von Dienstleistungen.[223]

143 Nach der bisherigen Rechtsauffassung führten Verwaltungsdienstleistungen im gemeinnützigen Konzern zu einem steuerpflichtigen wirtschaftlichen Geschäftsbetrieb.[224] Auch

---

[218] Nummer 035/20 vom 20.8.2020 zu BFH 12.3.2020 – V R 5/17, BStBl. II 2021, 55; abrufbar unter https://www.bundesfinanzhof.de/de/presse/pressemeldungen/detail/fehlende-gemeinnuetzigkeit-bei-unverhaeltnismaessig-hohen-geschaeftsfuehrerverguetungen/.
[219] Zum allgemeinen (Konkurrenz-)Verhältnis von § 8 Abs. 3 S. 2 KStG (vGA) und § 1 AStG vgl. BFH 27.11.2019 – I R 40/19 (I R 14/16), DStR 2020, 2012, Rn. 42 ff.; kritisch dazu *Andresen/Holtrichter* DStR 2021, 65; vgl. auch *Kampermann* Organvergütung, 265.
[220] Vgl. *Hüttemann/Schauhoff/Kirchhain* DStR 2016, 633; dazu → Rn. 27 ff.
[221] So auch OFD NRW 18.1.2017, BeckVerw 337479 (Ziff. I.).
[222] Jahressteuergesetz 2020, BGBl. 2020 I 3096 (3125).
[223] So schon bislang *Hüttemann/Schauhoff/Kirchhain* DStR 2016, 633.
[224] Vgl. OFD NRW 18.1.2017, BeckVerw 337479 (Ziff. II.); zur (verdeckten) Einlage in eine steuerbegünstigte Tochtergesellschaft siehe jüngst FG Rheinland-Pfalz 7.10.2020 – 1 K 1264/19, BeckRS 2020, 38349 Rn. 6 ff. (Rev. BFH I R 52/20).

wenn gemeinnützigkeitsrechtlich die Verbilligung gegenüber anderen steuerbegünstigten Körperschaften – nicht gegenüber steuerpflichtigen Schwester- oder Tochterunternehmen – (etwa aufgrund von § 58 AO) zulässig war, war im Zuge der steuerlichen Gewinnermittlung eine verdeckte Gewinnausschüttung (bzw. Einlage) dem Grunde nach möglich. Die Annahme einer verdeckten Gewinnausschüttung (§ 8 Abs. 3 S. 2 KStG) hat gemeinhin zur Folge, dass auf Ebene der ausschüttenden Körperschaft die entsprechenden Beträge (außerbilanziell) dem **körperschaftsteuerpflichtigen Gewinn hinzugerechnet** werden. Auf Ebene des empfangenden (GmbH-)Gesellschafters wird insoweit regelmäßig eine steuerpflichtige Gewinnausschüttung nach § 8b Abs. 1 iVm Abs. 5 KStG anzunehmen sein.

Mangels Einnahmeerzielungsabsicht scheidet eine verdeckte Gewinnausschüttung allerdings bei rein unentgeltlichen Leistungen de facto aus; gleiches gilt aufgrund der Steuerfreiheit für dem Zweckbetrieb zuzurechnende Leistungen.[225] Auch verbilligte (bzw. unentgeltliche) Leistungen einer steuerbegünstigten Muttergesellschaft an ihre steuerbegünstigten Tochter- oder Enkelgesellschaften stellen nach Auffassung der Finanzverwaltung – mangels Einlagefähigkeit – **keine verdeckten Einlagen** iSd § 8 Abs. 3 S. 4 KStG dar.[226] Eine verbilligte Leistung innerhalb eines gemeinnützigen Konzerns aus dem steuerpflichtigen wirtschaftlichen Geschäftsbetrieb des gemeinnützigen Unternehmens an die steuerbegünstigten Mutter- oder Schwestergesellschaften konnte hingegen zur Annahme einer verdeckten Gewinnausschüttung führen.[227] Es stellte sich in derartigen Fällen daher ertragsteuerlich stets die Frage der **Marktüblichkeit** des vereinbarten Entgelts.[228] **144**

Selbst in diesem engen Anwendungsbereich wird aber ab 2021 aufgrund des § 57 Abs. 3 AO regelmäßig ein Zweckbetrieb vorliegen. Dies dürfte zumindest für **allgemeine Serviceleistungen** der Fall sein, weil auch diese künftig durch das Zusammenspiel der Konzerngesellschaften grundsätzlich eine gemeinnützige Maßnahme der Zweckverfolgung darstellen. Auch eine teilentgeltliche Unterstützungsleistung kann zudem künftig § 58 Nr. 1 AO unterfallen.[229] **145**

2. Ermittlung eines marktüblichen Entgelts

Der BFH hat in einer Entscheidung zu einer kommunalen Eigengesellschaft ausgeführt, dass deren Steuerbegünstigung grundsätzlich nur in Betracht kommt, wenn die von ihr erbrachten Leistungen angemessen vergütet werden. Maßstab sei die Höhe des Entgelts, das von einem ordentlichen und gewissenhaften Geschäftsleiter mit einem Nichtgesellschafter als Auftraggeber vereinbart worden wäre. Dazu müsse das Entgelt regelmäßig die Kosten ausgleichen und einen **marktüblichen Gewinnaufschlag** beinhalten.[230] § 55 Abs. 1 Nr. 3 AO verlangt, dass das gemeinnützige Unternehmen gegenüber allen nicht Steuerbegünstigten, erst recht gegenüber den Gesellschaftern, zu angemessenen Preisen abrechnet. **146**

Nach allgemeinen Grundsätzen der Feststellung angemessener Preise, die insb. im internationalen Steuerrecht entwickelt worden sind (§ 1 AStG), ist die Angemessenheit der Verrechnungspreise in einer Geschäftsbeziehung grundsätzlich nach dem **(doppelten**[231]**) Fremdvergleichsgrundsatz** zu ermitteln.[232] Die Rechtsfrage lautet hierbei, ob voneinan- **147**

---

[225] OFD NRW 18.1.2017, BeckVerw 337479 (Ziff. II. 1. bzw. II. 3.2).
[226] OFD NRW 18.1.2017, BeckVerw 337479 (Ziff. II. 2.).
[227] Und zwar in Höhe der Differenz zwischen marktüblichem und vereinbartem (verbilligtem) Entgelt: OFD NRW 18.1.2017, BeckVerw 337479 (Ziff. II. 3.1).
[228] Dieses enthielt dann typischerweise auch einen Gewinnaufschlag; genauer dazu sogleich → Rn. 149 ff.
[229] Zum Konkurrenzverhältnis zwischen § 57 Abs. 3 AO und § 58 Nr. 1 AO nF siehe *Kirchhain* DStR 2021, 129 (135); *Hüttemann* DB 2021, 72 (75); näher dazu → Rn. 119 ff.
[230] Vgl. BFH 27.11.2013 – I R 17/12, BStBl. II 2016, 68, Tz. 32; AEAO zu § 55 Abs. 1 Nr. 1 Tz. 2.
[231] Dh, ob die Gesellschaft von einem fremden Dritten denselben Preis verlangt hätte und ob ein fremder Dritter auch bereit gewesen wäre, diesen zu bezahlen: BFH 17.5.1995 – I R 147/93, BStBl. II 1996, 204.
[232] Ausdrücklich für eine entsprechende Anwendung der zur Gewinnabgrenzung bei grenzüberschreitenden Konzernen entwickelten Verrechnungspreis-Grundsätze auf Leistungsbeziehungen innerhalb gemeinnütziger Konzerne: Tipke/Kruse/*Seer* AO § 55 Rn. 16.

der unabhängige Dritte unter gleichen oder vergleichbaren Verhältnissen einen derartigen Preis vereinbart hätten. Für die Anwendung des Fremdvergleichsgrundsatzes ist davon auszugehen, dass die voneinander unabhängigen Dritten alle wesentlichen Umstände der Geschäftsbeziehung kennen und nach den Grundsätzen ordentlicher und gewissenhafter Geschäftsleiter handeln.

148 Dabei ist der Verrechnungspreis vorrangig nach der **Preisvergleichsmethode, der Wiederverkaufspreismethode oder Kostenaufschlagsmethode** (engl. *cost plus*) zu bestimmen, wenn Fremdvergleichswerte ermittelt werden können, die nach Vornahme sachgerechter Anpassungen im Hinblick auf die ausgeübten Funktionen, die eingesetzten Wirtschaftsgüter und die übernommenen Chancen und Risiken (Funktionsanalyse) für diese Methoden uneingeschränkt vergleichbar sind.[233] Mehrere solcher Werte bilden eine Bandbreite. Sind solche Fremdvergleichspreise tatsächlich nicht zu ermitteln, können eingeschränkt vergleichbare Werte nach Vornahme sachgerechter Anpassung unter Anwendung einer geeigneten Verrechnungspreismethode zugrunde gelegt werden.[234] Damit setzt die Ermittlung zutreffender Preise oder Vergütungen zunächst eine **Funktionsanalyse und innerbetriebliche Planungsrechnung** voraus, um sowohl aus Sicht des Leistenden als auch des Leistungsempfängers unter Berücksichtigung funktions- und risikoadäquater Kapitalisierungszinssätze einen möglichen Einigungsbereich zu ermitteln, der von den jeweiligen Gewinnerwartungen bestimmt wird.

149 Diese allgemeinen Maßstäbe lassen sich allerdings **nur modifiziert** auf die Preisbestimmung bei gemeinnützigen Körperschaften übertragen. Entgegen der Auffassung des BFH wird nach im Übrigen nahezu einhelliger Auffassung typischerweise von gemeinnützigen Körperschaften im gemeinnützigen Bereich nicht erwartet, dass sie Gewinne erwirtschaften wollen, die Erhebung eines **Gewinnaufschlags** ist außerhalb steuerpflichtiger wirtschaftlicher Geschäftsbetriebe **idR nicht marktüblich.**[235] Der BFH selbst sieht eine überzogene Gewinnerzielung im Zweckbetrieb gemeinnützigkeitsrechtlich kritisch.[236] Auch wäre es falsch, anzunehmen, im gemeinnützigen Kernbereich würde stets volle Kostendeckung angestrebt. Vielmehr zeichnen sich gemeinnützige Tätigkeiten vielfach dadurch aus, dass eine Mischfinanzierung stattfindet. Von den Nutzern des gemeinnützigen Angebotes wird ein Teilentgelt erhoben, daneben finanzieren aber auch Zuschüsse der öffentlichen Hand oder Mitgliedsbeiträge oder Erträge aus der Vermögensverwaltung die jeweilige Tätigkeit mit. In diesem Bereich ist der angemessene Preis daher nicht unter Kostendeckungsgesichtspunkten zu bestimmen und die Aussage, dass ein Gewinnzuschlag auf die Kosten nicht erforderlich ist, ist missverständlich.

150 Ebenso missverständlich ist es, wenn der BFH[237] (bzw. die Finanzverwaltung[238]) im Verhältnis zwischen dem Gesellschafter und einer gemeinnützigen Körperschaft allein auf die Kostenaufschlagsmethode abstellt. Typischerweise orientiert sich die Preisgestaltung an marktüblichen Preisen. Bspw. gibt es für viele Finanzierungsfragen (wie Darlehen oder die Gestellung von Sicherheiten) unter Berücksichtigung der jeweiligen Laufzeit und Sicherheitenlage Online-Preisangebote, die als Indikation dienen können. Das gilt unter Umständen auch für Dienstleistungen, die typisch sind und für die sich Marktpreise herausgebildet haben. Entsprechende **marktübliche Preise gehen typischerweise der Kostenaufschlagsmethode vor,** da es durch eine Ausweitung der Kosten ansonsten auch stets zu einer Preiserhöhung kommen würde, was aber von dem ordentlichen und gewissenhaf-

---

[233] Vgl. so wörtlich § 1 Abs. 3 S. 1 AStG; im Kontext gemeinnütziger Organisationen *Schienke-Ohletz/Kühn* DStR 2018, 2117 (2120).
[234] Vgl. § 1 Abs. 3 S. 2 f. AStG.
[235] So aber BFH 27.11.2013 – I R 17/12, BStBl. II 2016, 68, Tz. 32; zu Recht kritisch dazu *Kirchhain* DB 2014, 1831; für die steuerbegünstigte Betätigung dementsprechend im Stil eines (partiellen) Nichtanwendungserlasses eingeschränkt in AEAO zu § 55 Abs. 1 Nr. 1 Tz. 2 Satz 5.
[236] Dazu → Rn. 68 ff.; vgl. auch AEAO zu § 66 Tz. 2.
[237] BFH 27.11.2013 – I R 17/12, BStBl. II 2016, 68.
[238] AEAO zu § 55 Abs. 1 Nr. 1 Tz. 2 Satz 4; vgl. auch OFD NRW 18.1.2017, BeckVerw 337479.

ten Geschäftsleiter einer Körperschaft typischerweise nicht akzeptiert werden wird, wenn der so ermittelte Preis deutlich über den marktüblichen Preisen liegt.

Demnach sind für die Bestimmungen des angemessenen Preises nach allgemeinen Grundsätzen folgende Aussagen in entsprechender Heranziehung des § 1 AStG festzuhalten: **151**

- Es geht um die Bestimmung einer **Bandbreite;**
- die Bestimmung der Bandbreite setzt eine **Funktionsanalyse und ggf. innerbetriebliche Planungsrechnungen** voraus, um den Einigungsbereich unter Berücksichtigung funktions- und risikoadäquater Kapitalisierungszinssätze zu ermitteln;
- dazu sind auch die jeweiligen **Gewinnerwartungen** heranzuziehen. Im gemeinnützigen Kernbereich (einschließlich Serviceleistungen unter den Voraussetzungen des § 57 Abs. 3 AO) gibt es keine entsprechenden Gewinnerwartungen. Im Bereich der Mittelbeschaffung hat die gemeinnützige Körperschaft einen Gewinn anzustreben;
- wenn die ausgeübten Funktionen, die eingesetzten Wirtschaftsgüter und die übernommenen Chancen und Risiken jeweils feststehen, kann auf dieser Basis ein **möglicher Fremdvergleichspreis** ermittelt werden. Dieser sollte vorrangig aus den üblichen Marktpreisen abgeleitet werden, denkbar ist aber auch die Ermittlung eines Wiederverkaufspreises oder die Ermittlung nach der Kostenaufschlagsmethode.

Auf dieser Grundlage muss in der Folge ermittelt werden, ob eine unverhältnismäßig hohe Vergütung vorliegt. Die Finanzverwaltung geht bei der Kostenaufschlagsmethode häufig von einem Gewinn von 5 % aus, der für einfache Dienstleistungstätigkeiten die marktübliche Rendite jedoch vielfach übersteigt, wie die Prüfung von üblichen Renditen bei bestimmten Dienstleistungen zeigt. Bei garantiertem vollen Kostenersatz trägt der Unternehmer kein Risiko und muss sich regelmäßig mit 1–3 % Gewinnaufschlag auf die Vollkosten zufriedengeben, was auch vielfach Praxis der Betriebsprüfungen ist. **152**

3. Einzelfragen

Weitere Beispielsfälle für die gemeinnützigkeitsrechtlich relevante Preisbildung ergeben sich bei der **Rabattierung im Rahmen von Veranstaltungen** gemeinnütziger Organisationen. In diesen Fällen wird ebenfalls unterschieden, ob im Rahmen eines steuerpflichtigen wirtschaftlichen Geschäftsbetriebs agiert wird, dann muss die Rabattierung marktüblich sein. Auch in diesem Bereich ist es indes erlaubt, nach allgemeinen betriebswirtschaftlichen Grundsätzen Preisanreize an bestimmte Abnehmergruppen zu setzen. Nicht zulässig ist es, die eigenen Mitglieder zu begünstigen, denn das Wirken der gemeinnützigen Körperschaft soll sich an die Allgemeinheit richten. Wenn allerdings die eigenen Mitglieder die typische Fallgruppe sind, die mit dem gemeinnützigen Wirken erreicht werden sollen, können sie auch Sondervergünstigungen erhalten. Im gemeinnützigen Kernbereich (bspw. bei Bildungsveranstaltungen, die nach § 68 Nr. 8 AO zu einem Zweckbetrieb gehören) ist es möglich, die gemeinnützige Zielsetzung in besonderer Weise zu betonen, indem einzelne Bevölkerungsgruppen unter sozialen Gesichtspunkten besonders begünstigt werden, während andere zur Finanzierung der jeweiligen Veranstaltungen in höherem Maße beitragen. **153**

Ein praktisches Beispiel einer entsprechenden Funktionsanalyse hat die Finanzverwaltung im Übrigen für die **Gewährung von Krediten** in AEAO zu § 55 Abs. 1 Nr. 1 Tz. 17 angeführt. Grundsätzlich müssen Zinsen für gegebene Darlehen sich in dem für den Kapitalmarkt üblichen Rahmen halten. Der Kapitalmarkt berücksichtigt in erster Linie die Laufzeit und die Bonität des Empfängers sowie die Sicherheit, die gegeben wird, um das Rückzahlungsrisiko zu begrenzen. Ein Verzicht auf übliche Zinsen ist nach den Vorschriften des Gemeinnützigkeitsrechts aber dann zulässig, wenn eine Zuwendung als Darlehen an eine ebenfalls steuerbegünstigte Organisation oder eine wirtschaftlich hilfebedürftige Person erfolgt und Zweck der gemeinnützigen Körperschaft die (gemeinnützigkeitsentsprechende) Förderung dieser anderen Person ist. Bei Darlehen an die eigenen Arbeitnehmer **154** kann der teilweise Verzicht auf eine übliche Verzinsung als Bestandteil des Arbeitslohns angesehen werden, wenn dieser Verzicht insgesamt unter Berücksichtigung des Gehalts nicht zu einer unangemessenen Vergütung für die betreffenden Arbeitnehmer führt.

Somit setzt die zutreffende Ermittlung der Angemessenheit eine sorgfältige Analyse des Sachverhalts im Einzelfall voraus.

IV. Dokumentation

155   Generell gilt, dass gemeinnützige Körperschaften ihre Überlegungen zur Höhe der Organvergütung oder anderer wesentlicher Preisvereinbarungen bei der Entscheidungsfindung dokumentieren sollten (zB in **Protokollen** oder **Aktennotizen**). Ergibt sich die jeweilige Vergütung nicht ohne Weiteres aus allgemein bekannten Daten, wird im Einzelnen genauer festgehalten werden müssen, welche Umstände maßgebend dafür waren, in den jeweiligen Einzelfällen die letztlich gewählte Vergütung zu vereinbaren. Gerade die sich häufenden Skandalfälle um überhöhte Vergütungszahlungen an Organe von im Wohlfahrtsbereich tätigen Unternehmen lassen es opportun erscheinen, die Vergütungsentscheidung besser überprüfbar zu machen, auch wenn derzeit eine derartige gesetzliche Pflicht nicht besteht. Dadurch wird der Nachweis erleichtert, dass die gemeinnützige Körperschaft auf der Grundlage angemessener Informationen eine nachvollziehbare und vertretbare Entscheidung gefällt hat (Business Judgment Rule).

156   Grundsätzlich gilt, dass gerade im Verhältnis zu den eigenen Gesellschaftern eine **Vereinbarung von vorneherein transparent und schriftlich** abgeschlossen werden und diese dann auch **tatsächlich durchgeführt** werden muss, damit sie vom Gemeinnützigkeitsrecht akzeptiert wird.[239] Im Verhältnis zu Dritten gibt es dagegen in Abhängigkeit von den zivilrechtlichen Erfordernissen Freiheit, ob mündliche oder schriftliche Abreden getroffen werden. Allerdings ist eine gemeinnützige Körperschaft grundsätzlich nach § 63 AO verpflichtet, nach der gemeinnützigen Zweckerfüllung zu streben, was bedeutet, dass auf Grundlage angemessener Informationen eine vertretbare Entscheidung gefällt werden muss. Um einen dementsprechenden Nachweis führen zu können, ist ggf. eine Dokumentation erforderlich, aus der sich ergibt, auf welcher Grundlage die Preisfindung vorgenommen wurde. Dies kann später einmal belegen, dass die Vereinbarung im Rahmen der gemeinnützigen Zweckerfüllung getroffen wurde und damit keine Ausgabe für einen satzungsfremden Zweck vorliegt, sollte im Nachhinein der Vorwurf aufkommen, es seien unangemessene Preise vereinbart worden. Nicht jede unverhältnismäßige Vergütung führt zur Mittelfehlverwendung, sondern nur eine Vergütung, die sich unter Berücksichtigung der Überlegungen der gemeinnützigen Körperschaft nicht mehr vertreten lässt.[240]

157   Es steht zu befürchten, dass sich im Gemeinnützigkeitsrecht – ebenso wie im **internationalen Steuerrecht** – ein Trend ergeben könnte, wonach immer schärfere Dokumentationserfordernisse an die gemeinnützigen Unternehmen und Konzerne gestellt werden. Dies würde zu einer Angleichung der Preise an die Vorstellungen des Gesetzgebers führen. Gegenwärtig ist bei einer gemeinnützigen Körperschaft regelmäßig davon auszugehen, dass die vereinbarten Preise angemessen waren. Beweiserleichterungen für die Finanzverwaltung sind dabei nicht ersichtlich. Da die gemeinnützige Körperschaft ein weites Ermessen hat, welche geschäftliche Maßnahme sie im Einzelnen verfolgt, wird unter Berücksichtigung der dargestellten Funktionsanalyse typischerweise ein angemessener Preis dargestellt werden können.

158   Im internationalen Steuerrecht gibt es mittlerweile die Notwendigkeit, dass der inländische Steuerpflichtige durch eine Sachverhaltsdokumentation nachweist, dass ein angemessener

---

[239] Dies entspricht den allgemeinen Anforderungen an beherrschende Gesellschafter iRd vGA-Grundsätze (sog. „formeller" Fremdvergleich). Vgl. dazu bereits → Rn. 77.
[240] Siehe dazu bereits → Rn. 133 unter Bezugnahme auf BFH 12.3.2020 – V R 5/17, BStBl. II 2021, 55.

Preis gewählt wurde.²⁴¹ Teil der Sachverhaltsdokumentation sind insb. Informationen zum Zeitpunkt der Verrechnungspreisbestimmung, zur verwendeten Verrechnungspreismethode und zu den verwendeten Fremdvergleichsdaten. Diese strengen Erfordernisse können nicht auf das Gemeinnützigkeitsrecht übertragen werden. Während für internationale Konzerne die Gefahr real ist, dass diese durch Verrechnungspreise die Verlagerung von Steuersubstrat in andere Staaten mit günstigeren steuerlichen Bedingungen anstreben, kann bei gemeinnützigen Körperschaften typischerweise davon ausgegangen werden, dass sie die gemeinnützige Zweckverfolgung anstreben und etwaige Gewinne ohnehin zwangsläufig den steuerbegünstigten Zwecke zugutekommen. Nur falls die Gefahr besteht, dass das Interesse an der gemeinnützigen Zweckverfolgung durch Eigeninteressen des Geschäftspartners beeinträchtigt sein könnte, wird näher darzulegen sein, auf welcher Sachverhaltsgrundlage die vertraglichen Bedingungen genau vereinbart worden sind. Dies kommt allerdings prinzipiell ohnehin nur in solchen Fällen in Betracht, in denen der Geschäftspartner gleichzeitig erheblichen Einfluss auf die Entscheidungsfindung der gemeinnützigen Körperschaft hat. Gerade in derartigen Fällen sollte eine sorgfältige Dokumentation angestrebt werden.

I. Vermögensbindung

Das Vermögen einer gemeinnützigen Körperschaft unterliegt nach § 55 Abs. 1 Nr. 4 AO (iVm § 61 AO) der Vermögensbindung. Bei Auflösung oder Aufhebung der Körperschaft oder bei Wegfall ihres gemeinnützigen Zwecks darf das Vermögen der Körperschaft, soweit es die eingezahlten Kapitalanteile der Mitglieder und den gemeinen Wert der von den Mitgliedern geleisteten Sacheinlagen übersteigt, **nur für steuerbegünstigte Zwecke verwendet** werden. Der „Nachteil" für die steuerbegünstigte Tätigkeit einer gemeinnützigen Körperschaft ist die Verpflichtung, dass ihre in der Zeit der Steuerbegünstigung erwirtschafteten **Vermögenswerte dauerhaft gemeinnützig gebunden** bleiben. Sollte gegen diese Grundsätze verstoßen werden, kommt es zur rückwirkenden Versteuerung. Die Körperschaft wird behandelt, als ob sie von Beginn an steuerpflichtig gewesen wäre, wobei die Verjährung von Steueransprüchen über die gesetzlichen Verjährungsvorschriften hinaus erst nach zehn Jahren eintritt.   159

Ausgenommen von dieser Verwendungspflicht ist das in die gemeinnützige Körperschaft **eingelegte Vermögen.** Die in § 55 Abs. 1 Nr. 2 und 4 AO genannten Sacheinlagen sind Einlagen iSd Handelsrechts, für die Gesellschaftsrechte eingeräumt worden sind. Insoweit sind also Kapitalgesellschaften angesprochen, nicht aber Vereine. Auch bei der Stiftung kann das gestiftete Vermögen von der Vermögensbindung ausgenommen werden. Dann scheidet allerdings der Spendenabzug für die Hingabe des Vermögens aus.   160

Der **Ausstieg aus der Gemeinnützigkeit** ist nach den gemeinnützigkeitsrechtlichen Vorschriften jederzeit möglich. Allerdings ist die Konsequenz ggf. eine Nachversteuerung.²⁴² Zivilrechtlich kann sich der Ausstieg aus der Gemeinnützigkeit deswegen schwierig gestalten, weil es stiftungsrechtlich auf den mutmaßlichen Stifterwillen ankommt. Nur wenn nachgewiesen werden kann, dass der Stifter möglicherweise aufgrund veränderter gemeinnützigkeitsrechtlicher Vorschriften zwar die in der Stiftung festgesetzte Tätigkeit hätte weiterverfolgen wollen, aber eben nicht mehr unter Beachtung der Erfordernisse des Gemeinnützigkeitsrechts, wird ein entsprechender Ausstieg aus der Gemeinnützigkeit denkbar sein. Wenn dagegen, wie im Regelfall, die Gemeinnützigkeit und deren steuerliche Vorteile sowie die Bindung der Organe an die gemeinnützige Zweckverfolgung für den Stifter wesentlich gewesen sind, scheidet eine Zweckänderung aus, es sei denn, aus wirt-   161

---

²⁴¹ § 90 Abs. 3 AO iVm Gewinnabgrenzungsaufzeichnungs-Verordnung v. 12.7.2017, BStBl. I 2017, 1220, sowie die Verwaltungsgrundsätze 2020 BMF 3.12.2020, BStBl. I 2020, 1325.
²⁴² Sogleich unter → Rn. 173 ff.

schaftlichen Gründen ist die künftige gemeinnützige Zweckerfüllung unmöglich geworden. Auch vereinsrechtlich kann die Zweckänderung erhebliche Schwierigkeiten machen, da typischerweise der einstimmige Beschluss sämtlicher Vereinsmitglieder dafür erforderlich ist.[243]

J. Verfahren zur Feststellung der Gemeinnützigkeit

162 Es gibt keine allgemeine Feststellung der Finanzbehörden, dass eine Körperschaft gemeinnützig ist.[244] Vielmehr unterscheidet das Gesetz in § 60a AO zwischen der Feststellung der satzungsmäßigen Voraussetzungen und einem sog. **Freistellungsbescheid,** mit dem die Finanzverwaltung der Körperschaft im Nachhinein bescheinigt, dass sie im abgelaufenen Veranlagungsjahr aufgrund der Gemeinnützigkeit keine Körperschaft- oder Gewerbesteuer schuldet. Denkbar ist auch, dass die Körperschaft einen **Körperschaftsteuerbescheid** oder einen **Gewerbesteuerbescheid** erhält, in dem in der Anlage ausgeführt wird, dass die Körperschaft abgesehen vom steuerpflichtigen Bereich im Übrigen steuerbegünstigte Zwecke verfolgt.

163 Die genannten Bescheide der Finanzverwaltung werden regelmäßig – grundsätzlich mit Wirkung auch für die nachfolgenden Jahre[245] – für die Ausstellung von Zuwendungsbestätigungen und damit für den Spendenabzug[246] anerkannt. Vergleichbare Bedeutung haben sie für Förderkörperschaften, die bei Vorlage dieser Bescheide sowohl auf den steuerbegünstigten Status der Empfängerkörperschaft als auch auf die zweckentsprechende Verwendung der zugewendeten Mittel vertrauen dürfen (§ 58a AO). Auch von staatlichen Behörden werden diese überwiegend als Nachweis dafür akzeptiert, dass tatsächlich gemeinnützige Zwecke im abgelaufenen Zeitraum verfolgt wurden. Es gibt aber keinen Bescheid der Finanzbehörden, mit dem einer gemeinnützigen Körperschaft bestätigt würde, dass sie im laufenden Veranlagungsjahr auch tatsächlich gemeinnützige Zwecke verwirklicht. Vielmehr wird diese **Feststellung stets nur ex post** getroffen.

I. Feststellung der satzungsmäßigen Voraussetzungen

164 Auf Antrag einer gemeinnützigen Körperschaft kann für diese die Einhaltung der satzungsmäßigen Voraussetzungen nach den §§ 51, 59, 60 und 61 AO gesondert festgestellt werden (§ 60a Abs. 2 Nr. 1 AO). Wie ausgeführt[247] müssen die Satzungszwecke und die Art ihrer Verwirklichung so genau bestimmt sein, dass **allein aufgrund der Satzung** geprüft werden kann, ob die satzungsmäßigen Voraussetzungen für die Steuervergünstigungen gegeben sind. Dabei hat die Finanzverwaltung eine **Mustersatzung** entwickelt, die nach Anlage 1 zu § 60 AO Grundlage der Beurteilung durch das zuständige Finanzamt ist, dass die satzungsmäßigen Voraussetzungen für die Gemeinnützigkeit vorliegen. Der entsprechende Bescheid ergeht nicht unter Vorbehalt der Nachprüfung, vielmehr muss sich das Veranlagungsfinanzamt entscheiden, ob die vorliegende Satzung den Gemeinnützigkeitsvorgaben genügt.[248] Sollte sich nach Erlass eines Bescheids nach § 60a AO herausstellen, dass die tat-

---

[243] Siehe dazu bereits → § 1 Rn. 41.
[244] Mitwirkung zum 1.1.2024 wird allerdings mit dem sog. Zuwendungsempfängerregister geschaffen, aus dem jedermann den aktuellen Steuerstatus einer Organisation und deren Berechtigung zur Ausstellung von Zuwendungsbestätigungen ersehen kann, vgl. dazu *Kirchhain* DStR 2021, 129 (137 f.).
[245] Vgl. § 63 Abs. 5 S. 1 Nr. 1 AO; AEAO zu § 63 Abs. 1 Tz. 3.
[246] Vgl. § 10b EStG iVm § 50 Abs. 1 S. 1 EStDV bzw. § 9 Abs. 1 Nr. 2, Abs. 3 KStG.
[247] Siehe → Rn. 43.
[248] Lehnt die Behörde den Antrag mangels Vorliegens dieser Voraussetzungen ab, muss die gemeinnützige Körperschaft die begehrte Feststellung im Wege des Einspruchs bzw. der Verpflichtungsklage (§ 40 FGO) durchsetzen; im vorläufigen Rechtsschutz kommt – anders als iRd späteren Aberkennung – allein eine einstweilige Anordnung nach § 114 FGO in Betracht: BFH 2.12.2020 – V B 25/20 (AdV), BeckRS 2020, 40532.

sächliche Geschäftsführung gegen die satzungsmäßigen Voraussetzungen verstößt, kann das Finanzamt nach § 60a Abs. 6 S. 2 AO den Bescheid aufheben.[249]

II. Deklaration und Freistellungsbescheid

Ob die Voraussetzungen für eine Steuerbegünstigung vorliegen – insbesondere, ob die Geschäftsführung der gemeinnützigen Körperschaft den Satzungsbestimmungen und den Erfordernissen der §§ 51–68 AO entsprochen hat –, prüft das zuständige Finanzamt regelmäßig nach Ablauf des jeweiligen Veranlagungszeitraums anhand eines **besonderen Steuererklärungsvordrucks.** In der Regel führt die Finanzverwaltung diese Überprüfung jeweils im Abstand von drei Jahren durch, soweit die Einnahmen im steuerpflichtigen wirtschaftlichen Geschäftsbetrieb unterhalb von 45 000 EUR liegen.

165

In dem Erklärungsvordruck der Finanzverwaltung **(Anlage Gem)** werden zahlreiche gemeinnützigkeitstypische Besonderheiten abgefragt.[250] Wegen der großen Bedeutung der Satzung muss jeweils deren aktuelle Fassung übermittelt werden. Es ist eine weitgehend aufgegliederte Gegenüberstellung der Einnahmen und Ausgaben und eine Aufstellung über das Vermögen sowie ein Geschäfts- und Tätigkeitsbericht einzureichen.[251] Es muss erklärt werden, ob und welche steuerpflichtigen wirtschaftlichen Geschäftsbetriebe oder Zweckbetriebe vorliegen. Sofern hilfsbedürftige Personen unterstützt werden, ist zu bestätigen, dass Aufzeichnungen vorliegen, aus denen sich ergibt, dass sich die Körperschaft von der Hilfebedürftigkeit des betreuten Personenkreises überzeugt hat oder Beweiserleichterungen vom Finanzamt gewährt wurden. Für die besonderen Zweckbetriebe sind entsprechende Bestätigungen abzugeben. Sofern die im Veranlagungszeitraum zugeflossenen Mittel nicht vollständig ausgegeben wurden, sind die gebildeten Rücklagen näher zu erläutern. Die Finanzverwaltung kann auch eine **Mittelverwendungsrechnung** anfordern und dies wird regelmäßig auch erfolgen, falls sich aus dem Abschluss nicht ohne Weiteres ergibt, dass dem Gebot der zeitnahen Mittelverwendung genügt wurde.[252]

166

Die die Steuererklärung unterzeichnenden **Organe übernehmen die Verantwortung** für hinreichende Überprüfung, dass die Voraussetzungen für die Beantragung der Gemeinnützigkeit in dem abgelaufenen Veranlagungsjahr auch tatsächlich vorgelegen haben. Dazu müssen die satzungsmäßigen Voraussetzungen gegeben und die tatsächliche Geschäftsführung durchgehend auf die ausschließliche, selbstlose und unmittelbare gemeinnützige Erfüllung der satzungsmäßigen Zwecke gerichtet gewesen sein. Nach allgemeinen Grundsätzen wird ggf. **in Zweifelsfällen Rechtsrat** eingeholt werden müssen. Insbesondere muss darauf geachtet werden, ob die Zweckbetriebsvoraussetzungen auch tatsächlich vorliegen. In Bezug auf die Mittelbeschaffungsaktivitäten muss die Gewinnerzielungsabsicht vorhanden, in Bezug auf gemeinnützige Aktivitäten unter Umständen die geforderte Gewinnbegrenzung intendiert gewesen sein. Sollte dies tatsächlich nicht der Fall gewesen sein, darf eine Steuererklärung, wonach die Körperschaft gemeinnützig tätig gewesen sei, nicht eingereicht werden. Gegebenenfalls wird ein steuerpflichtiger Teilbereich identifiziert und entsprechend erklärt werden können.

167

Bei größeren gemeinnützigen Körperschaften ergehen entsprechende Steuerbescheide nach § 164 AO unter dem Vorbehalt der Nachprüfung. Dies bedeutet, dass die Finanzverwaltung in einer nachfolgenden Betriebsprüfung nicht nur die tatsächlichen Umstände, die der Beantragung der Gemeinnützigkeit zugrunde gelegen haben, umfassend überprüfen darf. Sie kann auch die rechtliche Beurteilung von ihr bekannten Sachverhalten noch wesentlich ändern, es sei denn, es kommt aufgrund besonderer Umstände ein Vertrauensschutz

168

---

[249] Vgl. zur abweichenden bisherigen Auffassung der Finanzverwaltung, die unter diesen Voraussetzungen schon die Versagung der Erteilung des Bescheids für möglich erachtete, AEAO zu § 60a Tz. 4.
[250] Genauer zum Inhalt siehe unter → § 9 Rn. 53 ff.
[251] Genauer zu deren jeweiliger Ausgestaltung siehe unter → § 9 Rn. 46 ff.
[252] Dazu unter → Rn. 37 ff. und → § 9 Rn. 52.

des Steuerpflichtigen in Betracht. Immer wieder ergibt sich in Betriebsprüfungen, dass die ursprüngliche rechtliche Beurteilung eines bestimmten Sachverhalts durch eine vorangegangene Betriebsprüfung grundlegend geändert wird. Dies ist rechtlich ohne Weiteres möglich.[253] **Vertrauensschutz** wird im Steuerrecht regelmäßig nur gewährt, wenn entweder aufgrund einer höchstrichterlichen Entscheidung oder eines allgemeinen Erlasses der Finanzverwaltung eine bestimmte rechtliche Beurteilung bestimmter Sachverhalte der Steuererklärung und der dieser nachfolgenden Veranlagung durch das Finanzamt zugrunde gelegt werden kann.

169 Ein höheres Maß an Rechtssicherheit lässt sich für gemeinnützige Körperschaften, wie für alle anderen Steuerpflichtigen auch, im Vorfeld von geplanten Maßnahmen nur erreichen, wenn ein **Antrag auf verbindliche Auskunft** nach § 89 AO gestellt wird. Dazu ist erforderlich, dass ein bestimmter ernsthaft geplanter Sachverhalt in Bezug auf seine rechtliche Behandlung Zweifelsfragen aufwirft, weil dazu verschiedene Rechtsauffassungen vertreten werden. Unter diesen Umständen kann mit einer (gebührenpflichtigen) verbindlichen Auskunft Rechtssicherheit von der Finanzbehörde erlangt werden.

170 Bei der Steuererklärung liegt es in eigener Verantwortung des Steuerpflichtigen, im Hinblick auf die gegebene Rechtslage zutreffende Sachverhaltsangaben zu machen. Der Steuerpflichtige muss die Rechtsauffassung der Finanzverwaltung grundsätzlich seiner Steuererklärung zugrunde legen. Er ist nicht berechtigt, von einer abweichenden eigenen Rechtsauffassung auszugehen und deswegen bestimmte Sachverhalte gegenüber den Finanzbehörden nicht zu erklären. Vielmehr muss in derartigen Fällen ggf. der Sachverhalt dem Finanzamt gegenüber dargestellt und es diesem überlassen werden, wie es diesen im Einzelnen beurteilt. Jeder Steuerpflichtige ist außerdem verpflichtet, in Zweifelsfällen – dh, wenn er sich nicht in der Lage sieht, die verwirklichten Sachverhalte in das jeweilige Rechtssystem einzuordnen – **rechtlichen und steuerlichen Rat einzuholen.** Auch insofern gilt natürlich, dass dem steuerlichen Berater der Sachverhalt vollständig offenzulegen ist, damit dieser die rechtliche Behandlung auf dieser Grundlage prüfen kann. Nach Maßgabe dieser Grundsätze wird eine zutreffende Steuererklärung erarbeitet, unterzeichnet und eingereicht. Die Richtigkeit der Angaben ist strafbewehrt. Dies gilt ebenso für die spätere Untätigkeit trotz entgegenstehender **Pflicht zur Berichtigung,** falls sich im Nachhinein tatsächliche Abweichungen ergeben, die dazu führen, dass die ursprüngliche Erklärung unrichtig oder unvollständig geworden ist (vgl. 153 AO).

III. Betriebsprüfung

171 Das Verfahrensrecht kennt verschiedene Möglichkeiten, um steuerliche Sachverhalte zu überprüfen. Typischerweise findet eine **allgemeine Betriebsprüfung** bei größeren gemeinnützigen Körperschaften statt, bei denen dann insb. in Bezug auf die Körperschaftsteuer, die Gewerbesteuer und die Umsatzsteuer überprüft wird, ob die jeweiligen Steuererklärungen den gesetzlichen Bestimmungen entsprochen haben. Dabei ist den Betriebsprüfern umfassend Auskunft zu erteilen. Regelmäßig können die Steuerbescheide im Anschluss an eine Betriebsprüfung umfassend geändert werden, wobei allerdings im Einzelfall Vertrauensschutz in Betracht kommt. Im Rahmen der Betriebsprüfung finden fortlaufend Besprechungen mit dem Betriebsprüfer statt, in denen einzelne Sachverhalte erörtert werden. Vielfach findet sich eine Reihe von Sachverhalten, deren rechtliche Würdigung umstritten bleibt. Dann kommt es im Rahmen einer Schlussbesprechung zu einer abschließenden Erörterung des Falls aus Sicht der Betriebsprüfung, bei der versucht wird, ein gemeinsames Verständnis für sämtliche Problemfälle herzustellen. Auf dieser Grundlage ergehen nach

---

[253] Zur Absicherung der rechtlichen Bewertungen der Betriebsprüfung für die Zukunft besteht jedoch die Möglichkeit der Beantragung einer verbindlichen Zusage gem. §§ 204 ff. AO (genauer dazu sogleich → Rn. 172).

einer erneuten Anhörung zum Betriebsprüfungsbericht ggf. **geänderte Steuerbescheide.** Ein Vorbehalt der Nachprüfung ist nach Abschluss einer Betriebsprüfung grundsätzlich aufzuheben (§ 164 Abs. 3 S. 3 AO).

172 Gerade nach schwierigen und komplexen Betriebsprüfungen über Grundsatzfragen des Geschäftsmodells der jeweiligen gemeinnützigen Unternehmung kann es sich anbieten, im Anschluss an die Betriebsprüfung eine **verbindliche Zusage nach §§ 203 ff. AO** zu beantragen. Eine derartige Zusage ist allerdings nur kurzfristig nach Abschluss der Betriebsprüfung möglich, wenn der Sachverhalt, auf den sich die Zusage beziehen soll, weiterhin vorliegt und wenn dieser Sachverhalt auch im Betriebsprüfungszeitraum in derselben Form vorlag und von der Betriebsprüfung im Einzelnen untersucht worden ist. Vorteil einer derartigen verbindlichen Zusage ist, dass damit die rechtliche Beurteilung und Würdigung dieses Sachverhaltes auch für die Zukunft feststeht und erst mit Wirkung für die Zukunft ggf. widerrufen werden kann. Die gemeinnützige Körperschaft erlangt Rechtssicherheit. Im Unterschied zu einem Antrag auf verbindliche Auskunft, der sich stets nur auf Rechtsfragen beziehen kann, ermöglich die verbindliche Zusage, dass eine übereinstimmende Würdigung von Sachverhalten, die letztlich verschieden betrachtet werden könnten, festgeschrieben werden kann. Auch ist es möglich, bspw. schätzweise Aufteilungen auf diese Art und Weise mit den Finanzbehörden rechtsverbindlich zu machen und damit für die gemeinnützige Körperschaft weitaus mehr Planungssicherheit zu schaffen, als dies im rein gesetzlichen Rahmen gegeben ist.

K. Verlust und Ausstieg aus der Gemeinnützigkeit

I. Voraussetzungen

173 Gemeinnützigkeitsrechtlich ist der Ausstieg aus der Gemeinnützigkeit jederzeit möglich, sei es gewollt oder ungewollt durch Verstoß gegen die gemeinnützigkeitsrechtlichen Vorschriften. Das Gesetz unterscheidet hier zwischen einer bloßen Mittelfehlverwendung und Verstößen gegen die gemeinnützigkeitsrechtlichen Vorgaben. Typischerweise führt eine Mittelfehlverwendung „nur" dazu, dass für das betreffende Veranlagungsjahr die Gemeinnützigkeit verloren geht. Dies gilt bspw. auch, wenn in Bezug auf eine einzelne Satzungsbestimmung die Gemeinnützigkeitsvorgaben nicht eingehalten worden sein sollten. Häufig kommt es vor, dass im Rahmen von Betriebsprüfungen zwar einzelne Sachverhalte gemeinnützigkeitsrechtlich beanstandet werden, daraus aber nach dem **Verhältnismäßigkeitsgrundsatz** nicht der Schluss gezogen wird, die Gemeinnützigkeit unmittelbar abzuerkennen, sondern vielmehr lediglich mit einer Aberkennung in der Folgezeit gedroht wird, falls sich Entsprechendes wiederholen sollte. Insofern weichen die gesetzliche Regelung und die Praxishandhabung voneinander ab. Nach der gesetzlichen Regelung muss die gemeinnützige Körperschaft im gesamten Veranlagungszeitraum danach gestrebt haben, ausschließlich, unmittelbar und selbstlos die satzungsmäßigen gemeinnützigen Zwecke zu verwirklichen. Sollte festgestellt werden, dass dies nicht der Fall war, ist die Steuerbefreiung abzuerkennen. Eine mildere Regelung gilt allein für Verstöße gegen die zeitnahe Mittelverwendung. In derartigen Fällen soll das Finanzamt nach § 63 Abs. 4 AO der gemeinnützigen Körperschaft eine Frist setzen, innerhalb derer die zeitnahe Mittelverwendung nachgeholt werden muss. Ob dieses **wenig differenzierte Sanktionssystem** für Verstöße gegen die Gemeinnützigkeitsvorschriften angemessen ist, ist umstritten.[254]

---

[254] Vgl. dazu *Schauhoff* DStJG Bd. 26 (2003), 133 (138 f.); *Hüttemann* 72. DJT, Gutachten G., 43 f., 85 f. mwN; die Bundesregierung hatte bei der Diskussion der gemeinnützigkeitsrechtlichen Vorschriften im Rahmen des JStG 2020 eine Umstellung auf eine Sonderabgabe beim Verlust der Gemeinnützigkeit vorgesehen. Der Bundestag hat dies nicht übernommen; vgl. *Hüttemann* DB 2021, 72 (80).

174 Auch der BFH hat jüngst im Kontext von unangemessen hohen Vergütungen erkennen lassen, dass der Verhältnismäßigkeitsgrundsatz es für geringe Verstöße verbietet, die Gemeinnützigkeit für ein Veranlagungsjahr abzuerkennen.[255] Da es sich beim Entzug der Gemeinnützigkeit nicht um eine Ermessensentscheidung der Finanzverwaltung handle, stellten das Verhältnismäßigkeitsprinzip und der ihm innewohnende **Bagatellvorbehalt** ein unverzichtbares Korrektiv dar, um in Einzelfällen die einschneidende Rechtsfolge des Verlusts der Gemeinnützigkeit auszuschließen.[256] Konkret wurde ein Verstoß gegen das Verbot unverhältnismäßig hoher Vergütungen iHv ca. 3000 EUR innerhalb eines Jahres als – sowohl hinsichtlich des absoluten Betrages als auch im Verhältnis zur Gesamttätigkeit der Körperschaft – so geringfügig erachtet, dass dieser allein eine Versagung der Gemeinnützigkeit nicht rechtfertigte.[257]

175 Kommt es zu einem derartigen Verstoß gegen die Gemeinnützigkeitsvorschriften, sind die Organe der Körperschaft, wenn der Verstoß aufgedeckt worden und rechtskräftig festgestellt worden sein sollte, natürlich weiterhin verpflichtet, die Gemeinnützigkeit anzustreben. Ein **endgültiger Ausstieg** aus der Gemeinnützigkeit kann **nur durch Satzungsänderung** erfolgen. Ansonsten verlangt die Satzung von den Organen, die Körperschaft entsprechend den Gemeinnützigkeitsvorschriften zu führen. Erfolgt eine Satzungsänderung dergestalt, dass unterjährig nicht mehr die Gemeinnützigkeitsvorschriften berücksichtigt werden, insb. die nach der Mustersatzung erforderlichen Bestimmungen aus der Satzung herausgenommen werden, ist die Rechtsfolge der Wegfall der Gemeinnützigkeit.

176 Auch wenn eine gemeinnützige Körperschaft beschließt, ein **Liquidationsverfahren** durchzuführen, gibt es die These, dies allein führe schon zum Wegfall des gemeinnützigen Zwecks.[258] Dies erscheint aber unzutreffend, denn ebenso, wie jeder gemeinnützigen Körperschaft eine Aufbauphase zugebilligt werden muss, sollte ihr auch erlaubt werden, das vorhandene Vermögen entsprechend den Gemeinnützigkeitsvorschriften abzuwickeln. In dieser Zeit ist die Steuerbefreiung weiterhin zu gewähren, sofern die Voraussetzungen der §§ 51 ff. AO im Übrigen erfüllt sind.[259] Dasselbe gilt, falls eine gemeinnützige Körperschaft **Insolvenz** anmelden muss.[260]

II. Rechtsfolgen

177 Die typische Rechtsfolge beim Wegfall des gemeinnützigen Zwecks ist, dass im betreffenden Veranlagungsjahr **Körperschaftsteuer und Gewerbesteuer** anfallen. Auch die Erhebung von Grundsteuer kommt in Betracht. Umsatzsteuerlich kann sich im Einzelfall der Wegfall der Gemeinnützigkeit sehr negativ auswirken, weil dann der ermäßigte Steuersatz nach § 12 Abs. 2 Nr. 8 UStG nicht mehr zu Anwendung kommt. Vielfach muss allerdings der Wegfall der Steuerbefreiung nicht wirtschaftlich ungünstig sein. Aufwendungen, die bislang im steuerfreien Bereich anfielen, können nun zu einem steuerlich wirksamen Verlust führen. Dies ist insb. in Bezug auf **verlustträchtige Zweckbetriebe** häufig der Fall. Andererseits gibt es aber natürlich auch Fälle, in denen bei hohen Einkünften im Be-

---

[255] BFH 12.3.2020 –V R 5/17, BStBl. II 2021, 55, Tz. 61 ff.
[256] So BFH 12.3.2020 – V R 5/17, BStBl. II 2021, 55, Tz. 61 unter Bezugnahme auf *Hüttemann* GemeinnützigkeitsR Rn. 4.162.
[257] BFH 12.3.2020 – V R 5/17, BStBl. II 2021, 55, Tz. 62; ein Verstoß von über 10 000 EUR in einem anderen klagegegenständlichen Veranlagungszeitraum wurde hingegen bereits der absoluten Höhe nach nicht mehr als geringfügig bewertet; dazu zu Recht kritisch („zu restriktiv"): *Maciejewski* npoR 2021, 69 (71).
[258] BFH 16.5.2007 – I R 14/06, BStBl. II 2007, 808; AEAO zu § 51 AO Nr. 6; aA überzeugend *Hüttemann* GemeinnützigkeitsR Rn. 2.24.
[259] So zur Abwicklung eines gemeinnützigen Vereins: Sächsisches FG 19.3.2013 – 3 K 1143/09, EFG 2014, 584; *Hüttemann* GemeinnützigkeitsR Rn. 2.24.
[260] Ebenso streitig, siehe etwa die umstrittene Entscheidung des BFH 16.5.2007 – I R 14/06, BStBl. II 2007, 808, wonach die Steuerbefreiung ende, wenn die eigentliche steuerbegünstigte Tätigkeit eingestellt und über das Vermögen der Körperschaft das Konkurs- oder Insolvenzverfahren eröffnet werde; kritisch dazu *Kahlert/Eversberg* ZIP 2010, 260 (261 ff.). Zur Insolvenz gemeinnütziger Körperschaften siehe ausführlich → § 11.

reich der steuerfreien Vermögensverwaltung der Verlust der Gemeinnützigkeit erhebliche nachteilige Steuerfolgen auslöst (insb. bei großen Stiftungen). Ob **Zuwendungen oder Spenden** sich steuerlich nachteilig auswirken, hängt von der Rechtsform der gemeinnützigen Körperschaft ab. Bei Kapitalgesellschaften handelt es sich typischerweise um Erträge, bei Vereinen und Stiftungen liegen Zuwendungen auf der Vermögensebene vor, die Schenkungsteuer[261] auslösen können, ertragsteuerlich aber regelmäßig folgenlos bleiben.

Der Regelfall ist somit, dass **nur für das betreffende Veranlagungsjahr** die Steuerbegünstigung nach den jeweiligen Steuergesetzen verloren geht.[262] Etwas anderes gilt, wenn gem. § 61 Abs. 3 AO die **Bestimmung über die Vermögensbindung** in der Satzung nachträglich so geändert wird, dass sie den Anforderungen des § 55 Abs. 1 Nr. 4 AO nicht mehr entspricht. Dann können sämtliche Steuerbescheide erlassen, aufgehoben oder geändert werden, soweit sie Steuern betreffen, die **innerhalb der letzten zehn Kalenderjahre** vor der Änderung der Bestimmung über die Vermögensbindung entstanden sind. In dieser gesetzlichen Bestimmung zeigt sich der Unterschied des Gesetzes zwischen dem vorübergehenden Wegfall der Steuerbegünstigung wegen eines Gemeinnützigkeitsverstoßes einerseits und dem dauerhaften Ausstieg aus der Gemeinnützigkeit andererseits. Verstöße gegen die Gemeinnützigkeitsvorschriften können im Einzelfall so schwer wiegen, dass sie dem dauerhaften Ausstieg aus der Gemeinnützigkeit gleichkommen. Dann ist ebenfalls die rückwirkende Versteuerung über zehn Jahre möglich.[263]

178

Möchte eine Körperschaft **aus der Gemeinnützigkeit aussteigen,** hat sie zum einen die Möglichkeit, die Satzung grundlegend zu ändern und mit Wirkung für die Zukunft steuerpflichtig zu werden. Nach § 13 KStG führt dies dazu, dass die stillen Reserven in den vorhandenen Wirtschaftsgütern steuerfrei aufgedeckt werden. Dies gilt aber nicht für den vorhandenen Geschäftswert, sodass die Körperschaft nach dem Ausstieg aus der Gemeinnützigkeit ihre Geschäfte fortführen kann, ohne insoweit schlussbesteuert zu werden.[264] Nach der Aufdeckung der stillen Reserven besteht die Verpflichtung, das so ermittelte Vermögen entsprechend dem Grundsatz der Vermögensbindung, wie er in der Satzung der gemeinnützigen Körperschaft niedergelegt ist, auf eine andere steuerbegünstigte Körperschaft oder eine Körperschaft des öffentlichen Rechts zur Verwendung für steuerbegünstigte Zwecke zu übertragen. In der Sache bedeutet dies, dass die ursprünglich gemeinnützige Körperschaft gleichsam **ohne Eigenkapital ihre Tätigkeit fortsetzen** muss. Vielfach kann es aber gelingen, dass der Zuwendungsempfänger oder Gesellschafter weiteres Eigenkapital bereitstellt. Auch ist nicht festgelegt, auf welche Weise die Verbindlichkeit erfüllt wird. Denkbar ist, dass die Wirtschaftsgüter nicht übertragen werden, sich die Körperschaft vielmehr in hohem Maße fremdfinanziert und ihr Eigenkapital in Geld der begünstigten Empfängerorganisation zuwendet.

179

Ob dann, wenn tatsächlich der endgültige Ausstieg aus der Gemeinnützigkeit beabsichtigt ist, sich eher die Erfüllung der Vermögensbindungsverpflichtung als Weg anbietet oder die Möglichkeit gewählt wird, rückwirkend zehn Jahre Steuern nachzuzahlen, hängt von **den jeweiligen Verhältnissen im Einzelfall** ab. Ob und in welcher Höhe die nachträgliche Besteuerung tatsächlich wirtschaftlich tragbar ist, beurteilt sich in Bezug auf die Ertragsteuern nach der jeweiligen Gewinnsituation. Umsatzsteuerlich ist es häufig so, dass gemeinnützige Körperschaften in gleicher Weise umsatzbesteuert werden wie nicht gemeinnützige Körperschaften. Das Umsatzsteuerrecht knüpft nicht an die formellen Vorschriften der Gemeinnützigkeit an, sondern an die Art der jeweiligen Tätigkeit, die ggf. ohne Gewinnerzielungsabsicht betrieben worden sein kann.[265] Dies wird bei Körperschaf-

180

---

[261] Vgl. → § 7 Rn. 182 ff. Zu beachten sind Freibeträge von regelmäßig 20 000 EUR je Zuwendendem gem. § 16 Abs. 1 (Nr. 7) ErbStG.
[262] Zu verfahrensrechtlichen Aspekten bei Entzug der Gemeinnützigkeit vgl. BLSB Gemeinnützigkeit/*Leichinger* S. 268.
[263] Vgl. BFH 12.10.2010 – I R 59/09, BStBl. II 2012, 226; übernommen in AEAO zu § 61 Tz. 6.
[264] Vgl. KStR 13.3 Abs. 2, KStH 13.3 und KStR 13.4.
[265] Eingehend → § 7 Rn. 94 ff.

ten, die aus der Gemeinnützigkeit aussteigen, für den zurückliegenden Betrachtungszeitraum im Regelfall gegeben sein. Demnach erfordert der geplante Ausstieg aus der Gemeinnützigkeit umfassende Prüfungen, ob er sich sinnvoll verwirklichen lässt und auf welche Weise er umgesetzt werden sollte.

§ 3 Corporate Governance

Übersicht

	Rn.
A. Unternehmens- und Konzernleitung	5
I. Gemeinnützigkeitsrecht als Organisationsrecht	7
II. Leitungspflicht	10
B. Organisation aus Rechtssicht	15
I. Entscheidungskompetenzen	15
II. Grenzen der Autonomie	20
1. Stifterwille und Stiftungsaufsicht	22
2. Kirchenbehörde	23
3. Übergeordneter Verband	26
III. Anforderungen an die tatsächliche Geschäftsführung	30
IV. Entscheidungsfindung in den Organen	35
1. Mitglieder- oder Gesellschafterversammlung	36
2. Aufsichtsgremium	46
3. Vorstand oder Geschäftsführung	52
V. Rechtstreue	59
VI. Business Judgment Rule	61
1. Angemessene Information	64
2. Vertretbare Entscheidung	66
3. Culpa in Eligendo	67
4. Compliant	69
5. Interessenkonflikt	73
VII. Geschäftsordnung und andere interne Richtlinien	77
1. Geschäftsführung – Ressort	79
2. Aufsichtsgremium – Ausschüsse	81
3. Interne Richtlinien	82
4. Protokolle	83
VIII. Kompetenzen des Aufsichtsgremiums	84
C. Gemeinnütziger Konzern und Gruppe	87
I. Konzernhaftung	95
II. Konzernleitung	102
1. Konzern	102
2. Gesamtverein oder Vereinsverband	106
III. Konzernrechnungslegung	107
IV. Gemeinnützigkeitsrecht	108

Corporate Governance wird allgemein als die **Gesamtheit aller Regeln, Vorschriften,** 1 **Werte und Grundsätze** verstanden, die für ein Unternehmen gelten und bestimmen, wie dieses geführt und überwacht wird. Kennzeichen einer guten Corporate Governance sind insbesondere

- ein angemessener Umgang mit Risiken;
- ein formelles, transparentes Verfahren für die Personalbesetzung in den Organen;
- eine funktionsfähige Unternehmensleitung;
- eine Ausrichtung der Management-Entscheidungen auf eine langfristige Zweckerfüllung;
- Transparenz in der Unternehmenskommunikation und
- eine zielgerichtete Zusammenarbeit der Unternehmensleitung und derjenigen Gremien, die für die Überwachung der Unternehmensleitung zuständig sind.

2   Die Governance von erwerbswirtschaftlichen Unternehmen ist auf die Wertsteigerung des Unternehmens und gleichzeitige Erhöhung der Ausschüttungen zugunsten der Eigentümer des Unternehmens gerichtet. Dagegen ist die Zielsetzung von gemeinnützigen und Non Profit Organisationen die Erfüllung der gemeinnützigen Zwecke im Einklang mit den gemeinnützigkeitsrechtlichen Vorgaben in der Satzung und den gesetzlichen Regelungen.

3   Grundsätzlich wird der Ordnungsrahmen eines Unternehmens maßgeblich durch den Gesetzgeber und die Eigentümer des Unternehmens bestimmt. Die konkrete Ausgestaltung innerhalb des Ordnungsrahmens obliegt typischerweise einem Aufsichtsgremium und der Unternehmensführung. Für **erwerbswirtschaftliche Unternehmen** hat die Unterscheidung zwischen dem sog. **Shareholder-Ansatz,** wonach die Unternehmensführung allein auf die Interessen der Anteilseigner ausgerichtet wird, und dem **Stakeholder-Ansatz,** wonach das Wohlwollen aller relevanten Anspruchsgruppen bei der Unternehmensführung zu bedenken ist, wesentliche Bedeutung. Für die Governance von **Non Profit Organisationen,** insb. von gemeinnützigen Organisationen, spielt diese Unterscheidung dagegen keine Rolle. Denn gemeinnützigen Unternehmen geht es, wie das Gesetz in § 55 AO vorschreibt, um die selbstlose, ausschließliche Erfüllung der gemeinnützigen Zwecke, die in der Satzung definiert sind. Ausschüttungen an die Anteilseigner sind verboten. Das Wirken der gemeinnützigen Körperschaft hat, so wie es in der Satzung niedergelegt ist, dem **Allgemeinwohl** zu dienen.[1]

4   Ungeachtet dieses grundlegenden Unterschiedes sind auch gemeinnützige Unternehmen und Konzerne gehalten, durch **effektives Management** möglichst lange und wirkungsvoll den gemeinnützigen Zweck zu verfolgen. Gemeinnütziges Wirken und betriebswirtschaftlich effektives Handeln schließen sich keineswegs aus. Der Unterschied besteht darin, dass die Zielrichtung des Wirkens anders ausgerichtet ist.[2] Die rechtlichen Rahmenbedingungen und Pflichten für Organe gemeinnütziger Organisationen unterscheiden sich nicht von den Pflichten, die Organe erwerbswirtschaftlicher Unternehmen treffen. Die Führung gemeinnütziger Organisationen unterliegt – ebenso wie die Führung erwerbswirtschaftlicher Unternehmen – der **Rechtskontrolle.** Bei beiden kann es zu Pflichtverletzungen und zur persönlichen Haftung von Organen kommen. Die Organe sind ua verpflichtet, das gemeinnützige Unternehmen oder den gemeinnützigen Konzern zu **leiten.** Das Unterlassen der Leitung mag zwar in einzelnen Fällen verlockend sein, generell gilt aber die Verpflichtung, das Unternehmen anzuführen, um zur gemeinnützigen Zweckerfüllung zu kommen.

A. Unternehmens- und Konzernleitung

5   Die **Unternehmensleitung** bezeichnet in der Betriebswirtschaftslehre die von Personen ausgeübte Funktion zur Leitung eines Unternehmens und die Tätigkeit des Führens. Unternehmensführung kann institutionell, funktional oder prozessual interpretiert werden. Leitung meint die direkte und indirekte Verhaltensbeeinflussung zur Realisierung von Zielen. Bei gemeinnützigen Organisationen ist typischerweise das Ziel, die in der Satzung definierten gemeinnützigen Zwecke zu fördern. Zu den typischen Hauptführungsaufgaben eines Managements gehört die strategische Unternehmensplanung und Festlegung der langfristigen Rahmenkonzeption für die strategischen Geschäftsfelder sowie die Konzeption, Einführung und Pflege wesentlicher, leistungsfähiger Systemstrukturen.[3]

6   Der **Gesetzgeber** gibt durch die erlassenen Gesetze nur einen **Rahmen** vor, wie ein Unternehmen zu leiten ist. Die Ausfüllung dieses Rahmens obliegt den zuständigen Orga-

---

[1] Vgl. dazu bspw. *Schuhen* Nonprofit Governance in der Freien Wohlfahrtspflege, 2002; *Hopt/von Hippel* Comparative Corporate Governance of Non Profit Organizations, Cambridge, 2010; *Helmig/Potschat* Non Profit Management, 2006.
[2] Staudinger/*Hüttemann/Rawert* § 86 Rn. 81 spricht daher von „Nonprofit Governance".
[3] Dazu näher unter → § 4 Rn. 6 ff., → § 5 Rn. 24 ff.

nen. Das Recht definiert die **Mindesterfordernisse,** die erfüllt sein müssen, damit die Unternehmensführung in Übereinstimmung mit den rechtlichen Vorgaben stattfindet, damit sie „compliant" mit den gesetzlichen Erfordernissen ist. Die **Pflicht, das Unternehmen zu leiten,**[4] ist unabhängig von der jeweiligen Rechtsform, den die einzelne gemeinnützige Organisation hat, typischerweise im Gesetz vorgeschrieben. Wer ein Amt als Vorstand oder Geschäftsführer einer gemeinnützigen Organisation übernimmt, hat die Gesellschaft, den Verein oder die Stiftung in eigener Verantwortung zu leiten, wie es bspw. in § 76 AktG für Aktiengesellschaften heißt. Auch ein GmbH-Geschäftsführer, Vereinsvorstand oder Stiftungsvorstand, der die ihm obliegende Leitung nicht oder nur unzureichend ausübt, handelt rechtswidrig. Es ist seine Pflicht, im Rahmen der Amtsausübung das Unternehmen zu leiten. Die Unterschiede zwischen den einzelnen Rechtsformen sind bereits im Einzelnen herausgearbeitet worden.[5] Im Folgenden wird rechtsformübergreifend dargelegt, welche Pflichten die verschiedenen Organe gemeinnütziger Unternehmen und Konzerne bei der Wahrnehmung ihrer Aufgaben treffen.

I. Gemeinnützigkeitsrecht als Organisationsrecht

Das Gemeinnützigkeitsrecht, welches in Deutschland in der **Abgabenordnung** geregelt ist, hat im Rechtssystem eine Aufgabe übernommen, die normalerweise dem Zivil- und Gesellschaftsrecht zufallen würde, nämlich die Herausbildung **standardisierter Rechtsformtypen für Non Profit Einrichtungen.**[6] Der Gemeinnützigkeitsstatus legt als rechtsformübergreifender Rechtsrahmen fest, unter welchen Voraussetzungen die Organisation als gemeinnützig anerkannt werden kann. Es ist nicht nur für die Steuerbegünstigung im Ertragsteuerrecht wesentlich, dass die Gemeinnützigkeitsvorschriften beachtet werden. Vielmehr schreibt die Satzung den Organen vor, dass sie gemeinnützig wirken müssen. Der Auftritt in der Öffentlichkeit erfolgt als gemeinnützige Organisation, entsprechend wird gegenüber den Spendern, den Stiftern, den Vereinsmitgliedern oder den Gesellschaftern das Wirken der Organisation dargestellt. Eine Abänderung des gemeinnützigen Zwecks ist kaum möglich, wenn nicht alle Mitglieder oder Gesellschafter mit satzungsändernder Mehrheit zustimmen.[7] Damit ist die Definition des Charakters als gemeinnützige Organisation typischerweise den Geschäftsführungsgremien entzogen. Folglich prägt diese institutionelle Funktion des Gemeinnützigkeitsrechts durchgehend das Handeln der geschäftsführenden Organe. Rechtsformübergreifend sind die in jeder Satzung einer gemeinnützigen Unternehmung enthaltenen zwingenden Vorschriften über die formelle Satzungsmäßigkeit[8] **für die Organe bindend.**

Sämtliche Mittel der gemeinnützigen Körperschaft müssen **ausschließlich und selbstlos für die gemeinnützigen Zwecke** verwendet werden. Daraus folgt, dass die Geschäftsführung einer gemeinnützigen Organisation bspw. nicht berechtigt ist, Mittel an Dritte für nicht gemeinnützige Zwecke auszugeben oder auf rechtlich durchsetzbare Ansprüche zu verzichten. Der gemeinnützige Verband muss beachten, dass auch ein **Verzicht auf durchsetzbare Ansprüche** eine satzungswidrige Mittelverwendung darstellen kann. Für die Geltendmachung von Rechtsansprüchen gibt es keinen unternehmerischen Ermessensspielraum. Allerdings dürfen selbstverständlich die Erfolgsaussichten einer klageweisen Durchsetzung vermeintlicher Ansprüche – ggf. unter Einbeziehung professionellen Rechtsrates – eingeschätzt werden. Auf dieser Grundlage kann durchaus entschieden werden, dass

---

[4] Siehe dazu → Rn. 10 ff.
[5] Siehe dazu → § 1 Rn. 110 ff.
[6] *Hüttemann* FR 2016, 969 (970); *Hüttemann* 72. DJT, Gutachten G. 14 ff.; ansatzweise auch *Droege* Gemeinnützigkeit im offenen Steuerstaat, 2009, 30.
[7] Näher → § 1 Rn. 41 und 113.
[8] Dazu unter → § 2 Rn. 43 ff.

die Durchsetzung des Anspruchs keine hinreichende Aussicht auf Erfolg hat und deshalb davon abgesehen wird.[9]

9   Vereins- und stiftungsrechtlich sind gemeinnützige Organisationen verpflichtet, ideelle Zwecke zu verfolgen. Die Ausgestaltung der ideellen Zweckverfolgung oder der „nicht auf einen wirtschaftlichen Geschäftsbetrieb gerichteten Tätigkeit" (vgl. § 21 BGB) wird durch die **Satzung** mit den nach Gemeinnützigkeitsrecht zwingend erforderlichen Angaben ausgestaltet. Gemeinnützige Organisationen verfolgen per Definition **ideelle Zwecke.** Dies gilt auch dann, wenn die gemeinnützige Organisation ein **Unternehmen betreibt** oder einen Konzern leitet. Zu Recht hat der BGH entschieden, dass ein Verein, der einen wirtschaftlichen Geschäftsbetrieb iSd Vereinsrechts unterhält, dennoch als **Idealverein** anzusehen ist, wenn der Vereinszweck nicht wirtschaftlicher Natur ist, wie dies bei gemeinnützigen Unternehmen und Konzernen per definitionem der Fall ist. Der Geschäftsbetrieb ist typischerweise so mit dem Vereinszweck verbunden, dass er final der Verwirklichung des ideellen gemeinnützigen Zwecks dient.[10] Auch § 55 AO schreibt dies den gemeinnützigen Unternehmen vor. Zwar ist denkbar, dass ein Idealverein mit einer unternehmerischen Betätigung gegeben ist, der nicht gemeinnützig ist. Umgekehrt ist aber ein Verein, der die Voraussetzungen der Gemeinnützigkeitsvorschriften erfüllt, auch als Idealverein anzusehen. Allerdings hat der BGH die Gemeinnützigkeit in der Satzung allein als ein Indiz dafür angesprochen, dass ideelle Zwecke verfolgt werden. Zwingend ist der Rückschluss nicht, da Satzungsregelungen und tatsächliche Geschäftsführung natürlich voneinander abweichen können. In der Praxis stellt sich das Problem, dass die Finanzbehörden häufig im Rahmen der steuerlichen Betriebsprüfung weitaus intensiver prüfen, ob im Einzelfall die Voraussetzungen für eine gemeinnützige Betätigung vorliegen, als dies den Vereinsregistern möglich ist. Bedauerlicherweise gibt es **keine Verfahrenskonzentration** zur Beurteilung, ob insb. auch in Grenzfällen die Gemeinnützigkeit tatsächlich zu gewähren ist. Die Vereinsregister werden sich typischerweise auf die Kontrolle der vorliegenden Satzungen beschränken. Steht aber fest, dass ein Verein die Gemeinnützigkeit verloren hat, weil zB die tatsächliche Geschäftsführung nicht in Übereinstimmung mit den Satzungsbestimmungen erfolgt, ist beim Betrieb eines Unternehmens typischerweise auch die Idealvereinseigenschaft gefährdet. Allerdings ist in diesem Zusammenhang zu beachten, dass die Idealvereinseigenschaft nicht wegen jedes Verstoßes gegen eine Gemeinnützigkeitsvorschrift in Frage gestellt wird, sondern nur, wenn der Verein tatsächlich auf den Betrieb eines gewerblichen Unternehmens gerichtet sein sollte und das Unternehmen nicht funktional der Erfüllung der gemeinnützigen Zwecke untergeordnet geführt wird.

II. Leitungspflicht

10   Die Vorstände oder Geschäftsführer einer gemeinnützigen Unternehmung haben, unabhängig von der Rechtsform, aber in Abhängigkeit von den jeweiligen satzungsrechtlichen Vorgaben, im Rahmen ihrer Legalitätspflicht, dafür Sorge zu tragen, dass das Unternehmen so **organisiert** und **beaufsichtigt** wird, dass **keine Gesetzesverstöße** erfolgen. Bei entsprechender Gefährdungslage genügt das Geschäftsführungsorgan nur dann seiner Rechtspflicht, wenn es eine auf Schadensprävention und Risikokontrolle angelegte **Compliance-Organisation** einrichtet. Wie diese auszugestalten ist, richtet sich im Einzelnen nach Art, Größe und Organisation des Unternehmens, den zu beachtenden Vorschriften sowie ggf. danach, ob es bereits zu Verdachtsfällen in Bezug auf Compliance-Verstöße in der Vergangenheit gekommen ist.[11]

---

[9] Dazu *Hüttemann* FR 2016, 969 (970); Vgl. zur Diskussion im Aktienrecht *Hüffer/Koch* AktG § 93 Rn. 16 mwN.
[10] BGH 16.5.2017 – II ZB 9/16, BGA Z 215, 69 ff., sog. Kita-Entscheidung; dazu *Schauhoff/Kirchhain* ZIP 2016, 1857 ff.; *Leuschner* NJW 2017, 1919 ff.; *Weitemeyer/Bornemann* npoR 2020, 99 ff.; dazu → § 1 Rn. 38 f.
[11] Vgl. bspw. BGH 9.5.2017 – 1 StR 265/16, NZWiSt 2018, 379; BGH 17.7.2009 – 5 StR 394/08, NJW 2009, 3173 – „BSR"; BGH 20.9.2011 – II ZR 234/09, NZG 2011, 1271 – Ision; BGH 6.7.1990 – 2 StR

Die Unternehmensleitung umfasst aber natürlich noch weitere Aspekte der Unterneh- 11
mensführung. Sie lässt sich bezogen auf eine Organisation als die direkte und indirekte Verhaltensbeeinflussung zur Realisierung von Zielen bezeichnen. Es geht um die planende, koordinierende und kontrollierende Tätigkeit in Organisationen. Dazu gehören die Festlegung von **Unternehmenszielen, die strategische Unternehmensplanung** oder der Aufbau eines effizienten **Kontroll- und Organisationssystems.**[12]

Die Unternehmensleitung ist rechtlich verpflichtet, für die Einhaltung der gesetzlichen 12
Bestimmungen, der Satzungsvorgaben, der regulatorischen Standards und der Erfüllung weiterer wesentlicher und idR vom Unternehmen selbst gesetzter Standards und Anforderungen, bspw. durch Beschlüsse der Aufsichtsgremien oder der Mitgliederversammlung, Sorge zu tragen. Aufgrund der **Legalitätspflicht** hat die Unternehmensleitung kein Ermessen, ob sie gesetzliche Regeln beachtet. Dies ist vielmehr zwingend.[13] Allerdings lässt sich der Ausgang von rechtlichen Streitigkeiten bei Obergerichten vielfach kaum vorhersehen, weswegen im Gesellschaftsrecht die Reichweite der Entscheidungsbefugnis von Organen umstritten ist.[14] Die Pflicht bezieht sich nicht nur auf die Verwaltung des Unternehmens im Einklang mit den rechtlichen Vorgaben.

Bedeutsamer für das Wohlergehen des gemeinnützigen Unternehmens sind unternehme- 13
rische Entscheidungen, die sich darauf beziehen, die Unternehmensziele langfristig erreichen zu können. Dazu gehört die **strategische Planung, die Organisation der Personalführung und Personalauswahl,** sowie die **Ausrichtung des Unternehmens auf neue Gegebenheiten.** Auch im Sektor der gemeinnützige Unternehmen ändern sich die Rahmenbedingungen regelmäßig und die Unternehmen müssen sich entsprechend anpassen. Die zukünftigen Entwicklungen müssen hierbei abgeschätzt werden und es muss versucht werden, das Unternehmen möglichst gut auf die antizipierten Verhältnisse vorzubereiten. In diesem Bereich darf von Rechts wegen auf Grundlage nachweislich angemessener Informationen eine **vertretbare Entscheidung** gefällt werden.[15] Ist die Entscheidung eines Aufsichtsorgans zu beurteilen, hat dieses dafür Sorge zu tragen, dass hierfür genügend Informationen vorliegen. Dabei darf das Aufsichtsgremium auf die Darlegung der tatsächlichen Grundlagen durch das Geschäftsführungsgremium vertrauen, ohne selbst in eine Tatsachenermittlung einsteigen zu müssen,[16] es sei denn, es ergäben sich Zweifel an der Darstellung des Geschäftsführungsgremiums.[17]

Das Recht kontrolliert die Entscheidungen der Organe zu Recht nur in eingeschränk- 14
tem Maße. Die gesetzlichen Regelungen tragen lediglich dazu bei, dass **rechtliche Mindeststandards bei der Entscheidungsfindung** eingehalten werden, um das Risiko von Fehlentscheidungen zu verringern. Die Unternehmensleitung findet nicht „im rechtsfreien

549/89, LMRR 1990, 21 – Lederspray; OLG München 19.11.2008 – 7 U 2405/08, ZIP 2009, 718; OLG Düsseldorf 28.11.1996 – 6 U 11/95, VersR 1997, 1416; LG München I 10.12.2013 – 5 HKO 1387/10, NZG 2014, 345. Zur Pflicht des Geschäftsführers, sich auch selbst an die unternehmensinternen Compliance-Vorschriften zu halten vgl. OLG Hamm 29.5.2019 – 8 U 146/18, GWR 2019, 347. Allgemein zur Konzernkontrolle *Hommelhoff* Die Konzernleitungspflicht, 1982, 184 ff. Vgl. auch *Jungkurth* Konzernleitung bei der GmbH, 2000, 55–57. Für die konzernfreie Lage bei der GmbH: BGH 20.2.1995 – II ZR 9/94, NJW-RR 1995, 669.
[12] Dazu → § 4 Rn. 6 ff., → § 5 Rn. 24 ff. und → § 6 Rn. 31 ff.
[13] Siehe die Nachweise in Fn. 14.
[14] Mit jeweils eigener Herleitung vgl. *Bachmann* FS Stilz, 2014, 25 (26) (Keine Unternehmerische Entscheidung); *Buck-Heeb* BB 2013, 2247 (2248) (Spezifischer Rechtsirrtum); *Cahn* Der Konzern 2015, 105 (§ 93 AktG analog); *Dreher* FS Konzen, 2006, 85 (96) (keine Pflichtverletzung im Innenverhältnis;); *Harnos,* Geschäftsleiterhaftung bei unklarer Rechtslage, 2013, 297 (Unvermeidbarer Rechtsirrtum); *Hasselbach / Ebbinghaus* AG 2014, 873 (875) (Business Judgment Rule); *Hüffer/Koch* AktG § 93 Rn. 43 (Verschulden); *Brock* Legalitätsprinzip und Nützlichkeitserwägungen, 2017, 188–225 (§ 76 AktG).
[15] Siehe hierzu unter → Rn. 61 ff.
[16] OLG Düsseldorf 23.6.2008 – 9 U 22/08, NZG 2008, 713; MüKo AktG/*Habersack* AktG § 111 Rn. 144; Hölters/*Gesinn/Gesinn* AktG § 111 Rn. 82.
[17] BGH 11.12.2006 – II ZR 243/05, DNotZ 2007, 310; weitere Gründe für eine vertiefte Prüfung können auch bei einer wirtschaftlich schwierigen Lage vorliegen, oder wenn besonders riskante Geschäfte zu beurteilen sind, vgl. *Lutter/Krieger/Verse* Rechte und Pflichten des Aufsichtsrats, § 13 Rn. 990 mwN.

Raum statt", sondern es gibt, wie dargestellt, durchaus rechtliche Standards, die bei der Entscheidungsfindung zu beachten sind.

B. Organisation aus Rechtssicht

I. Entscheidungskompetenzen

15   Die erste Pflicht der Geschäftsführung ist, dafür Sorge zu tragen, dass sich das Unternehmen an die **Gesetze und Satzungsregeln** sowie sonstige rechtliche Vorgaben hält. Für gemeinnützige Unternehmen ergeben sich die wesentlichsten rechtlichen Vorgaben aus dem Gemeinnützigkeitsrecht und der Ausfüllung dieser Regeln durch Rechtsprechung und Verwaltung.[18] Es ist Aufgabe der Geschäftsführung, sich im Detail Klarheit darüber zu verschaffen, welche **Grenzen von Finanzverwaltung und Gerichten** gesetzt sind, damit die Tätigkeit der Organisation als gemeinnützigkeitskonform anerkannt werden kann. Das schreibt bereits die Satzung dem geschäftsführenden Organ als **Kernaufgabe** vor. Dabei geht es nicht darum, ob ggf. mehr oder weniger Steuern gezahlt werden müssen, sondern um die der Organisation vorgeschriebene Grundausrichtung. Gleichzeitig müssen die gemeinnützigen Unternehmen aber auch alle sonstigen rechtlichen Regeln einhalten, die der Gesetzgeber geschaffen hat. Verstöße gegen sonstige gesetzliche Vorschriften können – insb. dann, wenn diese nachhaltig und bewusst durchgeführt werden – zum **Verlust der Gemeinnützigkeit** führen, weil dann die tatsächliche Geschäftsführung nicht auf die Erfüllung der gemeinnützigen Zwecke gerichtet ist.[19] Gesetzliche Vorgaben gibt es für das Arbeitsrecht, das Sozialrecht, das Datenschutzrecht, das Baurecht, das Umweltrecht und weitere Rechtsgebiete, die gemeinnützige Organisationen bei ihrer Tätigkeit je nach Sachzusammenhang zu beachten haben.[20]

16   Zum rechtmäßigen Handeln gehört, dass die Entscheidungen im gemeinnützigen Unternehmen jeweils von denjenigen Gremien getroffen werden, die dazu nach der gesetzlichen Vorgabe bzw. den Satzungsbestimmungen berufen sind. In jeder Satzung einer gemeinnützigen Körperschaft findet sich die **Zuweisung von Entscheidungsbefugnissen,** sei es an die Geschäftsführung, ein Aufsichtsgremium oder die Mitglieder- bzw. die Gesellschafterversammlung. Zudem können sich aus der Rechtsform der gemeinnützigen Organisation selbst **weitere Genehmigungserfordernisse** ergeben. Das bekannteste Beispiel ist die gemeinnützige Stiftung, die der staatlichen Rechtsaufsicht in Bezug auf die Beachtung der Vorgaben des Stifters, so wie diese in der Satzung niedergelegt sind, unterworfen ist.[21] Im **Stiftungsaufsichtsrecht** findet sich – je nach geltendem Landesrecht unterschiedlich normiert – bspw. die Verpflichtung, bestimmte Vermögenstransaktionen bei der Stiftungsaufsicht anzuzeigen.[22] Unabhängig von dieser Spezialvorschrift für Stiftungen gibt es für bestimmte Transaktionen Sonderregelungen, bspw. den Beschluss über eine Ausgliederung nach dem Umwandlungsgesetz oder den Abschluss eines Beherrschungs- oder Gewinnabführungsvertrags (§§ 291 Abs. 1 S. 1, 293 Abs. 1 S. 1 AktG). Daneben finden sich im Recht zahlreiche Beispiele für **ungeschriebene Kompetenzzuweisungen** an ein übergeordnetes Organ der gemeinnützigen Körperschaft, bspw. eine Vorlagepflicht des Vorstands an die Mitgliederversammlung. Es ist umstritten, inwiefern die Rechtsgrundsätze des

---

[18] Dazu unter → § 2 Rn. 1 ff.
[19] Dazu BFH 27.9.2001 – V R 17/99, BStBl. II 2002, 169; AEAO zu § 63 Tz. 5.
[20] Krieger/Schneider Managerhaftung-HdB/*Lutter* Rn. 1.11.
[21] Vgl. Schlüter/Stolte StiftungsR/*Schlüter/Stolte* Kap. 3 Rn. 1–6.
[22] Dies gilt insb. für Grundstücksveräußerungen, Bürgschaften und Darlehensverträge, vgl. zB § 7 Abs. 2 StiftG NRW; ein Genehmigungsvorbehalt für diese Geschäfte, wie in etwa noch in Art. 19 BayStG oder § 9 Abs. 1 Hs. 2 StiftG SH vorgesehen, ist nach Staudinger/*Hüttemann/Rawert* BGB Vor §§ 80–88 Rn. 113 und § 86 Rn. 21 nicht mehr zulässig.

Holzmüller-Urteils[23] auch im Vereins- oder Stiftungsrecht gelten.[24] Unter bestimmten Umständen, zB wenn erhebliche Teile des Vermögens übertragen oder verkauft werden sollen und dadurch der Zweck der gemeinnützigen Körperschaft tangiert wird, liegt die Entscheidung über diese Maßnahme bei der Mitgliederversammlung bzw. der Gesellschafterversammlung. Nur dasjenige Gremium, das dazu befugt ist, über eine Zweckänderung zu entscheiden, ist auch befugt, Rechtsgeschäfte zu erlauben, die faktisch zu einer Zweckänderung führen können. Außerdem ist der Vorstand immer dann verpflichtet, eine Maßnahme der Mitgliederversammlung vorzulegen, wenn er davon ausgehen muss, dass die Mitglieder über diese Angelegenheit selbst entscheiden wollen.[25]

Ein weiteres Beispiel für die Grenzen der Entscheidungskompetenz eines Vorstands oder einer Geschäftsführung ist die sog. **Ultra-vires-Lehre.** Im angloamerikanischen Rechtskreis gilt die These, wonach die Rechte einer juristischen Person auf ihren Aufgabenkreis, wie er in der Satzung definiert ist, beschränkt sind. Der BGH hat jüngst entschieden, dass eine gemeinnützige Organisation umfassend durch Rechtsgeschäfte, die der Vorstand abschließt, verpflichtet werden kann, da das deutsche Recht keine Ultra-vires-Lehre kennt.[26] Die These, dass wenn der Charakter der Organisation geändert werde und diese zu einem erwerbswirtschaftlichen Unternehmen mutiere, sei nach der sog. Ultra-vires-Lehre das Rechtsgeschäft als unwirksam anzusehen,[27] wurde verworfen. Es kommt auch nicht darauf an, ob ein offenkundiger Verstoß gegen die in der Satzung niedergelegten rechtlichen Handlungsmöglichkeiten vorliegt.[28] Die Ultra-vires-Lehre kann im Einzelfall zur Nichtigkeit eines Rechtsgeschäfts wegen nicht gegebener Vertretungsmacht für den Vorstand führen, wenn dessen Vertretungsmacht in der Satzung gem. § 26 Abs. 1 Satz 3 BGB auf die Verfolgung gemeinnütziger Zwecke beschränkt wurde. **17**

Entscheidungen, die die **Satzungsvorgaben durchbrechen,** können grundsätzlich nur mit der erforderlichen satzungsändernden Mehrheit von einer Mitglieder- oder Gesellschafterversammlung beschlossen werden. Eine Zweckänderung, bspw. dergestalt, dass anstelle der gemeinnützigen Zweckverfolgung nun eine erwerbswirtschaftliche Zweckverfolgung tritt, wird vielfach kaum umsetzbar sein.[29] **18**

Es lässt sich festhalten, dass die rechtlichen Handlungspflichten für Organe gemeinnütziger Körperschaften weitaus mehr vom Gemeinnützigkeitsrecht und der jeweiligen Satzung bestimmt werden als vom Gesellschafts-, Vereins- oder Stiftungsrecht. Die Regelungen aus dem Gesellschafts-, Vereins- oder Stiftungsrecht kommen ergänzend zur Anwendung, soweit die Satzung auslegungsbedürftig ist und sich die Zweifelsfragen durch die gesetzlichen Regeln auflösen lassen. **19**

Die Satzung der gemeinnützigen Körperschaft kann als Ausfluss der Autonomie der gemeinnützigen Körperschaft grundsätzlich bei entsprechenden Mehrheiten durch die zuständigen Organe geändert werden.[30]

II. Grenzen der Autonomie

Im gemeinnützigen Sektor finden sich viele Organisationen, die in ihrer eigenen **Entscheidungshoheit begrenzt** sind, weil Dritte grundlegende Satzungsänderungen zu genehmigen haben (beispielsweise die Stiftungsaufsicht, die Kirchenbehörde oder übergeord- **20**

---

[23] BGH 25.2.1982 – II ZR 174/80, BGHZ 83, 122 – Holzmüller.
[24] *Leuschner* Non Profit Law Yearbook 2012/2013, 107.
[25] Siehe hierzu ausführlich *Leuschner* Das Konzernrecht des Vereins, 2011, 112.
[26] Vgl. BGH 15.4.2021 – III RZR 139/20, DStR 2021, 1558.
[27] In diesem Sinne wohl Stöber/Otto VereinsR-HdB/*Waldner* Rn. 528; kritisch hingegen MüKoBGB/*Leuschner* BGB § 26 Rn. 33 und MüKoBGB/*Weitemeyer* BGB § 86 Rn. 16.
[28] Dazu BGH 15.4.2021 – III ZR 139/20, DStR 2021, 1558; aA noch die Vorinstanz OLG München 22.5.2020 – 15 U 3037/19, EWiR 2021, 43.
[29] Vgl. dazu unter → § 1 Rn. 29.
[30] Zu den Einschränkungen bei Änderung der gemeinnützigen Ausrichtung siehe → § 1 Rn. 29.

nete Verbände). Mitunter wird diesen Institutionen auch das Recht eingeräumt, bestimmte Organpositionen zu besetzen.[31]

21 Es gibt nicht nur **gemeinnützige Unternehmen** und **klassische gemeinnützige Konzerne,** bei denen eine gemeinnützige Konzernmutter, meist in der Rechtsform der Stiftung oder des Vereins, nachgeordnete Kapitalgesellschaften beherrscht. Als dritte Form bestehen auch **Verbandsstrukturen,** bei denen rechtlich unabhängige Vereine in einen Verband eingegliedert und diesem Verband gewisse Mitbestimmungsrechte eingeräumt sind.

1. Stifterwille und Stiftungsaufsicht

22 Bei Stiftungen wird die Autonomie der Entscheidungen von Stiftungsorganen durch den **historischen Stifterwillen** begrenzt. Nicht die Stiftungsorgane selbst können entscheiden, sondern jede ihrer Entscheidungen ist gebunden an die Vorgaben im Stiftungsgeschäft und der Stiftungssatzung.[32] Die **Änderung dieser Vorgaben** liegt nicht in der autonomen Entscheidung des zuständigen Organs der jeweiligen Stiftung, sondern bedarf regelmäßig der Genehmigung der zuständigen Stiftungsaufsichtsbehörde. Diese wird überprüfen, ob die geplante Änderung mit dem mutmaßlichen Willen des Stifters oder der Stifterin bei Errichtung der Stiftung übereinstimmt. Unerheblich ist stiftungsrechtlich, ob die Stifterin oder der Stifter mittlerweile einen ganz anderen Willen verfolgt, als dies bei Errichtung der Fall war. Es kommt allein auf den historischen Willen an. Allerdings erlaubt das Stiftungsrecht unter bestimmten Voraussetzungen, dass sich die Stiftung fortentwickeln kann. Wesentliche Änderungen, die naturgemäß regelmäßig auftreten, berechtigen dazu, die Stiftung ggf. entweder in ihrer Organisationsverfassung oder in den Regelungen zum Vermögenserhalt oder der Bestimmung dessen, auf welche Weise bestimmte gemeinnützige Zwecke verwirklicht werden sollen, an neue, wesentlich veränderte Umstände anzupassen. Hier ist aber ein hoher Begründungsaufwand erforderlich, damit eine Aufsichtsbehörde dem Wunsch nachkommt, eine grundlegende Satzungsänderung zu erlauben. Typischerweise werden diese daher vorab informell mit den Stiftungsaufsichtsbehörden und ggf. mit dem zuständigen Finanzamt abgestimmt, bevor ein förmlicher Beschluss gefasst wird.

2. Kirchenbehörde

23 Auch Vereine können vielfältigen Bindungen unterliegen und sind nicht vollkommen autonom dahingehend, welche Regelungen sie treffen wollen. Im Wohlfahrtsbereich etwa sind viele Vereine Religionsgemeinschaften zuzuordnen. Der **Diakonie** oder **Caritas** zugeordnete Vereine haben in ihren Satzungen vielfach Regelungen, wonach Satzungsänderungen der Zustimmung der jeweils zuständigen Kirchenbehörde bedürfen.

24 Grundsätzlich darf die Satzung eines eingetragenen Vereins die Bestimmung enthalten, dass von der Mitgliederversammlung beschlossene **Satzungsänderungen der Genehmigung eines Nichtmitglieds bedürfen.**[33] Auch aus Art. 140 GG iVm Art. 137 Weimarer Reichsverfassung lässt sich das Recht der jeweils zuständigen Kirche begründen, im Rahmen des verfassungsrechtlich Gebotenen und des gesetzlich Zulässigen die Organisationsform eines ihr nahestehenden Vereins frei bestimmen zu können.[34] Das Bundesverfassungsgericht hat bereits in zwei Entscheidungen festgestellt, dass das Grundgesetz die rechtlich selbstständige Betätigung kirchlicher Vereinigungen gewährleistet. Daraus folgt die zur Wahrnehmung dieser Aufgaben unerlässliche Freiheit der Kirchen, über Organisation, Normsetzungen und Verwaltung der jeweiligen Organisationen frei zu bestimmen.[35]

---

[31] Vgl. Schlüter/Stolte StiftungsR/*Schlüter/Stolte* Kap. 2 Rn. 61 (Stiftung); Sauter/Schweyer/Waldner Eingetragener Verein/*Waldner/Wörle-Himmel* Rn. 255 (Verein).
[32] Vgl. MüKoBGB/*Weitemeyer* BGB § 81 Rn. 34.
[33] KG Berlin 12.10.1973 – 1 W 1332/71, OLGZ 1974, 385 ff.; MüKoBGB/*Leuschner* BGB § 25 Rn. 56 ff.
[34] Vgl. BayObLG 23.8.1979 – BReg 2 Z 14/79, NJW 1980, 1756.
[35] BVerfG 25.3.1980 – 2 BvR 208/76, BVerfGE 53, 366 ff.; BVerfG 11.10.1977 – 2 BvR 209/76, BVerfGE 46, 73 ff.

Daher finden sich in vielen Satzungen kirchlicher Vereine Regelungen, wonach Änderungen an der Satzung die Genehmigung der **kirchlichen Behörden** bedürfen oder die Benennung bestimmter Organmitglieder gleichfalls der Zustimmung der zuständigen kirchlichen Behörde bedarf.[36] Typischerweise werden derartige Regelungen selbst auch nur mit Zustimmung der Kirche geändert werden können. Im Einzelfall kann es streitig sein, wie entsprechende Bestimmungen ausgelegt werden. Zwischen der **Vereinsautonomie** auf der einen Seite und dem Recht der Kirchen, selbst die Organisationen von Vereinigungen in ihrem Bereich bestimmen zu dürfen, auf der anderen Seite, kann ein **Spannungsverhältnis** entstehen, welches durch Auslegung der verschiedenen Satzungsbestimmungen im Regelfall aufgelöst werden kann. 25

3. Übergeordneter Verband

Nicht nur im kirchlichen Bereich gibt es zahlreiche Vereine mit gemeinnützigen Unternehmen, die an die Zustimmung einer kirchlichen Einrichtung zu grundlegenden Änderungen gebunden sind. Auch im sonstigen Wohlfahrtsbereich sind die meisten gemeinnützigen Vereine in größere Verbünde, wie den **Arbeiter-Samariter-Bund,** die **Paritätische Wohlfahrtsvereinigung** oder die **Arbeiterwohlfahrt** eingegliedert. Auch bei den unteren Gliederungsebenen der **Sportvereine** finden sich typischerweise in den Vereinssatzungen Bestimmungen zur Sicherstellung der Anerkennung der grundlegenden Vorgaben des Verbands. 26

Der übergeordnete Verband will durch **Vorgaben für die Satzung** des nachgeordneten Vereins, durch die Gestaltung der Mitgliedschaftsverhältnisse, durch die Regelungen zur Repräsentation der Mitglieder von der lokalen Ebene über die **Regionalebene** bis zum **Bundesverband** sowie durch entsprechende gestaffelte Entscheidungsregelungen sicherstellen, dass das Verbandsinteresse in allen dem Verband angehörenden Vereinen auch tatsächlich durchgesetzt wird.[37] 27

Die Einbindung in einen übergeordneten Verband wird typischerweise durch Satzungsregelungen sichergestellt. Werden grundlegende Regelungen in der Vereinssatzung geändert, kann dies zum Ausscheiden aus dem Verband führen und zum Verlust von Mitgliedschaften, die aufgrund der Verbandszugehörigkeit überhaupt nur Vereinsmitglieder geworden sind. Auch endet die **wechselseitige Hilfestellung** bei der Finanzierung der vielfältigen Verbandsaufgaben, wenn ein Verein, bspw. weil er die Gemeinnützigkeit verliert, aus dem Verband ausscheiden muss. Verbände versuchen durch umfassende Satzungsvorgaben sicherzustellen, dass die Grundausrichtung der gemeinnützigen Unterorganisationen am Willen der übergeordneten Organisation gewährleistet bleibt. Typischerweise werden auf Ebene des übergeordneten Verbandes die **verbindlichen Grundlagenentscheidungen** getroffen, die von den nachgeordneten Vereinen beachtet werden müssen. Bei Großvereinen wird durch ein **Delegiertensystem** sichergestellt, dass möglichst viele der Mitglieder in der Mitgliederversammlung des Verbandes repräsentiert sind und darüber an den Entscheidungen teilhaben.[38] 28

Das Gesetz sieht ausdrücklich keine Grenze für die Einflussnahme des übergeordneten Verbandes auf die untergeordneten Vereine vor. Nach der herrschenden Meinung stellt die **Vereinsautonomie** der einzelnen Vereine aber auch eine **ungeschriebene Grenze** des zulässigen Einflusses dar.[39] Vorbehaltene Eingriffsmöglichkeiten in die **Satzungs-, Organbestellungs- und Verwaltungsautonomie** der einzelnen Vereine müssen deshalb stets durch das Homogenitätsinteresse des Gesamtvereins gerechtfertigt sein und dem einzelnen 29

---

[36] Richter StiftungsR-HdB/*v. Camphausen/Stumpf* § 14 Rn. 25.
[37] Vgl. MüKoBGB/*Leuschner* BGB § 25 Rn. 56 ff.
[38] Dazu *Wagner* npoR 2020, 186 ff.; BGH 19.3.1984 – II ZR 168/83, BGHZ 90, 331; OLG Saarbrücken 24.2.2016 – 5 W 6/16, ZStV 2017, 22; OLG Frankfurt 27.2.2014 – 15 U 94/13, BeckRS 2014, 6804.
[39] BayObLG 3.12.1975 – BReg 2 Z 40/75, BayObLGZ 1975, 435; vgl. auch BVerfG 5.2.1991 – 2 BvR 263/86, BVerfGE 83, 341.

Verein einen Kernbereich eigener Tätigkeit belassen. Eine Rechtfertigung durch das Homogenitätsinteresse ist beispielsweise bei verbandseinheitlichen Mitgliedsbeiträgen, Vorgaben für eine einheitliche Corporate Identity oder Compliance-Struktur denkbar. Auch ist ein Vetorecht bei der Bestellung von Organen und Satzungsänderungen zulässig.[40] Detaillierte Vorgaben zur Willensbildung oder Eingriffe in die Finanzhoheit in den einzelnen Vereinen lassen sich dadurch aber regelmäßig nicht rechtfertigen. Neben der Verbandsautonomie ist außerdem die gemeinnützigkeitsrechtliche Autonomie der einzelnen Vereine zu gewährleisten. Wenn bereits in der Gründungssatzung des Gliedvereins hinreichend bestimmte Rechte Dritter oder des Hauptvereins enthalten sind, werden die entsprechenden Regelungen regelmäßig rechtmäßig sein, da es die autonome Entscheidung jedes Vereins ist, inwiefern Dritten Einflussrechte zugebilligt werden.

III. Anforderungen an die tatsächliche Geschäftsführung

30 Die zentrale Vorschrift für die **tatsächliche Geschäftsführung** eines gemeinnützigen Unternehmens findet sich in **§ 63 AO**. Dort heißt es:

> *Die tatsächliche Geschäftsführung der Körperschaft muss auf die ausschließliche und unmittelbare Erfüllung der steuerbegünstigten Zwecke gerichtet sein und den Bestimmungen entsprechen, die die Satzung über die Voraussetzungen für Steuervergünstigungen enthält.*

31 Was mit der ausschließlichen oder unmittelbaren Erfüllung der steuerbegünstigten Zwecke gemeint ist, regeln § 56 bzw. §§ 57, 58 AO.[41] Ob mit einer bestimmten Tätigkeit gemeinnützige Zwecke, wie sie in § 52 Abs. 2 AO definiert sind, gefördert werden, oder ob stattdessen nicht gemeinnützig agiert wird, bestimmt zunächst einmal das Gemeinnützigkeitsrecht. Finanzverwaltung und Rechtsprechung haben mittlerweile detaillierte Regelungen dazu geschaffen, wie **gemeinnütziges Wirken von erwerbswirtschaftlichem Wirken abzugrenzen** ist.[42] Hier können nicht für sämtliche Branchen gemeinnütziger Unternehmen im Detail die Regeln aufgeführt werden, die gemeinnütziges Wirken von erwerbswirtschaftlichem Wirken trennen.[43] Nur ein Beispiel sei genannt: Fördert ein gemeinnütziges Unternehmen Wissenschaft und Forschung, setzt dies voraus, dass die Ergebnisse der Forschung der Allgemeinheit zugutekommen.[44] Nicht das bloße wissenschaftliche Forschen führt schon zum gemeinnützigen Tätigwerden, sondern der Umstand, dass die gewonnenen Erkenntnisse anschließend der Allgemeinheit zur Verfügung stehen. Auch grenzt die Rechtsordnung bei der Förderung der Wissenschaft die Forschung von der Anwendung gesicherter Erkenntnisse ab. Die reine Wissensvermittlung ist keine Wissenschaft. Die Anwendung gesicherter Erkenntnisse fördert gleichfalls nicht die Allgemeinheit im Ausbau des vorhandenen Wissens.

32 In jedem gemeinnützigen Unternehmen sollte als Teil der Corporate Governance ein **Bewusstsein** dafür bestehen, wie die **Grenze** zwischen gemeinnützigem Tätigwerden und erwerbswirtschaftlicher oder sonstiger ideeller Zweckerfüllung von den Gerichten und den Finanzbehörden jeweils definiert ist. Verfolgt ein gemeinnütziges Unternehmen nicht die in der Satzung niedergelegten gemeinnützigen Zwecke, ist dies grundsätzlich nur dann möglich, wenn die entsprechenden Maßnahmen der **Mittelbeschaffung dienen** und gegen angemessenes Entgelt ausgeführt werden. Die unentgeltliche Begünstigung Dritter außerhalb der eigenen gemeinnützigen Zweckverfolgung lässt das Recht nicht zu, da die gemeinnützige Körperschaft auf die ausschließlich gemeinnützige Zweckerfüllung verpflichtet ist.[45]

---

[40] Vgl. OLG Karlsruhe 17.1.2012 – 14 Wx 21/11, NZG 2012, 1314.
[41] Dazu unter → § 2 Rn. 81 ff.
[42] Vgl. dazu im Einzelnen → § 7 Rn. 25 ff. mwN.
[43] Vgl. dazu → § 7 Rn. 25 ff.
[44] Staudinger/*Hüttemann/Rawert* BGB Vor §§ 80–88 Rn. 439.
[45] Dazu unter → § 2 Rn. 75 ff.

Die gesetzliche Formulierung in § 63 AO lautet bewusst, dass die tatsächliche Geschäftsführung auf die ausschließliche und unmittelbare Erfüllung der steuerbegünstigten Zwecke gerichtet sein muss. **Ein Erfolg wird nicht geschuldet.**[46] Ob die konkrete Maßnahme tatsächlich Erfolg haben wird und anschließend, um beim Beispiel der Wissenschaft zu bleiben, ein Erkenntnisgewinn für die Allgemeinheit gelingt, lässt sich im Vorhinein nicht sicher abschätzen. Für eine ordnungsgemäße Geschäftsführung wird von Rechts wegen (lediglich) erwartet, dass auf der Grundlage angemessener Informationen eine **vertretbare Entscheidung** gefällt wird. Die gemeinnützige Organisation musste davon ausgehen können, dass bei dem Mitteleinsatz für ein bestimmtes Forschungsprojekt mit einer gewissen Wahrscheinlichkeit ein positives Ergebnis für den Forschungsfortschritt erzielt werden kann.

32a

Die Entscheidung, wie der gemeinnützige Zweck gefördert werden kann, steht im Ermessen der zuständigen Organe. Das Recht schreibt nicht vor, welche Maßnahmen konkret ergriffen werden dürfen. Auch gibt es keine Ermessensreduzierung auf null, indem bei Abwägung zwischen allen alternativ denkbaren Maßnahmen die Körperschaft rechtlich gezwungen sein könnte, eine konkrete Maßnahme zu wählen, die als die „objektiv Beste" erscheint. Vielmehr darf das gemeinnützige Unternehmen jede Maßnahme ergreifen, die hinreichenden Erfolg verspricht. Nicht ebenso wenig gibt das Recht somit vor, auf welchen Märkten sich das gemeinnützige Unternehmen betätigen darf. Gemeinnützige Organisationen sollen gerade auch „Neues" ausprobieren dürfen, was naturgemäß ein höheres **Risiko des Scheiterns** in sich birgt, als wenn lediglich bewährte Verfahren zur Anwendung gebracht werden. Dieser innovative Ansatz erlaubt es, den gemeinnützigen Organisationen einen breiteren Entscheidungsrahmen zuzugestehen.

33

Wesentlich ist auch zu erkennen, dass die Organe der gemeinnützigen Organisationen ihre Entscheidungen stets aus der **ex-ante-Sicht** fällen. Im Nachhinein fällt es meist leicht vermeintlich bessere oder geeignetere Maßnahmen zu benennen. Vorher zu entscheiden bedeutet immer eine **Entscheidung unter Unsicherheit.** Stellt sich aber im Laufe eines einmal begonnenen Prozesses heraus, dass die Maßnahme nicht erfolgreich sein kann, muss geprüft werden, ob die Maßnahme abgebrochen werden kann. Die tatsächliche Geschäftsführung ist mit zahlreichen Handlungspflichten verknüpft. Eine wesentliche Handlungspflicht ist die **Anpassung der eigenen Maßnahmen** an veränderte Umstände. So hat der BGH entschieden, dass die Organe einer gemeinnützigen Stiftung, die am Aktienmarkt investiert hatten und trotz erheblicher Verluste die Anlagestrategie nicht geändert oder überprüft und ungeachtet dieser erheblichen Verluste auch die Ausgaben zur gemeinnützigen Mittelverwendung unverändert beibehalten hatten, auf den der gemeinnützigen Stiftung dadurch entstandenen Schaden **mit ihrem persönlichen Vermögen haften.**[47] Der Vorwurf der Pflichtverletzung ergab sich nicht daraus, dass die Form der Vermögensanlage grundsätzlich rechtswidrig war, weil mit ihr Risiken wie auch Chancen verbunden waren. Vielmehr lag das Fehlverhalten darin, dass trotz der fundamental geänderten Börsenlage unverändert an der ursprünglichen Anlagestrategie festgehalten wurde und das Ausgabeprogramm nicht an die verminderte Vermögenslage angepasst wurde. Diese Beachtung der ex-ante-Perspektive bei den Handlungspflichten von Organen gemeinnütziger Körperschaften[48] wird allerdings von der Finanzverwaltung nicht ausreichend beachtet, wenn Verluste aus einer wirtschaftlichen Tätigkeit unter bestimmten Umständen in jedem Fall gemeinnützigkeitsschädlich sein sollen, auch wenn die Investition in diesem Bereich aus der ex-ante-Perspektive aussichtsreich erschien.[49]

34

---

[46] Dazu auch unter → § 2 Rn. 72.
[47] BGH 20.11.2014 – III ZR 509/13, npoR 2015, 28 und vorgehend OLG Oldenburg 8.11.2013 – 6 U 50/13, npoR 2014, 134 (Johannes a Lasco Bibliothek Große Kirche Emden-Stiftung).
[48] Dazu auch *Kirchhain* DStR 2012, 2313.
[49] Dazu → § 2 Rn. 82 ff.

IV. Entscheidungsfindung in den Organen

35 Die Rechtsordnung lässt den gemeinnützigen Unternehmen erhebliche **Freiheiten in der Entscheidungsfindung.**[50] Die Wahrscheinlichkeit der Richtigkeit einer Entscheidung soll aber dadurch erhöht werden, dass das Verfahren, wer die Entscheidung zu treffen hat und wie die Entscheidungsfindung abzulaufen hat, rechtlich eindeutig geregelt ist. Zu den wesentlichen Pflichten der Geschäftsführung einer gemeinnützigen Unternehmung gehört es, **auf die Einhaltung der in der Satzung niedergelegten Verfahren zu achten.** Die Zuständigkeiten der jeweiligen Organe sind zu beachten. Die Entscheidungsfindung in den Organen unterliegt in Bezug auf die Ordnungsmäßigkeit der Einladung, das Entscheidungsverfahren und die Feststellung, welche Entscheidung konkret gefällt wurde, also der Protokollierung. Dasselbe gilt für die Anfechtung einer getroffenen Entscheidung durch einzelne Mitglieder oder Gesellschafter, hier sind strenge rechtlichen Vorgaben zu beachten.[51] Auch wenn die gesetzlichen Vorschriften im Vereinsrecht oder im Recht der Kapitalgesellschaft etwas unterschiedlich gefasst sind, kann festgestellt werden, dass rechtsformübergreifend im Wesentlichen dieselben Grundsätze gelten. Daher werden diese im Folgenden einheitlich dargestellt.

1. Mitglieder- oder Gesellschafterversammlung

36 Aus der **Satzung** in Verbindung mit den jeweiligen **gesetzlichen Vorschriften** ergibt sich, wofür die Mitglieder- oder Gesellschafterversammlung eines Vereins oder einer gemeinnützigen Kapitalgesellschaft **zuständig** ist.[52] Dazu gehören typischerweise die Satzungsänderung, die Wahl des Geschäftsführungsgremiums, Entscheidungen über wesentliche Umstrukturierungen, die Entlastung des Geschäftsführungsgremiums oder die Feststellung des Jahresabschlusses. Einzelne dieser Kompetenzen können aber auch durch die Satzung auf ein anderes Organ, wie zB ein Aufsichtsgremium, **verlagert werden.**

37 Das Recht schreibt vor, dass die Mitglieder **regelmäßig** zu einer Mitgliederversammlung oder die Gesellschafter zu einer Gesellschafterversammlung **ordnungsgemäß einzuladen** sind. Erfolgt die Einladung nicht ordnungsgemäß, kann ein Beschluss zu einem Tagesordnungspunkt schon deswegen rechtswidrig und nichtig sein, weil die Mitglieder nicht die Möglichkeit hatten, die Bedeutung der angekündigten Abstimmung zu erkennen.[53] Deswegen ist vor jeder Einladung sorgfältig zu überlegen, wie die **Tagesordnungspunkte** formuliert werden und welche Unterlagen der Einladung beizufügen sind. Teilweise ist dies auch gesetzlich vorgegeben, bspw. bei Entscheidungen zu einer Umwandlung, bei denen die auszulegenden Unterlagen definiert sind. Ist eine **Satzungsänderung** geplant, muss sich bereits aus der Einladung ergeben, in welchem Punkt die Satzung geändert werden soll. Die Einladungsunterlagen müssen entsprechend der typischerweise in der Satzung niedergelegten Einladungsfrist den Mitgliedern zugegangen sein. Aufgrund der **Corona-Pandemie** bestehen gegenwärtig Erleichterungen für die Durchführung einer Mitgliederversammlung.[54]

38 Jede Versammlung bedarf eines **Leiters.** Im Regelfall wird dies der Vorstandsvorsitzende oder der Vorsitzende eines Aufsichtsgremiums sein. Ergibt sich nicht aus der Satzung, wer Versammlungsleiter ist, ist dieser von der Versammlung selbst zu wählen. Der Versammlungsleiter hat ein Ordnungsrecht und kann dieses im Einzelfall zB auch dahingehend ausüben, dass einzelnen Rednern das Wort entzogen wird, wenn diese nicht zum Tagesordnungspunkt sprechen oder ausfällig werden. Er kann uU auch den Schluss einer Debatte

---

[50] Dazu oben → Rn. 33.
[51] Vgl. OLG Hamm 1.3.2021 – 8 U 61/20, BeckRS 2021, 7325.
[52] Sauter/Schweyer/Waldner Eingetragener Verein/*Neudert/Waldner* Rn. 456 ff. (Verein); *Weitemeyer* GmbHR 2021, 57 (gGmbH).
[53] Vgl. OLG Hamm 1.3.2021 – 8 U 61/20, BeckRS 2021, 7325.
[54] → Rn. 41.

verkünden und die Abstimmung über einen Tagesordnungspunkt ansetzen. Ist der Versammlungsleiter durch einen Tagesordnungspunkt persönlich betroffen (zB wenn er Kandidat bei einer Wahl ist), wird die Leitung üblicherweise einer anderen Person übertragen.

Aus der Satzung ergibt sich auch, welches **Mehrheitserfordernis** in Bezug auf den einzelnen Tagesordnungspunkt zu stellen ist. In der Regel werden Wahlen zu Vorstands- oder Aufsichtsämtern mit einfacher Mehrheit durchgeführt. Dabei gilt der Grundsatz, dass jede Person einzeln zu wählen ist, es sei denn, in der Satzung ist eine **Blockwahl** zugelassen. Gewählt ist, wer bei ordnungsgemäß durchgeführter Wahl die erforderliche Mehrheit erhält. Mit der Annahme der Wahl ist der Gewählte wirksam bestellt. Die **Eintragung im Vereins- bzw. Handelsregister** (erforderlich für den Vereinsvorstand und den GmbH-Geschäftsführer) hat lediglich deklaratorische Wirkung.[55] Etwas anderes gilt nur dann, wenn die Wahl im Zusammenhang mit einer Änderung der Satzung erfolgt, die Auswirkung auf die Wahl hat. Dies ist bspw. der Fall, wenn durch die Satzungsänderung die Anzahl der Organmitglieder vergrößert, ein neues Organ (zB Beirat) eingeführt oder die Bestellungskompetenz einem anderen Organ übertragen wird. Zwar kann direkt im Anschluss an den Beschluss der Satzungsänderung die Wahl in der gleichen Mitglieder- bzw. Gesellschafterversammlung durchgeführt werden, diese wird dann aber erst mit der Eintragung der Satzungsänderung im jeweiligen Register wirksam.[56] 39

In Bezug auf **Satzungsänderungen** wird dagegen im Regelfall nach § 33 Abs. 1 S. 1 BGB eine Dreiviertelmehrheit der anwesenden Mitglieder gefordert. Mitunter ist in den Satzungen auch vorgesehen, dass es nicht nur auf die anwesenden, sondern auf alle Mitglieder ankommt. Bei Gesellschaften sieht § 43 Abs. 2 S. 1 GmbHG zwar ebenfalls eine Dreiviertelmehrheit der anwesenden Gesellschafter vor. Häufig sieht die Satzung jedoch eine Dreiviertelmehrheit der insgesamt vorhandenen Gesellschafter vor, unabhängig davon, ob sie an der Versammlung teilnehmen oder nicht. 40

Zu Beginn einer Versammlung hat der Versammlungsleiter die **Beschlussfähigkeit** der Versammlung festzustellen. Dazu gehört die Feststellung, dass ordnungsgemäß eingeladen wurde. Für die **Abhaltung** von Mitgliederversammlungen gelten derzeit wegen der **Corona-Pandemie** erleichterte Bedingungen.[57] Zunächst befristet bis 31.12.2021[58] kann der Vereinsvorstand – auch wenn dies die Satzung nicht vorsieht – den Mitgliedern ermöglichen, ohne physische Teilnahme an der Mitgliederversammlung an Beschlüssen mitzuwirken. Zu diesem Zwecke können entweder **virtuelle oder hybride Mitgliederversammlungen** abgehalten oder Mitgliedern die schriftliche Stimmabgabe vor Durchführung der Versammlung erlaubt werden.[59] Hinsichtlich der Formalitäten für die Einladung zu einer Versammlung bestehen allerdings keine Erleichterungen. Vorübergehend ist es außerdem möglich, unter erleichterten Bedingungen im **schriftlichen Verfahren** abzustimmen.[60] Für die GmbH wurde vorübergehend die erleichterte Möglichkeit der Beschlussfassung in Textform (also bspw. durch E-Mail) oder durch schriftliche Stimmabgabe geschaffen.[61] In den Satzungen gemeinnütziger Unternehmen wird auch ohne gesetzliche Regelung grundsätzlich verankert werden können, dass eine digitale Teilnahme einer Präsenzteilnahme gleichsteht. Dann muss nur technisch gesichert sein, dass alle berechtigten Personen an 41

---

[55] Sauter/Schweyer/Waldner Eingetragener Verein/*Neudert/Waldner* Rn. 259.
[56] Reichert/Schimke/Dauernheim Vereins- und VerbandsR-HdB/*Wagner* Kap. 2 Rn. 630; Staudinger/*Schwennicke* BGB § 71 Rn. 6.
[57] Art. 2 § 5 des Gesetzes über Maßnahmen im Gesellschafts-, Genossenschafts-, Vereins-, Stiftungs- und Wohnungseigentumsrecht zur Bekämpfung der Auswirkungen der COVID-19-Pandemie (COVMG) v. 27.3.2020, BGBl. 2020 I 569. Ausführlich *Segna* Beilage zu npoR 3/2020, 148; *Schneider* ZStV 2020, 153; *Schwenn/Blacher* npoR 2020, 154; *Wettich* WPg 2020, 535.
[58] Art. 2 § 7 Abs. 5 COVMG iVm § 1 der Verordnung zur Verlängerung von Maßnahmen im Gesellschafts-, Genossenschafts-, Vereins- und Stiftungsrecht zur Bekämpfung der Auswirkungen der COVID-19-Pandemie v. 20.10.2020, BGBl. 2020 I 2258.
[59] Art. 2 § 5 Abs. 2 COVMG.
[60] Art. 2 § 5 Abs. 3 COVMG.
[61] Art. 2 § 2 COVMG.

der Versammlung in digitaler Form teilnehmen und mit abstimmen können. Kommt es zu einer geheimen Abstimmung, ist dies bei der digitalen Form regelmäßig nur mit Spezialsoftware und nicht mit einer regulären Videokonferenzlösung darstellbar. Die Satzung kann vorschreiben, von welchem Quorum es abhängig ist, ob eine geheime Abstimmung durchgeführt wird.

42 Bei jeder Abstimmung muss berücksichtigt werden, welche Mitglieder bzw. Gesellschafter ggf. einem **Stimmverbot** aufgrund eines Interessenkonflikts unterliegen. Grundsätzlich gilt, dass ein Mitglied nicht stimmberechtigt ist, wenn die Beschlussfassung die Vornahme eines Rechtsgeschäfts mit ihm oder die Einleitung oder Erledigung eines Rechtsstreits zwischen ihm und dem Verein betrifft.[62] Verboten ist unabhängig von den ausdrücklich im Gesetz genannten Fällen nach überwiegender Auffassung das **„Richten in eigener Sache"**.[63] Dies betrifft bspw. Beschlüsse über die eigene Entlastung,[64] die eigene Abberufung als Organmitglied aus wichtigem Grund[65] oder die Entscheidung über die Geltendmachung von Schadensersatzansprüchen gegen die eigene Person,[66] nicht aber die eigene Wahl als Organmitglied.[67] Stimmt die betroffene Person dennoch mit ab, ist die Stimme nichtig und darf nicht gezählt werden.[68] An der dem Beschluss vorangehenden Diskussion und Aussprache darf die Person aber grundsätzlich teilnehmen.

43 Nach Ende der Abstimmung und der Auszählung der Stimmen stellt der Versammlungsleiter das **Ergebnis der Abstimmung** fest. Vereinsregister legen immer häufiger Wert darauf, dass sich aus dem **Protokoll** der Mitgliederversammlung das Abstimmungsergebnis ergibt, weil mit der Eintragung des Beschlusses in das Vereinsregister die Ordnungsmäßigkeit der Entscheidungsfindung zwar nicht garantiert, aber doch für die Mitglieder dargelegt wird. Ergibt sich aus dem Protokoll, wie welche Stimmen im Einzelnen zu dem jeweiligen Tagesordnungspunkt abgegeben wurden und wie viele davon mit Ja, Nein oder Enthaltung gestimmt haben, kann die Ordnungsmäßigkeit des Beschlusses überprüft und die Eintragung des Abstimmungsergebnisses ggf. verwehrt werden.[69] Die Ergebnisse werden im Protokoll festgehalten, welches vom Protokollführer (und regelmäßig auch dem Versammlungsleiter) unterzeichnet wird. Auch dazu kann die Satzung nähere Bestimmungen enthalten.

44 **Rechtswidrige Entscheidungen** der Mitgliederversammlung sind **grundsätzlich nichtig,**[70] gleichgültig, ob das Verfahren der Entscheidungsfindung unrechtmäßig war oder die Versammlung schon keine Entscheidungskompetenz hatte. Das Vereinsrecht kennt – anders als das Aktienrecht – keine Unterscheidung zwischen nichtigen und bloß anfechtbaren Beschlüssen. Eine analoge Anwendung – wie dies in der Literatur teilweise gefordert wird[71] – lehnt die Rechtsprechung für den Verein bislang ab.[72] Allerdings muss der Beschlussfehler **Relevanz** für die Ausübung der Mitgliedschaftsrechte haben, also geeignet sein, das betroffene Mitglied in der Ausübung seines Mitgliedsrechts zu beschränken, bspw. durch unangemessen kurze Ladungsfrist, mangelhafte Tagesordnung oder Nichteinladung von Mitgliedern.[73] **Andere Beschlussmängel,** denen die erforderliche Relevanz nicht zukommt, sind **grundsätzlich heilbar.** Das Feststellungsinteresse für eine Feststellungskla-

---

[62] § 34 BGB bzw. § 47 Abs. 4 GmbHG.
[63] MüKoBGB/*Leuschner* BGB § 34 Rn. 7.
[64] LG Hagen (Westfalen) 17.9.2019 – 21 O 83/18, BeckRS 2019, 38789 (zur GmbH).
[65] BGH 21.4.1969 – II ZR 200/67, NJW 1969, 1483 (zur GmbH); BayOLG 23.7.1986 – BReg. 3 Z 62/86, NJW-RR 1986, 1499 (zum Verein).
[66] BGH 20.1.1986 – II ZR 73/85, NJW 1986, 2051 (zur GmbH).
[67] Staudinger/*Schwennicke* BGB § 34 Rn. 14.
[68] MüKoBGB/*Leuschner* BGB § 34 Rn. 9; Staudinger/*Schwennicke* BGB § 34 Rn. 27.
[69] KG Berlin 23.5.2020 - 22 W 61/19, ZIP 2020, 1558.
[70] BGH 2.7.2007 – II ZR 111/05, NJW 2008, 69; OLG Hamm 1.3.2021 – 8 U 61/20, BeckRS 2021, 7325. Vgl. hierzu *Fluck* npoR 2018, 202; MüKoBGB/*Leuschner* BGB § 32 Rn. 54 ff.; Staudinger/*Schwennicke* BGB § 32 Rn. 129 ff.
[71] Siehe hierzu *Koch* 72. DJT, Gutachten F., 72 ff., 109.
[72] BGH 2.7.2007 – II ZR 111/05, NJW 2008, 69.
[73] BGH 2.7.2007 – II ZR 111/05, NJW 2008, 69; OLG Hamm 1.3.2021 – 8 U 61/20, BeckRS 2021, 7325.

ge steht außer den Mitgliedern des Vereins auch seinen Organen und den Organmitgliedern zu. Wenn das Mitglied den Mangel kennt, aber nicht rügt bzw. durch Nichtigkeitsfeststellungsklage angreift oder durch Genehmigung des Protokolls billigt, ist der Beschluss trotz des Beschlussmangels von Anfang an wirksam. Die Satzung kann für die Rüge bzw. Klage eine Frist vorsehen, die jedoch mindestens einen Monat betragen muss. Enthält die Satzung keine Frist und greift keine spezialgesetzliche Frist wie bspw. für die Anfechtung von Umwandlungsbeschlüssen, so gilt von Gesetzes wegen, dass das Mitglied eine Rüge bzw. Klage mit zumutbarer Beschleunigung erheben muss.[74] Andernfalls verwirkt das Rüge- bzw. Klagerecht. Unabhängig davon werden nichtige Beschlüsse – sofern erkennbar – vom Vereinsregister nicht eingetragen. Kommt es gleichwohl zu einer Eintragung eines nichtigen Beschlusses, ändert dies nichts an seiner Nichtigkeit.

Bei der **GmbH** wendet die Rechtsprechung die Bestimmungen für das Aktienrecht entsprechend an und unterscheidet zwischen **nichtigen** und **bloß anfechtbaren Beschlüssen** der Gesellschafterversammlung.[75] Nichtig sind nur Beschlüsse, die gegen gravierende gesellschaftsrechtliche oder rechtsgeschäftliche Prinzipien verstoßen. Die Anfechtung[76] eines Gesellschafterbeschlusses muss, wenn die Satzung keine Frist vorsieht, in angemessener Zeit (nicht innerhalb der Monatsfrist, die für die Aktiengesellschaft vorgesehen ist) erfolgen, da das Anfechtungsrecht andernfalls verwirkt ist. **45**

2. Aufsichtsgremium

Fast alle gemeinnützigen Unternehmen sehen in ihrer Satzung neben dem Vorstand oder der Geschäftsführung auch ein Aufsichtsgremium vor, welches die **Geschäftsführung berät und ggf. überwacht.** Diese Aufsichtsgremien können zB als Kuratorium, Stiftungsrat, Beirat oder Aufsichtsrat bezeichnet werden. Unabhängig von der Bezeichnung richtet sich die Kompetenz des Aufsichtsgremiums nach der Satzung oder dem Gesellschaftsvertrag. **46**

Das Aufsichtsgremium kann zunächst eine weitgehend **beratende Funktion** haben.[77] Hierbei ist darauf zu achten, dass es entsprechend den Vorgaben in der Satzung auch tatsächlich regelmäßig zu Beratungen eingeladen wird und die vorgesehenen Themen auch beraten werden. Die Entscheidung des Gremiums ist zwar nicht bindend für die Geschäftsführung, hilft dieser aber bei der Entscheidungsfindung. Im Idealfall ist das Gremium ein „Sparringspartner für die Geschäftsführung". **47**

Das Gremium kann darüber hinaus auch **Kontroll-** und erhebliche eigene **Weisungskompetenzen** zur Geschäftsführung innehaben. So ist im GmbH-Recht vorgesehen, dass die Geschäftsführer von den Gesellschaftern oder ersatzweise auch von einem Beirat angewiesen werden können, wie im Einzelfall die Geschäfte zu betreiben sind (§ 37 Abs. 1 GmbHG). In vielen Satzungen oder Gesellschaftsverträgen gemeinnütziger Unternehmen wird auch eine Mischform gewählt. Häufig findet sich ein **Katalog zustimmungspflichtiger Geschäfte,** bei denen die Geschäftsführung das Aufsichtsgremium ab einer bestimmten Bedeutung und Größenordnung des Geschäfts vor dessen Durchführung um Zustimmung ersuchen muss. Es hängt von der jeweiligen Regelung im Einzelnen ab, ob darüber hinaus das Aufsichtsgremium ein Weisungsrecht gegenüber der Geschäftsführung oder dem Vorstand hat.[78] Daneben sind vielfach jährliche Planungen vorzulegen und der Jahresabschluss zu beschließen. Im Regelfall wird die Wirtschaftsprüfung des gemeinnützigen Unternehmens dem entsprechenden Aufsichtsgremium gegenüber rechenschaftspflichtig sein. **48**

---

[74] OLG Hamm 1.3.2021 – 8 U 61/20, BeckRS 2021, 7325; OLG Frankfurt 6.7.2018 – 3 U 22/17, npoR 2019, 12.
[75] BGH 11.2.2008 – II ZR 187/06, GmbHR 2008, 426; BGH 14.5.1990 – 2 ZR 126/89, NJW 1990, 2625; siehe MüKoBGB/*Wertenbruch* BGB Anhang zu GmbHG § 47 Rn. 1 ff; BeckOK GmbHG/*Leinekugel* Anhang zu GmbHG § 47 Rn. 1 ff.
[76] Zur umstrittenen Frage, ob auch Mitglieder der Geschäftsführung oder des Aufsichtsgremiums anfechtungsbefugt sind, siehe BeckOK GmbHG/*Leinekugel* Anhang zu GmbHG § 47 Rn. 158 ff.
[77] Vgl. hierzu bspw. MüKoGmbHG/*Spindler* GmbHG § 52 Rn. 278 ff.
[78] Vgl. zur GmbH BeckHdB GmbH/*Scholz/Illner* § 6 Rn. 49 ff.

Das Aufsichtsgremium kann auch eine ungeschriebene Zuständigkeit für strategische Grundsatzfragen oder in der Satzung nicht gesondert aufgeführte außergewöhnliche Geschäfte haben.

49 Es gibt aber auch Satzungen gemeinnütziger Unternehmen, bei denen der Vorstand oder die Geschäftsführung das Unternehmen **in eigener Verantwortung** leitet und, wie von Gesetzes wegen bei einer Aktiengesellschaft vorgesehen, das Aufsichtsgremium nicht die Befugnis hat, eigene Strategien zu entwickeln oder Weisungen zur Geschäftsführung im Einzelfall zu erteilen, sondern allein in begrenzten Fällen die Genehmigung zu bestimmten zustimmungspflichtigen Geschäften zu erteilen hat und den Vorstand oder die Geschäftsführung bestellt und ggf. abberuft (§ 111 AktG).

50 Bei allen Rechtsformen bestehen **große Gestaltungsmöglichkeiten,** welche Kompetenzen dem Aufsichtsgremium zugebilligt werden.[79] Typischerweise gibt es einen Vorsitzenden, der entweder von der Mitglieder- oder Gesellschafterversammlung oder vom Gremium selbst gewählt wird. Dieser lädt zu den Sitzungen ein. Auch hier gilt, dass entsprechend den soeben dargestellten Regelungen[80] ordnungsgemäß zur Sitzung eingeladen werden muss. In der Regel wird nach Köpfen offen abgestimmt. In einem Sitzungsprotokoll sind die Beschlüsse und Abstimmungsergebnisse jeweils festzuhalten.

51 **Fehlerhafte Beschlüsse** eines Aufsichtsorgans sind **grundsätzlich nichtig.** Bei formellen Mängeln ist dies allerdings nur der Fall, wenn diese Auswirkungen auf die Beschlussfassung haben oder es sich um wesentliche Verfahrensfehler wegen Verstoßes gegen zwingendes Gesetzesrecht handelt.[81] Eine analoge Anwendung der §§ 241 AktG – wie dies in der Literatur teilweise gefordert wird[82] – lehnt die Rechtsprechung für das Aufsichtsgremium selbst für den Aufsichtsrat der AG bislang ab.[83] Für jedes einzelne Mitglied des Aufsichtsgremiums besteht die Möglichkeit, Feststellungsklage gegen die Gesellschaft auf Nichtigkeit eines rechtswidrigen Beschlusses des Aufsichtsgremiums zu erheben.[84] Das Feststellungsinteresse folgt aus der Organstellung der Mitglieder des Aufsichtsgremiums und ihrer sich daraus ergebenden gemeinsamen Verantwortung für die Rechtmäßigkeit der von ihnen gefassten Beschlüsse.[85] Das Klagerecht kann verwirkt werden, wenn die Klage nicht mit der dem Kläger zumutbaren Beschleunigung erhoben wird.[86]

3. Vorstand oder Geschäftsführung

52 Nach den gesetzlichen Bestimmungen im Vereins-, Stiftungs- und Gesellschaftsrecht führt der Vorstand bzw. die Geschäftsführung die Geschäfte im Rahmen der Gesetze und der Satzung. Je nach Satzung werden diese entweder von der Mitglieder- oder Gesellschafterversammlung oder einem Aufsichtsgremium im Regelfall für eine bestimmte Amtszeit **bestellt.**

53 Unter welchen Voraussetzungen die **Abberufung** des Vorstands oder der Geschäftsführung möglich ist, regelt gleichfalls die Satzung oder der Gesellschaftsvertrag. Mitunter erfordert die Abberufung einen wichtigen Grund, ansonsten ist sie im Regelfall auch ohne wichtigen Grund auf Grundlage eines Beschlusses des Bestellungsorgans mit der in der Satzung geregelten Mehrheit möglich. Bei der Stiftung ist die Abberufung des Vorstands,

---

[79] Schlüter/Stolte StiftungsR/*Schlüter/Stolte* Kap. 2 Rn. 66 f. (Stiftung); Sauter/Schweyer/Waldner Eingetragener Verein/*Neudert/Waldner* Rn. 308 f. (Verein); *Weitemeyer* GmbHR 2021, 57 (60) (gGmbH).
[80] Siehe → Rn. 48.
[81] BGH 17.5.1993 – II ZR 89/92, BGHZ 122, 342; Lutter/Krieger/Verse AufsichtsR/*Lutter/Krieger/Kruse* § 11 Rn. 739 ff.
[82] *Lemke* Der fehlerhafte Aufsichtsratsbeschluß, 1994, 172 ff. und 189 ff.; *de lege ferenda* auch hierzu *Koch* 72. DJT, Gutachten F, 95 ff.
[83] BGH 17.5.1993 – II ZR 89/92, BGHZ 122, 342.
[84] BGH 17.5.1993 – II ZR 89/92, BGHZ 122, 342; BGH 21.4.1997 – II ZR 175/95, BGHZ 135, 244.
[85] BGH 21.4.1997 – II ZR 175/95, BGHZ 135, 244.
[86] BGH 17.5.1993 – II ZR 89/92, BGHZ 122.

sofern die Satzung nichts anderes vorsieht, nur möglich, wenn ein sachlicher Grund vorliegt.[87]

Im deutschen Recht wird unterschieden zwischen dem **Anstellungsvertrag,** der typischerweise eine vertraglich vereinbarte Laufzeit aufweist, und der Abberufung aus der **Organstellung.**[88] Die Abberufung aus der Organstellung führt zunächst dazu, dass die Organfunktion nicht mehr ausgeübt werden kann. Die Ansprüche des Vorstands oder Geschäftsführers auf Vergütung bleiben jedoch bestehen, bis dessen Anstellungsvertrag fristgerecht gekündigt wurde. Liegt kein wichtiger Grund für die Kündigung des Arbeitsverhältnisses des Vorstands oder Geschäftsführers vor, ist die Vergütung regelmäßig bis zum Ende der Vertragslaufzeit weiter zu bezahlen. Dabei muss ggf. angerechnet werden, was an Aufwendungen vom Vorstand oder Geschäftsführer eingespart werden kann, wenn er tatsächlich nicht mehr für das Unternehmen tätig ist. Typischerweise werden **Abfindungsverträge** verhandelt, damit das ausscheidende Vorstandsmitglied oder der Geschäftsführer in die Lage versetzt werden, ggf. eine neue Stelle anzutreten. Gemeinnützigkeitsrechtlich muss die Abfindung dem Angemessenheitsgebot des § 55 Abs. 1 Nr. 3 AO genügen und erfordert daher die Ermittlung des Rahmens, der aufgrund der Rechtslage vertretbar ist.[89] Liegt ein Grund für eine Kündigung aus wichtigem Grund vor, darf keine Abfindung gezahlt werden. Ist streitig, ob ein derartiger Grund vorliegt, sind die rechtlichen Risiken der jeweiligen Betrachtungsweise im Einzelnen sorgfältig zu prüfen. 54

Vorstand oder Geschäftsführer sind diejenigen, die in erster Linie **verpflichtet** sind, die **Corporate Governance** im gemeinnützigen Unternehmen **zu wahren** und die Unternehmensleitung entsprechend den gesetzlichen Vorgaben und der Satzung auszuüben. Sie unterliegen dabei regelmäßig der **Überwachung durch ein Aufsichtsgremium,** welches kontrolliert, ob das Geschäftsführungsgremium auch tatsächlich entsprechend diesen Pflichten tätig wird. Dabei berechtigt die Überwachungsfunktion das Aufsichtsgremium natürlich nicht dazu, selbst die Geschäftsführung zu übernehmen. Die Kompetenzen, die die Satzung oder der Gesellschaftsvertrag dem jeweiligen Organ einräumt, sind zu beachten. Soll das Aufsichtsgremium nur punktuell bestimmte Geschäfte genehmigen, liegt die Organisations- und Planungshoheit allein beim Geschäftsführungsgremium. Die Pflichten (und damit auch mögliche Pflichtverletzungen) richten sich jeweils nach den Kompetenzen, die die gesetzliche Regelung in Verbindung mit der Satzung dem jeweiligen Organ einräumt. 55

Die Regeln für die **Beschlussfassung** von Vorstand und Geschäftsführung richten sich nach der Satzung bzw. dem Gesellschaftsvertrag und ggf. einer ergänzenden Geschäftsordnung. Dort können Vorgaben zu Einladung, Beschlussfähigkeit,[90] Mehrheitserfordernissen etc getroffen werden. Grundsätzlich können sich Vorstandsmitglieder bei der Beschlussfassung auch ohne ausdrückliche Satzungsermächtigung **vertreten lassen,** wenn die Vertretung nicht auf Dauer angelegt ist und durch ein anderes Vorstandsmitglied erfolgt.[91] Bezüglich der Durchführung von **virtuellen Gremiensitzungen** und Beschlussfassung im **schriftlichen Verfahren** gelten für die Beschlussfassung von Vereins- und Stiftungsorganen, wie bei der Mitgliederversammlung,[92] vorübergehend Erleichterungen aufgrund der Corona-Pandemie.[93] 56

---

[87] Richter StiftungsR-HdB/*Godron* § 6 Rn. 63 ff.
[88] Staudinger/*Hüttemann*/*Rawert* BGB § 86 Rn. 14 (Stiftung); Stöber/Otto VereinsR-HdB/*Stöber*/*Otto* Rn. 504 und 602 ff. (Verein); *Weitemeyer* GmbHR 2021, 57 (61) (gGmbH).
[89] Zu unverhältnismäßigen Vergütungen → § 2 Rn. 127 ff.
[90] Zur Frage der Beschlussfähigkeit nicht vollständig besetzter Vereins- und Stiftungsvorstände siehe *Hüttemann*/*Rawert* ZIP 2020, 2545.
[91] OVG Schleswig-Holstein 7.12.2017 – 3 LB 3/17, npoR 2018, 262 mAnm *Kraus*.
[92] Siehe → Rn. 41.
[93] Zunächst enthielt das COVMG eine ausdrückliche Regelung lediglich zur Mitgliederversammlung. In der Folge gab es unterschiedliche Auffassungen dazu, ob andere Organe ebenfalls erfasst seien. Mit dem Gesetz zur weiteren Verkürzung des Restschuldbefreiungsverfahrens und zur Anpassung pandemiebedingter Vorschriften im Gesellschafts-, Genossenschafts-, Vereins- und Stiftungsrecht sowie im Miet- und Pachtrecht

57 Beschlüsse des Stiftungs- oder Vereinsvorstands sind **bei Nichtbeachtung** der gesetzlichen und satzungsmäßigen Vorschriften für Beschlussfassungen **grundsätzlich nichtig**.[94] Zur Nichtigkeit führt bspw. die Beschlussfassung eines satzungswidrig besetzten Stiftungsvorstands.[95] Dies kann sich etwa dann ergeben, wenn die in der Satzung vorgesehene Mindestzahl an Vorstandsmitgliedern durch das Ausscheiden eines Mitglieds unterschritten und das Amt noch nicht wieder neu besetzt wurde.[96]

58 Lediglich anfechtbar sind dagegen Beschlüsse, die gegen Vorgaben verstoßen, auf deren Einhaltung die Stiftungsorgane einvernehmlich verzichten können.[97] Im Übrigen führen, wie bei der Mitgliederversammlung, nicht relevante Fehler lediglich zur Anfechtbarkeit.[98] Gegen einen fehlerhaften Beschluss kann Feststellungsklage erhoben werden.[99]

V. Rechtstreue

59 Die Geschäftsführung eines gemeinnützigen Unternehmens muss im Rahmen der Gesetze und der rechtlichen Vorgaben, die sich aus der Satzung oder Beschlüssen der Vereinsmitglieder, Gesellschafter oder dem Aufsichtsgremium ergeben, stattfinden. Wesentlich ist zunächst einmal der **gemeinnützigkeitsrechtliche Rechtsrahmen,** wonach das gemeinnützige Unternehmen, wie auch in der Satzung festgehalten ist, ausschließlich, unmittelbar und selbstlos die gemeinnützigen Zwecke verfolgen muss. Wann eine derartige Verfolgung gemeinnütziger Zwecke vorliegt, bestimmt nicht die jeweilige Organisation selbst. Vielmehr ordnet das Gemeinnützigkeitsrecht objektiv für die gesamte Rechtsordnung an, welche Tätigkeiten im Allgemeininteresse erfolgen und welche allein im Rahmen einer kommerziellen Geschäftstätigkeit ausgeübt werden können.[100]

60 Die rechtlichen Vorgaben, was gemeinnütziges Wirken erfordert, sind natürlich unterschiedlich detailliert ausgestaltet. In Bezug auf die Abgrenzung zwischen einem Zweckbetrieb und einem steuerpflichtigen wirtschaftlichen Geschäftsbetrieb liegen, je nach Branche, zahlreiche Vorgaben in Form von **Erlassen seitens der Finanzverwaltung** oder **Urteilen der Gerichte** vor.[101] Auch in anderen Rechtsgebieten nimmt die Regelungsdichte kontinuierlich zu. Bevor grundlegende Entscheidungen gefällt werden können, müssen die Entscheidungsträger sich daher den **rechtlichen Rahmen bewusst machen,** innerhalb dessen sie handeln können. Welche Entscheidung dann im Einzelnen getroffen wird, steht weitgehend in ihrem Ermessen. Allerdings haben sich einzelne Rechtsregeln herausgebildet, die bei der Entscheidungsfindung zu beachten sind.

VI. Business Judgment Rule

61 Die Geschäftsführungsorgane haben bei ihrer Geschäftsführung grundsätzlich die **Sorgfalt eines ordentlichen und gewissenhaften Geschäftsleiters** anzuwenden. Eine Pflichtver-

---

v. 22.12.2020, BGBl. 2020 I 3328, wurde sodann geregelt, dass die Erleichterungen ausdrücklich auch für den Vorstand von Vereinen und Stiftungen sowie für andere Vereins- und Stiftungsorgane gelten. Die Regelung trat am 28.2.2021 in Kraft und gilt zunächst für das Jahr 2021.

[94] MüKoBGB/*Leuschner* BGB § 28 Rn. 7; MüKoBGB/*Weitemeyer* BGB § 86 Rn. 27; Richter StiftungsR-HdB/*Godron* § 6 Rn. 41; Staudinger/*Schwennicke* BGB § 28 Rn. 16.
[95] Zuletzt VG Schleswig 18.12.2020 – 6 B 48/20, BeckRS 2020, 36505.
[96] Insoweit ist vorübergehend § 5 Abs. 1 COVMG zu beachten, wonach der bloße Zeitablauf einer Amtszeit noch bis zum 31.12.2021 nicht dazu führt, dass das Vorstandsamt vakant ist.
[97] Vgl. MüKoBGB/*Weitemeyer* BGB § 86 Rn. 28; im Einzelnen streitig.
[98] MüKoBGB/*Leuschner* BGB § 28 Rn. 7; MüKoBGB/*Weitemeyer* BGB § 86 Rn. 28.
[99] Zur Frage, ob nur Organmitglieder klagen können, die in einer eigenen Rechtsposition betroffen sind, oder alle Organmitglieder, vgl. MüKoBGB/*Weitemeyer* BGB § 86 Rn. 29; Richter StiftungsR-HdB/*Godron* § 6 Rn. 42.
[100] Näher dazu unter → § 2 Rn. 54.
[101] Dazu → § 7 Rn. 25 ff.

letzung liegt nach einem allgemein im Zivilrecht geltenden Grundsatz nicht vor, wenn das Geschäftsführungsmitglied bei einer unternehmerischen Entscheidung vernünftigerweise annehmen durfte, auf der Grundlage angemessener Informationen zum Wohle des Vereins, der Stiftung oder der Gesellschaft zu handeln. Bei einem Verstoß gegen die Sorgfaltspflicht drohen den Mitgliedern der Geschäftsführung **Schadensersatzansprüche.** Viele gemeinnützige Unternehmen haben deswegen Versicherungen abgeschlossen, damit die handelnden Organe bzw. das Unternehmen vor den drohenden Schäden geschützt sind.[102] In Betracht kommt eine klassische Directors-and-Officers-Versicherung **(D&O-Versicherung),** die unmittelbar das Organ schützt, sodass der gegen das Organ gerichtete Schadensersatzanspruch des gemeinnützigen Unternehmens durch die Versicherung gedeckt wird, aber auch eine **Vermögensschadenshaftpflichtversicherung,** die das Unternehmen schützt. Bei einer D&O-Versicherung ist zu berücksichtigen, dass diese – anders als eine Vermögensschadenshaftpflichtversicherung – nur eingreift, wenn eine Inanspruchnahme des Organs erfolgt. Typischerweise schützen D&O-Versicherungen nicht gegen vorsätzliches Handeln des Organs, oft auch nicht gegen Steuerrisiken. Falls die Satzung eine Beschränkung der Haftung des Organs auf grobe Fahrlässigkeit und Vorsatz vorsieht, hilft die D&O-Versicherung des Unternehmens daher nur weiter, wenn die Versicherung eine sog. (sublimitierte) Eigenschadensklausel aufweist.

62 Eine Schadensersatzhaftung gegenüber der juristischen Person setzt voraus, dass der Schaden aufgrund einer **schuldhaften Pflichtverletzung** der Gesellschaft entstanden ist. Mittlerweile hat sich die Rechtsprechung rund um die sog. Business Judgement Rule zum umstrittensten Gebiet des Gesellschaftsrechts entwickelt. Diskutiert wird bspw., ob der verantwortliche Geschäftsführer einwenden kann – wenn er ein Geschäft ohne die notwendige Zustimmung eines Aufsichtsgremiums abgeschlossen hat –, dass der Aufsichtsrat in jedem Fall seine Zustimmung erteilt hätte und daher keine Pflichtverletzung vorläge.[103] Der BGH hat entschieden, dass ein solcher Einwand nicht grundsätzlich unzulässig ist, allerdings müsse das Vorstandsmitglied diesen hypothetischen Verlauf der Dinge sicher nachweisen. Soweit eine Pflicht des Aufsichtsrats zur Zustimmung bestand, ist der Einwand beachtlich. Soweit die Zustimmung zu dem Geschäft bei angemessenen Informationen zu versagen war, trifft das Aufsichtsgremium eine Pflicht zur Versagung der Zustimmung und der Einwand spielt keine Rolle. Somit führt das **Fehlen der erforderlichen Zustimmung eines Aufsichtsgremiums** dazu, dass zulasten der handelnden Geschäftsführer das Recht von der Vermutung ausgeht, dass eine Pflichtverletzung vorliegt. Der auf Schadensersatz in Anspruch genommene Geschäftsführer kann aber den Gegenbeweis führen.

63 **Stimmt ein Aufsichtsgremium einem riskanten Geschäft zu,** welches schließlich fehlschlägt, so ist das Geschäftsführungsorgan grundsätzlich exkulpiert, sofern die Risiken, die mit dem Geschäft verbunden sind, von dem Aufsichtsgremium aufgrund der Vorlage des Geschäftsführungsgremiums erkannt werden konnten. Sofern schon das Gemeinnützigkeitsrecht den Abschluss bestimmter Geschäfte verbietet, bspw. weil sie keine angemessene Rendite im Verhältnis zum Risiko erwarten lassen,[104] ist vom Geschäftsführungsgremium auf die potenzielle Gemeinnützigkeitswidrigkeit hinzuweisen. Unterbleibt dieser Hinweis, hilft die Zustimmung des Aufsichtsgremiums dem Geschäftsführungsgremium typischerweise auch nicht, wenn es sich tatsächlich um ein Geschäft handelt, dass die gemeinnützige Organisation nicht durchführen durfte.

1. Angemessene Information

64 Wesentlich für die Frage, ob bei einer Entscheidung eine Pflichtverletzung vorliegt, ist, ob sich die Geschäftsführer vor der Entscheidung angemessen informiert haben. Was als

---

[102] Näher hierzu *Dreher/Fritz* npoR 2020, 171; Zur umstrittenen Frage, ob hierfür ein Beschluss der Mitglieder- bzw. Gesellschafterversammlung oder eine Regelung in der Satzung erforderlich ist, siehe *Hüttemann* Non Profit Law Yearbook 2006, 33 (54).
[103] Dazu BGH 10.7.2018 – II ZR 24/17, NZG 2018, 1189.
[104] Siehe unter → § 2 Rn. 63 ff.

angemessen anzusehen ist, richtet sich nach dem **Umfang des geplanten Geschäfts** und der **strategischen Bedeutung** für das gesamte Unternehmen. Dabei kann die Problematik der inhaltlichen und fachlichen Vorbereitung und des zeitlichen Aufwands zur Entscheidungsvorbereitung durch die Organmitglieder in die Beurteilung der Angemessenheit einfließen. Hinsichtlich der Beschaffung angemessener Informationen besteht kein Ermessen des Organs. Vielmehr sind die zur Verfügung stehenden Erkenntnisquellen auszuschöpfen und ggf. ist der Rat sachverständiger Dritter einzuholen.[105] Der erteilte Rat muss plausibilisiert und darauf überprüft werden, ob ihm der richtige und vollständige Sachverhalt zugrunde lag.[106] Bedarf die Entscheidung der Zustimmung eines Aufsichtsgremiums, benötigt auch dieses angemessene Informationen, um eine vertretbare Entscheidung treffen zu können. Liegen diese nicht vor, ist die Angelegenheit noch nicht entscheidungsreif. Der Aufsichtsrat überprüft im Rahmen einer Plausibilitätsprüfung, ob die vorliegenden Informationen als Entscheidungsgrundlage geeignet erscheinen. Das Aufsichtsgremium ist nicht verpflichtet, eigene Ermittlungen anzustellen. Es darf grundsätzlich den Informationen, die es vom Geschäftsführungsgremium erhält, vertrauen.[107]

65 Es kann allerdings auch derartig gewichtige und komplexe Entscheidungssituationen geben, dass der **Rat unabhängiger sachverständiger Dritter eingeholt** werden muss, um die Entscheidung treffen zu können. So ist es bspw. bei Unternehmenskäufen ab einer bestimmten Größenordnung branchenüblich, eine sog. „Fairness Opinion" zur finanziellen Angemessenheit von Transaktionspreisen einzuholen.[108]

2. Vertretbare Entscheidung

66 Auf der Grundlage der beschafften Informationen können die Organmitglieder eine vertretbare Entscheidung treffen. Die Entscheidung muss **im Interesse des gemeinnützigen Unternehmens** vorgenommen werden. Das Geschäftsführungsorgan muss **vernünftigerweise** annehmen können, mit der Entscheidung zum Wohl der gemeinnützigen Organisation zu handeln. Die Organmitglieder müssen die **Vor- und Nachteile** einer Maßnahme sorgfältig gegeneinander **abwägen.** Dabei spielt sowohl die Zweckgerichtetheit eine Rolle als auch die Frage, ob die Entscheidung zum Bestand und zur dauerhaften Rentabilität des Unternehmens beitragen kann (in den Fällen, in denen Mittel für nicht gemeinnützige Zwecke verwendet werden sollen). Das Eingehen von **Risikogeschäften** und die Hinnahme des Risikos von Fehlbeurteilungen und Fehleinschätzungen stellt isoliert betrachtet noch keine Pflichtverletzung dar, wenn diese durch unternehmens- oder stiftungslegitime Ziele gedeckt sind. Die Grenze ist in solchen Fällen erst überschritten, wenn die Übernahme des Risikos aus einer ex-ante Sicht unvertretbar ist.[109] Übergroße Risiken dürfen von gemeinnützigen Unternehmen aber schon aufgrund der Vorgaben des Gemeinnützigkeitsrechts nicht eingegangen werden.[110]

3. Culpa in Eligendo

67 Das Recht erwartet nicht, dass das Geschäftsführungsorgan selbst über alle notwendigen Kenntnisse und Erfahrungen verfügt, um Entscheidungen zum Wohle der Gesellschaft beurteilen zu können. Das Geschäftsführungsorgan darf **sachverständigen Rat Dritter** ein-

---

[105] Vgl. BGH 20.9.2011 – II ZR 234/09, NZG 2011, 1271 – Ision; BGH 14.5.2007 – II ZR 48/06, NJW 2007, 2118; OLG Stuttgart 25.11.2009 – 20 U 5/09, CCZ 2010, 112; *Fleischer* NZG 2010, 121.
[106] BGH 20.9.2011 – II ZR 234/09, NZG 2011, 1271 – Ision; BGH 14.5.2007 – II ZR 48/06, NJW 2007, 2118. Siehe auch → Rn. 67.
[107] OLG Düsseldorf 23.6.2008 – 9 U 22/08, NZG 2008, 713; MüKoAktG *Habersack* AktG § 111 Rn. 144; Hölters/*Gesinn*/*Gesinn* AktG § 111 Rn. 82.
[108] Deswegen gibt es den IDW-Standard „Grundsätze für die Erstellung von Fairness Opinions" (IDW 58).
[109] LG Bremen 12.7.2019 – 4 O 2083/16, BeckRS 2019, 32799.
[110] Dazu → § 2 Rn. 63 ff.

holen und ggf. auf deren Rat vertrauen und entsprechend entscheiden. Allerdings **entbindet** diese Beauftragung Dritter das Geschäftsführungsorgan **nicht von jeglicher eigenen Verantwortung.** Das Geschäftsführungsorgan muss sich selbst mit der Sache und dem dazu eingeholten sachverständigen Rat, bspw. dem vorgelegten Gutachten, auseinandersetzen[111] und beruhend darauf eine eigene Entscheidung treffen. Eine Haftung des Geschäftsführungsorgans kommt auch in Betracht, wenn es eine untaugliche Person als Berater ausgewählt hat, welche durch ihr Verhalten einen Schaden verursacht hat, wenn nicht der Nachweis gelingt, dass der Dritte sorgfältig ausgewählt worden ist. Dazu gehört, dass sich das Geschäftsführungsorgan einen Eindruck von den Kenntnissen und Erfahrungen des Beauftragten verschafft und bei Anzeichen dafür, dass dieser seiner Aufgabe nicht gewachsen ist, entsprechend nachforscht und ggf. eine andere Person mit der Aufgabenerledigung beauftragt.[112]

Ähnliche Maßstäbe können auch gelten, wenn durch das **Handeln von Mitarbeitern** 68 des gemeinnützigen Unternehmens ein Schaden entsteht. Hierbei führt nicht der Umstand, dass ein Mitarbeiter den Schaden verursacht hat, bereits zur Haftung. Vielmehr setzt eine Pflichtverletzung in diesen Fällen voraus, dass entweder **keine angemessene Organisationsstruktur** im gemeinnützigen Unternehmen vorlag oder trotz Anzeichen, dass der Mitarbeiter seiner Aufgabe nicht gewachsen war, dieser bei wesentlichen Entscheidungen nicht hinreichend kontrolliert wurde.[113]

4. Compliant

Die Entscheidungen müssen **rechtskonform** – compliant – erfolgen. Wer compliant ist, 69 hält sich nicht nur an Recht, Gesetz und Ordnung, sondern auch an die internen Leitlinien und das Wertesystem der gemeinnützigen Organisation.[114] Droht eine Entscheidung in Widerspruch zu den bestehenden Regeln zu geraten, ist dieser Widerspruch ggf. gegenüber dem Gremium, welches diese Regeln festgesetzt hat, offen zu legen und auf eine Ausnahme von der jeweiligen Regel hinzuwirken. Unternehmen und Unternehmensverantwortliche sind über die §§ 9, 30, 130 OWiG dazu verpflichtet dafür Sorge zu tragen, dass aus dem Unternehmen heraus **keine Rechtsverstöße erfolgen.** Werden entsprechende Organisations- und Aufsichtsmaßnahmen nicht ergriffen, können auch die Unternehmensleitung und zukünftig möglicherweise auch das Unternehmen als solches als Straftäter angeklagt werden.[115] Bekannt sind bspw. Fälle, in denen eine Unternehmensleitung Korruption im eigenen Amtsbereich nicht abgestellt hat.[116] Fallen immer wieder Mitarbeiter durch Korruption auf, reicht es nicht, wenn diese jeweils sanktioniert werden. Vielmehr muss die Unternehmensleitung darüber nachdenken, wie sie das **Kontrollsystem** verbessert, um diese Verstöße dauerhaft abzustellen. Eine Sanktionierung nach den §§ 130, 30 OWiG ist nicht zwingend nur auf das Einzelunternehmen beschränkt, sondern kann sich im Einzelfall auch gegen eine Konzernobergesellschaft richten.[117] Je nach Größe und Ausrichtung des gemeinnützigen Unternehmens fordert das Recht heute die Einrichtung von **Compliance-**

---

[111] Siehe auch → Rn. 64 f.
[112] Vgl. BGH 20.9.2011 – II ZR 234/09, NZG 2011, 1271 – Ision; OLG Stuttgart 25.11.2009 – 20 U 5/09, CCZ 2010, 112; *Fleischer* NZG 2010, 121.
[113] BGH 9.1.2001 – VI ZR 407/99, NJW 2001, 969.
[114] MüKoBGB/*Leuschner* BGB § 27 Rn. 69 ff. (Verein); Staudinger/*Hüttemann/Rawert* BGB § 86 Rn. 69 (Stiftung).
[115] Entwurf eines Gesetzes zur Stärkung der Integrität in der Wirtschaft v. 21.10.2020, BT-Drs. 19/23568, insb. S. 63. Der Regierungsentwurf richtet sich bislang ausdrücklich an Verbände, deren Zweck auf einen wirtschaftlichen Geschäftsbetrieb gerichtet ist, § 1 des Entwurfs. Dies ist so zu verstehen, dass gemeinnützige Organisationen generell ausgenommen sind, da auch bei Unterhalten eines wirtschaftlichen Geschäftsbetriebs das Gemeinnützigkeitsrecht verbietet, dass der Hauptzweck auf einen wirtschaftlichen Geschäftsbetrieb gerichtet ist. Was letztlich Gesetz wird, ist derzeit offen.
[116] Vgl. OLG München 23.9.2014 – 3 Ws 599/14, 3 Ws 600/14, CCZ 2016, 44.
[117] Vgl. OLG München 23.9.2014 – 3 Ws 599/14, 3 Ws 600/14, CCZ 2016, 44.

Management-Systemen,[118] mit denen systematisch verhindert werden soll, dass es zu Regelverstößen kommt. Ist ein entsprechendes Compliance-Management-System eingeführt, wird der Unternehmensleitung typischerweise **kein Organisationsverschulden** bei Verstößen einzelner Mitarbeiter mehr vorgeworfen werden können.

70 Eine besonders hohe Bedeutung kann bei gemeinnützigen Unternehmen die Einrichtung eines **Tax-Compliance-Systems** haben. Aus Sicht eines gemeinnützigen Unternehmens ist es erforderlich, zu gewährleisten, dass die sog. Gemeinnützigkeitserklärung gegenüber der Finanzbehörde im Einklang mit den tatsächlichen Gegebenheiten im Unternehmen abgegeben wird. Ein Tax-Compliance-System dient zur Implementierung und Pflege eines Systems zur Sicherstellung der steuerlichen Rechtsbefolgung im Interesse des Unternehmens und seiner Mitarbeiter. Es obliegt der Unternehmensleitung, sicherzustellen, dass die Steuererklärung sachlich zutreffend ist. Die beauftragten Steuerberater sind typischerweise exkulpiert, da sie sich von der Geschäftsleitung unterzeichnen lassen, dass alle wesentlichen Tatsachen dem Steuerberater vor Abgabe der Erklärung geschildert worden sind. Bei schwierigen Sachverhalten müssen Unternehmensleitung und Steuerberatung ggf. gemeinsam **abwägen,** ob der **kritische Sachverhalt** der Finanzverwaltung gegenüber **offengelegt werden muss** oder ob dies nicht erforderlich ist. Die Rechtsprechung zur Steuerhinterziehung stellt hohe Anforderungen an die Geschäftsleiter – auch von gemeinnützigen Unternehmen in Bezug auf die Würdigung und Offenlegung von kritischen Sachverhalten. Grundsätzlich hat der Steuerpflichtige gegenüber dem Finanzamt offen zu legen, wenn er von einer bekannten Rechtsauffassung der Finanzverwaltung – wie sie bspw. in Erlassen zu gemeinnützigkeitsrechtlichen Vorschriften vielfach niedergelegt ist – abweichen möchte. Es ist dem Steuerpflichtigen grundsätzlich erlaubt, eine andere Rechtsauffassung zu vertreten, er ist aber zugleich verpflichtet, diese in einem Begleitschreiben zur Steuererklärung offen zu legen.[119] Es besteht nach der Rechtsprechung des BGH zumindest eine Offenbarungspflicht für diejenigen Sachverhaltselemente, deren rechtliche Relevanz objektiv zweifelhaft ist.[120] Dies ist nach Auffassung des BGH insb. dann der Fall, wenn die von dem Steuerpflichtigen vertretene Auffassung über die Auslegung von Rechtsbegriffen oder die Subsumtion bestimmter Tatsachen von der Rechtsprechung, Richtlinien der Finanzverwaltung oder der regelmäßigen Veranlagungspraxis abweicht. Der Steuerpflichtige darf der Finanzbehörde keine Tatsachen verschweigen, die nach dem Empfängerhorizont der Finanzbehörde entscheidungserheblich sind.[121] Maßgeblicher Empfängerhorizont der Finanzbehörde ist die Verwaltungsauffassung, die in Verwaltungsvorschriften und im Bundessteuerblatt veröffentlicht wird, also (nur) die nach außen erkennbare Verwaltungsauffassung.[122] Ob darüber hinaus eine Mitteilungspflicht in allen Fällen besteht, in denen der Steuerpflichtige eine abweichende Rechtsansicht der Finanzverwaltung auch nur für möglich hält, hat der BGH ausdrücklich offen gelassen.[123] In der Literatur wird eine derart weitreichende Offenbarungspflicht zu Recht ganz überwiegend abgelehnt,[124] was in der Praxis aber nichts daran ändert, dass die Finanzbehörden mitunter strafrechtliche Ermittlungsverfahren einleiten, wenn in einer Steuererklärung bspw. Einkünfte als Teil der steuerfreien Vermögensverwaltung erklärt wurden, obwohl sie nach der Rechtsprechung zum steuerpflichtigen wirtschaftlichen Geschäftsbetrieb gehören oder die Gemeinnützigkeit

---

[118] Vgl. zum Compliance-Management-System einer Stiftung bspw. Richter StiftungsR-HdB/*Römer* § 21 Rn. 14 ff.; *Mehren* npoR 2020, 155; speziell zu einem Compliance-Management-System bei kirchlichen Vereinen *Schulten* ZStV 2020, 205.
[119] Vgl. AEAO zu § 153 Tz. 2.1.
[120] BGH 10.11.1999 – 5 StR 221/99, wistra 2000, 137, unter Berufung auf BGH 8.8.1985 – 2 ARs 223/85, NJW 1986, 143; BGH 15.11.1994 – 5 StR 237/94, HFR 1995, 545.
[121] BGH 19.12.1990 – 3 StR 90/90, wistra 1991, 138; BGH 10.11.1999 – 5 StR 221/99, wistra 2000, 137; *Wulf* FS Streck, 2011, 627.
[122] ZB Seer/*Krumm* DStR 2013, 1814 (1816); *Sontheimer* DStR 2014, 357 (358).
[123] BGH 10.11.1999 – 5 StR 221/99, wistra 2000, 137.
[124] Joecks/Jäger/Randt/*Joecks* AO § 370 Rn. 182; Hübschmann/Hepp/Spitaler/*Peters* AO § 370 Rn. 206; Gosch AO/FGO/*Meyer* AO § 370 Rn. 50; *Sontheimer* DStR 2014, 357 (358).

erklärt wird, obwohl nach der Rechtsprechung ein Verstoß gegen § 56 oder § 57 AO vorliegt.

Wegen der hohen Bedeutung der gemeinnützigkeitsrechtlichen Vorgaben für gemeinnützige Unternehmen sollte jede Geschäftsführung prüfen, wie sichergestellt ist, dass alle für die Gemeinnützigkeit und die zutreffende Ermittlung der Besteuerungsgrundlagen bedeutsamen **Tatsachen denjenigen bekannt sind und von diesen gewürdigt werden, die die Steuererklärungen erstellen.** Vielfach stellen sich für gemeinnützige Unternehmen dabei schwierige Abgrenzungsfragen zwischen dem Bereich der Vermögensverwaltung, dem Zweckbetrieb und dem steuerpflichtigen wirtschaftlichen Geschäftsbetrieb. Die Entscheidung, welchem Bereich bestimmte Einkünfte zugeordnet werden, erfordert eine umfassende Würdigung des Sachverhalts unter Kenntnis der Rechtslage, wie sie sich aufgrund von Finanzverwaltungserlassen und Rechtsprechung der Finanzgerichte ergibt. Erst jüngst hat der Fall des DFB Aufsehen erregt.[125] Obwohl mittlerweile die streitigen Steuerschulden schon lange vom DFB bezahlt worden waren, hat die Staatsanwaltschaft ein strafrechtliches Ermittlungsverfahren gegen die Verantwortlichen eingeleitet, weil nach Auffassung der Staatsanwaltschaft der DFB Erlöse aus der Bandenwerbung von Heimländerspielen in einzelnen Jahren bewusst unrichtig als Einnahmen aus der steuerfreien Vermögensverwaltung erklärt haben soll. Die streitigen Einkünfte waren, so die These, für die Durchsuchung des DFB und der Privaträume von Verantwortlichen jedenfalls zu spät steuerlich zutreffend erklärt worden, obwohl die Verantwortlichen gewusst hätten, dass nach Auffassung der Finanzverwaltung bei dem gegebenen Sachverhalt steuerpflichtige Einkünfte vorgelegen hätten. 71

Gerade, wenn im Anschluss an eine **steuerliche Betriebsprüfung** neue Steuererklärungen abgegeben werden, sollte darauf geachtet werden, dass diese im Einklang mit den Ergebnissen der Betriebsprüfung vorgenommen werden. In Bezug auf Jahre, die bereits vergangen sind und für die Steuererklärungen eingereicht wurden, die aber hinter dem Prüfungszeitraum liegen, sollte geprüft werden, ob geänderte Steuererklärungen abgegeben werden müssen. 72

5. Interessenkonflikt

Besondere Vorsicht ist geboten, wenn in Bezug auf einzelne Organmitglieder, sei es im Geschäftsführungs- oder im Aufsichtsgremium, ein Interessenkonflikt in Betracht kommt. Interessenkonflikte können dazu führen, dass Entscheidungen möglicherweise nicht am **Wohl des gemeinnützigen Unternehmens** ausgerichtet werden. In einem solchen Fall ist zunächst der potenzielle Interessenkonflikt des jeweiligen Aufsichtsrats- oder Geschäftsführungsmitglieds gegenüber dem gesamten Gremium **offen zu legen.** Dann hat das Gremium die Möglichkeit, entweder selbst eine Entscheidung zu treffen oder ggf. sachverständigen Rat Dritter einzuholen, um zu gewährleisten, dass die Entscheidung auch tatsächlich zum Wohle des gemeinnützigen Unternehmens erfolgt. Das betroffene Organmitglied darf typischerweise nicht mitstimmen. Im **Protokoll** der Sitzung ist der entsprechende Interessenkonflikt zu vermerken. Vielfach wird auch darauf geachtet, dass das entsprechende Mitglied nicht einmal beratend an der Entscheidungsfindung teilnimmt, um Einflussnahmen auf das Gremium zu verhindern. In derartigen Fällen gibt es Situationen, in denen es (nur) moralisch geboten sein mag, sich von der Entscheidungsfindung zurückzuziehen. Besteht aber bspw. ein **Stimmverbot,**[126] scheidet ein Tätigwerden des betroffenen Mitglieds aus. 73

---

[125] Vgl. bspw. Tagesschau.de (7.10.2020), „Durchsuchungen beim DFB", abrufbar unter https://www.tagesschau.de/sport/dfb-steuerhinterziehung-101.html; DW (7.10.2020), „Erneut Verdacht der Steuerhinterziehung beim DFB", abrufbar unter https://www.dw.com/de/erneut-verdacht-der-steuerhinterziehung-beim-dfb/a-55183358; zeitonline (7.10.2020), „Durchsuchung beim DFB wegen Verdachts der Steuerhinterziehung", abrufbar unter https://www.zeit.de/sport/2020-10/durchsuchung-beim-dfb-wegen-verdachts-der-steuerhinterziehung.

[126] Siehe dazu unter → Rn. 42.

Auch hier hängt es von der Größe und Bedeutung des jeweiligen Geschäftes ab, wie der potenzielle Interessenkonflikt aufgelöst werden sollte.

74 Es ist insb. problematisch, wenn der Gesellschaft **nahestehende Personen** mit dem gemeinnützigen Unternehmen Transaktionen ausführen (zB Mitglieder des Aufsichtsgremiums oder der Geschäftsführung). Ist ein Geschäftsführungsmitglied nach §§ 28, 34 BGB schon wegen eines Interessenkonflikts an der Stimmrechtsausübung gehindert, wird zu prüfen sein, ob die Geschäftsführungskompetenz dann ersatzweise von einem anderen Geschäftsführer ausgeübt werden kann oder ob eine **Notgeschäftsführungskompetenz** für die Aufsichtsratsmitglieder besteht.

75 Schließlich ist bei **nahestehenden kommerziellen Unternehmen,** zB bei Unternehmensstiftungen, auf eine klare Trennung der Interessen des kommerziellen Unternehmens und jenen der der Allgemeinheit verpflichteten gemeinnützigen Organisation zu achten. Vor allem bei der Besetzung der Organe ist Vorsicht geboten. Zwar dürfen Vertreter des kommerziellen Unternehmens auch Mitglieder in Organen des gemeinnützigen Unternehmens sein, eine Beherrschung der Willensbildung innerhalb der Geschäftsführung des gemeinnützigen Unternehmens sollte aber vermieden werden.[127]

76 Auch bei **Doppelmandaten** innerhalb des gemeinnützigen Konzerns stellen sich Fragen in Bezug auf die Vermeidung (des Anscheins von) Interessenkonflikten, Verschwiegenheit und Haftung bzw. Aufsicht.

VII. Geschäftsordnung und andere interne Richtlinien

77 Typischerweise sehen die Satzungen gemeinnütziger Unternehmen vor, dass sich das Geschäftsführungsgremium und auch das Aufsichtsgremium entweder selbst eine Geschäftsordnung geben können oder dies mit Zustimmung des Aufsichtsgremiums bzw. der Mitgliederversammlung erfolgt.[128] Eine derartige Geschäftsführungsordnung kann für die Verantwortlichkeit der einzelnen Organmitglieder durchaus hohe Bedeutung gewinnen. Kommt es aufgrund einer „unglücklichen" Geschäftsführungsentscheidung zu einem Schaden der Gesellschaft und beginnen die Organe damit, sich mit der Frage auseinanderzusetzen, ob einzelne Organmitglieder wegen einer Pflichtverletzung auf Schadensersatz in Anspruch genommen werden müssen, so wird die klare Regelung der Verantwortlichkeit in einer Geschäftsordnung typischerweise **haftungsentlastend** für diejenigen wirken, die nicht an der Entscheidung beteiligt waren. In diesem Zusammenhang ist darauf hinzuweisen, dass es dem Aufsichtsgremium einer gemeinnützigen Organisation regelmäßig aufgrund des § 55 AO verboten ist, gegenüber einem Geschäftsführer auf Ersatzansprüche zu verzichten, wenn dieser pflichtwidrig und schuldhaft einen Schaden durch seine Entscheidung verursacht haben sollte. Natürlich ist stets sorgfältig zu prüfen, ob die Geltendmachung eines Schadensersatzanspruchs überhaupt hinreichende Aussicht auf Erfolg hat. Nur in Randbereichen darf von der Geltendmachung eines Schadensersatzanspruchs, der mit überwiegender Aussicht auf Erfolg durchgesetzt werden könnte, abgesehen werden, weil dies einen Reputationsschaden für die Gesellschaft bewirken könnte. Grundsätzlich ist der Verzicht auf entstandene Ersatzansprüche einer gemeinnützigen Organisation nicht gestattet.[129]

78 Die Geschäftsführungsorgane müssen bei der Fassung ihrer **Beschlüsse** die Regelungen zur Beschlussfassung, die in einer Geschäftsordnung niedergelegt sind, ebenso beachten wie Regelungen im Gesetz oder der Satzung.[130] Ergehen Beschlüsse unter Verletzung der Ge-

---

[127] Siehe *Kraus* in Vielfalt in der steuerzentrierten Rechtsberatung, 2020, 255 (262 f.).
[128] Schlüter/Stolte StiftungsR/*Schlüter/Stolte* Kap. 2 Rn. 69 (Stiftung); Sauter/Schweyer/Waldner Eingetragener Verein/*Neudert/Waldner* Rn. 151 ff. (Verein).
[129] Näher → § 2 Rn. 2.
[130] Vgl. BGH 16.10.2000 – AnwZ (B) 63/99, NJW-RR 2001, 995; KG Berlin 7.2.2011 – 24 U 156/10, GRUR-RR 2011, 280.

schäftsordnung, können die Beschlüsse wie bei einem Verstoß gegen die Satzung **nichtig oder anfechtbar** sein. Insoweit gilt bei Vereinsgremien nichts anderes als für die Beschlüsse einer Mitgliederversammlung.[131] Bei der GmbH ist zwischen Gesellschafterbeschlüssen und Beschlüssen des Aufsichtsgremiums zu unterscheiden.[132]

1. Geschäftsführung – Ressort

In einer Geschäftsordnung kann geregelt werden, welches Organmitglied für welches Ressort verantwortlich ist und welche Entscheidungen der Gesamtgeschäftsführung vorbehalten sind. In Bezug auf das **Ressort eines anderen** Geschäftsführungsmitglieds besteht keine Verpflichtung, sich im Detail mit dessen Angelegenheiten zu befassen.[133] Nur wenn ein **konkreter Anlass** gegeben ist, das andere Ressort näher zu überwachen, kommt der Geschäftsführung insgesamt möglicherweise eine Handlungspflicht zu.[134] In den Sitzungen des Geschäftsführungsgremiums sollte im **Protokoll** sorgfältig unterschieden werden, ob nach Diskussion eine **gemeinsame Entscheidung der Gesamtgeschäftsführung** auf der Grundlage angemessener Informationen gefällt wurde oder ob ein Sachverhalt in die **Ressortverantwortung eines bestimmten Geschäftsführers** fällt, der vielfach die Kolleginnen und Kollegen über die Gegebenheiten in seinem Ressort informieren wird. Im letzteren Fall sind diese nicht verpflichtet, selbst auf Grundlage angemessener Informationen eine Entscheidung in diesem Geschäftsbereich zu treffen, es sei denn, der Ressortverantwortliche würde ausdrücklich eine Entscheidung des Gesamtgremiums wünschen und die entsprechenden Informationen dazu vorbereiten. 79

Eine Verantwortungsdelegation auf einen **besonderen Vertreter** iSd § 30 BGB ist möglich und in der Praxis häufig anzutreffen. Dem Vorstand verbleibt in diesen Fällen aber die **Auswahl- und Überwachungsverantwortung.**[135] 80

2. Aufsichtsgremium – Ausschüsse

Das Aufsichtsgremium entscheidet im Rahmen seiner von der Satzung eingeräumten Kompetenzen. Grundsätzlich trifft das Aufsichtsgremium **keine eigene Ermittlungspflicht.** Bestehen allerdings Anhaltspunkte dafür, dass die Geschäftsführer nicht ordnungsgemäß handeln, muss sich das Aufsichtsgremium der Angelegenheit annehmen.[136] Das Aufsichtsgremium kann für verschiedene Teilbereiche **Ausschüsse** einrichten, damit nicht immer das Gesamtgremium über sensible Sachverhalte entscheiden muss. So ist es in vielen Aufsichtsräten üblich, dass der Aufsichtsratsvorsitzende und sein Stellvertreter bspw. die Personal- und Gehaltsangelegenheiten in Bezug auf die Geschäftsführungsmitglieder regeln und den Gesamtaufsichtsrat dann über die Ergebnisse **informieren.** Auch kann es einen Ausschluss geben, der sich in besonderer Weise mit den Ergebnissen der Wirtschaftsprüfung auseinandersetzt, damit Schwachstellen der Organisation, die von den Wirtschaftsprüfern aufgedeckt worden sind, in angemessener Weise erörtert und für die Zukunft abgestellt werden. 81

3. Interne Richtlinien

Der Handlungsrahmen für das geschäftsführende Organ kann außerhalb der Satzung und der Geschäftsordnung ggf. in einer **Anlagerichtlinie,** in einer **Förderrichtlinie** und bei 82

---

[131] MüKoBGB/*Leuschner* BGB § 28 Rn. 7; Siehe zu den Folgen von Beschlussmängeln → Rn. 44.
[132] Siehe unter → Rn. 45 (Gesellschafterbeschlüsse) und → Rn. 51 (Beschlüsse des Aufsichtsgremiums).
[133] Vgl. BGH 15.10.1996 – VI ZR 319/95, NJW 1997, 130 (zur GmbH-Geschäftsführung).
[134] Der Umfang der Überwachungspflicht ist im Einzelnen umstritten, siehe hierzu *Hüttemann* Non Profit Law Yearbook 2006, 33 (39); *Arnold* Non Profit Law Yearbook 2009, 89 (96).
[135] Teile der Literatur entbinden den gesetzlichen Vereinsvorstand von jeder Restverantwortung, wenn die Bestellung des Sonderorgans (unmittelbar) durch die Mitgliederversammlung erfolgt, vgl. *Brouwer* NZG 2017, 491 (488).
[136] Eine „Verschärfung" dieser Anforderungen mahnt hingegen *Vogelbusch* npoR 2013, 130 an.

einer Stiftung in einem **Kapitalerhaltungskonzept** weiter konkretisiert werden. Es können Vorgaben zu der Frage gemacht werden, welche **Risiken bei der Mittelbeschaffung und der Mittelverwendung** eingegangen werden dürfen. Insbesondere Angaben zur Risikobereitschaft können eine wertvolle Hilfestellung für das geschäftsführende Organ sein. Hält sich das geschäftsführende Organ an die Vorgaben in der Satzung und den Richtlinien, kann kein pflichtwidriges Verhalten gegenüber der gemeinnützigen Organisation angenommen werden.

4. Protokolle

83 Protokolle der Entscheidungen des Geschäftsführungs- oder Aufsichtsgremiums dienen dem Nachweis, auf welcher Grundlage welche Entscheidungen von dem jeweiligen Gremium gefällt worden ist. Dabei genügt grundsätzlich ein **Entscheidungsprotokoll,** wobei sich aus dem Protokoll ergeben sollte, **welche Unterlagen** bei der Sitzung vorgelegen haben.

VIII. Kompetenzen des Aufsichtsgremiums

84 In der Satzung gemeinnütziger Unternehmen wird typischerweise ein **Katalog zustimmungspflichtiger Geschäfte** vorgesehen sein.[137] Beabsichtigt die Geschäftsführung den Abschluss entsprechender Geschäfte, benötigt sie dafür die Zustimmung des Aufsichtsgremiums. Sie hat hierbei **umfassend zu informieren,** damit das Aufsichtsgremium auf der Grundlage angemessener Informationen eine Entscheidung zum Wohl des gemeinnützigen Unternehmens fällen kann.

85 Darüber hinaus ist in den Satzungen gemeinnütziger Unternehmen meist auch vorgesehen, dass das Aufsichtsgremium den **Jahresabschluss** des Unternehmens zur Kenntnis nimmt und den **Bericht des Wirtschaftsprüfers** entgegennimmt. Zudem hat es den Wirtschaftsprüfer zu bestellen. Die Wirtschaftsprüfer nehmen ein öffentliches Amt wahr. Die Prüfung des gemeinnützigen Unternehmens oder eines gemeinnützigen Konzerns erfolgt nach gesetzlich vorgegebenen Regeln, die durch die Standards des Instituts der Wirtschaftsprüfer weiter ausgefüllt sind. Die Wirtschaftsprüfer haben in den Jahresabschlüssen die bekannten Risiken für das Unternehmen zu berücksichtigen. Diese müssen unter Umständen in Rückstellungen abgebildet sein oder ggf. gibt es auch nur eine Redepflicht für Wirtschaftsprüfer über einen als kritisch einzustufenden Sachverhalt.[138]

86 Neben diesen in der Satzung regelmäßig kodifizierten Pflichten ist das Aufsichtsgremium häufig aufgrund **ungeschriebener Regeln** auch für alle **außergewöhnlichen Geschäfte** zuständig. Dies können Geschäfte außerhalb des gewöhnlichen Geschäftskreises mit besonderer Bedeutung sein, wie die Veräußerung besonders wertvoller Immobilien, wegen Interessenkonflikten[139] außergewöhnlicher Geschäfte oder strukturelle Veränderungen der geschäftlichen Tätigkeit.[140] Zudem stellt sich die Frage, die durch Auslegung der Satzung beantwortet werden muss, ob die Entwicklung der **Strategie** des gemeinnützigen Unternehmens Aufgabe des Aufsichtsgremiums oder der Geschäftsleitung ist. Hat ein gemeinnütziges Unternehmen eine der Aktiengesellschaft nachgebildete Satzung, so liegt die Leitungskompetenz einschließlich der Entwicklung einer Unternehmensstrategie bei dem Geschäftsführungsorgan. Das Aufsichtsgremium hat zu überwachen, dass das Geschäftsführungsgremium mit der erforderlichen Sorgfalt an diesen Themen arbeitet. In vielen gemeinnützigen Unternehmen wird darüber hinaus außer einer Strategie auch eine **Jah-**

---

[137] Vgl. zu Kontrollgremien bei der GmbH MüKo GmbHG/*Spindler* GmbHG § 52 Rn. 263 ff. sowie BeckHdB GmbH/*Scholz/Illner* § 6 Rn. 49 ff.
[138] Zu den mit der Abschlussprüfung verbundenen Pflichten des Wirtschaftsprüfers siehe auch → § 9 Rn. 77 ff.
[139] Dazu → Rn. 73 ff.
[140] Dazu → Rn. 48.

resplanung und eine **Mittelfristplanung** erarbeitet.[141] Zusätzlich kann auch eine **Personalplanung**[142] erstellt werden, über die dann auch im Aufsichtsgremium berichtet werden kann, um zum einen zu erkennen, welche zukünftigen Nachwuchsführungskräfte sich im Unternehmen befinden und zum anderen, in welchen Bereichen ggf. nach Neuzugängen gesucht werden muss. Zudem kennt eine Reihe großer gemeinnütziger Unternehmen auch sog. **Risikoberichte.** In diesen wird versucht, die wesentlichen Risiken für das gemeinnützige Unternehmen zu benennen, abzuschätzen und jeweils zu beobachten, um so gegenüber unvorhergesehenen Entwicklungen gewappnet zu sein. So wichtig der Schutz vor Risiken ist: ebenso wichtig ist es, dass das gemeinnützige Unternehmen mögliche **Marktchancen** erkennt und ihnen ggf. auch nachgeht. Aufgrund der Dynamik, die es auf den Sozialmärkten[143] und anderen Märkten gibt, auf denen viele gemeinnützige Unternehmen agieren, droht ein Unternehmen seine Marktstellung zu verlieren, wenn es nicht fortlaufend darauf achtet, Zukunftschancen erkennen und ggf. wahrnehmen zu können. Dies wird typischerweise im Rahmen der strategischen Planung erörtert.

C. Gemeinnütziger Konzern und Gruppe

In der Betriebswirtschaftslehre und dem Handelsrecht versteht man unter Konzern eine **unter der einheitlichen Leitung eines herrschenden Unternehmens zusammengefasste Unternehmensgruppe.** Im Aktienrecht findet sich dazu in § 18 AktG die Definition eines Konzerns im Rechtssinne: 87

„Sind ein herrschendes und ein oder mehrere abhängige Unternehmen unter der einheitlichen Leitung des herrschenden Unternehmens zusammengefaßt, so bilden sie einen Konzern. Die einzelnen Unternehmen sind Konzernunternehmen. Unternehmen, zwischen denen ein Beherrschungsvertrag (§ 291) besteht oder von denen das eine in das andere eingegliedert ist (§ 319), sind als unter einheitlicher Leitung zusammengefaßt anzusehen. Von einem abhängigen Unternehmen, dessen Stimmenmehrheit in der Gesellschafterversammlung beim herrschenden Unternehmen liegt, wird vermutet, daß es mit dem herrschenden Unternehmen einen Konzern bildet."

Zentral für die Frage, ob ein Konzern vorliegt, ist damit der Begriff der **einheitlichen Leitung.** Allerdings kennt das Konzernrecht zur Bestimmung der einheitlichen Leitung sowohl einen engen als auch einen weiten **Konzernbegriff.** Die Vertreter des engen Begriffsverständnisses gehen von einem Konzern als wirtschaftlicher Einheit aus.[144] Jedes Unternehmen wird auf das Gesamtinteresse der verbundenen Unternehmen ausgerichtet. Nach dem weiten Konzernbegriff genügt die teilweise Wahrnehmung zentraler Leitungsfunktionen (Planung, Organisation und Koordinierung, Kontrolle) in mindestens einem der zentralen unternehmerischen Funktionsbereiche, solange hiermit entsprechende Auswirkungen für den gesamten Konzern verbunden sind.[145] 88

Nicht nur in der Wirtschaft, sondern auch im Bereich von gemeinnützigen Unternehmen finden sich verschiedene Formen der engen oder weiteren Konzernierung. Ebenso wie die Abhängigkeit setzt die einheitliche Leitung eines Konzerns eine gewisse Beständigkeit voraus, sodass eine lediglich gelegentliche einzelfallbezogene Leitung nicht ausreicht. Im Gegensatz zur beherrschenden Einflussmöglichkeit, die für Gesellschafter immer gegeben ist, genügt die bloße Möglichkeit der einheitlichen Leitung für die Feststellung eines Konzerns im Rechtssinne nicht. Vielmehr bedarf es dazu der **tatsächlichen Ausübung** 89

---

[141] Vgl. dazu unter → § 4 Rn. 6 ff.
[142] Vgl. hierzu → § 6 Rn. 17 ff.
[143] Vgl. hierzu auch → § 4 Rn. 23 ff.
[144] Hüffer/Koch/*Koch*, AktG § 18 Rn. 10 ff.; Kölner Komm AktG/*Koppensteiner* AktG § 18 Rn. 15 ff., 20.
[145] Vgl. bspw. Schmidt/Lutter/*Vetter*, AktG, 4. Aufl. 2020, § 18 Rn. 11; vgl. → § 5 Rn. 9 ff.

der einheitlichen Leitung, allerdings begründet die Stimmenmehrheit die gesetzliche **Vermutung** der einheitlichen Leitung.[146]

90   Die Feststellung eines Konzerns dient im Aktienrecht insb. dazu, die Haftung des herrschenden Unternehmens für Schädigungen der abhängigen Unternehmen begründen zu können. Zudem dient der Konzernbegriff der Feststellung, unter welchen Voraussetzungen eine **Konzernrechnungslegung** erforderlich ist. Schließlich besteht dann, wenn ein Konzern gegeben ist, nicht nur das Recht, Einfluss auf die abhängigen Unternehmen auszuüben. Vielmehr haben die Organe des herrschenden Unternehmens die **Pflicht, die Konzernleitungspflicht auszuüben** und die Geschäftsführungen der Tochtergesellschaften entsprechend zu **überwachen.**[147] Diese Grundsätze gelten unabhängig von der Rechtsform für alle Unternehmen und somit auch für gemeinnützige Unternehmen.

91   Eine **besondere Ausprägung** des Konzernrechts findet sich für **gemeinnützige Vereine.**[148] Einerseits gibt es Vereine, die den Mehrheitsbesitz über zahlreiche Kapitalgesellschaften, meist in der Rechtsform der gemeinnützigen GmbH, mitunter aber auch in der Rechtsform einer steuerpflichtigen GmbH, ausüben. Zudem gehören zum Verbund oft noch einzelne Stiftungen, die durch Personalunion mit den Organen des Vereins verbunden sind. Daneben finden sich aber auch zahlreiche **Großvereine,** die entweder als Vereinsverband oder als Gesamtverein organisiert sind. Bei einem **Vereinsverband** handelt es sich um einen Zusammenschluss von Körperschaften, der sich als „**Verein der Vereine**" vollzieht.[149] Beispielsweise gehören dem gemeinnützigen Deutschen Fußballbund mittelbar ca. 25 000 Sportvereine.[150] Die natürlichen Personen sind Mitglied in einem Sportverein, der seinerseits wieder einem Regionalverein angehört. Mitunter finden sich dann noch zwischengeschaltete Landesverbände, die wiederum alle Mitglieder beim gemeinnützigen Dachverband sind.

92   Weit verbreitet ist aber auch der **Gesamtverein.**[151] So ist bspw. die Deutsche-Lebens-Rettungs-Gesellschaft (DLRG) als Gesamtverein organisiert. Dem Bundesverband DLRG e. V. mit seinen 18 Landesverbänden als eingetragene Vereine unterstehen ca. 200 Kreis- bzw. Bezirksverbänden und ca. 2000 örtlichen Gliederungen als eingetragene Vereine oder nichteingetragene Vereine mit insgesamt knapp 575 000 Mitgliedern, wobei die Mitglieder sowohl in den örtlichen Gliederungen Mitglied sind als auch mittels der sog. **Doppelmitgliedschaft** Mitglieder des Gesamtvereins sind.[152] Die Mitglieder werden bei einem Gesamtverein über ein **Delegiertensystem** im übergeordneten Verband repräsentiert.[153]

Die Untergliederungen können eingetragene Vereine sein oder **Vereine ohne Rechtspersönlichkeit.**[154] Für Idealvereine ohne Rechtspersönlichkeit sind die vereinsrechtlichen Vorschriften der §§ 24 bis 53 BGB entsprechend anwendbar. Dies ergibt sich ab dem 1.1.2024 nun direkt aus dem Gesetz.[155] Dies entspricht der seit langem bestehenden Rechtsprechung, welche trotz anderslautendem § 54 Satz 1 BGB schon bislang statt der Vorschriften über die Gesellschaft die vereinsrechtlichen Vorschriften angewendet

---

[146] § 18 Abs. 1 S. 3 iVm § 17 Abs. 2 iVm § 16 AktG; zu dieser Vermutungskaskade vgl. Emmerich/Habersack KonzernR/*Emmerich* AktG § 17 Rn. 33.
[147] *Hommelhoff* Die Konzernleitungspflicht, 1982, 43–80; *Jungkurth* Konzernleitung bei der GmbH, 2000, 51–56.
[148] Dazu *Leuschner* Das Konzernrecht des Vereins, 2011, 6 ff.
[149] *Nußbaum* Geschäftsleiterbinnenhaftung in Großvereinen, S. 37; Sauter/Schweyer/Waldner Eingetragener Verein/*Neudert/Waldner* Rn. 323.
[150] Vgl. DFB-Mitgliederstatistik 2020/2021, abrufbar unter www.dfb.de/verbandsstruktur/mitglieder/aktuelle-statistik.
[151] Sauter/Schweyer/Waldner Eingetragener Verein/*Neudert/Waldner* Rn. 329 ff.
[152] Vgl. www.dlrg.de/informieren/die-dlrg. Zu den Strukturen weiterer bekannter Großvereine vgl. *Nußbaum* Geschäftsleiterbinnenhaftung in Großvereinen, S. 40 ff.
[153] *Wagner* npoR 2020, 186; *Leuschner,* Das Konzernrecht des Vereins, 2011, 14 ff.
[154] Bislang „nicht rechtsfähiger Verein". Dieser verwirrende Begriff wurde durch das Gesetz zur Modernisierung des Personengesellschaftsrechts (MoPeG), BGBl. 2021 I 3436 mit Wirkung zum 1.1.2024 geändert in „Verein ohne Rechtspersönlichkeit".
[155] § 54 Abs. 1 S. 1 BGB idF des MoPeG.

hat.¹⁵⁶ Für Vereine, deren Zweck auf einen wirtschaftlichen Geschäftsbetrieb gerichtet ist und denen nicht nach § 22 BGB Rechtspersönlichkeit verliehen wurde, ist weiterhin das Recht der Gesellschaft, also entweder die §§ 705 ff. BGB oder die §§ 105 ff. HGB anwendbar.¹⁵⁷ Sowohl für das herrschende Unternehmen eines gemeinnützigen Konzerns als auch für den Dachverband eines gemeinnützigen Vereinsverbandes oder Gesamtvereins stellt sich stets die Frage, wie die einheitliche Leitung im Konzern oder der Gruppe auszuüben ist. Dabei kann eine einheitliche Leitung naturgemäß in unterschiedlicher Form erfolgen und je nach Dichte der Konzernleitung dazu führen, dass ein Konzern im Rechtssinne begründet wird, was unter Umständen rechtliche Haftungsfolgen nach sich ziehen kann. Die Leitung kann aber auch nur punktuell bestimmte **Rahmenbedingungen** vorgeben, sodass zwar kein Konzern im Rechtssinne gegeben ist, aber dennoch sichergestellt ist, dass die Grundausrichtung aller gemeinnützigen Unternehmen des Verbundes in einer einheitlichen Richtung erfolgt.¹⁵⁸

Im Folgenden soll ein grober Überblick über die verschiedenen Möglichkeiten einer Konzernierung oder Gruppenbildung von gemeinnützigen Organisationen gegeben werden. Die vielfältigen Rechtsfragen, die sich im Einzelnen stellen, können hier nicht näher problematisiert werden.¹⁵⁹ **93**

Im Wirtschaftsleben findet sich außer der rechtlichen Begrifflichkeit eines Konzerns oft der Begriff der „**Holding**". Eine Holding ist keine eigene Rechtsform, sondern eine Organisationsstruktur, die es dem Unternehmen ermöglicht, verschiedene Gesellschaften zu koordinieren. Je größer ein Unternehmen wird – dies gilt auch für gemeinnützige Unternehmen – desto sinnvoller kann es sein, wirtschaftliche Risiken auf verschiedene juristische Einheiten aufzuspalten. Zudem ermöglicht die Aufspaltung, dass die verschiedenen betriebswirtschaftlichen Einheiten selbstständig von eigenen Geschäftsführern geleitet werden können und sich die Konzernmutter oder Holdinggesellschaft auf die Überwachung der Unternehmensführung beschränken kann. Dabei haben sich in der Betriebswirtschaftslehre verschiedene Differenzierungen zwischen möglichen Formen von Holdings herausgebildet.¹⁶⁰ **94**

Bei einer sog. **operativen Holding** ist typischerweise die Muttergesellschaft das größte Unternehmen in der gesamten Konzernstruktur und wird selbst operativ tätig. Für einzelne Teilbereiche sind Tochtergesellschaften ausgegliedert.

Bei einer sog. **Managementholding** wird die Holding – sei es in der Rechtsform einer Kapitalgesellschaft, eines Vereins oder einer Stiftung – typischerweise die strategische Steuerung vornehmen und über neue Investitionen oder die Expansion in neue Geschäftsfelder entscheiden und deswegen den Kapitalfluss steuern.

Eine **Finanzholding** übt regelmäßig nur eine vermögensverwaltende Funktion aus. Die Muttergesellschaft verteilt typischerweise in einem Cash-Management-System die jeweils benötigten Finanzmittel. Auch strategische Entscheidungen werden von den jeweiligen Untergesellschaften selbst getroffen. Zwischen allen diesen beschriebenen Typisierungen gibt es natürlich auch Mischformen.

I. Konzernhaftung

Rechtlich kann die Feststellung eines Konzerns insb. deswegen besondere Bedeutung haben, weil sie dazu führen kann, dass die **Konzernmutter** – sei es ein Verein, eine Stiftung oder eine Kapitalgesellschaft – **für Schulden der gemeinnützigen Tochtergesellschaft** **95**

---

[156] BGH 11.7.1968 – VII ZR 63/66, BGHZ 50, 325, Rn. 9 ff.
[157] § 54 Abs. 1 S. 2 BGB idF des MoPeG.
[158] Siehe → Rn. 26 ff.
[159] Eingehend zB *Leuschner* Das Konzernrecht des Vereins, 2011; *Segna* ZIP 2020, 789 ff.; *Wagner* npoR 2020, 186 ff.
[160] Eingehend → § 5 Rn. 36 ff.

haftet, wenn ein Unterordnungskonzern vorliegt. Grundsätzlich gilt, dass das jeweilige gemeinnützige Unternehmen, die jeweilige juristische Person, mit dem eigenen Vermögen nur für die bei ihr begründeten Verbindlichkeiten haftet. Liegt aber ein verbundenes Unternehmen[161] vor, regeln insb. die §§ 291 ff. AktG, die teilweise analoge Anwendung auf andere Rechtsformen finden, unter welchen Voraussetzungen eine Konzernmutter für Verbindlichkeiten der Konzerntochter haftet. Relevant wird dies in der **Krise,** wenn eine Tochtergesellschaft zahlungsunfähig wird oder überschuldet ist und finanzierende Banken auf das Vermögen der Mutterkörperschaft zurückgreifen wollen.[162]

96 Eine Form der Ausgestaltung von Konzernen besteht im Abschluss von Unternehmensverträgen. **Unternehmensverträge** sind Verträge, durch die eine AG oder eine GmbH die Leitung ihrer Gesellschaft einem anderen Unternehmen, ggf. auch in der Rechtsform des Vereins oder der Stiftung, unterstellt (Beherrschungsvertrag), oder sich verpflichtet, ihren ganzen Gewinn an das andere Unternehmen abzuführen.[163] Es gibt zahlreiche rechtliche Besonderheiten für den Abschluss eines derartigen Beherrschungs- oder Gewinnabführungsvertrages zu beachten. Besteht ein Beherrschungs- oder ein Gewinnabführungsvertrag, so hat der herrschende Teil jeden während der Vertragsdauer sonst entstehenden **Jahresfehlbetrag auszugleichen,** soweit dieser nicht dadurch ausgeglichen wird, dass anderen Gewinnrücklagen Beträge entnommen werden, die während der Vertragsdauer in sie eingestellt worden sind.[164] Damit werden die Gläubiger des Konzerns davor geschützt, dass das herrschende Unternehmen die Tochtergesellschaft wirtschaftlich schädigt. Im gemeinnützigen Sektor gibt es allerdings nur äußerst **wenige Beispiele** für den Abschluss von Beherrschungs- oder Gewinnabführungsverträgen mit abhängigen Tochtergesellschaften. Der Abschluss solcher Unternehmensverträge ist **regelmäßig steuerlich motiviert.** Insbesondere ermöglichen Gewinnabführungsverträge die Verlustverrechnung zwischen dem bei einer Tochtergesellschaft möglicherweise entstehenden Verlust und dem steuerpflichtigen Gewinn einer Muttergesellschaft. Für das Verhältnis zwischen einer gemeinnützigen Muttergesellschaft und einer gemeinnützigen Tochtergesellschaft wird dies regelmäßig kein wesentlicher Gesichtspunkt sein, soweit diese weitgehend im steuerfreien Bereich operieren.

97 In § 311 AktG ist der Grundsatz des Konzernrechts niedergelegt, wonach ein herrschendes Unternehmen für den Fall, dass kein Beherrschungsvertrag besteht, seinen Einfluss nicht dazu benutzen darf, eine abhängige AG dazu zu bringen, dass diese ein für sie **nachteiliges Rechtsgeschäft** eingeht oder Maßnahmen zu ihrem Nachteil trifft oder unterlässt, wenn ihr gegenüber nicht die daraus entstehenden Nachteile ausgeglichen werden. Auch im gemeinnützigen Konzern ergeben sich aus diesem Grundsatz vielfach rechtliche Grenzen für die Möglichkeit, auf das Geschäft der Tochtergesellschaft – gleich welcher Rechtsform – Einfluss zu nehmen. Die vertraglichen Beziehungen im gemeinnützigen Konzern müssen, um den Vorwurf der nachteiligen Maßnahme zu vermeiden, den **Drittfremdvergleichsbedingungen** entsprechen. Relevant werden entsprechende nachteilige Maßnahmen typischerweise dann, wenn es zu einer Insolvenz kommt. Dann wird der **Insolvenzverwalter** der Tochtergesellschaft prüfen, ob derartige nachteilige Geschäfte abgeschlossen worden sind und ob eine Haftung der Konzernmutter für die insolvente Tochtergesellschaft in Betracht kommen könnte.

98 Es gibt bislang nur wenige gerichtliche Entscheidungen dazu, wie im gemeinnützigen Unternehmensverbund der **Gläubigerschutz** sichergestellt werden kann.[165] Der BGH hat 2007 im sog. **Kolpingwerk-Fall**[166] entschieden, dass unter Umständen eine Durchgriffs-

---

[161] Vgl. zum Begriff § 15 AktG.
[162] Dazu einführend → § 11 Rn. 1 ff.
[163] § 291 AktG.
[164] MüKoAktG/*Altmeppen* AktG § 291 Rn. 144 f.
[165] *Segna* ZIP 2020, 789 ff.
[166] BGH 10.12.2007 – II ZR 239/05, BGHZ 175, 12 – Kolpingwerk; vorgehend OLG Dresden 9.8.2005 – 2 U 897/04, ZIP 2005, 1680.

haftung für Verbindlichkeiten eines insolventen Vereins, der in die Gruppenstruktur anderer Vereine eingebunden ist, für eingegangene Verbindlichkeiten in Betracht kommt. In dem Fall hatte der Kläger, nachdem das Kolping-Bildungswerk Sachsen e. V. insolvent gegangen war und Leasingraten für die Nutzung eines im Rahmen eines Bildungsbetriebes genutzten Schlosses nicht länger begleichen konnte, sechs direkt oder indirekt übergeordnete Vereine des Kolpingwerkes – darunter die Diözesanverbände Dresden, Meißen und Görlitz – die jeweils mit Organmitgliedern beim Verein vertreten waren, wegen Ausfalls der Leasingraten in Anspruch genommen. Rechtlicher Angriffspunkt für die Haftung gegenüber Gläubigern in einem Vereinskonzern kann bspw. die Haftung wegen materieller Unterkapitalisierung sein.[167] Praktisch wird diese aber nur äußerst selten in Betracht kommen, da es einem Verein – ebenso wie einer Kapitalgesellschaft – grundsätzlich freigestellt ist, wie sie die jeweilige juristische Person kapitalisiert und mit Eigenkapital ausstattet. Der BGH hat seine Entscheidung in dem Kolpingwerk-Fall auf § 826 BGB wegen einer sittenwidrigen Schädigung der Gesellschaft durch einen **existenzvernichtenden Eingriff** gestützt. Auch für gemeinnützige Unternehmen gilt, dass der Abzug betriebsnotwendiger Liquidität, der Entzug von Geschäftschancen oder die Verlagerung überlebenswichtiger Vermögensgegenstände auf andere Gesellschaften ohne angemessene Gegenleistung als existenzvernichtende Eingriffe[168] gewertet werden können, die eine Haftung des herrschenden Vereins begründen können.

Bei gemeinnützigen **Vereinskonzernen** findet sich oft die Praxis, dass an den Mutterverein **Beiträge zur Gesamtfinanzierung** nach bestimmten Schlüsseln gezahlt werden. Aus Sicht einer gemeinnützigen **Tochter-GmbH** handelt es sich im Regelfall um **Gewinnausschüttungen,** die nach § 58 Nr. 1 AO zwischen gemeinnützigen Gesellschaften gemeinnützigkeitsrechtlich problemlos möglich sind.[169] Gesellschaftsrechtlich sind derartige Gewinnausschüttungen aber nur erlaubt, wenn die Gesellschaft auch tatsächlich über einen ausschüttungsfähigen Gewinn verfügt oder die Beitragszahlung **Drittfremdbedingungen** entspricht. Eingriffe in die Vermögenssubstanz der abhängigen Tochtergesellschaft können ansonsten unter Umständen eine Haftung gegenüber außenstehenden Gläubigern begründen. Praktisch wird dies insbesondere dann der Fall sein, wenn eine Tochtergesellschaft **Insolvenz** anmelden sollte.[170] **99**

Diskutiert wird auch, unter welchen Voraussetzungen eine **Durchgriffshaftung** wegen Vermögensvermischung im gemeinnützigen Unternehmensverbund gegeben ist: Wenn etwa rechtlich selbstständige Vereine von einer Konzernspitze wie unselbstständige Betriebsabteilungen geführt werden und in der Rechnungslegung wirksame Abgrenzungen zwischen den einzelnen Gesellschaften unterbleiben sowie Vermögenswerte hin- und hergeschoben wurden, ohne dass dies im Einzelfall buchhalterisch hätte nachvollzogen werden können, kann es zu einer schädlichen Vermögensvermischung kommen.[171] Letztlich handelt es sich um die Frage, wie die Vertragsbeziehungen und Rechtsverhältnisse zwischen einer herrschenden Konzernmutter und den abhängigen Tochtervereinen tatsächlich gestaltet sind. Bei den typischen Fällen der Gesamtvereine oder Vereinsverbände wird sich die Haftungsfrage im Regelfall nicht stellen, da diese für eine strikte **Trennung der Vermögenssphären** der einzelnen Einheiten sorgen werden. **100**

Schließlich kennt das Recht noch die **Haftung wegen existenzvernichtenden Eingriffs.** Ob diese für Idealvereine überhaupt in Betracht kommt, ist streitig.[172] Letztlich sind die rechtlichen Voraussetzungen für eine derartige Haftung ähnlich hoch wie für den **101**

---

[167] BGH 28.4.2008 – II ZR 264/06, BGHZ 176, 204 – GAMMA.
[168] Grundlegend zum existenzvernichtenden Eingriff BGH 16.7.2007 – II ZR 3/04, BGHZ 173, 246 – Trihotel; zur Pflicht einen Insolvenzantrag zu stellen → § 11 Rn. 4 ff.
[169] AEAO zu § 58 Nr. 1 Tz. 4.
[170] Dazu → § 11 Rn. 4 ff.
[171] Siehe dazu *Segna* ZIP 2020, 789 (795).
[172] Dazu BGH 10.12.2007 – II ZR 239/05, BGHZ 175, 12 – Kolpingwerk, Rn. 27 ff.; *Segna* ZIP 2020, 789 (796).

Nachweis einer sittenwidrigen Schädigung der im Vereinsverbund oder im Gesamtverein organisierten Körperschaften. Es ist denkbar, dass es zu einer derartigen Haftung für einen herrschenden Mutterverein kommen kann. Praktisch relevant werden die Probleme meist jedoch erst im Falle der **Insolvenz.** Die Hürden für eine Konzernhaftung sind hoch.

II. Konzernleitung

1. Konzern

102   Im Konzernrecht wird seit langem diskutiert, worin genau die Pflicht der Organe des herrschenden Unternehmens in Bezug auf die Leitung des Konzerns besteht.[173] Der Vorstand eines Vereins oder einer Stiftung oder die Geschäftsführung einer GmbH hat das Recht und die Pflicht, die **Geschäfte ordnungsgemäß zu führen.** Das Unterlassen des Tätigwerdens kann genauso rechtswidrig sein wie die Vornahme einer falschen Maßnahme. Hier kann nur ein Überblick gegeben werden, was dies in Bezug auf die Verantwortung für abhängige Tochtergesellschaften bedeutet.

103   Zunächst einmal ist der Vorstand eines herrschenden Vereins, einer herrschenden Stiftung oder Kapitalgesellschaft für sämtliche Vermögenswerte der Körperschaft verantwortlich. Dies führt aber nicht dazu, dass er in jedem Einzelfall die **Geschäftsführung der abhängigen Tochtergesellschaft** übernehmen müsste. Vielmehr ist ein Gesellschafter einer abhängigen Tochtergesellschaft verpflichtet, sich regelmäßig über den wirtschaftlichen Zustand der Tochtergesellschaft zu informieren und die dem Gesellschafter vorbehaltenen Entscheidungen in der Gesellschafterversammlung der Tochtergesellschaft zu treffen. Dazu gehört bspw. die Feststellung des Jahresabschlusses. Die Tochtergesellschaft ist verpflichtet, dem Gesellschafter Mitteilung zu machen, wenn die Hälfte des Stammkapitals verloren ist, damit der Gesellschafter dann ggf. notwendige Maßnahmen ergreift, um die Insolvenz der Tochtergesellschaft abzuwenden. Der **Gesellschafter überwacht** die Geschäftsführung in der Tochtergesellschaft auf Ordnungsmäßigkeit. Erkennt er Anzeichen dafür, dass keine ordnungsgemäße Geschäftsführung vorliegt, wird er ggf. die erforderlichen Maßnahmen ergreifen müssen. Dazu kann gehören, die verantwortlichen Geschäftsführer der Tochtergesellschaft abzuberufen und neu zu besetzen oder Weisungen für bestimmte Tätigkeiten im Einzelfall zu geben. Weiter geht die Pflicht zur Konzernleitung im Vertragskonzern, der im gemeinnützigen Sektor aber nur äußerst selten gegeben sein wird.

104   Im Konzernrecht wird diskutiert, ob eine Pflicht zur **zentralistischen Konzernleitung** besteht, welche die Geschäftsleitung der Obergesellschaft dazu verpflichtet, die abhängigen Gesellschaften zu einem Konzern zusammenzuführen und das gesamte Konzerngeschehen bis in alle Einzelheiten der Tochteraktivitäten hinein zu leiten.[174] Jedoch wird eine derartige Konzernleitungspflicht im Falle der bloß faktischen Verbindung zwischen rechtlich unabhängigen Gesellschaften, Vereinen oder Körperschaften sonstiger Rechtsform zu Recht abgelehnt, da der Obergesellschaft schon keine rechtlich zulässigen Mittel zur Verfügung stehen, um die Konzernleitungsmacht durchzusetzen. Grundsätzlich steht es im **Ermessen der Organe,** wie sie den gemeinnützigen Konzern organisieren. Entscheidungen können mehr oder weniger zentral oder dezentral getroffen werden. Die Pflicht zur Konzernleitung ist auf grundlegende Angelegenheiten reduziert, die sich im Regelfall aus den gesellschaftsvertraglichen Bestimmungen ergeben, aus denen hervorgeht, inwiefern der Gesellschafter selbst Verantwortung für Entscheidungen in der Tochtergesellschaft oder dem verbundenen Verein übernimmt. Zu Recht wird heute im Konzernrecht ein breiter Ermessensspielraum der zuständigen Organe betont. Es gibt eine konzernorganisationsrechtliche Business Judgment Rule, wonach es im Ermessen des zuständigen Organs steht, auf der Grundlage angemessener

---

[173] *Leuschner* Das Konzernrecht des Vereins, S. 218 ff.
[174] Grundlegend *Hommelhoff* Konzernleitungspflicht, S. 73 ff., 165 ff.; *Leuschner* Das Konzernrecht des Vereins, 2011, 218.

Informationen selbst zu entscheiden, in welchem Maße die jeweils dem Konzern zugehörigen Unternehmen zentral oder dezentral geführt werden.[175] Allerdings können im Unklaren gelassene Verantwortlichkeiten zu Haftungsrisiken führen. Bei modernen Unternehmen erfolgt die Führung typischerweise situativ und in Abhängigkeit von der jeweiligen geschäftlichen Lage. Die Konzernunternehmen werden entweder eng geführt oder ihnen wird ein großer Entfaltungsspielraum gelassen, je nachdem, wie es die jeweilige Situation nach Einschätzung der zuständigen Organe aufgrund umfassender eingeholter Informationen erfordert.[176]

Auch für den **Verein** gilt in Bezug auf die Konzernleitung nichts anderes. Auch ein Vereinsvorstand ist im Vereinskonzern typischerweise zumindest verpflichtet, Sorge für eine **zweckmäßige Organisationsstruktur** zu tragen und eine **gruppenweite Gesamtstrategie,** die die Tochtergesellschaften einbezieht, zu entwickeln.[177] Es besteht eine **Finanz- und Informationsverantwortung,** die sich auf eine Liquiditätsplanung und die Sicherstellung des Informationsflusses von den Tochtergesellschaften zur Obergesellschaft erstrecken kann. Je nach Größe des Vereinskonzerns und dessen konkreter Betätigung wird die Nutzung von Steuerungs- und Überwachungsinstrumenten, wie etwa einem **Konzerncontrolling,** einer **Konzernrevision** oder eines **Konzernrisikomanagements** angebracht sein. Die Anforderungen an die Professionalisierung der Unternehmensführung, auch im gemeinnützigen Konzern, richtet sich nicht nach der Rechtsform. Vielmehr haben die zuständigen Organe die notwendigen Maßnahmen zu ergreifen, um eine ordnungsgemäße Geschäftsführung aller gemeinnützigen Unternehmen sicherzustellen. Die jeweiligen Erfordernisse werden typischerweise durch entsprechende Bestimmungen in den **Satzungen** der Tochtergesellschaften bzw. des Muttervereins oder der Mutterstiftung – besser noch durch Regelungen in den **Geschäftsordnungen** der jeweiligen Organe – niedergelegt werden. Auf diese Weise kann die **Leitungsdichte rechtlich verankert werden.**

105

2. Gesamtverein oder Vereinsverband

Vom gemeinnützigen Konzern im Rechtssinn sind die Fälle zu unterscheiden, in denen ein **Gesamtverein** oder **Vereinsverband** vorliegt, bei dem es **regelmäßig nicht zu einer Konzernierung und damit Haftung gegenüber Gläubigern kommt,**[178] bei denen aber dennoch der Gesamtverein auf das Handeln der einzelnen Mitgliedsvereine **unmittelbaren Einfluss** nehmen will. Typischerweise geschieht dies dadurch, dass in der **Satzung** des Hauptvereins dessen Recht zur Einsichtnahme in die Unterlagen der Untergliederung verankert ist und auch ein Weisungsrecht des Hauptvereins in besonders begründeten Fällen angeordnet wird, das notfalls vereinsgerichtlich durchgesetzt werden kann. Zudem wird dem Hauptverein vielfach die Möglichkeit eingeräumt sein, eine Untergliederung, die in besonders grober Weise gegen die Vorgaben des Gesamtvereins verstößt – bspw. weil sie die Gemeinnützigkeit wegen nicht ordnungsgemäßer Geschäftsführung verliert – notfalls aus dem Gesamtverein auszuschließen.[179] Bei Gesamtvereinen, bei denen typischerweise eine gestufte Mehrfachmitgliedschaft vorliegt, ist die Organisation so aufgestellt, dass im Hauptverein letztlich mit Wirkung für alle Untergliederungen grundsätzliche Entscheidungen gefällt werden, an die sich die Untergliederungen dann halten müssen. So gibt es vielfach Regelungen, wonach im Konfliktfall die Satzung des Hauptvereins Vorrang vor den Satzungen der Zweigvereine hat. Es finden sich Vorgaben, wonach Bestellungen und Abberufungen des Vorstands der Untergliederung nur mit Zustimmung der Organe des Hauptvereins möglich sind. Auch dies ist grundsätzlich rechtlich zulässig, sofern die **Ver-**

106

---

[175] Siehe → § 5 Rn. 3.
[176] Vgl. zur Organisation → § 5 Rn. 3.
[177] Dazu *Leuschner* Das Konzernrecht des Vereins, 2011, 221.
[178] Zu diesen Voraussetzungen siehe unter → Rn. 26 ff.
[179] *Wagner* npoR 2020, 186.

bandsautonomie der einzelnen Vereine gewahrt bleibt.[180] Nach §§ 35, 40 BGB muss nicht zwingend die Mitgliederversammlung des jeweils betroffenen Vereins oder dürfen nur dessen Mitglieder über Satzungsänderungen entscheiden. Es können daher Mitwirkungsrechte Dritter, wie Zustimmungsrechte für die Berufung von Organen oder für die Änderung einer Satzung, vorgesehen werden.[181] Dies trifft häufig auf die diakonischen und caritativen Vereine zu, die vielfach für eine Satzungsänderung die Zustimmung des diakonischen Werkes oder eines übergeordneten kirchlichen Verbandes benötigen.[182] Ergänzt werden können diese rechtlichen Regelungen auch durch die Anordnung von **Vereinsschiedsgerichten** - anstelle von staatlichen Gerichten-, die im Streitfall zwischen Hauptverein und Zweigverein über die Gültigkeit konkreter Anordnungen oder das Erfordernis, einer bestimmten Ernennung nach Treu und Glauben zuzustimmen, entscheiden können. Dies kann insb. hilfreich sein, wenn ansonsten eine kaum auflösbare Patt-Situation zwischen den verschiedenen Organen des Hauptvereins oder des Gliedvereins droht, wenn kein rascher Rechtsrat in Anspruch genommen werden kann, um festzustellen, ob eines der Organe die Grenzen seiner rechtlichen Befugnisse überschritten hat.

III. Konzernrechnungslegung

107 Sofern ein Verein, der als Mutterverein und Holding über andere Kapitalgesellschaften herrscht, nicht selbst **Kaufmann** ist,[183] kommt eine Verpflichtung zur Konzernrechnungslegung regelmäßig nur unter den Voraussetzungen der §§ 11 ff. PublG in Betracht. Wenn eine **Holding** sich auf die **Finanzierung der Gruppe** beschränkt, wird typischerweise keine Kaufmannstätigkeit vorliegen. Ist aber eine **operative Holding** gegeben, liegt es nahe, dass die Kaufmannseigenschaft erfüllt wird und dann die Pflicht zur Konzernrechnungslegung schon aus den Vorgaben des HGB folgt.[184] Nach §§ 290 ff. HGB haben die gesetzlichen Vertreter einer Kapitalgesellschaft (Mutterunternehmen) mit Sitz im Inland in den ersten fünf Monaten des Konzerngeschäftsjahres für das vergangene Konzerngeschäftsjahr einen **Konzernabschluss** und einen **Konzernlagebericht** aufzustellen, wenn dies auf ein anderes Unternehmen (Tochterunternehmen) unmittelbar oder mittelbar einen beherrschenden Einfluss ausüben kann. In § 293 HGB ist geregelt, welche größenabhängigen Befreiungen greifen können.[185] Liegt keine Kapitalgesellschaft als herrschendes Unternehmen vor, kann ein Verein oder eine Stiftung, die als Unternehmen mit Sitz im Inland unmittelbar oder mittelbar einen beherrschenden Einfluss auf ein anderes Unternehmen ausübt, nach den **Vorschriften der §§ 11 ff. PublG** zur Konzernrechnungslegung verpflichtet sein. Von den folgenden drei Merkmalen müssen zwei zutreffen:
- Die Bilanzsumme einer Konzernbilanz muss 65 Mio. EUR übersteigen;
- Die Umsatzerlöse der Gewinn- und Verlustrechnung müssen in den zwölf Monaten vor dem Abschlussstichtag 130 Mio. EUR übersteigen;
- Die Konzernunternehmen mit Sitz im Inland müssen in den zwölf Monaten vor dem Konzernabschlussstichtag insgesamt durchschnittlich mehr als 5000. Arbeitnehmer beschäftigt haben.

Diese Voraussetzungen werden jedoch nur bei wenigen gemeinnützigen Konzernen vorliegen.[186]

---

[180] Siehe unter → Rn. 29.
[181] Vgl. dazu bspw. *Leuschner* Das Konzernrecht des Vereins, 2011, 292 ff.
[182] Vgl. dazu auch BGH 19.3.1984 – II ZR 168/83, BGRZ 90, 331; LG Marburg 18.3.2013 – 1 O 64/12, BeckRS 2014, 10077, bestätigt v. OLG Frankfurt 26.2.2014 – 15 U 94/13, npoR 2014, 325.
[183] Dazu → § 1 Rn. 12 ff.
[184] Näher dazu → § 9 Rn. 66 ff.
[185] Dazu auch Berndt/Nordhoff Rechnungslegung/*Berndt* Kap. E Rn. 272.
[186] Näher dazu → § 9 Rn. 69 ff.

IV. Gemeinnützigkeitsrecht

Die Konzernierung gemeinnütziger Kapitalgesellschaften oder Vereine in einem gemeinnützigen Konzern ist grundsätzlich möglich. Allerdings kennt das Gemeinnützigkeitsrecht insofern eine Grenze, als jede gemeinnützige Körperschaft selbst ausschließlich steuerbegünstigte Satzungszwecke verfolgen muss. Eine Gesellschaft, die nur Dienstleistungen für andere gemeinnützige Körperschaften erbringt, kann dann selbst gemeinnützig sein, wenn die Voraussetzungen des **§ 57 Abs. 2 AO** erfüllt sind. Die Vorschrift stellt einen **Ausnahmetatbestand für Spitzen- und Dachverbände** dar. Nicht erfasst sind Zusammenschlüsse, die lediglich zur gemeinsamen Aufgabenwahrnehmung gegründet wurden.[187] Durch eine **Neuregelung zum 1.1.2021** ist nun auch bei planmäßigem arbeitsteiligen Zusammenwirken mehrerer Körperschaften **(Kooperation)** zur Verwirklichung eines gemeinsamen Zwecks ein unmittelbares gemeinnütziges Tätigwerden möglich.[188] Ebenfalls zum 1.1.2021 neu eingeführt wurde, dass ein unmittelbares gemeinnütziges Tätigwerden im gemeinnützigen Konzern auch dann vorliegt, wenn sich die Tätigkeit einer Körperschaft darauf beschränkt, Beteiligungen an gemeinnützigen Kapitalgesellschaften zu halten **(Holding)**.[189]

108

Nach der bisherigen Rechtsprechung des BFH ist die Steuerbegünstigung einer Körperschaft nicht ausgeschlossen, wenn diese weisungsabhängig Aufträge ausführt in einem gemeinnützigen Konzern oder für einen Vertragspartner, sei es eine Körperschaft des öffentlichen Rechts oder eine Körperschaft des privaten Rechts **(Hilfsperson)**. Allerdings setzt das Recht voraus, dass zugleich eigene steuerbegünstigte Satzungszwecke verfolgt werden und der Beitrag ungeachtet der engen Kooperation im Innenverhältnis im Außenverhältnis selbstständig und eigenverantwortlich erbracht wird.[190] Nunmehr sind aber auch **Servicetätigkeiten** im gemeinnützigen Konzern grundsätzlich als gemeinnützige Tätigkeit möglich. Während früher eine Tochtergesellschaft, die Hilfsfunktionen im gemeinnützigen Konzern erfüllte, bspw. Buchhaltung, Personalwesen, Reinigung oder Küchendienste für andere gemeinnützige Unternehmen erbracht hat, grundsätzlich steuerpflichtig tätig war, hat der Gesetzgeber Ende 2020 entschieden, § 57 AO grundlegend zu ändern – mit weitreichenden zu begrüßenden Folgen für gemeinnützige Konzerne. Danach liegt eine unmittelbare gemeinnützige Tätigkeit auch vor, wenn mehrere rechtlich selbstständige Körperschaften planmäßig zusammenwirken im Hinblick auf die steuerbegünstigte Zweckerfüllung.[191] Voraussetzung ist, dass jede dieser Körperschaften die Vorschriften für die formelle Satzungsmäßigkeit erfüllt, also die Satzung gemeinnützigkeitskonform ausgestaltet ist. Auch muss die Hilfstätigkeit auf die gemeinnützige Zweckerfüllung ausgerichtet sein. Ein Indiz dafür ist etwa die Abrechnung ohne Gewinnaufschläge (idR Abrechnung auf Kostenbasis). Durch diese grundlegende Gesetzesänderung wird den gemeinnützigen Körperschaften erlaubt, ihre Tätigkeiten arbeitsteilig auf verschiedene juristische Personen zu verteilen, ohne dass einzelne Gesellschaften dadurch von der Gemeinnützigkeit ausgeschlossen werden. Bislang musste eine Tochtergesellschaft, die nur Hilfstätigkeiten für andere gemeinnützige Körperschaften wahrgenommen hat, diese mit einem marktüblichen Gewinnaufschlag abrechnen. Darüber hinaus musste regelmäßig eine umsatzsteuerliche Organschaft begründet werden, die bei gemeinnützigen Empfängern meist echter Kostenbestandteil ist, um eine Umsatzsteuerpflicht zu vermeiden.[192] Problematisch konnte die Konstellation für die gemeinnützi-

109

---

[187] Niedersächsisches FG 5.12.2007 – 5 K 312/02, DStRE 2008, 702.
[188] § 57 Abs. 3 AO, neu eingefügt durch das Jahressteuergesetz 2020, BGBl. 2020 I 3096; → § 2 Rn. 122 ff. und → Rn. 109.
[189] § 57 Abs. 4 AO, neu eingefügt durch das Jahressteuergesetz 2020, BGBl. 2020 I 3096; → § 2 Rn. 102 f.
[190] Vgl. AEAO zu § 57 Abs. 1 Tz. 2 Abs. 3; BFH 17.2.2010 – I R 2/08, BStBl. II 2010, 1006; BFH 27.11.2013 – I R 17/12, BStBl. II 2016, 68.
[191] § 57 Abs. 3 AO, neu eingefügt durch das Jahressteuergesetz 2020, BGBl. 2020 I 3096; eingehend → § 2 Rn. 122 ff.
[192] Zu den umsatzsteuerrechtlichen Unsicherheiten → § 7 Rn. 110 ff.

ge Muttergesellschaft werden, wenn die Tochtergesellschaft dauerhaft Verluste erwirtschaftete und die Beteiligung auf Ebene der Muttergesellschaft wertberichtigt werden musste. Dann nämlich konnte es zu einem grundsätzlich nicht erlaubten Verlustausgleich kommen.[193] Ab dem Jahr 2021 können diese Probleme deutlich einfacher bewältigt werden. Das neue Gesetz unterscheidet nicht mehr zwischen verschiedenen Tätigkeitsarten. Es ist gleichgültig – und dies unterscheidet den neuen Rechtszustand von dem bis Ende 2020 geltenden Rechtszustand – ob eine gemeinnützige Kerntätigkeit ausgeführt wird oder ob eine Hilfstätigkeit vorliegt. Auch das rechtlich verselbstständigte Beschaffungswesen für den gemeinnützigen Konzern kann nunmehr eine gemeinnützige Tätigkeit bilden.

110 Nach dem Gesetzeswortlaut (§ 57 Abs. 3 AO) ist es gemeinnützigen Konzernen nunmehr möglich, die Aufgabenverteilung im Konzern allein nach betriebswirtschaftlichen Erfordernissen zu gestalten und dennoch für jede dieser gemeinnützigen Tochtergesellschaften, unabhängig von der jeweils ausgeübten Funktion, den Gemeinnützigkeitsstatus erhalten zu können, wenn eine dauerhafte vertragliche Kooperation mit dem gemeinnützigen Konzernverbund gegeben ist. Dies wird typischerweise bei rechtlich verselbstständigten Zentralfunktionen für einen gemeinnützigen Konzern der Fall sein.[194]

---

[193] Dazu → § 2 Rn. 82 ff.
[194] Dazu → § 2 Rn. 122 ff. Zwischen gemeinnützigen Gesellschaften können Dienstleistungen, für die maximal ein Kostenersatz geleistet wird, auch über § 58 Nr. 1 AO erbracht werden. So AEAO zu § 58 Nr. 1 Tz. 4. Unklar ist, ob in diesen Fällen auch die satzungsmäßigen Voraussetzungen des § 57 Abs. 3 AO eingehalten werden müssen.

§ 4 Strategie

Übersicht

	Rn.
A. Begriff	1
I. Allgemeine Bedeutung	1
II. Entwicklung einer Strategie	6
III. Change-Management	13
1. Theoretische Grundlagen	13
2. Besonderheiten des Change-Managements in Non-Profit-Unternehmen	22
B. Besonderheiten bei NPOs/Sozialmarkt	23
I. Das sozialrechtliche Dreiecksverhältnis	23
II. Käufermarkt	26
C. Zukünftige Entwicklungen	28
I. Verkäufermärkte	28
II. Finanzierung	30

A. Begriff

I. Allgemeine Bedeutung

Nur wenige Begriffe in der Betriebswirtschaftslehre wurden sowohl vielfältiger und umstrittener definiert als auch realisiert wie die **„Strategie"**. 1

Unter dem Begriff der „Strategie" werden in der Wirtschaft klassisch die geplanten Verhaltensweisen der Unternehmen zur Erreichung ihrer Ziele verstanden.

Eine Strategie ist die Kunst (und die Wissenschaft), alle Kräfte eines Unternehmens so zu bündeln und einzusetzen, dass ein möglichst profitables, langfristiges Überleben gesichert wird. Der Zusammenhang zwischen der Zielsetzung und der gemeinsamen Zielverfolgung ist in Abbildung 1 exemplarisch dargestellt und zeigt insb. mögliche Zielkonflikte auf. 2

Fehlende Ausrichtung Der Organisation fehlt eine klare Vorstellung, was sie erreichen will. Jeder tut das, was er für das Beste hält. 	**Das falsche Ziel** Die Organisation verfolgt ein Ziel, das nicht zur Wertsteigerung führt. 
Widerstreitende Ziele Verschiedene Gruppen innerhalb der Organisation verfolgen unterschiedliche Ziele. 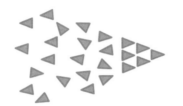	**Fehlende Einbeziehung der Gesamtorganisation** Die Führung hat eine Vision und Strategie. Diese wurde jedoch an den Rest der Gesamtorganisation nicht oder nicht verständlich mitgeteilt. 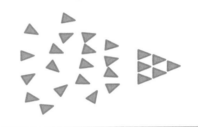

Abbildung 1: Gründe für Zielkonflikte im Unternehmen[1]

3 Das Kernproblem bei einer Strategie liegt folglich nicht ausschließlich darin begründet, dass es an einer **übergeordneten Vision** fehlt. Vielmehr wird diese häufig nicht durch die gesamte Unternehmung getragen.

4 Grundsätzlich umfasst der Begriff der Strategie prinzipiell zwei Ebenen:

Die **Corporate Strategy** und die **Business Strategy,** beziehungsweise die Unternehmens- und Geschäftsstrategie.

Während in kleineren Unternehmungen die Ziehung einer Trennlinie zwischen diesen beiden Ebenen schwierig ist, kann in größeren Unternehmungen meist relativ leicht eine Differenzierung getroffen werden.

Die **Unternehmensstrategie** legt die generellen Unternehmensziele fest. Diese Ziele sind idR langfristig und bestimmen den zukünftigen Kurs des Unternehmens sowie das Produktportfolio, das sich aus den zum Unternehmen gehörenden Geschäftsfeldern zusammensetzt.

Die **Geschäftsstrategie** hingegen definiert Festlegungen für die einzelnen strategischen Geschäftseinheiten. Solche Festlegungen beziehen sich häufig auf die verschiedenen Produktkategorien, die ein Unternehmen herstellt oder vermarktet. Darüber hinaus werden mithilfe dessen Regelungen für die Bearbeitung der Märkte, der Kunden und der Partner abgestimmt.

5 Essenziell für das Gelingen einer Corporate Strategy ist zunächst eine klare Vision der Unternehmensführung. Obwohl vielerorts solche Visionen als illusionär oder utopisch beschrieben werden, sind sie doch eine wesentliche Voraussetzung, um überhaupt eine erfolgreiche Strategie begründen zu können. Eine Vision ist die konkrete Vorstellung, wie das Unternehmen in der Zukunft aussehen und welche Wege zur Realisierung dieses Ziels einschlagen werden sollen. Eine solche Vision muss stets klar formuliert und kommuniziert

---

[1] Vgl. Brunner (1999): Value Based Performance Management, S. 154.

sein. Wichtig ist, dass sie in ihrem Anspruch deutlich über das Tagesgeschäft hinausreicht und in der Lage ist, Menschen zu motivieren, dieser Vision zu folgen.

II. Entwicklung einer Strategie

Bevor eine Strategie entwickelt werden kann, ist zunächst der Planungszeitraum zu definieren. Hierunter ist der Zeitraum zwischen der Planungserstellung und der Planverwirklichung zu verstehen. Je weiter der Planungshorizont ist, desto größer ist die Unsicherheit in der Planung. Folglich hat sich die Konkretisierung der Planungsziele an dieser Unschärfe zu orientieren.

Aus betriebswirtschaftlicher Sicht vollzieht sich die Planung auf drei Ebenen:[2]
- **Strategieplanung:** im Sinne einer Vision für die Unternehmensentwicklung, die die langfristige Ausrichtung bestimmt
- **Rahmenplanung:** Abbildung der mittelfristigen Perspektive, die die Strategieplanung grob darstellt
- **Detailplanung:** unmittelbare Präzisierung von einzelnen Umsetzungsschritten zur Durchführung der Rahmenplanung

An einem Beispiel dargestellt bedeutet dies, dass ein Träger der Altenhilfe im Rahmen der Strategieplanung anstrebt, innerhalb von fünf Jahren in seinem regionalen Marktumfeld einen Marktanteil von 25 % zu erreichen. Mittelfristig wird in der Rahmenplanung daher festgelegt, dass dies durch eine Ausweitung des Angebots erfolgen soll. Zur konkreten Umsetzung wird dann in der Detailplanung zB der Bau einer neuen Einrichtung sowie die notwendige Personalakquise geplant.

Ausgangspunkt für die Entwicklung einer Strategie ist eine **Analyse der Ist-Situation**, die sich aus verschiedenen Teilbereichen zusammensetzt, wie zB:[3]
- Konkurrenzstruktur
- Struktur des Absatzmarktes
- Technische und/oder modische Trends
- Struktur der Beschaffungsmärkte
- Rechtliches, soziales, wirtschaftliches und politisches Umfeld
- Eigene Stärken und Schwächen

Darauf aufbauend ist anschließend ein **Soll-Konzept** zu entwickeln, das die zukünftige Marktposition der Unternehmung beschreibt. Zusätzlich sind strategische Optionen zu definieren, die eine Umsetzung des Soll-Konzeptes ermöglicht.

Instrumente zur strategischen Planung sind unter anderem die Gap-Analyse, die Stärken-Schwächen/Chancen-Risiken[4]-Analyse (SWOT-Analyse) sowie die Portfolio-Analyse. Im Folgenden werden diese Instrumente kurz dargestellt.

Die **Gap-Analyse** (vgl. Abbildung 2) vergleicht die voraussichtlichen Umsatzentwicklungen von zwei extremen Entwicklungsszenarien. In Szenario A wird ermittelt, wie sich der Umsatz ohne eine Veränderung der bisherigen Vorgehensweise entwickelt. In Szenario B wird in zwei Varianten untersucht, wie sich der Umsatz zum einen unter äußersten Anstrengungen entwickeln würde, wenn nur der bisherige Markt intensiver durchdrungen würde (Variante B1) und wie er sich zum anderen entwickeln würde, wenn zusätzlich neue Märkte/Produkte berücksichtigt würden (Variante B2). Die Differenz zwischen A und B1 stellt die operative Lücke und die Differenz zwischen B2 und B1 die strategische Lücke dar.[5]

---

[2] Vgl. Schmalen 2002, S. 160.
[3] Vgl. Schmalen 2002, S. 161.
[4] SWOT steht für Strengths, Weaknesses, Opportunities und Threats.
[5] Vgl. Schmalen 2002, S. 161.

§ 4 Strategie

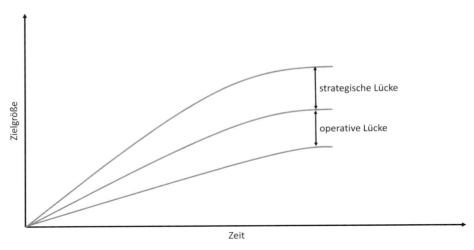

Abbildung 2: Beispiel Gap-Analyse

10 Die **Stärken-Schwächen/Chancen-Risiken-Analyse** (SWOT-Analyse) stellt die Stärken und Schwächen des Unternehmens gegenüber der Konkurrenz den Chancen und Risiken des Marktes gegenüber. Eine günstige Situation liegt dann vor, wenn das Unternehmen gegenüber seinen Konkurrenten in Märkten Vorteile hat, die ein attraktives Marktumfeld aufweisen. Im Umkehrschluss sollten Marktpositionen in Märkten abgebaut werden, in denen das Unternehmen schwächer als die Konkurrenz ist und der Markt risikobehaftet ist.

11 Ähnlich gelagert ist die **Portfolio-Analyse** (vgl. Abbildung 3). Der Unterschied ist hierbei, dass nicht die unternehmerische Gesamtstrategie im Fokus steht, sondern diejenige der strategischen Geschäftseinheiten des Unternehmens.[6]

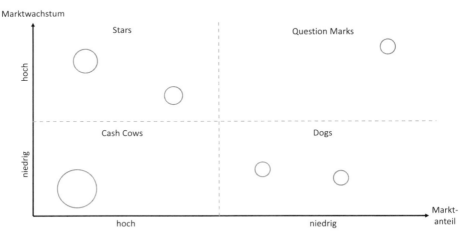

Abbildung 3: Portfolio-Matrix der Boston Consulting Group[7]

---

[6] Eine strategische Geschäftseinheit bündelt dabei alle Produktmarktkombinationen, die miteinander verwandt sind, unabhängig von anderen Geschäftseinheiten agieren können und insgesamt über ein genügend großes Marktpotenzial verfügen, sodass es sich für diese lohnt, eine spezifische Strategie zu entwickeln.

[7] Vgl. Schmalen 2002, S. 162 f.

A. Begriff

In der bekanntesten Variante der Portfolio-Analyse, dem von der Boston Consulting Group entwickelten Boston-I-Portfolio, werden die Dimensionen Marktwachstum und Marktanteil einander gegenübergestellt. Das Marktwachstum steht dabei sinnbildlich für einen frühen Produktlebenszyklus, während der Marktanteil für eine günstige Verdienstspanne steht. Strategische Ziele können dabei wie folgt gebündelt werden:

- Aufbau: Unter Inkaufnahme vorläufiger Verluste sollen Question Marks[8] zu Stars[9] entwickelt werden.
- Halten: Cash Cows[10] sollen ihren Marktanteil behaupten und Überschüsse erzielen, die wiederum in Stars oder Question Marks investiert werden.
- Ernten: Bei dieser Strategie finden keine Investitionen statt, sondern es werden nur kurzfristige Gewinne angestrebt.
- Liquidation: Strategische Geschäftseinheiten (Dogs[11]) werden komplett vom Markt genommen.

Im Zuge der Festlegung der speziellen Ziele ist eine untereinander abgestimmte Koordination zur Erfüllung einer Gesamtstrategie für den Unternehmenserfolg von herausragender Bedeutung.

Bei der Entwicklung einer Strategie handelt es sich um eine zielorientierte Gestaltung mit langfristigen, globalen, umsatzbezogenen und entwicklungsorientierten Aspekten. Für die Erstellung ist zunächst eine Beleuchtung der Marktsituation erforderlich.

Abbildung 4: Marktanalyse

Die Abbildung 4 zeigt, wie Erfolgsfaktoren aus dieser Betrachtung abgeleitet werden.

Eine weitere Erkenntnis ergibt sich aus einem Perspektivwechsel. Die folgende Abbildung zeigt, wie aus den Ressourcen eine Strategie entwickelt werden kann.

Abbildung 5: Potentialanalyse

Eine ausgewogene Strategie entsteht infolge der Ermittlung der Schnittmenge zwischen beiden Herangehensweisen.

---

[8] Produkte mit geringem Marktanteil und hohem Marktwachstum.
[9] Produkte mit hohem Marktanteil und hohem Marktwachstum.
[10] Produkte mit hohem Marktanteil und geringem Marktwachstum.
[11] Produkte mit geringem Marktanteil und geringem Marktwachstum.

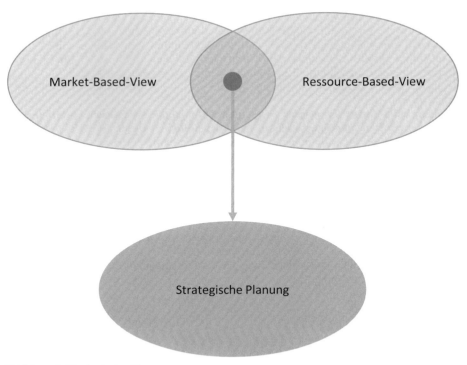

Abbildung 6: Strategische Planung

In jedem Fall wird die Realisierung einer Unternehmensstrategie mit einem sog. Change-Prozess einhergehen. Die professionelle Gestaltung dieses Prozesses entscheidet häufig darüber, ob ein Unternehmen erfolgreich sein wird.

III. Change-Management

1. Theoretische Grundlagen

13   Unter **Change-Management** bzw. Veränderungsmanagement versteht man die Managementfunktion in einem Unternehmen, die die laufende Anpassung der Aktivitäten an die sich wandelnden Wünsche der Kunden und der für das Unternehmen relevanten Umweltbedingungen zur Aufgabe hat. Traditionell wurde die Fähigkeit eines Unternehmens, seine Organisation und die darin tätigen Mitarbeiter an neue Herausforderungen anzupassen, als Organisationsentwicklung und Personalentwicklung bezeichnet. Veränderungsmanagement ist jedoch noch mehr als das. Es bezeichnet alle Aufgaben, Maßnahmen und Tätigkeiten, die weitreichende Veränderungen zur Umsetzung neuer Strategien, Strukturen, Systeme, Prozesse oder Verhaltensweisen in einer Organisation beinhalten. Veränderungsmanagement ist damit die laufende Anpassung von Unternehmensstrategien und -strukturen an veränderte Rahmenbedingungen.

14   Während der Begriff des „Wandels" in unserem Sprachgebrauch häufig mit „Veränderung" gleichgesetzt wird oder im Kontext mit Veränderungsprozessen in der Sozialstruktur verwendet wird und historisch bedeutet, dass sich Dinge, Beziehungen und Strukturen aufgrund äußerer Einwirkungen über eine lange Zeitdauer hinweg verändern, ist der „Wan-

del" in betriebswirtschaftlichen unternehmerischen Sachzusammenhängen mittlerweile ein ständiger und vor allem strukturierter Prozess.

Der „Wandel" ist somit latent, eine ständige Managementaufgabe, die eine feste Größe in der Organisation eines Unternehmens darstellt. Die Faktoren, die zu diesem Wandel führen, können sehr divers sein. Häufig handelt es sich um äußere Einwirkungen auf die Organisation. Diese reichen von gesellschaftlichen Veränderungen über sich wandelnde wirtschaftliche Rahmenbedingungen oder veränderte Kunden- oder Mitarbeitererwartungen bis hin zu technischen Innovationen.

Innere **Zwänge zum Wandel** sind häufig Stakeholderinteressen oder gesellschaftsrechtliche Veränderungen.

Während solche Einflüsse meist zu großen und zeitlich begrenzten Veränderungen führen, ist die betriebswirtschaftliche Organisationsentwicklung eher ein stetiger Prozess, der sich in aller Regel sehr homogen zu den wirtschaftlichen Zielen des Unternehmens verhält.

Schon in den 1930er Jahren beobachteten Wissenschaftler in den USA, dass die Leistungsfähigkeit der Mitarbeiter stärker von der ihnen entgegengebrachten Aufmerksamkeit beeinflusst wurde als durch Änderungen der Arbeitsbedingungen.

In der angelsächsischen Managementlehre wurden daher verhaltensorientierte Untersuchungen und deren Erkenntnisse integriert.[12] Diese Vertiefung des sozialwissenschaftlichen Ansatzes wurde in die deutsche Betriebswirtschaftslehre nur mit einer deutlichen Verzögerung übernommen. Betrachtet man die dogmengeschichtliche Entwicklung der Managementlehre, so gibt es zunächst einen wesentlichen Vertreter des Veränderungsmanagements. Kurt Lewin[13] charakterisiert Veränderungen in drei Phasen: Auflockern (unfreezing), Hinüberleiten (moving) und Verfestigen (refreezing).

Tabelle 1: Drei Phasen des Change-Managements nach Lewin[14]

Stufe	Inhalt	Erläuterung
1	Auflockern (unfreezing)	Levin versteht hierunter das Vorbereiten einer Veränderung. In der Phase werden Pläne mitgeteilt, die von der Änderung Betroffenen werden in die Diskussion einbezogen, Unterstützung wird entwickelt und es wird ganz allgemein Zeit eingeräumt, sich auf die Veränderung vorzubereiten. Vorbereitende Analysen, beispielsweise eine Kraftfeldanalyse, werden durchgeführt, und die gesellschaftlichen Systeme werden „weich" und veränderbar
2	Hinüberleiten (moving)	In der zweiten Phase wird auf das neue Niveau hinübergeleitet, die Einführung neuer Gruppenstandards wird durch direktes Eingreifen der Verantwortlichen und durch Training verstärkt und der Prozess überwacht
3	Verfestigen (freezing)	Die letzte Phase dient dem Verfestigen der „Umgewöhnung" der Gruppe, der neue Prozess muss sich vollständig einpassen und ganz natürlich „dazugehören". Dies wird sichergestellt, indem auch über die Einführungsphase hinaus weiterhin überwacht wird, ob der Prozess funktioniert und aufrechterhalten wird

Graphisch zeigt diese Abbildung 7, wie ausgehend von einer alten Struktur über das „Auftauen, Bewegen und Wieder-Einfrieren" eine neue Struktur geschaffen wird.

---

[12] Vgl. Vogelbusch/Ufer/Nowak 2018, S. 131.
[13] Vgl. Lewin 1947, S. 5.
[14] Vgl. Lewin 1947, S. 5.

§ 4 Strategie

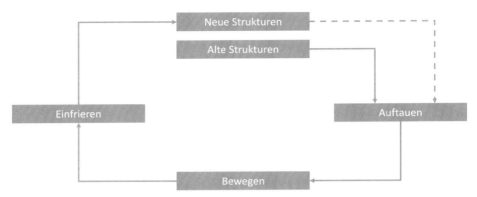

Abbildung 7: Ablauf eines Change-Managementprozesses im Unternehmen[15]

16   Diese drei Phasen können um drei Lern- und Reflexionsstufen erweitert werden: **Handeln, Beobachten** und **Reflektieren**.
- Handeln: Voraussetzung für Handeln ist ein Ziel (zB Projekt durchführen; Abteilungen zusammenlegen, Teamentwicklung). Nach den formulierten Zielen richtet sich das konkrete Handeln.
- Beobachten: Ziel des Beobachtens ist die Optimierung des Handelns. Aus den Unterschieden zwischen Soll und Ist leiten sich die Veränderungen der (möglicherweise ursprünglich anders) geplanten Tätigkeiten ab.
- Reflektieren: Die Beobachtung selbst wird geprüft. Der Abgleich der eigenen Beobachtung mit der Beobachtung anderer ermöglicht die Feststellung, ob das Handeln sinnvoll war. Die Übereinstimmung muss zusätzlich bezüglich der Zielerreichung geprüft werden.

Darüber hinaus sollte geprüft werden, ob das ursprünglich angestrebte Ziel noch gültig ist, oder ob eine inhaltliche Änderung des Ziels notwendig wird.

Während Lewin in seinen Phasen inhaltlich nicht auf einzelne Schritte des Managements während einer Veränderung eingeht, hat John P. Kotter acht Phasen eines **Veränderungsmanagements** identifiziert.

17   Nach Kotter[16] sind diese Phasen erfolgskritischer Bestandteil eines Veränderungsmanagements und müssen von jedem Change Manager eingehalten werden.

Tabelle 2: Acht Phasen des Change-Managements nach Kotter
(Quelle: www.digitaler-mittelstand.de)

Phase	Bezeichnung	Inhalt
1	Dringlichkeit aufzeigen	Es gilt, sowohl unter den Führungskräften als auch unter den Mitarbeitern ein Bewusstsein für die Dringlichkeit des Wandels zu erzeugen, beispielsweise können Szenarien entwickelt werden, die bei Unterlassen einer Veränderung eintreten könnten. Mit den Führungskräften und Mitarbeitern sollte die Ausgangslage erörtert und diskutiert werden
2	Führungskoalition aufbauen	Es gilt, ein gutes Führungsteam aufzubauen, indem richtungsweisende Personen für die Idee der Veränderung gewonnen und unter der Flagge der Veränderung zusammengebracht werden. Es ist sicher zu stellen, dass ein guter Mix an Mitarbeitern aus verschiedenen Abteilungen und mit verschiedenen Kompetenzen gefunden wird

---

[15] Vgl. Vogelbusch/Ufer/Nowak 2018, S. 133.
[16] Vgl. Kotter 1997.

Phase	Bezeichnung	Inhalt
3	Vision und Strategie entwickeln	Das Management sollte eine starke Vision und konkrete Strategien entwickeln, mit denen das Ziel verfolgt und erreicht werden soll. Diese sind zu kommunizieren (zB in einer gut vorbereiteten und starken Ansprache), ein übergeordnetes Ziel für das Unternehmen hilft bei der Umsetzung des Wandels
4	Die Vision kommunizieren	Steter Tropfen höhlt den Stein: die Vision sollte immer wieder gegenüber den Führungskräften und den Mitarbeitern kommuniziert werden, das schafft Vertrauen und stärkt die Motivation
5	Hindernisse aus dem Weg räumen	Gibt es Strukturen im Unternehmen, die den Wandel bremsen? Es ist ein genauer Blick auf den Status quo zu werfen, ungünstige Organisationsstrukturen, Arbeitsabläufe und Routinen sind aus dem Weg zu beseitigen
6	Kurzfristige Erfolge sichtbar machen	Für den Anfang sind nicht zu aufwands- und kostenintensive Ziele festzulegen. Besser ist es, schnell erreichbare Zwischenziele zu definieren. Mitarbeiter, die diese Ziele erreichen, sollten belohnt werden
7	Veränderung weiter antreiben	Nach jedem erreichten Ziel sollte analysiert werden, was gut funktioniert hat und wo noch Verbesserungsbedarf herrscht. Es sind stets neue Ideen und Ziele zu entwickeln, neue Mitarbeiter sind in die Führungsriege zu berufen
8	Veränderungen in der Unternehmenskultur verankern	Die erreichten Ziele sollten fest in die Unternehmenskultur integriert werden, erst wenn dies gelungen ist, kann nach Kotter von einem erfolgreichen Change-Management-Prozess gesprochen werden

Organisatorische Rahmenbedingungen

Das Management von Veränderungen dringt immer mehr in den täglichen Aufgabenbereich von Führungskräften und Mitarbeitern ein. Der Übergang zur **Prozessorganisation** seit den 1990er Jahren hat dazu wesentlich beigetragen. Damit werden permanent begrenzte Anpassungen durchgeführt, die oft an die Stelle großer Umstrukturierungen treten. In der betrieblichen Realität lassen sich die von Lewin definierten drei Phasen von Veränderungsprozessen kaum noch trennen. Insbesondere der Zustand des Einfrierens der Organisation und damit der Stabilisierung von neu erlernten Routinen ist oft nicht mehr erreichbar. Die zeitlichen Vorgaben für Veränderungsprozesse werden eher immer enger, die Pausen zwischen Veränderungsprozessen immer kürzer.

Begleitung von Veränderungsprozessen

Mitarbeiter stehen idR Veränderungen skeptisch gegenüber und können diese als **Gefahren und Risiken** wahrnehmen. Im modernen Projektmanagement wird dieser Einstellung Rechnung getragen. Die Betroffenen werden auf die anstehenden Veränderungen durch umfassende und angemessene Information vorbereitet und zunehmend in die Gestaltung der Veränderung einbezogen. Damit wird den betroffenen Mitarbeitern die nötige Sicherheit im Prozess vermittelt. Je höher die Sicherheit, desto größer die Bereitschaft zur Veränderung. Ohne diese Bereitschaft können Widerstände aus der Belegschaft ein Projekt zum Scheitern bringen. In der Praxis empfiehlt sich das Hinzuziehen externer Berater, wenn Distanz zu den Befindlichkeiten einzelner Teilnehmer erforderlich erscheint und Vorgesetzte damit aus der „Schusslinie" gebracht werden können.

§ 4 Strategie

Vergleich wichtiger Ansätze

20 Entsprechend der verschiedenen Zwecke von Veränderung gibt es auch eine **Vielzahl von Ansätzen** zum Veränderungsmanagement – eine einzige Lösung für alle Veränderungsprozesse ist nicht (mehr) zeitgemäß. Neben der Expertenberatung, der Organisationsentwicklung und der systemischen Beratung ist die iterative Beratung einzusetzen. In der Gegenüberstellung dieser Ansätze in Tabelle 3 werden deren unterschiedliche Annahmen, Erfolgskriterien und Stärken deutlich. Für den Einsatz eines dieser Instrumente bei einem konkreten Veränderungsprozess sollte vom (internen wie externen) Berater oder den Führungskräften mit den betroffenen Mitarbeitern erörtert werden, welche Aspekte im Vordergrund stehen.

21 Die eingesetzten Instrumente können auch als Mix den genannten Ansätzen entstammen. Es ist nach der individuellen Beratungssituation zu entscheiden.

	Expertenberatung	Organisationsentwicklung	Systemische Beratung	Alterative Beratung
Bild der Organisation als ...	... kausal wirkendes System	... bedürfnisorientiertes System	... selbsterzeugendes System	... komplexes System
Fokus	(messbare) Fakten	Beteiligung	Eigenlogik	Aushandlung
Typisches Vorgehen	Strukturen und Prozesse analysieren und strategiekonform optimieren	Eigeninitiative und Motivation der Mitarbeiter zu einem stimmigen Ganzen fügen	Das Spezifische einer Organisation durch die Organisation finden/bestimmen lassen	Planvoll-flexibel Vortasten entlang verknüpfter Zwecke, Interessen und Machtkonstellationen
Veränderung ist erfolgreich, wenn ...	... Entscheidungen unter rationalen Aspekten zu einer höheren Effizienz führen.	... Strukturen so verändert sind, dass sie den Bedürfnissen der Mitarbeiter entsprechen.	... das System eine ihm eigene Stabilität gefunden oder beibehalten hat.	... Unklarheit abgebaut, Akzeptanz erreicht, Wirkung erzeugt und Routine etabliert ist.
Stärke des Ansatzes bei ...	... Risiken in stabilem Umfeld	... hoher Mitarbeiterbetroffenheit	... kulturell selbständigen Einheiten	... Ungewissheit in komplexen Situationen

Tabelle 3: Überblick über verschiedene Ansätze des Veränderungsmanagements[17]

2. Besonderheiten des Change-Managements in Non-Profit-Unternehmen

22 Die Innovationsbereitschaft in Non-Profit-Organisationen ist idR deutlich eingeschränkt. Die Gründe hierfür sind mannigfaltig und unternehmensspezifisch. Zu Beginn des Innovationsprozesses ist es deshalb wichtig, den Prozessbeteiligten die **Notwendigkeit von Veränderungen** und Innovationen nahezulegen.

Zu Beginn von Restrukturierungsprojekten hat sich bewährt, mithilfe der Lebenszykluskurve auf die Notwendigkeit von Veränderungen hinzuweisen. Sie beschreibt, dass Veränderungen ein natürlicher Prozess sind.

---

[17] Vgl. Vogelbusch/Ufer/Nowak 2018, S. 136.

A. Begriff

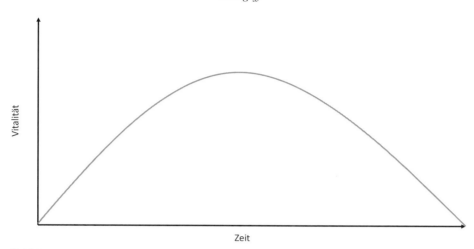

Abbildung 8: Einfache Lebenszykluskurve

Die Abbildung 8 zeigt, dass eine soziale Dienstleistung – wie ein menschliches Leben – endlich ist und nahezu gesetzmäßig der Entwicklung des Alterns folgt.

Die Lebenszykluskurve beschreibt zunächst ein biologisches Gesetz, das auch in der Betriebswirtschaft Anwendung findet, um Produktentwicklungen darzustellen.

Nach einer Wachstumsphase ist irgendwann der Zenit des Absatzes erreicht, danach sinken die Nachfrage und der Absatz, es entsteht eine Lücke (sog. Gap) für das Unternehmen. In dieser Phase ist die Implementierung eines **Revitalisierungsprozesses** notwendig, um den Erhalt des Unternehmens zu sichern.

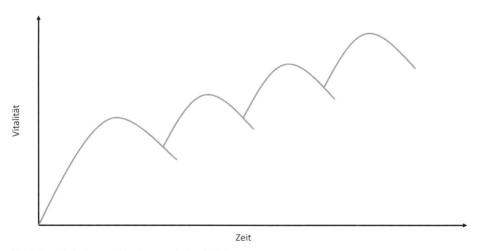

Abbildung 9: Lebenszykluskurve mit Revitalisierungen

Diese Beschreibung des Lebenszyklus für eine soziale Dienstleistung ist stark vereinfachend. Die Abbildung 9 zeigt realistischer, dass es in der unternehmerischen Praxis gelingt, auf der Zeitschiene das angebotene Produkt **regelmäßig zu erneuern** (Relaunch, Modellpflege, Innovation). Auch eine soziale Dienstleistung wird von Zeit zu Zeit erneuert und den sich wandelnden Markterfordernissen angepasst.

So kann sichergestellt werden, dass der Absatz der Dienstleistung sich weiterhin positiv entwickelt. In jedem Fall postuliert dieses Modell eine ständige Bereitschaft zur Erneuerung.

B. Besonderheiten bei NPOs/Sozialmarkt

I. Das sozialrechtliche Dreiecksverhältnis

23   Die Tätigkeit der **Non-Profit-Organisationen** (NPO) wird bestimmt durch die institutionellen Rahmenbedingungen des Sozialstaats. Besonders ist vor allem, wie die bei der Arbeit anfallenden Aufwendungen finanziert werden.

Tabelle 4: Entwicklung der Sozialwirtschaft[18]

Zeit	Bezeichnung	Inhalt der Phase
ab 1800	Stadium der Entwürfe eines sozialen Wirtschaftens	Begriff „Sozialwirtschaft" stammt aus Frankreich, Katholische Soziallehre (1891 Sozialenzyklika) – Gedanke der Subsidiarität; Nationalökonom Léon Walras entwickelte den Gedanken der „sozialen Ökonomie"
ab 1820	Bildung von Genossenschaften	Kooperativ- und Genossenschaftsbewegung, deutsches Genossenschaftsgesetz (1889) erlaubt keine soziale Betätigung
ab 1850 bzw. 1890	Sozialpolitische Gestaltung solidarischen Wirtschaftens	In Deutschland gründen sich christliche Initiativen, um die Not in Folge der Industrialisierung und Verstädterung zu lindern; Bismarck führt die gesetzliche Sozialversicherung ein (Solidarprinzip). In Frankreich: Bewegung des Solidarismus
ab 1970	Ausmessung eines eigenen Wirtschaftsbereichs	Boomartiges Wachstum des Wohlfahrtsstaates und damit der Leistungserbringer, noch gilt das Subsidiaritätsprinzip mit dem Vorrang der frei-gemeinnützigen Leistungserbringer; Selbstkostendeckungsprinzip und Investitionszuschüsse gelten im Finanzierungsbereich; besondere Aufgaben der Sozialpolitik auf kommunaler Ebene (Selbstverwaltung, Partizipation zB im Bereich der Jugendhilfe)
ab Mitte der 1970er Jahre	Paradigmenwechsel im Verständnis des Sozialstaats	Kritik am „Versorgungsstaat" und der „Herrschaft der Funktionäre"/„Wohlfahrtsdiktatur"; Professionalisierung der Sozialen Arbeit durch Gründung zahlreicher Fachhochschulen
ab 1980	Auftreten von Sozialunternehmen	Unternehmen stellen die eigene Effizienz und Wirtschaftlichkeit in den Mittelpunkt ihres Handelns, ökonomisches Denken wird in das Management integriert; Veröffentlichungen und Studiengänge zum „Sozialmanagement" entstehen
ab 1990	Umbau des Sozialstaats, Neue Steuerungsmodelle, Evaluation der Wirkungen (Outcome und Impact), Globalisierung und deutsche Wiedervereinigung	Politik installiert zunehmend sozialpolitische Steuerungsinstrumente; Abkehr vom Kostendeckungsprinzip; Leistungsverträge; Projektzuschüsse; Leistungs- und Qualitätsvereinbarungen; Entgeltverhandlungen; Benchmarking der Kostenträger; trotz zunehmender Fälle werden Finanzmittel geringer; Sozialraumorientierung; Quartiersmanagement; im Bereich der Pflege und der Krankenhäuser werden prospektive Entgelte (feste Preise, DRG) eingeführt
ab Ende der 1980er Jahre	Europäische Positionierung der Sozialdienste	Zunehmend befasst sich die EU mit sozialpolitischen Themen; Revision der Social Charta (1999); Sozialunternehmen werden explizit in den Blick genommen; Kommissionsinitiative für soziales Unternehmertum (2011/2014)

---

[18] Vgl. Vogelbusch, S. 19.

Zeit	Bezeichnung	Inhalt der Phase
Ab 2000	Professionalisierung der Sozialunternehmen, Strukturreformen, neue Instrumente der Finanzierung	Etablierung des Sozialmanagements, erste Masterstudiengänge zum „Sozialmanagement" werden gebildet; Bologna-Prozess mit Bachelor- und Masterstudiengängen; zahlreiche Studiengänge zum HCM- und Pflege-Management; Corporate Governance Kodizes auch im Non-Profit-Sektor; Initiative Transparente Zivilgesellschaft; Compliance und erhöhte Anforderungen an Aufsichtsgremien; Verschärfung der gesetzlichen Bestimmungen; strenge Rechtsprechung; Haftung von Vorständen/Aufsichtsräten

Es ist zu beobachten, dass sich der Sozialstaat stufenweise und in verschiedenen Phasen entwickelt hat. Die Wurzeln der heutigen Sozialwirtschaft lassen sich bis ins 19. Jahrhundert zurückverfolgen.[19]

In Europa ergaben sich durch die sozialen Folgen der **Industrialisierung** (Bevölkerungsanstieg insb. in den Städten) besondere Herausforderungen. Die Staaten haben hierauf mit unterschiedlichen Systemen und Lösungsansätzen reagiert. In angelsächsischen Ländern besteht eine liberale Tradition, die auf garantierte Mindestlebensstandards, aber niedrig nivellierende Sozialpolitik setzt. Stattdessen wird das Erwerbseinkommen begünstigt, das um familiäre Unterhaltszahlungen, private Versicherungsansprüche und mildtätige Gaben ergänzt wird. Dem stehen sozialstaatliche Lösungen mit einer Bandbreite an Modellen gegenüber. Auf der einen Seite des Spektrums stehen Länder mit einer stark verbandlichen Orientierung, in der Mitte befindet sich ein Mischsystem aus privaten, frei-gemeinnützigen und staatlichen Organisationen und auf der anderen Seite existieren stark staatlich orientierte Modelle (zB in Skandinavien).

In Deutschland wurde 1949 im Grundgesetz in Art. 20 Abs. 1 das Gebot festgeschrieben, dass die Bundesrepublik Deutschland ein sozialer Rechtsstaat ist. In der Nachkriegszeit haben sich die Rahmenbedingungen für Sozialunternehmen erheblich verändert, so wurde – insb. durch die sozialliberale Regierung – der Wohlfahrtsstaat ausgebaut. In den Jahren von 1970–1990 erlebte der Wohlfahrtsstaat seine Blüte, seit der deutschen Wiedervereinigung ist jedoch durch die knapper werdenden finanziellen Mittel eine gewisse Stagnation zu spüren. Allerdings wächst der Bedarf an sozialen Leistungen aufgrund der demographischen Entwicklung weiter an.

Auch wenn das Verfassungsrecht die Zuständigkeit der Gestaltung des Sozialrechts in die staatliche Sphäre verortet, findet das operative Geschehen in der Praxis nur eher eingeschränkt bei öffentlichen Trägern statt. Das heißt, dass in Deutschland soziale Dienstleistungen idR von privaten, frei-gemeinnützigen oder kirchlichen Trägern erbracht werden.

Diese werden dann von den jeweilgen staatlichen und kommunalen Institutionen finanziert. **24**

---

[19] Diese historischen Etappen sind im Einzelnen bei Vogelbusch/Ufer/Nowak 2018, S. 26 f. dargestellt worden.

§ 4 Strategie

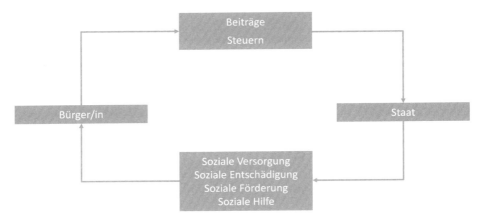

Abbildung 10: Finanzierung von Transferleistungen

Abbildung 10 zeigt die Finanzierung der verschiedenen **sozialen Transferleistungen** des Staats.

Letztlich gehen alle Transferleistungen auf die Zahlung von Beiträgen und Steuern der Bürger und Unternehmen zurück. Während staatliche Versicherungen durch Beiträge finanziert werden, erfolgt die Refinanzierung der übrigen sozialen Transfers durch Steuern. In der jüngsten Vergangenheit werden die Versicherungssysteme zunehmend durch Steuern substituiert.

Die rechtlichen und finanziellen Rahmenbedingungen für NPOs und Sozialunternehmen sind einem ständigen Wandel unterworfen. Im Ergebnis verlangen die sich ändernden Bedingungen, dass das Management der NPOs professionalisiert wird und es Veränderungen aktiv als Herausforderung annimmt und managt.

In den vergangenen Jahren hat sich eine gesonderte **Betriebswirtschaftslehre für Non-Profit-Organisationen** entwickelt. Die Anfänge der wissenschaftlichen Aufarbeitung des Managements solcher Organisationen und Unternehmen lässt sich bis in die 1970er Jahre zurückverfolgen. Ein erstes Lehrbuch, das sich expressis verbis mit „Sozialmanagement" beschäftigt, stammt vom Diakoniker Albrecht Müller-Schöll (1927–1997). Er gründete die Diakonische Akademie in Stuttgart, die heutige Berliner Bundesakademie bakd, und befasste sich mit Regeln des „systemischen Entscheidens, Planens, Organisierens, Führens und Kontrollierens in Gruppen". Zunächst war es unter den Leitungskräften der NPOs umstritten, ob betriebswirtschaftliche Steuerungsinstrumente zum Einsatz kommen sollten. An anderer Stelle hat Vogelbusch (2017) die verschiedenen Etappen dargestellt, die bei der Implementierung des Managements in NPOs durchschritten werden mussten.

Die Vertiefung und Verbreitung (Deepening and Broadening) der Betriebswirtschaftslehre ist zum einen dadurch gekennzeichnet, dass sich die Disziplin weiter aufgefächert hat, indem vornehmlich aus den USA neue praxisorientierte Konzepte eingebracht wurden. Zum anderen hat die Managementlehre für Sozialunternehmen von Seiten der Sozialwissenschaften und Psychologie neue Impulse erfahren. Dabei hat sich die Betriebswirtschaftslehre immer weiter in „Nischen" verästelt.

Neben ingenieurtechnischen und betriebswirtschaftlichen Konzepten profitierte die BWL davon, dass vertiefte sozialwissenschaftliche Ansätze aus den Verhaltenswissenschaften und der Psychologie zur Untersuchung der Entscheidungen in den Betrieben hinzugefügt wurden. Damit ergab sich eine verbesserte Einsatzfähigkeit in praktischen Entscheidungssituationen.

Wie in den angelsächsischen Ländern sind pragmatische Ansätze entstanden – immer mit dem Fokus, dem Management in der konkreten Situation ein Instrument bzw. ein Konzept an die Hand zu geben, um die richtige Entscheidung zu treffen.

B. Besonderheiten bei NPOs/Sozialmarkt

Während sich im wirtschaftlichen Sektor die vertraglichen Beziehungen zwischen Auftraggeber und Auftragnehmer durch ein bilaterales Vertragsverhältnis auszeichnen, ist der Sozialbereich durch das sog. **sozialrechtliche Dreiecksverhältnis** charakterisiert. Dieses beschreibt die Gesamtheit der Rechtsbeziehungen, wenn soziale Leistungen nicht durch den jeweiligen Sozialhilfe- oder Kostenträger selbst erbracht werden, sondern sich dieser zur Leistungserbringung der Dienste Dritter bedient. Dadurch wird letztendlich eine soziale Dienstleistung erbracht, die nicht auf einer bilateralen Vertragsgestaltung beruht, sondern auf verschiedenen Vertrags- und Leistungsverhältnissen. Diese Rechtsbeziehungen kann man sich als gleichseitiges Dreieck vorstellen.

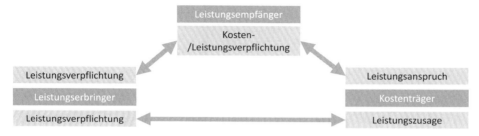

Abbildung 11: Sozialrechtliches Dreiecksverhältnis

Es bestehen:
- Ein öffentlich-rechtliches Sozialrechtsverhältnis zwischen dem Leistungsempfänger und dem Kostenträger;
- Ein idR privatrechtlicher Vertrag zwischen dem Leistungsempfänger und dem Leistungserbringer, aus dem der Leistungsempfänger Zahlungsansprüchen des Leistungserbringers für die erbrachten Vertragsleistungen ausgesetzt ist;
- Ein öffentlich-rechtlicher Vertrag zwischen dem Kostenträger und dem Leistungserbringer, der Leistungs-, Vergütungs- und Prüfungsvereinbarungen enthält. Eine Zahlung erfolgt ohne Umweg über den Leistungsberechtigten direkt an die Einrichtung;
- Als Leistungserbringer kommen neben den klassischen NPOs auch private Unternehmen in Betracht. Der Markt wird jedoch wesentlich von den gemeinnützigen Unternehmen der Wohlfahrtspflege bedient (insb. Caritas, Diakonie, AWO).

II. Käufermarkt

Ausfluss der Konstellation aus dem sozialrechtlichen Dreiecksverhältnis ist die historisch gewachsene Situation, dass es für Leistungen nach den Sozialgesetzbüchern meistens nur wenige, vor allem regional zuständige Kostenträger gibt. Volkswirtschaftlich stellt dies einen sogenannten **Käufermarkt** dar. Auf einem Käufermarkt haben die Käufer im Vergleich zu den Verkäufern eine günstige Marktsituation. Daraus ergibt sich meistens, dass einer vergleichsweise geringen Anzahl an Käufern relativ viele Verkäufer gegenüberstehen. Infolgedessen haben die Verkäufer eine nachteilige Verhandlungsposition und müssen dementsprechend Marketinginstrumente einsetzen, um mehr Abnehmer zu gewinnen. Ein häufig auffindbares Marketinginstrument stellt eine aggressive Preispolitik dar, die häufig zu einem allgemein geringen Preisniveau führt, da die Anbieter auf die Gewährung von Rabatten setzen. Zudem haben Produkte auf Käufermärkten zumeist einen verkürzten Produktlebenszyklus, um deren Umschlagshäufigkeit zu erhöhen. Alternativ sind Verkäufer gezwungen, die Alleinstellungsmerkmale ihrer Produkte hervorzuheben und somit eine Nische im Käufermarkt zu erzeugen. Die Abnehmer befinden sich andererseits in einer vorteilhaften Ausgangslage, weil sie den Verkäufer frei von Marktbeschränkungen wählen können, da die

Güter und Waren homogen sind. Des Weiteren besteht grundsätzlich ein Angebotsüberhang, da mehr Produkte angeboten werden als es Abnehmer hierfür gibt.[20]

27 Auf den Sozialmarkt übertragen bedeutet dies, dass der Kostenträger aus einer Vielzahl von Leistungserbringern auswählen kann. Somit sind Unternehmen in diesem Marktsegment zunächst auf eine Absenkung der Kosten als absatzpolitisches Instrument ausgerichtet, da der Angebotsinhalt weitestgehend normiert ist. Volkswirtschaftlich ist diese Vorgehensweise zur Absenkung der Kosten für die soziale Fürsorge und Ähnliches wünschenswert. Für Anbieter bedeutet dies im Gegenzug, dass aber insb. etwaige kostenintensive Alleinstellungsmerkmale eine untergeordnete Rolle spielen, sofern diese keine Refinanzierung erfahren. Neben der Kostensenkung hat dies eine verhältnismäßig hohe Homogenität der Leistungserbringungen zur Folge.

C. Zukünftige Entwicklungen

I. Verkäufermärkte

28 In den vergangenen Jahren hat sich zunehmend eine Abkehr von den ursprünglichen Marktbedingungen herausgebildet. Durch die Ausrichtung **„ambulant vor stationär"** findet eine zunehmende Diversifikation der Leistungsangebote statt. Ein weiterer Effekt ergibt sich zum Beispiel aus der Umsetzung des Bundesteilhabegesetzes. Infolgedessen haben die betreuten Personen in der Eingliederungshilfe beispielsweise eine gewisse Freiheit bei der Auswahl des Leistungserbringers, um ihre persönlichen Bedürfnisse zu befriedigen. Hinzukommt die Zunahme der Leistungsempfänger in den Bereichen der Altenhilfe, die sich aus dem demografischen Wandel ergibt.

29 Im Rahmen dessen ist eine Entwicklung zu einem Verkäufermarkt für einzelne Leistungsspektren bzw. Segmente möglich. Ein Verkäufermarkt besteht als Gegenpol zum Käufermarkt dann, wenn die Nachfrage größer ist als das Warenangebot.[21] Aufgrund der Verknappung des Angebotes ist der Verkäufer dem Nachfrager gegenüber in einer besseren Verhandlungsposition. Der Käufer steht bei dieser Marktsituation in einem Abhängigkeitsverhältnis zum Anbieter. Aus diesem Abhängigkeitsverhältnis kann die Herausbildung von Alleinstellungsmerkmalen verstanden werden, die aus Kundensicht für deren bewusste Konsumentscheidung relevant sind.

Infolgedessen ist es eine zentrale Managementaufgabe in der Sozialwirtschaft, die Leistungssegmente mit einer günstigen Marktsituation zu identifizieren und das Angebotsportfolio anzupassen.

II. Finanzierung

30 Non-Profit-Organisationen spielen im wirtschaftlichen, sozialen und kulturellen Leben unserer modernen Gesellschaften eine substanzielle Rolle. Auch wenn die jeweilige Zuordnung eines Unternehmens zu einer NPO häufig schwierig ist, so ist in der Literatur unumstritten, dass NPOs vor allem solche sind, deren Wirtschaften nicht primär auf Profit angelegt ist. In der Regel handelt er sich dann um Organisationen, die im Rahmen des Gemeinnützigkeitsrechts als gemeinnützig anerkannt sind.[22]

Der Non-Profit-Bereich ist in Deutschland äußerst heterogen strukturiert. Die Heterogenität bezieht sich dabei vor allem auf die Anzahl der Hilfsbedarfsfelder, die durch den Träger bedient werden. Deshalb lassen sich nur schwerlich allgemeingültige Erkenntnisse zu

---

[20] Vgl. Bofinger 2007, S. 237.
[21] Vgl. Bofinger 2007, S. 237.
[22] Hierzu genauer unter § 2 Rn. 1 ff.

seiner Finanzierung aufstellen. Trotzdem kann festgestellt werden, dass die Ressourcengenerierung dieser Organisationen von verschiedenen Faktoren abhängt. Die Organisationsgröße, die Rechtsform, der Professionalisierungsgrad und auch die jeweiligen Tätigkeitsfelder, in denen das Unternehmen agiert, sind für die Fragen der Finanzierung essenziell.

Insgesamt lassen sich **drei Finanzierungsquellen** von Non-Profit-Organisationen unterscheiden: 30
1. Selbst erwirtschaftete Einnahmen, die beispielsweise durch den Verkauf von Produkten/Dienstleistungen, durch Mitgliederbeiträge oder durch Zinserträge aus Vermögensanlagen generiert werden,
2. Spendeneinnahmen durch Privatpersonen und Unternehmen sowie
3. öffentliche Zuwendungen.

Die selbst erwirtschafteten Einnahmen sind Markterträge im engeren Sinne, beispielsweise Entgelte für konkrete Dienstleistungen. Markterträge spielen eine bedeutende Rolle bei der Finanzierung zivilgesellschaftlicher Aktivitäten. Bei den großen Sozialunternehmen sind diese Erträge die Hauptfinanzierungsquelle und somit ein wichtiges Standbein bei der Finanzierung der eigenen Struktur. Sie gewinnen am Gesamtfinanzierungsmix zunehmend an Bedeutung. Obwohl unmittelbare staatliche Zuwendungen nicht die primäre Rolle in der Finanzierung spielen, so ist doch zu konstatieren, dass auch die Markterträge häufig Transfererträge des Staates sind.

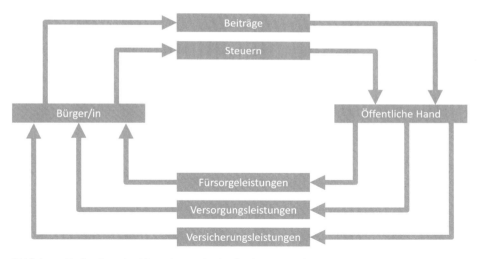

Abbildung 12: Struktur der Finanzierung in der Sozialwirtschaft

Die Abbildungen 10 und 12 zeigen, dass im Sozialsektor viele Leistungen des Staates von Non-Profit-Unternehmen **als Dienstleister** erbracht werden (vgl. das sozialrechtliche Dreiecksverhältnis, Abbildung 11).[23] Die dafür finanzierten Entgelte finden ihre Grundlage häufig in dem jeweiligen Sozialgesetzbuch (SGB), sodass die Refinanzierungen letztendlich über Beiträge oder Steuern stattfinden.

Da der Sozialsektor in den vergangenen Jahren massiv an Bedeutung gewonnen hat und auch die Leistungsansprüche aus den jeweiligen sozialrechtlichen Vorschriften erweitert worden sind, werden die Finanzierungssystematik und vor allem die staatlichen Probleme der Refinanzierung in Zukunft an Bedeutung gewinnen.

Insofern wird es eine wesentliche Herausforderung für die NPOs sein, ihre Dienstleistungen möglichst preiswert anbieten zu können, sofern es sich nicht um ein Leistungsseg-

---

[23] Vgl. → Rn. 25.

ment handelt, bei dem Alleinstellungsmerkmale zu einer auskömmlichen Refinanzierung beitragen.

Hier kommt dem **Wirkungsprinzip** eine dominierende Bedeutung zu.[24] Ziel wird es sein, mit gegebenen Ressourcen eine höchstmögliche soziale Wirkung zu erzielen. Dadurch entsteht ein massiver Druck auf die Professionalisierung des Managements in den NPOs.

---

[24] Wirkungsorientierte Steuerung ist ein Prozess. Es geht um das Erkennen von Wirkungszusammenhängen und ihre Darstellung. Diese Darstellung wird möglich, wenn es ausreichende Erkenntnisse über die soziale Entwicklung bzw. die Entwicklung der jeweiligen Lebenslagen gibt. Es wird davon ausgegangen, dass durch gezielte Maßnahmen oder kombinierte Maßnahmen die Lebenslagen der Betroffenen nachhaltig verändert werden.

§ 5 Struktur des Unternehmens

Übersicht

	Rn.
A. Begriff	1
B. Status quo	9
I. Typische Aufbauorganisationen	9
II. Agile Organisation	13
C. Structure follows strategy	24
D. Zukünftige Anforderungen	28
I. Neue Aufbauorganisationen	28
II. Organigramme und Erläuterungen	31
III. Wahl der Rechtsform	36

A. Begriff

1 Die **Struktur** dient der **konkreten Umsetzung der Strategie** (vgl. oben → § 4 Rn. 6 f.) eines Unternehmens. Durch sie soll die Vielzahl und Vielfalt an unternehmerischen Elementen und Beziehungen zwischen diesen Elementen durch Vereinheitlichung, Schaffung von Übereinstimmung bzw. gleichgesinnte Ausrichtung reduziert und somit besser beherrschbar gemacht werden.[1] Unter einer Struktur ist somit ein System zur Umsetzung von auf Dauer angelegten Regeln zu verstehen. Die genaue Verwirklichung der Struktur spiegelt sich in der Organisation des Unternehmens wider (vgl. Abbildung 13). Aus Sicht der betriebswirtschaftlichen Organisationslehre kann zwischen der Institution in Form der Aufbauorganisation und dem Instrument in Form der Ablauforganisation unterschieden werden.

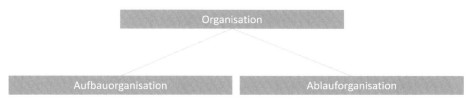

Abbildung 13: Systematik der Organisationsentscheidungen[2]

2 Die **Aufbauorganisation** legt den organisatorischen Aufbau des Unternehmens fest, der notwendig ist, damit die strategische Planung auch an die zuständige Stelle im Unternehmen gelangt. Zentrale Begriffe sind dabei das Kompetenz- und Kommunikationsgefüge innerhalb des Unternehmers (vgl. Abbildung 14).[3]

---

[1] Vgl. Reiss 2003, S. 1.
[2] Vgl. Schmalen 2002, S. 167.
[3] Vgl. Weuster 1999, S. 5 f.

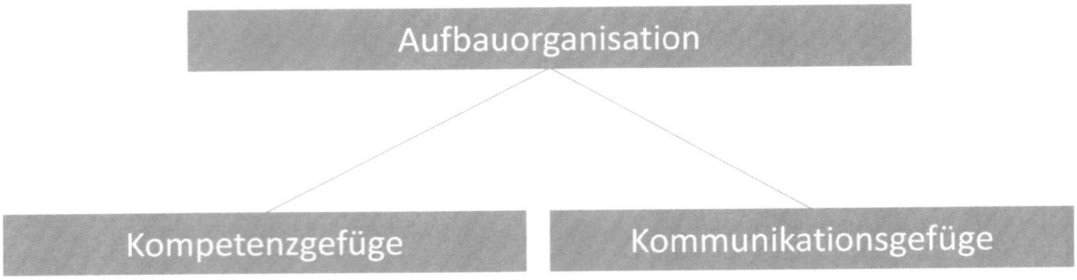

§ 5 Struktur des Unternehmens

```
              Aufbauorganisation
               /            \
      Kompetenzgefüge    Kommunikationsgefüge
```

Abbildung 14: Darstellung Aufbauorganisation

3   Das **Kompetenzgefüge** bestimmt, wer welche Rechte und Pflichten innehat. Beim Aufbau eines Kompetenzgefüges sind deshalb ein Stellen- und ein Leitungsgefüge zu etablieren. Bei der Errichtung eines Stellengefüges werden den einzelnen, mit je einer Person zu besetzenden Stellen, fest umrissene Aufgaben und die dazugehörigen Rechte und Pflichten zugewiesen. Dabei ist darauf zu achten, dass die Aufgabenbelastung der einzelnen Stellen vertretbar ist. Ausformuliert wird das Stellengefüge in dem mit den Stellenbeschreibungen versehenen Stellenplan. Kernproblem bei der Implementierung eines Stellengefüges ist die Entscheidungsdelegation. Schematisch betrachtet kann zwischen einer Zentralisierung und einer Dezentralisierung unterschieden werden, die sich in der tatsächlichen Ausprägung aber nicht in vollkommener Reinform in einer Organisation widerspiegelt. Für die Bestimmung, ob es sich um eine eher zentralistische oder dezentrale Organisation handelt, ist der Grad des Entscheidungsspielraums auf Stellenebene entscheidend. Von einem hohen Grad an Zentralisierung ist auszugehen, wenn sich der überwiegende Teil der Aufgaben mit einem erhöhten Entscheidungsspielraum auf wenige Stellen verteilt, wie beispielsweise im Spitzen-Management. Besitzen die Stellen des mittleren und unteren Managements einen beträchtlichen Entscheidungsspielraum, ist von einem höheren Grad an Dezentralisation auszugehen. Die mit der Ausprägung der Zentralisation verbundenen Vor- und Nachteile sind in Abbildung 15 dargestellt.[4]

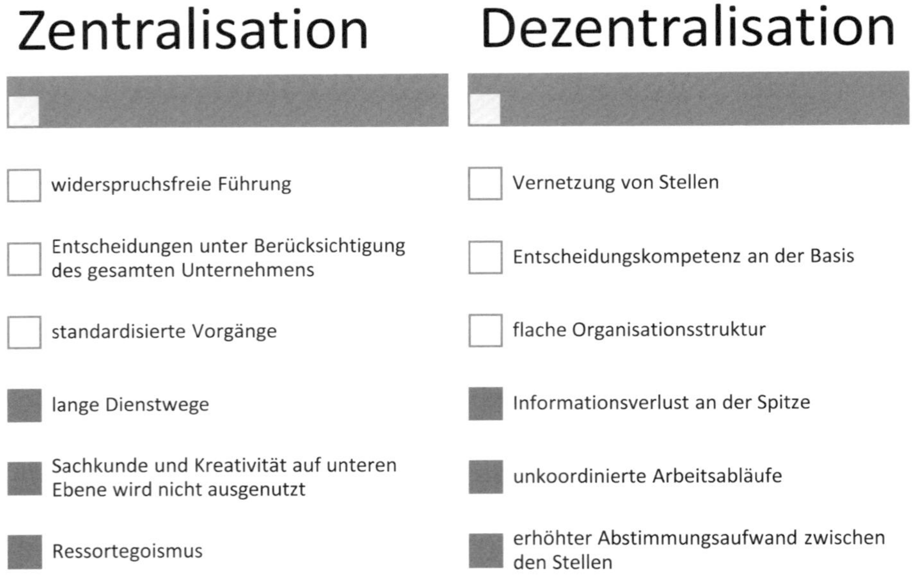

Zentralisation	Dezentralisation
widerspruchsfreie Führung	Vernetzung von Stellen
Entscheidungen unter Berücksichtigung des gesamten Unternehmens	Entscheidungskompetenz an der Basis
standardisierte Vorgänge	flache Organisationsstruktur
lange Dienstwege	Informationsverlust an der Spitze
Sachkunde und Kreativität auf unteren Ebene wird nicht ausgenutzt	unkoordinierte Arbeitsabläufe
Ressortegoismus	erhöhter Abstimmungsaufwand zwischen den Stellen

Abbildung 15: Vor- und Nachteile des Zentralisierungsgrades

---

[4] Vgl. Schmalen 2002, S. 168 ff.

A. Begriff

Durch die Schaffung eines Leitungsgefüges werden die Stellen des Stellengefüges unter 4
den Aspekten der Weisungsbefugnis und Weisungsgebundenheit miteinander verknüpft.
Diese rangmäßigen Beziehungen können innerhalb der organisatorischen Einheit unterschiedlich definiert sein. Idealtypisch stehen hierfür folgende Systeme zur Verfügung:
- Einliniensystem
- Mehrliniensystem
- Stabliniensystem

Im **Einliniensystem** (vgl. Abbildung 16) gilt das Prinzip der Einheit der Aufgabenerteilung, da jede Organisationseinheit nur einen einzigen unmittelbaren Vorgesetzten hat.[5] Der 5
Vorteil dieses Systems besteht in der Einfachheit und Übersichtlichkeit der Beziehungsstrukturen. Nachteilig sind die unter Umständen langen Dienstwege und die durch den
Dienstweg bedingte starke Belastung der oberen Stellen. Dadurch können Konflikte nicht
kollegial zwischen den Hierarchieebenen, sondern häufig nur autoritär entsprechend der
Aufbauorganisation gelöst werden, es sei denn, es gibt Fayol-Brücken.[6] Regelmäßig erweisen sich starre Hierarchiestrukturen eher als hinderlich, wenn es um die Förderung von
Innovationen geht.

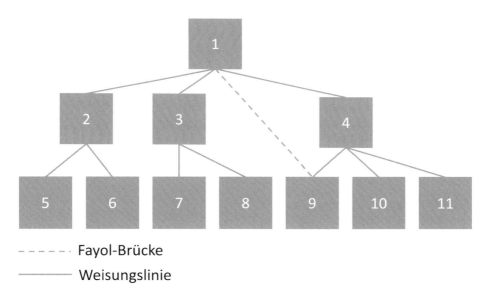

Abbildung 16: Einliniensystem

Das **Mehrliniensystem** (vgl. Abbildung 17) gilt als das Prinzip des kürzesten Weges, da 6
entgegen dem Einliniensystem eine Organisationseinheit mindestens zwei übergeordneten Einheiten unterstellt ist.[7] Vorteile dieses Systems liegen in den direkten Weisungswegen,
der Betonung der Fachautorität übergeordneter Stellen und der Spezialisierung durch
Funktionsteilung. Konflikte entstehen aber insb. durch die mangelnde Abgrenzung von
Zuständigkeiten, Weisungen sowie Verantwortlichkeiten für gute oder schlechte Leistungen.

---

[5] Vgl. Schmalen 2002, S. 170.
[6] Fayol-Brücken stellen disziplinarische Weisungsbefugnisse dar, die über Hierarchieebenen hinweg gelten.
[7] Vgl. Schmalen 2002, S. 171.

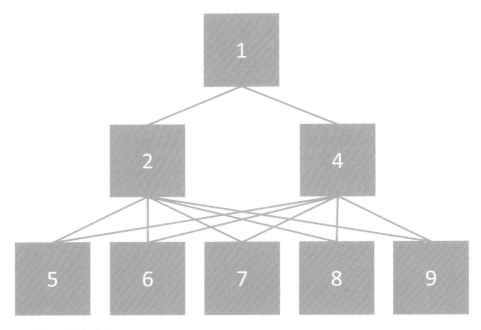

Abbildung 17: Mehrliniensystem

7   Das **Stabliniensystem** (vgl. Abbildung 18) unterscheidet sich vom Ein- und Mehrliniensystem lediglich dadurch, dass einzelne Stellen innerhalb der Linie Stabsstellen zugeordnet werden. Aufgabe einer Stabsstelle ist es, die jeweilige weisungsberechtigte Linienstelle durch Entscheidungsvorbereitung zu unterstützen. Die Stabsstelle selbst hat keine Anordnungs-, sondern nur Beratungsbefugnis.[8]

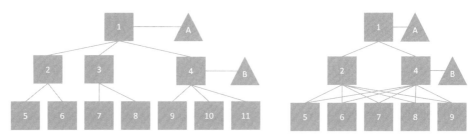

Abbildung 18: Stabliniensystem

8   Das **Kommunikationsgefüge** eines Unternehmens legt fest, über welche Medien und Kanäle Informationen und Nachrichten ohne Weisungscharakter ausgetauscht werden. Durch dieses Gefüge soll sichergestellt werden, dass allen Entscheidungsträgern jegliche für ihren Bereich wichtigen Informationen vorliegen. Es kann hierfür zwischen einem freien und einem gebundenen Kommunikationsgefüge unterschieden werden. In einem gebundenen Kommunikationsgefüge gibt es klare Festlegungen darüber, welche Art von Informationen auf welchen Wegen zu welchen Zeiten über welche Träger verbreitet werden.[9]

---

[8] Vgl. Schmalen 2002, S. 171.
[9] Vgl. Schmalen 2002, S. 177 f.

Die **Ablauforganisation** befasst sich unmittelbar mit der Gestaltung des Arbeitsablaufes im Unternehmen. Die einzelnen Abläufe werden hierfür in Teilaufgaben mit eventuell eigenständigen Meilensteinen untergliedert. Anschließend wird definiert, welche Teilaufgabe zu welcher Zeit zu starten hat, in welcher Reihenfolge dies zu erfolgen hat, wie viel Zeit die Teilaufgabe in Anspruch nimmt und wer für deren Erledigung verantwortlich ist. Ziel ist es dabei, im Rahmen des Prozess-Managements die Arbeitsabläufe zu vereinfachen und/oder zu beschleunigen.[10]

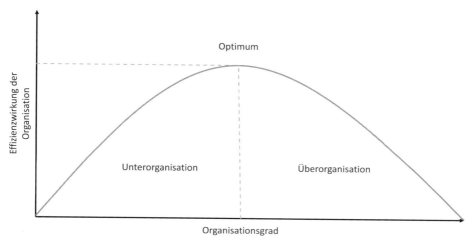

Abbildung 19: Organisationsdilemma

Bei der Ausbildung der Organisation steht jedes Unternehmen vor dem sog. Organisationsdilemma, das darin besteht, die optimale Organisationsdichte zu finden, um weder eine Unter- noch eine Überorganisation zu schaffen (vgl. Abbildung 19).[11]

B. Status quo

I. Typische Aufbauorganisationen

Ausgehend von den oben unter → Rn. 1 ff. dargestellten Prinzipien haben sich in der Praxis und Literatur unterschiedliche Aufbauorganisationsformen entwickelt. Es handelt sich hierbei um folgende Archetypen:
- funktionale Organisation
- Spartenorganisation
- Matrixorganisation

9

---

[10] Vgl. Weuster 1999, S. 6.
[11] Vgl. Weuster 1999, S. 4.

§ 5 Struktur des Unternehmens

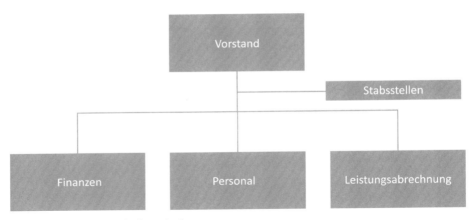

Abbildung 20: Funktionale Organisation

10   Unter einer **funktionalen Organisation** ist eine Gliederung der Einheiten einer Organisation nach Aufgaben auf der zweiten Hierarchieebene unterhalb der Unternehmensleitung zu verstehen. Der Unternehmensleitung kommt die Aufgabe zu, die verschiedenen Bereiche zu koordinieren.

Die Leitung erfolgt dabei nach dem Einliniensystem. Diese Form der Primärorganisation ist die älteste Organisationsform in der Entwicklungsgeschichte der Industriebetriebe.

Abbildung 21: Vor- und Nachteile der funktionalen Organisation

Mit zunehmendem Wachstum der Organisation werden alternative Formen, wie zum Beispiel die Sparten- oder die Matrixorganisation, relevant. **11**

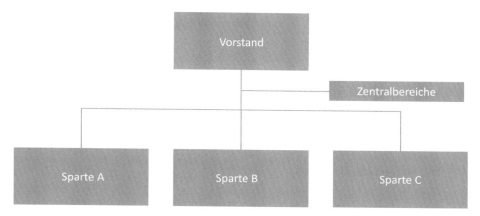

Abbildung 22: Spartenorganisation

Die **Spartenorganisation** gliedert sich auf der zweiten Hierarchieebene nach Kategorien. Am häufigsten findet sich eine Unterteilung der Sparten nach Produkten, Kunden oder Regionen. Die Leitung der als (strategische) Geschäftsbereiche, Sparten oder Divisionen bezeichneten Einheiten erfolgt nach dem Einliniensystem.[12] Durch diese Aufteilung können unübersichtliche Konzerne in überschaubare und leicht zu steuernde Teilbetriebe getrennt werden. Im Kontext der Sozialwirtschaft bietet sich entweder eine Unterteilung nach den einschlägigen Leistungsinhalten der Sozialgesetze oder eine Organisation nach den Vorgaben des Gemeinnützigkeitsrechts und der darin aufgeführten Zweckbetriebsnormen an. In der Praxis hat sich hierbei die Unterteilung auf Basis der Strukturelemente des Gemeinnützigkeitsrechts als zielführend erwiesen.[13] Aus der Aufgliederung eines Konzerns im Rahmen der Spartenorganisation ergeben sich unterschiedliche Vor- und Nachteile, die in Abbildung 23 zusammengefasst sind.

---

[12] Vgl. Schmalen 2002, S. 172.
[13] Siehe hierzu → § 6 Rn. 25 ff.

§ 5 Struktur des Unternehmens

Vorteile	Nachteile
Entlastung der obersten Unternehmensleitung	Synergieverluste
Hohe Motivation u. a. durch größere Autonomie	Spartenegoismus (Kannibalismus: Substitutionskonkurrenz zwischen den Divisionen)
Erhöhte Flexibilität und Koordination (durch kleinere Einheiten)	Erhöhter Bedarf an Leitungsstellen
Exaktere Erfolgsbeurteilung	Höherer Koordinierungsbedarf und hoher administrativer Aufwand
Marktnähe/ Marktorientierung	Potenzielle Differenz zwischen Divisions- und Unternehmenszielen
Zukauf/ Verkauf von Einheiten leichter, genauso Desinvestitionen	Effizienzverluste durch mangelnde Teilbarkeit von Ressourcen und suboptimale Betriebsgrößen
Spezifische Ausrichtung auf die Divisionsstrategien	Verrechnungspreise als neues Konfliktpotenzial
Struktureller Anstoß für strategisches Denken	Höhere Personalkosten
Höhere Transparenz der Geschäftsaktivitäten	
Exaktere Leistungsbeurteilung	
Jede Abteilung arbeitet eigenständig	
Vermeidung einer übermäßigen Bürokratisierung und Komplizierung	
Bessere Kunden-, Gebiets- bzw. Produktorientierung	
Die Struktur ist strategisch und strukturell sehr anpassungsfähig	

Abbildung 23: Vor- und Nachteile der Spartenorganisation

Die organisatorische Verantwortung von Zentralbereichen kann in einer Spartenorganisation unterschiedlich ausgeprägt sein:
- **Hohes Maß an Zentralisation:** Die Sparte weist eine geringe Autonomie auf und hat wenige, kleine und homogene Sparten, die eine geringere Komplexität der Steuerungsinstrumente erfordert.
- **Hohes Maß an Dezentralisation:** Die Sparte weist eine hohe Autonomie auf und hat viele, große und diversifizierte Sparten, die eine hohe Komplexität der Steuerungsinstrumente notwendig machen.

Die funktional gegliederten Geschäftsbereiche können als Cost-Center, Profit-Center oder als Service-Center geführt werden.[14]

- **Profit-Center:** Erträge aus den erbrachten Leistungen an externe Kunden können mit den Kosten aus anderen Unternehmensbereichen mittels Verrechnungspreise verrechnet werden.
- **Cost-Center:** Leistungserbringung an interne Kunden, die schwer messbar sind bzw. zugerechnet werden können.
- **Service-Center:** Es erfolgt eine Leistungserbringung an interne Kunden, die aber direkt mess- bzw. zuordenbar ist.

Das Profit-Center entspricht dabei dem Grundgedanken einer Sparte am meisten, da ihm eine ausreichende Entscheidungsvollmacht vorliegt, die zu einer Gewinnverantwortung führt. Dem Cost-Center sowie dem Service-Center fehlt die notwendige Entscheidungsvollmacht, wodurch sich diese nicht als eigenständige Sparten eignen, sondern Teilbereiche der jeweiligen funktionalen Organisation darstellen.[15]

Zusammenfassend ist festzuhalten, dass sich die Spartenorganisation bei großen Unternehmen anbietet, die einer komplexen und dynamischen Umwelt gegenüberstehen. Bei diesen Unternehmen wirkt sich der prinzipielle Nachteil der Ressourcennutzung eher gering aus, wobei die Produkt-, Markt- und Kundenorientierung von großer Bedeutung sind.

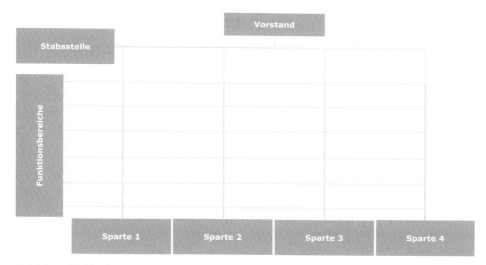

Abbildung 24: Matrixorganisation

In der **Matrixorganisation** werden die in den Sparten vorgehaltenen Einliniensysteme in zwei unabhängige, aber gleichberechtigte Dimensionen unterteilt. Die Spartenleitung ist im Kern für die Konzeption zuständig, während die Funktionsbereiche die Abwicklung der Arbeitsaufträge der Sparte übernehmen. Ziel des Spartenleiters ist dabei die erfolgreiche Abwicklung seiner Projekte, während die Leiter der Funktionsbereiche die Effizienz der Abwicklung zu verantworten haben. Die Spartenleiter sind dabei gegenüber den Stellen innerhalb der Funktionsbereiche nicht weisungsberechtigt, wodurch sich insgesamt ein hohes Maß an Koordinationsaufwand zwischen Sparten- und Funktionsbereichen ergibt. Im Gegenzug sind in dieser Form der Mehrlinienorganisation keine Doppelfunktionen notwendig und die Funktionsbereiche unterliegen geringen Auslastungsschwankungen.[16]

---

[14] Vgl. Schmalen 2002, S. 174.
[15] Vgl. Schmalen 2002, S. 174.
[16] Vgl. Schmalen 2002, S. 174.

§ 5 Struktur des Unternehmens

Eine Möglichkeit zur Überwindung des Koordinationsaufwandes bietet eine projektbezogene und daher meistens zeitlich begrenzte Zuordnung von Weisungsbefugnissen. In der Praxis wird hierbei zwischen einer disziplinarischen Weisungsbefugnis innerhalb des Funktionsbereiches – die in Abbildung 25 in der Senkrechten dargestellt ist – sowie einer fachlichen Weisungsbefugnis – in der horizontalen Spartenebene – unterschieden. Für die Dauer eines Projektes ist dabei die fachliche Weisungsbefugnis bei der Aufgabenabwicklung entscheidend.

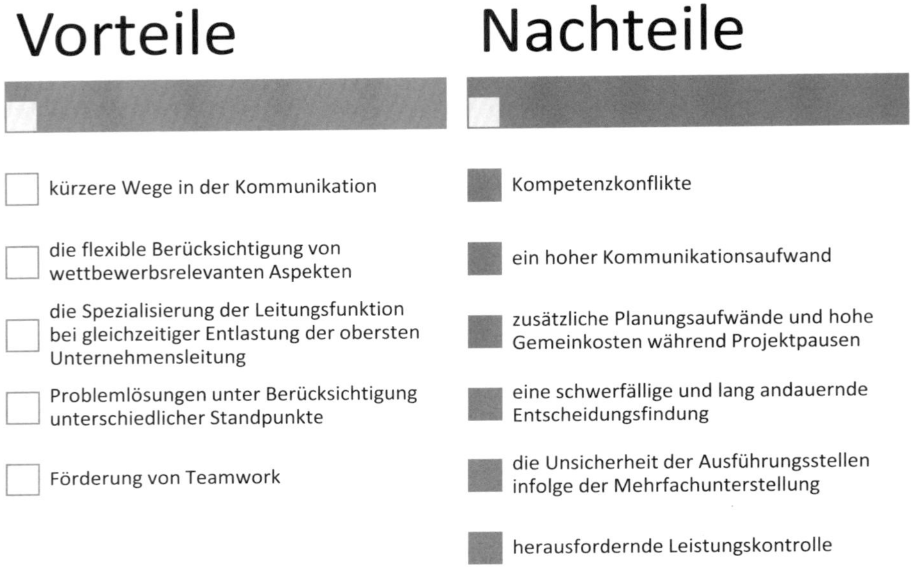

Vorteile	Nachteile
kürzere Wege in der Kommunikation	Kompetenzkonflikte
die flexible Berücksichtigung von wettbewerbsrelevanten Aspekten	ein hoher Kommunikationsaufwand
die Spezialisierung der Leitungsfunktion bei gleichzeitiger Entlastung der obersten Unternehmensleitung	zusätzliche Planungsaufwände und hohe Gemeinkosten während Projektpausen
Problemlösungen unter Berücksichtigung unterschiedlicher Standpunkte	eine schwerfällige und lang andauernde Entscheidungsfindung
Förderung von Teamwork	die Unsicherheit der Ausführungsstellen infolge der Mehrfachunterstellung
	herausfordernde Leistungskontrolle

Abbildung 25: Vor- und Nachteile der Matrixorganisation

Eine **Matrixorganisation** ist aufgrund ihrer Vielschichtigkeit und der Unterscheidung von disziplinarischen und fachlichen Weisungsbefugnissen erst für große Unternehmen mit mindestens zwei Gliederungsdimensionen sinnvoll (zB für die Verbesserung der Wettbewerbsfähigkeit). Des Weiteren kann die Matrixorganisation auch zur Ergänzung der Linienorganisation verwendet werden, um zusätzliche koordinationsrelevante Aspekte hervorzuheben.

Neben der Größe eines Unternehmens sind auch Aspekte wie die Art der Produkte (Waren oder Dienstleistungen) oder die Länge der Produktlebenszyklen für den erfolgreichen Einsatz einer Matrixorganisation relevant. Insbesondere in Branchen, die besonders projektorientiert arbeiten, wie das Bauwesen, die Fahrzeugentwicklung oder aber in Profit-Centern, die nur mittelbar zum Unternehmenserfolg beitragen, kann eine Matrixorganisation erfolgreich eingesetzt werden.

II. Agile Organisation

13   In der jüngeren Vergangenheit wurde zunehmend von den typischen Aufbauorganisationen abgewichen und es wurden neuen Wege in der Organisation eines Unternehmens umgesetzt. Ein Schlüsselbegriff hierfür ist die sog. **agile Organisation.** Diese baut auf dem Führungsprinzip der Agilität auf. Das bedeutet, dass innerhalb der Unternehmung ein hohes Maß an Ordnung in Form der Organisationsstruktur vorliegt, aber gleichzeitig die einzelnen Einheiten ein hohes Maß an Autonomie bei der Aufgabenerfüllung erhalten. Durch diese Kombination soll das Unternehmen proaktiv, antizipativ und initiativ agieren können.

B. Status quo

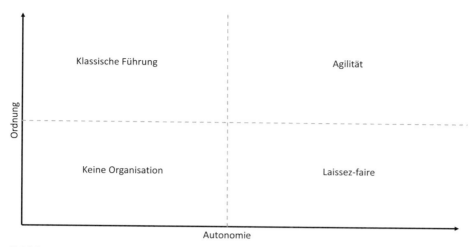

Abbildung 26: Führungsprinzipien

Im Folgenden soll die Ausgestaltung einer agilen Organisation anhand des Praxisbeispiels des Audio-Streaming-Dienstes Spotify Technology S. A. dargestellt werden, da dieses System bereits von weiteren Unternehmen, wie beispielsweise der Bank ING teilweise übernommen wurde.[17]

Das Spotify-Modell wird im Folgenden abgeleitet aus einer Veröffentlichung von Kniberg und Ivarsson dargestellt[18] Es besteht aus den Elementen Squads, Tribes, Chapters und Guilds, die sich in der Organisationsstruktur entsprechend Abbildung 27 darstellen. Dies stellt den äußeren Strukturrahmen der Organisation dar.

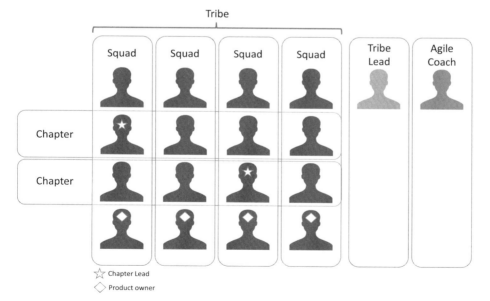

Abbildung 27: Praxisbeispiel einer agilen Organisation

---

[17] https://www.brandeins.de/magazine/brand-eins-wirtschaftsmagazin/2018/lebensmittel/ing-diba-eine-bank-auf-speed.
[18] Vgl. Kniberg/Ivarsson 2012.

§ 5 Struktur des Unternehmens

15   **Squads** bilden das Grundelement des Spotify-Modells. Ein Squad ist mit einem Scrum Team[19] vergleichbar und soll wie ein selbst organisiertes Startup agieren. Durch ein multidisziplinäres Team soll es mit allem Wissen und den Kompetenzen ausgestattet sein, welche für die Entwicklung des jeweiligen Produktes oder der Dienstleistung notwendig sind, von den ersten Rohskizzen bis hin zur Fertigstellung. Bei Spotify wird für jeden Squad ein langfristiges Ziel definiert. Alle Squads sind für die Entwicklung und Verbesserung von Teilen des Musikdienstes verantwortlich.[20]

16   Einen klassischen Teamleiter hat ein Squad nicht, da es sich selbst steuert. Infolgedessen wird aber ein sog. **Product Owner** ernannt, der Prioritäten für die Arbeiten vorgibt, die das Team zu erledigen hat. Wie sich das Team organisiert und arbeitet, entscheidet dieses dennoch selbstständig.[21]

Die Product Owner der verschiedenen Squads arbeiten zusammen, um einen Ablaufplan zu entwickeln. Hier wird der strategische Kurs des Unternehmens visualisiert. Anschließend erstellt jeder Product Owner anhand des Ablaufplans einen dazu passenden Product Backlog[22] für das Team.[23]

17   Außerdem steht jedem Squad ein sog. **Agile Coach** zur Verfügung. Er hilft dabei, eventuelle Hindernisse zu erkennen und zu beseitigen. Des Weiteren leistet er Hilfestellung für die kontinuierliche Verbesserung von Arbeitsweisen. Zudem organisiert der Agile Coach die Retrospektive und das Sprint Planning Meeting.[24]

18   Bei einem **Tribe** handelt es sich um eine Gruppe von Squads, die am gleichen Produkt oder der gleichen Dienstleistung bzw. miteinander in Verbindung stehenden Produkten oder Dienstleistungen arbeiten.

Einen Tribe kann man als eine Art Inkubator mit einer gewissen Freiheit und Autonomie sehen, der aus mehreren Mini-Startups besteht. Jeder Tribe hat einen Leiter (Tribe Lead). Ihm obliegt die Aufgabe, eine optimale Arbeitsumgebung für die Squads zu schaffen. Normalerweise haben die Squads eines Teams ihren Arbeitsplatz im gleichen Bürogebäude. Das wirkt sich positiv auf ihre Zusammenarbeit aus.[25]

Die Anzahl der Mitarbeiter in einem Tribe ist aber auf 100 Mitarbeiter begrenzt, weil davon auszugehen ist, dass ein Mensch idR nicht in der Lage ist, mehr als 100 soziale Beziehungen aufzubauen und zu pflegen.[26]

Damit die Mitglieder der Tribes über die Arbeit der anderen auf dem Laufenden bleiben, werden regelmäßig Meetings organisiert, bei dem die Tribe Teams ihre Arbeit präsentieren.

19   Es kommt dabei oft vor, dass Squads, die am gleichen Produkt arbeiten, wechselseitig voneinander abhängig sind, zum Beispiel, weil ein Teilprodukt erst von einem bestimmten Squad getestet werden muss, bevor ein anderes Squad es implementieren kann.

Um sicherzustellen, dass die verschiedenen Squads einander so wenig wie möglich im Fortgang ihres Projektes behindern, werden regelmäßig Treffen abgehalten. In diesen Besprechungen, in denen jedes Team durch ein Mitglied vertreten wird, finden untereinander entsprechende Abstimmungen statt.

---

[19] Unter einem Scrum bzw. einem Scrum Team ist ein grundsätzliches Rahmenwerk zu verstehen, das die Zusammenarbeit basierend auf einer festen Definition von Rollen, Meetings sowie Werkzeugen fixiert. Es besteht somit ein System, in dem den Beteiligten eine Orientierungshilfe für die Zusammenarbeit und Kommunikation gegeben wird, ohne direkte Handlungsanweisungen zu geben. Die Scrum-Methode wird durch www.scrum.org permanent weiterentwickelt und ist im aktuellen Scrum Guide dokumentiert.

[20] Vgl. Kniberg/Ivarsson 2012, S. 2.

[21] Vgl. Kniberg/Ivarsson 2012, S. 4.

[22] Zusammenfassung der Anforderungen an ein Produkt. Im Vergleich zu einem klassischen Lastenheft handelt es sich aber um eine dynamische Liste, die kontinuierlich im Entwicklungsprozess angepasst wird.

[23] Vgl. Kniberg/Ivarsson 2012, S. 4.

[24] Treffen, bei dem die anstehenden Projektetappen, sogenannte Sprints, besprochen werden. Vgl. Kniberg/Ivarsson 2012, S. 4.

[25] Vgl. Kniberg/Ivarsson 2012, S. 5.

[26] Vgl. Kniberg/Ivarsson 2012, S. 5.

Alle Arbeitnehmer in der Organisation mit demselben Fachwissen sind auf unterschiedliche multidisziplinäre Squads verteilt. Deshalb gibt es die sog. **Chapters und Guilds.** In ihnen kommen Menschen mit den gleichen Kompetenzen und Fähigkeiten zusammen.

Ein **Chapter** besteht aus Mitgliedern eines Tribes, die über dieselbe Expertise verfügen. So kann ein Chapter zum Beispiel aus Webentwicklern bestehen. Unter der Leitung einer Chapter-Führung, die selbst auch zu einem Squad gehört, kommt es zum regelmäßigen Austausch zwischen den Mitgliedern. Sie teilen einander mit, welche Erfahrungen sie gemacht und welches Wissen sie erworben haben. Und sie besprechen, mit welchen Herausforderungen bezüglich ihres Fachgebietes sie es zu tun hatten. Die Chapter-Leitung ist zudem dafür zuständig, Mitarbeiter in ihrer Entwicklung zu begleiten, sie bei der Aneignung neuer Kompetenzen zu unterstützen und ihnen bei der Bestimmung eines angemessenen Gehaltsniveaus beiseite zu stehen.[27]

Eine **Guild** stellt einen Zusammenschluss von verschiedenen Mitarbeitern dar, die über vergleichbares Fachwissen oder Interessen verfügen. In den Guilds werden Mitarbeiter des gesamten Unternehmens einbezogen, wodurch keine Beschränkung auf den jeweiligen Tribe des Mitarbeiters erfolgt. Durch einen innerhalb der Guild ernannten Koordinator werden mit einer gewissen Regelmäßigkeit Treffen veranstaltet, bei denen alle Mitglieder der Guild ihr Wissen sowie ihre Erfahrungen austauschen können, um so die gesamte Organisation zu verbessern oder zu unterstützen.[28]

Von Spotify wird ein sog. System Owner benannt. Dieser ist notwendig, wenn mehrere Teams an demselben Produkt arbeiten, um die Verantwortung für die Gesamtheit dieses bestimmten Teilproduktes und/oder des kompletten fertigen Produktes einer Person zuordnen zu können. Die Aufgabe des System Owners ist es beispielsweise, sicherzustellen, dass Spotify auf einem Betriebssystem (zB Android oder Windows) fehlerfrei funktioniert. Des Weiteren gibt es einen Chief Architect, der die gesamte Spotify-Architektur im Blick hat und dafür sorgt, dass diese auf die aktuellste Version von Spotify abgestimmt ist.[29]

Als Stärke des vorgestellten Systems ist einerseits zu sehen, dass darin Mitarbeiter mit unterschiedlichem Fachwissen in einem Squad zusammenarbeiten, um dadurch die selbstständige Entwicklung eines Produkts oder einer Dienstleistung zu ermöglichen. Andererseits können Mitarbeiter mit demselben Fachwissen in Chapters und Guilds in einen Erfahrungsaustausch mit Mitarbeitern eines anderen Tribes oder Squads treten. Dadurch ist eine Weiterentwicklung des einzelnen Mitarbeiters in seinem Fachgebiet möglich. Nachteilig an diesem System ist aber, dass insb. der Veränderungsprozess die gesamte Organisation mit zahlreichen schwer zu lösenden Problemen konfrontiert, weil jegliche bestehenden Prozesse neu aufgesetzt werden müssen.

C. Structure follows strategy

„Structure follows strategy" besagt übersetzt, dass die Struktur eines Unternehmens seiner Strategie zu folgen hat. Dieser Lehrsatz der Managementtheorie wurde in den 1960er Jahren aufgestellt und besitzt auch heute noch hohe Relevanz. Die Struktur eines Unternehmens soll dazu dienen, die gesetzten Ziele zu erreichen und die dafür indizierten Prozesse im Alltag möglich zu machen.

In neueren Lehrmeinungen wird zwar zunehmend bestritten, dass die Struktur eines Unternehmens die Folge einer vorausgehenden Strategie sein soll.[30] Zu dieser Einschätzung gelangt man aber nur dann, wenn man ausblendet, dass die Abhängigkeiten zwischen Struktur und Strategie nicht nur einseitig wirken, sondern sie wechselwirken. Strategie und

---

[27] Vgl. Kniberg/Ivarsson 2012, S. 9.
[28] Vgl. Kniberg/Ivarsson 2012, S. 10.
[29] Vgl. Kniberg/Ivarsson 2012, S. 13.
[30] Vgl. Berner 2018.

Stuktur eines Unternehmens hängen naturgemäß eng zusammen und bedingen sich gegenseitig.

25 Die Unternehmensstrategie gibt wie unter → § 4 Rn. 6 erläutert vor, wie die mittel- und langfristige Ausrichtung eines Unternehmens, mit der die gesetzten Unternehmensziele erreicht werden sollen, zu gestalten ist. Sind die Ziele hinsichtlich der Positionierung festgelegt, gibt die Strategie auf Basis dieser Ziele vor, auf welchem Weg sich das Unternehmen in der Zukunft entwickeln soll. Aufbauend auf der Strategie werden daraus die Prozesse und damit die Unternehmensstruktur entwickelt.

Die Unternehmensstruktur besteht wesentlich aus **Prozessen und Abläufen.**[31] Diese lassen sich in verschiedene Bereiche einteilen. Zum einen existieren die operativen Prozesse, die das Kerngeschäft eines jeden Unternehmens abbilden. In diesen findet die Wertschöpfung statt, mit der das Unternehmen seinen wirtschaftlichen Erfolg letztlich generiert. Zu diesen operativen Prozessen gesellen sich die Prozesse der Unternehmenssteuerung und des Service.

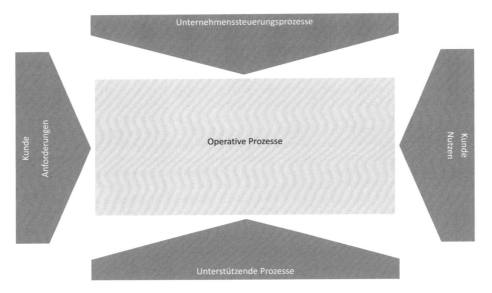

Abbildung 28: Operative Geschäftsprozesse

26 Um diese Prozesse jeweils effizient ablaufen zu lassen, ist eine geeignete Unternehmensstruktur erforderlich. Diese Unternehmensstruktur wird in der jeweiligen Aufbauorganisation abgebildet. Diese sollte so gestaltet sein, dass sie die Abläufe und somit die Prozesse positiv unterstützt und durch möglichst wenige Schnittstellen ergänzt. Hier ist es insb. wichtig, verbindliche Zuständigkeiten möglichst schnittstellenfrei zu organisieren. Die Strukturierung der Prozesse und die dafür notwendige Aufbauorganisation folgen unzweifelhaft aus den Erkenntnissen der Unternehmensstrategie.

Sollte die Unternehmensstrategie etwa auf eine Nischenpositionierung ausgerichtet sein, sind Prozesse anders zu organisieren als für den Fall, dass eine besondere Kosteneffizienz angestrebt wird.

---

[31] Vgl. → § 6 Rn. 8 ff.

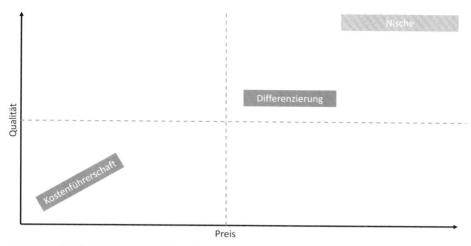

Abbildung 29: Entwicklung einer Strategie

Ein Unternehmen, das nach einer hohen Produkt- bzw. Dienstleistungsqualität strebt, 27
wird komplexere und aufwendigere Prozesse abbilden müssen als ein solches, das die Kostenführerschaft mit einem eher geringeren Leistungsanspruch zum Ziel hat.

Insofern ist es zwingend notwendig, zunächst ein Unternehmensziel festzulegen und sich dann über dessen Realisierung zu verständigen.

Die Realisierung dieser Geschäftsprozesse bedingt eine Unternehmensstruktur, die solche Prozessabläufe möglich macht.

Eine solche Struktur wird in der jeweiligen Aufbauorganisation eines Unternehmens abgebildet.

Wenn also die Prozesse das Werkzeug des Unternehmens darstellen, um dessen Ziele zu realisieren und die Struktur des Unternehmens für einen reibungslosen Ablauf der Geschäftsprozesse sorgen soll, ist es folgerichtig, dass die Struktur des Unternehmens aus einer Strategie entstehen muss.

Das bedeutet, dass zunächst definiert werden muss, welche Vision das Unternehmen realisieren möchte, bevor dann festgelegt wird, wie die Realisierungsschritte erfolgen und welche Hilfsmittel dazu benötigt werden. Daher werden zuerst die Ziele festgelegt, aus denen die Strategie resultiert. Aus dieser Strategie ergibt sich dann ein Geschäftsprozessmodell, das wiederum alle Einzelprozesse beinhaltet und letztendlich die Aufbauorganisation des Unternehmens vorgibt.

D. Zukünftige Anforderungen

I. Neue Aufbauorganisationen

Der **Zusammenhang** zwischen der Unternehmensstrategie und der Aufbaustruktur 28
wird häufig unterschätzt. Viele Organisationen neigen dazu, beide Bereiche eher getrennt voneinander zu analysieren, ohne die in → § 5 Rn. 24 ff. herausgearbeiteten Wechselwirkungen ausreichend zu berücksichtigen. Verwendet ein Unternehmen zu viel Energie auf die Konzeptionierung der Aufbauorganisation, besteht die Gefahr, sich strukturell zu verirren. Werden hingegen über Jahre hinweg entstandene Strukturen nicht ständig hinterfragt und daran gemessen, ob sie dem Ziel des Unternehmens noch folgen, ist die Agilität im Alltag gefährdet.

Die reine Fixierung auf die Aufbauorganisation des Unternehmens lenkt häufig von einer effizienten Modellierung der Prozesse ab. Diese müssen in nahezu allen Bereichen des unternehmerischen Handelns flexibel und agil bleiben, denn während Organisationen eher zu Beharrlichkeit und einer strikten Abgrenzung zwischen den jeweiligen hierarchischen Strukturen und den Abteilungen neigen, ist es eine besondere Managementaufgabe, die Flexibilität und Veränderungsbereitschaft zu organisieren.

Deshalb sind Organisationen gefordert, sich ständig nach dem **Grundsatz der Effizienz** auszurichten und damit auch die Geschäftsprozesse ebenso effizient zu modellieren.

Natürlich wird die Unternehmensstruktur nicht nur von der Modellierung effizienter Geschäftsprozesse gefordert, sondern ebenfalls durch die Volatilität der Märkte sowie der internen und externen Einflüsse, die auf das Unternehmen einwirken.

So spielt auch die **Unternehmensgröße** für die Aufbauorganisation eine wesentliche Rolle. Kleinere Unternehmen entscheiden sich häufig für flache Strukturen, um ihre Unternehmensziele zu erreichen. Große Unternehmen oder konzernartige Strukturen sind dagegen auf deutlich mehr Hierarchieebenen angewiesen, um ihre Komplexität im Alltag zu beherrschen.

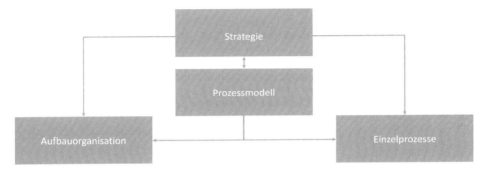

Abbildung 30: Zusammenhang von Strategie und Struktur

29 Es lässt sich ein allgemeiner Trend in der **Bildung von Organisationsstrukturen** erkennen, die sich von der traditionellen und hierarchischen Form mit einheitlichen Regelungen entfernt und sich hin zu einer flexibleren Organisation mit temporären Arbeits- und Projektgruppen entwickelt.[32] Als Vorstufe dazu findet eine stärkere Prozessorientierung statt. Dabei kann die Prozessorientierung in zwei grundlegende Kategorien eingeteilt werden: Die ablauforganisierte Organisationsgestaltung und die dynamische Organisationsentwicklung. Organisationen müssen transformiert werden, um sich autonom durch Entwicklung neuer Prozesse und Strukturen weiterzuentwickeln. Sie müssen sich automatisch auf sich verändernde Umweltbedingungen anpassen können. Zukünftig werden sich Organisationen somit nicht nur einmalig zu einer Zielorganisation weiterentwickeln, sondern ständig. Gleichzeitig werden parallele bzw. serielle Aktivitätsfolgen im neuen Organisationmodell durch ein System ersetzt, das problemlösungs- und aufgabenorientiert handelt. Aus den bisherigen Organisationeinheiten entsteht ein Netzwerk, in dem Verantwortlichkeiten sowie Kompetenzbereiche einzelnen Personen zugewiesen werden können. Auf diese Weise wird sich die Prozessgestaltung schneller an sich verändernde Rahmenbedingungen anpassen lassen als es bisher möglich war. Diese Entwicklung skizziert die folgende Abbildung:[33]

---

[32] Vgl. hierzu → § 5 Rn. 15.
[33] Vgl. Beckmann 1997, S. 464.

D. Zukünftige Anforderungen

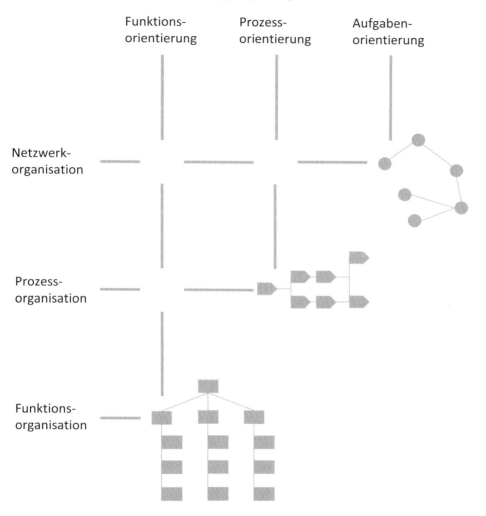

Abbildung 31: Entwicklungslinien der Organisationsstruktur

Auch in der **aufgabenorientierten Netzwerkorganisation** werden die dort ablaufenden Prozesse zu beschreiben sein, um mittels Prozesssteuerung die Effizienz dieser Prozesse bewertbar zu machen.

Einen Gesamtüberblick über die Unterschiede zwischen der funktions- und der prozessorientierten Sichtweise zeigt die folgende Abbildung 32.[34]

---

[34] Vgl. Corsten 1996, S. 99.

§ 5 Struktur des Unternehmens

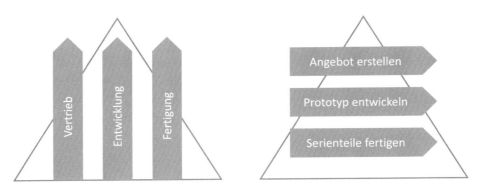

Abbildung 32: Funktions- versus Prozessorientierung

Auf das Thema Prozessmanagement wird im Weiteren im Kapitel Organisation der Geschäftsprozesse → § 6 Rn. 1 ff. näher eingegangen. Es soll an dieser Stelle jedoch betont werden, dass mit der Einführung der Bewertung von Prozessen auch eine Organisationsveränderung einhergehen kann.

II. Organigramme und Erläuterungen

31 Die Organisation eines modernen Unternehmens im Non-Profit-Sektor ist sowohl auf der **Makroebene** als auch auf der **Mikroebene** zu betrachten. Ausgehend von einem Komplexträger, der die komplette Leistungserbringung im Sozialmarkt abwickelt, ist von einer rechtlichen Verselbstständigung der Einzelaktivitäten auszugehen, um Kernkompetenzen und Marktüberblick zu bündeln. Des Weiteren soll jeder Tätigkeitsbereich haftungstechnisch unabhängig von den restlichen Geschäftsbereichen arbeiten können. Insbesondere in Anbetracht der sich schnell und teilweise sehr grundlegend ändernden rechtlichen Rahmenbedingungen ist zudem eine einheitliche Führung durch eine schlanke Führungsriege in der Praxis nicht umsetzbar. Im Kontext der Aufbauorganisationen handelt es sich also auf der Makroebene um eine Spartenorganisation (vgl. Abbildung 33).

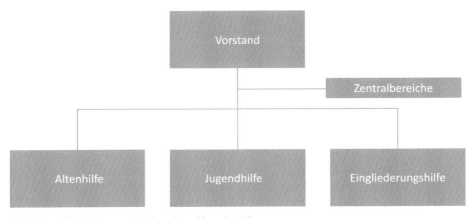

Abbildung 33: Makroorganisation eines Komplexträgers

In den einzelnen Spartengesellschaften sind alle Abteilungen enthalten, um die Leistungserbringung zu ermöglichen.

Zur Vermeidung einer Überorganisation durch redundante Verwaltungseinheiten in den Spartengesellschaften sind diese in einer übergeordneten Struktur als Zentralbereiche zu bündeln.

Somit ist auf der Mikroebene eine Matrixorganisation zu schaffen, bei der die unterstützenden Prozesse flexibel den Ansprüchen der operativen Gesellschaften zugeordnet werden.

Fallbeispiel Umstrukturierung der Diakonie Michaelshofen

Als Fallbeispiel soll anhand eines gemeinnützigen Vereins, der in einer **Holdingstruktur** **32** organisiert ist, ein exemplarischer Umstrukturierungsprozess dargestellt werden. Die Ausgangsstruktur stellt sich wie unten in Abbildung 34 dar.[35]

Wie bereits im Rahmen des Change-Managements (vgl. → § 4 Rn. 13 ff.) dargestellt, unterliegen Organisationen der ständigen Notwendigkeit, Strukturen und Prozessabläufe auf die vorhandene Effizienz zu überprüfen. In dem zugrunde liegenden Beispiel wurde zunächst der Status quo sorgfältig erhoben. Zu diesem Zweck erfolgten neben einer Prozessanalyse zahlreiche Interviews mit Mitarbeitenden und den Geschäftsführern.

Man kam zu dem Ergebnis, dass die vorhandenen Unternehmensstrukturen aufgrund von massivem Wachstum in den jeweiligen operativen Bereichen und der Entstehung von Service-Prozessen innerhalb der operativen Bereiche, die eigentlich ausschließlich zentral organisiert werden sollten, eine Reorganisation nötig machten.

Diese soll ua dazu führen, alle Doppelstrukturen zu eliminieren, den operativen Bereichen eine Größe und Struktur zu geben, die sowohl optimal den Markt bearbeiten kann, möglichst flexibel ist, sowie eine bessere Beziehung zwischen dem jeweiligen Geschäftsführer und den Mitarbeitenden garantiert.

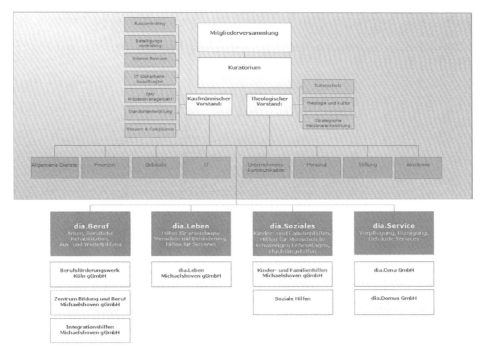

Abbildung 34: Ausgangsstruktur Fallbeispiel

---

[35] Diakonie Michaelshoven e. V., https://diakonie-michaelshoven.de/fileadmin/default/downloads/ueber-uns/orranigramm-diakonie-michaelshofen.pdf

33 Ziel der Überlegungen für die Umstrukturierung ist es, eine **größtmögliche Effizienz der Organisationsstruktur** zu erreichen, sowie eine Bewertung aus Sicht des Marktes vorzunehmen. Die Organisationsstruktur als Holding mit einzelnen Tochtergesellschaften soll dabei grundsätzlich beibehalten werden, denn die Selbstständigkeit der Tochtergesellschaften hat zuvor maßgeblich zum Wachstum beigetragen und sich somit bewährt.

Allerdings soll die Anzahl der Tochtergesellschaften vergrößert werden und diese sollen – bis auf eine Ausnahme – jeweils von verschiedenen Geschäftsführern geleitet werden. Damit wird eine Fokussierung auf den jeweiligen Arbeitsbereich bezweckt, um den Marktanforderungen besser gerecht zu werden.

Zudem wird angestrebt, dass alle Verwaltungsbereiche, die zum Teil bis dahin noch in den einzelnen Gesellschaften angesiedelt waren (zB Controlling und Leistungsabrechnung), einschließlich der kaufmännischen Leitungen zentralisiert und damit auch räumlich zusammengeführt werden.

Hierdurch können Prozesse vereinheitlicht (und damit verschlankt) sowie Synergien genutzt werden. Gleichzeitig soll mit der Neustrukturierung das „Wir-Gefühl" im Unternehmen deutlich gestärkt werden.

Strukturell wird der Bereich Finanzen (Finanzbuchhaltung, Controlling, Leistungsabrechnung), der bislang sowohl zentral als auch dezentral organisiert war, nun innerhalb des Vereins in einer Matrixorganisationsform abgebildet werden, während alle anderen Abteilungen und Stabsstellen (zB IT, Gebäude, Einkauf, Unternehmenskommunikation) in einer klassischen Linienorganisation beim Vorstand eingeordnet werden.

Zudem wird eine neue Abteilung „Zentrale Dienste" gegründet, in der diverse Aufgaben (zentraler Empfang, Telefonzentrale, Poststelle, Fuhrpark und Leasingräder, Raumbuchung, Veranstaltungsmanagement und -Technik, Schlüssel- und Büromaterialverwaltung sowie Archivwesen) zukünftig gebündelt wird. Zuvor waren diese Aufgabenfelder jeweils in den einzelnen Gesellschaften angesiedelt.

34 Die angedachte neue Struktur der Verwaltung stellte sich schematisch wie folgt dar

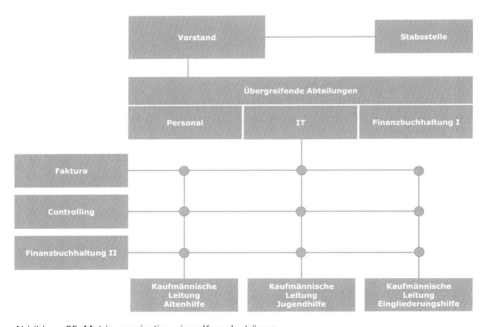

Abbildung 35: Matrixorganisation eines Komplexträgers

D. Zukünftige Anforderungen

Zu Beginn der Umstrukturierung wurde eine **koordinierende Projektgruppe** gegründet. Diese Gruppe bereitet den gesamten Umstrukturierungsprozess zeitlich sowie inhaltlich vor und verantwortete diesen. Im Rahmen der Planung wurden folgende Aufgaben realisiert:
- Definition von Zielvorgaben
- Themensammlung
- Definition von benötigten Arbeitsgruppen inkl. Zusammenstellung der benötigten Funktionen
- Erstellung von Vorlagen, Präsentationen und Zeitschienen
- Koordination der Arbeitsgruppen mit Aufgabenverteilung, Terminierung, Protokollierung und Ergebniszusammenstellung
- Formulierung der Kommunikationsmaterialien (Präsentationen, FAQ-Liste mit wichtigsten Fragen und Antworten, etc.)
- Aufstellung von Kriterien zur Erfolgskontrolle

Innerhalb der Projektgruppe war ein Mitglied maßgeblich für die Koordination und Organisation all dieser Themen verantwortlich, damit der angedachte straffe Zeitplan auch eingehalten werden konnte.

Für die gesamte Projektarbeit wird eine eigene Arbeitsinsel im firmeneigenen Intranet mit entsprechenden Zugriffsrechten für die Beteiligten der einzelnen Arbeitsgruppen eingerichtet. Die Ideen und finalen Dokumente sind somit während des gesamten Umsetzungsprozesses für alle Beteiligten stets transparent und einsehbar.

Die Umsetzung der Umstrukturierung hat stets im Rahmen von Arbeitsgruppen zu erfolgen. Beispiele für einen Aufbau und den Inhalt von Arbeitsgruppen können Tabelle 5 entnommen werden.

Tabelle 5: Beispiele Arbeitsgruppendefinition

Arbeitsgruppe	Ergebnis	Zeitraum
AG 1: Verwaltung Vorstand, Geschäftsführung, kaufmännische Leitung, Mitarbeitervertretung	• Identifikation der Aufgaben/Mitarbeitenden, die aus den Verwaltungsbereichen der einzelnen gGmbHs in die Holding wechseln • Rund 60 Mitarbeitende wechseln in die Holding	8 Kalenderwochen
AG 2: Personalverteilung Geschäftsführung, kaufmännische Leitung, Bereichsleitung, Mitarbeitervertretung	• Zuordnung/Verteilung der Mitarbeitenden auf horizontaler Ebene auf die einzelnen gGmbHs	7 Kalenderwochen
AG 3: Controlling Controller aller Geschäftsbereiche	• Erstellung einer neuen Kostenstellenstruktur für die neuen gGmbHs und der Holding • Erstellung einer Umlagesystematik für die Holdingleistungen	12 Kalenderwochen
AG 4: Geschäftsausstattung Geschäftsführung, kaufmännische Leitung, Steuern & Compliance, Controlling, Leitung Finanzbuchhaltung, Mitarbeitervertretung	• Ermittlung des Bedarfs an Geschäftsausstattung (Liquidität, Bankkonten, Inventar, Räume, etc.) • Asset-Deal Berufskolleg	6 Kalenderwochen
AG 5: Organisation Vorstand, kaufmännische Leitung, Steuern & Compliance, Leitung Finanzbuchhaltung, Beteiligungscontrolling, Un-	• Entwicklung und Festlegung der neuen Holding-Struktur: Finanzwelt als Matrixstruktur, Übergreifende Abteilungen werden in der Linie weiter organisiert	16 Kalenderwochen

Arbeitsgruppe	Ergebnis	Zeitraum
ternehmenskommunikation, Mitarbeitervertretung	• Zuteilung der Personalia innerhalb der Finanzwelt (KLs, Controller, FiBu II und Fakturierung) • Das Betriebliche Gesundheitsmanagement (BGM) wird zentralisiert • Gründung einer neuen Abteilung „Zentrale Dienste"	
AG 6: Vertragsmanagement Geschäftsführung, kaufmännische Leitung, Bereichsleitung, Steuern & Compliance, Zentraleinkauf, Mitarbeitervertretung	• Identifikation des Anpassungsbedarfs bei internen und externen Vertragsbeziehungen • Anpassung/Vereinheitlichung sämtlicher Verträge	14 Kalenderwochen
AG 7: Betriebsübergang Geschäftsführung, kaufmännische Leitung, Bereichsleitung, Leitung und MA Personalabteilung, Zentraleinkauf, Mitarbeitervertretung	• Organisation eines ordnungsgemäßen Betriebsübergangs von Mitarbeitenden insb. in die Holding, Integrationshilfen gGmbH, Kita gGmbH und Behindertenhilfe gGmbH (Vertragsanpassungen, …)	10 Kalenderwochen
AG 8: IT-Welt Leitung IT, Anwendungsbetreuer + Administratoren Vivendi/SAP, Personalabteilung, Mitarbeitervertretung, (Datenschutz)	• Umsetzung der neuen Struktur aus AG 5 inkl. Anpassung der Mitarbeitereinordnungen/Rollenzuweisung, etc. • Sicherstellung der Funktionalitäten und Datenübernahmen in alle Systeme	12 Kalenderwochen

Neben der Definition der Arbeitsgruppen sind **Kommunikation, Transparenz und klare Worte** wichtige Elemente der Umstrukturierung. Um Missverständnisse, Unruhe und Ängste zu vermeiden, sind die Führungskräfte im Besonderen und die Mitarbeitenden im Allgemeinen stets frühzeitig und regelmäßig über Neuerungen, Zwischenstände und Ergebnisse zu informieren. Teil der Kommunikation ist zudem die neue Verteilung der Gebäude und Büroräumlichkeiten auf dem zentralen Campus-Gelände.

35 Die Kommunikation verläuft über verschiedene Kanäle, um möglichst viele Kolleginnen und Kollegen auf direktem Wege zu erreichen:
- Informationen im firmeneigenen Intranet (Ankündigung und Präsentationen der Kick-Off-Veranstaltungen, Zwischenstand der Arbeitsgruppen, Ergebnisse, etc.);
- Transparente und benutzerorientierte Hinterlegung von Verwaltungsvorgängen im Intranet (sharepoint);
- Videobotschaft des Vorstands und Informationsveranstaltungen;
- Präsentationen und zahlreiche Informationsveranstaltungen innerhalb der Geschäftsbereiche (Vorstellung durch die Geschäftsführung/kaufmännische Leitung);
- Jour Fix-Termine, Leitungsrunden und persönliche Gespräche.

III. Wahl der Rechtsform

36 Die Wahl der Rechtsform einer Organisation wie im dargestellten Praxisfall hängt von vielen Überlegungen ab. Maßgebliches Strukturelement stellt dabei das Gemeinnützigkeitsrecht dar.[36] Viele Komplexträger sind derzeit in einer **Holding-Struktur** organisiert. Hier ist es typisch, dass der gemeinnützige Träger als Holding fungiert und sein operatives Ge-

---

[36] Siehe hierzu → § 6 Rn. 25 ff.

schäft in gemeinnützigen Kapitalgesellschaften organisiert. Als Rechtsform wird hierbei in den allermeisten Fällen eine Gesellschaft mit beschränkter Haftung (GmbH) verwendet. Die Vermögenswerte werden häufig vom Träger gehalten und in einer vertraglichen Grundlage dann den operativen Gesellschaften gegen Entgelt überlassen.

Die Frage der Zentralisierung von Verwaltungsaufgaben ist in dieser Systematik ebenfalls zu beantworten. Will man Synergieeffekte erreichen, bietet sich die Zentralisierung von Verwaltungsaufgaben im Verein an.

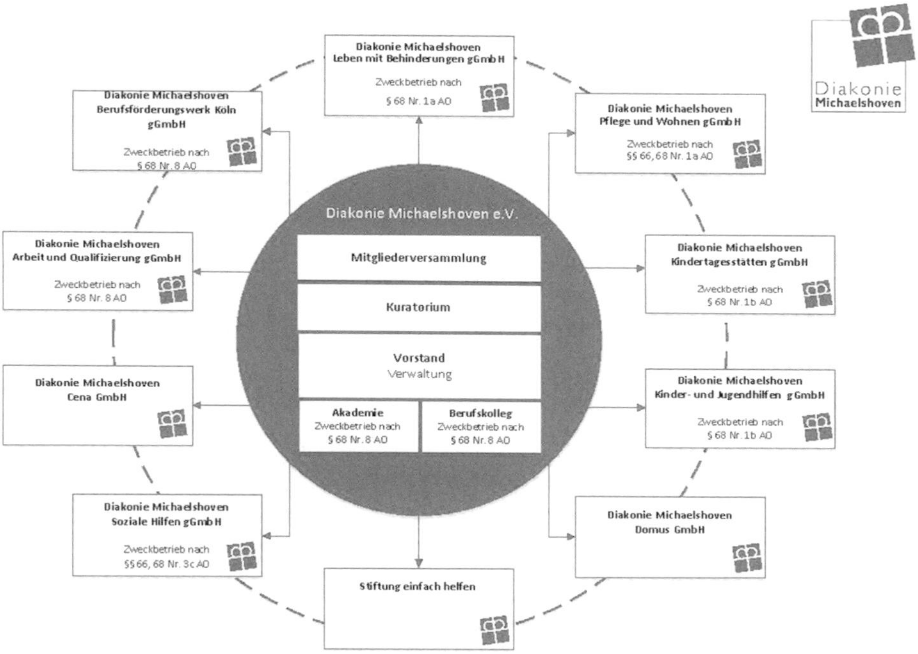

37

Abbildung 36: neues Organigramm

Die Abbildung 36 zeigt, dass der Verein sein operatives Geschäft von neun Kapitalgesellschaften, von denen zwei gewerbliche und sieben gemeinnützige Kapitalgesellschaften sind, organisieren lässt. Die Grundlagen für die Aufteilung der Leistungsangebote in den operativen Gesellschaften ergeben sich aus den Zweckbetriebsdefinitionen der §§ 66–68 AO. Insoweit sind die Denkmuster der Abgabenordnung prägend für die Aufbauorganisation einer Non-Profit-Organisation. Diese Aufteilungen sind in der Abbildung 36 exemplarisch auf Basis der überwiegend einschlägigen Zweckbetriebsnorm (§ 68 AO) für die Leistungserbringung aufgenommen. Darüber hinaus gibt es eine Stiftung, die vornehmlich die Aufgabe der Mittelbeschaffung und -weiterleitung innehat.[37]

Alle Kapitalgesellschaften sind unmittelbare 100%ige Töchter des Vereins.

38

Bei der Konzipierung der Aufgaben spielt die Frage nach der optimalen Marktausrichtung die entscheidende Rolle. Die Kapitalgesellschaften sollen alle Freiheiten besitzen, um das operative Geschäft zu gestalten. Die Verbindung der Kapitalgesellschaften untereinander regelt eine Unternehmensverbundrichtlinie.

---

[37] Im Detail unter → § 2 Rn. 95 ff.

§ 5 Struktur des Unternehmens

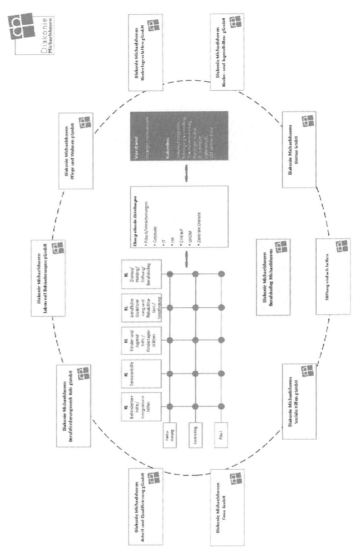

Abbildung 37: neues Organigramm mit Matrixstruktur

Das gesamte Verwaltungsgeschäft, die Serviceprozesse und die Verwaltung und Führung der Immobilien wird zentral organisiert. Die typischen Serviceleistungen wie Finanzen, Personal, IT und Bauen werden von dem Verein selbst bereitgestellt und müssen von den Kapitalgesellschaften als Leistungen gegen Entgelt abgenommen werden.

So ist sichergestellt, dass sich keine parallelen Strukturen in den Kapitalgesellschaften bilden.

Die Serviceprozesse selbst werden im Verein in Form einer Matrix strukturiert, um hier möglichst effizient die operativen Bereiche bedarfsgerecht zu unterstützen und sich dabei als interne Dienstleister zu verstehen.

Neben den betriebswirtschaftlichen Gesichtspunkten für die Wahl der Rechtsform sind juristische Faktoren für die Gestaltung von großem Belang.

§ 6 Geschäftsprozesse und Controlling

Übersicht

	Rn.
A. Organisation der Geschäftsprozesse	1
I. Begriff	1
II. Supply Chain Management	5
III. Schaffung einer Ablauforganisation	8
1. Operative Prozesse	10
2. Serviceprozesse	15
3. Prozessoptimierung	17
a) Optimierung eines operativen Prozesses	18
b) Optimierung eines Serviceprozesses	26
B. Controlling	31
I. Begriff	31
II. Entwicklung	33
III. Betriebswirtschaftliche Führung	35
1. Kennzahlen	35
a) Du-Pont-Kennzahlensystem	38
b) Rentabilitäts-Liquiditäts-Kennzahlensystem	42
c) Balanced Scorecard	47
2. Kostenrechnung	51
3. Berichtswesen	64

A. Organisation der Geschäftsprozesse

I. Begriff

Leistungserbringungen für Kunden erfolgen in jedem Unternehmen in **Prozessen.** Ein Geschäftsprozess ist somit eine Reihe miteinander verbundener Aufgaben, an deren Ende letztlich die Bereitstellung einer Dienstleistung oder eines Produktes für den Kunden steht. Da dieses vorbestimmte Ergebnis in den meisten Fällen ein unmittelbares Produkt oder eine externe Dienstleistung darstellt, ist es häufig die einzige wirkliche Geldquelle, die einem Unternehmen zur Verfügung steht. Schon aus diesem Grund ist die Betrachtung der eigenen Prozesse von großer Bedeutung. Für Unternehmen, die dem produzierenden Bereich zuzuordnen sind, ist dies seit vielen Jahren Normalität. Dienstleistungsunternehmen haben jedoch häufig Mühe, einen ähnlichen Standard zu implementieren. 1

Unterschieden wird in **primäre** und **unterstützende Aktivitäten** in den Prozessen, in denen dann die Wertschöpfung erfolgt. Primäre oder unmittelbare wertschöpfende Prozesse befassen sich mit der tatsächlichen Herstellung eines Produktes oder einer Dienstleistung. Unterstützende Prozesse befassen sich nicht direkt mit der Herstellung eines Produktes oder einer Dienstleistung. Ihre Aufgabe ist es, die primären Aktivitäten zu unterstützen. 2

Um die Prozesslandschaft im jeweiligen Unternehmen möglichst vorteilhaft zu gestalten, ist ein aktives Prozessmanagement empfehlenswert. Ziel hierbei ist es in jedem Falle, die Summe aller Prozesse möglichst effizient zu modellieren.

Bevor jedoch eine hierarchische Struktur eingeführt wird, muss zunächst die Aufgabenanalyse durchgeführt werden. Bei dieser werden alle Aufgaben des Unternehmens untersucht. Aus dieser Analyse gehen sodann die tatsächlichen Aufgaben hervor. Diese werden in weitere Teile untergliedert. Die Untergliederung dieser Aufgaben erfolgt idR durch Kriterien, die unterschiedlich kategorisiert werden können.

3   Eine Unterscheidung der Aufgaben könnte sich beispielsweise nach den Kriterien
– Funktionen/Verrichtungen,
– Objekte,
– Rangstufen oder
– Phasen
strukturieren.

4   Eine mögliche Struktur der Aufgaben könnte diesem Beispiel folgen:
– Unternehmensziel = Gewinnerzielung
– Gesamtaufgabe   = Umsatz- bzw. Gewinnziel erreichen
– Hauptaufgabe   = Produktionskennzahlen erreichen
– Teilaufgabe   = Herstellung der maximalen Menge der produzierten Gegenstände/ Dienstleistung

II. Supply Chain Management

5   Der Begriff des **Supply-Chain-Managements** stammt aus dem Englischen und bezeichnet die „innerbetrieblich und entlang der Lieferkette auch zwischenbetrieblich auf das Gesamtsystem ausgerichtete strategische Koordinierung zwischen den traditionellen Geschäftsfunktionen und den taktischen Entscheidungen zwischen diesen Geschäftsfunktionen mit dem Ziel der Verbesserung der langfristigen Leistungsfähigkeit der einzelnen Unternehmen und der Lieferkette als Ganzes".[1] Hintergrund für die Notwendigkeit eines Supply-Chain-Managements ist die Tendenz zur Konzentration auf Kernkompetenzen (ua durch Outsourcing von ehemaligen Zentralbereichen) und die Verringerung der Fertigungstiefe, die zunehmend arbeitsteilige Lieferketten zur Folge hatte. Infolgedessen wird das klassische Supply-Chain-Management insb. in Produktionsunternehmen angetroffen, die im Wettbewerb auf globalen Märkten agieren, kurze Produkteinführungszeiten sowie kurze Produktlebenszyklen aufweisen und die sich hohen Kundenerwartungen gegenübergestellt sehen und dadurch die Lieferketten ins Zentrum ihrer betriebswirtschaftlichen Entscheidungen gerückt haben. Dies hat zum Ergebnis, dass auf den betreffenden Absatzmärkten nicht Einzelunternehmen, sondern stattdessen komplex strukturierte Lieferketten, die sich aus verbundenen, aber unabhängigen Unternehmen zusammensetzen, miteinander konkurrieren.[2] Diese **dezentral organisierten Systeme** erlangen ihre Wettbewerbsvorteile durch eine marktadäquate Konfiguration ihrer Struktur sowie durch Koordination und Integration der voneinander unabhängig gesteuerten Aktivitäten in der Lieferkette. Diese Überlegung hat zum Supply-Chain-Management geführt. In Abkehr von der klassischen Ausrichtung der Betriebswirtschaftslehre auf eine Unternehmung geht das Supply-Chain-Management darüber hinaus und befasst sich mit der kompletten Lieferkette.[3]

---

[1] Im Original nach Mentzer et. al. 2001: „*the systemic, strategic coordination of the traditional business functions and the tactics across these business functions within a particular company and across businesses within the supply chain, for the purposes of improving the long-term performance of the individual companies and the supply chain as a whole*".

[2] Vgl. Lambert/Cooper/Pagh 1998, S. 1.

[3] Vgl. Zimmer 2001, S. 20.

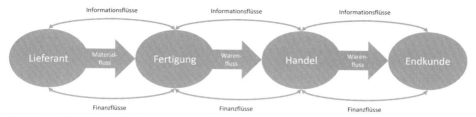

Abbildung 38: Beispiel für eine Lieferkette[4]

Die **Lieferkette** stellt somit eine ganzheitliche Verkettung von vor-, nach- und parallelgelagerten Stufen zu einem überbetrieblichen Produktions- und Logistiknetzwerk dar, in dem alle Beschaffungs-, Produktions-, Lager- und Transportaktivitäten vernetzt abgewickelt werden.[5] Im Kontext von Dienstleistungsunternehmen, wie sie überwiegend im Dritten Sektor anzutreffen sind, ist dieses Konzept aber nicht als Optimierung von unternehmensübergreifenden Logistikketten zu verstehen, sondern als wertschöpfungsorientierte Koordinierung der internen Organisationseinheiten. Diese Definition betont die Harmonisierung von Abläufen zwischen den Mitgliedern der Dienstleistungskette und sie stellt funktionsübergreifende Geschäftsprozesse in den Mittelpunkt, um Wertschöpfungsvorteile für die gesamte Dienstleistungskette zu erzielen. Im weiteren Sinne wird die Lieferkette bei diesen Unternehmen also aus all denjenigen Unternehmen bzw. dazu beitragenden Betrieben gebildet, die daran beteiligt sind, einen Kundenwunsch zu erfüllen.

Ausgangspunkt ist somit eine an strategischen Zielen ausgerichtete, optimale Informationsversorgung aller Fachbereiche mithilfe anspruchsvoller **Informationssysteme** zu erreichen. Eine optimale Unterstützung der einzelnen Unternehmensbereiche wird im Einsatz von Steuerungsmechanismen gesehen, die Arbeitsabläufe stetig an die Bedürfnisse der Kunden anpassen. Diese Erkenntnis bildet die Grundlage dafür, dass durch die starke Veränderlichkeit der Kundenwünsche die Prozesse nicht „optimal" gestaltet werden können, sondern nur eine kontinuierliche Verbesserung der Qualität der Ausgangsleistung das Ziel sein kann. Die Bestrebung sollte dahingehen, Unternehmensprozesse übergreifend zu verstehen und zu optimieren. Dadurch erfolgt eine Konzentration auf wertschöpfende Prozesse und eine erhöhte Transparenz der Abläufe im Unternehmen und dessen Verbund mit einer daraus resultierenden höheren Flexibilität und einem effizienteren Ressourceneinsatz.

III. Schaffung einer Ablauforganisation

Die **Ablauforganisation** dient der Umsetzung der durch die Aufbauorganisation getroffenen Aufgabenverteilungen. Die Ablauforganisation ist somit der Geschäftsprozess, bei dem durch Arbeit von Arbeitskräften in Kombination mit Arbeits- und Betriebsmitteln Produkte oder Dienstleistungen entstehen bzw. erbracht werden. Der Prozess stellt sich als vollständiger Arbeitsablauf einer Arbeitsperson zur Erfüllung eines Auftrags oder einer Problemlösung dar und hat stets ein Arbeitsergebnis zum Ziel.

Unter einem **Geschäftsprozess** ist eine Menge an logisch miteinander verknüpften Aktivitäten zu verstehen, die in einer festgelegten Reihenfolge sequentiell oder parallel ausgeführt werden, um ein spezifisches Ergebnis zu erreichen und die dabei für den Unternehmenserfolg von wesentlicher Bedeutung sind.[6] Ein Geschäftsprozess erstreckt sich üblicherweise über mehrere traditionelle Funktionsbereiche, ist wertschöpfend und wiederholbar. Infolgedessen sind die Aktivitäten und Prozesse eines Unternehmens aus funktionalen Gründen ablaufmäßig miteinander in einer Prozesskette verbunden. Die Ablauforganisation kann daher in operative Prozesse sowie Serviceprozesse unterteilt werden.

---

[4] Vgl. Alexa 2018, S. 766.
[5] Vgl. Alexa 2018, S. 766.
[6] Vgl. Häberle 2008, S. 486.

1. Operative Prozesse

10 **Operative Prozesse** verkörpern die eigentliche Produktion bzw. Dienstleistungsentstehung. Ihr Ergebnis kann sowohl materieller als auch informeller Art sein und sie dienen der direkten Erfüllung der Unternehmensziele.

11 Zu Beginn der 1990er Jahre wurde der Ansatz des Business Reengineering[7] formuliert, nach dem Geschäftsprozesse sehr einfach strukturiert werden können, um messbare Leistungsindikatoren wie Kosten, Qualität, Service und Zeit zu verbessern. Die Kritik an diesem Ansatz ist, dass dieser von einem „White Paper"-Ansatz ausgehe und daher für gewachsene Unternehmen nicht ohne Weiteres direkt umsetzbar ist, weil deren Geschäftsprozesse in langen Entwicklungen entstanden sind und eine hohe Komplexität aufweisen.

12 In der Modellierung von Geschäftsprozessen gibt es folgende wesentliche Aufgaben:
- Geschäftstätigkeitsanalyse und -definition;
- Strukturierung und Integration der Geschäftsprozesse;
- Gestaltung der Prozessketten;
- Zuweisung der Prozessverantwortung;
- Reflexion und Prozessverbesserung.

13 Im Rahmen der **Geschäftstätigkeitsanalyse** und -definition werden die Kernprozesse des Unternehmens ermittelt. Ein Kernprozess definiert sich hierbei als ein Prozess, der die eigenen Marktaufgaben erfüllt, weitgehend eigenständig sowie unabhängig von anderen Geschäftsfeldern abläuft und einen Beitrag zum Geschäftserfolg des Unternehmens liefert. Somit haben Kernprozesse für das Unternehmen eine starke Außenwirkung, sind einfach von anderen Geschäftsprozessen abgrenzbar und bieten das größte Potenzial für eine Geschäftsprozessoptimierung. Die Prozessoptimierung kann sowohl durch Verbesserung der Prozessleistung als auch der Produktivität durch eine Verringerung der Kosten erfolgen.

14 Der Umfang eines Geschäftsprozesses sollte so dimensioniert werden, dass er eine noch überschaubare Anzahl an Teilprozessen beinhaltet, damit gleichzeitig auch die Gesamtzahl der Geschäftsprozesse im Rahmen gehalten wird. In der Praxis sollte sich die Leistungsspanne eines Unternehmens durch fünf bis acht Geschäftsprozesse pro betrieblicher Einheit abbilden lassen. Jeder Geschäftsprozess sollte für sich selbstständig sein, während die Prozesse untereinander vernetzt sind. Das Ergebnis ist idR eine grobe Struktur der Geschäftsprozesse als Wertschöpfungskettendiagramm.[8]

2. Serviceprozesse

15 **Serviceprozesse** dienen als unterstützende Prozesse nur mittelbar der Wertschöpfung. Sie könnten deshalb grundsätzlich vom Betrieb ausgelagert werden. Eine Prüfung, ob unterstützende Prozesse von externen Anbietern preiswerter, schneller und hochwertiger erbracht werden können, wird unter dem Begriff Outsourcing zusammengefasst.

16 Im Rahmen des **Outsourcings** sollte beachtet werden, dass vor allem Serviceprozesse für die operativen Prozesse eines Unternehmens nicht unterschätzt werden sollten. Insbesondere die Kompetenzen von entlassenen Mitarbeitern können nur bedingt durch den Fremdbezug kompensiert werden. Zudem lassen sich die Kompetenzen nachträglich auch nicht problemlos zurückholen. Bei der Implementierung von ausgelagerten Prozessen kommt es zudem zu einem erhöhten Koordinationsaufwand und die Unternehmenskultur des auslagernden Unternehmens und jene des Fremddienstleisters sind nicht zwangsläufig kompatibel.[9]

Häufig ist die Abgrenzung zwischen den Serviceprozessen und den operativen Prozessen schwierig. Des Weiteren können aus Serviceprozessen aufgrund ihrer Auslagerung auch aus Sicht des Leistungserbringers operative Prozesse werden.

---

[7] Hammer/Champy 1993.
[8] Das Wertschöpfungskettendiagramm ist ein Modell zur Darstellung von Geschäftsprozessen einer Organisation bei der Geschäftsprozessmodellierung/Darstellung der Prozessorganisation (Prozessarchitektur) bei der Unternehmensabbildung. Es findet hauptsächlich auf hohem Abstraktionsniveau Anwendung.
[9] Vgl. Schmalen 2002, S. 314 f.

3. Prozessoptimierung

Im Folgenden soll die **Optimierung von Prozessen** anhand von zwei Fallbeispielen in seinen Grundzügen erläutert werden. Es wird dabei einerseits die Optimierung des operativen Prozesses der Personaleinsatzplanung im ambulanten Pflegedienst mittels Netzplantechniken exemplarisch dargestellt und andererseits die Prozessdarstellung eines Serviceprozesses mittels Flowcharts[10] gezeigt.

a) Optimierung eines operativen Prozesses

Ansätze in diesem Abschnitt optimieren die Personaleinsatzplanung durch die Maximierung eines ergebnisorientierten Nutzenwertes.

Abbildung 39: Ergebnisorientierte Nutzwertmaximierung

Die **Personaleinsatzplanung** umfasst alle Aktivitäten zur Gestaltung von Arbeitszeiten, -orten und -inhalten. Sie stellt daher einen der wichtigsten Bereiche im strategischen Personalmanagement dar. Es wird zwischen langfristigen, mittelfristigen und kurzfristigen Zielen unterschieden. Langfristig soll die Personaleinsatzplanung eine Anpassung der Arbeit an die Mitarbeiter garantieren, während mittelfristig die Zuordnung der Mitarbeiter auf Tätigkeitsfelder im Vordergrund steht. Aus kurzfristiger Perspektive ist die Betriebsbereitschaft aufrechtzuerhalten.

Das folgende Beispiel konzentriert sich auf die mittelfristige Personaleinsatzplanung aus Sicht eines ambulanten Dienstes in der Altenhilfe. Es steht folglich die Zuordnung von Pflegern auf die zu betreuenden Personen im Fokus. Diese kann wiederum in verschiedene Ebenen unterteilt werden. Aus strategischer Sicht steht der Personalbedarf zur Erfüllung der Betreuung im Zentrum der Überlegungen. Dieser Bedarf ergibt sich aus der taktischen Planung, bei dem Pfleger bspw. auf Wochenbasis über einen Zeithorizont von 52 Wochen den Leistungsempfängern zugeordnet werden. Hieraus können Engpässe ersichtlich werden,

---

[10] Ein Flussdiagramm (engl. flowchart) oder Programmstrukturplan ist eine grafische Darstellung der Abfolge von Operationen zur Lösung einer Aufgabe.

die eine Erweiterung des Personalstamms nach sich ziehen. Die weitere Zuordnung erfolgt in immer kleineren Perioden, bis eine stundengenaue Zuordnung der Pfleger erfolgt ist.

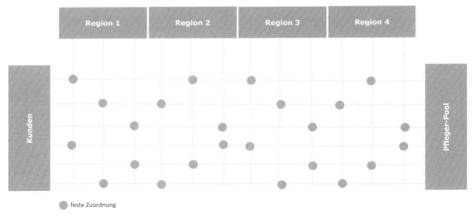

Abbildung 40: Beispiel einer Kunden-Pfleger-Verteilung

Im ambulanten Pflegedienst bietet es sich an, zur Bewältigung der Kundenaufträge eine **Matrix-Organisation** zu verwenden, bei dem entsprechend Abbildung 40 die Pfleger aus einem Pool den verschiedenen Kunden bedarfsgerecht zugeordnet werden. Aus dieser Organisationsform entstehen jedoch leicht Probleme bei der Ressourcenallokation. Folglich ist besonders die taktische Ebene der Personaleinsatzplanung relevant, weil sich aus ihr sofort Erkenntnisse für die strategische Personalplanung ziehen lassen.

20 Zur Lösung des Problems der taktischen Zuordnung von Mitarbeitern innerhalb von Aufträgen kann auf das Modell des „resource-constrained project scheduling problem" (RCPSP) zurückgegriffen werden. Dieses Modell dient insb. der Koordinierung der Handlungen sowie der Zuordnung notwendiger Ressourcen zur Erfüllung des Auftrages. Das Ziel liegt in der Planung des Ablaufs von Aktivitäten über einen gewissen Zeitraum unter der Beachtung knapper Ressourcenkapazitäten. Es wird hierfür eine dem Projektziel zugrunde liegende Zielfunktion optimiert. Als Beispiele für Ressourcen lassen sich ua Maschinen, Mitarbeiter, liquide Mittel oder Energie nennen. Als unterschiedliche Zielfunktionen fungieren bspw. Die Minimierung der Projektdauer und entstehender Kosten oder die Einhaltung von Terminen.

21 Das Basismodell setzt sich aus verschiedenen Variablen zusammen. Der Zeitraum [0, T] definiert den Zeithorizont, in dem ein Auftrag abzuschließen ist. Die Anzahl der Aktivitäten ist gleich n (mit i = 1, ..., n). Die erneuerbaren Ressourcen sind als r (mit k = 1, ..., r) gegeben. Die Ressourcen werden als erneuerbar bezeichnet, da sie in jeder Periode wieder in ihrer vollen Kapazität zur Verfügung stehen.[11] Damit gilt als Annahme, dass die Verfügbarkeit der Ressourcen k = 1, ..., r pro Periode t = 0, ..., T als konstant über die Laufzeit betrachtet wird. Jeder Aktivität i = 1, ..., n wird eine entsprechende Prozessdauer p_i zugeordnet und es werden pro Prozess Ressourcen in einem konstanten Umfang r_{ik} in Anspruch genommen. Des Weiteren gilt als wesentliche Annahme, dass alle Daten ganzzahlig sind.[12]

Zwischen den Aktivitäten kann eine Rangfolge vorherrschen, die als Nebenbedingungen integriert werden. Diese beinhalten den Abschluss von Vorgängeraktivitäten, bevor die nachfolgenden Aktivitäten gestartet werden können.[13] In diesem Fall wird das durch die Beziehung i → j ausgedrückt.[14]

---

[11] Vgl. Kastor/Sirakoulis 2009, S. 494.
[12] Vgl. Brucker/Knust 2012, S. 1.
[13] Vgl. Hartmann/Briskorn 2010, S. 1.
[14] Vgl. Brucker/Knust 2012, S. 1.

Eine gestartete Aktivität kann nicht früher als angenommen beendet werden, dh, wenn eine Aktivität i im Zeitpunkt S_i startet, schließt sie im Zeitpunkt $C_i = S_i + p_i$ ab.[15] Das Ziel besteht in der Bestimmung der Startzeitpunkte $S_i \in \{0, 1, ..., T\}$ für die Aktivitäten i = 1, ..., n zum Auffinden eines Ablaufplans, der zum ehesten Abschluss des Projektes führt. Dies wird mit der folgenden Zielfunktion ausgedrückt:

$$C_{max} = \sum_{i=1}^{n} p_i$$

Hierbei entspricht $C_i := S_i + p_i$ den Abschlusszeitpunkt der Aktivität i. Dabei müssen die Nebenbedingungen erfüllt sein, die die Rangfolgebeziehungen betreffen (zB $S_i + p_i \leq S_j$, wenn i → j gilt). Zudem muss der Ressourcenverbrauch berücksichtigt werden, indem in jeder Periode nur weniger oder gleich viele der verfügbaren Ressourcen R_k jeder Ressource k = 1, ..., r beansprucht werden.[16]

Sofern der Zeitraum T des Projektes lang genug ist und die Rangfolgebeziehungen der Aktivitäten azyklisch sowie die Bedingung $r_{ik} < R_k$ für alle i = 1, ..., n und k = 1, ..., r erfüllt sind, existiert immer eine zulässige Lösung zur Erstellung eines Ablaufplans. Alle zulässigen Ablaufpläne sind in dem Vektor

$$S = (S_i)_{i=1}^{n}$$

enthalten und erfüllen die Nebenbedingungen hinsichtlich Rangfolgebeziehungen und Ressourcenbeanspruchung.[17]

Das Basismodell dient als Bezugspunkt, um dann der Problematik entsprechend modifiziert und weiterentwickelt zu werden. Die unterschiedlichen Verfahren zur Lösung eines solchen Problems können stochastischer oder deterministischer Natur sein. Im Folgenden wird zunächst das Basismodell des RCPSP in Verbindung mit stochastischen Elementen formuliert.

Ein Ansatz zur Integration von Unsicherheit stellt das *„reactive scheduling"* dar. Hierbei wird auf eine besondere Ablaufplanung verzichtet. Deshalb findet zum Zeitpunkt des Eintritts eines unerwarteten Ereignisses eine erneute Planung mit den neuen Informationen statt.[18] Eine weitere Möglichkeit stellt das *„stochastic project scheduling"* dar. Dieser Ansatz interpretiert ein Projekt als einen mehrstufigen Entscheidungsprozess, bei dem kein normaler Ablaufplan erstellt wird, sondern an fest definierten stochastischen Entscheidungszeitpunkten neue Erkenntnisse in die Planung einfließen. Dabei werden Planungsstrategien berücksichtigt.[19] Ein weiterer Ansatz ist das *„fuzzy project scheduling"*. Hier wird davon ausgegangen, dass die Verteilungsfunktion der Wahrscheinlichkeit der Dauer eines Vorganges aufgrund von fehlenden historischen Daten unbekannt ist.[20] Daher werden hier *„fuzzy numbers"*[21] anstelle von stochastischen Variablen verwendet. Daraus ird dann der Ablaufplan erstellt.[22] Daneben gibt es noch den Ansatz des *„proactive project scheduling"*, der bereits unvorhersehbare Ereignisse in den Ablaufplan integriert, um eine reaktive Planung überflüssig zu machen. Es steht daher die Robustheit des Plans im Vordergrund.[23] All diese Ansätze haben gemein, dass keine Wiederholung von Vorgängen möglich ist und bei der Planung keine evolutionäre Entwicklung der Projektstruktur berücksichtigt wird.

22

---

[15] Vgl. Brucker/Knust 2012, S. 1.
[16] Vgl. Brucker/Knust 2012, S. 2.
[17] Vgl. Brucker/Knust 2012, S. 2.
[18] Vgl. Herroelen/Leus 2002, S. 4.
[19] Vgl. Herroelen/Leus 2002, S. 4.
[20] Vgl. Marmier/Varnier/Zerhouni 2009, S. 2190.
[21] Auswahl von Werten, die mit einer gewissen Wahrscheinlichkeit eintreten könnten.
[22] Vgl. Herroelen/Leus 2002, S. 16.
[23] Vgl. Herroelen/Leus 2002, S. 19.

23 An diesen Kritikpunkt knüpft die für das Fallbeispiel relevante **Netzplantechnik** an. Die sog. GERT-Netzplantechnik basiert auf der Arbeit von Pritsker und Happ aus dem Jahr 1966.[24] Im Vergleich zu anderen Netzplantechniken bestehen die Unterschiede im Bereich der Gewichtung der Pfeile und den Arten der Knoten.[25] Zudem ist zwischen der Projektdurchführung und der Projektrealisation zu differenzieren. Letzteres bezieht sich auf die Menge Ω, die alle möglichen Varianten des Projektes beinhaltet. Eine Projektdurchführung ist folglich ein Element aus der Menge Ω.[26] Jeder Pfeil <i, j> innerhalb des Netzwerkes wird als ein gewichteter Vektor

$$\begin{bmatrix} p_{ij} \\ F_{ij} \end{bmatrix}$$

dargestellt. Die bedingte Wahrscheinlichkeit p_{ij} stellt die Durchführungswahrscheinlichkeit von Aktivität <i, j> dar, sofern Ereignis i stattgefunden hat. Mit dieser Durchführungswahrscheinlichkeit ist die Dauer D_{ij} verbunden, die von der Verteilungsfunktion F_{ij} bestimmt wird. Durch diese Gewichtung wird eine evolutionäre Ablaufstruktur ermöglicht, da die Durchführung einer Aktivität von seiner Wahrscheinlichkeit abhängt und die Dauer von der Verteilungsfunktion bestimmt wird. Daraus ergibt sich dann die Menge Ω.[27] Neben der Gewichtung der Pfeile gibt es auch bei den Netzwerkknoten Unterschiede gegenüber den herkömmlichen Ansätzen. In GERT-Netzwerken kann zwischen drei Knoteneingängen und zwei -ausgängen unterschieden werden, die in Tabelle 6 dargestellt und beschrieben sind. Aus diesen Ein- und Ausgängen können dann insgesamt sechs verschiedene Knoten erstellt werden.[28]

Tabelle 6: Ein- und Ausgänge eines GERT-Netzwerkes[29]

Bezeichnung	Darstellung	Art	Eigenschaft
AND	(	Eingang	Ein AND-Eingang des Knoten i wird genau dann aktiviert, wenn alle eingehenden Aktivitäten zum ersten Mal abgeschlossen wurden.
IOR	<	Eingang	Ein inclusive-or-Eingang des Knoten i wird genau einmal durch den ersten abgeschlossenen eingehenden Vorgang aktiviert.
EOR	K	Eingang	Ein exclusive-or-Eingang des Knoten i wird jedes Mal aktiviert, wenn ein eingehender Vorgang abgeschlossen wird.
DET	)	Ausgang	Ein deterministischer Ausgang des Knoten i aktiviert alle nachfolgenden Vorgänge, wenn Ereignis i stattgefunden hat.

---

[24] Vgl. Zimmermann 1999, S. 221.
[25] Vgl. Zimmermann 1999, S. 222.
[26] Vgl. Neumann 1990, S. 12.
[27] Vgl. Neumann 1990, S. 12 f.
[28] Vgl. Aytulun/Guneri 2008, S. 2749.
[29] Vgl. Zimmermann 1999, S. 223 f.

Bezeichnung	Darstellung	Art	Eigenschaft
ST	>	Ausgang	Ein stochastischer Ausgang aktiviert genau einen nachfolgenden Vorgang, wenn Ereignis i stattgefunden hat.

Mithilfe der beschriebenen Pfeile und Knoten kann der Ablauf eines Projektes dargestellt werden. Dieser kann aufgrund der IOR-, EOR- und ST-Knotenbestandteile eine bessere Ablaufstruktur liefern. Bspw. ist die Darstellung von Feedback in Form von Schleifen möglich. Durch die unterschiedlichen Anordnungsmöglichkeiten resultieren verschiedene Wegzeiten von Knoten i nach Knoten j, die in Tabelle 7 mit ihrer jeweiligen Berechnungsformel dargestellt sind.

Tabelle 7: Berechnungsformeln eines GERT-Netzplans[30]

Knotenposition	Berechnungsformel
i —p_a, t_a→ j —p_b, t_b→	$p_{i,j} = p_a \times p_b$ $t_{i,j} = t_a + t_b$
i ⇒ j (oben p_b, t_b; unten p_a, t_a)	$p_{i,j} = p_a + p_b$ $t_{i,j} = \dfrac{(p_a \times t_a + p_b \times t_b)}{(p_a + p_b)}$
i (Schleife p_b, t_b) —p_a, t_a→ j	$p_{i,j} = \dfrac{p_a}{(1 - p_b)}$ $t_{i,j} = t_a + \dfrac{p_b}{(1 - p_b)} \times t_b$

Es ist darauf hinzuweisen, dass es **nicht in Polynomialzeit**[31] möglich ist, eine Personaleinsatzplanung mittels eines GERT-Netzplans durchzuführen.[32] Das bedeutet, dass das Problem zur schwersten Komplexitätsklasse gehört. Dennoch ist es möglich, mithilfe einer Heuristik einen bestehenden Ablaufplan zu untersuchen.[33] Daraus kann abgeleitet werden, dass der Strukturplan für eine Personaleinsatzplanung im ambulanten Pflegedienst gegeben sein muss. Folglich besteht die Aufgabe dieser Netzplantechnik darin, die frühesten und spätesten Start- und Endtermine zu ermitteln und die evolutionäre Struktur abzubilden.

Zur Veranschaulichung wird eine verkürzte Darstellung der Dienstleistungen bei einem Kunden verwendet, der Leistungen aus fünf Leistungskomplexen erhält. Die Vorgänge und Ereignisse werden Tabelle 8 und Tabelle 9 entnommen. Es werden nur die fünf allgemeinen

---

[30] Vgl. Wu et al. 2010, S. 1445.
[31] Unter Polynomialzeit gilt die Grenze zwischen praktisch lösbaren und praktisch nicht lösbaren Problemen.
[32] Vgl. Zimmermann 1999, S. 222.
[33] Vgl. Neumann 1990, S. 116.

Phasen als Vorgänge verwendet. Die verwendete Verteilungsfunktion, der Erwartungswert und die Standardabweichung stellen dabei nur für die Illustration gewählte Daten dar und stehen in keiner Relation zur Realität.

Tabelle 8: Vorgänge

Nummer	Vorgangsbezeichnung	Verteilungsfunktion für t in Zeiteinheiten			Wahrscheinlichkeit
1	Leistungskomplex 1	normalverteilt	$\mu = 6$	$\sigma = 2$	P = 1
2	Leistungskomplex 2	normalverteilt	$\mu = 6$	$\sigma = 2$	p = 0,5
3	Leistungskomplex 3	normalverteilt	$\mu = 6$	$\sigma = 2$	p = 0,8
4	Leistungskomplex 4	normalverteilt	$\mu = 6$	$\sigma = 2$	p = 0,9
5	Leistungskomplex 5	normalverteilt	$\mu = 6$	$\sigma = 2$	p = 0,7
6	Wiederholung von Vorgang 1	normalverteilt	$\mu = 6$	$\sigma = 2$	P = 0,5
7	Wiederholung von Vorgang 2	normalverteilt	$\mu = 6$	$\sigma = 2$	p = 0,2
8	Wiederholung von Vorgang 3	normalverteilt	$\mu = 6$	$\sigma = 2$	p = 0,1
9	Wiederholung von Vorgang 4	normalverteilt	$\mu = 6$	$\sigma = 2$	p = 0,3

Tabelle 9: Ereignisse

Kennung	Ereignisbezeichnung
A	Start
B	Abschluss von Leistungskomplex 1
C	Abschluss von Leistungskomplex 2
D	Abschluss von Leistungskomplex 3
E	Abschluss von Leistungskomplex 4
F	Abschluss von Leistungskomplex 5

Aus diesen Informationen kann ein Netzplan entwickelt werden. Dieser ist in Abbildung 41 dargestellt. Die Vorgänge werden als Pfeile und die Ereignisse als Knoten gezeigt.

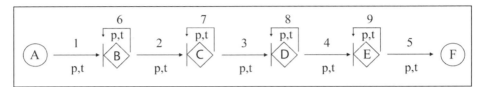

Abbildung 41: GERT-Netzplan

Aufgrund der stochastischen Elemente kann es zu einer **bedingten Wiederholung** eines Vorganges kommen, zB weil ein bestimmter Leistungskomplex nicht durchgeführt werden kann und dieser zu einem späteren Zeitpunkt wiederholt werden muss. Dies kann am gleichen Tag geschehen, aber auch später. Infolgedessen ist diese Wahrscheinlichkeit bei der

Personaleinsatzplanung mit zu berücksichtigen. Daraus ergibt sich dann folgende exemplarische Personaleinsatzplanung, die die Ungewissheit bei der Auftragsverrichtung berücksichtigt.

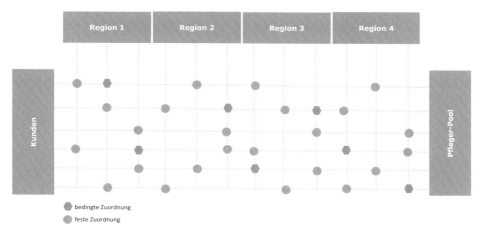

Abbildung 42: Optimierte Personalverteilung

Anhand des Beispiels der Personaleinsatzplanung wird deutlich, dass ein enger Zusammenhang zwischen der Struktur und den Abläufen innerhalb eines Unternehmens besteht. Bei der Definition des Prozesses sollte auf Netzplantechniken zurückgegriffen werden, die insb. bei der Berücksichtigung von stochastischen Elementen eine sehr hohe Aussagekraft für die Strukturplanung haben. Ferner zeigt das Beispiel, dass der Planwert des Mitarbeiter-Pools unter Berücksichtigung von Ungewissheit bei der Ablaufplanung größer sein muss als in einer deterministischen Variante. Aufgrund der Komplexität wird es in der Praxis aber nur bei wenigen Prozessen möglich sein, mit hinreichender Sicherheit stochastische Elemente zu integrieren.

b) Optimierung eines Serviceprozesses

Aufbauend auf die Erkenntnisse des vorherigen Abschnittes, der zum Ergebnis hatte, dass ggf. mehr Personal zur Leistungserbringung erforderlich ist, soll im Folgenden die Darstellung des Eintrittsprozesses neuer Mitarbeiter mittels visueller Prozessbeschreibungen gezeigt werden.

Zu Beginn der Prozessbeschreibung sind die Grundelemente des Prozesses mithilfe eines **Prozesssteckbriefes** zu umschreiben. Dabei ist auf folgende Elemente einzugehen:
- Prozessziel
- Prozesseigner
- Prozessbeteiligte
- Mitgeltende Prozesse/Regeln/Dokumente
- Zugehörige Verfahrensanweisungen

Ein Muster-Prozesssteckbrief kann wie in Abbildung 43 formuliert werden:

§ 6 Geschäftsprozesse und Controlling

Prozessziel	Vereinheitlichung des Prozesses Personaleintritt innerhalb des Unternehmens
Prozesseigner	Personalabteilung
Prozessbeteiligte	Personalabteilung, alle Geschäftsbereiche, Gesamtmitarbeitervertretung (GMAV), Geschäftsführung, Vorstand
Mitgeltende Prozesse/ Regeln/Dokumente	Begrüßungsschreiben Berechtigung Pep Information Einstellung/Einarbeitung Einstellungsbogen inkl. MAV-Anhörung Info an neue Mitarbeitende Informationsschreiben Gehaltsabrechnung Probezeitbeurteilungsbogen Prozessbeschreibung Erstellung/Rücklauf Vertrag Zzgl. weitere mitgeltende Dokumente in den Geschäftsbereichen Alle Dokumente und VA sind auf dia.log in der aktuellen Version abgelegt. Jeder Geschäftsbereich ist selbst dafür verantwortlich die jeweils aktuelle Version zu verwenden.
Zugehörige Verfahrensanweisungen	Einstellungsgespräch Einstellungsbogen/Erstellung MAV-Anhörung Probezeit Abschlagszahlung

Abbildung 43: Muster-Prozesssteckbrief

29 Nachdem die Grundrisse des Prozessinhalts beschrieben wurden, können die Verfahrensabläufe inklusive der dafür verantwortlichen Stellen im Unternehmen grafisch aufbereitet werden. Für die Gestaltung von Prozessen werden einheitliche Darstellungselemente verwendet. Die Symbole für **Programmablaufpläne** sind nach der DIN 66001 genormt.

Tabelle 10: Flowchart-Elemente

Symbol	Bedeutung
▬	Vorgang
◆	Entscheidung

Symbol	Bedeutung
	Start/Ende
	Dokument
	Manueller Vorgang

Innerhalb einer Prozessbeschreibung sind nicht zwangsläufig alle Darstellungselemente verpflichtend zu verwenden. Beispielsweise muss nicht unbedingt zwischen einem Vorgang und einem manuellen Vorgang unterschieden werden. In Bereichen, bei denen ein Systemwechsel stattfindet, sollten diese innerhalb des Flowcharts kenntlich gemacht werden.

Ein Muster für einen Eintrittsprozess kann Abbildung 44 entnommen werden. **30**

§ 6 Geschäftsprozesse und Controlling

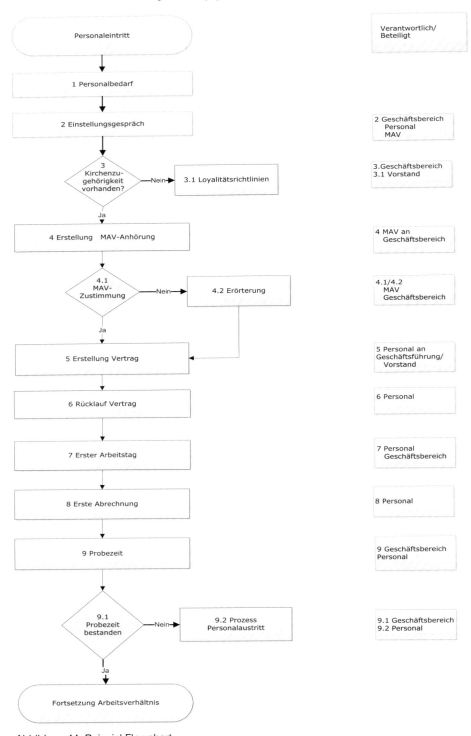

Abbildung 44: Beispiel Flowchart

Aufbauend auf dem Flowchart sind die jeweiligen Vorgänge zu beschreiben. Die Beschreibung sollte in wenigen Worten den grundsätzlichen Inhalt für die verantwortliche Stelle wiedergeben. Sollte eine umfangreiche Beschreibung erforderlich sein, empfiehlt es sich, den betreffenden Vorgang ebenfalls in einer gesonderten Prozessbeschreibung zu erfassen. Eine gewissenhafte Prozessbeschreibung stellt die Grundlage für die Anwendung von Netzplantechniken, wie im vorherigen Abschnitt beschrieben, dar.

B. Controlling

I. Begriff

Der Begriff des **Controllings** kommt ursprünglich aus dem angelsächsischen Sprachraum und bedeutet so viel wie „Steuern, Lenken, Überwachen". Controlling ist somit ein Synonym für die unternehmerische Aufgabe der Planung, der Koordination und Kontrolle des Unternehmens sowie die Bereitstellung von wesentlichen Informationen, um vernünftige Entscheidungen treffen zu können. **31**

Es kann zwischen „operativem" und „strategischem" Controlling unterschieden werden.

Das „operative Controlling" ist für die Verwaltung der Budgets zuständig und achtet darauf, dass das Unternehmen wirtschaftlich erfolgreich ist. Es dient primär der sicheren Liquidität des Unternehmens und ist insoweit kurzfristiger angelegt als das strategische Controlling.

Soll/Ist-Vergleiche sind ein ganz wesentlicher Baustein des operativen Controllings. Dabei werden die geplanten Ergebnisse (Soll-Werte) mit den tatsächlichen Ergebnissen (Ist-Werte) verglichen. Das strategische Controlling untersucht hierzu dezidiert die Stärken und Schwächen des eigenen Unternehmens anhand der gängigen betriebswirtschaftlichen Instrumente (GAP-Analyse, SWOT-Analyse, Benchmarking, Bilanzanalyse, usw.).[34, 35]

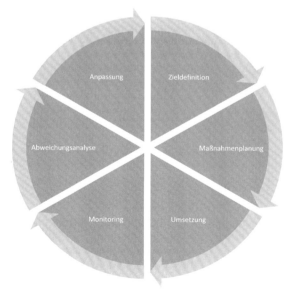

Abbildung 45: Regelkreis des Controllings[36]

---

[34] Vgl. → § 4 Rn. 8 ff.
[35] Vgl. Fröse/Naake/Arnold/*Vogelbusch* 2019, S. 505 ff.
[36] Vgl. accantec consulting AG.

Diese Abbildung zeigt den Regelkreis des Controllings. Es wird deutlich, dass das Controlling die unternehmerischen Maßnahmen zeitnah begleitet und dadurch auf viele Entwicklungen hinweist und im Rahmen von **Abweichungsanalysen** Anpassungen vornimmt.

Ganz wesentlich kommt es darauf an, die Ziele zu definieren, diese dann umzusetzen, sie später zu evaluieren bzw. zu monitoren und dann ggf. eine Abweichungsanalyse anzustoßen. Dieser Prozess muss verstetigt sein.

32 Das Controlling organisiert das sog. Berichtswesen und baut dieses zu einem umfassenden **Managementinformationssystem** (MIS) aus. Hierunter ist zu verstehen, dass regelmäßige Übermittlungen von betriebswirtschaftlichen Steuerungsinformationen in komprimierter und strukturierter Form an die Führungsverantwortlichen übermittelt werden.

Dieses Informationssystem bildet die Grundlage für die Überwachung der Wirtschaftlichkeit und damit für die Beurteilung von vorgegebenen Zielgrößen wie etwa Umsatzrentabilität und Gewinn.

Voraussetzung dafür ist, dass das sog. interne Rechnungswesen entsprechend aufgebaut ist. Aus diesem Grunde sind eine Kostenartenrechnung, Kostenstellenrechnung, Kostenträgerrechnung sowie eine Prozesskostenrechnung und in Konzernen die Steuerung durch Verrechnungspreise unumgänglich.

Mit all diesen Informationen ist eine systematische Überwachung des Geschäftsverlaufes gewährleistet. Allerdings geht das Controlling über den reinen Soll/Ist-Vergleich häufig hinaus. Im Rahmen einer **umfassenden Abweichungsanalyse** ist das Controlling gefordert, die Ursachen der Abweichungen zu analysieren und ggf. Vorschläge für eine entsprechende Gegensteuerung darzulegen.

Das „strategische Controlling" analysiert das Marktumfeld und befasst sich vor allem mit der langfristigen Planung und Aufstellung des Unternehmens.

Das primäre Ziel ist die langfristige und existenzsichernde Führung des Unternehmens. Insoweit sind auch die klassischen Instrumente, die das operative Controlling verwendet, bei der Frage der strategischen Aufgabenerfüllung nur bedingt geeignet.

Deshalb werden häufig weitere Instrumente eingesetzt, um die langfristigen Ziele zu evaluieren. So sind zB die Messung der Kundenzufriedenheit oder auch eine SWOT-Analyse hilfreiche Werkzeuge. Zusammenfassend lässt sich festhalten, dass die Daten- und Informationsquellen für das strategische Controlling zum Großteil von außerhalb eines Unternehmens stammen, während die Daten des operativen Controllings aus dem Innenleben des Unternehmens bezogen werden.

II. Entwicklung

33 Die Ursprünge des Controllings können hauptsächlich in staatlichen Institutionen gesehen werden, in denen die Controller meist mit der Überwachung des Staatshaushalts beauftragt waren.[37] Bis sich die ersten Controller in privatwirtschaftlichen Unternehmen fanden, dauerte es aber bis ins Jahr 1880, als sich das Transportunternehmen Atchison, Topeka & Santa Fe Railway System entschloss, diese Position zu schaffen.[38] Bis sich diese neue Stelle auch in Europa etablierte, dauerte es aber noch weitere 75 Jahre.[39] Die Hauptaufgabe eines Controllers bestand anfangs vor allem in der Gestaltung von Planungsprozessen, der Zielkontrolle und Informationsversorgung sowie der Unterstützung des Managements.[40] Es ist aber eine erhebliche Diskrepanz zwischen den Aufgaben eines Controllers im Ländervergleich festzustellen.[41]

---

[37] Vgl. Weber/Schäffer 2008, S. 2.
[38] Vgl. Weber/Schäffer 2008, S. 2.
[39] Vgl. Weber/Schäffer 2008, S. 14.
[40] Vgl. Weber/Schäffer 2008, S. 14.
[41] Vgl. Weber/Schäffer 2008, S. 14.

Neben dem großen Abgrenzungsproblem der Bezeichnungen[42] und den unterschiedlichen Auffassungen von Controlling in den jeweiligen Ländern und Unternehmen verwundert es kaum, dass es auch eine Vielzahl von verschiedenen Controllingkonzepte gibt. Diese sollen Aussagen über die Funktionen des Controllings treffen.[43] Die bekanntesten Konzeptionen in der deutschsprachigen Literatur weisen aber einige Gemeinsamkeiten auf, da sie entweder nur eine Entscheidungsunterstützungsfunktion oder zusätzlich eine Verhaltenssteuerungsfunktion aufweisen.[44]

Abbildung 46: Controllingkonzepte

Abbildung 46 zeigt den Inhalt der beiden Funktionen in diesem Zusammenhang. Die generelle Aufgabe dieser Konzeptionen soll der Aufbau eines Aussagensystems sein, das die Umsetzung von Theorie in die Praxis ermöglicht.[45] Es soll folglich ein einheitliches Verständnis von Controlling für die Praxis entwickelt werden.

Das in den USA entwickelte Instrument des Controllings wurde erst mit größerer zeitlicher Verzögerung in die deutsche Betriebswirtschaftslehre übernommen.[46]

Neben seiner Aufgabe als erweitertes Instrument des **internen Rechnungswesens** stellt das Controlling einen **methodischen Ansatz** dar. Mit seiner Informationsfunktion fügt es Informationen der betrieblichen Teilbereiche zusammen und trägt durch seine Reportingfunktion zur Steuerung eines komplexen Unternehmens bei. Die Controller haben somit unterstützende Aufgaben und sind deswegen eher in einer Stabsstelle als in der Linie tätig.[47]

Für Sozialunternehmen ist das Controlling von besonderer Bedeutung. Neben der strategischen Ausrichtung, die in regelmäßigen Zeitabständen mit dem Aufsichtsgremium erörtert und festgelegt werden sollte, ist die Verfügbarkeit eines wirksamen Instruments zur Steuerung der operativen Tätigkeit entscheidend. Dies kann an der wachsenden Verbreitung eines im Controlling entstandenen Steuerungsinstruments verdeutlicht werden. Für die Ausrichtung und Steuerung eines Sozialunternehmens hat sich in den vergangenen Jahren die Balanced-Score-Card bewährt, ein mehrdimensionales Planungs- und Reportingsystem,

---

[42] Controller, Controlling, Controllership, vgl. hierzu Weber/Schäffer 2008, S. 1 ff.
[43] Vgl. Dubielzig 2009, S. 115.
[44] Vgl. Wall/Schröder 2009, S. 9.
[45] Vgl. Weber/Schäffer 2008, S. 2 f.
[46] Vgl. Vogelbusch/Ufer/Nowak 2018, S. 29.
[47] Vgl. Fröse/Naake/Arnold/*Vogelbusch* 2019, S. 510.

das neben der finanziellen Perspektive weitere Zieldimensionen (zB die Kundenperspektive, die Lern- oder Entwicklungsperspektive und die Perspektive der internen Prozesse) abbilden kann.

Da die Erträge im Sozialbereich keine oder nur geringe Margen erlauben, kommt es in den meisten Unternehmen auf eine **enge Kostenkontrolle,** zeitnahe Abweichungsanalyse und rasche Anpassung des Personaleinsatzes an sich ändernde Auslastungen und Hilfebedarfe an.

III. Betriebswirtschaftliche Führung

1. Kennzahlen

35   **Kennzahlen** spielen im Controlling eines Unternehmens eine zentrale Rolle. Sie haben dabei die Aufgabe, einen betriebswirtschaftlichen Sachverhalt hinreichend erfassbar zu machen sowie darüber zu informieren. Es handelt sich somit um eine bewusste Verdichtung von Daten zur Abbildung der komplexen Realität. Hierbei kann zwischen monetären und nicht-monetären Kennzahlen unterschieden werden. Aufgrund der Heterogenität der nicht-monetären Kennzahlen wird im Folgenden nur auf die monetären Kennzahlen und die damit einhergehenden Systeme eingegangen.

Kennzahlen erfüllen eine Informationsfunktion, indem sie benötigte Daten zur Unterstützung betrieblicher Entscheidungen bereitstellen.[48] Daraus hervorgehend stiften Kennzahlen einen Nutzen im Rahmen der Entscheidungsfunktion. Durch die Fülle an Daten und Einzelinformationen im Unternehmen erlauben sie die Identifikation von Problemen und Mustern und dienen der Abschätzung der Folgen eigener Entscheidungen bzw. der Entscheidungsfindung.[49]

Der Einsatz von Kennzahlen zur Kontrolle und Koordination unternehmerischer Entscheidungen hat den Charakter einer **Verhaltenssteuerungsfunktion.**[50] Als Beurteilungsgröße dienen sie den Entscheidungsträgern als maßgebliches Kriterium, an dem sie ihre Entscheidungen ausrichten, um die Beurteilungsgröße positiv zu beeinflussen. Daher sollten die Kennzahlen als Bezugsgröße möglichst kompatibel mit den Unternehmenszielen sein.[51] Infolge der Kontrolle von Abweichungen mit Fokus auf die jeweiligen Ziele des Bereichs ist eine Kennzahl als Bewertungsmaßstab bestimmt, der Beurteilungen und Schlussfolgerungen auf die Leistungen der Bereiche zulassen soll.

Die Bildung von Kennzahlen stellt eine **Operationalisierungsfunktion** dar, mit deren Hilfe Ziele konkret fass- und messbar gemacht werden. Mit der Möglichkeit eines Soll-Ist-Vergleichs anhand von Kennzahlen und daran anknüpfender Abweichungsanalysen ist eine Planungs- und Kontrollfunktion erfüllt.[52] Die Erkennung nicht zielkonformer Auffälligkeiten und Veränderungen dient in diesem Zusammenhang einer Steuerungsfunktion, wenn bei Bedarf entsprechende Steuerungsmaßnahmen eingeleitet werden können.[53]

Die unterschiedlichen Funktionen von Kennzahlen sprechen für vielfältige Einsatzmöglichkeiten, die für die Zwecke der Planung, der Kontrolle, der Steuerung oder der Entscheidungsfindung relevant sein können.[54]

36   Des Weiteren können Kennzahlen auch nach ihren Eigenschaften und Funktion differenziert werden.

---

[48] Vgl. Küpper 2005, S. 393 ff.
[49] Vgl. Ewert/Wagenhofer 2008, S. 521.
[50] Vgl. Ewert/Wagenhofer 2008, S. 521.
[51] Vgl. Ewert/Wagenhofer 2008, S. 522.
[52] Vgl. Weber/Schäffer 2008, S. 175.
[53] Vgl. Weber/Schäffer 2008, S. 175.
[54] Vgl. Schulte/Thomas 2007, S. 224 f.

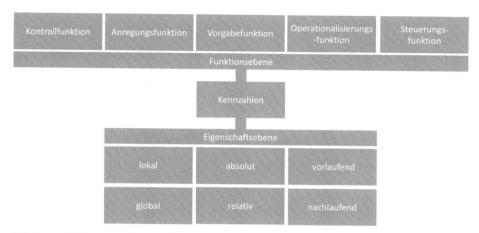

Abbildung 47: Eigenschaften und Funktionen von Kennzahlen[55]

Ausgehend von den unterschiedlichen Eigenschaften bezüglich der Funktions- und Eigenschaftsebene von Kennzahlen wurden verschiedene Kennzahlensysteme entwickelt. Diese können wiederum anhand der Ausgewogenheit der verwendeten Kennzahlen sowie am Zusammenhang zwischen den Kennzahlen unterschieden werden. Dies ist in Abbildung 48 dargestellt.[56]

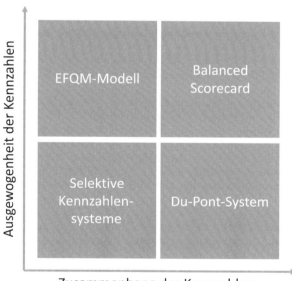

Abbildung 48: Klassifizierung von Kennzahlensystemen[57]

Im Folgenden sollen einige Kennzahlensysteme kurz dargestellt werden, um einen Überblick darüber zu verschaffen. Welche Kennzahlen für die Steuerung des Unternehmens geeignet sind, hängt insb. von der Branchen- und der Unternehmensgröße ab.

---

[55] Vgl. Weber/Schäffer 2008, S. 174 f.
[56] Vgl. Weber/Sandt 2001, S. 21.
[57] Das EFQM-Modell ist ein Qualitätsmanagement-System des Total-Quality-Management.

a) Du-Pont-Kennzahlensystem

38 Das **Du-Pont-Kennzahlensystem** ist das älteste Kennzahlensystem der Welt und bis heute eines der bekanntesten. Es orientiert sich rein an monetären Größen. Dieses System von Unternehmenskennzahlen zur Bilanzanalyse und der Unternehmenssteuerung wurde bereits 1919 vom amerikanischen Chemie-Konzern DuPont entwickelt.[58] Auch in anderen Unternehmen ist das System in verschiedenen Versionen und Ergänzungen als Steuerungs- oder Planungs- und Kontrollinstrument verbreitet.

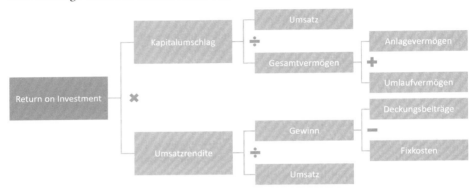

Abbildung 49: Du-Pont-Schema[59]

39 Bei diesem Kennzahlensystem steht die **Gesamtkapitalrendite** (auch Return on Investment oder kurz: ROI) im Zentrum. Diese gibt die Ertragsrate des eingesetzten Kapitals an. Oberstes Ziel der Unternehmensführung ist ausgehend von der Gewinnmaximierung die Maximierung des Ergebnisses pro eingesetzter Kapitaleinheit. Die Orientierung an der Kennzahl ROI soll eine wertorientierte Unternehmensführung ermöglichen.[60] Auch neuere Kennzahlensysteme (zB das R-L-Kennzahlensystem, siehe → Rn. 44) basieren auf dem Grundgedanken des Du-Pont-Schemas.

40 Ursprung der Entwicklung des Kennzahlensystems war das Bedürfnis nach einem geschlossenen Modell, das auf sich gegenseitig bedingenden Zielgrößen beruht. Hintergrund für dieses Bedürfnis war die Notwendigkeit für eine **Analyse der Abhängigkeiten** und **Wechselwirkungen** der einzelnen Bezugsgrößen des Kennzahlensystems.[61] Mit dem formalen System wandte man sich von der bloßen Sammlung isolierter Kennzahlen ab, da diese bezüglich der Analyseergebnisse häufig zu Inkonsistenzen führten.

41 Das Du-Pont-Kennzahlensystem hat den Aufbau eines Rechensystems in Form einer Kennzahlen-Pyramide. Der ROI stellt das Produkt aus den Kennzahlen Umsatzrentabilität und Kapitalumschlag dar.

Die **Spitzenkennzahl ROI** stellt entsprechend Abbildung 49 das Produkt aus dem Kapitalumschlag und der Umsatzrendite dar. Ausgehend hiervon werden diese Verhältniskennzahlen in den weiteren Stufen in ihre absoluten Aufwands- und Ertragskomponenten sowie Vermögensbestandteile zerteilt. Der Kapitalumschlag stellt dabei den Quotienten aus dem Umsatz und dem Gesamtvermögen dar, welches sich wiederum aus der Summe von Anlagevermögen und Umlaufvermögen ergibt. Die Umsatzrendite ist der Quotient aus Gewinn durch Umsatz. Der Gewinn ergibt sich aus der Differenz der Deckungsbeiträge und der Fixkosten. Bei den Deckungsbeiträgen handelt es sich um die Summe der Einzelpreise aller Produkte abzüglich der damit in Verbindung stehenden variablen Kosten.[62]

---

[58] Vgl. Weber/Schäffer 2008, S. 188.
[59] Reiss 2003, S. 145.
[60] Vgl. Weber/Schäffer 2008, S. 188.
[61] Vgl. Weber/Schäffer 2008, S. 189.
[62] Vgl. Horváth 2003, S. 569 ff.

B. Controlling

Ein Vorteil des Du-Pont-Kennzahlensystems ist, dass es überwiegend auf Informationen des betrieblichen (externen) Rechnungswesens zurückgreift und damit einen Vergleich mit anderen Unternehmen ermöglicht.[63] Ein wesentlicher Nachteil liegt in der mathematischen Verknüpfung der monetären Größen, die leicht das Bild einer Mechanik suggerieren, welche die Unternehmensführung auf ein Räderwerk reduzieren, ohne weiche Faktoren für den Unternehmenserfolg zu berücksichtigen.[64] Zudem wird durch die Ausrichtung auf kurzfristige Rentabilitätsziele insb. der Einfluss von langfristigen Aspekten zur Unternehmenswertsteigerung vernachlässigt. Durch den Bezug auf die betrieblichen Kennzahlen des internen Rechnungswesens kann außerdem mithilfe von Bilanzpolitik – ohne Auswirkungen für die Produktivität – Einfluss auf die Spitzenkennzahl ROI genommen werden. Insgesamt ist damit festzuhalten, dass die Monozielausrichtung zu Suboptima führen kann.[65]

b) Rentabilitäts-Liquiditäts-Kennzahlensystem

Das **R-L-Kennzahlensystem** stellt ein Rentabilitäts-Liquiditäts-Kennzahlensystem dar.[66] Im Gegensatz zum Du-Pont-Kennzahlensystem stehen hier die zwei Kennzahlen Liquidität und Rentabilität an der Spitze, die eine gleichrangige Position einnehmen und somit der Kritik an einer Monozielausrichtung eines Unternehmens Rechnung tragen. Es wird hierbei auf eine mathematische Verknüpfung dieser beiden Größen verzichtet.[67]

42

Das Kennzahlensystem wird in einen allgemeinen Teil und in zwei Sonderteile aufgegliedert. Der allgemeine Bereich enthält die auf das Gesamtunternehmen bezogenen Kennzahlen zu Erfolg und Liquidität, während die Sonderteile produkt- bzw. bereichsbezogen sind. Der genaue Aufbau ist in Abbildung 50 dargestellt.

43

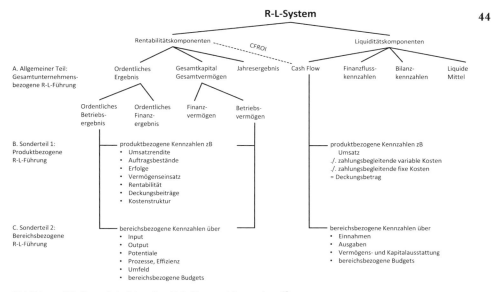

44

Abbildung 50: Grundstruktur des R-L-Kennzahlensystem[68]

---

[63] Vgl. Weber/Schäffer 2008, S. 188.
[64] Vgl. Weber/Schäffer 2008, S. 189.
[65] Vgl. Weber/Schäffer 2008, S. 189.
[66] Im Jahr 1976 von Thomas Reichmann und Laurenz Lachnit entwickelt.
[67] Vgl. Horváth 2003, S. 578.
[68] Vgl. *Lachnit* in FS Reichmann 1998, S. 25.

45 Das „Ordentliche Ergebnis" wird mittels der Rentabilität als Spitzenkennzahl dargestellt. Die Rentabilitätskomponente unterteilt sich dabei in das Betriebs- und das Finanzergebnis. Das Betriebsergebnis kann dabei mit weiteren im logischen Zusammenhang stehenden produktbezogenen Kennzahlen ermittelt werden (zB Umsatzrendite, Eigenkapitalrentabilität oder Deckungsbeträge) sowie bereichsbezogene Kennzahlen (zB Input, Output oder bereichsbezogene Budgets).

46 Die Liquiditätskomponente wird durch die Spitzenkennzahl Cash-Flow dargestellt. Unterkennzahlen des Cash-Flows sind ua der zahlungswirksame Deckungsbeitrag oder bereichsbezogenen Kennzahlen wie zB Einnahmen, Ausgaben oder die Vermögens-/Kapitalausstattung.

Der Sonderbereich wird ebenfalls in Liquidität und Rentabilität aufgeteilt, es werden jedoch nur bereichsbezogene Kennzahlen berücksichtigt.

Der Einsatzbereich des Kennzahlensystems befindet sich insbesondere in der Planung und Kontrolle. Der allgemeine Bereich dient dabei mit seinen Spitzenkennzahlen der laufenden Kontrolle, Steuerung und Planung der Rentabilitäts- und Liquiditätskomponenten. Der Sonderbereich geht demgegenüber auf die wesentlichen produkt- oder bereichsbezogenen Einflussgrößen auf Rentabilitäts- und Liquiditätskomponenten ein.

c) Balanced Scorecard

47 Die **Balanced Scorecard** (BSC) geht auf ein Konzept aus den 1990er Jahren zurück, das vom KPMG-Forschungszweig Nolan Norton Institute im Laufe einer Studie zur Entwicklung eines Performance Measurement-Modells entwickelt wurde. Grundlage dieses Konzepts war dabei eine innovative Scorecard der Firma Analog Devices. Diese setzte neben finanziellen Kennzahlen auch auf solche aus der Forschung und Entwicklung, Fertigung und Kundenbetreuung. Daraus wurde dann eine Scorecard weiterentwickelt, die aus vier Perspektiven besteht. Nachdem die Ergebnisse dieser Studie 1992 veröffentlicht wurden, fand eine Weiterentwicklung statt. Hierfür wurde die Eignung der BSC als Instrument zur Strategieumsetzung von Unternehmen konzeptualisiert, wodurch sich weiteres Potenzial ergab. In der nächsten Veröffentlichung von Forschungsergebnissen 1993 wurde erkannt, dass die BSC zur Umsetzung und Kommunikation von Unternehmensstrategien geeignet ist. Daher entwickelte sich das mehrdimensionale Kennzahlensystem zu einem strategischen Führungssystem.[69] Die Hauptvertreter der BSC gehen davon aus, dass es für das Unternehmen sinnvoller sei, sich nur auf einige ausgewählte Erfolgsfaktoren zu beschränken, anstatt eine große Zahl verschiedener Faktoren zu betrachten, weil diese Konzentration von Informationen eine bessere Unternehmenssteuerung ermögliche.[70] Diese Annahme kann sehr gut mit der Metapher einer Anzeigetafel in einem Stadion erklärt werden.[71] Hierbei werden die Kennzahlen der BSC mit den Informationen auf einer Anzeigentafel gleichgesetzt, die dem Zuschauer einer Sportveranstaltung angezeigt werden. Diese Informationen halten den Zuschauer über alle zentralen Ereignisse auf dem Laufenden, falls er etwas verpasst hat. Diese Metapher stellt die Funktion der BSC sehr anschaulich dar, weil sie ermöglicht, das Geschehen in einem Unternehmen, das bei einer gewissen Unternehmensgröße sehr unübersichtlich werden kann, in einer aggregierten Form darzustellen.

---

[69] Vgl. Hemetsberger 2001, S. 45.
[70] Vgl. Bruhn 1998, S. 148.
[71] Vgl. Friedag/Schmidt 1999, S. 20.

B. Controlling

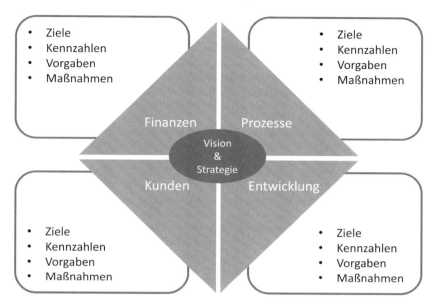

Abbildung 51: Balanced Scorecard[72]

Die Ziele der BSC sind folglich die **Gewinnsicherung des Unternehmens** und der Ausbau von Erfolgsfaktoren. Sie sollen dadurch erreicht werden, dass die unternehmerischen Entscheidungen mithilfe einer mehrdimensionalen und repräsentativen Auswahl von Kennzahlen der strategischen Dimension begründet werden.[73] Zudem werden für die Ermittlung des Unternehmenserfolgs und die Erlangung von Wettbewerbsvorteilen zunehmend weiche Faktoren verwendet. Dies stellt eine Abwendung von bisherigen Annahmen dar, die hierfür meist das Vermögen und dessen effiziente Nutzung heranzogen.[74] Ein in diesem Kontext häufig verwendeter Begriff ist der des intellektuellen Kapitals, um eine Definition von weichen Faktoren zu erstellen. Beim intellektuellen Kapital handelt es sich neben dem Humankapital eines Unternehmens auch um die innerbetrieblichen Prozesse oder die Kundenorientierung.[75] Des Weiteren ist ein Hauptmerkmal der BSC deren Ausgewogenheit. Diese zeigt sich in der Darstellung des Unternehmens, der Einbeziehung der wesentlichen Organisationseinheiten und der Kommunikation mit den Mitarbeitern.[76] Diese Ausgewogenheit soll zudem durch die Mehrdimensionalität ermöglicht werden. Die BSC greift daher auf vier verschiedene Perspektiven zurück, um die Hauptmerkmale abzudecken.[77] Es sei aber darauf hingewiesen, dass es sich hierbei um eine allgemeine Form der BSC handelt, da Kaplan und Norton auch darauf eingegangen sind, dass nur die Perspektiven angewendet werden sollen, die für den Erfolg des Unternehmens wichtig sind.[78]

Die BSC verwendet in seiner allgemeinen Form folgende Perspektiven (vgl. Abbildung 51):
- finanzielle Perspektive
- Kundenperspektive

---

[72] Vgl. Kaplan/Norton 1996, S. 9.
[73] Vgl. Hemetsberger 2001, S. 45.
[74] Vgl. Schaltegger/Dyllick 2002, S. 21.
[75] Vgl. Schaltegger/Dyllick 2002, S. 21.
[76] Vgl. Kaplan/Norton 1997, S. 23 ff.
[77] Vgl. Schaltegger/Dyllic 2002, S. 22 f.
[78] Vgl. Kaplan/Norton 1997, S. 33.

- interne Prozessperspektive
- Lern- und Entwicklungsperspektive

An erster Stelle steht die **Finanzperspektive,** da sie innerhalb der BSC zwei Funktionen ausübt. Sie bildet auf der einen Seite die Bezugsgröße für die weiteren Perspektiven und gibt auf der anderen Seite an, welcher finanzielle Effekt von einer gewählten Unternehmensstrategie erwartet werden kann bzw. zu welchen finanziellen Verbesserungen die Strategie führt. Kennzahlen, die hierfür gut geeignet sind, wären der Return on Investment oder der Economic Value Added.[79]

Die **Kundenperspektive** soll die strategischen Ziele eines Unternehmens hinsichtlich der Markt- und Kundensegmente darstellen. Die Wertangebote, die das Unternehmen den Kunden bietet, können dabei durch drei Kategorien beschrieben werden: die Eigenschaften eines Produkts bzw. einer Dienstleistung, die spezifischen Kundenbeziehungen und/oder das Image eines Unternehmens.[80]

In der Perspektive der internen Prozesse sollen ebenjene abgebildet werden, die dem Unternehmen dazu verhelfen, die Wertangebote gegenüber den Kunden auch erfüllen zu können, wodurch die Ziele der Kundenperspektive erreicht werden. Um dies zu realisieren, bietet sich eine komplette Darstellung der Wertschöpfungskette an.[81]

Die Lern- und Entwicklungsperspektive einer BSC kann als das Fundament für eine erfolgreiche Strategieumsetzung angesehen werden. Daher wurde die Bedeutung dieser Perspektive auch von Kaplan und Norton hervorgehoben, wenngleich sie im Gegensatz zu den anderen Perspektiven noch sehr großes Entwicklungspotenzial aufweist.[82] Die Bedeutung spiegelt sich auch in den drei Haupttreibern wieder, die die Mitarbeiterpotenziale, die technische Infrastruktur und das Arbeitsklima bilden.[83]

Alle Perspektiven weisen im Allgemeinen einen identischen Aufbau auf. Sie bestehen aus Zielen, Kennzahlen, Vorgaben und Maßnahmen. Die Ziele werden aus der Unternehmensvision abgeleitet, welche die grundsätzliche Ausrichtung des Unternehmens beinhaltet.[84] Die Kennzahlen können in Ergebniskennzahlen und Leistungstreiber unterteilt werden.[85]

Die Ergebniskennzahlen zeigen an, ob die strategischen Ziele erreicht wurden und werden daher auch als „lagging indicators" bezeichnet, da sie erst am Ende der Strategieumsetzung gebildet werden können. Sie geben die Kernaspekte einer Unternehmensstrategie an. Tabelle 11 zeigt typische Kernaspekte für die Erstellung von Ergebniskennzahlen für die vier Perspektiven einer BSC, wie sie von Kaplan und Norton aufgestellt wurden.[86]

Tabelle 11: Aspekte einer Unternehmensstrategie

Finanzperspektive	**Kundenperspektive**	**Prozessperspektive**	**Lern- und Entwicklungsperspektive**
Ertragswachstum Kostensenkung Produktivitätsverbesserung	Marktanteil Kundentreue Kundenakquise Kundenzufriedenheit Kundenrentabilität	Innovationsprozess Marktidentifizierung Betriebsprozesse Kundendienstprozesse	Mitarbeitertreue Mitarbeiterproduktivität Mitarbeiterzufriedenheit

Die **Ergebniskennzahlen** können als unternehmensunspezifisch betrachtet werden, da sie für kein einzelnes Unternehmen exklusiv von Bedeutung sind. Dies steht im Gegensatz zu den Leistungstreibern, welche unternehmensspezifisch sind. Sie geben an, welche Wett-

---

[79] Vgl. Weber/Schäffer 2008, S. 190 f.
[80] Vgl. Kaplan/Norton 1997, S. 25; Schaltegger/Dyllick 2002, S. 22 ff.; Weber/Schäffer 2008, S. 191.
[81] Vgl. Weber/Schäffer 2008, S. 191; Schaltegger/Dyllick 2002, S. 23.
[82] Vgl. Weber/Schäffer 2008, S. 191; Kaplan/Norton 1997, S. 123 ff.
[83] Vgl. Schaltegger/Dyllick 2002, S. 23 f.
[84] Vgl. Hemetsberger 2001, S. 46.
[85] Vgl. Kaplan/Norton 1997, S. 28 ff.
[86] Vgl. Kaplan/Norton 1997, S. 4.

bewerbsvorteile ein Unternehmen besitzt und zeigen dadurch, wie die gewünschten Ergebnisse bzw. Ergebniskennzahlen erreicht werden sollen. Für Leistungstreiber sind deshalb vor allem solche Kenngrößen und Tätigkeiten von besonderer Wichtigkeit, die für die Erfüllung der strategischen Ziele, welche sich hinter den Ergebniskennzahlen verbergen, notwendig sind.[87] Beispiele für Leistungstreiber können von vielfältiger Natur sein und typische Formen sind nach Kaplan und Norton die in der Kunden-, Lern- und Entwicklungsperspektive genannten Merkmale.[88] Bei der Aufstellung einer BSC sollte großer Wert auf das Verhältnis der Ergebniskennzahlen gelegt werden.[89] Die alleinige Verwendung von Ergebniskennzahlen gibt keine Informationen darüber, wie die jeweilige Strategie des Unternehmens umgesetzt werden soll, da diese aufgrund ihrer rückwärtsgewandten Betrachtung keine Früherkennung ermöglichen. Dagegen ist mit der reinen Benutzung von Leistungstreibern zwar eine kurzfristige Verbesserung möglich, aber es erfolgt keine Verknüpfung mit anderen Perspektiven. Die Anzahl an Kennzahlen sollte bei der Erstellung einer Perspektive auf wenige, aber dafür aussagekräftige Spitzenkennzahlen beschränkt werden. Mit dieser starken Selektion soll erreicht werden, dass der Kennzahlenvielfalt eines Unternehmens entgegengewirkt wird, damit das Bedeutsame von dem Unbedeutenden getrennt wird.[90] An dieser Stelle sei nochmals an die Metapher der Anzeigetafel erinnert, die auch nur die wesentlichen Informationen wiedergibt. Des Weiteren müssen die gewählten Kennzahlen sowohl einen strategischen Bezug haben als auch vom Management beeinflussbar – im Sinne von steuerbar und nicht manipulierbar – sein.[91]

Mithilfe dieser Kennzahlen kann die BSC abgeschlossen werden. Dazu müssen die Kennzahlen der einzelnen Perspektiven durch Vorgaben operationalisiert werden und aus diesen Vorgaben Maßnahmen abgeleitet werden. Nur durch diesen Schritt lassen sich die strategischen Ziele eines Unternehmens auch auf der operativen Ebene einer Geschäftseinheit umsetzen.[92]

Bei der Gestaltung einer BSC ist es aber nicht das Ziel, geeignete Kennzahlen – gleich ob Leistungstreiber oder Ergebniskennzahl – für eine Perspektive isoliert zu erstellen. Es ist zudem wichtig, dass die Perspektiven eine zusammenhängende Beziehung aufweisen. Dies wird dadurch ermöglicht, dass die vier Perspektiven einer BSC logisch mittels einer **Ursachen-Wirkungs-Kette** verknüpft sind.[93] Aufgrund dieser logischen Verknüpfung soll es möglich sein, nicht nur die strategische Ausrichtung des gesamten Unternehmens voranzutreiben, sondern auch die Kommunikation von Unternehmensstrategien zu verbessern. Neben der bereits beschriebenen Verknüpfung von Kennzahlen einer Perspektive anhand von Leistungstreibern und Ergebniskennzahlen sollen auch alle Perspektiven miteinander verbunden werden. Dabei wird eine Perspektivenhierarchie aufgestellt, an deren oberen Ende die Finanzperspektive steht. Von dieser ausgehend wird die Ursachen-Wirkungs-Kette in einem abwärts gerichteten Prozess aufgebaut.[94] Dies soll anhand von Abbildung 52 zur besseren Verständlichkeit dargestellt werden.

---

[87] Vgl. Schaltegger/Dyllick 2002, S. 24.
[88] Vgl. Kaplan/Norton 1997, S. 25 f.
[89] Vgl. Weber/Schäffer 2008, S. 191.
[90] Vgl. Weber/Schäffer 2008, S. 192.
[91] Vgl. Weber/Schäffer 2008, S. 192.
[92] Vgl. Schaltegger/Dyllick 2002, S. 24.
[93] Vgl. Schaltegger/Dyllick 2002, S. 24 f.
[94] Vgl. Kaplan/Norton 1997, S. 32.

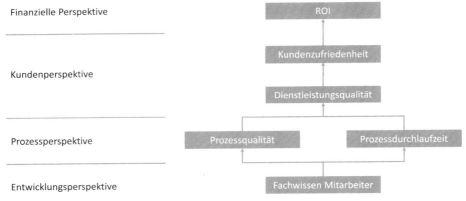

Abbildung 52: Wirkungskette innerhalb der Balanced Scorecard[95]

50   Die an der Spitze der Ursachen-Wirkungs-Kette stehende Ergebniskennzahl stellt das strategische Ziel einer Unternehmung dar. Die in der Hierarchie darunterliegenden Ergebniskennzahlen wirken wie ein Leistungstreiber auf die darüberstehenden Ergebniskennzahlen. Aufgrund dessen können die finanziellen Kennzahlen mit ihren leistungstreibenden Faktoren verknüpft werden. Die Kette ist aber nicht als monokausal anzusehen.[96] Die Verwendung dieser Logik der Ursachen-Wirkungs-Kette fördert die Kommunikation von Strategien zusätzlich, da die Gründe von Vorgaben und Maßnahmen anhand der kausalen Verbindung für alle Beteiligten eines Unternehmens ersichtlich sind. Es ist außerdem einfacher, den Nutzen von weichen Faktoren zu bemessen, da ihnen ein direkter strategischer Beitrag zugeordnet werden kann, wodurch nicht finanzielle Faktoren und langfristige Erfolgsfaktoren eine höhere Transparenz und Steuerbarkeit aufweisen.[97]

Die Methodik der BSC kann als offen betrachtet werden und kann daher an die besonderen Gegebenheiten eines jeden Unternehmens angepasst werden, um eine bestmögliche Strategieumsetzung zu gewährleisten.[98] Ein Manko, das sich aber bei konventionellen BSC ergibt – wenngleich dieses von Kaplan und Norton bereits in verschiedenen Ansätzen diskutiert und Lösungen präsentiert wurden –, ist die Reduktion aller Perspektiven auf das marktökonomische Umfeld eines Unternehmens.[99] Folglich werden nur solche Aspekte in die Erstellung der BSC aufgenommen, die **Teil des Marktmechanismus** sind. Ein Charakteristikum der Sozialwirtschaft ist aber, dass die soziale Dimension nicht im Zuge des Marktmechanismus betrachtet wird und folglich dessen Auswirkungen nicht im marktökonomischen Unternehmensumfeld dargestellt werden können. Da eine ausschließliche Berücksichtigung der Marktperspektive den nicht-marktlichen Charakter von sozialen Aspekten nicht vollständig gerecht wird, ist die BSC dahingehend zu optimieren, dass auch diese Aspekte in die Strategieumsetzung einfließen.[100]

2. Kostenrechnung

51   Die Kostenrechnungen sind in der betrieblichen Praxis unter verschiedenen Begriffen vorzufinden. Es wird hierbei von der Kosten- und Leistungsrechnung, aber auch von Kosten- und Erlösrechnung, Kostenrechnung oder Betriebsergebnisrechnung gesprochen.[101]

---

[95] Vgl. Kaplan/Norton 1996, S. 31.
[96] Vgl. Schaltegger/Dyllick 2002, S. 24 f.
[97] Vgl. Schaltegger/Dyllick 2002, S. 26.
[98] Vgl. Kaplan/Norton 1997, S. 33.
[99] Vgl. Kaplan/Norton 1997, S. 33.
[100] Vgl. → § 4 Rn. 23 ff.
[101] Vgl. Weber/Schäffer 2008, S. 131.

B. Controlling

Allen Begriffen ist gemein, dass es sich um einen Teil des internen Rechnungswesens handelt, der insgesamt nicht derart stark bindenden gesetzlichen Vorschriften unterliegt wie etwa die Finanzbuchhaltung. Die Kosten- und Leistungsrechnung dient in erster Linie der internen Informationsbereitstellung für die kurzfristige operative Planung von Kosten und Erlösen sowie deren Kontrolle anhand von Plan-, Soll- und Ist-Daten. Die langfristige strategische Planung erfolgt mithilfe der Investitionsrechnung. Adressaten waren ursprünglich in erster Linie Führungskräfte auf allen Unternehmensebenen.[102]

Die **Kosten- und Leistungsrechnung** dient somit als interne Betriebsbuchhaltung als Informationssystem der Ermittlung von Kosten- und Leistungsinformationen zur besseren Übersichtlichkeit der Betriebsbilanz durch eine wirtschaftliche Auswertung aller angefallenen oder geplanten Geschäftsvorgänge.[103]

52

Zentrale Begriffe sind in diesem Zusammenhang **Erlöse und Kosten.** Kosten stellen dabei den Werteverzehr von betriebswirtschaftlichen Produktionsfaktoren bezogen auf die Wertschöpfungskette in einer Rechnungsperiode dar, während Erlöse die bewertete Leistungsentstehung im Unternehmen repräsentieren.[104] Der Kostenbegriff kann zusätzlich noch nach seiner Veränderung je nach der Ausnutzung in variable und fixe Kosten oder nach dem Grad der Zurechenbarkeit in Gemein- oder Einzelkosten unterschieden werden.[105]

Bei der Kostenrechnung ist zu beachten, dass die Bereitstellung von Informationen mit Kosten verbunden ist. Folglich muss jeweils abgewogen werden, ob der Nutzen der Informationsbeschaffung mindestens ebenso groß ist wie die damit einhergehenden Kosten. Der Nutzen kann dabei unter dem Begriff „Kostenrechnungszwecke" zusammengefasst werden. Dabei sind insb. drei Hauptzwecke hervorzuheben:[106]

53

1. Externe Dokumentationsfunktion: Beispielsweise die Preiskalkulation nach festgesetzten Vorschriften;
2. Planungsfunktion: Vorbereitung von Entscheidungen sowie der formalzielbezogene Teil der operativen Planung im Sinne eines Erfolgsbudgets für einzelne Leistungen;
3. Kontrollfunktion: Soll-Ist-Vergleich bezüglich der Plandaten, um mögliche Erkenntnisse zur Optimierung des Leistungsangebots zu erzielen oder um Managemententscheidungen zu evaluieren.

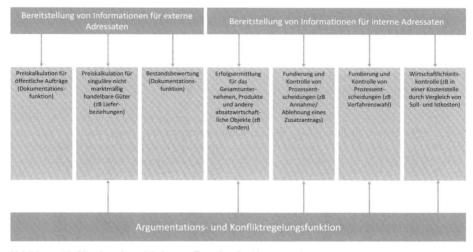

Abbildung 53: Katalog der wichtigsten Zwecke der Kostenrechnung

---

[102] Vgl. Horváth 2003, S. 469.
[103] Vgl. Schmalen 2002, S. 752.
[104] Vgl. Weber/Schäffer 2008, S. 132.
[105] Vgl. Schmalen 2002, S. 753.
[106] Vgl. Weber/Schäffer 2008, S. 132 f.

54 Die Kosten- und Leistungsrechnung verfolgt im Wesentlichen folgende Ziele:
- Analyse der Geschäftsprozesse auf ihre Wirtschaftlichkeit;
- Soll-/Ist-Vergleiche;
- Erfassung aller Kosten und Leistungen;
- Kalkulationsgrundlagen für die Leistungsangebote.

In der Praxis besteht die große Herausforderung darin, ein solches System zunächst professionell aufzubauen und dies als unternehmerische Aufgabe zu akzeptieren. Allerdings sollte sich ein Unternehmen nicht in einer unverhältnismäßig aufwendigen Kostenrechnungsstruktur verlieren. Als Grundvoraussetzung für die Einführung oder Beibehaltung der Kostenrechnung gilt somit, dass Aufwand und Nutzen der Kosten- und Leistungsrechnung mindestens in einem ausgeglichenen Verhältnis zueinanderstehen.

55 Informationsquellen der Kosten- und Leistungsrechnung sind die Daten aus der Finanzbuchhaltung, der Betriebsstatistik, aus externen Quellen sowie internen Kalkulationen. Die Kosten- und Leistungsrechnung ist in größeren Unternehmen Bestandteil von ERP-Systemen und bezieht aus diesen Systemen viele Informationen. Hier kommt den IT-Systemen eine elementare Bedeutung zu. Es gilt der Grundsatz, dass IT-Verfahren einer strengen Kosten-/Nutzen-Analyse zu unterziehen sind.

Die Aufbereitung und Verarbeitung der für die Kostenrechnung notwendigen Daten erfolgt nach bestimmten Kriterien der Kostenentstehung und -aufteilung. Es wird hierbei im Allgemeinen von der Abgrenzungsrechnung und im Speziellen von den drei Stufen der Kostenrechnung gesprochen. Bei diesen Stufen handelt es sich um:[107]
- Kostenartenrechnung
- Kostenstellenrechnung
- Kostenträgerrechnung

56 Bei der **Kostenartenrechnung** werden auf der ersten von drei Stufen der Kosten- und Leistungsrechnung alle Kosten, die im Abgrenzungszeitraum (zB Monat, Quartal oder Jahr) entstanden sind, nach ihrer Art gruppiert gesammelt. Des Weiteren müssen die Kosten von Aufwendungen und Leistungen von Erträgen abgegrenzt und die angefallenen Kosten sowie Leistungen einer Abrechnungsperiode erfasst und gegliedert werden.[108]

Als Klassifizierungsmöglichkeiten der Kostenarten bieten sich folgende Kriterien an:
- die Art der verbrauchten Produktionsfaktoren (zB Personalkosten, Materialkosten),
- die betriebliche Funktion (zB Beschaffungskosten, Fertigungskosten),
- die Art der Kostenerfassung,
- die Herkunft der Kostengüter,
- die Zurechenbarkeit oder
- das Verhalten bei Beschäftigungsschwankungen.

57 Die **Kostenstellenrechnung** bezieht sich innerhalb des internen Rechnungswesens auf die Verteilung der Kosten auf die einzelnen Abrechnungsbezirke, die auch als Kostenstellen bezeichnet werden. Ausgangspunkt für die Bildung von Kostenstellen ist der Leistungserstellungsprozess, da den Leistungstreibern die Gemeinkosten, die sich aus der Kostenartenrechnung ergeben, zugeordnet werden. Die Aufteilung auf Basis des Leistungserstellungsprozesses kann nach verschiedenen Aspekten, wie etwa dem Verantwortungsbereich oder nach räumlichen, funktionalen sowie aufbauorganisatorischen Kriterien erfolgen. Zur vollständigen Verteilung bietet es sich zusätzlich an, Vorkostenstellen für einen umfassenden Verrechnungsprozess aufzubauen, um so eine Weiterleitung der Kosten auf die Endkostenstellen zu ermöglichen. Diese innerbetriebliche Leistungsverrechnung von den (Vor-)Kostenstellen bis zu den (End-)Kostenstellen bildet den Mittelpunkt des Aufgabengebietes der Kostenstellenrechnung.[109]

---

[107] Vgl. Schmalen 2002, S. 752.
[108] Vgl. Schmalen 2002, S. 754.
[109] Vgl. Weber/Schäffer 2008, S. 138.

B. Controlling

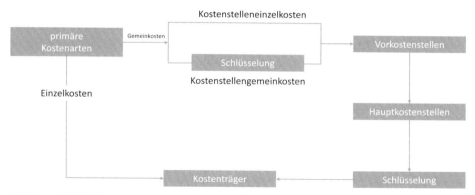

Abbildung 54: Verfahren der Kostenverrechnung[110]

Die Kostenstellenrechnung sollte entsprechend Abbildung 54 als Bindeglied zwischen der Kostenarten- und der Kostenträgerrechnung verstanden werden, da für eine korrekte Leistungsverrechnung geklärt werden muss, wo die Kosten angefallen sind und wie eine eindeutige Leistungsverteilung vorzunehmen ist. Des Weiteren dient die Kostenstellenrechnung der systematischen Darstellung der innerbetrieblichen Leistungsbeziehungen. Durch die Kostenstellenrechnung werden Leistungsbeziehungen im Unternehmen dargestellt; die Wirtschaftlichkeit kann somit besser kontrolliert und die Kostenträgerrechnung vorbereitet werden.[111]

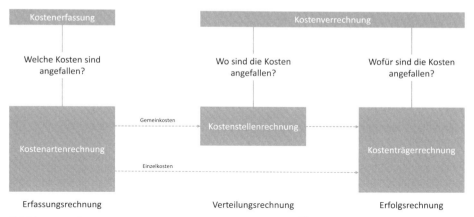

Abbildung 55: Struktur einer Kosten- und Leistungsrechnung[112]

Die **Kostenträgerrechnung** stellt in der Betriebswirtschaftslehre die in einem Unternehmen hergestellten Produkte oder Dienstleistungen zusammen. Innerhalb der Kostenträgerrechnung findet die Analyse, welche Kosten für ein bestimmtes Produkt (als Kostenträger) angefallen sind, statt. Nachdem entsprechend Abbildung 55 die Kosten den einzelnen Kostenarten zugeordnet wurden und eine Verteilung auf die Kostenstellen erfolgt ist, findet in der dritten und letzten Stufe eine Kostenverrechnung auf die Kostenträger statt. In der Kostenartenrechnung werden somit die Kosten nach Verbrauchsgütern erfasst und so wie sie in der Kostenstellenrechnung nach dem Ort der Kostenentstehung ausgewiesen wurden,

---

[110] Schmalen 2002, S. 755.
[111] Vgl. Weber/Schäffer 2008, S. 138.
[112] Horváth 2003, S. 479.

auf die Kostenträger verrechnet. In der Regel können Einzelkosten direkt einem bestimmten Kostenträger zugeordnet werden, während die Verteilung der Gemeinkosten einer differenzierten Verteilung nach Umlageschlüsseln bedarf.

59 Aus den Gesamtkosten eines Kostenträgers lassen sich die Stückkosten für das einzelne Endprodukt durch die Division mit der Gesamtmenge ermitteln. Dies ist grundsätzlich die Basis für die Preisermittlung des Produktes des Unternehmens.

Sowohl historisch als auch methodisch unterscheidet man zwischen verschiedenen Systemen der Kostenrechnung und ihren Ausprägungen, die sich inhaltlich oft überschneiden. Dabei kann insb. zwischen
- der Vollkostenrechnung,
- der Teilkostenrechnung sowie
- der Prozesskostenrechnung

unterschieden werden.

60 Bei der **Vollkostenrechnung** werden sämtliche Kosten vollumfänglich auf die jeweiligen Kostenträger umgelegt. Typischerweise wird bei der Vollkostenrechnung zunächst eine Differenzierung der Kostenarten in Einzelkosten und Gemeinkosten vorgenommen, um dann mithilfe der Kostenstellenrechnung die Gemeinkosten nach dem Durchschnittsprinzip über angemessen differenzierte Verrechnungssätze auf die Kostenträger zu verteilen.

Wie alle Kostenrechnungsverfahren ist auch die retrospektive Analyse der Vollkostenrechnung aufgrund der fehlenden Bindung an den bereits verwirklichten Geschäftsprozess unzureichend, um einen steuernden Eingriff in ein laufendes betriebliches Geschehen zu gewährleisten.

61 Bei der **Teilkostenrechnung** ist der Umfang der Kosten, der verrechnet wird, im Vergleich zur Vollkostenrechnung reduziert. Insbesondere findet eine Trennung zwischen den variablen und fixen Kosten auf Ebene der Stückkosten statt. In Abhängigkeit vom Teilkostenrechnungsverfahren werden den Kostenträgern somit nur die direkt zuordenbaren variablen Kosten bzw. die direkten Einzelkosten und die direkten variablen Gemeinkosten zugeordnet. Die Unterschiede zwischen der Vollkosten- und Teilkostenrechnung (am Beispiel einer Grenzkostenrechnung) sollen anhand der Gegenüberstellung in Tabelle 12 veranschaulicht werden.[113]

Tabelle 12: Gegenüberstellung Vollkostenrechnung und Teilkostenrechnung[114]

	Vollkostenrechnung	Grenzkostenrechnung
1. Ermittlung des Stückerfolgs	Verkaufserlös ./. Erlösschmälerungen Berichtigter Erlös ./. direkte Kosten des Vertriebs Nettoerlös ./. volle Selbstkosten	Verkaufserlös ./. Erlösschmälerungen Berichtigter Erlös ./. direkte Kosten des Vertriebs Nettoerlös ./. Grenzkosten der Herstellung
2. Ermittlung des Perioden-reingewinns	= Reingewinn pro Stück Summe Stück-Reinerfolg	= Bruttoerfolg pro Stück Summe Stück-Bruttoerfolg ./. Fixkosten
	= Periodenreinerfolg	= Periodenreinerfolg

62 Die **Prozesskostenrechnung (PKR)** oder auch Vorganskalkulation ist ein Kostenrechnungsverfahren, das speziell an den Mängeln bei der Behandlung von Gemeinkosten bei den traditionellen Verfahren ansetzt. Die Prozesskostenrechnung umgeht diese Schwäche durch eine prozessbezogene Ausrichtung auf die verursachenden Stellen, indem sie diesen

---

[113] Vgl. Horváth 2003, S. 471 f.
[114] Horváth 2003, S. 471.

als Zuordnungsobjekt die Gemeinkosten zuordnet.[115] Dadurch wird eine fehlerhafte Allokation der Gemeinkosten des Produktes A zu Lasten von Produkt B (zumindest weitgehend) vermieden. Die PKR basiert auf dem aus den USA stammenden Activity Based Costing, unterscheidet sich jedoch in dem Punkt, dass sie nicht die einzelnen Aktivitäten als Ausgangspunkt nimmt, sondern die aus Aktivitäten zusammengesetzten Geschäftsprozesse.[116]

In der PKR werden die Produktgemeinkosten je Kostenstelle für alle betrachteten Teilprozesse ermittelt. Die in diesem Verfahren ermittelten Gemeinkosten werden dann in **leistungsmengeninduzierte** (lmi) und **leistungsmengenneutrale** (lmn) Kosten unterschieden. Bei den leistungsmengenneutralen Kosten handelt es sich um Kosten, die unabhängig vom genutzten Leistungsvolumen entstehen und somit auch proportional auf die Prozesse verteilt werden können. Die dabei auftretende Abweichung vom Verursacherprinzip wird aufgrund der geringeren Auswirkung als bei klassischen Gemeinkostenverrechnungen nicht beanstandet. Unter leistungsmengeninduzierten Kosten sind Kosten zu verstehen, die durch die Inanspruchnahme eines Teilprozesses entstehen und diesem direkt zugeordnet werden können. Nach Ermittlung der Teilprozesskosten werden diese entsprechend der Inanspruchnahme zu den Kosten für den Hauptprozess addiert.[117]

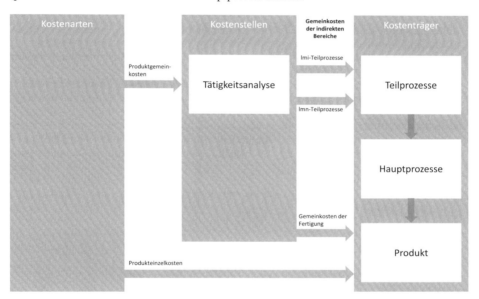

Abbildung 56: Vorgehen bei der Prozesskostenrechnung[118]

Das Vorgehen der Prozesskostenrechnung entsprechend Abbildung 56 stellt sich wie folgt dar:[119]
1. Leistungs- und Prozessanalyse
2. Zuordnung von Kosten zu den Prozessen
3. Bestimmung der Kostentreiber
4. Prozessmengenermittlung
5. Prozesskostenermittlung
6. Prozesskostenkalkulation

---

[115] Vgl. Weber/Schäffer 2008, S. 150.
[116] Vgl. Weber/Schäffer 2008, S. 150.
[117] Vgl. Seffern 2019, S. 44.
[118] Töpfer 2007, S. 1081.
[119] Vgl. Weber/Schäffer 2008, S. 150 ff.

Mithilfe der Prozesskostenrechnung lassen sich insgesamt die **Kostentreiber** genauer erfassen und gezielter optimieren, um Effizienzsteigerungen zu realisieren. Des Weiteren können die aus der Prozesskostenrechnung gewonnenen Informationen eine wichtige Entscheidungsgrundlage für das Controlling oder das strategische Management darstellen.[120] Außerdem können die offengelegten Potenziale für Kosteneinsparungen genutzt werden und somit die Position am Markt des Unternehmens verbessern.[121]

Die Prozesskostenrechnung ist ein leistungsfähiges Instrument zur Evaluation der Effizienz von Prozessen. Bei der Implementierung der Prozesskostenrechnung ist jedoch die Auswahl von Pilotprozessen zu beachten. Tätigkeiten, die häufig wiederholt werden müssen und hohe Gemeinkosten verursachen, können hierfür verwendet werden. Die Aktivitäten der betroffenen Kostenstelle sollten dabei von den einzelnen Kostenverursachern in unterschiedlicher Ausprägung genutzt werden. Des Weiteren sollten die Aktivitäten mit einfachen Messgrößen abbildbar sein. Die Methode dient aber nicht der kurzfristigen Erfolgskontrolle oder zur Budgetierung. Vielmehr zeigt sich der Vorteil dieses Ansatzes bei einer langfristigen Betrachtung und Reduktion der Kosten.[122]

3. Berichtswesen

65 Die Versorgung mit steuerungsrelevanten Informationen zählt zu den wichtigsten Aufgaben, die ein Controller vorzunehmen hat.

Die Qualität der Managemententscheidungen hängt ganz wesentlich von der Güte der für die Entscheidung bereitgestellten Informationen ab.

In der Praxis ist es oftmals problematisch, die jeweiligen Adressaten schnell und zuverlässig mit den steuerungsrelevanten Informationen zu versorgen. Häufig sind in den IT-Strukturen wichtige Leistungsdaten nicht hinterlegt oder es fehlt die konkrete Definition und Vorgabe von Zielen, sodass nicht eindeutig ist, welche Informationen für die Steuerung bzw. überhaupt für den Adressaten relevant sind. Die in diesem Kontext erstellten Berichte sind unternehmensspezifisch sehr unterschiedlich. Die folgende Abbildung verdeutlicht die wichtigsten Gestaltungsdimensionen, die ein Bericht erfüllen sollte.[123]

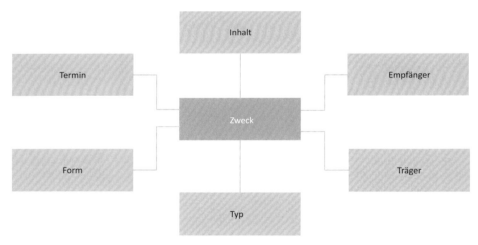

Abbildung 57: Gestaltungsdimensionen von Berichten

---

[120] Vgl. Müller 1998, S. 94 f.
[121] Vgl. Müller 1998, S. 94 f.
[122] Vgl. Müller 1998, S. 101.
[123] Vgl. Küpper 2005, S. 171 ff.

Beim Aufbau eines funktionierenden und effizienten Berichtswesens sind verschiedene Faktoren zu beachten. Zunächst ist der jeweilige Adressatenkreis zu berücksichtigen. Das Berichtswesen unterscheidet zwischen „internem" und „externem Berichtswesen". 66

Adressaten im Rahmen des externen Berichtswesens sind häufig Geschäftsbanken, Behörden oder Dritte, die in geschäftlicher Beziehung zum Unternehmen stehen.

Dieses Reporting geschieht in aller Regel durch den vom Wirtschaftsprüfer testierten Jahresabschluss.

Das **interne Berichtswesen** (Reporting) stellt für die unterschiedlichen Führungsebenen im Unternehmen alle nötigen Informationen, die zur Entscheidungsfindung gebraucht werden, zur Verfügung. Ein besonderes Augenmerk kommt dabei den Zahlen und Ergebnissen der Buchhaltung und der Kostenrechnung zu. Je nach zeitlicher Dimensionierung können zum Beispiel Monats-, Quartals- oder Jahresberichte erstellt werden, die die aktuellen Daten auflisten und die Abweichungen zu vorherigen Positionen sichtbar machen und entsprechend analysieren. Das Berichtswesen ist ein wichtiges Werkzeug zur Planung und Koordination des gesamten unternehmerischen Geschehens, da die Zahlen und Analysen der Vergangenheit die Möglichkeit bieten, vernünftige Entscheidungen für die Zukunft zu treffen. 67

Aus diesem Grund ist Transparenz in Bezug auf die Finanzen und Liquidität, auf die Umsatz-, Gewinn- und Kostensituation, auf Personal- und Organisationsstruktur sowie die jeweiligen Leistungsdaten entscheidend.

Die folgende Abbildung zeigt, welche Darstellung ein ausgereiftes Berichtswesen darstellen sollte. 68

Struktur	Ergebnis Ist kum. 09/2020 EUR	Ergebnis Plan kum. 09/2020 EUR	Abweichung Ergebnis EUR	%	Ergebnis Ist kum. 09/2019 EUR	Ergebnis Ges. 2020 HR I EUR	Ergebnis Ges. 2020 HR II EUR	Ergebnis Ges. 2020 HR III EUR	Ergebnis Ges. 2020 W/Plan EUR
[+] Umsatz									
[+] Ertrag aus Zuschüssen									
[+] Sonstige Betriebserträge									
Summe Umsatz und Erträge									
[+] Direkte Personalkosten									
[+] Indirekte Personalkosten									
Summe Personalkosten									
[+] Abschreibungen (ohne Kfz)									
[+] Miete, Leasing, Pacht									
[+] Instandhaltung Wartung (ohne Kfz)									
[+] Wasser, Energie, Brennstoffe									
[+] Verwaltungsbedarf									
[+] Betreuungsaufwand									
[+] Verpflegungskosten									
[+] Wirtschafts- u. Medizinischer Bedarf									
[+] Beratungskosten/Honorare									
[+] Marketingkosten									
[+] Steuern, Abgaben, Vers.									
[+] Leistungen Holding									
[+] Fremdleistung									
[+] Sonstige Sachkosten									
Summe Sachkosten									
[+] Periodenfremdes Ergebnis									
Operatives Ergebnis I									
[+] Struktur und Verwaltungskosten GB									
[+] Neutrales Ergebnis									
Operatives Ergebnis II									
[+] Korp. Mitgliedsbeitrag									
[+] Holding Strukturkosten									
Ergebnis									

Abbildung 58: Managementinformationsbericht

Abbildung 58 zeigt einen **Managementinformationsbericht** (MIS-Bericht), der monatlich die aufgelaufenen Erträge und Kosten darstellt. Diese werden jeweils in Beziehung gestellt zum aktuellen Wirtschaftsplan. Abweichungen werden dargestellt und entsprechend erläutert.

Des Weiteren integriert dieser Bericht die jeweiligen Hochrechnungen der Werte zum Jahresende (HR I-III). Hier wird quartalsweise aufgrund der gewonnenen Erkenntnisse versucht, eine seriöse Schätzung der Ertrags- und Kostenseite jeweils zum Jahresende zu prognostizieren.

§ 6 Geschäftsprozesse und Controlling

Der MIS-Bericht wird idR auf der Basis der Kostenstellen angelegt und dann bis zum jeweiligen Abschluss aggregiert. Mit einem geeigneten IT-System ist es dann möglich, auf Aggregationsebenen die steuerungsrelevanten Daten darzustellen.

Neben den jeweiligen Erträgen und Kosten werden in diesem Bericht ebenfalls die zwischen den Gesellschaften und der Holding zu verrechnenden Geschäftsvorfälle abgebildet. Diese sind dann Struktur- und Verwaltungskosten der jeweiligen Gesellschaft, zB Overhead der Gesellschaft oder Strukturkosten, die der Holding zuzuordnen sind, wie zum Beispiel Vorstandskosten.

	Ergebnis Ist kum. 06/2021 EUR	Ergebnis Plan kum. 06/2021 EUR	Abweichung Ergebnis EUR	%	Ergebnis Ges. 2021 HR I EUR	Ergebnis Ges. 2021 HR II EUR	Ergebnis Ges. 2021 WiPlan EUR	Abweichung Ergebnis HR II zum Plan %	
Gesamt	-154.589	252.412	-407.001	161,2%	⊘	-1.651.701	-1.651.701	-1.430.670	15,4%	⊘
Holding	-223.137	24.612	-247.749	1006,6%	⊘	-715.555	-715.555	-664.633	7,7%	⊘
Gesellschaft 1	-321.012	-31.440	-289.571	921,0%	⊘	-1.206.515	-1.206.515	-689.660	74,9%	⊘
Gesellschaft 2	83.070	75.822	7.249	-9,6%	⊘	15.904	15.904	25.675	38,1%	⊘
Gesellschaft 3	286.086	73.240	212.846	-290,6%	⊘	211.572	211.572	-135.345	-256,3%	⊗
Gesellschaft 4	67.767	42.978	24.789	-57,7%	⊗	168.256	168.256	160.891	-4,6%	⊘
Gesellschaft 5	-47.364	67.201	-114.565	170,5%	⊘	-125.364	-125.364	-127.598	-1,8%	⊘

Abbildung 59: Ergebnis nach Gesellschaften

Die auf der Kostenstelle definierten MIS-Berichte werden jeweils aggregiert, sodass die Gesamtergebnisse je Gesellschaft entsprechend dargestellt werden.

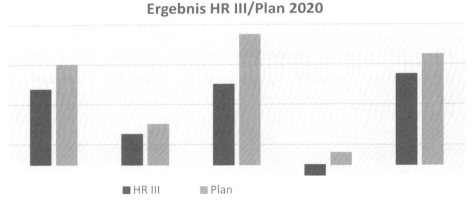

Abbildung 60: Ergebnisvergleichsdarstellung

In Abbildung 60 wird dargestellt, wie eine unterjährige Hochrechnung auf das Jahresende mit dem jeweiligen Planwert korreliert.

	Ergebnis OP II HR II EUR	Ergebnis OP II Plan EUR	Abweichung OP II %		Umsatz & Erträge HR II EUR	Umsatz & Erträge Plan EUR	Abweichung Umsatz & Erträge %		Umsatzrentabilität HR II	Umsatzrentabilität Plan
Gesamt	-5.836.878	-5.539.042	5,4%	⊘	-152.963.247	-153.646.205	-0,4%	⊙	3,8%	3,6%
Holding	-1.726.438	-1.663.092	3,8%	⊘	-37.270.712	-36.585.417	1,9%	⊘	4,6%	4,5%
Gesellschaft 1	-1.820.333	-1.297.207	40,3%	⊘	-21.471.749	-20.881.919	2,8%	⊘	8,5%	6,2%
Gesellschaft 2	-257.908	-181.735	41,9%	⊘	-9.816.395	-9.958.694	-1,4%	⊙	2,6%	1,8%
Gesellschaft 3	-929.326	-1.291.186	-28,0%	⊗	-39.403.910	-40.886.990	-3,6%	⊘	2,4%	3,2%
Gesellschaft 4	-166.342	-167.058	-0,4%	⊙	-13.028.811	-12.378.502	5,3%	⊘	1,3%	1,3%
Gesellschaft 5	-936.531	-938.765	-0,2%	⊙	-31.971.671	-32.954.684	-3,0%	⊘	2,9%	2,8%

Abbildung 61: Umsatzrentabilität nach Gesellschaften

B. Controlling

Um die sehr zahlenlastigen Berichte lesbarer zu machen, empfiehlt sich ein sog. Ampelsystem. In diesem System werden nach einer Definition entsprechender Kennzahlen automatisiert Ampelsignale eingestellt. Die grünen Symbole bedeuten, dass der jeweilige Planwert eingehalten bzw. verbessert wird. Gelbe Punkte signalisieren eine geringe Verschlechterung, während der rote Punkt eine genauere Untersuchung der Zahlenwerte in diesem Bereich erforderlich macht.

	Umsatz & Erträge HR II	Umsatz & Erträge Plan	Abweichung Umsatz & Erträge		Personalkosten HR II	Personalkosten Plan	Abweichung Personalkosten		PK-Intensität HR II	PK-Intensität Plan
	EUR	EUR	%		EUR	EUR	%		%	%
Gesamt	-152.963.247	-153.646.205	-0,4%	◎	101.880.986	104.309.926	2,3%	✓	66,6%	67,9%
Holding	-37.270.712	-36.585.417	1,9%	✓	21.708.079	22.136.928	1,9%	✓	58,2%	60,5%
Gesellschaft 1	-21.471.749	-20.881.919	2,8%	✓	15.020.817	15.139.219	0,8%	✓	70,0%	72,5%
Gesellschaft 2	-9.816.395	-9.958.694	-1,4%	◎	6.661.461	7.156.945	6,9%	✓	67,9%	71,9%
Gesellschaft 3	-39.403.910	-40.886.990	-3,6%	◎	30.164.121	31.359.126	3,8%	✓	76,6%	76,7%
Gesellschaft 4	-13.028.811	-12.378.502	5,3%	✓	10.121.598	9.630.170	-5,1%	✗	77,7%	77,8%
Gesellschaft 5	-31.971.671	-32.954.684	-3,0%	◎	18.204.911	18.887.538	3,6%	✓	56,9%	57,3%

Abbildung 62: Personalkosten und PK-Intensität nach Gesellschaften

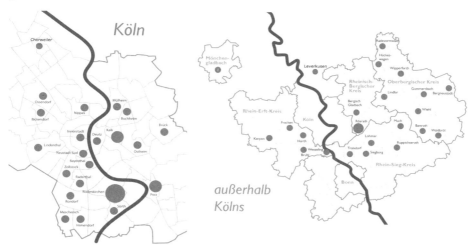

Abbildung 63: Ergebnisvergleichsbetrachtung Personalkosten

Neben diesen zahlengesteuerten Darstellungen sind die Darstellung der entsprechenden Personal- und Sachkostenintensität eines Prozessschrittes sowie die Darstellung der jeweiligen Umsatzrentabilität sinnvoll.

Abbildung 64: Veranschaulichung der Standorte der Diakonie Michaelshoven

Mit dieser Grafik können insb. Aufsichtsgremien und Führungskräfte schnell und überzeugend informiert werden.

Die Implementierung von Unternehmensdaten zB in echte Satellitenfotos, die nahezu live sind, führt zu einem großen Erkenntnisgewinn. Ein ungewohnter und interessanter Blick aus der Vogelperspektive schafft Akzeptanz und Neugier auf die zur Verfügung gestellten Informationen.

Die Größe der jeweiligen Punkte zeigt den tagesaktuellen Umsatz.

69 Die Gestaltung und Pflege des jeweiligen Berichtswesens ist sicher Hauptaufgabe des Controllers. Ausgangspunkt aller Überlegungen zur Gestaltung des Berichts ist der jeweilige Zweck, also letztendlich die Frage nach der Steuerungsrelevanz der zur Verfügung gestellten Informationen. Insoweit ist sowohl das externe als auch das interne Berichtswesen verbindlich auf die jeweilige Frage des Berichtszweckes und der jeweiligen Steuerungsrelevanz auszurichten.

§ 7 Steuern

Übersicht

	Rn.
A. Ertragsteuern	8
I. Körperschaftsteuer	10
1. Grundsystematik	10
2. Ideeller Bereich	16
a) Zuschuss oder Leistungsentgelt	17
b) Spenden oder Sponsoring	20
3. Vermögensverwaltung	22
4. Zweckbetriebe	25
a) Wohlfahrt	28
b) Krankenhaus	34
c) Behindertenhilfe und Inklusionsbetriebe	35
d) Sport	37
e) Bildung	42
f) Kultur	45
g) Wissenschaft	46
5. Steuerpflichtiger wirtschaftlicher Geschäftsbetrieb	50
a) Gewerbliche Tätigkeit	50
b) Beteiligung an einer Personengesellschaft	59
c) Beteiligung an einer Kapitalgesellschaft	62
d) Betriebseröffnung und -einstellung – Wechsel von Wirtschaftsgütern	66
6. Bemessungsgrundlage	72
7. Verlustverwertung und Organschaft	79
8. Steuersatz	81
II. Gewerbesteuer	82
III. Kapitalertragsteuer	85
B. Lohnsteuer	89
I. Grundsystematik	89
II. Sondersachverhalte	90
C. Umsatzsteuer	94
I. Unternehmer	107
II. Organschaft	110
1. Finanzielle Eingliederung	113
2. Wirtschaftliche Eingliederung	115
3. Organisatorische Eingliederung	116
4. Umsatzsteuerzahllast	118
III. Lieferung und Leistung	120
1. Mitgliedsbeitrag	122
2. Echter oder unechter Zuschuss – Entgelt von dritter Seite	124
IV. Ort der Leistung	128
V. Steuerfreiheit	132
1. Wohlfahrt	134
2. Gesundheit und Pflege	137
3. Sport	140
4. Bildung	142
5. Kultur	145
6. Zusammenarbeit	147
VI. Bemessungsgrundlage	150
VII. Steuersatz	153

§ 7 Steuern

	Rn.
1. Geschuldete Umsatzsteuer	153
2. Ermäßigter Satz	155
VIII. Vorsteuerabzug	164
1. Für das Unternehmen	165
2. Bildung eines Vorsteuerschlüssels	170
3. Ordnungsgemäße Rechnung	175
IX. Steuerverfahren in der Umsatzsteuer	178
X. Steuerschuldner für fremde Steuerschuld: § 13b UStG und Erstattung ausländischer Umsatzsteuer	179
D. Sonstige Steuern	181
I. Schenkungsteuer	182
II. Grunderwerbsteuer	185
III. Grundsteuer	187
IV. Quellensteuerabzug für bestimmte Steuerschuldner (§ 50a EStG)	190
E. Steuererhebung	193

1   Gemeinnützige Unternehmen und Konzerne unterliegen durchaus – allerdings nur partiell – der Besteuerung. Sie können sich insb. für die Ertragsteuern[1] auf Tatbestände berufen, in denen die Steuerfreiheit für einen erheblichen Teil der gemeinnützigen Tätigkeit gewährt wird. Grundsätzlich sind diese Körperschaften, gleich in welcher Rechtsform, selbst Steuersubjekt.

2   Soweit die Unternehmen umsatzsteuerbare Tätigkeiten ausführen, was im Regelfall gegeben sein wird, unterliegen sie auch der **Umsatzsteuer**.[2] Die Befreiungstatbestände für die Umsatzsteuer sind dabei deutlich enger gefasst. Während ertragsteuerlich die Bereiche der ideellen Tätigkeit, der Vermögensverwaltung und des Zweckbetriebs bei Vorliegen der entsprechenden Voraussetzungen weitgehend steuerfrei bleiben, knüpft die Umsatzsteuerbefreiung typischerweise an spezielle Tätigkeiten und die damit erwirtschafteten Umsätze an (bspw. Heilbehandlungen, Sozialfürsorge oder Bildungsleistungen). Diese Einordnung ist grundsätzlich unabhängig davon, ob der ausführende Unternehmer als steuerbegünstigte Körperschaft anerkannt ist oder nicht. Auch kann die Umsatzsteuerpflicht bei hohen Investitionskosten im Einzelfall durchaus zu einem Finanzierungsvorteil führen, wenn die der gemeinnützigen Körperschaft in Rechnung gestellte Umsatzsteuer als **Vorsteuer** geltend gemacht werden kann und demgegenüber ein Teil der (Ausgangs-)Umsätze ggf. nur mit dem ermäßigten Umsatzsteuersatz besteuert wird. So lässt sich bei Werkstätten für behinderte Menschen und Inklusionsbetrieben häufig feststellen, dass die Umsatzsteuer im Saldo aus abzuführender und zu erstattender Vorsteuer zu einem sog. Vorsteuerüberhang und damit zu einem Finanzierungsvorteil für derartige gemeinnützige Unternehmen führt.

3   In der Praxis hat sich mittlerweile herausgestellt, dass in Bezug auf eine drohende nachträgliche Steuerbelastung in Folge von Betriebsprüfungen die Umsatzsteuer vielfach eine weit bedeutendere Rolle spielt als die Ertragsteuern. Da gemeinnützige Körperschaften auch in ihren steuerpflichtigen Bereichen häufig keine hohen Überschüsse erwirtschaften, hat die **Ertragsteuer** (bestehend aus der Körperschaft- und Gewerbesteuer) oft eine vergleichsweise geringe **Bedeutung.** Dagegen kann die Umsatzsteuer, wenn entweder der ermäßigte Umsatzsteuersatz nicht gewährt wird oder die Tatbestandsvoraussetzungen für eine bestimmte Umsatzsteuerbefreiung nicht vorliegen, zu erheblichen, mitunter sogar existenzgefährdenden Nachbesteuerungen führen.

4   In Bezug auf das Umsatzsteuerrecht kommt erschwerend hinzu, dass das im deutschen UStG niedergelegte Recht im Hinblick auf zahlreiche Regeln (aus historischen Gründen) von den Vorgaben der europäischen **Mehrwertsteuersystemrichtlinie** (MwStSystRL) abweicht. Deutschland ist allerdings verpflichtet, das UStG im Einklang mit den unions-

---

[1] Dh insb. Körperschaft- und Gewerbesteuer; siehe dazu ausführlich → Rn. 10 ff. bzw. → Rn. 82 ff.
[2] Zur Umsatzsteuer siehe ausführlich → Rn. 94 ff.

rechtlichen Vorgaben zu gestalten. Dies hat zur Folge, dass der BFH die Normen des nationalen UStG mittels der sog. richtlinienkonformen Auslegung in vielfacher Hinsicht anders interpretiert, als dies vordergründig dem Normwortlaut entspricht.

Die Finanzverwaltung prägt ihrerseits die für Non Profit Organisationen anzuwendenden umsatzsteuerlichen Regeln durch Erlasse, im Wesentlichen durch den sog. **Umsatzsteuer-Anwendungserlass** (UStAE). Solange die Steuer im Einklang mit dem UStAE festgesetzt worden ist, kann sich für gemeinnützige Unternehmen ein Vertrauensschutztatbestand nach § 176 Abs. 2 AO vor nachteiligen Änderungen der Umsatzsteuer ergeben. Dies wird dann relevant, wenn der BFH eine deutlich strengere Sicht auf die Umsatzsteuerbefreiungen einnimmt, als dies die Finanzverwaltung im UStAE vorgegeben hat. Dies ist in der Vergangenheit bereits mehrfach passiert. Jedenfalls stellen die Abweichungen zwischen deutschem Umsatzsteuerrecht und dem Unionsrecht in der Praxis vielfach ein erhebliches Rechtsproblem dar, da dadurch große Rechtsunsicherheit in Bezug auf zahlreiche Einzeltatbestände geschaffen wird.[3]

Außer der Ertragsteuer und der Umsatzsteuer gibt es noch zahlreiche andere Steuerarten, von denen gemeinnützige Unternehmen und Konzerne betroffen sein können. Zudem können gemeinnützige Organisationen im Einzelfall verpflichtet sein, Steuern abzuführen, die deswegen entstehen, weil ein Dritter oder ein im Ausland ansässiger Vertragspartner, zB der Gast bei einer Veranstaltung der gemeinnützigen Organisation oder der Sponsor, der Lieferant oder Dienstleister einen bestimmten Steuertatbestand in Deutschland erfüllt.[4] Die juristische Person kann in diesem Fall, auch wenn sie gemeinnützig ist, für diese zur Abführung der für deren Tätigkeit, Rechteüberlassung oder Lieferung in Deutschland entstehenden Steuer verpflichtet sein. Zudem kennt das Steuerrecht **spezielle Verkehrsteuern** wie die Grunderwerbsteuer oder die Grundsteuer.[5]

Alle diese vielfältigen Steuerarten und steuerlichen Sondertatbestände können natürlich im Folgenden nicht im Detail erörtert werden. Ziel der Darstellung ist vielmehr, den verantwortlichen Organen bzw. Mitarbeiterinnen und Mitarbeitern der gemeinnützigen Unternehmen und Konzerne einen Überblick darüber zu geben, welche Steuertatbestände einschlägig sein könnten. Die verschiedenen Steuertatbestände werden für die Ertragsteuern und die Umsatzsteuer eingehender behandelt. In Bezug auf die anderen Steuerarten wird nur ein grober Überblick gegeben. Die **Betriebsprüfungen** im Bereich der Besteuerung gemeinnütziger Unternehmen und Konzerne scheinen sich zu häufen. Die Darstellung ist daher geprägt von typischen Risikobereichen, wie sie in den Betriebsprüfungen nach den Erfahrungen der Verfasser vielfach festzustellen waren. Um vor derartigen „unliebsamen Überraschungen" besser geschützt zu sein, kann ein *Tax Compliance System*[6] eingeführt werden, damit diejenigen, die die steuerlich relevanten Einzelsachverhalte kennen, und diejenigen, die diese komplexen Sachverhalte steuerlich richtig einordnen können, zusammengebracht werden.

A. Ertragsteuern

Die wesentlichen Ertragsteuern sind die **Körperschaftsteuer** und die **Gewerbesteuer**. Hinzu kommt noch der sog. **Solidaritätszuschlag** (SolZ) von 5,5% auf die Körperschaftsteuer, den auch (körperschaftsteuerpflichtige) Vereine, Stiftungen oder Kapitalgesell-

---

[3] Zum Ganzen: Weitemeyer/Schauhoff/Achatz, Umsatzsteuerrecht für den Nonprofitsektor. In diesem Werk sind die einzelnen umsatzsteuerrechtlich bedeutsamen Vorschriften für Non Profit Organisationen nach deutschem Recht und Unionsrecht sowie deren Zusammenspiel im Detail dargestellt.
[4] Vgl. insb. den Steuerabzug nach § 50a EStG und die sog. Umkehrung der Steuerschuldnerschaft in § 13b UStG (engl. *reverse charge*); vgl. genauer unter → Rn. 190 ff. bzw. → Rn. 179 f.
[5] Zu einem Überblick über diese Einzelsteuerarten siehe genauer unter → Rn. 181 ff.
[6] Siehe dazu ausführlich → § 3 Rn. 70.

schaften zu entrichten haben.[7] Die Ertragsteuerbelastung setzt sich daher aus der Körperschaftsteuer von 15 % (bzw. 15,825 % inkl. SolZ) und der Gewerbesteuer zusammen, die je nach Ansässigkeit des gemeinnützigen Unternehmens oder seiner Betriebsstätten in Abhängigkeit vom örtlichen Hebesatz zwischen 14 % und 18 % betragen kann.[8] **Bemessungsgrundlage** für die Besteuerung ist der Gewinn der gemeinnützigen Körperschaft im einheitlichen steuerpflichtigen wirtschaftlichen Geschäftsbetrieb.[9] Der Gewinn wird entweder aufgrund eines Jahresabschlusses nach handelsbilanziellen Regeln ermittelt oder mittels einer Einnahmenüberschussrechnung (§ 4 Abs. 3 EStG). Bei letzterer kommt es auf die zugeflossenen Einnahmen und die abgeflossenen Ausgaben an.[10] Wird der Gewinn bilanziell ermittelt, führt bereits die Forderungsentstehung (bspw. auf Zahlung eines Entgelts) zur Gewinnrealisation, umgekehrt können Verbindlichkeiten oder Rückstellungen gewinnmindernd angesetzt werden, bevor die entsprechenden Zahlungen fällig werden.[11]

9 In den §§ 140 ff. AO ist detailliert geregelt, welche rechtlichen Erfordernisse Unternehmen und Konzerne in Bezug auf die **Buchführung** und die **Aufzeichnungspflichten** aus Sicht des Steuerrechts zu erfüllen haben. Dort sind auch die Pflichten zur Aufbewahrung von Unterlagen gesetzlich geregelt. Zudem regelt das Gesetz Form und Inhalt sowie Zeitpunkt, bis zu denen **Steuererklärungen** abzugeben sind. Zwischen den beiden dargestellten Gewinnermittlungsarten gibt es kein Wahlrecht, vielmehr bestimmt § 140 AO, dass dann, wenn handelsbilanziell eine Rechnungslegungspflicht besteht, dies auch für die steuerliche Gewinnermittlung bedeutsam ist.[12] Unabhängig davon kann die Finanzbehörde nach § 141 Abs. 2 AO dem Steuerpflichtigen mitteilen, dass er zu bilanzieren hat, insb. wenn Umsätze von mehr als 600 000 EUR im Kalenderjahr oder ein Gewinn aus Gewerbebetrieb von mehr als 60 000 EUR im Wirtschaftsjahr erzielt wurden.

I. Körperschaftsteuer

1. Grundsystematik

10 Gemeinnützige Körperschaften sind unabhängig von ihrer Rechtsform nach § 1 Abs. 1 KStG **unbeschränkt körperschaftsteuerpflichtig.** Die Steuerpflicht erstreckt sich auf sämtliche Einkünfte, die die Körperschaft erzielt (§ 1 Abs. 2 KStG). Dabei ist zu berücksichtigen, dass es eine grundlegende Unterscheidung zwischen den Rechtsformen gibt, weil Vereine und Stiftungen eine sog. **außerbetriebliche Sphäre** haben können und deswegen regelmäßig nur mit den Einkünften, die sie durch eine gewerbliche Tätigkeit erzielen, der Körperschaftsteuer unterliegen.[13] Dagegen gilt für Kapitalgesellschaften, dass sie nach § 8 Abs. 2 KStG mit allen Einkünften der Besteuerung als Gewerbebetrieb unterliegen und daher nicht über eine außerbetriebliche Sphäre verfügen.[14] Bedeutsam ist dies insbesondere, wenn die Gemeinnützigkeit für ein Veranlagungsjahr verloren gehen sollte.

11 Die **Ermittlung des Einkommens** richtet sich auch in der Körperschaftsteuer nach den Vorschriften des EStG (vgl. § 8 Abs. 1 S. 1 KStG iVm §§ 2 ff. EStG). Unerheblich für die Ermittlung des Einkommens ist, ob das Einkommen verteilt wird. Deswegen kommt etwa dem Umstand, dass in einem steuerpflichtigen wirtschaftlichen Geschäftsbetrieb erzielte Einkünfte für die gemeinnützige Tätigkeit verwendet werden, keine steuermindernde Bedeutung zu (vgl. § 10 Nr. 1 KStG). Auch sog. **verdeckte Gewinnausschüttungen,** wenn bspw. eine gemeinnützige Tochterkapitalgesellschaft verdeckt Gewinne aus dem steu-

---

[7] Körperschaften profitieren nicht von der weitestgehenden Abschaffung des SolZ zum 1.1.2021.
[8] Vgl. § 23 Abs. 1 KStG, §§ 14, 16 Abs. 1 und Abs. 4 GewStG; dazu genauer unter → Rn. 84.
[9] Vgl. § 64 Abs. 2 AO sowie genauer dazu → Rn. 72.
[10] Vgl. dazu → § 9 Rn. 7.
[11] Zum langfristigen Gleichlauf dieser Berechnungsmethoden siehe → § 9 Rn. 6 ff.
[12] Dazu unter → § 9 Rn. 43.
[13] Vgl. BFH 12.10.2011 – I R 102/10, BStBl. II 2014, 484, Rn. 13; *Hüttemann* GemeinnützigkeitsR Rn. 7.32 ff.
[14] BFH 22.8.2007 – I R 32/06, BStBl. II 2007, 961, Rn. 12 f.; KStR 8.1 Abs. 2 und Abs. 3.

erpflichtigen wirtschaftlichen Geschäftsbetrieb heraus an ihren gemeinnützigen Gesellschafter abführt, mindern das steuerliche Ergebnis der gemeinnützigen Körperschaft nicht (§ 8 Abs. 3 S. 2 KStG).[15]

Erst wenn die Steuerbarkeit von Einkünften nach dem EStG überhaupt festgestellt ist, kommt es im nächsten Schritt auf das Vorliegen einer **Steuerbefreiung** nach § 5 KStG an. Zentral für gemeinnützige Unternehmen und Konzerne ist dabei § 5 Abs. 1 Nr. 9 KStG. Dort heißt es: **12**

> Körperschaften, Personenvereinigungen und Vermögensmassen, die nach der Satzung, dem Stiftungsgeschäft oder der sonstigen Verfassung und nach der tatsächlichen Geschäftsführung ausschließlich und unmittelbar gemeinnützigen, mildtätigen oder kirchlichen Zwecken dienen (§§ 51–68 der Abgabenordnung) sind von der Körperschaftsteuer befreit. Wird ein wirtschaftlicher Geschäftsbetrieb unterhalten, ist die Steuerbefreiung insoweit ausgeschlossen. [...]

Damit verweist das KStG unmittelbar auf die Vorgaben der AO. Geht die **Gemeinnützigkeit** für ein Veranlagungsjahr **verloren,** wird die Körperschaft insgesamt mit allen ihren steuerbaren Einkünften steuerpflichtig. Dies betrifft insb. auch Einkünfte aus „an sich" steuerbefreiten Bereichen, wie der Vermögensverwaltung oder dem Zweckbetrieb. Bei Vereinen und Stiftungen bleiben Zuschüsse in den ideellen Bereich, Mitgliedsbeiträge oder Spenden ertragsteuerrechtlich stets unbeachtlich (aufgrund ihrer außerbetrieblichen Sphäre). Bei Kapitalgesellschaften können derartige Einnahmen jedoch beim Wegfall der Gemeinnützigkeit steuerbar sein, weil sämtliches Einkommen der Besteuerung unterliegt (vgl. § 8 Abs. 2 KStG). **13**

In § 5 Abs. 2 Nr. 1 KStG ist ausdrücklich bestimmt, dass für inländische Einkünfte, die vollständig oder teilweise dem Steuerabzug unterliegen, die Steuerbefreiungen nicht gelten. Dies hat bspw. Bedeutung für die **Kapitalertragsteuer,** die ggf. auch von gemeinnützigen Körperschaften erhoben wird.[16] **14**

Demnach ist es eine zentrale Frage für gemeinnützige Körperschaften, wie das Einkommen im ideellen Bereich, im Bereich der Vermögensverwaltung und dem Zweckbetrieb vom Einkommen im steuerpflichtigen wirtschaftlichen Geschäftsbetrieb abzugrenzen ist, um das zu besteuernde Einkommen zu ermitteln.[17] **15**

2. Ideeller Bereich

Gemeinnützige Unternehmen vereinnahmen im ideellen Bereich typischerweise Mitgliedsbeiträge, Spenden, Zuschüsse oder sonstige **Zuwendungen von dritter Seite,** sei es vom Staat (bspw. der Kommune oder einer Sozialbehörde) oder einer Förderstiftung, sofern die Zahlung unabhängig von der Erbringung einer bestimmten Leistung erfolgt. Es gibt gemeinnützige Unternehmen, die in erheblichem Umfang institutionell durch Zuschüsse des Bundes oder eines Bundeslandes gefördert werden. Entsprechende Zuschüsse fallen typischerweise im ideellen Bereich an. In Bezug auf die Abgrenzung zwischen sog. echten Zuschüssen und Entgelten für eine Leistung gibt es eine umfangreiche Rechtsprechung und Verwaltungsanweisungen im Umsatzsteuerrecht, die entsprechend herangezogen werden können.[18] **16**

a) Zuschuss oder Leistungsentgelt

Unerheblich ist für die Qualifikation als echter Zuschuss, wenn der Zuschussgeber **Auflagen** macht, um die Erfüllung der damit verfolgten öffentlichen Aufgabe sicherzustel- **17**

---

[15] Vgl. zu den Einzelheiten KStR 8.5 f.; Gosch KStG/*Gosch* KStG § 8 Rn. 156 ff.
[16] Siehe unter → Rn. 85 ff.
[17] Zu den übrigen Voraussetzungen des § 5 Abs. 1 Nr. 9 KStG in Bezug auf die formelle Satzungsmäßigkeit siehe → § 1 Rn. 43 ff. Zu den Voraussetzungen, dass die tatsächliche Geschäftsführung ausschließlich und unmittelbar gemeinnützigen, mildtätigen oder kirchlichen Zwecken dient, siehe → § 2 Rn. 13, 48.
[18] Vgl. insb. UStAE 10.1 Abs. 7 ff. und unter → Rn. 124 ff.

len.¹⁹ Öffentliche Zuschussgeber dürfen Haushaltmittel nur vergeben, um damit eine bestimmte öffentliche Aufgabe zu erfüllen. Je nachdem, wie der Zuschuss rechtlich ausgestaltet ist, kann er auf einem Verwaltungsakt oder auf einer vertraglichen Vereinbarung beruhen. Zivilrechtlich kann eine Schenkung unter Auflage gem. § 525 BGB bei Zuwendungen von Stiftungen oder Fördervereinen etc vorliegen. Auch wenn Spenden vereinnahmt werden, handelt es sich dabei zivilrechtlich grundsätzlich um eine Schenkung unter der Auflage, die Mittel entsprechend den gemeinnützigen Zwecken zu verwenden. Würde dagegen verstoßen, könnte der Spender, ebenso wie öffentliche Zuschussgeber, die Mittel ggf. **zurückfordern** (vgl. § 527 Abs. 1 BGB).

18 Nicht nur Einnahmen gehören zu diesem steuerfreien Bereich, sondern ebenso die damit zusammenhängenden **Ausgaben.** Dies können bspw. die Kosten der Mitgliederverwaltung sein oder Ausgaben, die dazu dienen, die Mitglieder zu informieren, zB mittels einer Zeitschrift oder durch Veranstaltungen. Ebenso sind Kosten, welche mit der bezuschussten Aufgabenerfüllung zusammenhängen, vielfach steuerlich nicht abziehbar, insb. wenn der Aufwand in einen entsprechend abgegrenzten Bereich fällt. Anders kann dies sein, wenn der Zuschuss dazu dient, bei nicht kostendeckenden Entgelten für eine gemeinnützige Tätigkeit den Verlust aufzufüllen. Dann kann es sich um ein sog. **Entgelt von dritter Seite**²⁰ handeln und die entsprechenden Einnahmen sind möglicherweise einem steuerbegünstigten Zweckbetrieb der gemeinnützigen Körperschaft zuzuordnen. Auch hier kann im Einzelnen auf die umsatzsteuerrechtliche Rechtsprechung und Verwaltungsanweisungen verwiesen werden.²¹

19 In Bezug auf **Mitgliedsbeiträge** stellt sich die Rechtsfrage, inwiefern diese nutzungsbezogenes Entgelt sein können, für das die einzelnen Mitglieder im Gegenzug Sondervorteile erhalten. Insoweit können steuerlich entweder Einnahmen im steuerbefreiten Zweckbetrieb oder im steuerpflichtigen wirtschaftlichen Geschäftsbetrieb vorliegen.²² Im Ausgangspunkt gilt nach der Rechtsprechung des EuGH, dass eine **Leistung gegen Entgelt** dann vorliegt, wenn einem individualisierbaren Leistungsempfänger ein **verbrauchsfähiger Vorteil** zuwächst. Dies ist nach der Rechtsprechung bspw. für Sportvereine der Fall, bei denen die Mitglieder das Recht auf Nutzung der Sportgelegenheiten erwerben.²³ Diese Einordnung von Beiträgen als Leistungsentgelte nach der Rechtsprechung des EuGH nutzen insb. zahlreiche gemeinnützige Sportvereine, um bei Neuinvestitionen, die auch durch Mitgliedsbeiträge finanziert werden, in den Genuss des Vorsteuerabzugs zu kommen, indem Mitgliedsbeiträge zumindest partiell umsatzsteuerpflichtig gemacht werden.²⁴ Nach nationalem Umsatzsteuerrecht gilt hingegen, dass („echte") Mitgliedsbeiträge generell nicht umsatzsteuerbar sind.²⁵ Allerdings kann sich jeder Steuerpflichtige auf das ihm günstigere Unionsrecht berufen, um in den Genuss eines entsprechenden Vorsteuerabzugs kommen.²⁶ Umstritten ist derzeit, inwiefern die Steuerbefreiungsvorschrift für sportliche Betätigungen aufgrund der Vorgaben der MwStSystRL²⁷ auch dann für in Deutschland ansässige Sportvereine greift, wenn eine umsatzsteuerbare Tätigkeit des gemeinnützigen Vereins als Gegenleistung für die Zahlung von entsprechenden Beiträgen angenommen wird.²⁸

---

[19] UStAE 10.1 Abs. 7, Abs. 10 S. 5 ff.
[20] Vgl. § 10 Abs. 1 S. 2 UStG; UStAE 10.2 Abs. 3 und Abs. 4, dazu unter → Rn. 122 f.
[21] Siehe UStAE 10.2 Abs. 3 ff.; dazu Weitemeyer/Schauhoff/Achatz/*von Holt* Umsatzsteuerrecht für den Nonprofitsektor Rn. 8.35 ff. mit zahlreichen Beispielen.
[22] Vgl. zum Ganzen Weitemeyer/Schauhoff/Achatz/*Heber* Umsatzsteuerrecht für den Nonprofitsektor Rn. 8.2 ff. sowie UStAE 1.4 Abs. 1 S. 1 einerseits und BFH 11.4.2002 – V R 65/00, BStBl. II 2002, 782; BFH 29.10.2008 – XI R 76/07, BFH/NV 2009, 795 andererseits.
[23] EuGH 21.3.2002 – C-174/00, EuZW 2002, 305 -*Kennemer Golf.*
[24] Vgl, dazu *Kirchhain* SpuRt 2019, 107 (108).
[25] Vgl. UStAE 1.4 Abs. 1 und unter → Rn. 122.
[26] Dazu genauer unter → Rn. 102.
[27] Art. 132 Abs. 1 Buchst. m MwStSystRL.
[28] Vgl. § 4 Nr. 22 Buchst. b UStG und jüngst EuGH 10.12.2020 – C-488/18, DStR 2020, 2869 – *Golfclub Schloss Igling;* zuvor schon *Kirchhain* SpuRt 2019, 107 (109 f.). Siehe auch unter → Rn. 140 f.

b) Spenden oder Sponsoring

Eine weitere bedeutsame Abgrenzung für den ideellen Bereich ist diejenige zwischen **20**
Spenden und Sponsoring. Sponsoring ist kein (steuer)rechtlicher Begriff, sodass die Behandlung diesbezüglicher Einnahmen je nach Umfang einer etwaigen Gegenleistung ertragsteuerlich und umsatzsteuerlich unterschiedlich ausfallen kann.[29] Unter Sponsoring wird üblicherweise die Gewährung von Geld oder geldwerten Vorteilen durch Unternehmen zur Förderung von Personen, Gruppen und/oder Organisationen in sportlichen, kulturellen, kirchlichen, wissenschaftlichen, sozialen, ökologischen oder ähnlich bedeutsamen gesellschaftspolitischen Bereichen verstanden, mit der regelmäßig auch eigene unternehmensbezogene Ziele der **Werbung oder Öffentlichkeitsarbeit** verfolgt werden.[30] Die Sponsoringleistung muss nicht in Geld bestehen, sondern kann auch in Sachzuwendungen oder Dienstleistungen bestehen.

Die bloße Danksagung oder erwähnende Einbindung in die Öffentlichkeitsarbeit des **21**
Empfängers **ohne besondere Hervorhebung** des Sponsors wird nicht als entgeltliche Tätigkeit oder Rechteüberlassung durch das gesponserte gemeinnützige Unternehmen gewertet. Auch die Verwendung des **Emblems oder Logos** des Sponsors stellt grundsätzlich keine schädliche „Hervorhebung" dar, wohl aber – nach umstrittener Auffassung der Finanzverwaltung – die **Verlinkung** auf die Webpräsenz des Sponsors.[31] Ein steuerpflichtiger wirtschaftlicher Geschäftsbetrieb liegt hingegen grds. vor, wenn das gemeinnützige Unternehmen aktiv an Werbemaßnahmen des Sponsors mitwirkt (zB Möglichkeit der Anzeige in einer Publikation des Sponsoringempfängers oder Einräumung einer werbewirksamen Präsenz auf einer Veranstaltung des Gesponserten).[32] Im Grundsatz gelten diese Maßstäbe auch für den Hinweis des Sponsors auf sein Engagement im Rahmen seiner eigenen Öffentlichkeitsarbeit. Im Detail gibt es hier aber Abweichungen in der ertragsteuerlichen und umsatzsteuerrechtlichen Bewertung.[33]

3. Vermögensverwaltung

Nach § 14 S. 1 AO ist ein wirtschaftlicher Geschäftsbetrieb eine selbstständige nachhaltige **22**
Tätigkeit, durch die Einnahmen oder andere wirtschaftliche Vorteile erzielt werden und die über den Rahmen einer Vermögensverwaltung hinausgeht. Eine Vermögensverwaltung liegt idR vor, wenn Vermögen genutzt, zB **Kapitalvermögen verzinslich angelegt** oder unbewegliches Vermögen **vermietet oder verpachtet** wird (§ 14 S. 3 AO). Damit sind die wesentlichen Fallgruppen der steuerfreien Vermögensverwaltung benannt. Auch der häufige Umschlag von Kapitalvermögen durch Kauf und Verkauf von Wertpapieren ändert noch nichts an der Charakterisierung der Tätigkeit als vermögensverwaltend. Nur dann, wenn in großem Maße **Kredite aufgenommen** werden, um Einkünfte aus der Vermögensverwaltung zu erzielen, kann die Grenze zur Gewerblichkeit unter Umständen überschritten werden. Im Allgemeinen kann für die Abgrenzung zwischen Vermögensverwaltung und wirtschaftlichem Geschäftsbetrieb nach § 14 AO auf die **einkommensteuerrechtliche Abgrenzung** der vermögensverwaltenden Einkunftsarten („Haushaltseinkünfte") von ge-

---

[29] Vgl. UStAE 1.1 Abs. 23; AEAO zu § 64 Abs. 1 Tz. 9; zur ertragsteuerlichen Behandlung siehe auch den sog. Sponsoringerlass des BMF 18.2.1998, BStBl. I 1998, 212.

[30] AEAO zu § 64 Tz. 7 Satz 1; siehe dazu Weitemeyer/Schauhoff/Achatz/*Heber* Umsatzsteuerrecht für den Nonprofitsektor Rn. 8.149 ff.

[31] Vgl. BMF 18.2.1998, BStBl. I 1998, 212 Tz. 9; AEAO zu § 64 Abs. 1 Tz. 10.; zur Umsatzsteuer UStAE 1.1 Abs. 23 S. 1.

[32] Vgl. BFH 7.11.2007 – I R 42/06, BStBl. II 2008, 949 sowie AEAO zu § 64 Abs. 1 Tz. 11; zur besonderen Gewinnermittlung für Sponsoringeinnahmen gem. § 64 Abs. 6 Nr. 1 AO siehe → Rn. 76.

[33] Vgl. AEAO zu § 64 Abs. 1 Tz. 10; UStAE 1.1 Abs. 23 S. 3 f.; zu den weiteren Einzelheiten vgl. NK-GemnR/ *Dehesselles* AO Anhang zu § 14 Rn. 8 ff. bzw. NK-GemnR/*Dehesselles*/*Zimmermann* UStG Anhang Sponsoring Rn. 1 ff.

§ 7 Steuern

werblichen bzw. betrieblichen Einkünften abgestellt werden (insb. §§ 20, 21 EStG vs. § 15 EStG).³⁴

23 Weitere Abgrenzungsfragen zwischen einer Vermögensverwaltung und einem steuerpflichtigen wirtschaftlichen Geschäftsbetrieb können sich in Bezug auf das Halten einer **Beteiligung** an einer Kapitalgesellschaft stellen, wenn auf die steuerpflichtige Tochterkapitalgesellschaft fortlaufend ein wesentlicher unternehmerischer Einfluss genommen wird oder ein Fall der sog. Betriebsaufspaltung vorliegt.³⁵

24 In Bezug auf **Immobilien** kann der Bereich der steuerfreien Vermögensverwaltung überschritten werden, wenn nach der allgemein geltenden sog. **Drei-Objekt-Grenze** mehr als drei Immobilienobjekte innerhalb von fünf Jahren veräußert werden. Zudem liegt Gewerblichkeit vor, wenn Gebäude mit dem Zweck errichtet werden, diese zu veräußern. Die Drei-Objekt-Grenze kennt zahlreiche detaillierte Anwendungsregeln.³⁶ Auch Veräußerungen von Objekten innerhalb von zehn Jahren können schädlich sein. Zudem ist zu beachten, wie ggf. Vorbesitzzeiten zu werten sind.³⁷ Die Errichtung von Immobilien mit dem Zweck, diese an eine gemeinnützige Tochtergesellschaft zu vermieten, überschreitet nicht die Grenzen der Vermögensverwaltung.³⁸ Soweit allerdings die gemeinnützige Tochtergesellschaft einen steuerpflichtigen wirtschaftlichen Geschäftsbetrieb mit der Immobilie betreibt, ist das Gebäude insoweit anteilig einem steuerpflichtigen wirtschaftlichen Geschäftsbetrieb bei der vermietenden gemeinnützigen Mutterkörperschaft zuzuordnen, wenigstens nach der bisherigen Rechtsauffassung der Finanzverwaltung.³⁹ Bislang wird für derartige Fälle von der Finanzverwaltung zudem vertreten, dass deswegen ggf. auch die Geschäftsanteile an der gemeinnützigen Tochtergesellschaft einem steuerpflichtigen wirtschaftlichen Geschäftsbetrieb zuzuordnen sind.⁴⁰

4. Zweckbetriebe

25 Nach der in § 65 AO niedergelegten Grundregel führt nicht jede gewerbliche Tätigkeit zu einem steuerpflichtigen wirtschaftlichen Geschäftsbetrieb. Zwar liegen nach § 14 S. 1 AO immer dann, wenn Leistungen gegen Entgelt ausgeführt werden, Einnahmen in einem **wirtschaftlichen Geschäftsbetrieb** vor. Diese können aber unter den Voraussetzungen der §§ 65 ff. AO in einem **steuerbefreiten Zweckbetrieb** anfallen. Ein Zweckbetrieb ist nach § 65 Nr. 1 AO gegeben, wenn der wirtschaftliche Geschäftsbetrieb in seiner Gesamtrichtung dazu dient, die steuerbegünstigten satzungsmäßigen Zwecke der Körperschaft zu verwirklichen, wobei die Satzung der gemeinnützigen Körperschaft die Zweckbetriebstätigkeit vorsehen muss. Sodann muss der Geschäftsbetrieb **erforderlich** für die Zweckerreichung sein (§ 65 Nr. 2 AO), was allerdings nach der Rechtsprechung weit ausgelegt wird.⁴¹ Letztlich steht es im Ermessen der jeweiligen gemeinnützigen Körperschaft, welche Tätigkeiten in einem Zweckbetrieb entfaltet werden. Die Körperschaft muss den Zweckbetrieb zur Verwirklichung ihrer satzungsmäßigen Zwecke nicht unmittelbar und „unbedingt" benötigen, sondern es genügt, wenn er **zur eigentlichen Zweckerfüllung** – und nicht etwa

---

³⁴ Vgl. Schauhoff Gemeinnützigkeits-HdB/*Schauhoff* § 7 Rn. 62 ff.; Gosch AO/FGO/*Buciek* AO § 14 Rn. 54 ff.). Im Einzelnen sind aber vor dem Hintergrund des Normzwecks des § 14 AO bzw. der partiellen Steuerpflicht (insb. Wettbewerbsschutz) abweichende rechtliche Wertungen vorzunehmen: vgl. *Hüttemann* GemeinnützigkeitsR Rn. 6.119 ff.
³⁵ Siehe dazu AEAO zu § 64 Abs. 1 Tz. 3 Satz 5 und genauer unter → Rn. 62 ff.
³⁶ EStH 15.7 Abs. 1 („Gewerblicher Grundstückshandel"); BMF 26.3.2004, BStBl. I 2004, 434; Schmidt/ *Wacker* EStG § 15 Rn. 47 ff.
³⁷ Vgl. BMF 26.3.2004, BStBl. I 2004, 434 (Tz. 9).
³⁸ Siehe AEAO zu § 64 Abs. 1 Tz. 3 Satz 8.
³⁹ AEAO zu § 64 Abs. 1 Tz. 3 Satz 9.
⁴⁰ Zur gemeinnützigkeitsrechtlichen Wertung nach dem neuen § 57 Abs. 3 AO siehe → § 2 Rn. 122 ff.
⁴¹ Vgl. die Übersicht bei Wallenhorst/Halaczynski Besteuerung/*R. Wallenhorst* Kap. G. Rn. 47; missverständlich und nunmehr durch § 57 Abs. 3 AO überholt: AEAO zu § 65 Tz. 3 Satz 3.

aus Gründen der Mittelbeschaffung – betrieben werden soll.[42] Abgegrenzt werden soll dies von Fällen, in denen der Betrieb nur mittelbar der Erfüllung eines gemeinnützigen Zwecks dient.[43] So soll der Fall des Betriebes einer Beschaffungsstelle, die zentral einen Verkauf von Auftragsgegenständen oder Auftragsbeschaffungen erledigt, nicht als Zweckbetrieb in Frage kommen. Seitdem der Gesetzgeber in § 57 Abs. 3 AO ausdrücklich zulässt, dass entsprechende Tätigkeiten im planmäßigen Zusammenwirken mit Dritten zur Verfolgung eines gemeinnützigen Zwecks erbracht werden, wird die entsprechende Richtlinienbestimmung geändert werden müssen. Fortan sind unter den Voraussetzungen des § 57 Abs. 3 AO auch derartige Beschaffungstätigkeiten als steuerbegünstigte Zweckbetriebe ausgestaltbar.[44]

Die dritte Voraussetzung für das Vorliegen eines Zweckbetriebes ist nach § 65 Nr. 3 AO, **26** dass mit der wirtschaftlichen Tätigkeit die gemeinnützige Körperschaft nicht mehr als unmittelbar notwendig in Wettbewerb zu steuerpflichtigen Anbietern tritt. Die Problematik dieser Vorschrift ist, dass nach Auffassung der Finanzverwaltung ein schädlicher Wettbewerb bereits dann vorliegt, wenn „potenzieller Wettbewerb" gegeben ist, unabhängig von der tatsächlichen Wettbewerbssituation vor Ort.[45] Zutreffend ist zwar, dass keine konkrete Wettbewerbssituation vorherrschen muss, damit ein steuerfreier Zweckbetrieb ausscheidet. Allerdings setzt die Feststellung eines schädlichen Wettbewerbs **konkrete bzw. reale Wettbewerbsmöglichkeiten** für kommerzielle Anbieter voraus.[46] Potenzieller Wettbewerb darf nicht mit nur rein theoretisch denkbarem Wettbewerb verwechselt werden. Insbesondere für ärmere Bevölkerungsschichten gibt es in vielen Bereichen deswegen kein kommerzielles Dienstleistungsangebot, weil dies für Unternehmer – zu den am Markt durchsetzbaren Preisen – schlicht nicht rentabel wäre. Wenn stattdessen gemeinnützige Unternehmen auf dem Markt entsprechende Angebote machen, wird die Voraussetzung des § 65 Nr. 3 AO häufig nachgewiesen werden können.[47]

Wegen der Hürde in § 65 Nr. 3 AO hat der Gesetzgeber für die wesentlichen gemein- **27** nützigen Zweckbetriebstätigkeiten **spezielle Zweckbetriebsdefinitionen** in den §§ 66 ff. AO geschaffen, deren Eingreifen von den Voraussetzungen des **Auffangtatbestands** in § 65 AO unabhängig ist.[48] Damit sollen die rechtlichen Zweifel, die die geforderte Abwägung nach § 65 Nr. 3 AO mit sich bringt, verbindlich durch den Gesetzgeber geklärt werden.[49] Nur wenn eine spezielle Zweckbetriebsbefreiung nicht in Betracht kommt, kommt es auf die Tatbestandsvoraussetzungen des Auffangtatbestands in § 65 AO an.

a) Wohlfahrt

Wohlfahrtsbetriebe liegen nach § 66 AO vor, wenn der wirtschaftliche Geschäftsbetrieb **28** planmäßig und zum Wohle der Allgemeinheit und nicht des Erwerbs wegen der Sorge für notleidende oder gefährdete Mitmenschen dient. Die Sorge kann sich auf das gesundheitliche, sittliche, erzieherische oder wirtschaftliche Wohl erstrecken und **Vorbeugung oder Abhilfe** bezwecken. Voraussetzung dafür, dass eine Einrichtung der Wohlfahrtspflege vor-

---

[42] So auch FG Hamburg 15.11.2017 – 1 K 2/16, EFG 2018, 792, Rn. 59; aA wohl AEAO zu § 65 AO Tz. 3 Satz 2.
[43] AEAO zu § 65 Tz. 3. Dagegen *Hüttemann* GemeinnützigkeitsR Rn. 6.178: kein eigenständiges Unmittelbarkeitserfordernis in § 65 Nr. 1 bzw. Nr. 2 AO; ebenso FG Münster 19.6.2019 – 9 K 2483/19 K, G, EFG 2020, 607, Rn. 61 f. (Rev. BFH V R 46/19).
[44] Vgl. dazu → § 2 Rn. 122 ff.
[45] AEAO zu § 65 Tz. 4 entgegen BFH 30.3.2000 – V R 30/99, BStBl. II 2000, 705.
[46] Dann allerdings hat die daraus folgende (partielle) Versagung der Steuerbegünstigung drittschützenden Charakter, sodass kommerzielle Mitbewerber im Fall einer unberechtigten Gewährung der Zweckbetriebseigenschaft auf Besteuerung als steuerpflichtiger wirtschaftlicher Geschäftsbetrieb klagen können. Vgl. BFH 18.9.2007 – I R 30/06, BStBl. II 2009, 126, Rn. 16; FG Düsseldorf 3.9.2019 – 3 K 3315/17, BeckRS 2019, 31043 Rn. 50.
[47] Vgl. dazu auch FG Cottbus 24.1.2019 – 8 K 8286/17, EFG 2019, 1049, Rn. 22 ff. (Rev. BFH: V R 5/19); dazu *Schauhoff/Danz* DStR 2019, 23 (27 f.).
[48] Vgl. BFH 4.6.2003 – I R 25/02, BStBl. II 2004, 660 sowie AEAO zu § 68 Tz. 1.
[49] BFH 18.1.1995 – V R 139–142/92, BStBl. II 1995, 446, Rn. 16 ff.; BFH 25.7.1996 – V R 7/95, BStBl. II 1997, 154, Rn. 28; BFH 18.10.2017 – V R 46/16, BStBl. II 2018, 672.

liegt, ist, dass diese **mindestens zwei Drittel** ihrer Leistungen nach § 53 AO hilfebedürftigen Personen gegenüber erbringt. Bedürftig sind nach § 53 Nr. 1 AO Personen, die infolge ihres körperlichen, geistigen oder seelischen Zustands auf die Hilfe anderer angewiesen sind oder die nach den speziellen Vorschriften des § 53 Nr. 2 AO **wirtschaftlich hilfebedürftig** sind. In dieser Vorschrift ist geregelt, bei welchem Einkommen bzw. Vermögen von einer wirtschaftlichen Hilfebedürftigkeit ausgegangen werden und inwieweit private Unterhaltszahlungen oder öffentliche Unterstützung angerechnet werden. Bei der Beurteilung der Hilfebedürftigkeit kommt es nicht darauf an, dass diese dauernd oder für längere Zeit besteht. Hilfeleistungen, wie bspw. „Essen auf Rädern" können daher steuerbegünstigt durchgeführt werden. Bei Personen, die das 75. Lebensjahr vollendet haben, kann körperliche Hilfsbedürftigkeit ohne weitere Nachprüfung angenommen werden.[50]

29 Grundsätzlich muss die gemeinnützige Körperschaft den **Nachweis** erbringen, dass ihre Leistungen zu zwei Dritteln hilfebedürftigen Personen zugutekommen. Auf Antrag kann allerdings nach § 53 Nr. 2 S. 8 AO auf einen Nachweis der wirtschaftlichen Hilfebedürftigkeit der einzelnen betreuten Person verzichtet werden, wenn aufgrund der besonderen Art der gewährten Unterstützungsleistung sichergestellt ist, dass nur wirtschaftlich hilfebedürftige Personen unterstützt werden. Für die Ermittlung der Zweidrittel-Grenze kommt es nicht auf das Zahlenverhältnis von gefährdeten bzw. notleidenden und übrigen geförderten Menschen an, sondern auf die jeweils den verschiedenen Gruppen gegenüber **erbrachten Leistungen,** die nach dem abgerechneten Entgelt zugeordnet werden.[51]

30 Die Tätigkeit des Wohlfahrtsbetriebes muss auf die Sorge für notleidende oder gefährdete Menschen gerichtet sein. Dabei ist nicht die der Leistungserbringung zugrunde liegende Vertragsbeziehung maßgebend. Vielmehr muss die Leistung **faktisch unmittelbar gegenüber den hilfebedürftigen Personen** ausgeführt werden.[52] Nunmehr ermöglicht § 57 Abs. 3 AO, dass Verwaltungsleistungen für andere gemeinnützige Körperschaften, die im Rahmen des eigenen Wohlfahrtsbetriebes erbracht werden, auch als Zweckbetrieb angesehen werden können, wenn die entsprechende Unterstützung planmäßig erfolgt.[53]

31 Eine Einrichtung der Wohlfahrtspflege liegt regelmäßig vor bei häuslichen Pflegeleistungen durch eine steuerbegünstigte Körperschaft im Rahmen des SGB VII, SGB XI, SGB XII oder Bundesversorgungsgesetzes (BVG).[54] Dagegen fällt die bloße Beförderung von Personen, für die der Arzt eine Krankenfahrt verordnet hat, nicht unter § 66 Abs. 2 AO. Kleiderkammern, Suppenküchen, Obdachlosenasyle oder Tafeln werden typischerweise unter § 66 AO fallen und können regelmäßig auch einen Bescheid nach § 53 Nr. 2 S. 8 AO erhalten, um nicht im Einzelfall nachweisen zu müssen, dass ihre Kunden wirtschaftlich hilfebedürftig sind.

32 Typische Wohlfahrtsbetriebe sind im Kern auch die nach § 68 Nr. 1 AO als gesonderte Zweckbetriebe aufgeführten Alten-, Altenwohn- und Pflegeheime oder Kindergärten, Kinder-, Jugend- und Studentenheime oder Jugendherbergen. Unter die Tätigkeit des Alten-, Altenwohn- und Pflegeheims fallen auch Einrichtungen, bei denen die Verträge über die Überlassung von Wohnraum und über die Erbringung von Pflege- oder Betreuungsleistungen voneinander abhängig sind (siehe §§ 1, 2 WBVG).[55]

---

[50] AEAO zu § 53 Tz. 4.
[51] BFH 21.9.2016 – V R 50/15, BStBl. II 2017, 1173, Rn. 31.
[52] BFH 6.2.2013 – I R 59/11, BStBl. II 2013, 603, Rn. 22; unter Berufung auf Art. 132 Abs. 1 Buchst. g MwStSystRL sogar für die im Namen Dritter ausgeführte Abrechnung von Krankentransporten und Notfallrettung gegenüber dem Sozialleistungsträger BFH 24.2.2021 – XI R 32/20 (XI R 42/19), DStR 2021, 1531; vgl. auch HHS/*Musil* AO § 66 Rn. 26. Im Rahmen des Auffangtatbestands (§ 65 AO) spielt dieses Kriterium keine Rolle: vgl. bejahend für die inhaltliche Organisation und Betreuung von Zivildienstleistungen FG Münster 19.6.2019 – 9 K 2483/19 K, G, EFG 2020, 607, Rn. 60 ff. (Rev. BFH V R 46/19).
[53] Anders noch AEAO zu § 66 Tz. 3 (aE); zum Kriterium des planmäßigen Zusammenwirkens siehe → § 2 Rn. 122.
[54] Vgl. AEAO zu § 66 Tz. 4.
[55] Gesetz zur Regelung von Verträgen über Wohnraum mit Pflege- oder Betreuungsleistungen; vgl. AEAO zu § 68 Nr. 1 Tz. 2.

Wohlfahrtsbetriebe dürfen **nicht des Erwerbs wegen** ausgeübt werden. Sie dürfen deswegen nach Rechtsauffassung der Finanzverwaltung keine Gewinne anstreben, die den konkreten Finanzierungsbedarf des jeweiligen wirtschaftlichen Geschäftsbetriebs übersteigen. Dabei kann allerdings die Erzielung von Gewinnen in gewissem Umfang geboten sein, um Erhaltungs- und Modernisierungsmaßnahmen finanzieren zu können.[56] Werden in drei aufeinanderfolgenden Veranlagungszeiträumen Gewinne erwirtschaftet, die den Finanzierungsbedarf der sog. **wohlfahrtspflegerischen Gesamtsphäre** übersteigen, geht die Zweckbetriebsbefreiung verloren, es sei denn, es können außergewöhnliche Marktschwankungen (zB die sog. Flüchtlingskrise, COVID-19-Pandemie) nachgewiesen werden. 33

b) Krankenhaus

Nach § 67 AO sind Krankenhäuser Zweckbetriebe, wenn mindestens 40% der jährlichen Belegungstage oder Berechnungstage auf Patienten entfallen, bei denen nur Entgelte für allgemeine Krankenhausleistungen berechnet werden.[57] Zu den typischen Krankenhausleistungen gehören die ärztliche und pflegerische Behandlung sowie die Versorgung mit Arznei-, Heil- und Hilfsmitteln sowie die Unterkunft und Verpflegung während des Krankenhausaufenthalts. Dies gilt auch für Leistungen an ambulant behandelte Patienten.[58] Maßgebend sind der gesetzliche Versorgungsauftrag des Krankenhauses und der Umstand, dass der Sozialversicherungsträger die insoweit entstehenden Kosten trägt.[59] Somit sind Leistungen des Krankenhauses, die außerhalb des Versorgungsauftrags erbracht werden (bspw. der Betrieb der Krankenhauscafeteria), grundsätzlich Teil eines steuerpflichtigen wirtschaftlichen Geschäftsbetriebes. 34

c) Behindertenhilfe und Inklusionsbetriebe

Nach § 68 Nr. 3 Buchst. a AO sind Werkstätten für behinderte Menschen Zweckbetriebe, wenn sie nach den Vorschriften des SGB III förderungsfähig sind und Personen Arbeitsplätze bieten, die wegen ihrer Behinderung nicht auf dem allgemeinen Arbeitsmarkt tätig sein können. Gleiches gilt nach § 68 Nr. 3 Buchst. c AO für Inklusionsbetriebe iSd § 215 Abs. 1 SGB IX, wenn mindestens 40% der Beschäftigten besonders schwerbehinderte Menschen iSd § 215 Abs. 1 SGB IX sind.[60] Zudem sieht § 68 Nr. 3 Buchst. b AO vor, dass auch Einrichtungen für **Beschäftigungs- und Arbeitstherapie,** in denen behinderte Menschen aufgrund ärztlicher Indikation außerhalb eines Beschäftigungsverhältnisses vom Träger der Therapieeinrichtung mit dem Ziel behandelt werden, körperliche oder psychische Grundfunktionen zum Zweck der Wiedereingliederung in das Alltagsleben wiederherzustellen, als Zweckbetriebe anerkennungsfähig sind. Die Norm verknüpft die sozialrechtlichen Vorgaben eng mit den Zweckbetriebsanforderungen.[61] Auch die **Läden oder Verkaufsstellen** von Werkstätten für behinderte Menschen können, ebenso wie die für die behinderten Menschen betriebenen Kantinen, zu den Zweckbetrieben gehören. Allerdings ist der bloße Warenhandel grundsätzlich als steuerpflichtiger wirtschaftlicher Geschäftsbetrieb zu behandeln.[62] 35

---

[56] Im Einzelnen AEAO zu § 66 Tz. 2 sowie ausführlich → § 2 Rn. 68 ff.
[57] Zu den institutionellen Anforderungen vgl. Koenig/*Koenig* AO § 67 Rn. 1 ff.
[58] Vgl. Tipke/Kruse/*Seer* AO § 67 Rn. 2.
[59] BFH 31.7.2013 – I R 82/12, BStBl. II 2015, 123; BFH 18.10.2017 – V R 46/16, BStBl. II 2018, 672; AEAO zu § 67 AO (Abs. 2).
[60] Die Zweckbetriebsdefinition stellt damit höhere Anforderungen als die sozialrechtliche Anerkennungsfähigkeit als Inklusionsbetrieb in § 215 Abs. 3 S. 1 SGB IX, wonach dies lediglich 30% der Beschäftigten sein müssen.
[61] Zu den diesbezüglichen rechtlichen Wechselwirkungen vgl. anschaulich NK-GemnR/*von Holt/Hörmann* AO § 68 Rn. 8 ff.
[62] Siehe im Einzelnen AEAO zu § 68 Nr. 3 Tz. 5–7.

36 In der Praxis können sich in Bezug auf die Ermittlung der erforderlichen Beschäftigungsquote schwierige Detailfragen stellen, bspw. bei einer Teilzeitbeschäftigung.[63] Als Inklusionsbetriebe anerkannt werden auch **Handelsbetriebe,** die wohnortnah Einzelhandelsgeschäfte betreiben, bspw. mit einem Lebensmittelvollsortiment und entsprechendem Einsatz von Fachpersonal. Die von den **Sozialbehörden** vorgenommene sozialrechtliche Einordnung von Inklusionsbetrieben oder Betrieben als Teil einer Werkstatt für behinderte Menschen soll von der zuständigen Finanzbehörde regelmäßig übernommen werden. Die Anerkennungsbescheide nach § 225 SGB IX bzw. Bescheide über die erbrachte Leistung nach § 217 SGB IX entfalten Tatbestandswirkung. Nur wenn die Sozialbehörde eine fehlerhafte Sachverhaltsermittlung vorgenommen haben sollte, kommt die Nichtanerkennung der entsprechenden Wertung durch die Sozialbehörde im Rahmen der Zweckbetriebsbestimmung in Betracht.[64]

d) Sport

37 Sportvereine sind typischerweise als Zweckbetriebe anzuerkennen, soweit sie Einnahmen durch **sportliche Veranstaltungen** erzielen. Die Sportvereine finanzieren sich in vielen Fällen überwiegend durch Mitgliedsbeiträge, die allerdings ggf. den umsatzsteuerpflichtigen Einnahmen zuzuordnen sind.[65] Damit kann auch für das Verhältnis der Leistungserbringung gegenüber den Mitgliedern ertragsteuerlich die Einordnung als Zweckbetrieb korrespondieren. Die Förderung des **bezahlten Sports** ist generell kein gemeinnütziger Zweck, weil dadurch eigenwirtschaftliche Zwecke der bezahlten Sportler gefördert werden. Sie ist aber unter bestimmten Voraussetzungen unschädlich für die Gemeinnützigkeit eines Sportvereins, wie in § 58 Nr. 8 AO festgehalten ist. So können Sportler von gemeinnützigen Vereinen bezahlt werden, wenn diese im Rahmen eines Zweckbetriebs beschäftigt werden.[66] Die Finanzverwaltung hat im Einzelfall geregelt, unter welchen Voraussetzungen ein Verein, dessen Tätigkeit in erster Linie seinen Mitgliedern zugutekommt (insb. Sportvereine), nicht die Allgemeinheit fördert, wenn der Kreis der Mitglieder durch hohe Aufnahmegebühren oder Mitgliedsbeiträge einschließlich Mitgliedsumlagen dauerhaft klein gehalten wird.[67]

38 Nach § 67a AO können sportliche Veranstaltungen, für die Eintrittsgelder genommen werden, Zweckbetriebe darstellen, wenn die (Brutto-)Einnahmen 45 000 EUR im Jahr nicht übersteigen. Dabei kann die gemeinnützige Körperschaft auf die Anwendung dieser Zweckbetriebsgrenze verzichten. In dem Fall kann die Veranstaltung dennoch als Zweckbetrieb behandelt werden, wenn daran keine bezahlten Sportler teilnehmen (im Einzelnen § 67a Abs. 2 und Abs. 3 AO).

39 Die Ausbildung und Fortbildung in sportlichen Fertigkeiten gehören zu den typischen und wesentlichen Tätigkeiten eines Sportvereins. **Sportkurse und Sportlehrgänge** für Mitglieder und Nichtmitglieder sind als sportliche Veranstaltungen zu beurteilen. Unerheblich ist, ob damit ein Wettbewerb zu gewerblichen Sportlehrern entsteht und ob der Unterricht durch Beiträge, Sonderbeiträge oder Sonderentgelte abgegolten wird.[68] Der Verkauf von Speisen und Getränken – auch an Wettkampftagen an Schiedsrichter, Kampfrichter, Sanitäter usw. – und die Werbung gehören nicht zu den steuerfreien Einnahmen aus der sportlichen Veranstaltung, sondern werden in gesonderten steuerpflichtigen wirtschaftlichen Geschäftsbetrieben erfasst. Sofern ein einheitliches Eintrittsgeld für die sportliche Veranstaltung und die Bewirtung erhoben wird, ist dieses ggf. im Wege der Schätzung aufzuteilen.

---

[63] Vgl. jüngst BFH 27.2.2020 – V R 10/18, BFH/NV 2020, 1246 zur Einbeziehung ausgelagerter Arbeitsplätze einer Werkstatt für behinderte Menschen in die Quotenberechnung eines Integrationsprojekts (heute: Inklusionsbetrieb).
[64] Dazu AEAO zu § 68 Nr. 3 Tz. 7.
[65] Siehe genauer unter → Rn. 122 f.; zur Ertragsteuer → Rn. 19.
[66] AEAO zu § 67a Tz. 18.
[67] Im Einzelnen AEAO zu § 52 Tz. 1.1–1.3.2; vgl. dazu bereits im Kontext der Förderung der Allgemeinheit → § 2 Rn. 15 f.
[68] AEAO zu § 67a Tz. 5 AO.

Bei der **Vermietung von Sportstätten** einschließlich der Sportanlagen ist zu unter- **40** scheiden, ob es sich um eine kurzfristige oder eine langfristige Vermietung handelt. Die Vermietung auf längere Dauer ist dem Bereich der steuerfreien Vermögensverwaltung zuzuordnen. Die kurzfristige Vermietung ist regelmäßig ein wirtschaftlicher Geschäftsbetrieb eigener Art, der nach § 65 AO steuerbegünstigt ist, wenn der Verein durch die Vermietung auf kurze Dauer an Nichtmitglieder nicht in größerem Umfang in Wettbewerb zu nicht begünstigten kommerziellen Anbietern tritt, als dies bei Erfüllung der steuerbegünstigten Zwecke unvermeidbar ist.[69] Die Überlassung von einzelnen Sportgeräten und sonstigen Gegenständen (zB Tennis- oder Golfschlägern) wird nach den gleichen Grundsätzen behandelt und als unselbständiges Hilfsgeschäft angesehen.[70]

Werden sportliche Veranstaltungen durchgeführt, an denen sowohl unbezahlte als auch **41** bezahlte Sportler teilnehmen, sind ggf. Aufteilungen vorzunehmen.[71] Die Verwaltung hat detaillierte Regelungen entwickelt, um den Sportvereinen die notwendige Rechtssicherheit für die Qualifikation der sportlichen Betätigung zu geben.[72]

e) Bildung

Nach § 68 Nr. 8 AO sind **Volkshochschulen** und andere Einrichtungen Zweckbetrie- **42** be, soweit sie selbst **Vorträge, Kurse und andere Veranstaltungen wissenschaftlicher oder belehrender Art** durchführen. Dies gilt auch, soweit die Einrichtungen den Teilnehmern dieser Veranstaltungen selbst Beherbergung und Beköstigung gewähren.[73] An Veranstaltungen belehrender Art sind keine besonderen inhaltlichen Anforderungen zu stellen. Es genügt, dass bei den jeweiligen Veranstaltungen überwiegend Vorträge gehalten werden, die naturgemäß belehrenden Charakter haben.[74]

Ein Abgrenzungsproblem kann sich stellen, wenn die Bildung sich nicht durch einen Vortrag **43** an die Allgemeinheit richtet, sondern tatsächlich die Beratung der wirtschaftlichen Interessen Einzelner zum Gegenstand hat. Je individueller die Bildung zugeschnitten ist, umso mehr kann sich die Frage stellen, ob nicht tatsächlich anstelle der Volksbildung eine **fremdnützige (zB wirtschaftliche oder rechtliche) Beratung** vorliegt. Auch hier kommt es wiederum auf eine Gesamtwürdigung der Umstände an. Die Schuldnerberatung kann gemeinnützig sein, allerdings nur als Förderung mildtätiger Zwecke, in Gestalt der Unterstützung wirtschaftlich hilfebedürftiger Menschen. Volksbildung liegt auch dann vor, wenn bspw. individueller Sprachunterricht im Rahmen eines Sprachkurses vorgenommen wird oder Trainings mit einzelnen Menschen durchgeführt werden, um deren individuelle Fertigkeiten als Teil der Gesamtheit zu fördern. Dagegen stellt die Beratung im Einzelfall oder der (allgemeine) Fahrschulunterricht keine Bildung dar und führt nur unter den Voraussetzungen des § 65 AO oder bei Überschneidung mit anderen (satzungsmäßigen) gemeinnützigen Zwecken zu einem Zweckbetrieb.

Typische gemeinnützige Bildungsunternehmen sind Träger von Universitäten, Hoch- **44** schulen oder Lehr- und Ausbildungswerkstätten. Die **Aus- und Weiterbildung** fällt unter § 68 Nr. 8 AO. Die Erhebung von Teilnahmegebühren ist dabei unerheblich, da die Wettbewerbssituation – anders als im Rahmen des § 65 Nr. 3 AO – für die Auslegung des § 68 Nr. 8 AO ohne Bedeutung ist.

---

[69] Im Einzelnen AEAO zu § 67a Tz. 12 sowie zum Kriterium der Unvermeidbarkeit bereits → Rn. 26.
[70] HHS/*Musil* AO § 67a Rn. 16.
[71] Im Einzelnen AEAO zu § 67a Tz. 23 ff.; vgl. dazu jüngst Niedersächsisches FG 25.4.2019 – 11 K 134/17, BeckRS 2019, 8468 (Rev. BFH XI R 11/19).
[72] Zu den weiteren Einzelheiten iRd § 67a AO siehe ausführlich BLSB Gemeinnützigkeit/*Seeger/Brox* S. 358 ff.
[73] Schauhoff Gemeinnützigkeits-HdB/*Schauhoff* § 7 Rn. 103. Siehe zur ggf. abweichenden Behandlung im Rahmen der Umsatzsteuer BFH 7.10.2010 – V R 12/10, BStBl. II 2011, 303; übernommen in UStAE 4.22.1 Abs. 3 S. 5.
[74] BFH 21.6.2017 – V R 34/16, BStBl. II 2018, 55; AEAO zu § 68 Nr. 8 Tz. 15. Vgl. aber zu den Einschränkungen im Bereich der politischen Bildung → § 2 Rn. 19.

f) Kultur

45 Nach § 68 Nr. 7 AO sind **kulturelle Einrichtungen** (wie Museen und Theater) und kulturelle Veranstaltungen (wie Konzerte und Kunstausstellungen) Zweckbetriebe. Dazu gehört ausdrücklich nicht der Verkauf von Speisen und Getränken. Voraussetzung für die Zweckbetriebseigenschaft ist, dass die Förderung der Kultur Satzungszweck ist.[75] Wegen der Breite des Spektrums, die die Förderung von Kunst und Kultur umfasst, ist die im Gesetz enthaltene Aufzählung der kulturellen Einrichtungen nicht abschließend.[76] Erfolgt die kulturelle Darbietung im Rahmen einer anderen Veranstaltung, die nicht von der gemeinnützigen Körperschaft selbst organisiert wird, so liegt dennoch eine kulturelle Veranstaltung vor.[77] Teil der Zweckbetriebstätigkeit einer gemeinnützigen Kultureinrichtung können auch Nebenleistungen sein, wie der Verkauf von Katalogen, Programmheften oder Replika von in einem Museum ausgestellten Kunstwerken. Die Praxis orientiert sich dabei an den Vorgaben aus der umsatzsteuerrechtlichen Definition für steuerbefreite Einnahmen einer kulturellen Einrichtung.[78]

g) Wissenschaft

46 Wissenschafts- und Forschungseinrichtungen, die **Auftragsforschung** betreiben, können damit einen Zweckbetrieb nach § 68 Nr. 9 AO unterhalten. Unproblematisch sind hierbei Zuwendungen an eine Wissenschaftseinrichtung, die sich dadurch auszeichnen, dass sich der Geldgeber weder Nutzungs- noch Veröffentlichungsrechte in Bezug auf den zu erforschenden Gegenstand vorbehält. Allerdings bestimmt § 68 Nr. 9 S. 2 AO, dass Auftragsforschung nur in einem bestimmten Umfang als Zweckbetrieb anerkannt wird.[79] Nicht unter die Vorschrift fallen Bildungsveranstaltungen einer Wissenschaftseinrichtung (zB Tagungen, Kongresse), die typischerweise nach § 68 Nr. 8 AO steuerbefreit sind. Dasselbe gilt, wenn eine Wissenschaftseinrichtung auch ein Museum betreibt, welches nach § 68 Nr. 7 AO steuerbegünstigte Tätigkeiten ausführen kann. Wird die Forschung von einer gemeinnützigen Einrichtung betrieben, die keine Forschungseinrichtung iSd § 68 Nr. 9 AO ist, wird Auftragsforschung – unabhängig von deren Umfang – regelmäßig als steuerpflichtiger wirtschaftlicher Geschäftsbetrieb zu erfassen sein.[80]

47 Eine **Wissenschaftseinrichtung** iSd § 68 Nr. 9 AO liegt nur vor, wenn die Forschungstätigkeit bei dem gemeinnützigen Unternehmen tatsächlich im jeweiligen Veranlagungsjahr die Förderung der anderen steuerbegünstigten Zwecke überwiegt.[81] Offen bleibt damit, wie dieses Überwiegen zu ermitteln ist, ob es etwa auf die Einnahmen im jeweiligen Bereich ankommt oder vielmehr auf die Anzahl des beschäftigten Personals. Letztlich wird eine Gesamtwürdigung vorzunehmen sein.[82] Eine steuerbegünstigte Auftragsforschung nach § 68 Nr. 9 S. 2 AO liegt nur vor, soweit sich die Einrichtung im Forschungsbereich **überwiegend aus Zuwendungen von dritter Seite** zzgl. der Einnahmen aus der Vermögensverwaltung finanziert. Weitere Zweckbetriebseinnahmen werden bei der Berechnung außer Betracht gelassen.[83] Zuwendungen von dritter Seite sind typischerweise die Projektförderung von Bund, Ländern oder der Europäischen Union, Spenden und echte Mitgliedsbeiträge.[84] Die Berechnung, welche Einnahmen überwiegen, wird für jedes Jahr

---

[75] AEAO zu § 68 Nr. 7 Tz. 13.
[76] Vgl. zu weiteren Anwendungsfällen Klein/*Gersch* AO § 68 Rn. 14; Schauhoff Gemeinnützigkeits-HdB/*Schauhoff* § 7 Rn. 102.
[77] BFH 4.5.1994 – XI R 109/90, BStBl. II 1994, 886; AEAO zu § 68 Nr. 7 Tz. 13.
[78] Vgl. UStAE 4.20.3 Abs. 3 S. 2–5.
[79] BFH 26.9.2019 – V R 16/18, BFH/NV 2020, 38, Rn. 26.
[80] AEAO zu § 68 Nr. 9 Tz. 17 Satz 7.
[81] AEAO zu § 68 Nr. 9 Tz. 17 Satz 2.
[82] Vgl. Koenig/*Koenig* AO § 68 Rn. 18; Tipke/Kruse/*Seer* AO § 68 Rn. 17 f.
[83] BFH 26.9.2019 – V R 16/18, BFH/NV 2020, 38, Rn. 17 ff.
[84] AEAO zu § 68 Nr. 9 Tz. 19 Abs. 1.

durchgeführt. Nach Auffassung der Finanzverwaltung ist grds. ein Dreijahreszeitraum zugrunde zu legen, der den zu beurteilenden und die beiden vorangegangenen Veranlagungszeiträume umfasst.[85]

Steuerpflichtige wirtschaftliche Geschäftsbetriebe werden bei gemeinnützigen Forschungsorganisationen zB durch Routinemessungen oder die Fertigung marktfähiger Produkte begründet,[86] oder in sonstigen Fällen, wenn sich die Tätigkeit lediglich auf die **Anwendung gesicherter wissenschaftlicher Erkenntnisse** beschränkt. Auch die Anfertigung von Gutachten kann darunterfallen. Ebenso sind **Projektträgerschaften** steuerpflichtige wirtschaftliche Geschäftsbetriebe (jedenfalls dann, wenn dafür gesonderte Beträge vereinnahmt werden, § 68 Nr. 9 S. 3 Var. 2 AO). Vor dem Hintergrund des neu eingefügten § 57 Abs. 3 AO[87] werden Projektträgerschaften zukünftig regelmäßig zu einem Zweckbetrieb führen können, wenn sie der Organisation der Zusammenarbeit unter gemeinnützigen Organisationen dienen.[88] 48

Die Finanzverwaltung lässt es zu, dass gemeinnützige Forschungseinrichtungen **steuerpflichtige Tochtergesellschaften** ausgründen und ihre Auftragsforschung auf diese verlagern, um die Quote des § 68 Nr. 9 AO bei der gemeinnützigen Körperschaft selbst erfüllen zu können.[89] 49

5. Steuerpflichtiger wirtschaftlicher Geschäftsbetrieb

a) Gewerbliche Tätigkeit

Nach § 5 Abs. 1 Nr. 9 S. 3 KStG und der entsprechenden gewerbesteuerrechtlichen Vorschrift des § 3 Nr. 6 S. 2 GewStG ist ein wirtschaftlicher Geschäftsbetrieb – ausgenommen Land- und Forstwirtschaft – nicht von der Steuerfreiheit für die Ertragsteuern erfasst. (Rück-)Ausgenommen sind hiervon allerdings die sog. Zweckbetriebe (§§ 65 ff. AO). Ein wirtschaftlicher Geschäftsbetrieb ist nach der **Legaldefinition in § 14 AO** eine selbstständige nachhaltige Tätigkeit, durch die Einnahmen oder andere wirtschaftliche Vorteile erzielt werden und die über den Rahmen einer Vermögensverwaltung hinausgeht. 50

Wesentlich ist somit, dass **nachhaltig** Tätigkeiten entfaltet werden, bei denen der allgemeine Wille besteht, gleichartige oder ähnliche Handlungen bei sich bietender Gelegenheit zu wiederholen. Wenn eine Tätigkeit entfaltet wird, ohne dass dadurch Einnahmen oder sonstige wirtschaftliche Vorteile erzielt werden, liegt eine Tätigkeit im ideellen Bereich vor.[90] Wesentlich ist, dass bei der Aufnahme einer wirtschaftlichen Tätigkeit die Entstehung von sog. Dauerverlustbetrieben vermieden wird. Nach AEAO zu § 56 Tz. 1 muss die Tätigkeit der gemeinnützigen Körperschaft im **Mittelbeschaffungsbereich** (zumindest auch) der Mittelbeschaffung dienen. Daher ist vor Aufnahme der Tätigkeit zu prüfen, dass diese unter Ermittlung angemessener Informationen voraussichtlich zur Mittelverwendung für den gemeinnützigen Bereich wird beitragen können, indem entsprechende Überschüsse erwirtschaftet werden.[91] Bei einem gemeinnützigen Unternehmen, das mehrere steuerpflichtige wirtschaftliche Geschäftsbetriebe unterhält, ist für die Frage, ob gemeinnützigkeitsschädliche Verluste vorliegen, nicht auf das Ergebnis der einzelnen steuerpflichtigen wirtschaftlichen Geschäftsbetriebe, sondern auf das zusammengefasste Ergebnis aller steuerpflichtigen wirtschaftlichen Geschäftsbetriebe abzustellen (§ 64 Abs. 2 AO).[92] Wenn allerdings die steuerpflichtigen wirtschaftlichen Geschäftsbetriebe insgesamt Verluste erwirt- 51

---

[85] AEAO zu § 68 Nr. 9 Tz. 19 Abs. 4.
[86] Vgl. AEAO zu § 68 Nr. 9 Tz. 20.
[87] Siehe dazu → § 2 Rn. 122 ff.
[88] So auch *Kirchhain* DStR 2021, 129 (134).
[89] Schauhoff Gemeinnützigkeits-HdB/*Schauhoff* § 7 Rn. 106; *Strahl* DStR 2000, 2163.
[90] Siehe dazu → Rn. 16 ff.
[91] Vgl. AEAO zu § 55 Tz. 4 f.; zur Schädlichkeit von Verlusten im Rahmen der Mittelbeschaffung → § 2 Rn. 63 ff.
[92] Vgl. Klein/*Gersch* AO § 64 Rn. 5 f. sowie → Rn. 78.

schaften, kann dies die Gemeinnützigkeit gefährden.[93] Ungeachtet dieser saldierten Betrachtung sind (dauerhafte) Verlusttätigkeiten im Mittelbeschaffungsbereich im Regelfall einzustellen.[94]

52 Auch für den Bereich des steuerpflichtigen wirtschaftlichen Geschäftsbetriebs eines gemeinnützigen Unternehmens gelten § 55 Abs. 1 Nr. 1 S. 2 und Nr. 3 AO. Verluste und Gewinnminderungen in den einzelnen steuerpflichtigen wirtschaftlichen Geschäftsbetrieben können die Gemeinnützigkeit gefährden, wenn sie durch unzulässige Zuwendungen an Mitglieder, durch unverhältnismäßig hohe Vergütungen oder durch andere Zahlungen entstanden sein sollten, die nicht dem Fremdvergleich standhalten.[95]

53 Nach bis Ende 2020 geltender Rechtsauffassung war die entgeltliche Übernahme von **Verwaltungstätigkeiten** durch Einsatzstellen, Zentralstellen und Träger iSd § 7 BFDG aufgrund von Verträgen nach § 16 BFDG ein steuerpflichtiger wirtschaftlicher Geschäftsbetrieb.[96] Dasselbe galt für Einkaufsgesellschaften, die von gemeinnützigen Unternehmungen für einen gemeinnützigen Konzern betrieben wurden. Aufgrund der Gesetzesänderung in § 57 Abs. 3 AO ist mit Wirkung ab 2022 nunmehr zu prüfen, ob insoweit nicht ein Zweckbetrieb vorliegen könnte, wenn die Tätigkeit planmäßig zur Zweckverwirklichung für andere steuerbegünstigte Körperschaften ausgeübt wird. Dabei wird insb. darauf zu achten sein, dass die Verwaltungstätigkeiten im Rahmen eigener satzungsmäßiger Zwecke des Handelnden ausgeführt werden. Regelmäßig wird hierzu die Satzung entsprechend angepasst werden müssen, weil die Kooperationstätigkeit als Form der Zweckverwirklichung in der Satzung aufgeführt sein sollte.[97] Nicht erforderlich ist nach zutreffender Auffassung, die Kooperationspartner namentlich aufzuführen.[98]

54 Für die **Gewinnermittlung** im steuerpflichtigen wirtschaftlichen Geschäftsbetrieb gelten die Grundsätze der steuerlichen Gewinnermittlung.[99] Wenn der Gewinn nach den §§ 4 Abs. 1 oder 5 EStG mittels Bilanzierung ermittelt wird, ist dieser ermittelte Gewinn für die Besteuerung des steuerpflichtigen wirtschaftlichen Geschäftsbetriebes maßgebend.[100] Alternativ dazu ist eine Gewinnermittlung nach der Einnahmenüberschussrechnung gem. § 4 Abs. 3 EStG möglich, sofern nicht nach § 141 AO steuerlich aufgrund einer Mitteilung des Finanzamtes zwingend zu bilanzieren ist, oder es sich um eine gemeinnützige Kapitalgesellschaft handelt, die von Gesetzes wegen zu bilanzieren hat.[101]

55 Nach § 64 Abs. 3 AO greift für die Ertragsbesteuerung im steuerpflichtigen wirtschaftlichen Geschäftsbetrieb ab 2021 eine **Besteuerungsgrenze von 45 000 EUR.** Werden geringere Einnahmen in einem Wirtschaftsjahr erzielt, bleibt der Gewinn aus den steuerpflichtigen wirtschaftlichen Geschäftsbetrieben unbesteuert. Zu diesen Einnahmen gehören sämtliche leistungsbezogenen Einnahmen (einschließlich Umsatzsteuer) aus dem laufenden Geschäft. Nicht zu entsprechenden Einnahmen zählen die Erlöse aus der Veräußerung von Wirtschaftsgütern des Anlagevermögens des steuerpflichtigen wirtschaftlichen Geschäftsbetriebs, Betriebskostenzuschüsse oder Darlehenszuflüsse. § 64 Abs. 3 AO geht somit von einer Rechnung nach § 4 Abs. 3 EStG aus und stellt im Übrigen auf Einnahmen ab, wie sie in der steuerlichen Gewinnermittlung zugrunde gelegt werden.[102]

---

[93] AEAO zu § 64 Abs. 2 Tz. 17; dazu eingehend → § 2 Rn. 82 ff.
[94] *Hüttemann* GemeinnützigkeitsR Rn. 6.24; Gosch AO/FGO/*Jachmann/Unger* AO § 64 Rn. 98; weniger kritisch Wallenhorst/Halaczinsky/*R. Wallenhorst* Kap. F. Rn. 26a; → § 2 Rn. 82 ff.
[95] AEAO zu § 64 Abs. 2 Tz. 15; siehe dazu → § 2 Rn. 80, 127 ff.
[96] So AEAO zu § 64 Abs. 2 Tz. 16 in teilweiser Nichtanwendung des Urteils BFH 23.7.2009 – V R 93/07, BStBl. II 2015, 735.
[97] So jedenfalls *Hüttemann* DB 2021, 72 (74 f.) unter Bezugnahme auf den Gesetzeswortlaut und einen Umkehrschluss aus der Neufassung des § 58 Nr. 1 (Satz 4) AO; ebenso *Kirchhain* DStR 2021, 129 (134). Vgl. → § 2 Rn. 124.
[98] So aber nunmehr AEAO zu § 57 Abs. 3 Tz. 8 Satz 2; siehe dazu bereits → § 2 Rn. 122.
[99] AEAO zu § 64 Abs. 3 Tz. 18.
[100] Vgl. dazu → Rn. 11.
[101] Vgl. dazu auch → § 9 Rn. 31, 43 ff.
[102] AEAO zu § 64 Abs. 3 Tz. 18 ff.

Ist eine steuerbegünstigte Körperschaft an einer **(steuerpflichtigen) Personengesellschaft** beteiligt,[103] sind für die Beurteilung, ob die Besteuerungsgrenze überschritten wird, die anteiligen Bruttoeinnahmen aus der Beteiligung maßgeblich – nicht aber der Gewinnanteil. Die Personengesellschaftsbeteiligung wird damit als transparent behandelt. Werden im steuerpflichtigen wirtschaftlichen Geschäftsbetrieb Erträge aus einer Beteiligung an einer Kapitalgesellschaft erzielt, sind für die Ermittlung der Besteuerungsgrenze von 45 000 EUR auch die Dividenden einzubeziehen, soweit sie steuerfrei bleiben. Ebenso sind die Erlöse aus der Veräußerung von Anteilen iSd § 8b Abs. 2 KStG als Einnahmen iSd § 64 Abs. 3 AO zu erfassen.[104]

56

Letztlich wird für die Besteuerungsgrenze auf die gesammelten Einnahmen aller steuerpflichtigen wirtschaftlichen Geschäftsbetriebe abgestellt. Verluste aus einem Jahr, in dem die maßgeblichen Einnahmen die Besteuerungsgrenze nach § 64 Abs. 3 AO nicht übersteigen, bleiben dafür beim Verlustabzug (§ 10b EStG) außer Ansatz. Ein rück- und vortragbarer Verlust kann danach nur in Jahren entstehen, in denen die Einnahmen die Besteuerungsgrenze übersteigen. Dieser Verlust wird zudem nicht für Jahre verbraucht, in denen die Einnahmen die Besteuerungsgrenze von 45 000 EUR nicht übersteigen.[105]

57

Das Abstellen auf die steuerlichen Gewinnermittlungsvorschriften nach dem EStG (iVm KStG oder GewStG) bewirkt, dass ein steuerpflichtiger wirtschaftlicher Geschäftsbetrieb, der ohne Gewinnerzielungsabsicht betrieben wird,[106] von vornherein nicht der Besteuerung unterliegt (vgl. § 15 Abs. 2 S. 1 EStG). Allerdings kann das Unterhalten eines sog. Liebhabereibetriebs gemeinnützigkeitsrechtlich problematisch sein, da sämtliche Betriebe im steuerpflichtigen wirtschaftlichen Geschäftsbetrieb auf Gewinnerzielung ausgerichtet sein müssen, um hierdurch Mittel für die gemeinnützige Tätigkeit zu beschaffen. Bei dieser Prüfung kommt es nicht auf die Höhe der Verluste an, sondern deren nachhaltige Entstehung in einem Drei- oder Siebenjahreszeitraum kann schädlich sein.[107] Nunmehr hat der BFH allerdings für die Prüfung einer Mittelfehlverwendung nach § 55 Abs. 1 (Nr. 3) AO entschieden, dass geringfügige Verstöße nicht zur Aberkennung der Gemeinnützigkeit berechtigen.[108] Diese Geringfügigkeitsgrenze wird entsprechend auf Verlustbetriebe übertragen werden können.

58

b) Beteiligung an einer Personengesellschaft

Die Beteiligung an einer Personengesellschaft stellt grundsätzlich einen **steuerpflichtigen wirtschaftlichen Geschäftsbetrieb** dar, wenn die Personengesellschaft ihrerseits eine gewerbliche Tätigkeit ausübt. Die Beteiligung einer gemeinnützigen Körperschaft an einer zwar **gewerblich geprägten** (vgl. § 15 Abs. 3 Nr. 2 S. 1 EStG), aber lediglich vermögensverwaltend tätigen Personengesellschaft stellt hingegen keinen steuerpflichtigen wirtschaftlichen Geschäftsbetrieb dar.[109] Soweit gewerbliche Aktivitäten über eine gewerblich tätige Personengesellschaft ausgeführt werden, bildet die Beteiligung an dieser Personengesellschaft einen einheitlichen steuerpflichtigen wirtschaftlichen Geschäftsbetrieb. Die einzelnen Tätigkeiten sind nicht in verschiedene wirtschaftliche Geschäftsbetriebe zu separieren. Dies ermöglicht uU die Zusammenfassung von gewinn- und verlustträchtigen Aktivitäten unter dem Dach einer Personengesellschaft.[110] Das gemeinnützigkeitsrechtliche Verbot, Verlustbe-

59

---

[103] Genauer dazu sogleich → Rn. 59 ff.
[104] AEAO zu § 64 Abs. 3 Tz. 27.
[105] AEAO zu § 64 Abs. 3 Tz. 27.
[106] Für die Annahme eines wirtschaftlichen Geschäftsbetriebs – ungeachtet der Steuerbarkeit bspw. seiner Erträge – ist nach dessen Definition in § 14 S. 2 AO eine fehlende Gewinnerzielungsabsicht zunächst irrelevant.
[107] Näher → § 2 Rn. 82 ff.
[108] BFH 12.3.2020 – V R 5/17, BStBl. II 2021, 55; vgl. zum sog. Bagatellvorbehalt genauer → § 2 Rn. 133, 174.
[109] BFH 25.5.2011 – I R 60/10, BStBl. II 2012, 858; BFH 18.2.2016 – V R 60/13, BStBl. II 2017, 251, Rn. 59 ff.; AEAO zu § 64 Abs. 1 Tz. 3.
[110] Vgl. Bott/Walter/*Bott* KStG § 5 Rn. 554 mwN.

triebe zu unterhalten, betrifft die Beteiligung an der Personengesellschaft im Ganzen. Dafür spricht die Rechtsfähigkeit der Personengesellschaft, sodass gemeinnützigkeitsrechtlich die Mittelverwendung nicht gesondert für die einzelne wirtschaftliche Tätigkeit am Markt betrachtet werden kann.[111]

60 Wenn eine Beteiligung an einer Personengesellschaft besteht, wird im **gesonderten und einheitlichen Gewinnfeststellungsbescheid** der Personengesellschaft bindend festgestellt, ob diese gewerbliche Einkünfte bezieht. Ob die gewerblichen Einkünfte als steuerpflichtiger wirtschaftlicher Geschäftsbetrieb oder als Zweckbetrieb behandelt werden können, ist dann bei der Körperschaftsteuerveranlagung der steuerbegünstigten Körperschaft zu entscheiden.[112]

61 Der anteilig dem gemeinnützigen Unternehmen zuzurechnende Gewinnanteil an der Personengesellschaft unterliegt auf Ebene der gemeinnützigen Körperschaft der Körperschaftsteuer. Gewerbesteuer muss die Personengesellschaft selbst entrichten. Die entsprechenden Gewinnanteile werden daher gewerbesteuerlich nicht auf Ebene der gemeinnützigen Gesellschafterin besteuert, auch wenn die Beteiligung in einem steuerpflichtigen wirtschaftlichen Geschäftsbetrieb geführt werden sollte, weil Gewinnanteile aus gewerblichen Personengesellschaften nach § 9 Nr. 2 GewStG vom Gewerbeertrag der gemeinnützigen Körperschaft gekürzt werden, um eine Doppelbelastung mit Gewerbesteuer auf Ebene der Personengesellschaft selbst und auf Ebene des Gesellschafters zu vermeiden. Die steuerliche Belastung der Beteiligungserträge entspricht damit im Ergebnis ungefähr einer Belastung mit Körperschaftsteuer und Gewerbesteuer, als ob die gemeinnützige Körperschaft die Tätigkeit in einem eigenen steuerpflichtigen wirtschaftlichen Geschäftsbetrieb ausführen würde.

Mit Wirkung ab dem 1.1.2022 ist in § 1a KStG die Möglichkeit für Personengesellschaften eingeführt worden, zur Körperschaftsteuer zu optieren. Dies kann im Einzelfall auch für Tochterpersonengesellschaften gemeinnütziger Körperschaften sinnvoll sein, vor allem aufgrund der steuerlichen Interessen von Mitgesellschaftern.[113]

c) Beteiligung an einer Kapitalgesellschaft

62 Beteiligt sich ein gemeinnütziges Unternehmen an einer steuerpflichtigen Kapitalgesellschaft, wird diese Beteiligung **grds. im Bereich der Vermögensverwaltung** gehalten. Dies gilt selbst dann, wenn die Tochtergesellschaft gewerblich tätig ist.[114] Die Beteiligung stellt jedoch einen steuerpflichtigen wirtschaftlichen Geschäftsbetrieb dar, wenn mit der Beteiligung **tatsächlich ein entscheidender Einfluss** auf die laufende Geschäftsführung der Kapitalgesellschaft ausgeübt wird oder ein Fall der **Betriebsaufspaltung** vorliegt.[115] Entgegen einer landläufigen Meinung ist nicht entscheidend, ob eine Personalunion zwischen dem geschäftsführenden Organ des gemeinnützigen Gesellschafters und der Geschäftsführung der Tochtergesellschaft besteht. Entscheidend ist vielmehr, ob tatsächlich ein entscheidender Einfluss auf die laufende Geschäftsführung der Kapitalgesellschaft ausgeübt wird und diese gewissermaßen „als Betriebsabteilung" des gemeinnützigen Gesellschafters geführt wird.[116] Die bloße Ausübung von Gesellschafterrechten und auch die Erteilung von Weisungen durch den gemeinnützigen Gesellschafter an die Geschäftsführung der Tochtergesellschaft im Einzelfall ist unerheblich. Vielfach dient die Herstellung einer entsprechenden Personalunion dem Nachweis der umsatzsteuerlichen Organschaft zwischen dem gemeinnützigen Gesellschafter und der steuerpflichtigen Tochtergesellschaft.[117] Sofern der Geschäftsführer bei der Tochtergesellschaft nicht alleine die laufende Geschäftsführung aus-

---

[111] Vgl. auch AEAO Tz. 26 Satz 2 zu § 64 Abs. 3.
[112] AEAO zu § 64 Abs. 1 Tz. 3.
[113] Im Einzelnen dazu und zu den zahlreichen Prüfpunkten *Dreßler/Kompolsek* Ubg 2021, 301.
[114] AEAO zu § 64 Abs. 1 Tz. 3 Satz 4.
[115] BFH 30.6.1971 – I R 57/70, BStBl. II 1971, 755; vgl. zur Betriebsaufspaltung allgemein EStH 15.7 Abs. 4–6.
[116] Vgl. anschaulich *Weitemeyer* GmbHR 2021, 57 (65) mwN.
[117] Zu deren Voraussetzungen genauer → Rn. 113 ff.

übt, sondern eine zusätzliche Kontrollinstanz bildet, um geschäftsschädigendes Verhalten zu vermeiden, wird durch die Bestellung dieses Geschäftsführers in Personalunion noch keine schädliche Einflussnahme ausgeübt.[118]

Doch auch wenn die Beteiligung an der Tochtergesellschaft im steuerpflichtigen wirtschaftlichen Geschäftsbetrieb gehalten werden sollte, führt dies regelmäßig nur zu **geringen steuerlichen Nachteilen,** da bei Dividendenausschüttungen aus der Tochtergesellschaft auf Ebene der gemeinnützigen Mutter nach § 8b KStG diese zu 95% steuerfrei bleiben. Dasselbe gilt für Gewinne aus der Veräußerung der Beteiligung. Rechnet man mit einer Ertragsteuerbelastung von ca. 30% aus Körperschaft- und Gewerbesteuer im steuerpflichtigen wirtschaftlichen Geschäftsbetrieb, so beläuft sich die Steuerbelastung auf die Ausschüttung auf ca. 1,5% Steuern. Vorsicht ist allerdings dahingehend geboten, dass bei einer Minderheitsbeteiligung an einer Kapitalgesellschaft von weniger als 10% (§ 8b Abs. 4 KStG) oder 15% (§ 9 Nr. 2a GewStG) die Steuerfreiheit für Dividendenzuflüsse oder Veräußerungsgewinne für die Körperschaftsteuer bzw. Gewerbesteuer möglicherweise nicht durchgreift. Besonderes Augenmerk ist dabei auch auf den Zeitpunkt des Erwerbs der Beteiligung zu legen. Besteht die Beteiligung an einer Kapitalgesellschaft, die selbst – ungeachtet der Gewerblichkeitsfiktion in § 8 Abs. 2 KStG – in der Sache ausschließlich der Vermögensverwaltung dient, so liegt selbst bei einer Einflussnahme auf die Geschäftsführung kein steuerpflichtiger wirtschaftlicher Geschäftsbetrieb vor.[119] Die rechtliche Einordnung der laufenden Beteiligungserträge erstreckt sich zudem nach richtiger Auffassung auch auf die Erlöse aus der Veräußerung der Beteiligung.[120] 63

Ein Fall der **Betriebsaufspaltung** ist gegeben, wenn der Tochter- von der Muttergesellschaft wesentliches Betriebsvermögen zur dauerhaften Nutzung überlassen wird (zB die Büroimmobilie, in der die Tätigkeit von der Tochterkapitalgesellschaft ausgeführt wird, oder Markenrechte, die für die Tätigkeit von der Tochtergesellschaft genutzt werden)[121] und gleichzeitig die Mehrheit der Stimmrechte bei dem gemeinnützigen Gesellschafter liegt – sog. **sachliche und personelle Verflechtung.**[122] Sobald eine Betriebsaufspaltung gegeben ist, gehört die Beteiligung an der Tochterkapitalgesellschaft ebenso zum Betriebsvermögen des steuerpflichtigen wirtschaftlichen Geschäftsbetriebes wie das zur dauerhaften Nutzung überlassene Betriebsvermögen (zB Immobilie oder Recht), auch dann, wenn sich die Immobilie oder Beteiligungsgesellschaft im Ausland befinden sollte.[123] 64

Unabhängig davon, ob eine Beteiligung im steuerpflichtigen wirtschaftlichen Geschäftsbetrieb oder im Bereich der Vermögensverwaltung gehalten wird, ist zu beachten, dass **nachhaltige Verluste** der Tochterkapitalgesellschaft die Gemeinnützigkeit der gemeinnützigen Unternehmung gefährden können, weil bei nachhaltigen Verlusten eine **Abschreibung** auf die Beteiligung an der Tochterkapitalgesellschaft notwendig werden könnte. Dann kann bei der Gesellschafterin ein Verlust entstehen, der unter Umständen durch vorangegangene Gewinne nicht kompensiert werden und damit zum Verlust der Gemeinnützigkeit für das betreffende Jahr führen kann.[124] Für die Schädlichkeit des Verlustes ist es unerheblich, ob Dividenden aus der Gesellschaft nach § 8b KStG weitgehend steuerfrei vereinnahmt werden könnten.[125] 65

---

[118] AA nach unserer Erfahrung des Öfteren einzelne Finanzämter.
[119] AEAO zu § 64 Abs. 1 Tz. 3 Satz 6 unter Verweis auf KStR 4.1 Abs. 2 S. 5 iVm KStR 5.7 Abs. 5 S. 4.
[120] AA aber in systemwidriger Übertragung der umsatzsteuerrechtlichen Wertungen im Kontext des § 12 Abs. 2 Nr. 8 UStG: Sächsisches FG 14.1.2020 – 3 K 492/13 (2. Rechtsgang), DStRE 2020, 1437, Rn. 32 f.; zu Recht kritisch: *Weitemeyer* GmbHR 2021, 57 (66 f.). Mangels Entscheidungserheblichkeit nicht übernommen von der Revision BFH 10.12.2020 – V R 5/20, DStR 2021, 607.
[121] Eine bloße (teilweise) Firmen- bzw. Namensgleichheit zwischen Mutter- und Tochtergesellschaft innerhalb eines Konzerns begründet aber noch keine sachliche Verflechtung: BFH 25.8.2010 – I R 97/09, BFH/NV 2011, 312.
[122] Vgl. EStH 15.7 Abs. 4 („Allgemeines").
[123] BFH 17.11.2020 – I R 72/16, DStR 2021, 1149.
[124] Zum schädlichen Dauerverlust → § 2 Rn. 23, 82 ff.
[125] Vgl. auch AEAO zu § 64 Abs. 3 Tz. 21.

d) Betriebseröffnung und -einstellung – Wechsel von Wirtschaftsgütern

66 Begründet ein gemeinnütziges Unternehmen einen neuen steuerpflichtigen wirtschaftlichen Geschäftsbetrieb, werden dadurch ggf. **Wirtschaftsgüter in diesen eingelegt.** Soweit Wirtschaftsgüter überwiegend im steuerpflichtigen Bereich genutzt werden, findet eine Einlage des Wirtschaftsgutes statt und Abschreibungen auf das Wirtschaftsgut mindern das Ergebnis des steuerpflichtigen wirtschaftlichen Geschäftsbetriebes. Soweit dasselbe Wirtschaftsgut auch für gemeinnützige (dh steuerbefreite) Zwecke eingesetzt wird, sind entsprechende Nutzungsentnahmen zu buchen. Die Einlage des Wirtschaftsgutes aus dem gemeinnützigen Bereich in den steuerpflichtigen wirtschaftlichen Geschäftsbetrieb wird regelmäßig nach § 13 Abs. 2 iVm Abs. 5 KStG zu bewerten sein.[126] In den Fällen, in denen der Gewinn durch Betriebsvermögensvergleich ermittelt wird, ist damit auf den Zeitpunkt eine **Anfangsbilanz** aufzustellen, in dem die Steuerpflicht beginnt. Nach § 13 Abs. 3 KStG sind die Wirtschaftsgüter in der Anfangsbilanz des steuerpflichtigen Bereichs grundsätzlich mit den **Teilwerten** anzusetzen. Nur in Ausnahmefällen wird nach § 13 Abs. 4 KStG bei der Einlage der Wirtschaftsgüter in den steuerpflichtigen wirtschaftlichen Geschäftsbetrieb von **fortgeführten Buchwerten** auszugehen sein. Das kann etwa der Fall sein, wenn die steuerpflichtige Tätigkeit mit Wirtschaftsgütern begründet wird, die zuvor bei derselben Körperschaft schon einmal der Steuerpflicht unterlegen haben.[127]

67 Werden Wirtschaftsgüter anlässlich der Gründung einer steuerpflichtigen Kapital- oder Personengesellschaft aus dem steuerfreien Bereich heraus auf diese übertragen, so ist gleichfalls die stille Reserve in den Wirtschaftsgütern noch im steuerfreien Bereich aufzudecken. Bei der **verdeckten Einlage** von Wirtschaftsgütern in eine Kapitalgesellschaft kommt es nach § 6 Abs. 6 S. 2 EStG in Verbindung mit § 8 Abs. 1 KStG dazu, dass sich die Anschaffungskosten der Beteiligung an der Kapitalgesellschaft um den Teilwert des eingelegten Wirtschaftsguts erhöhen. Bei der Übertragung auf eine steuerpflichtige Personengesellschaft greift § 6 Abs. 5 EStG nicht, wenn das Wirtschaftsgut nicht aus einem steuerlichen Betriebsvermögen überführt wird. Vielmehr regelt § 13 KStG als speziellere Norm, dass die stillen Reserven noch im steuerbefreiten Bereich aufzudecken sind.

68 Nach § 8 Abs. 1 KStG in Verbindung mit § 6 Abs. 7 EStG sind auch in den Fällen, in denen der Gewinn durch eine **Einnahmenüberschussrechnung** nach § 4 Abs. 3 EStG ermittelt wird, bei der Bemessung für die Abschreibung die entsprechenden Teilwerte zugrunde zu legen. Entsprechend kommt es zu erhöhten Abschreibungen.

69 Wird dagegen kein Wirtschaftsgut, welches fortan überwiegend im steuerpflichtigen wirtschaftlichen Geschäftsbetrieb oder der steuerpflichtigen Personen- oder Kapitalgesellschaft genutzt wird, eingelegt bzw. auf diese übertragen, so gelten andere Regeln. Nutzt bei einem gemeinnützigen Unternehmen **sowohl der steuerfreie Bereich als auch der steuerpflichtige wirtschaftliche Geschäftsbetrieb dasselbe Wirtschaftsgut,** so sind sowohl die entsprechenden Aufwendungen als auch die Abschreibungen auf das Wirtschaftsgut aufzuteilen.[128] Wird einer steuerpflichtigen Kapitalgesellschaft ein wirtschaftlicher Vorteil dadurch verschafft, dass ihr ein Wirtschaftsgut entgeltlich zur Nutzung überlassen wird, so ist zu prüfen, ob ein Fall der Betriebsaufspaltung vorliegt.[129] Wird das Wirtschaftsgut der Kapitalgesellschaft teilentgeltlich oder unentgeltlich zur Nutzung überlassen, so liegt ggf. eine (partielle) verdeckte Nutzungseinlage vor, die steuerlich nicht korrigiert wird. Auch gemeinnützigkeitsrechtlich ist im Verhältnis von überlassender gemeinnütziger Mutterkörperschaft und steuerpflichtiger Tochtergesellschaft keine Einkünftekorrektur erforderlich. Anders ist die Rechtslage, wenn die verbilligte Überlassung nicht im Verhältnis zur Tochtergesellschaft, sondern im Verhältnis zu einer (steuerpflichtigen) Schwestergesellschaft der gemeinnützigen Körperschaft stattfindet, oder im Verhältnis zur eigenen Gesellschafterin

---

[126] Vgl. NK-GemnR/*Klempa* KStG § 13 Rn. 75 ff.
[127] Vgl. *Schauhoff* DStR 1996, 366 (367 f.); ähnlich Streck/*Olgemöller* KStG § 13 Rn. 22, 26.
[128] Vgl. dazu *Dittrich/Kirchhain/Sielaff* DStR 2020, 1477.
[129] Siehe dazu → Rn. 62.

vorgenommen wird. Dann müssen Marktpreise erhoben werden, da es ansonsten zu einer gemeinnützigkeitsrechtlich verbotenen Mittelfehlverwendung kommen kann.[130]

Wird einer Personengesellschaft ein Wirtschaftsgut unentgeltlich oder teilentgeltlich zur Nutzung überlassen, so wird dieses regelmäßig sog. **Sonderbetriebsvermögen bei der Personengesellschaft.** Nach § 15 Abs. 1 Nr. 2 EStG (iVm § 8 Abs. 1 KStG) sind Vergütungen, die der Gesellschafter von der Gesellschaft für seine Tätigkeit im Dienste der Gesellschaft oder für die Hingabe von Darlehen oder für die Überlassung von Wirtschaftsgütern bezogen hat, regelmäßig im sog. Sonderbetriebsvermögen bei der Personengesellschaft zu erfassen.[131] Dies gilt für das Wirtschaftsgut selbst dann, wenn es – zumindest überwiegend – im steuerpflichtigen Bereich genutzt werden soll. Dem Gesellschafter ist es auch möglich, das Wirtschaftsgut der steuerpflichtigen Personengesellschaftstochter zuzuordnen (sprich: es zu willküren). Bei Begründung eines steuerpflichtigen wirtschaftlichen Geschäftsbetriebes oder bei Gründung einer steuerpflichtigen Personen- oder Kapitalgesellschaft ist somit stets sorgfältig zu prüfen, wie die Wirtschaftsgüter nunmehr im Einzelnen zuzuordnen sind. Da das Steuerrecht die wirtschaftliche Betrachtungsweise verwendet, sind zivilrechtliche Vereinbarungen nicht allein maßgebend für die steuerliche Würdigung. Wenn Wirtschaftsgüter aus einem steuerpflichtigen wirtschaftlichen Geschäftsbetrieb auf eine Kapitalgesellschaft oder eine Personengesellschaft übertragen werden, ist dies nur unter den speziellen Tatbestandsvoraussetzungen des UmwStG steuerneutral möglich.[132] 70

Wird der steuerpflichtige wirtschaftliche Geschäftsbetrieb **eingestellt,** so kann dies regelmäßig erfolgen, ohne dass stille Reserven in den Wirtschaftsgütern aufgedeckt werden müssen.[133] Besonderes Augenmerk ist darauf zu legen, dass steuerpflichtige wirtschaftliche Geschäftsbetriebe auch über nicht bilanzierte immaterielle Wirtschaftsgüter verfügen können (insb. in Form des Geschäftswertes, von Marken- bzw. Firmenrechten oder Patenten).[134] Nach § 13 Abs. 5 iVm Abs. 3 KStG ist zwar grundsätzlich bei der Einstellung der steuerpflichtigen Tätigkeit der Teilwert anzusetzen. Allerdings legt die Finanzverwaltung die gesetzliche Vorschrift einschränkend aus.[135] Nur wenn die Wirtschaftsgüter unmittelbar im Anschluss an die Einstellung der steuerpflichtigen Tätigkeiten veräußert werden sollen, wird der Betrieb einer **Schlussbesteuerung** nach § 16 EStG (iVm § 8 Abs. 1 KStG) unterworfen. Die Rechtsauffassung der Finanzverwaltung beruht auf einer Anwendung des § 13 Abs. 4 KStG, wonach in der Schlussbilanz einer steuerpflichtigen Körperschaft ausnahmsweise die steuerlichen Buchwerte anzusetzen sind, wenn die Steuerbefreiung aufgrund der Gemeinnützigkeit beginnt.[136] Vor der Einstellung eines steuerpflichtigen wirtschaftlichen Geschäftsbetriebes oder der Liquidation einer Personen- oder Kapitalgesellschaft sollte stets geprüft werden, ob es dadurch nicht unbeabsichtigt zu gemeinnützigkeitsgefährdenden Dauerverlusten auf Ebene der gemeinnützigen Körperschaft kommen kann.[137] 71

6. Bemessungsgrundlage

Bemessungsgrundlage für die Besteuerung ist nach § 8 Abs. 1 KStG das **Einkommen** des steuerpflichtigen wirtschaftlichen Geschäftsbetriebs. Werden mehrere steuerpflichtige wirtschaftliche Geschäftsbetriebe unterhalten, sind die Ergebnisse der steuerpflichtigen wirtschaftlichen Geschäftsbetriebe **nach § 64 Abs. 2 AO zu saldieren.** Was als Einkommen gilt und wie das Einkommen zu ermitteln ist, bestimmt sich nach den **§§ 4 ff. EStG.** Es gibt grundsätzlich zwei Ermittlungsarten. Entweder wird der Gewinn zugrunde gelegt, 72

---

[130] Vgl. dazu → § 2 Rn. 144 ff.
[131] Anders, wenn zur Körperschaftsteuer optiert worden ist, dazu → Rn. 61 (aE).
[132] Dazu insb. → § 10 Rn. 24 ff.
[133] So die herrschende Meinung; vgl. den Überblick bei NK-GemnR/*Klempa* KStG § 13 Rn. 67.
[134] Dem liegt insb. das aus § 5 Abs. 2 EStG folgende partielle Aktivierungsverbot für immaterielle Wirtschaftsgüter zugrunde.
[135] BMF 1.2.2002, BStBl. I 2002, 221; KStH 13.4.
[136] BMF 1.2.2002, BStBl. I 2002, 221.
[137] Siehe dazu → § 2 Rn. 82 ff.

wie er nach bilanziellen Vorschriften zu ermitteln ist, oder aber der Gewinn wird durch eine sog. Einnahmenüberschussrechnung nach dem Zufluss-/Abflussprinzip gem. § 4 Abs. 3 EStG ermittelt.

73 Bei der Ermittlung des Gewinns aus dem steuerpflichtigen wirtschaftlichen Geschäftsbetrieb sind die **Betriebsausgaben** zu berücksichtigen, die durch den Betrieb veranlasst sind. Dazu gehören Ausgaben, die dem Betrieb unmittelbar zuzuordnen sind, weil sie ohne den Betrieb nicht oder nicht in dieser Höhe angefallen wären (bspw. Wareneinkauf). Bei sog. **gemischt veranlassten Kosten,** die sowohl durch die steuerfreie als auch durch die steuerpflichtige Tätigkeit veranlasst sind, scheidet eine Berücksichtigung als Betriebsausgaben im steuerpflichtigen wirtschaftlichen Geschäftsbetrieb grundsätzlich aus, wenn die Veranlassung primär im steuerfreien Bereich liegen sollte. Ist das Wirtschaftsgut angeschafft worden, um es ideell zu nutzen und wird es nur gelegentlich auch im steuerpflichtigen wirtschaftlichen Geschäftsbetrieb eingesetzt, können entsprechende Abschreibungen unter Umständen nicht geltend gemacht werden.[138]

74 Allerdings ist unabhängig von der primären Veranlassung eine **anteilige Berücksichtigung** von gemischt veranlassten Aufwendungen einschließlich der AfA als Betriebsausgaben dann zulässig, wenn ein objektiver Maßstab für die Aufteilung der Aufwendungen zB nach zeitlichen Gesichtspunkten auf den ideellen Bereich einschließlich der Zweckbetriebe einerseits und den steuerpflichtigen wirtschaftlichen Geschäftsbetrieb andererseits besteht.[139] Auch die **Personal- und Sachkosten für die allgemeine Verwaltung** können grundsätzlich im wirtschaftlichen Geschäftsbetrieb abgezogen werden, soweit sie bei einer Aufteilung nach objektiven Maßstäben teilweise darauf entfallen.[140]

75 Allerdings hat die Finanzverwaltung ausdrücklich festgehalten, dass es bei Kosten für die Errichtung und Unterhaltung von **Vereinsheimen** idR keinen objektiven Aufteilungsmaßstab gibt, weil deren Bau primär durch die gemeinnützige Zweckerfüllung veranlasst ist.[141] Aufwendungen, die im steuerpflichtigen wirtschaftlichen Geschäftsbetrieb auch deswegen getätigt werden, damit mit diesen Aufwendungen die satzungsgemäßen Zwecke erfüllt werden, werden vielfach nach § 10 Nr. 1 KStG nicht als Aufwand im steuerpflichtigen wirtschaftlichen Geschäftsbetrieb abgezogen werden können.[142] Die Aufwendungen für die gemeinnützigen oder satzungsmäßigen Zwecke dürfen den im steuerpflichtigen wirtschaftlichen Geschäftsbetrieb zu ermittelnden Gewinn nicht mindern.

76 Aus dieser **beschränkten Abzugsfähigkeit** von Aufwendungen ergibt sich die Problematik, dass Einnahmen vielfach zwar im steuerpflichtigen wirtschaftlichen Geschäftsbetrieb anfallen, aber doch mit der gemeinnützigen Tätigkeit eng verbunden sind, weil Voraussetzung für diese Einnahmen die Verfolgung des gemeinnützigen Zwecks ist. Ein Beispiel dafür ist das Sponsoring einer Kunstausstellung durch ein gemeinnütziges Museum. Der Sponsor würde kein Geld geben, wenn die konkrete Kunstausstellung nicht stattfinden würde. Das Sponsoring kann zu einem steuerpflichtigen wirtschaftlichen Geschäftsbetrieb führen, wenn das gemeinnützige Unternehmen nicht nur die Nutzung des eigenen Namens zu Werbezwecken durch den Sponsor gestattet (sodass der Sponsor auf seinen finanziellen Beitrag hinweisen darf), sondern der Gesponserte darüber hinaus selbst für den Sponsor aktiv wirbt (zB durch Werbeanzeigen, den Abdruck des Namens order Logos des Sponsors im Katalog oder im Rahmen einer gemeinsamen Öffentlichkeitsarbeit anlässlich der Eröffnung der Ausstellung).[143] In diesen Fällen droht eine Übersteuerung, wenn die

---

[138] AEAO zu § 64 Abs. 1 Tz. 4 Satz 2, Tz. 6 aE.
[139] AEAO zu § 64 Abs. 1 Tz. 4 ff.; *Dittrich/Kirchhain/Sielaff* DStR 2020, 1477 (1478 f.).
[140] So AEAO zu § 64 Abs. 1 Tz. 6 allgemein zu „gemischt veranlassten Aufwendungen"; vgl. Wallenhorst/Halaczinsky Besteuerung/*Halaczinsky* Kap. I Rn. 58.
[141] AEAO zu § 64 Abs. 1 Tz. 6 (aE).
[142] Vgl. genauer Wallenhorst/Halaczinsky Besteuerung/*Halaczinsky* Kap. I Rn. 61 ff.; dazu BFH 22.12.2010 – I R 110/09, BStBl. II 2014, 119, Rn. 23 ff.
[143] Vgl. AEAO zu § 64 Abs. 1 Tz. 11; BFH 7.11.2007 – I R 42/06, BStBl. II 2008, 949. Ausführlicher zum Sponsoring → Rn. 20 f.

Sponsoringeinnahmen voll steuerpflichtig wären, die Aufwendungen für die Kunstausstellung aber unberücksichtigt bleiben müssten, weil sie im steuerfreien Zweckbetrieb anfallen und nach § 10 Nr. 1 KStG nicht abgezogen werden dürfen. Deswegen hat der Gesetzgeber in § 64 Abs. 6 (Nr. 1) AO die Berechtigung geschaffen, den **Gewinn mit einem pauschalen Satz von 15 % der Einnahmen zu fingieren,** wenn der steuerpflichtige wirtschaftliche Geschäftsbetrieb in der Werbung für Unternehmen liegt, die im Zusammenhang mit der steuerbegünstigten Tätigkeit (einschließlich Zweckbetrieben) stattfindet.

Ähnliche Probleme stellen sich auch für **Totalisatorbetriebe** sowie **Blutspendedienste,** weswegen dort nach Wahl des Steuerpflichtigen ebenfalls dieser pauschale Gewinnsatz greifen kann. Auch für unentgeltlich erworbenes **Altmaterial** kann der Gewinn in Höhe des branchenüblichen Reingewinns geschätzt werden (§ 64 Abs. 5 AO), um eine Überbesteuerung zu vermeiden. Somit kennt das Gemeinnützigkeitsrecht für einzelne Fälle **spezielle Gewinnermittlungsregeln.**[144] Bei einem späteren Wegfall der Gemeinnützigkeit wird den Steuerpflichtigen mangels Steuerbegünstigung im Zuge der Nachbesteuerung auch der Rückgriff auf diese speziellen Möglichkeiten der Gewinnermittlung versagt.[145]

77

Werden mehrere steuerpflichtige wirtschaftliche Geschäftsbetriebe unterhalten, können deren **steuerliche Ergebnisse saldiert** und insgesamt der Besteuerung unterworfen werden (§ 64 Abs. 2 AO). Die Saldierungsmöglichkeit führt auch dazu, dass in Bezug auf Dauerverlustbetriebe prinzipiell nicht auf den einzelnen steuerpflichtigen wirtschaftlichen Geschäftsbetrieb abgestellt wird. Vielmehr ist in diesen Fällen die Gemeinnützigkeit prinzipiell nur gefährdet, wenn die steuerpflichtigen wirtschaftlichen Geschäftsbetriebe insgesamt Verluste erwirtschaften.[146]

78

7. Verlustverwertung und Organschaft

Im Einzelfall können im steuerpflichtigen wirtschaftlichen Geschäftsbetrieb daher durchaus Verluste erwirtschaftet werden, ohne dass es zu einem schädlichen Dauerverlust kommt. In Bezug auf die Verlustverrechnung gilt für gemeinnützige Körperschaften dasselbe wie für alle anderen Steuerpflichtigen. Die gesetzlichen Regeln sehen nur in begrenztem Umfang die Möglichkeit der **Verlustverrechnung** vor (vgl. § 10d EStG). Ein Verlustrücktrag ist gegenwärtig für den Veranlagungszeitraum 2021 bis zur Höhe von 5 Mio. EUR möglich (§ 10d Abs. 1 S. 1 EStG).[147] Die auch durch einen **Verlustrücktrag** nicht ausgleichbaren negativen Ergebnisse können in den folgenden Veranlagungszeiträumen bis zu einem Gesamtbetrag der Einkünfte von 1 Mio. EUR unbeschränkt, darüber hinaus nur bis zu 60 % des 1 Mio. EUR übersteigenden Gesamtbetrags der Einkünfte steuerlich geltend gemacht werden (§ 10d Abs. 2 S. 1 EStG).[148]

79

In eher seltenen Einzelfällen kann erwogen werden, die Verlustverrechnung innerhalb eines gemeinnützigen Konzerns durch den Abschluss eines **Gewinnabführungsvertrages** nach § 14 KStG (iVm § 291 Abs. 1 AktG) zu verbessern. Grundsätzlich sind steuerliche Verluste einer steuerpflichtigen Kapitalgesellschaft eingesperrt. Die entsprechenden steuerlichen Verluste können aber mit Gewinnen eines Gesellschafters ausnahmsweise dann verrechnet werden, wenn dieser mit der Tochtergesellschaft einen Gewinnabführungsvertrag nach den Vorgaben des § 14 KStG abgeschlossen hat. Auch in diesen Fällen wird zu prüfen

80

---

[144] Vgl. dazu weitergehend Gosch AO/FGO/*Jachmann/Unger* AO § 64 Rn. 112 ff.; Tipke/Kruse/*Seer* AO § 64 Rn. 23 ff.

[145] BFH 15.1.2015 – I R 48/13, BStBl. II 2015, 713, Rn. 26.

[146] AEAO zu § 64 Abs. 2 Tz. 17; zur abweichenden Auffassung im Schrifttum siehe → Rn. 51 mwN.

[147] Dies stellt der Höhe nach eine pandemiebedingte Begünstigung für die Jahre 2020 und 2021 gegenüber der ursprünglichen Regelung dar, die einen Verlustrücktrag nur bis zu einer Höhe von 1 Mio. EUR zuließ. Vgl. dazu Zweites Gesetz zur Umsetzung steuerlicher Hilfsmaßnahmen zur Bewältigung der Corona-Krise (Zweites Corona-Steuerhilfegesetz) vom 29.6.2020, BGBl. 2020 I 1512 (1512).

[148] Beachte zum Verlustabzug bei Körperschaften auch die Sonderregelung bei Beteiligungserwerb in § 8c KStG.

sein, ob der Umstand, dass die Verluste der Kapitalgesellschaft dem gemeinnützigen Gesellschafter zugerechnet werden, nicht die Gemeinnützigkeit gefährden könnte.[149]

8. Steuersatz

81   Das so ermittelte Einkommen des steuerpflichtigen wirtschaftlichen Geschäftsbetriebes unterliegt sodann der Körperschaftsteuer mit einem Steuersatz von 15% (§ 23 Abs. 1 KStG). Vom Einkommen der steuerpflichtigen Körperschaft ist ein Freibetrag von 5000 EUR abzuziehen, der allerdings nicht für Kapitalgesellschaften gilt. Hinzu kommt noch der Solidaritätszuschlag von 5,5% der geschuldeten Steuer.

II. Gewerbesteuer

82   Gemeinnützige Körperschaften, die einen steuerpflichtigen wirtschaftlichen Geschäftsbetrieb unterhalten, werden damit in aller Regel gleichzeitig auch gewerbesteuerpflichtig.[150] Nach § 2 Abs. 1 S. 1 GewStG unterliegt der Gewerbesteuer **jeder stehende Gewerbebetrieb,** der im Inland betrieben wird. Bezogen auf die Tätigkeiten eines gemeinnützigen Unternehmens wird es in aller Regel zur Qualifikation als Gewerbebetrieb kommen, obwohl zumindest gemeinnützige Stiftungen und Vereine im Rahmen ihres steuerpflichtigen Geschäftsbetriebs grundsätzlich **Einkünfte aus sämtlichen Einkunftsarten** nach § 2 Abs. 1 EStG erzielen können.[151] Einkünfte aus Land- und Forstwirtschaft werden allerdings schon nicht als steuerpflichtiger wirtschaftlicher Geschäftsbetrieb eingeordnet.[152] Eine gemeinnützige Körperschaft wird zudem weder Einkünfte aus selbstständiger Arbeit (insb. freiberuflicher Tätigkeit) noch aus nichtselbstständiger Arbeit beziehen können. Die von natürlichen Personen selbstständig ausgeübte wissenschaftliche, künstlerische, schriftstellerische, unterrichtende oder erzieherische Tätigkeit wird bei diesen zwar nicht als Gewerbebetrieb beurteilt. Bei Körperschaften spielt diese Differenzierung aber keine Rolle, vielmehr führen entsprechende Tätigkeiten zu gewerblichen Einkünften.[153] In § 2 Abs. 3 GewStG ist ausdrücklich geregelt, dass als Gewerbebetrieb auch die Tätigkeit der sonstigen juristischen Personen des privaten Rechts, insb. von Vereinen und Stiftungen, gilt, **soweit sie einen wirtschaftlichen Geschäftsbetrieb** unterhalten.[154] Sofern ein Zweckbetrieb vorliegt, wird der dort entstehende Gewinn gewerbesteuerlich nach § 3 Nr. 6 GewStG von der Gewerbesteuer befreit.[155]

83   Die Gewerbesteuer bemisst sich nach dem **Gewerbeertrag.** Dies ist der nach den Vorschriften des KStG zu ermittelnde **Gewinn,** der in dem entsprechenden Veranlagungszeitraum zu berücksichtigen ist,[156] allerdings vermehrt und vermindert um bestimmte Kürzungen und Hinzurechnungen. Die Gewerbesteuer versucht, einen objektivierten Gewinn zu erfassen. Deswegen gibt es zahlreiche **Hinzurechnungen,** die das gewerbesteuerliche Ergebnis erhöhen (§ 8 GewStG). So sind ein Viertel der Entgelte für Schulden ebenso hinzuzurechnen wie ein Fünftel der Miet- und Pachtzinsen für die Benutzung von beweglichen Wirtschaftsgütern des Anlagevermögens, die im Eigentum eines anderen stehen.[157] Eine Hin-

---

[149] Dazu allgemein → § 2 Rn. 82 ff.
[150] Zur Gewerbesteuer bei gemeinnützigen Körperschaften siehe auch BLSB Gemeinnützigkeit/*Leichinger* S. 531 f.
[151] Vgl. KStR 8.1 Abs. 2 S. 1.
[152] Vgl. § 3 Nr. 6 S. 2 GewStG bzw. ebenso § 5 Abs. 1 Nr. 9 S. 3 KStG.
[153] GewStR 2.4 Abs. 4 und Abs. 5.
[154] Jüngst bestätigt durch BFH 20.3.2019 – VIII B 81/18, npoR 2020, 198; dennoch zu Recht kritisch: Anm. von *Hüttemann* npoR 2020, 204.
[155] Zu den Zweckbetrieben → Rn. 25 ff.
[156] Dieser wird im Rahmen der Veranlagung zur Körperschaftsteuer in Gestalt eines sog. Gewerbesteuermessbescheids festgestellt. Vgl. dazu genauer sogleich → Rn. 84.
[157] Vgl. § 8 Nr. 1 Buchst. a bzw. Buchst. d GewStG.

zurechnung ist auch vorzunehmen für Miet- und Pachtzinsen von unbeweglichen Wirtschaftsgütern des Anlagevermögens, die im Eigentum eines anderen stehen, oder für Zahlungen an Lizenzgeber.[158] Die Hinzurechnungen greifen, soweit deren Summe den Betrag von 200 000 EUR jährlich übersteigt (§ 8 Nr. 1 GewStG aE). Ebenso wie Hinzurechnungen kennt das Gewerbesteuerrecht auch **Kürzungen** nach § 9 GewStG. Gekürzt wird etwa der Gewinn aus einer Beteiligung an einer steuerpflichtigen Personengesellschaft, weil dieser Gewinn auf Ebene der steuerpflichtigen Personengesellschaft bereits regelmäßig der Gewerbesteuer unterliegen wird. Auch die Gewinne aus Ausschüttungen von Kapitalgesellschaften können gekürzt werden, wenn die Beteiligung an der Kapitalgesellschaft zu Beginn des Erhebungszeitraumes mindestens 15 % des Grund- oder Stammkapitals betragen haben sollte und die Gewinnanteile bei Ermittlung des Gewinns angesetzt worden sind.[159] Die Mittelverwendung des Gewerbebetriebes durch die gemeinnützige Körperschaft berechtigt nicht zum Spendenabzug. Spenden an dritte unabhängige gemeinnützige Körperschaften können allerdings nach § 9 Nr. 5 GewStG ggf. als steuermindernd geltend gemacht werden.

Der so ermittelte Gewerbeertrag unterliegt der Gewerbesteuer, falls keine Verrechnung **84** mit aus in der Vergangenheit angefallenen gewerbesteuerlichen Verlusten möglich ist. Die Höhe der Gewerbesteuerbelastung hängt davon ab, in welchen Gemeinden der Gewerbebetrieb betrieben wird. Die Gemeinden legen den sog. **gewerbesteuerlichen Hebesatz** fest, der in Deutschland zwischen 200 % und 550 % variiert. Abgezogen werden kann auch ein **Freibetrag** in Höhe von 5000 EUR, soweit der Gewerbebetrieb von einem Verein oder einer Stiftung betrieben wird. Die Gewerbesteuerbelastung beläuft sich bei einem Gewerbesteuerhebesatz von 450 % auf einen Steuersatz von 15,75 % auf den Gewinn unter Berücksichtigung der dargestellten Hinzurechnungen und Kürzungen. Die Gewerbesteuer wird von der jeweiligen Gemeinde festgesetzt. Grundlage dafür ist der sog. Gewerbesteuermessbescheid, mit dem das gewerbesteuerpflichtige Einkommen durch das zuständige Finanzamt des gemeinnützigen Unternehmens festgestellt wird.[160]

III. Kapitalertragsteuer

Obwohl gemeinnützige Unternehmen ihre Kapitaleinkünfte regelmäßig im Bereich der **85** steuerfreien Vermögensverwaltung erzielen, kann es im Einzelfall doch dazu kommen, dass sie Kapitalertragsteuer abzuführen haben. Da die Kapitalertragsteuer zu den Quellensteuern gehört, greift die Befreiung nach § 5 Abs. 1 Nr. 9 KStG zunächst nicht ein, vgl. § 5 Abs. 2 Nr. 1 KStG. Die Steuerfreiheit kann, wenn bestimmte Voraussetzungen erfüllt sind, über eine **Abstandnahme vom Kapitalertragsteuerabzug** oder durch eine **Erstattung** erreicht werden.

Regelmäßig kann die gemeinnützige Körperschaft für die Kapitaleinkünfte, also insb. **86** Zinsen, Dividenden oder Investmenterträge, beim inländischen Finanzdienstleistungsinstitut durch Vorlage einer **Nichtveranlagungsbescheinigung** oder des **Freistellungsbescheides** von der Körperschaftsteuer nachweisen, dass die Kapitalerträge im steuerfreien Bereich anfallen. Dann wird auf Zinsen und Dividenden nach § 44a Abs. 7 EStG kein Steuerabzug vorzunehmen sein.

Dies gilt allerdings nicht, soweit die Kapitalerträge in einem **steuerpflichtigen wirt-** **87** **schaftlichen Geschäftsbetrieb** anfallen. Auch wenn Ausschüttungen aus einer Kapitalgesellschaft über eine **zwischengeschaltete Personengesellschaft** bezogen werden, kann

---

[158] Vgl. § 8 Nr. 1 Buchst. e bzw. Buchst. f GewStG.
[159] Vgl. § 9 Nr. 2 (mitunternehmerische Personengesellschaft) bzw. Nr. 2a (inländische Kapitalgesellschaft) GewStG.
[160] Der Messbescheid ist für den nachfolgenden Steuerbescheid der Gemeinde Grundlagenbescheid iSd § 171 Abs. 10 S. 1 AO, sodass sich ein etwaiger Rechtsbehelf regelmäßig zweckmäßigerweise allein gegen diesen richten wird. Dies gilt jedenfalls, soweit sich die Rechtsfehler auf den Bereich der grundsätzlichen Steuerpflicht und der Gewinnermittlung beschränken.

§ 7 Steuern

Kapitalertragsteuer zunächst erhoben werden, die dann aber bei Nachweis der Steuerfreiheit der gemeinnützigen Körperschaft vom zuständigen Finanzamt zu erstatten ist.

88 Aber auch dann, wenn die Erträge nicht in einem steuerpflichtigen wirtschaftlichen Geschäftsbetrieb anfallen, kann ausnahmsweise Kapitalertragsteuer zu entrichten sein, wenn **Dividendenausschüttungen aus sammelverwahrten Aktien** vereinnahmt wurden, was in aller Regel bei börsennotierten Aktien der Fall sein wird. In diesen Fällen muss die Bank grundsätzlich **15 % Kapitalertragsteuer einbehalten,** soweit die Dividende **20 000 EUR übersteigt.** Einzige Ausnahme besteht für Dividenden aus Aktien, an denen die gemeinnützige Körperschaft **mindestens ein Jahr** lang ununterbrochen wirtschaftliches Eigentum besessen hat.[161] Wurde Kapitalertragsteuer einbehalten, kann die gemeinnützige Körperschaft einen **Antrag auf Erstattung** der Kapitalertragsteuer stellen, wenn sie die Voraussetzungen des § 36a Abs. 1–3 EStG erfüllt.[162] Hierfür muss insb. nach Erwerb der Aktien die sog. **Mindesthaltedauer** von 45 Tagen iSd § 36a Abs. 2 EStG innerhalb des **Mindesthaltezeitraums** von 45 Tagen vor und nach dem Tag, an dem die Dividende fällig wurde, eingehalten worden sein.[163] Darüber hinaus muss die gemeinnützige Körperschaft in dieser Zeit das sog. **Mindestwertänderungsrisiko** iSv § 36a Abs. 3 EStG getragen haben, was unproblematisch ist, wenn keine Kurssicherungsgeschäfte abgeschlossen wurden, andernfalls aber eine aufwändige Prüfung erfordern kann.[164] Wurde keine Kapitalertragsteuer einbehalten, obwohl die 20 000 EUR-Grenze überschritten wurde und die Aktien nicht seit mindestens einem Jahr im Bestand waren, muss die gemeinnützige Körperschaft prüfen, ob sie nach § 36a Abs. 4 EStG verpflichtet ist, dies selbst dem Finanzamt **anzuzeigen** und Kapitalertragsteuern in Höhe von 15 % der Kapitalerträge beim zuständigen Finanzamt **anzumelden** und **nachzubezahlen.**[165] Die Nachmeldung muss bis zum **10. Januar** des Folgejahres erfolgen.[166]

B. Lohnsteuer

I. Grundsystematik

89 Die wesentlichen Kosten gemeinnütziger Unternehmen bestehen typischerweise in den Lohnaufwendungen. Die gemeinnützigen Unternehmen sind als Arbeitgeber zur Erhebung der Lohnsteuer verpflichtet. In dem Moment, in dem der Arbeitslohn dem Arbeitnehmer zufließt, hat der Arbeitgeber die **Lohnsteuer für Rechnung des Arbeitnehmers** vom Arbeitslohn **einzubehalten** und **anzumelden** sowie sie an das Finanzamt **abzuführen.**[167] Die Besonderheiten der Lohnsteuerermittlung können hier nicht näher dargestellt werden.[168] Das EStG bietet verschiedene Möglichkeiten, die Lohnsteuer in besonderen Fällen zu **pauschalieren,** bspw. für die arbeitstägliche **Abgabe von Mahlzeiten** an den Arbeitnehmer, für den Arbeitslohn aus Anlass von **Betriebsveranstaltungen,** für Vergütungen für **Verpflegungsmehraufwand** oder wenn verbilligt **Datenverarbeitungsgeräte** zur Verfügung gestellt werden. Auch der lohnsteuerliche Vorteil für die unentgeltliche oder verbilligte **Aufladung von Elektrofahrzeugen** oder die Übereignung von betrieblichen **Fahrrädern** kann mit einem Pauschsteuersatz von 15 % oder 25 % belegt werden. Dabei hat der

---

[161] § 44a Abs. 10 S. 1 Nr. 3 EStG.
[162] § 44b Abs. 2 EStG.
[163] Vgl. dazu *Kraus* npoR 2018, 97; *Kraus* npoR 2019, 111 und *Kraus* npoR 2019, 257.
[164] Vgl. dazu *Niederwettberg/Drinhausen/Kraus* FR 2020, 74 und *Niederwettberg/Drinhausen/Kraus* RdF 2020, 27; BMF 3.4.2017, BStBl. I 2017, 726.
[165] Vgl. dazu *Kraus* npoR 2018, 97; *Kraus,* npoR 2019, 111 und *Kraus* npoR 2019, 257.
[166] § 36a Abs. 4 S. 2 EStG.
[167] §§ 38 ff. EStG.
[168] Vgl. Brandis/Heuermann/*Thürmer* EStG §§ 38 ff.; BeckOK EStG/*Meyer* EStG § 38; Schmidt/*Krüger* EStG §§ 38 ff.

Arbeitgeber die pauschale Lohnsteuer zu übernehmen. Eine Pauschalierung von Lohnsteuer ist auch für Teilzeitbeschäftigte und geringfügig Beschäftigte oder für bestimmte **Zukunftssicherungsmaßnahmen** möglich.[169] Damit können den Arbeitnehmern spezielle Anreize gegeben werden.

II. Sondersachverhalte

Besondere Sachverhalte ergeben sich für gemeinnützige Körperschaften aus den speziellen Steuerbefreiungsvorschriften der §§ 3 Nr. 26, Nr. 26a EStG. Einnahmen von – typischerweise teilzeitbeschäftigten – **Übungsleitern, Ausbildern, Betreuern** oder aus **nebenberuflicher künstlerischer Tätigkeit** oder der **nebenberuflichen Pflege** alter, kranker oder behinderter Menschen im Dienste einer gemeinnützigen Organisation sind bis zur Höhe von insgesamt **3000 EUR im Jahr steuerfrei.** Auch wenn keine derartige Tätigkeit ausgeübt wird, kann jede **nebenberufliche Tätigkeit im Dienst oder Auftrag** einer gemeinnützigen Organisation bis zur Höhe von insgesamt **840 EUR im Jahr steuerfrei** bleiben, § 3 Nr. 26a EStG. Dies betrifft bspw. Zahlungen an die Mitglieder von Aufsichtsgremien gemeinnütziger Organisationen. Allerdings darf diesen nur dann eine Vergütung gezahlt werden, wenn die Satzung dies ausdrücklich vorsieht. 90

Im Sozialrecht hat sich eine Rechtsprechung dazu entwickelt, unter welchen Voraussetzungen **nebenberuflich tätige Vorstandsmitglieder** gemeinnütziger Organisationen als Arbeitnehmer dieser Organisationen anzusehen sind, sodass dann für die ihnen gezahlte Vergütung auch Lohnsteuer einzubehalten ist und Sozialversicherungsbeiträge abzuführen sind. Vielfach werden entsprechende Organmitglieder als selbstständig Tätige behandelt und schreiben Rechnungen mit Umsatzsteuer.[170] Soweit sie allerdings in den Betrieb der gemeinnützigen Organisation eingegliedert sind, kann es zur Lohnsteuerpflicht[171] und zur Pflicht der Abführung von Sozialversicherungsbeiträgen[172] kommen. 91

Gemeinnützige Unternehmen können ebenso wie steuerpflichtige Unternehmen unter Umständen **Sachzuwendungen** an ihre Arbeitnehmer oder an Dritte vornehmen, die bei diesen zu steuerbaren Einkünften führen. So bestehen zB detaillierte Regelungen dazu, bis zu welcher Höhe **Betriebsfeste** eines Steuerpflichtigen nicht zu steuerbaren und steuerpflichtigen Einkünften der Arbeitnehmer führen. Jeder Arbeitnehmer kann nach § 19 Abs. 1 Nr. 1a S. 3 EStG einen **geldwerten Vorteil von 110 EUR im Jahr** erhalten. Für die Berechnung der Zuwendung je Arbeitnehmer wird auf die Gesamtaufwendungssumme aller Aufwendungen einer Betriebsveranstaltung abgestellt, unabhängig davon, ob es sich um Raumkosten, Kosten für Speisen oder Getränke, Geschenke, Auszeichnungen an einzelne Arbeitnehmer anlässlich der Betriebsveranstaltung, Fahrt- oder Übernachtungskosten oder Eintrittskarten für musikalische Darbietungen handelt. Die Finanzverwaltung versteht unter teilnehmenden Arbeitnehmern nur solche, die auch tatsächlich anwesend waren. Entsprechend werden die Kosten auf alle anwesenden Arbeitnehmer verteilt. Sofern die Arbeitnehmer Begleitpersonen mitbringen durften, sind dem jeweiligen Arbeitnehmer die Kosten für die Begleitperson zuzurechnen. 92

Werden den Arbeitnehmern **Sachgeschenke** vom Arbeitgeber gemacht, ist dies bis zu einem Wert von **60 EUR** steuerfrei möglich.[173] Sachgeschenke anlässlich einer Betriebsfeier fallen allerdings unter den Freibetrag von 110 EUR je teilnehmenden Arbeitnehmer.[174]

---

[169] §§ 40a, 40b EStG.
[170] Vgl. hierzu FG Köln 26.11.2020 – 8 K 2333/18; siehe auch *Vobbe/Stelzer* MwStR 2019, 932.
[171] BFH 29.3.2017 – I R 48/16, GmbHR 2018, 107; BFH 20.10.2010 – VIII R 34/08, DStR 2011, 911; BFH 23.42009 – VI R 81/06, BStBl. II 2012, 262; grundlegend zu den lohnsteuerlichen Kriterien des Arbeitnehmers BFH 14.6.1985 – VI R 150–152/82, BStBl. II 1985, 661; *Kempermann* ArbRAktuell 2016, 594.
[172] → § 8 Rn. 30.
[173] BMF 19.5.2015, BStBl. I 2015, 468, Tz. 19.
[174] BMF 14.10.2015, BStBl. I 2015, 832, Rn. 2, 4.

Werden außer den Arbeitnehmern auch **Dritte** zu der Feier eingeladen, sind die Zuwendungen ggf. aufzuteilen.

93 Gemeinnützige Unternehmen haben besondere Vorsicht in Bezug auf die Einhaltung der vorgenannten Grenzen auch deswegen walten zu lassen, weil nach § 58 Nr. 7 AO eine Körperschaft **gesellige Zusammenkünfte** veranstalten darf, wenn diese im Vergleich zu der steuerbegünstigten Tätigkeit von untergeordneter Bedeutung sind. Dabei orientiert sich die Finanzverwaltung bei der Gewährung von Annehmlichkeiten gegenüber den Arbeitnehmern an den vorgenannten Grundsätzen. Übersteigen die Zuwendungen an den einzelnen Arbeitnehmer die dargestellten Grenzen, ist zum einen Lohnsteuer mit einem Pauschsteuersatz von 25 % abzuführen, zum anderen aber besteht die Gefahr, dass ein gemeinnützigkeitswidriges Verhalten angenommen werden könnte, da eine gemeinnützige Körperschaft nicht berechtigt ist, eine Person durch Ausgaben, die dem Zweck der Körperschaft fremd sind, zu begünstigen. Allerdings ist dies umstritten, da § 55 Abs. 1 Nr. 3 AO nur unverhältnismäßig hohe Vergütungen verbietet, aber durchaus erlaubt, den Arbeitnehmern Sondervorteile zukommen zu lassen, sofern die Vergütung insgesamt im Angemessenheitsrahmen bleibt.[175]

C. Umsatzsteuer

94 Gemeinnützige Unternehmen und Konzerne sind typischerweise wirtschaftlich tätig, führen also in Erfüllung ihrer satzungsmäßigen ideellen Zwecke entgeltliche Lieferungen aus oder erbringen entgeltliche Dienstleistungen. Damit sind sie **Unternehmer** iSd § 2 Abs. 1 UStG und unterliegen der Umsatzsteuer. Dabei setzt das Umsatzsteuerrecht nicht voraus, dass eine Gewinnerzielungsabsicht besteht. Vielmehr reicht die **Absicht,** nachhaltig **Einnahmen** erzielen zu wollen, aus. Das deutsche Umsatzsteuerrecht unterliegt den Vorgaben der **Mehrwertsteuersystemrichtlinie** und damit dem europäischen Recht. Die Gestaltungsmacht des deutschen Gesetzgebers ist insoweit begrenzt.[176] Anders als das Ertragsteuerrecht kennt das Umsatzsteuerrecht **keine Sonderregelungen** für die Einordnung von **gemeinnützigen Unternehmen** als Steuerpflichtigen. Der Gemeinnützigkeitsstatus hat nur insofern Bedeutung, als die MwStSystRL Spezialvorschriften für die Besteuerung bestimmter Leistungen nach Art. 132–134 MwStSystRL vorsieht. Dazu gehören **Sonderregelungen** für **Krankenhausbehandlungen** und **ärztliche Heilbehandlungen,** für die eng mit der Sozialfürsorge und der sozialen Sicherheit verbundenen Dienstleistungen, für die **Erziehung** von Kindern und Jugendlichen, den Hochschul- und Schulunterricht, **die Aus- und Fortbildung** sowie die berufliche Umschulung und **bestimmte kulturelle und sportliche Dienstleistungen.** Das Umsatzsteuerrecht befreit somit bestimmte Leistungen unter im europäischen Recht vorgegebenen Voraussetzungen. Es knüpft an die **Tätigkeit** im jeweiligen Einzelfall an und nicht an den Gemeinnützigkeitsstatus insgesamt. Allerdings ist es den Nationalstaaten erlaubt, in Bezug auf einzelne Steuerbefreiungstatbestände diese von der Anerkennung bestimmter Einrichtungen nach nationalem Recht abhängig zu machen oder nach Art. 133 Abs. 1 Buchst. a MwStSystRL die Steuerbefreiung davon abhängig zu machen, dass der Unternehmer keine Gewinnausschüttungen vornimmt und sein in der Zeit der Steuerbefreiung erwirtschaftetes Vermögen dauerhaft den ideellen Zwecken gewidmet wird.[177]

---

[175] Zu all dem *Kirchhain* npoR 2019, 153; → §2 Rn. 62.

[176] Zum Ganzen Weitemeyer/Schauhoff/Achatz/*Hüttemann* Umsatzsteuerrecht für den Nonprofitsektor, Kap. 3.

[177] Dazu Weitemeyer/Schauhoff/Achatz/*Schauhoff* Umsatzsteuerrecht für den Nonprofitsektor, Rn. 10.2 ff.; EuGH 10.12.2020 – C-488/18, DStR 2020, 2869 – Golfclub Schloss Igling, so jetzt beispielsweise in § 4 Nr. 18 UStG geregelt.

C. Umsatzsteuer

Ziel der Erhebung der Umsatzsteuer ist es, den privaten Konsum zu besteuern. Sie ist eine **indirekte Verbrauchsteuer,** dh Steuerschuldner sind nicht die Verbraucher, sondern die Unternehmer, die selbstständig und nachhaltig entgeltliche Lieferungen und Leistungen am Markt erbringen. Das unionsrechtliche Mehrwertsteuerrecht **soll grundsätzlich aus Sicht der Unternehmer belastungsneutral sein** und zwar unabhängig von der Zahl der Produktions- oder Vertriebsstufen. Zur Herstellung der Belastungsneutralität steht der Verpflichtung zur Erhebung und Abführung der Umsatzsteuer durch den Unternehmer die Möglichkeit gegenüber, die in Rechnung gestellte Umsatzsteuer, die sog. **Vorsteuer,** steuermindernd gegenzurechnen. Soweit der Unternehmer selbst aber wegen der Umsatzsteuerfreiheit seiner Tätigkeit oder deswegen, weil er in einem bestimmten Bereich keine Leistungen gegen Entgelt ausführt, keine Umsatzsteuer abführt, setzt die Herstellung der Belastungsneutralität umgekehrt voraus, dass ihm für diese Tätigkeiten oder für diesen Bereich der Vorsteuerabzug verwehrt bleibt. **95**

Das unionsrechtliche Umsatzsteuerrecht hat sich auch der **Wettbewerbsneutralität** verschrieben. Grundsätzlich sollen gleichartige und deshalb miteinander in Wettbewerb stehende Waren oder Dienstleistungen hinsichtlich der Mehrwertsteuer nicht unterschiedlich behandelt werden. Allerdings lässt die MwStSystRL den Mitgliedstaaten der europäischen Union gerade auch für die Besteuerung der in Art. 132 MwStSystRL beschriebenen **gemeinwohlorientierten Tätigkeiten** durchaus einen gewissen Gestaltungsspielraum und erlaubt in bestimmten Grenzen **wettbewerbsrelevante Differenzierungen.** So erlaubt Art. 133 MwStSystRL, dass die Mitgliedstaaten die Steuerbefreiung auf die Tätigkeiten bestimmter Unternehmer beschränken können. Alternativ können die Mitgliedstaaten die Umsatzsteuerbefreiung für gemeinwohlorientierte Tätigkeiten von dem Fehlen einer systematischen Gewinnerzielung – dies meint die Gewinnausschüttungsabsicht[178] – abhängig machen. Oder der Nationalstaat kann die Steuerbefreiung von einer ehrenamtlichen Leitung und Verwaltung der Einrichtung oder dem sog. Abstandsgebot, dass die verlangten Preise genehmigt sind oder diese die genehmigten Preise nicht übersteigen, oder keine Wettbewerbsverzerrung zum Nachteil von steuerpflichtigen Unternehmen erfolgen darf, abhängig machen.[179] **96**

Damit wird der grundsätzlich gegebene Neutralitätsgrundsatz der Gleichbehandlung der Lieferungen und Leistungen durch speziellere Normen durchbrochen. In einem gewissen Rahmen besteht die Möglichkeit für die nationalen Gesetzgeber, die Umsatzsteuerbefreiung von bestimmten Qualifikationsmerkmalen abhängig zu machen. Dies gilt nach der Rechtsprechung des EuGH auch für die Frage, inwiefern kulturelle oder sportliche Dienstleistungen nach Art. 132 MwStSystRL von dem jeweiligen nationalen Staat von der Befreiung ausgenommen werden können.[180] **97**

Für die **Auslegung** und Anwendung der in Deutschland geltenden Umsatzsteuervorschriften ist dieser **unionsrechtliche Hintergrund** des Rechts von entscheidender Bedeutung. Der Vorrang des Unionsrechts und die Feststellung, dass der deutsche Gesetzgeber die durch die MwStSystRL unionsrechtlich vorgegebenen Steuerbefreiungen **nur teilweise in das nationale UStG umgesetzt hat,** führen zu der Frage, ob sich der Steuerpflichtige gegenüber den Finanzbehörden und Gerichten der Mitgliedstaaten **unmittelbar auf** die entsprechenden Befreiungsvorschriften nach **Unionsrecht berufen** darf. Nach ständiger Rechtsprechung des EuGH kann sich ein Steuerpflichtiger gegenüber den Finanzbehörden auf die ihm günstige Regelung in der MwStSystRL berufen, sofern der Nationalstaat die rechtzeitige Umsetzung der Richtlinie unterlassen hat und die Richtlinienbestimmung so eindeutig gefasst ist, dass dem nationalen Gesetzgeber bei der Umsetzung kein eigenes Ermessen verblieb.[181] **98**

---

[178] Dazu zB *Hüttemann/Schauhoff* DStR 2019, 1601.
[179] Dazu Weitemeyer/Schauhoff/Achatz/*Schauhoff* Umsatzsteuerrecht für den Nonprofitsektor, Rn. 10.4 ff.
[180] Vgl. EuGH 4.5.2017 – C-699/15, DStRE 2017, 993 – Brockenhurst College für die Kultur; EuGH 10.12.2020 – C- 488/18, DStR 2020, 2869 – Golfclub Schloss Igling für den Sport.
[181] Vgl. EuGH 28.11.2013 – C-319/12, MwStR 2014, 15 – MDDP.

99 Mittlerweile hat der EuGH für die Steuerbefreiung für **Kultureinrichtungen** und für den **Sportbereich** entschieden, dass die Reichweite der Umsatzsteuerbefreiung vom nationalen Gesetzgeber festgelegt werden kann und eine Direktberufung des einzelnen Steuerpflichtigen auf die günstigere unionsrechtliche Befreiungsnorm nicht möglich ist.[182] Auch die Vorgaben zur umsatzsteuerlichen **Organschaft** nach Art. 11 MwStSystRL stellen eine Kannbestimmung dar, sodass eine direkte Berufung des Steuerpflichtigen auf das vielleicht günstigere Unionsrecht nicht möglich ist.

100 Die Berufung auf das günstigere Unionsrecht ist nur den gemeinnützigen Unternehmen als Steuerpflichtigen erlaubt, nicht der Finanzverwaltung. Allerdings ist es einem Steuerpflichtigen verwehrt, die unmittelbare Anwendung des Richtlinienrechts einseitig auf die Ausgangs- oder die Eingangsumsätze zu beschränken.[183] Beruft sich der Steuerpflichtige nicht auf das Unionsrecht, scheidet eine **direkte Anwendung der europäischen Steuerbefreiung zulasten** des Steuerpflichtigen wegen der Wortlautgrenze des nationalen Rechts aus. Im Ergebnis kommt es zu einer gespaltenen Steueranwendung, bei der sich allein der Steuerpflichtige – je nach Interessenlage – auf das Unionsrecht bzw. das nationale Recht beruft. Dieser Zustand wird zu Recht vielfach kritisiert.[184]

101 Die deutsche Politik tut sich in Bezug auf eine Reihe von Einzelproblemen schwer damit, einen Rechtszustand im nationalen Recht herzustellen, der vollständig den Vorgaben der MwStSystRL entspricht. So geht das Unionsrecht davon aus, dass **Mitgliedsbeiträge** an Vereine dann der Umsatzsteuer unterliegen, wenn diese dem zahlenden Mitglied die Möglichkeit der Nutzung von Vereinseinrichtungen, beispielsweise Sportgeräten, einräumen.[185] Auch wenn grundsätzlich der Mitgliedsbeitrag viel umfassender als nach nationalem deutschen Recht als Entgelt für eine Leistung des Vereins angesehen wird, heißt dies nicht, dass die Mitgliedsbeiträge an Sport- oder Kulturvereine vom deutschen Gesetzgeber nicht für den Regelfall umsatzsteuerfrei gestellt werden könnten. Dennoch werden aus politischen Gründen diese und andere **Entscheidung des EuGH nicht umgesetzt.**[186] In Bezug auf die Umsatzsteuerfreiheit von **gemeinwohlorientierten Leistungen** möchte die deutsche Politik so wenig wie möglich in den tradierten Markt eingreifen, weswegen die Rechtsprechung des EuGH stellenweise nur zögerlich umgesetzt wird. Auch scheinen manche Entscheidungen des EuGH zu „detailverliebt". Sie erschweren die Besteuerung in der Praxis übermäßig und belasten die Tätigkeit mit übertriebenem Verwaltungsaufwand. Zudem entwickelt der **EuGH** seine Rechtsprechung anhand ihm vorgelegter **Einzelfälle,** weswegen nicht immer die abstrakte, allgemeingültige Lösung im Vordergrund steht, sondern die Auslegung des Unionsrechts für den jeweiligen Einzelfall. Da eine Änderung der MwStSystRL die **Einstimmigkeit der Mitgliedstaaten** der EU voraussetzt, sind **Entscheidungen des EuGH,** die sich in der Rechtspraxis als schwierig umsetzbar erweisen, **kaum korrigierbar,** außer durch ihn selbst. Daraus ergeben sich zahlreiche Zweifelsfragen, wie ältere EuGH-Urteile im jeweiligen nationalen Kontext anzuwenden sind, und auch eine **schwankende Rechtsprechung** des EuGH zu den einzelnen Befreiungsvorschriften des Art. 132 MwStSystRL ist zu konstatieren.[187] Wer unter Berufung auf eine Vorschrift des Unionsrechts eine Abweichung von den Vorgaben des UStG und der Verwaltungspraxis der Finanzbehörden, wie sie im UStAE niedergelegt ist, durchsetzen will, wird sehr sorgfältig die vorhandene Rechtsprechung des EuGH zu der jeweiligen unionsrechtlichen Norm im Zeitablauf analysieren müssen.

---

[182] EuGH 10.12.2020 – C-488/18, DStR 2020, 2869 – Golfclub Schloss Igling.
[183] Vgl. EuGH 28.11.2013 – C-319/12, MwStR 2014, 15, Rn. 50ff. – MDDP.
[184] Vgl. bspw. *Hüttemann/Schauhoff* MwStR 2013, 426; eingehend Weitemeyer/Schauhoff/Achatz, Umsatzsteuerrecht für den Nonprofitsektor, Kap. 29.
[185] EuGH 21.3.2002 – C-174/00, EuZW 2002, 305 – Kennemer Golfclub.
[186] → Rn. 123; für die deutsche Besteuerungspraxis maßgebend UStAE 1.4.
[187] Vgl. dazu etwa *Wäger* UR 2021, 41 (45ff.) mit verschiedenen Beispielen aus der jüngsten Rechtsprechung sowie umfassend zu allen Befreiungsvorschriften Weitemeyer/Schauhoff/Achatz, Umsatzsteuerrecht für den Nonprofitsektor, Kap. 9ff.

Die unzureichende Umsetzung der Vorgaben der MwStSystRL hat dazu geführt, dass die **102** **Rechtsprechung** immer mehr dazu übergegangen ist, die nationalen deutschen Vorschriften **im Einklang mit den Vorgaben des Unionsrechts auszulegen.** Grundsätzlich sind die Begriffe des europäischen Umsatzsteuerrechts autonom auszulegen. Der EuGH vertritt in ständiger Rechtsprechung außerdem die These, Steuerbefreiungsvorschriften seien als **Ausnahmen eng auszulegen.**[188] Andererseits darf diese Auslegungsvorgabe auch nicht dazu führen, dass der Steuerbefreiungsvorschrift die Wirksamkeit genommen wird. Wegen des Vorrangs des Unionsrechts wendet die deutsche Rechtsprechung die sog. **richtlinienkonforme Auslegung** der Vorschriften des UStG an, soweit das einzelne Tatbestandsmerkmal einer Norm bis zur sog. Wortlautgrenze ausgelegt werden kann.[189] Der BFH ist aber nicht befugt, selbst die Vorschriften des Unionsrechts auszulegen, es sei denn, deren Auslegung ist wegen einer vorhandenen Rechtsprechung des EuGH offenkundig. Die Entscheidungshoheit über die Vereinbarkeit von nationalem Recht mit Unionsrecht liegt grundsätzlich nur beim EuGH. Der BFH ist in Zweifelsfällen zur **Vorlage an den EuGH** verpflichtet.[190] Sofern eine Norm bis zur Wortlautgrenze auslegungsfähig ist, kann der BFH die Konformität der deutschen Norm mit den unionsrechtlichen Vorgaben durch richtlinienkonforme Auslegung herstellen. Zum eigenen Vorteil kann sich der Steuerpflichtige auch – entgegen der nationalen Vorschrift – **ggf. unmittelbar auf die Richtlinie berufen.** Dafür ist es aber erforderlich, dass die Bestimmung der Richtlinie inhaltlich unbedingt und hinreichend genau gestaltet ist, damit sie gegenüber der nichtrichtlinienkonformen steuerlichen Vorschrift zur Geltung gebracht werden kann.[191]

Es mehren sich die Entscheidungen des EuGH, wonach dem **Gesetzgeber ein Ermessen** **103** zukommt, wie er im nationalen Recht bestimmte steuerliche Sachverhalte gestalten kann. Dies betrifft bspw. die Ausgestaltung der **umsatzsteuerlichen Organschaft,**[192] die Ausgestaltung der Steuerbefreiung für **kulturelle Dienstleistungen** oder bestimmte mit **Sport** und Körperertüchtigung im Zusammenhang stehende Dienstleistungen.[193] Aufgrund richtlinienkonformer Auslegung hat der BFH bspw. entschieden, dass gemeinnützige Unternehmen für ihre Leistungen im Bereich der **Vermögensverwaltung** nicht den ermäßigten Umsatzsteuersatz in Anspruch nehmen können. § 12 Abs. 2 Nr. 8 UStG sei im Einklang mit der Vorgabe der MwStSystRL dahingehend auszulegen, dass für vermögensverwaltende Leistungen keine Umsatzsteuerbefreiung oder Steuersatzermäßigung in Betracht komme.[194] Ebenso wurde entschieden, dass im Gegensatz zu den in Deutschland geltenden Regeln nach § 12 Abs. 2 Nr. 8 UStG nicht jegliche Zweckbetriebstätigkeit einer gemeinnützigen Organisation in den Genuss des **ermäßigten Umsatzsteuersatzes** kommen kann. Vielmehr sei die Norm in richtlinienkonformer Weise einschränkend auszulegen. Das Umsatzsteuerrecht führe zu einem eigenen umsatzsteuerrechtlichen Zweckbetriebsbegriff, losgelöst von der Vorgabe der AO. Die MwStSystRL kenne keinen Zweckbetrieb. Nur wenn im Einzelnen die Voraussetzungen des Art. 132 MwStSystRL vorlägen oder der nationale Gesetzgeber im UStG eine Norm geschaffen habe, die unter Beachtung der unionsrechtlichen Vorgabe zum ermäßigten Umsatzsteuersatz führe, könne anderes gelten. Dies betrifft bspw. die Verpflegung und Beköstigung von Teilnehmern einer Bildungs-

---

[188] S. bspw. EuGH 28.1.2010 – C-473/08, DStR 2010, 218, Rn. 27 – Eulitz; EuGH 7.10.2019 – C-47/19, DStR 2019, 2417, Rn. 23 – FA Hamburg-Barmbeck-Uhlenhorst; EuGH 15.11.2012 – C-174/11, DStRE 2013, 423, Rn. 22 – Zimmermann.
[189] Vgl. etwa BFH 1.4.2004 – 5 R 54.98, BStBl. II 2004, 6/81; BFH 8.8.2013 – V R 13/12, BFHE 242, 500/57.
[190] Vgl. Art. 267 Abs. 3 AEUV.
[191] Siehe auch → Rn. 98 ff.
[192] EuGH 25.4.2013 – C-480/10, MwStR 2013, 276 – Kommission ./. Schweden; EuGH 16.7.2015 – C-108/14 u. 109/14, DStR 2015, 1673, Rn. 4; dazu *Erdbrügger* BB 2015, 1894 (1896).
[193] EuGH 15.2.2017 – C-592/15, MwStR 2017, 271 – British Film Institute; ebenso für bestimmte mit Sport und Körperertüchtigung in Zusammenhang stehende Dienstleistungen BFH 21.6.2018 – V R 20/17, UR 2018, 669; so auch EuGH 10.12.2020 – C-488/18, DStR 2020, 2869 – Golfclub Schloss Igling.
[194] BFH 20.3.2014 – V R 4/13, BFHE 245, 397. Siehe aber → Rn. 164.

veranstaltung,[195] die Beherbergung von Teilnehmern einer Bildungsveranstaltung[196] oder die Leistungserbringung durch Werkstätten für behinderte Menschen oder Inklusionsbetriebe am allgemeinen Markt.[197] In allen diesen Fällen wird nach der Rechtsprechung entgegen der anderslautenden Normen im UStG und der derzeitigen Praxis der Finanzbehörden kein ermäßigter Umsatzsteuersatz gewährt.

104 Die **Finanzverwaltung** wendet weiterhin in vielen Fällen das nationale Umsatzsteuerrecht an und **ignoriert insoweit die Rechtsprechung des BFH,** mit der dieser Vorschriften des UStG korrigiert. Die Finanzverwaltung folgt somit weiterhin primär dem nationalen Gesetz. Will das Parlament eine Norm nicht an die unionsrechtliche Vorgabe anpassen, bleibt es in vielen Fällen bei der **wortlautgetreuen Gesetzesauslegung** des **UStG.** Beispiele dafür sind der ermäßigte Umsatzsteuersatz für umsatzsteuerpflichtige **Vermögensverwaltungs- oder Zweckbetriebseinkünfte** gemeinnütziger Unternehmen, sofern kein Missbrauchsfall iSd § 12 Abs. 2 Nr. 8 S. 3 UStG vorliegt. Dies ist für die gemeinnützigen Unternehmen und Konzerne regelmäßig günstiger als die Rechtsanwendung nach Maßgabe der Rechtsprechung des BFH, es sei denn, eine Umsatzsteuerfreiheit wird nicht angestrebt, um in den Genuss des Vorsteuerabzugs zu kommen. Das ist insb. dann der Fall, wenn aufgrund hoher Investitionen, bspw. in Sport- oder Kultureinrichtungen, mit einem **Vorsteuerüberhang** bei steuerpflichtigen Umsätzen ein Finanzierungsvorteil für die Investition generiert werden kann. Andererseits besteht die Gefahr – wenn es zu einem Rechtsstreit mit einem Finanzamt bzgl. der Umsatzsteuer kommt – dass bei dieser Gelegenheit die Gerichte die Umsatzsteuer unter Berücksichtigung der Rechtsprechung und ohne Beachtung der Vorgaben des UStAE festsetzen. Dies lässt ein Gerichtsverfahren als nicht opportun erscheinen. Durch verbindliche Auskunft sollte die Beurteilung der Finanzverwaltung im Vorhinein abgesichert werden.

105 Aufgrund dieses **gespaltenen Rechtszustandes** ist die Erstellung zutreffender Umsatzsteuererklärungen im Einklang mit dem nationalen UStG und den Vorgaben des UStAE herausfordernd. Dabei muss stets bedacht werden, dass es aufgrund abweichender Vorgaben der MwStSystRL zu **rückwirkenden Änderungen** kommen kann, wenn die Finanzverwaltung sich doch dazu entschließt, den unionsrechtskonformen Rechtszustand in das nationale Recht zu übernehmen. Grundsätzlich kann ein Finanzamt einen Umsatzsteuerbescheid auch rückwirkend ändern, solange er unter dem **Vorbehalt der Nachprüfung** steht, was aufgrund der Umsatzsteuererklärung mittels Steueranmeldung nach § 165 AO schon von Gesetzes wegen der Fall ist. Deswegen ist – vielfach bis zu sieben Jahre nachdem der Steuertatbestand verwirklicht wurde – eine rückwirkende Änderung der Steuer zulasten des Steuerpflichtigen möglich, weil dann erst Festsetzungsverjährung eintritt (natürlich je nach Einzelfall). Allerdings kann sich ein Steuerpflichtiger dann, wenn die Finanzverwaltung im UStAE einen unionsrechtswidrigen Steuerrechtszustand bestehen lässt, gegenüber einer Änderung des Steuerbescheides zu seinen Lasten auf **Vertrauensschutz** nach § 176 Abs. 2 AO berufen. Dies gilt erst recht dann, wenn aufgrund einer Entscheidung des EuGH eine Einzelbestimmung im deutschen Recht als nicht im Einklang mit dem Unionsrecht beurteilt wird. Insofern gibt es Bereiche, in denen Steuerpflichtige Vertrauensschutz vor diesem gespaltenen Rechtszustand erlangen können.

106 Dies vorausgeschickt wird im Folgenden vor allem der Rechtszustand abgehandelt, wie er sich nach dem geltenden deutschen Recht darstellt, wenn die Auffassung der Finanzverwaltung, wie sie im UStAE niedergelegt ist, angewendet wird. Sobald dies bedeutsam ist, wird auf eine Abweichung durch die Rechtsprechung hingewiesen, die aber in der Praxis vielfach nur dann durchgreift, wenn es zu einem Gerichtsverfahren kommt. Häufig passt die Finanzverwaltung nach einem einer Richtlinienbestimmung des UStAE widersprechenden Urteil des BFH oder EuGH diese an die geänderte Rechtslage an. Sie wird dann

---

[195] Dazu auch *Kirchhain* SpuRt 2019, 107.
[196] BFH 8.3.2012 – V R 14/11, BStBl. II 2012, 630.
[197] BFH 23.7.2019 – XI R 2/17, BFHE 266, 91.

regelmäßig auch **Übergangsregelungen** erlassen, damit die Steuerpflichtigen sich auf die neue Rechtslage einstellen können. So hatte der EuGH zB vor kurzem entschieden, dass Preisgelder bei Pferderennen nicht der Umsatzsteuer unterliegen, da sie keine Gegenleistung für die Teilnahme am Rennen darstellen.[198] Die Finanzverwaltung hat die entgegenstehende Richtlinienbestimmung daraufhin mit einer Übergangsfrist geändert.[199]

I. Unternehmer

Nach § 1 Abs. 1 Nr. 1 UStG unterliegen der Umsatzsteuer die Lieferungen und sonstigen Leistungen, die ein Unternehmer im Inland gegen Entgelt im Rahmen seines Unternehmens ausführt. **Unternehmer ist,** wer eine gewerbliche oder berufliche Tätigkeit selbstständig ausübt.[200] Das Unternehmen umfasst die gesamte gewerbliche oder berufliche Tätigkeit des Unternehmers, welche bei jeder nachhaltigen Tätigkeit zur Erzielung von Einnahmen gegeben ist. Auf die Absicht, Gewinne zu erzielen, kommt es nicht an. Der Unternehmer hat die **Umsatzsteuer abzuführen** und kann unter den Voraussetzungen des § 15 UStG die **Vorsteuer** in Anspruch nehmen. Besteht eine sog. **umsatzsteuerliche Organschaft** nach § 2 Abs. 2 Nr. 2 UStG, wird die Umsatzsteuer allein vom Organträger geschuldet.[201] **107**

Nach UStAE 2.10 sind Vereine, die **Mitgliedsbeiträge** vereinnahmen, um in Erfüllung ihres satzungsmäßigen Gemeinschaftszwecks die Gesamtbelange ihrer Mitglieder wahrzunehmen, nicht im Rahmen eines Leistungsaustauschs tätig. Anders als nach der Rechtsprechung des **EuGH,** der darauf abstellt, ob eine Tätigkeit im Interesse eines einzelnen Mitglieds vorgenommen wird und dieses bspw. die Möglichkeit erhält, Sporteinrichtungen eines gemeinnützigen Vereins zu nutzen, kommt es nach den derzeit von der Finanzverwaltung angewandten umsatzsteuerrechtlichen Regelungen unverändert darauf an, ob Gesamtbelange der Mitglieder wahrgenommen werden. **108**

Auch **Einrichtungen,** deren Aufgaben **ausschließlich durch Zuschüsse finanziert** werden, die kein Entgelt für eine Leistung darstellen, sind nicht unternehmerisch tätig (zB Forschungsbetriebe).

Der große Teil der gemeinnützigen Unternehmen wird zu den sog. **Teilunternehmern** gehören. Vereinnahmen gemeinnützige Unternehmen neben Mitgliedsbeiträgen und nicht steuerbaren Zuschüssen auch **Entgelte für Lieferungen oder sonstige Leistungen,** sind sie nur insoweit Unternehmer, als ihre Tätigkeit darauf gerichtet ist, nachhaltig entgeltliche Lieferungen oder sonstige Leistungen zu bewirken.[202] Der unternehmerische Bereich umfasst dann die gesamte zur Ausführung der entgeltlichen Leistungen entfaltete Tätigkeit einschließlich aller unmittelbar hierzu dienenden **Vorbereitungen.** Sog. **Hilfsgeschäfte,** die der Betrieb des nichtunternehmerischen Bereichs mit sich bringt, sind auch dann als nicht steuerbar zu behandeln, wenn sie wiederholt oder mit einer gewissen Regelmäßigkeit ausgeführt werden. Als Hilfsgeschäfte sind zB die Veräußerungen von Gegenständen, die im nicht unternehmerischen Bereich eingesetzt werden oder die Überlassung von einem im nicht unternehmerischen Bereich eingesetzten Kraftfahrzeug an Arbeitnehmer zur privaten Nutzung anzusehen.[203] Auch diese Richtlinienbestimmung **widerspricht den Vorgaben des Unionsrechts.** Somit kann der Unternehmer sich auf das entsprechende deutsche Recht berufen oder aber alternativ das Geschäft steuerpflichtig machen und dann ggf. den Vorsteuerabzug in Anspruch nehmen. Besonders schwierig gestaltet sich bei gemeinnützi- **109**

---

[198] EuGH 10.11.2016 – C-432/15, UR 2016, 913 – Pavlína Baštová; BFH 10.6.2020 – XI R 25/18, DStR 2020, 2240.
[199] BMF 27.5.2019, BStBl. I 2019, 512.
[200] § 2 Abs. 1 UStG.
[201] Dazu unter → Rn. 110 ff.
[202] UStAE 2.10 Abs. 1 S. 4.
[203] UStAE 2.10 Abs. 1 S. 11.

gen Unternehmen – die Teilunternehmer sind – die Frage, **in welcher Höhe** sie zum Abzug von Vorsteuer berechtigt sind.[204] Die Finanzverwaltung gewährt deswegen Erleichterungen beim Vorsteuerabzug für gemeinnützige **Vereine,** die eine **pauschalierte Regelung** nach UStAE 2.10 Abs. 6 anstreben können.

II. Organschaft

110   Nach § 2 Abs. 2 Nr. 2 UStG wird keine gewerbliche Tätigkeit ausgeübt, wenn eine juristische Person nach dem Gesamtbild der tatsächlichen Verhältnisse **finanziell, wirtschaftlich** und **organisatorisch** in das Unternehmen des Organträgers **eingegliedert ist (Organschaft).** Die Wirkungen der Organschaft sind auf **Innenleistungen** zwischen den im Inland gelegenen Unternehmensteilen beschränkt. Diese Unternehmensteile sind als ein Unternehmen zu behandeln.

111   Der große Vorteil der umsatzsteuerlichen Organschaft besteht für gemeinnützige Konzerne darin, dass die Ausgangsleistungen innerhalb des Konzerns nicht der Umsatzsteuer unterliegen. Soweit allerdings eine Organgesellschaft für den ideellen – umsatzsteuerrechtlich „nichtwirtschaftlich" genannten – Bereich des organschaftlich verbundenen gemeinnützigen Konzerns tätig wird, nimmt die Finanzverwaltung eine **unentgeltliche Wertabgabe** an, sofern die Organgesellschaft, die entgeltliche Umsätze ausführt, wirtschaftlich in das Unternehmen des Organträgers eingegliedert ist. **Organträger** kann nur ein Unternehmer oder der unternehmerische Teil der Konzernspitze sein. Andererseits wird die Organgesellschaft insgesamt in die Organschaft eingegliedert. Richtiger wäre es dann, dass im Organkreis unternehmerische und nichtunternehmerische Tätigkeiten ausgeführt werden und es anstelle der Annahme einer unentgeltlichen Wertabgabe auf Personalleistungen nur zu einer Vorsteuerkürzung kommt, soweit Vorleistungen ohne Leistungsbezug für den unternehmerischen Bereich bezogen werden.[205] Der BFH hat im Jahr 2020 **dem EuGH** die Rechtsfrage **vorgelegt,** ob bei Tätigkeiten für den nichtwirtschaftlichen Bereich wirklich eine unentgeltliche Wertabgabe anzunehmen sei.[206] Rechtsfolge einer umsatzsteuerlichen Organschaft ist somit, dass Innenumsätze im Organkreis unbesteuert bleiben und die Vorsteuer nach Maßgabe der umsatzsteuerpflichtigen und umsatzsteuerfreien Umsätze sowie unter Berücksichtigung der wirtschaftlichen und nichtwirtschaftlichen Bereiche im Organkreis gezogen werden kann. In Bezug auf die Außenumsätze sind die Tatbestandsvoraussetzungen für Steuerbefreiungen grundsätzlich für jede Organgesellschaft gesondert zu betrachten.

112   § 2 Abs. 2 Nr. 2 UStG verstößt gegen Unionsrecht, weil neben den Kapitalgesellschaften auch **Personengesellschaften** taugliche **Organgesellschaften** sein müssen. Allerdings schreibt das Unionsrecht in Art. 11 MwStSystRL dem deutschen Gesetzgeber nicht exakt vor, wie eine Organschaft auszugestalten ist. Aktuell hat der BFH dem **EuGH** wieder eine Reihe von Rechtsfällen im Zusammenhang mit der Organschaftsregelung **vorgelegt,** um zu klären, wie die deutsche Norm überhaupt auszulegen ist.[207] Die derzeit im Gesetz stehende Regelung des § 2 Abs. 2 Nr. 2 UStG wird weiter angewandt. Eine umsatzsteuerliche Organschaft kann auch zu einer Personengesellschaft begründet werden. Ob eine Ausdehnung der umsatzsteuerlichen Organschaft auch auf Fälle, in denen keine Mehrheitsbeteiligung an einer Tochtergesellschaft besteht, schon nach Unionsrecht derzeit zwingend geboten ist, oder bei Tätigkeiten für den nichtwirtschaftlichen Bereich im Organkreis eine unentgeltliche Wertabgabe zu besteuern ist,[208] ist wie weitere Details aufgrund der Vorlagen

---

[204] Dazu unter → Rn. 164 ff.
[205] So bspw. Weitemeyer/Schauhoff/Achatz/*Küffner/Tillmanns* Umsatzsteuerrecht für den Nonprofitsektor Rn. 7.29.
[206] BFH 7.5.2020 – V R 40/19, DStR 2020, 1367, Rn. 64 ff; Az. EuGH C-269/20.
[207] BFH 7.5.2020 – V R 40/19 DStR 2020, 1367; Az. EuGH C-269/20 und BFH 11.12.2019 – XI R 16/18, DStR 2020, 645; Az. EuGH C 141/20 Norddeutsche Gesellschaft für Diakonie.
[208] Siehe hierzu → Rn. 111.

des BFH vom EuGH zu entscheiden und derzeit offen. Je nachdem, wie der EuGH entscheiden wird, wird der Gesetzgeber die Organschaftsregelung in § 2 Abs. 2 Nr. 2 UStG ggf. anpassen.

Somit ist gegenwärtig für das Bestehen einer umsatzsteuerlichen Organschaft nach deutschem Recht von wesentlicher Bedeutung, dass eine finanzielle, wirtschaftliche und organisatorische Eingliederung in einen Organträger gegeben ist.

1. Finanzielle Eingliederung

Die finanzielle Eingliederung erfordert regelmäßig eine **Mehrheitsbeteiligung** an der Organgesellschaft. Eine Stiftung kann daher keine Organgesellschaft sein, allerdings problemlos ein Organträger. 113

Grundsätzlich können nach geltendem deutschen Recht **auch nicht unternehmerische Teile** in den Organkreis einbezogen werden, wobei allerdings vieles im Detail streitig ist. Die Einbeziehung von partiellen Nichtunternehmern in den Organkreis hat den großen Vorteil, dass Leistungen an diese als nicht steuerbare Innenumsätze erbracht werden können.[209]

Eine finanzielle Eingliederung ist gegeben, wenn die Anteilsmehrheit an der Organgesellschaft so eingeräumt ist, dass es dem Organträger möglich ist, durch Mehrheitsbeschlüsse seinen **Willen in der Organgesellschaft durchzusetzen.**[210] Somit kommt es auf die **Stimmenmehrheit** an. Stimmbindungsvereinbarungen und Stimmrechtsvollmachten sollen aber keine Rolle spielen. Eine **mittelbare Beteiligung** des Organträgers an der Organgesellschaft ist ausreichend, wenn die finanzielle Eingliederung mittelbar über eine unternehmerisch oder nicht unternehmerisch tätige Tochtergesellschaft des Organträgers erfolgt.[211] Dies gilt für die finanzielle Eingliederung einer Kapital- wie auch einer Personengesellschaft. Auch eine **gemeinnützige Tochtergesellschaft** kann eingegliedert sein, ungeachtet des Umstands, dass sie nicht den wirtschaftlichen Zwecken des Gesellschafters, sondern der Erfüllung der gemeinnützigen Zwecke und damit der Allgemeinheit verpflichtet ist.[212] 114

2. Wirtschaftliche Eingliederung

Die weitere Voraussetzung der wirtschaftlichen Eingliederung bedeutet, dass die Organgesellschaft nach dem Willen des Unternehmers im **Rahmen des Gesamtunternehmens,** und zwar im engen Zusammenhang mit diesem, wirtschaftlich tätig ist. Diese Voraussetzung wird bei einem gemeinnützigen Konzern im Regelfall erfüllt sein, es sei denn, die Beteiligung könnte – mangels unternehmerischer Betätigung – nicht dem unternehmerischen Bereich zugeordnet werden. 115

Problematisch werden kann die wirtschaftliche Eingliederung, wenn neue Funktionen hinzugekauft, aber nicht tatsächlich in den Konzern integriert wurden. Bei einer **Betriebsaufspaltung** in ein Besitzunternehmen und Verpachtung des Betriebsvermögens durch das Besitzunternehmen an die Betriebsgesellschaft kann die Betriebsgesellschaft in den Organkreis einbezogen werden.[213]

3. Organisatorische Eingliederung

In der Praxis bereitet insb. die organisatorische Eingliederung mitunter Schwierigkeiten. Rechtsprechung und Finanzverwaltung lassen dafür nicht die Stimmenmehrheit in der 116

---

[209] Vgl. dazu aber BFH 2.12.2015 – V R 67/14, DStR 2016, 232; kritisch zu Recht Weitemeyer/Schauhoff/Küffner/Tillmanns Umsatzsteuerrecht für den Nonprofitsektor Rn. 7.29; näher zur vertraglichen Gestaltung wegen der erheblichen umsatzsteuerlichen Risiken unter → Rn. 119.
[210] Ua BFH 22.11.2001 – V R 50/00, BStBl. II 2002, 167; UStAE 2.8 Abs. 5 S. 1.
[211] BFH 2.12.2015 – V R 15/14, BStBl. II 2017, 553; UStAE 2.8 Abs. 5b S. 2.
[212] So ausdrücklich BFH 27.2.2020 – V R 10/18, BFH/NV 2020, 1246; Wäger UR 2021, 41 (64).
[213] Näher dazu UStAE 2.8 Abs. 6.

§ 7 Steuern

Gesellschafterversammlung genügen,²¹⁴ da das Gesetz ja neben der finanziellen Eingliederung zusätzlich die organisatorische Eingliederung fordert.

Dies setzt in aller Regel die **personelle Verflechtung der Geschäftsführungen** des Organträgers und der Organgesellschaft voraus.²¹⁵ Die Geschäftsführungen von Mutter- und Tochtergesellschaft müssen allerdings nicht vollständig personenidentisch sein. Besonderer Vorsicht bedürfen die Fälle, in denen die Tochtergesellschaft über mehrere Geschäftsführer verfügt, die nur zum Teil auch im Leitungsgremium der Muttergesellschaft vertreten sind. Ist in der Organgesellschaft eine **Gesamtgeschäftsführungsbefugnis** vereinbart und werden die Entscheidungen durch **Mehrheitsbeschluss** getroffen, wird eine organisatorische Eingliederung nur vorliegen, wenn der Geschäftsführer, der personenidentisch bei der Muttergesellschaft eingesetzt ist, sich durchsetzen kann. Haben die verschiedenen Geschäftsführer der Tochtergesellschaft **Einzelvertretungsbefugnis,** sind **zusätzlich institutionell abgesicherte Maßnahmen** erforderlich, um eine Beherrschung der Organgesellschaft durch den Organträger sicherzustellen.²¹⁶ Dann sollte ein **Weisungsrecht** des personenidentischen Geschäftsführers vereinbart oder ein **Letztentscheidungsrecht** geregelt werden. Die Personenidentität in der Geschäftsführung von Mutterkörperschaft und steuerpflichtiger Tochterkapitalgesellschaft kann **ertragsteuerlich** dazu führen, dass die Beteiligung in einem **steuerpflichtigen wirtschaftlichen Geschäftsbetrieb** gehalten wird.²¹⁷

117 Wird auf eine Personenidentität in den Geschäftsführungen verzichtet, kann noch versucht werden, durch ein **besonderes Anstellungsverhältnis** zu regeln, dass die Geschäftsführung der Tochtergesellschaft an die Entscheidungen der Konzernmutter gebunden ist und diese fortlaufend durch Konzernrichtlinien die Geschäftsführung der Tochtergesellschaft mitbestimmt. Erforderlich sind aber schriftlich fixierte Vereinbarungen, wie eine Geschäftsführerordnung oder eine Konzernrichtlinie, damit nachgewiesen werden kann, dass der Organträger entscheidungsbefugt ist und ein Geschäftsführer der Organgesellschaft bei Verstößen gegen derartige Anweisungen haftbar gemacht werden kann.²¹⁸

Möglich ist auch eine entsprechende Gestaltung durch einen **Beherrschungsvertrag,** der aber konzernrechtlich zum Nachteilsausgleich für das beherrschte Unternehmen zwingt und auch gemeinnützigkeitsrechtlich nur unter bestimmten Umständen vereinbart werden kann.²¹⁹

4. Umsatzsteuerzahllast

118 Wird eine umsatzsteuerliche Organschaft hergestellt, ist besonderes Augenmerk auf die **vertraglichen Vereinbarungen** zu legen, mit denen die **Umsatzsteuerzahllast** unter den verschiedenen Mitgliedern des Organkreises **abgerechnet wird.** Umsatzsteuerrechtlich schuldet der Organträger die Umsatzsteuer, die ggf. von Organgesellschaften – die auch steuerpflichtig sein können – verursacht werden. Grundsätzlich sollte jede Organgesellschaft ihren **jeweiligen Anteil an der Umsatzsteuer tragen,** auch wenn **nach außen der Organträger** diese schuldet.

119 Zudem sollte geregelt werden, dass zumindest in dem Fall, dass eine **Betriebsprüfung** die Umsatzsteuer abweichend von den Vorstellungen des Organträgers festsetzt, dieser oder eine Organgesellschaft die Mehrsteuer zu entrichten hat. Aus Sicht einer gemeinnützigen Körperschaft stellt sich die Frage, **unter welchen Voraussetzungen** sie nachträglich bekannt gewordene Steuern an den Organträger **erstatten darf,** wenn zuvor andere Vereinbarungen – und sei es konkludent – getroffen worden sein sollten. Aus Sicht einer steuer-

---

²¹⁴ BFH 5.12.2007 – V R 26/06, BStBl. II 2008, 451; UStAE 2.8 Abs. 1 S. 4.
²¹⁵ UStAE 2.8 Abs. 8.
²¹⁶ UStAE 2.8 Abs. 8 S. 5–7.
²¹⁷ Dazu → Rn. 62 f.
²¹⁸ BFH 5.12.2007 – V R 26/06, BStBl. II 2008, 451 und 12.10.2016 – XI R 30/14, BStBl. II 2017, 597.
²¹⁹ Zum Konzernrecht → § 3 Rn. 96 f.; zu den gemeinnützigkeitsrechtlichen Risiken → Rn. 80 und → § 2 Rn. 81 (Ausschließlichkeit).

pflichtigen Kapitalgesellschaft wird häufig eine **verdeckte Gewinnausschüttung** vorliegen, wenn dem Organträger nachträglich eine entsprechende Umsatzsteuer erstattet wird. Zwar besteht ein **gesetzlicher Ausgleichsanspruch,** gleichzeitig aber auch eine **Pflicht des Organträgers, ordnungsgemäße Umsatzsteuererklärungen abzugeben.** Aus Sicht des Organträgers stellt sich wiederum die Frage, ob auf die **Geltendmachung** entsprechender Mehrsteuern – die ihre Ursache in der Tätigkeit einer Organgesellschaft haben – **verzichtet werden darf.** Besonders relevant werden derartige Fragestellungen dann, wenn die Betriebsprüfung die Organschaft insgesamt in Frage stellen sollte (bspw. wegen Fehlern in der Gestaltung der organisatorischen Eingliederung). Unter welchen Voraussetzungen in diesen Fällen Umsatzsteuer vom Leistungsempfänger nachgefordert werden kann, wenn offen ist, ob eine **Brutto- oder Netto-Preisvereinbarung** vorliegt, beschäftigt immer öfter die Zivilgerichte. Diese zivilrechtliche Frage kann Vorfrage dafür sein, ob gemeinnützigkeitsrechtlich eine Nachforderung übernommen werden darf, ansonsten sollte eine Zuschussgewährung geprüft werden. Gleiches gilt für die Frage, ob im umgekehrten Fall der Leistungsempfänger vom leistenden Unternehmen Umsatzsteuer zurückfordern kann, wenn tatsächlich keine Umsatzsteuer hätte abgeführt werden müssen.[220]

III. Lieferung und Leistung

Der Umsatzsteuer unterliegen nach § 3 Abs. 1 UStG im Regelfall nur **Leistungen gegen Entgelt.** Dabei unterscheidet das Umsatzsteuerrecht zwischen Lieferungen und sonstigen Leistungen, was bspw. für die Frage, an welchem Ort der Umsatz ausgeführt wird, und damit für die Umsatzsteuerlast im grenzüberschreitenden Wirtschaftsverkehr, bedeutsam werden kann. Sonstige Leistungen können bspw. Dienstleistungen, Gebrauchs- und Nutzungsüberlassungen, Rechteeinräumungen beim Sponsoring,[221] oder auch die Übertragung immaterieller Wirtschaftsgüter, zB des Firmenwerts oder eines Kundenstamms, sein, bis hin zu der Verpflichtung, gegen Entgelt Wettbewerb zu unterlassen. Keine entgeltliche Leistung bildet dagegen die Zahlung von Schadensersatz. Wird eine Leistung der Umsatzsteuer zu Unrecht oder zum falschen Steuersatz unterworfen, kann deswegen der Vorsteuerabzug beim Leistungsempfänger versagt werden, weil es dann an einer ordnungsmäßigen Rechnung fehlen wird. Umstritten ist derzeit, unter welchen Voraussetzungen die Überlassung eines **Dienst-Kfz** durch ein gemeinnütziges Unternehmen an einen Mitarbeiter überhaupt zu einer entgeltlichen Überlassung führt und ob dafür eine Vereinbarung im Dienstvertrag genügt oder eine ausdrückliche Anrechnung dieses Vorteils auf das Gehalt notwendig ist. Davon hängt wiederum ab, inwiefern beim Autokauf der Vorsteuerabzug beansprucht werden kann.[222] 120

Der entgeltlichen Lieferung oder sonstigen Leistungen sind noch sog. **unentgeltliche Wertabgaben** gleichgestellt, bei denen zu einem unternehmensfremden Zweck unentgeltlich Leistungen ausgeführt werden, etwa im Rahmen einer umsatzsteuerlichen Organschaft.[223] Unerheblich ist, ob die Leistung vollentgeltlich oder teilentgeltlich ausgeführt wird. Dies hat allein Folgen für die Höhe der umsatzsteuerrechtlichen Bemessungsgrundlage. In wenigen Einzelfällen wird das teilentgeltliche Entgelt durch die sog. **Mindestbemessungsgrundlage** nach § 10 Abs. 5 UStG aufgefüllt. Aber auch dann, wenn kein Bargeld für eine Leistung bezahlt wird, kann eine Leistung gegen Entgelt vorliegen. Das Umsatzsteuerrecht spricht dann von sog. **tauschähnlichen Umsätzen,** bei denen bspw. eine der Parteien verspricht, der anderen das Recht zu überlassen, mit ihrem positiv konnotierten gemeinnützigen Namen zu werben, während die andere Partei dafür bestimmte Medialeistungen, wie kostenlose Anzeigen, Werbung oä zusagt. Dann liegen tauschähnliche Leistungen vor, die jeweils nach dem Wert der je- 121

---

[220] Vgl. bspw. BGH 20.2.2019 – VIII ZR 7/18, NJW 2019, 2298.
[221] Dazu → Rn. 20 f.
[222] EuGH 20.1.2021 – C-288/19, DStR 2021, 154 – QM ./. Finanzamt Saarbrücken.
[223] Vgl. dazu → Rn. 111.

weiligen Gegenleistungen zu bemessen sind und beide der Umsatzsteuer unterliegen können.[224]

1. Mitgliedsbeitrag

122 Soweit eine Vereinigung zur Erfüllung ihrer den Gesamtbelangen sämtlicher Mitglieder dienenden satzungsgemäßen Gemeinschaftszwecke tätig wird und dafür **echte Beiträge** erhebt, wird dafür nach deutschem Umsatzsteuerrecht keine Umsatzsteuer geschuldet.[225] **Gemeinschaftsbelange** werden auch verfolgt, wenn bspw. eine Mitgliederzeitschrift an die Mitglieder kostenlos ausgegeben wird, soweit es sich dabei um Informationen und Nachrichten aus dem Leben der Vereinigung handelt. Anders kann es sein, wenn es sich um Fachzeitschriften handelt, die das Mitglied sonst gegen Entgelt im freien Handel beziehen müsste.[226] Werden von den Mitgliedern **Umlagen** für bestimmte im Gemeinschaftsinteresse liegende Tätigkeiten erhoben, so kommt es nach dem deutschen Steuerrecht darauf an, ob die Umlagen je nach Interesse der einzelnen Mitglieder gestaffelt werden.[227]

123 Mit Blick auf das Unionsrecht ist nach **Rechtsprechung des EuGH** der Mitgliedsbeitrag grundsätzlich umsatzsteuerbar, sofern den individualisierbaren Leistungsempfängern, also den einzelnen Mitgliedern, ein **verbrauchsfähiger Vorteil** durch die Leistung der Vereinigung zuteilwird.[228] Der EuGH hat entschieden, dass ein **Sportverein,** der seinen Mitgliedern in Verfolgung seines satzungsmäßigen Zwecks die Möglichkeit einräumt, Sportanlagen zu nutzen, die Mitgliedsbeiträge der Umsatzsteuer zu unterwerfen hat, da die Mitglieder durch diese Nutzungsmöglichkeit einen verbrauchsfähigen Vorteil erlangen. Diese Rechtsprechung wird **in Deutschland bislang nicht umgesetzt.**[229] Vielmehr wird darauf abgestellt, ob das einzelne Mitglied eine Sonderleistung von dem Verein erhält. Dagegen sind die im Interesse der Gesamtbelange sämtlicher Mitglieder angebotenen Leistungen des Vereins nach UStAE 1.4 in Deutschland derzeit nicht umsatzsteuerbar. Allerdings hat ein gemeinnütziges Unternehmen hier die Möglichkeit, sich **unmittelbar auf die MwStSystRL zu berufen.**[230] Dann werden zum einen die Mitgliedsbeiträge umsatzsteuerbar, zum anderen kann aber auch der Vorsteuerabzug geltend gemacht werden. Vorteilhaft ist dies bei **hohen Investitionen,** weil dann die **Vorsteuern** aus den Baukosten gezogen werden können und diese häufig die Umsatzsteuer auf die Mitgliedsbeiträge ganz erheblich übersteigen.[231]

2. Echter oder unechter Zuschuss – Entgelt von dritter Seite

124 Für gemeinnützige Unternehmen spielt die Rechtsprechung und Finanzverwaltungsauffassung zu den sog. **echten Zuschüssen** eine erhebliche Rolle. Vielfach werden gemeinnützige Unternehmen in erheblichem Umfang durch Zuschüsse der öffentlichen Hand oder anderer gemeinnütziger Körperschaften finanziert. Sog. echte Zuschüsse stellen **kein Entgelt** im Rahmen eines Leistungsaustausches dar. Erbringt das gemeinnützige Unternehmen eine Tätigkeit aufgrund eines echten Zuschusses, fällt daher **keine Umsatzsteuer** an.

125 Die Abgrenzung zwischen den sog. echten Zuschüssen (nicht umsatzsteuerbar) und den **unechten Zuschüssen (umsatzsteuerbar)** richtet sich nach dem Zweck, die der Zah-

---

[224] § 3 Abs. 12 UStG.
[225] UStAE 1.4..
[226] UStAE 1.4 Abs. 6.
[227] Vgl. UStAE 1.4 Abs. 5; BFH 4.7.1985 – V R 107/76, BStBl. II 1986, 153; für Einzelfalldarstellungen verschiedener Mitgliedsbeiträge Reiß/Kräusel/Langer/*Friedrich-Vache* UStG § 1 Rn. 459 ff.
[228] EuGH 21.3.2002 – Rs. C-174/00, EuZW 2002, 305 – Kennemer Golf; zu all dem auch Weitemeyer/Schauhoff/Achatz/*Heber* Umsatzsteuerrecht für den Nonprofitsektor Rn. 8.2 ff.
[229] Wäger/*Erdbrügger* UStG § 1 Rn. 169; *Erdbrügger* npoR 2019, 7 (8 f.); dazu → Rn. 101 ff.
[230] Siehe hierzu → Rn. 98.
[231] *Erdbrügger* npoR 2019, 7 (9); BeckOK UStG/*Peltner* § 1 Rn. 127.

lende mit der Zahlung verfolgt. Maßgebend sind die Vereinbarungen und die Verträge sowie ggf. Vergaberichtlinien. Diese sollten deswegen sorgfältig im Hinblick auf diese Problematik geprüft werden. Ein **echter Zuschuss** liegt vor, wenn die Zuwendung lediglich zur Subventionierung aus strukturpolitischen oder allgemein politischen Gründen, eben zur Förderung der gemeinnützigen Zwecke, vorgenommen wird, ohne dass der Zuwendungsgeber damit eigene wirtschaftliche Interessen verfolgt.[232] Dabei ist letztlich unerheblich, ob der echte Zuschuss in einer vertraglichen Vereinbarung oder einseitig durch Verwaltungsakt zugewendet wird.[233] Unschädlich ist auch, wenn die Zuwendungen zur Projektförderung oder zur institutionellen Förderung auf der Grundlage bestimmter **Nebenbestimmungen des Staates** vergeben werden.[234] Wird ein **gegenseitiger Vertrag** geschlossen, sind Regelungen zur technischen Abwicklung der Zuwendungen zum haushaltsrechtlichen Nachweis ihrer zweckentsprechenden Verwendung umsatzsteuerrechtlich regelmäßig unproblematisch.[235]

Der **Vorbehalt von Verwertungsrechten** für den Zuwendungsgeber oder ein **Zustimmungsvorbehalt des Zuwendungsgebers für die Veröffentlichung** der Ergebnisse, die fachliche **Detailsteuerung** oder die **Vollfinanzierung** bei Zuwendungen an ein Unternehmen können dagegen **starke Indizien** für das Vorliegen eines **unechten Zuschusses** und damit eines Entgelts sein. Wenn ein Sportverein sich gegenüber der Kommune verpflichtet, die städtische Sportanlage zu pflegen und zu bewirtschaften und dafür einen Kostenzuschuss erhält, wird regelmäßig ein Entgelt und damit ein Leistungsaustausch vorliegen, weil die Kommune dadurch von einer eigenen Verpflichtung befreit wird.[236] Die Frage, ob für eine derartige Tätigkeit der ermäßigte Umsatzsteuersatz in Betracht kommt, könnte nach Einführung des § 57 Abs. 3 AO iVm § 12 Abs. 2 Nr. 8 UStG ggf. neu diskutiert werden.[237]

126

Häufig finanziert der Staat oder eine andere gemeinnützige Körperschaft aber nicht die gesamte Leistung. Dann kann ein sog. **zusätzliches Entgelt** iSd § 10 Abs. 1 S. 2 UStG vorliegen. Eine Zahlung dient der **Preisauffüllung,** wenn sie den erklärten Zweck hat, das Entgelt für die Leistung des Zahlungsempfängers an den Leistungsempfänger auf die nach den Kalkulationsgrundsätzen erforderliche Höhe zu bringen und dadurch das Zustandekommen eines Leistungsaustauschs zu sichern oder wenigstens zu erleichtern.[238] Wenn eine Verpflichtung gegenüber dem Staat besteht, mit dem Zuschuss zugunsten eines Dritten eine bestimmte Leistung auszuführen, ist dies ein Indiz für einen Leistungsaustausch, der aber ggf. umsatzsteuerfrei sein mag.

127

IV. Ort der Leistung

Die deutsche Umsatzsteuer fällt dann an, wenn der **Ort der Leistung** nach § 3 Abs. 5a ff. und §§ 3a ff. UStG **im Inland** liegt. In § 3 Abs. 5a ff. und §§ 3a ff. UStG ist im Einzelnen definiert, wo Lieferungen ausgeführt und Leistungen erbracht werden.

128

Bei sonstigen Leistungen an einen **Unternehmer als Leistungsempfänger** wird im Regelfall die Leistung an dem Ort ausgeführt, von dem aus der Empfänger sein Unternehmen betreibt.[239] Betreibt der Empfänger sein Unternehmen im Ausland, fällt grundsätzlich keine deutsche Umsatzsteuer an. Allerdings gibt es zahlreiche **Sondertatbestände** für die Bestimmung des Leistungsortes. So werden zB Leistungen, die im Zusammenhang mit einem Grundstück stehen, dort ausgeführt, wo das Grundstück belegen ist.[240] Die Ein-

---

[232] UStAE 10.2 Abs. 7; Wäger/Erdbrügger UStG § 1 Rn. 109.
[233] UStAE 10.2 Abs. 7 ff.
[234] UStAE 10.2 Abs. 10.
[235] BFH 28.7.1994 – V R 19/92, BStBl. II 1995, 86.
[236] FG Niedersachsen 11.10.2018 – 5 K 64/16, EFG 2021, 488, Revision beim BFH anhängig unter V R 17/20.
[237] Zur Ertragsteuer siehe → § 2 Rn. 122 ff.; zur Umsatzsteuer siehe → Rn. 147 ff.
[238] Vgl. dazu UStAE 10.2 Abs. 3 ff.
[239] § 3a Abs. 2 UStG.
[240] § 3a Abs. 3 Nr. 1 UStG.

räumung der Eintrittsberechtigung zu kulturellen, künstlerischen, wissenschaftlichen, unterrichtenden, sportlichen, unterhaltenden oder ähnlichen Veranstaltungen an einen Unternehmer werden dort ausgeführt, wo die Veranstaltung tatsächlich durchgeführt wird.[241]

129 Sofern der **Leistungsempfänger kein Unternehmer** ist (und ihm auch keine Umsatzsteueridentifikationsnummer erteilt worden ist), wird die Leistung grundsätzlich an dem Ort erbracht, von dem aus der leistende Unternehmer sein Unternehmen betreibt.[242] Auch hier gibt es in § 3a Abs. 3 ff. UStG zahlreiche **Sondertatbestände.** So werden kulturelle, künstlerische, wissenschaftliche, unterrichtende, sportliche, unterhaltende oder ähnliche Leistungen an Nichtunternehmer dort ausgeführt, wo sie vom Unternehmer tatsächlich erbracht werden.[243] Außerdem regelt § 3a Abs. 4 UStG für zahlreiche dort im einzelnen aufgeführte Leistungen, dass der Leistungsort am Sitz des Empfängers ausgeführt wird, wenn dessen (Wohn-)Sitz in einem Drittland liegt. Aber selbst wenn keine deutsche Umsatzsteuer anfällt, wird im Regelfall **ausländische Umsatzsteuer** geschuldet, die vielfach der im Ausland ansässige Leistungsempfänger bei Leistungen durch einen Steuerausländer für dessen Rechnung wird abführen müssen.

130 Dasselbe gilt im Übrigen auch dann, wenn das gemeinnützige Unternehmen eine **Leistung aus dem Ausland empfängt,** bspw. im Internet einkauft, eine ausländische Datenbank nutzt oder Dienstleistungen aus dem Ausland empfängt. Nun hat der EuGH entschieden, dass bei einem Steuerpflichtigen, der eine nichtwirtschaftliche Tätigkeit ausübt und Beratungsleistungen für die Vermögensanlage erwirbt, der umsatzsteuerliche Leistungsort für diese Leistung nach § 3a Abs. 2 UStG bestimmt wird.[244] Der Ort der Leistung liegt in Deutschland und der in Deutschland ansässige Leistungsempfänger ist aufgrund des Reverse Charge-Verfahrens zur Entrichtung der deutschen Umsatzsteuer nach § 13b Abs. 1, Abs. 2 Nr. 1 UStG verpflichtet.[245]

131 Der Leistungsort für Lieferungen, die **befördert** oder **versendet** werden, liegt grundsätzlich dort, wo die Beförderung oder Versendung beginnt.[246] Auch hier gibt es zahlreiche Sondertatbestände, wie zB die Regeln zur Bestimmung des Leistungsortes für sog. **Reihengeschäfte,** bei denen mehrere Unternehmer über den gleichen Gegenstand Liefergeschäfte abschließen und der Gegenstand unmittelbar vom ersten zum letzten Unternehmer gelangt.[247]

V. Steuerfreiheit

132 In § 4 Nr. 14 ff. UStG sind zahlreiche Leistungen, die von gemeinnützigen Unternehmen erbracht werden, durch spezielle Umsatzsteuervorschriften von der Umsatzsteuer befreit. Die Besonderheiten all dieser Normen können hier nicht im Einzelnen erörtert werden.[248] Zu ausgewählten Steuerfreiheitsvorschriften sollen im Folgenden einige Grundsätze angeführt werden.

Im Detail ist zu beachten, dass insb. § 4 Nr. 20 (Umsätze **kultureller Einrichtungen**), Nr. 21 **(Bildungsleistungen)** und Nr. 22 UStG (Vorträge, Kurse und andere **Veranstaltungen wissenschaftlicher oder belehrender Art,** sowie **kulturelle und sportliche Veranstaltungen**) in zahlreichen Details von den Vorgaben der MwStSystRL abwei-

---

[241] § 3a Abs. 3 Nr. 5 UStG.
[242] § 3a Abs. 1 UStG.
[243] § 3a Abs. 3 Nr. 3 Buchst. a UStG.
[244] EuGH 17.3.2021 – C-459/19, DStR 2021, 721 – Wellcome Trust.
[245] Dazu unter → Rn. 179 f.
[246] § 3 Abs. 5a, 6 UStG.
[247] § 3 Abs. 6a UStG.
[248] Vgl. hierzu bspw. Bunjes/*Heidner* UStG § 4 Abs. 14 ff.; Sölch/Ringleb/*Oelmaier* UStG § 4 Nr. 14 ff.; BeckOK UStG/*Spilker* UStG § 4 Nr. 14 ff.

chen.²⁴⁹ Daher kann die Möglichkeit für das gemeinnützige Unternehmen bestehen, sich **auf vorteilhafteres Unionsrecht zu berufen** und entweder eine erweiterte Umsatzsteuerfreiheit geltend zu machen oder umgekehrt auf die Umsatzsteuerfreiheit nach Unionsrecht zu verzichten, um den Vorsteuerabzug in Anspruch nehmen zu können.²⁵⁰

Die **Finanzverwaltung** regelt teilweise durch **Erlass,** dass die zu eng gefassten Normen des UStG aufgrund der unionsrechtlichen Vorgabe zugunsten des Steuerpflichtigen **richtlinienkonform auszulegen** sind. So ist etwa die umsatzsteuerliche **Überlassung von Sachmitteln und Räumen** sowie von Arbeitnehmern bei Vorliegen der weiteren Voraussetzungen des § 4 Nr. 14, 16, 18, 23, 25 UStG als sog. **eng verbundener Umsatz** steuerfrei, wenn die überlassenen Leistungen in Bereichen der **Sozialfürsorge** oder **sozialen Sicherheit** der Betreuung und Versorgung der Betroffenen der **Corona-Krise** dient.²⁵¹ Dies wird auch „nach Corona" grundsätzlich fortgelten müssen und könnte auch zur Umsatzsteuerfreiheit von Hilfstätigkeiten im Rahmen einer gemeinnützigen Kooperation nach § 57 Abs. 3 AO führen. Dagegen führt die kostenlose Zuwendung von Gegenständen oder die Überlassung von Personal **ohne Entgelt** regelmäßig zu einer **unentgeltlichen Wertabgabe,** für die eine Umsatzsteuerbefreiung von der Finanzverwaltung derzeit nur aus Billigkeitsgründen während der Covid-19 Pandemie gewährt wird.²⁵² 133

1. Wohlfahrt

Die Umsatzsteuerbefreiung für Wohlfahrtsunternehmen hat der deutsche Gesetzgeber mit Wirkung **ab 1.1.2020 grundlegend** aufgrund der Vorgaben der MwStSystRL **geändert.**²⁵³ Nunmehr sind alle eng mit der Sozialfürsorge und der sozialen Sicherheit verbundenen Leistungen umsatzsteuerfrei, wenn diese von Einrichtungen, die keine systematische Gewinnerzielung anstreben, erbracht werden.²⁵⁴ 134

Keine systematische Gewinnerzielung anzustreben, bedeutet, dass keine Gewinne ausgeschüttet werden dürfen. Zudem müssen entsprechende gemeinnützige Organisationen den Vermögensbindungsgrundsatz nach § 55 Abs. 1 Nr. 4 AO erfüllen. Der EuGH hat in der Rechtssache Golfclub Schloss Igling e.V. entschieden, dass die Voraussetzung, es dürfe keine systematische Gewinnerzielung angestrebt werden, die Beachtung des Vermögensbindungsgrundsatzes voraussetzt.²⁵⁵ Auch wenn der Wortlaut suggeriert, dass keine systematische Gewinnerzielung angestrebt werden dürfe, bedeutet dies nicht, dass gemeinnützige Unternehmen keine Gewinne erwirtschaften dürfen. Vielmehr müssen diese Gewinne – wie sich auch aus § 4 Nr. 18 S. 2 UStG ergibt – zur Erhaltung oder Verbesserung der durch die Einrichtung erbrachten Leistungen verwendet werden. Dabei ist wesentlich, dass die Überschüsse in der wohlfahrtspflegerischen Gesamtsphäre der Körperschaft eingesetzt werden,²⁵⁶ da ansonsten ein Verstoß gegen § 4 Nr. 18 UStG angenommen werden könnte. 135

Im Gegensatz zum früheren Recht kommt **§ 4 Nr. 18 UStG nicht subsidiär** zur Anwendung. Vielmehr kann für andere Tätigkeiten eines Wohlfahrtsunternehmens, die eng an die Vorgaben des Sozialrechtes angeknüpft sind, wie die **Jugendhilfe** und die **Erziehung von Kindern und Jugendlichen,** die Umsatzsteuerbefreiung nur nach Maßgabe des § 4 Nr. 23, Nr. 25 UStG in Anspruch genommen werden. Die Finanzverwaltung hat entschieden, dass der Betrieb von **Impfzentren** durch Wohlfahrtsorganisationen im Zusammenhang mit 136

---

²⁴⁹ Dazu im Einzelnen Weitemeyer/Schauhoff/Achatz Umsatzsteuerrecht für den Nonprofitsektor, S. 269–856.
²⁵⁰ Siehe hierzu → Rn. 98 ff.
²⁵¹ BMF 9.4.2020, BStBl. I 2020, 498.
²⁵² BMF 9.4.2020, BStBl. I 2020, 498.
²⁵³ Dazu Wäger/*Liegmann* UStG § 4 Nr. 18 Rn. 1 ff.
²⁵⁴ § 4 Nr. 18 UStG.
²⁵⁵ EuGH 10.12.2020 – C-488/18, DStR 2020, 2869 – Golfclub Schloss Igling; dazu auch *Hüttemann/Schauhoff* DStR 2019, 1601 ff.
²⁵⁶ BeckOK UStG/*Ehrt* § 4 Rn. 28.

der Bekämpfung der Covid-19-Pandemie, der unter keine spezielle Umsatzsteuerbefreiung fällt, vorübergehend nach § 4 Nr. 18 UStG von der Umsatzsteuer befreit ist.[257]

2. Gesundheit und Pflege

137 Nach § 4 Nr. 14 bis Nr. 17 UStG sind zahlreiche Leistungen von **Pflegeeinrichtungen** und **Krankenhäusern** sowie **ärztliche Leistungen** von der Umsatzsteuer befreit. Die Heilbehandlungen, Krankenhausbehandlungen, Behandlungen der **Hospize** oder **sonstige Gesundheitsbehandlungen** sind im Einzelnen im Gesetz aufgeführt, wobei auch hier eine enge Verknüpfung zwischen der Umsatzsteuerbefreiung und sozialrechtlichen Tatbeständen hergestellt worden ist, die dann jeweils im Einzelnen zu prüfen sind.

138 Grundsätzlich setzen derartige Leistungen voraus, dass sie **direkt gegenüber dem Patienten oder der pflegebedürftigen Person** erbracht werden. Auch Leistungen als Subunternehmer im Interesse des Patienten oder Pflegebedürftigen können von der Umsatzsteuerfreiheit erfasst sein, falls sie eine entsprechend auf gerade diese Person ausgerichtete Tätigkeit betreffen. Nicht entscheidend ist, dass üblicherweise die Kranken- oder Pflegekassen die entsprechenden Leistungen vergüten. Ärztliche Behandlungen **ohne therapeutische Indikation,** wie Schönheitsoperationen etc, sind regelmäßig nicht von der Umsatzsteuer befreit.[258] Bei **Nebenleistungen** – wie den Tätigkeiten der Apotheken – ist jeweils zu prüfen, ob diese von der Umsatzsteuerfreiheit umfasst sind oder nicht. Mit dem JStG 2020 hat der Gesetzgeber die **Sanitätsdienstleistungen** bei Großveranstaltungen und Versammlungen, die **Rufbereitschaft,** die Bereitstellung von **Notfallfahrzeugen,** der **Rettungsleitstelle,** der **Rettungswache** und der **Notfallpraxen,** die Fertigung von **Pflegegutachten** sowie die Pflegeberatung im Einklang mit der Vorgabe der MwStSystRL in die Umsatzsteuerfreiheit einbezogen.[259]

139 Die Umsatzsteuerbefreiung hängt in einer Reihe von Fällen von der Erfüllung bestimmter **Quoten** ab, zB in Bezug auf pflegebedürftige Personen (§ 4 Nr. 16 Buchst. l UStG). Problematisch ist hierbei, dass niemand bei Ausführung des Umsatzes wissen kann, ob die Quote im laufenden Jahr tatsächlich erfüllt werden wird, wie dies die unionsrechtliche Vorgabe vorsieht. Das deutsche Recht sah vor, dass nicht auf das laufende Jahr, sondern auf das **Vorjahr** für die Befreiung abzustellen sei. Nun wurde durch das JStG 2020 die Bezugnahme auf das Vorjahr **aus dem Gesetzestext entfernt.**[260] Das Vorjahr bleibt aber ein starkes Indiz für die Leistungserbringung im laufenden Jahr.

3. Sport

140 Nach § 4 Nr. 22 Buchst. b UStG sind **sportliche Veranstaltungen** gemeinnütziger Unternehmer von der Umsatzsteuer befreit, soweit das **Entgelt in Teilnehmergebühren** besteht.

Das deutsche Umsatzsteuerrecht geht in Bezug auf die **Mitgliedsbeiträge** – im Gegensatz zum Unionsrecht – davon aus, dass diese generell nicht umsatzsteuerbar sind, auch wenn der Sportverein den Mitgliedern die Möglichkeiten der Nutzung von sportlichen Geräten oder Anlagen zur Verfügung stellt.[261] Die Regelung im deutschen Umsatzsteuerrecht ist **reformbedürftig.** Gegenwärtig können nach dem deutschen Recht die Sportvereine entweder die Umsatzsteuerfreiheit für die Teilnehmergebühren beanspruchen und die Mitgliedsbeiträge unbesteuert lassen. Alternativ können sie sich auf das Unionsrecht und die Umsatzsteuerpflicht berufen und dadurch in den Genuss des Vorsteuerabzugs kommen, da im deutschen Recht die Vorgabe der MwStSystRL nicht ordnungsgemäß umgesetzt ist.

---

[257] BMF 15.6.2021, BStBl. I 2021, 855.
[258] Näher Hartmann/Metzenmacher/*Erdbrügger* UStG § 4 Rn. 38 ff.
[259] § 4 Nr. 14 Buchst. f, Nr. 16 S. 1 Buchst. l UStG.
[260] Zum früheren Wahlrecht des Unternehmers zwischen Berufung auf Unionsrecht und dem deutschen Wortlaut Hartmann/Metzenmacher/*Erdbrügger* UStG § 4 Rn. 157.
[261] Dazu siehe unter → Rn. 122 f.

Die **Genehmigung von Wettkampfveranstaltungen** oder von **Trikotwerbung** sowie die Ausführung oder Verlängerung von **Sportausweisen** durch einen Sportverband sind **keine sportlichen Veranstaltungen.** Auch wenn die **Sporthallen an Dritte vermietet** werden, führt dies nicht zu sportlichen Veranstaltungen.[262] Das bloße **Training, Sportkurse** und **Sportlehrgänge** können nach § 4 Nr. 22 Buchst. b UStG von der Umsatzsteuer **befreit** sein.[263]

4. Bildung

Auch die Umsatzsteuerbefreiungen des § 4 Nr. 21, Nr. 22 Buchst. a UStG **entsprechen nicht den Vorgaben der MwStSystRL.** Im Prinzip sind die unmittelbar dem Schul- und Bildungszweck dienenden Leistungen von der Umsatzsteuer befreit. Für die Steuerbefreiung nach § 4 Nr. 21 Buchst. a UStG ist ausreichend, dass die Leistungen **ihrer Art nach** den Zielen der Berufsaus- oder der -fortbildung dienen. Unerheblich ist, wem gegenüber sich der Unternehmer zivilrechtlich zur Ausführung dieser Leistungen verpflichtet hat.[264] Für die Annahme eines **Schul- und Bildungszwecks** ist entscheidend, ob vergleichbare Leistungen in Schulen erbracht werden oder ob die Leistungen der bloßen Freizeitgestaltung dienen. Diese Abgrenzung ist hoch umstritten und konnte bislang auch nach mehrfacher Anrufung des EuGH nicht geklärt werden.[265]

Auch derjenige, der Bildungsleistungen ausführt, kann im Einzelfall prüfen, ob er entsprechend den in Deutschland geltenden gesetzlichen Normen umsatzsteuerfreie Tätigkeiten ausführen will oder ob unter **Berufung auf das Unionsrecht** eine Umsatzsteuerpflicht und damit die Geltendmachung des Vorsteuerabzugs wegen mangelhafter Umsetzung der Vorgaben der MwStSystRL in das deutsche Gesetz in Betracht kommt.[266]

So ist bspw. umstritten, ob **§ 4 Nr. 22 Buchst. a UStG** haltbar ist, weil die Steuerfreiheit für Bildungs- oder wissenschaftliche Veranstaltungen nur juristischen Personen des öffentlichen Rechts oder Einrichtungen, die gemeinnützigen Zwecken oder dem Zweck eines Berufsverbandes dienen, gewährt wird. Damit hat der deutsche Gesetzgeber Art. 133 Abs. 1 Buchst. a MwStSystRL **nicht zutreffend umgesetzt,** denn diese Norm gibt vor, dass in den Genuss der Umsatzsteuerfreiheit nur kommt, wer keine Gewinne ausschüttet und dessen Vermögen der Vermögensbindung für die gemeinnützigen Bildungszwecke unterliegt.

5. Kultur

Die Steuerfreiheit für gemeinnützige Unternehmen, die Kultur anbieten, ergibt sich aus § 4 Nr. 20 UStG. Danach sind **Theatervorführungen** ebenso wie **musikalische Darbietungen** von der Umsatzsteuer befreit. Das Gleiche gilt für **Museen, Büchereien, Tierparks** und **botanische Gärten.**

Voraussetzung ist allerdings, dass die jeweilige Einrichtung die **gleichen kulturellen Aufgaben** wie Einrichtungen des Bundes, der Länder, der Gemeinden oder der Gemeindeverbände erfüllt. Dies muss durch eine **Bescheinigung der zuständigen Landesbehörde** – dies sind im Regelfall die Mittelbehörden der allgemeinen Verwaltung – nachgewiesen werden. „Tückisch" an der Vorschrift ist, dass **auch die Finanzverwaltung legitimiert** ist, entsprechende Anträge auf Ausstellung einer Bescheinigung zu stellen.[267] Die umfangreiche

---

[262] Sölch/Ringleb/*Oelmaier* UStG § 4 Rn. 30 mwN.
[263] UStAE 4.22.2.
[264] UStAE 4.21.4 Abs. 1 S. 3; Reiß/Kräusel/Langer/*Kulmsee* UStG § 4 Rn. 56.
[265] Ua EuGH 14.6.2007 – C-445/05, IStR 2007, 547 – Haderer; EuGH 14.6.2007 – C-434/05, IStR 2007, 545 – Horizon College; EuGH 28.11.2013 – C-319/12, MwStR 2014, 15 – MDDP; EuGH – 14.3.2019 – C-449/17, DStR 2019, 620 – A & G Fahrschul-Akademie; aktuell anhängig EuGH C-373/19 zum Schwimmunterricht.
[266] Bunjes/*Heidner* UStG § 4 Rn. 2 mwN.
[267] Sölch/Ringleb/*Oelmaier* UStG § 4 Rn. 30 mwN.

Rechtsprechung der Verwaltungsgerichte zur Rechtmäßigkeit der Ausstellung derartiger Bescheinigungen zeigt, dass gemeinnützige Unternehmen, die bspw. ein Museum betreiben möchten, häufig versuchen, den Vorsteuerabzug auf die Baukosten in Anspruch zu nehmen.[268] Dann holt die Finanzverwaltung eine entsprechende Bescheinigung ein, die zur Umsatzsteuerfreiheit der Umsätze und nachfolgend zur Versagung des Vorsteuerabzugs auf die Baukosten führt.[269]

146   Mit der **Bescheinigung der Landesbehörde** wird jedoch **nur** bestätigt, dass die Einrichtung **gleichartig** wie Bundes-, Landes- oder kommunalen Einrichtungen ist. Mit der Bescheinigung über die Gleichartigkeit ist allerdings noch nicht entschieden, dass **sämtliche Tatbestandsvoraussetzungen** des § 4 Nr. 20 UStG vorliegen. Vielmehr hat das Finanzamt zu prüfen, inwiefern nach § 4 Nr. 20 Buchst. a S. 4 UStG bspw. ein Museum vorliegt. Dafür ist Voraussetzung, dass es sich um eine wissenschaftliche Sammlung oder eine Kunstsammlung handelt.

Die Vorschrift ist insgesamt sehr verwaltungsaufwändig und sollte nicht nur aus Gründen des Unionsrechts überarbeitet werden.

6. Zusammenarbeit

147   **Verwaltungsdienstleistungen** einer gemeinnützigen Körperschaft gegenüber einer anderen gemeinnützigen Körperschaft werden regelmäßig dem steuerpflichtigen wirtschaftlichen Geschäftsbetrieb zugeordnet. Eine Steuerbefreiung wird nur in sehr wenigen Fällen in Betracht kommen, wenn die Dienstleistungen in **engem Zusammenhang mit einer steuerbefreiten Tätigkeit** nach dem § 4 Nr. 16 ff. UStG stehen sollten.

148   Ob entsprechende Verwaltungsdienstleistungen, sofern sie nach § 57 Abs. 3 AO (**Kooperation**) in einem Zweckbetrieb anfallen, dem **ermäßigten Umsatzsteuersatz** unterliegen werden, ist derzeit noch offen. Dafür spricht der Wortlaut des § 12 Abs. 2 Nr. 8 UStG; dagegen, ob das unionsrechtliche Umsatzsteuerrecht derartige Tätigkeiten als „im Zusammenhang mit der sozialen Sicherheit stehend" ansieht. Auch wenn Verwaltungsdienstleistungen regelmäßig der vollen Umsatzsteuerpflicht unterliegen, sollte doch nicht übersehen werden, dass zur sozialen Fürsorge sowohl die eigentliche Betreuung der Patienten als auch die Dokumentation der erbrachten Dienstleistungen zählen. Eine Trennung der gemeinnützigen Tätigkeit in Leistungen unmittelbar gegenüber dem Patienten und Leistungen, die nur mittelbar als Verwaltungsleistungen dienen, überzeugt nicht. Vielmehr wird auch bei einer Aufspaltung der Dienstleistungen gegenüber pflegebedürftigen oder kranken Menschen regelmäßig von der Anwendung der Umsatzsteuerbefreiung ausgegangen werden können.

149   Außerhalb dieser Anwendung der speziellen Umsatzsteuerbefreiungen kommt auch noch die Anwendung der Umsatzsteuerbefreiung nach § 4 Nr. 29 UStG (**Kostentragungsgemeinschaft**) in Betracht. Nach dieser – erst im Jahr 2020 in das Gesetz eingefügten – Norm können sonstige Leistungen von selbstständigen Zusammenschlüssen, deren Mitglieder eine dem Gemeinwohl dienende nichtunternehmerische Tätigkeit oder eine dem Gemeinwohl dienende Tätigkeit ausüben, die umsatzsteuerbefreit ausgeführt werden, von der Umsatzsteuer befreit sein. Voraussetzung ist, dass diese Befreiung nicht zu einer **Wettbewerbsverzerrung** führt. Bei Zusammenschlüssen und Kooperationen, die unter § 57 Abs. 3 AO fallen, wird regelmäßig zu prüfen sein, ob uU die Steuerbefreiung des § 4 Nr. 29 UStG in Anspruch genommen werden kann. Allerdings ist die Norm ausgesprochen eng gefasst und daher wenig praktikabel. Der Grundgedanke des § 57 Abs. 3 AO gebietet eigentlich, dass bei einem arbeitsteiligen Zusammenwirken zwischen gemeinnützigen Körperschaften die Umsatzsteuerfreiheit gewährt wird. Im gemeinnützigen Konzern selbst wird

---

[268] Dazu grundlegend BVerwG 4.5.2006 – 10 C 10/05, UR 2006, 517; eingehend Weitemeyer/Schauhoff/Achatz/*Kirchhain* Umsatzsteuer für den Nonprofitsektor Rn. 19.75 ff. mwN.
[269] Zum Ganzen näher Weitemeyer/Schauhoff/Achatz/*Kirchhain* Umsatzsteuer für den Nonprofitsektor Rn. 19.2–19.7.

regelmäßig eine **umsatzsteuerliche Organschaft** bestehen und sich die Notwendigkeit einer Umsatzsteuerbefreiung daher nicht ergeben. Es bleibt abzuwarten, inwiefern im Anwendungserlass zu § 4 Nr. 29 UStG die Finanzverwaltung Zusammenarbeit im gemeinnützigen Sektor umsatzsteuerfrei ermöglicht.

VI. Bemessungsgrundlage

150 Bemessungsgrundlage für die Umsatzsteuer ist nach § 10 UStG der Umsatz, der nach dem Entgelt bemessen wird. **Entgelt** ist alles, was den Wert der Gegenleistung bildet, die der leistende Unternehmer **vom Leistungsempfänger** oder **von einem Dritten** für die Leistung erhält. Ein Leistungsaustausch ist unabhängig von der Fremdüblichkeit des Entgelts stets gegeben. In der Regel wird das tatsächlich gezahlte Entgelt der Besteuerung zugrunde gelegt.[270] Teil des Entgelts können auch Zahlungen von dritter Seite sein.[271] Kein Teil des Entgelts sind jedoch **Aufwandsersatz** oder sog. **durchlaufende Posten,** bei denen von vornherein ersichtlich war, dass diese auf Rechnung und im Namen eines Dritten vereinnahmt werden.[272]

151 Das Umsatzsteuerrecht unterscheidet zwischen der sog. Soll- und der Istbesteuerung.[273] Wird die Umsatzsteuer nach vereinbarten Entgelten berechnet **(Sollbesteuerung),** wird sie dem Finanzamt mit Ablauf des Voranmeldezeitraumes geschuldet, in dem die Leistungen ausgeführt worden sind. Dies bedeutet, die Umsatzsteuer fällt unabhängig davon an, ob das Entgelt tatsächlich vom Kunden entrichtet wird. Grundsätzlich hat der Steuerpflichtige die Umsatzsteuer nach vereinbarten Entgelten zu entrichten. Auf Antrag kann dem Unternehmer nach § 20 UStG gestattet werden, die Umsatzsteuer nach vereinnahmten Entgelten **(Istbesteuerung)** zu entrichten. Voraussetzung dafür ist, dass der Gesamtumsatz im vorangegangenen Kalenderjahr nicht mehr als 600 000 EUR betragen hat oder das Finanzamt von der Pflicht zur Bilanzerstellung nach § 148 AO befreit hat.[274]

152 Umsatzsteuerrechtlich kann es eine Rolle spielen, ob ein **einheitliches Entgelt** vorliegt oder das gezahlte Entgelt ggf. auf verschiedene umsatzsteuerrechtliche Vorgänge aufzuspalten ist. Im Umsatzsteuerrecht gibt es, wie dargestellt, umsatzsteuerfreie Umsätze. Teilweise werden Umsätze mit dem ermäßigten, teilweise mit dem vollen Umsatzsteuersatz besteuert. Im Wirtschaftsverkehr richtet sich die Einheitlichkeit der Zahlung und Preisvereinbarung nicht nach den umsatzsteuerrechtlichen Tatbeständen. Ob von einer einheitlichen Leistung oder von mehreren **getrennt zu beurteilenden selbstständigen Einzelleistungen** auszugehen ist, ist aus Sicht des Durchschnittsverbrauchers zu ermitteln. In der Regel ist die Lieferung bzw. jede sonstige Leistung als eigene selbstständige Leistung zu betrachten. Nur weil die einzelnen Leistungen einem einheitlichen wirtschaftlichen Ziel dienen, können sie nicht bereits als einheitliche Leistung angesehen werden. Entscheidend ist der wirtschaftliche Gehalt der erbrachten Leistungen. Selbst die dem Leistungsempfänger aufgezwungene Koppelung mehrerer Leistungen führt nicht zu einer einheitlichen Leistung. Unter Umständen kann eine **Nebenleistung** vorliegen, die umsatzsteuerrechtlich das Schicksal der Hauptleistung teilt. Dies gilt selbst dann, wenn für die Nebenleistung ein besonderes Entgelt verlangt und entrichtet worden sein sollte. Von einer Nebenleistung wird regelmäßig ausgegangen, wenn sie im Vergleich zu der Hauptleistung nebensächlich ist, mit ihr eng zusammenhängt und üblicherweise in ihrem Gefolge vorkommt.[275]

---

[270] BFH 4.12.2019 – V R 31/18, BB 2020, 744.
[271] § 10 Abs. 1 Satz 2 UStG.
[272] UStAE 10.4.
[273] §§ 16 und 20 UStG.
[274] Siehe zur Pflicht zur Bilanzerstellung unter → § 9 Rn. 10 ff.
[275] Zu all dem UStAE 3.10.

VII. Steuersatz

1. Geschuldete Umsatzsteuer

153 Das deutsche Umsatzsteuerrecht kennt gegenwärtig **im Wesentlichen zwei Steuersätze,** nämlich zum einen den vollen Umsatzsteuersatz nach § 12 Abs. 1 UStG von derzeit 19% und den ermäßigten Umsatzsteuersatz von 7%. Je nach Umsatz sind daher 19% oder 7% Umsatzsteuer auf das Entgelt für die Lieferung oder Leistung abzuführen. Die Umsatzsteuer ist bei Fälligkeit an das Finanzamt zu entrichten. Die abzuführende Umsatzsteuer berechnet sich insgesamt nach den umsatzsteuerpflichtigen Umsätzen unter Berücksichtigung des jeweils anzuwendenden Umsatzsteuersatzes abzgl. der in Rechnung gestellten **Vorsteuer,** soweit diese geltend gemacht werden kann.[276] Sowohl die Umsatzsteuer als auch die Vorsteuer können regelmäßig unabhängig davon geltend gemacht werden, ob der Kunde die Rechnung bereits gezahlt hat. Die Umsatzsteuer entsteht auch unabhängig davon, ob die Vertragsparteien möglicherweise übereinstimmend meinen, es sei keine Umsatzsteuer geschuldet.

154 Im Jahr 2020 wurden in der Zeit der **Coronakrise** (1.7. bis 31.12.) ermäßigte Umsatzsteuersätze in Höhe von 16% bzw. 5% gesetzlich festgelegt. Für die in diesem Zeitraum erbachten Lieferungen oder Leistungen kommt daher ein anderer Umsatzsteuersatz zur Anwendung.

2. Ermäßigter Satz

155 In § 12 Abs. 2 Nr. 8 Buchst. a UStG enthält das deutsche Umsatzsteuerrecht eine generelle Bestimmung, wonach die **Leistungen der gemeinnützigen Körperschaften,** soweit sie nicht im Rahmen eines steuerpflichtigen wirtschaftlichen Geschäftsbetriebs ausgeführt werden, nur ermäßigt besteuert werden. Dies gilt für sämtliche Leistungen des **Zweckbetriebs** wie auch für Leistungen im Bereich der **Vermögensverwaltung.**[277]

156 Allerdings enthält § 12 Abs. 2 Nr. 8 Buchst. a S. 3 UStG eine **Einschränkung.** Für Leistungen, die im Rahmen eines **Zweckbetriebs** ausgeführt werden, gilt diese Steuerermäßigung nur, wenn die Körperschaft mit den Leistungen **nicht in unmittelbaren Wettbewerb** mit steuerpflichtigen Anbietern tritt oder die Leistungen im Rahmen eines Zweckbetriebs nach §§ 66–68 AO ausgeführt werden.[278] Die Regelung des § 12 Abs. 2 Nr. 8 Buchst. a S. 3 AO ist missglückt. Der deutsche Gesetzgeber wollte eigentlich mit dieser Norm bestimmte Missbrauchsfälle bekämpfen, bei denen möglicherweise nach richtiger Betrachtung schon keine Zweckbetriebstätigkeit vorlag und sich ein spezielles umsatzsteuerrechtliches Rechtsproblem auch nicht stellte.[279]

157 § 12 Abs. 2 Nr. 8 Buchst. a UStG verstößt in dieser Form gegen die der Norm zugrunde liegende Regelung der **MwStSystRL.** Nach Anhang III zu Art. 98 MwStSystRL können „Dienstleistungen durch von den Mitgliedstaaten anerkannte gemeinnützige Einrichtungen **für wohltätige Zwecke** und im **Bereich der sozialen Sicherheit**" ermäßigt besteuert werden. Daraus ergibt sich eindeutig, dass nicht die gemeinnützige Einrichtung insgesamt ermäßigt besteuert werden kann, weswegen der BFH entschieden hat, dass **Vermögensverwaltungseinkünfte** einer gemeinnützigen Organisation nicht dem ermäßigten Umsatzsteuersatz unterliegen.[280] Ungeachtet dessen hat die Finanzverwaltung in UStAE 12.9 angeordnet, dass der gesamte Umsatz einer gemeinnützigen Körperschaft, also auch die Einnahmen im Bereich der Vermögensverwaltung, ermäßigt der Umsatzsteuer unterworfen sind.

---

[276] Dazu → Rn. 164 ff.
[277] Siehe auch → Rn. 157.
[278] Näher dazu UStAE 12.8 ff.
[279] Näher dazu *Schauhoff/Kirchhain* UR 2017, 729 ff.; *Schauhoff/Kirchhain* UR 2018, 504 ff.; *Schauhoff/Kirchhain* DStR 2015, 2102; Weitemeyer/Schauhoff/Achatz/*Hummel* Umsatzsteuerrecht für den Nonprofitsektor Rn. 2.29; Rau/Dürrwächter/*Dürrwächter* UStG § 12 Rn. 296 ff.
[280] BFH 20.3.2014 – V R 4/13, BFH/NV 2014, 1470.

Nach der Vorgabe der MwStSystRL ist auch **streitig,** ob von dieser Norm Leistungen 158 jeder gemeinnützigen Einrichtung erfasst sind oder der ermäßigte Umsatzsteuersatz nur bei Leistungen für wohltätige Zwecke und im Bereich der sozialen Sicherheit in Betracht kommt. So hat der BFH entschieden, dass Umsätze eines Integrationsbetriebes, wie Dienstleistungen in einem Café oder für einen Toilettenbesuch, dem vollen Umsatzsteuersatz unterliegen.[281] Der **Begriff** der wohltätigen Zwecke kann unter Berücksichtigung der anderen Sprachfassungen der MwStSystRL durchaus **umfassend verstanden werden.**[282] Auch insoweit bleibt die Finanzverwaltung bei ihrer bisherigen Rechtsauffassung und gewährt weiterhin den ermäßigten Umsatzsteuersatz. Die deutsche **Politik** bemüht sich darum, dass die MwStSystRL in diesem Punkt geändert wird, sodass entsprechende Dienstleistungen durch Werkstätten für behinderte Menschen und Integrationsbetriebe ungeachtet dieses Urteils weiterhin nur dem ermäßigten Umsatzsteuersatz unterliegen.

Schließlich hat die Formulierung der MwStSystRL den Nachteil, dass danach nur 159 Dienstleistungen für wohltätige Zwecke und im Bereich der sozialen Sicherheit ermäßigt besteuert werden. **Zahlreiche gemeinnützige Zwecke fallen aber nicht in diesen Bereich,** wie bspw. **Forschungsleistungen,** weswegen der BFH dafür nicht den ermäßigten Umsatzsteuersatz anwenden möchte.[283] Auch insoweit gewährt die Finanzverwaltung weiterhin den ermäßigten Umsatzsteuersatz.

Vielfach wird **diskutiert,** inwiefern die **unionsrechtliche Vorgabe weiter ausgelegt** 160 **werden kann,** als dies die deutsche Übersetzung der Richtlinie erscheinen lässt.[284] Eine Klärung des Inhalts dieser Norm durch den EuGH erscheint notwendig. Derzeit gibt es somit gerade in diesem Punkt ein **gespaltenes Umsatzsteuerrecht,** weil sich die gemeinnützigen Unternehmen und Konzerne regelmäßig auf § 12 Abs. 2 Nr. 8 Buchst. a UStG iVm UStAE 12. 9 berufen können, ungeachtet des Umstandes, dass der BFH nunmehr schon in zahlreichen Fallgruppen entschieden hat, dass § 12 Abs. 2 Nr. 8 Buchst. a UStG aufgrund der Vorgabe der MwStSystRL einschränkend auszulegen sei.

Neben den bereits genannten Fällen hat er auch entschieden, dass es einen **umsatzsteu-** 161 **erlichen Zweckbetriebsbegriff** gibt und die Verweisung des § 12 Abs. 2 Nr. 8 Buchst. a UStG auf die Vorschriften der AO unionsrechtswidrig sei. Aus diesem Grund könne kein ermäßigter Umsatzsteuersatz für die Beköstigung und Beherbergung von Lehrgangsteilnehmern einer gemeinnützigen Bildungseinrichtung gewährt werden.[285] Mittlerweile gibt es zahlreiche **Einzelfallentscheidungen** darüber, wann der ermäßigte oder der volle Umsatzsteuersatz greift. Viele Entscheidungen zur Abgrenzung zwischen einem Zweckbetrieb und einem steuerpflichtigen wirtschaftlichen Geschäftsbetrieb betrafen das Umsatzsteuerrecht. So wurde zB entschieden, dass die **Zimmervermietung durch ein Studentenwerk an Nichtstudierende** dem vollen Umsatzsteuersatz unterliege.[286] Ferner habe die Überlassung von Werbeflächen oder das Betreiben eines **Werbemobils** grundsätzlich zum vollen Steuersatz zu erfolgen.[287] **Geschäftsführungs- und Verwaltungsdienstleistungen** für angeschlossene Vereine seien wie die **Überlassung von Sportanlagen** an Mitglieder und Nichtmitglieder zu gleichen Bedingungen dem vollen Umsatzsteuersatz zu unterwerfen.[288]

---

[281] BFH 23.7.2019 – XI R 2/17, DStR 2019, 2476; gegen die Entscheidung ist Verfassungsbeschwerde wegen Verletzung des Art. 103 GG wegen Nichtvorlage an den EuGH eingelegt worden, BVerfG - 1 BvR 2837/19.
[282] Dazu Weitemeyer/Schauhoff/Achatz/*Hummel* Umsatzsteuerrecht für den Nonprofitsektor Rn. 26.20; *Hüttemann* Gemeinnützigkeits- und Spendenrecht, Rn. 3.85; siehe auch *Schauhoff/Kirchhain* UR 2017, 729 ff.
[283] BFH 26.9.2019 – V R 16/18, BFH/NV 2020, 38.
[284] Eingehend dazu Weitemeyer/Schauhoff/Achatz/*Hummel* Umsatzsteuerrecht für den Nonprofitsektor Rn. 26.20; *Hüttemann* GemeinnützigkeitsR, Rn. 3.85; siehe auch *Schauhoff/Kirchhain* UR 2017, 729 ff.
[285] BFH 8.3.2012 – V R 14/11, BStBl. II 2012, 630; dazu *Kirchhain* npoR 2012, 123.
[286] BFH 19.5.2005 – V R 32/03, DStRE 2005, 968; UStAE 12.9 Abs. 4 Nr. 7; nunmehr gesetzlich durch § 4 Nr. 25 UStG mit Wirkung ab 2021 geregelt.
[287] FG Baden-Württemberg 29.3.2010 – 9 K 115/06, EFG 2010, 1167.
[288] Vgl. BFH 29.1.2009 – V R 46/06, DStR 2009, 690, jetzt aber wegen § 57 Abs. 3 AO zweifelhaft; kritisch Weitemeyer/Schauhoff/Achatz/*Hummel* Umsatzsteuerrecht für den Nonprofitsektor Rn. 26.73 Fußnote 11.

Dagegen fällt die Überlassung von Sportanlagen an Mitglieder grundsätzlich unter den ermäßigten Umsatzsteuersatz. Ebenso verhält es sich mit der **Essensausgabe an Schüler durch gemeinnützige Schulfördervereine,** wobei sich diese Rechtsfrage gegenwärtig erledigt hat, weil Essenslieferungen derzeit ohnehin ermäßigt besteuert werden.

162 Für gemeinnützige Unternehmen und Konzerne ist es herausfordernd, in jedem Einzelfall den **zutreffenden Umsatzsteuersatz** festzustellen. Die Rechtslage ist insoweit in vielen Einzelpunkten umstritten. Da der falsche Umsatzsteuersatz rasch zu **erheblichen Steuernachbelastungen führen kann,** wenn dies in einer Betriebsprüfung auffällt, sollte stets sorgfältig geprüft werden, ob nach der Rechtsprechung des BFH, der Erlasslage der Finanzverwaltung oder der Rechtsprechung des EuGH tatsächlich die Gewährung des ermäßigten Umsatzsteuersatzes in Betracht kommt. Außerdem sollte dafür Sorge getragen werden, dass in den **zivilrechtlichen Verträgen,** welche die gemeinnützige Körperschaft mit den Leistungsempfängern abschließt, soweit möglich, entsprechende **Umsatzsteuerklauseln** enthalten sind, die ggf. eine Nachforderung der Umsatzsteuerdifferenz beim Vertragspartner ermöglichen.

163 Der ermäßigte Umsatzsteuersatz von 7 % kann im Einzelfall auch für Leistungen in einem steuerpflichtigen wirtschaftlichen Geschäftsbetrieb in Betracht kommen. So ist derzeit der Umsatz einer **Kantine** nur mit 7 % besteuert.[289] Zudem sind **Eintrittsberechtigungen für Theater, Konzerte und Museen** sowie vergleichbare **Darbietungen ausübender Künstler** generell nur ermäßigt besteuert.[290] Dasselbe gilt für die Einräumung, Übertragung und Wahrnehmung von Rechten, die sich aus dem **Urheberrechtsgesetz** ergeben.[291] Auch die Vermietung von Wohn- und Schlafräumen zur **kurzfristigen Beherbergung** von Fremden wird gegenwärtig ermäßigt der Umsatzsteuer unterworfen.[292]

VIII. Vorsteuerabzug

164 Nach § 15 UStG kann der – auch gemeinnützige – Unternehmer die gesetzlich geschuldete Steuer für Lieferungen oder sonstige Leistungen, die von einem anderen Unternehmer für sein Unternehmen ausgeführt worden sind, als Vorsteuer abziehen. Der Vorsteuerabzug setzt voraus, dass der Unternehmer eine ordnungsgemäße Rechnung besitzt, welche die Voraussetzung der §§ 14, 14a UStG erfüllt. Der Vorsteuerabzug ist nach § 15 Abs. 2 UStG grundsätzlich[293] nicht möglich für die Lieferungen oder sonstigen Leistungen, die der Unternehmer zur Ausführung steuerfreier Umsätze verwendet.

1. Für das Unternehmen

165 Zunächst einmal ist zu ermitteln, ob die Lieferung oder Leistung **für das Unternehmen** des gemeinnützigen Unternehmers bezogen worden ist. Typischerweise haben gemeinnützige Unternehmen einen **unternehmerischen** und einen **nicht unternehmerischen Bereich.** Wird eine Leistung ausschließlich für unternehmerische Tätigkeiten bezogen, ist sie vollständig dem Unternehmen zuzuordnen. Bei einer Leistung, die ausschließlich für die nicht unternehmerischen Tätigkeiten bezogen wird, ist eine Zuordnung zum Unternehmen hingegen ausgeschlossen. Erreicht der Umfang der unternehmerischen Verwendung eines einheitlichen Gegenstandes nicht mindestens 10 % als unternehmerische Mindestnutzung, darf dieser Gegenstand nach § 15 Abs. 2 UStG nicht dem unternehmerischen Bereich zugeordnet werden und damit ist es nicht möglich, den Vorsteuerabzug geltend zu machen.[294]

---

[289] § 12 Abs. 2 Nr. 15 UStG.
[290] § 12 Abs. 2 Nr. 7 Buchst. a UStG.
[291] § 12 Abs. 2 Nr. 7 Buchst. c UStG.
[292] § 12 Abs. 2 Nr. 11 UStG.
[293] § 15 Abs. 3 Nr. 1 UStG macht für bestimmte Leistungen eine Rückausnahme, die zum Erhalt des Vorsteuerabzugs führt.
[294] UStAE 15.2c.

C. Umsatzsteuer

Viele Dienstleistungen werden sowohl für die unternehmerische als auch für die nicht unternehmerische Tätigkeit bezogen. In diesen Fällen ist zwischen der Lieferung vertretbarer Sachen und sonstigen Leistungen auf der einen Seite sowie dem Bezug von einheitlichen Gegenständen auf der anderen Seite zu differenzieren. **Lieferungen vertretbarer Sachen und sonstige Leistungen** sind entsprechend der beabsichtigten Verwendung für den unternehmerischen bzw. nicht unternehmerischen Bereich **aufzuteilen**.[295] Wesentlich ist in diesen Fällen, dass ein **Vorsteuerschlüssel** gebildet wird, in dem ermittelt wird, wie im Rahmen einer ordnungsgemäßen Schätzung der Leistungsbezug dem einen oder anderen Bereich zugeordnet wird. **166**

In Bezug auf **einheitliche Gegenstände** hat der Unternehmer grundsätzlich die **Wahl**, wie diese zugeordnet werden. Beabsichtigt der Unternehmer, den einheitlichen Gegenstand sowohl für die unternehmerische als auch für die nicht unternehmerische Tätigkeit zu verwenden, und besteht die nicht unternehmerische Tätigkeit in einer **nicht wirtschaftlichen Tätigkeit** im engeren Sinne, was typischerweise für gemeinnützige Unternehmen zutrifft, so besteht grundsätzlich ein **Aufteilungsgebot**.[296] Aus **Billigkeitsgründen** kann der Unternehmer den Gegenstand in vollem Umfang in seinem nicht unternehmerischen Bereich belassen, kann dann aber auch keine Vorsteuern geltend machen. Aufwendungen, die im Zusammenhang mit dem Gebrauch, der Nutzung oder der Erhaltung eines einheitlichen Gegenstandes stehen, der nur **teilweise unternehmerisch genutzt wird,** sind grundsätzlich **nur in Höhe der unternehmerischen Verwendung** für das Unternehmen bezogen. Nur in diesem Umfang können Vorsteuern abgezogen werden. Besteht eine Aufteilungsnotwendigkeit, ist eine sachgerechte Schätzung zulässig, was bedeutet, dass dem Unternehmer selbst ein gewisses Schätzungsermessen zukommt. **167**

Die zunächst bei der Umsatzsteuervoranmeldung angewandte Aufteilung kann ggf. in der **Umsatzsteuerjahreserklärung** angepasst werden, falls sich herausstellt, dass die ursprünglich verwandten **Nutzungsschlüssel nicht für das gesamte Jahr zutreffend sind.** Wird zB ein **Kraftfahrzeug** angeschafft, welches sowohl dazu dient, durch Mitgliedsbeiträge oder Zuschüsse finanzierte gemeinnützige Tätigkeiten auszuführen, als auch im Rahmen von umsatzsteuerfreien oder umsatzsteuerpflichtigen Tätigkeiten eingesetzt wird, ist in Bezug auf die mit dem Erwerb und Betrieb des Kfz anfallende Vorsteuer aufzuteilen. Vorsteuerbeträge aus Betrieb und Wartung des Kfz sind im Verhältnis der unternehmerischen zur unternehmensfremden Nutzung unter Einbezug der umsatzsteuerfreien bzw. umsatzsteuerpflichtigen Nutzung abziehbar. Vorsteuerbeträge, die unmittelbar und ausschließlich auf die unternehmerische Verwendung des Kfz entfallen, zB die Steuer für den Bezug von Kraftstoff anlässlich einer betrieblichen Fahrt mit einem privaten Kfz oder Vorsteuerbeträge aus Reparaturaufwendungen infolge eines Unfalls während einer unternehmerisch veranlassten Fahrt, können in voller Höhe abgezogen werden. **168**

Gegenwärtig richtet sich die **Zuordnung** eines Gegenstandes zum unternehmerischen oder nicht unternehmerischen Bereich nach der **Absicht des gemeinnützigen Unternehmens über die Verwendung im Moment des Erwerbs** des Gegenstands, nicht nach dem tatsächlichen Einsatz des Gegenstands. Der Vorsteuerbetrag wird aufgeteilt. Grundsätzlich ist die Geltendmachung des Vorsteuerabzugs für den bezogenen Gegenstand ein gewichtiges Indiz für, die Unterlassung des Vorsteuerabzugs ein ebenso gewichtiges Indiz gegen die Zuordnung eines Gegenstands zum Unternehmen.[297] Ähnliche Regeln gelten für die Herstellungskosten, bspw. für die Errichtung von **Gebäuden, die gemischt genutzt** werden. Gegenwärtig zeichnet sich ab, dass der **EuGH** entgegen der bisher geltenden Rechtsprechung möglicherweise nicht mehr auf die Verwendungsabsicht im Moment des Erwerbs eines Gegenstands abstellen will, sondern der **tatsächlichen Verwendung** des bezogenen Gegenstandes und der Dienstleistung den Vorrang vor der ur- **169**

---
[295] BFH 14.10.2015 – V R 10/14, DStR 2015, 2773; UStAE 15.2c Abs. 2 Nr. 1.
[296] Näher dazu Wäger/*Fleckenstein-Weiland* UStG § 15 Rn. 112 ff.
[297] UStAE 15.2c Abs. 14 ff.

sprünglichen Absicht einräumt.[298] Noch ist **ungewiss,** ob es zu einer entsprechenden Rechtsprechungsänderung kommen wird. Derzeit wird von der deutschen Finanzverwaltung auf die Verwendungsabsicht und deren Dokumentation als wesentlich für die Zuordnung zum Unternehmen abgestellt.

2. Bildung eines Vorsteuerschlüssels

170   Verwendet der Unternehmer einen für sein Unternehmen gelieferten Gegenstand oder eine von ihm in Anspruch genommene sonstige Leistung **nur zum Teil** zur Ausführung von Umsätzen, die den **Vorsteuerabzug ausschließen,** so ist der **Teil** des jeweiligen Vorsteuerbetrages **nicht abziehbar,** der den zum Ausschluss von Vorsteuerabzug führenden Umsätzen wirtschaftlich zuzurechnen ist.

171   Der Unternehmer kann die nicht abziehbaren Teilbeträge im Wege einer sachgerechten **Schätzung** ermitteln. Die Ermittlung des nicht abziehbaren Teils der Vorsteuerbeträge nach dem **Verhältnis der Umsätze,** die den Vorsteuerabzug ausschließen, zu den Umsätzen, die zum Vorsteuerabzug berechtigen, ist nur zulässig, wenn **keine andere wirtschaftliche Zurechnung** möglich ist. Die Rechtsfrage, wie der entsprechende Aufteilungsschlüssel zu bilden ist, beschäftigt die Rechtsprechung seit vielen Jahren.[299] Nach dem deutschen Umsatzsteuerrecht, das insoweit aber möglicherweise der unionsrechtlichen Vorgabe widerspricht, ist der unternehmerische Nutzungsanteil im Wege einer sachgerechten und vom Finanzamt überprüfbaren Schätzung zu ermitteln. Bei der Anschaffung oder Herstellung von **Gebäuden** ist der Umfang der Zuordnung auf der Basis einer räumlichen Betrachtung vorzunehmen. **Sachgerechter Aufteilungsmaßstab** ist idR das Verhältnis der **Nutzflächen.** Wenn bei einem Gebäude die Nutzflächen nicht wesensgleich sind, kann dies berücksichtigt werden und bspw. auf Vermietungsumsätze abgestellt werden. Gebäude und der dazu gehörige Grund und Boden sind für Zwecke der Umsatzsteuer nicht getrennt voneinander zu behandeln. Grundsätzlich folgt die Behandlung des Grund und Bodens der Nutzung des Gebäudes. Der Umsatzsteuerschlüssel ist für jeden Veranlagungszeitraum erneut zu ermitteln. Die Erlaubnis zur Schätzung für den Steuerpflichtigen nach § 15 Abs. 4 UStG bedeutet, dass der Steuerpflichtige sachgerechte Maßstäbe entwickeln darf, die er der Aufteilung zugrunde legt. Die **Aufteilungsmaßstäbe** sind ggf. zu **dokumentieren,** damit der ermittelte Schlüssel für die Finanzverwaltung nachprüfbar bleibt. Für die teilunternehmerisch genutzten **Grundstücke** hat die **Finanzverwaltung detaillierte Regelungen** in UStAE 15.6a erlassen, aus denen sich die von der Finanzverwaltung anerkannte Vorgehensweise bei der Aufteilung ergibt.

172   Somit lassen sich **drei Gruppen von Vorsteuerbeträgen** unterscheiden:
- Vorsteuerbeträge, die in voller Höhe abziehbar sind, weil sie ausschließlich Umsätzen zuzurechnen sind, die zum Vorsteuerabzug berechtigen;
- Vorsteuerbeträge, die in voller Höhe vom Abzug ausgeschlossen sind, weil sie ausschließlich Umsätzen zuzurechnen sind, die nicht zum Vorsteuerabzug berechtigen;
- Die übrigen Vorsteuerbeträge, die sowohl mit Umsätzen, die zum Vorsteuerabzug berechtigen, als auch mit Umsätzen, die einen Vorsteuerabzug ausschließen, in wirtschaftlichem Zusammenhang stehen. Hierzu gehören zB die Vorsteuerbeträge, die mit dem Bau, der Einrichtung und der Unterhaltung eines Verwaltungsgebäudes in Verbindung stehen, das der Ausführung steuerpflichtiger und steuerfreier Umsätze dient. Die Finanzverwaltung hat in UStAE 15.18 bestimmte Erleichterungen für die Aufteilung niedergelegt. Detaillierte Anweisungen gibt es auch für den Vorsteuerabzug beim Erwerb von Kraftfahrzeugen durch teilunternehmerisch tätige Unternehmen.[300]

---

[298] EuGH 12.11.2020 – C-42/19, MwStR 2021, 25 – SONAECOM; anders noch EuGH 8.6.2000 – C-400/98, DStRE 2000, 881 – Breitsohl.
[299] S. zur Entwicklung der Rechtsprechung bspw. Bunjes/*Heidner* UStG § 15 Rn. 385 ff.
[300] UStAE 15.23.

173 Das Umsatzsteuerrecht erwartet, dass für diese drei unterschiedlichen Gruppen jeweils **getrennte Aufzeichnungen** geführt werden (§ 22 Abs. 3 S. 2 und 3 UStG). Jeder einzelne Leistungsbezug und jede Anzahlung sind in der Buchhaltung zuzuordnen. Kommt der Unternehmer dieser Zuordnungsverpflichtung nicht nach, sind die in den einzelnen Bereichen zuzuordnenden Leistungsbezüge und darauf entfallenden Vorsteuerbeträge von der Finanzverwaltung nach § 162 AO im Wege der Schätzung zu ermitteln. Wesentlich ist für die Aufteilung der Vorsteuern das **Prinzip der wirtschaftlichen Zurechnung** durch die sog. gegenständliche Zuordnung oder nach Kostenzurechnungsgesichtspunkten. Hierbei ist die betriebliche Kostenrechnung oder die Aufwands- und Ertragsrechnung als geeigneter Anhaltspunkt heranzuziehen. Diese sind als Hilfsmittel zu verwenden und können eine Schätzungsgrundlage schaffen. Die Ermittlung der abziehbaren Vorsteuer nach dem Umsatzsteuerschlüssel ist dagegen nur im Notfall zulässig, wenn keine andere Methode zur Verfügung steht.

174 **Ändern sich** in Bezug auf einzelne Wirtschaftsgüter die **Nutzungsverhältnisse,** so sieht § 15a UStG grundsätzlich vor, dass der in Anspruch genommene **Vorsteuerabzug ggf. zu berichtigen ist.** Für Wirtschaftsgüter gilt dabei eine **Frist von fünf Jahren** ab dem Zeitpunkt der erstmaligen Verwendung, die für die ursprünglichen Vorsteuerabzüge maßgebend waren. Für jedes Kalenderjahr der Änderung seit Verwendung des Wirtschaftsguts ist ein Ausgleich durch eine Berichtigung des Abzugs der auf die Anschaffungs- oder Herstellungskosten entfallenden Vorsteuerbeträge vorzunehmen. Bei **Grundstücken und Gebäuden** tritt an die Stelle des Zeitraums von fünf Jahren ein Zeitraum von **zehn Jahren.** Vor dem Verkauf oder der Übertragung eines entsprechenden Wirtschaftsgutes ist daher stets zu bedenken, ob es dadurch zu einer Vorsteuerberichtigung kommen kann, die den Verkauf unattraktiv machen könnte. Die Finanzverwaltung lässt es zu, dass auch im Fall einer erhöhten Nutzung eines Gegenstandes im unternehmerischen Bereich anstelle des nicht wirtschaftlichen Bereiches eine entsprechende Vorsteuerberichtigung durchgeführt werden kann, wenn ursprünglich gedacht wurde, der Gegenstand würde im geringeren Maße für unternehmerische Zwecke eingesetzt, als dies dann tatsächlich später der Fall war.

3. Ordnungsgemäße Rechnung

175 Ein Vorsteuerabzug kommt nur in Betracht, sofern dem Unternehmer eine ordnungsgemäße Rechnung vorliegt. In den §§ 14, 14a, 14b und 14c UStG regelt das Gesetz detailliert, welche **Angaben** in einer **ordnungsgemäßen Rechnung** enthalten sein müssen, wie lange diese **aufbewahrt** werden muss und welche **zusätzlichen Pflichten bei der Ausstellung** von Rechnungen in besonderen Fällen bestehen.

176 Grundsätzlich wird nach § 14c UStG dann, wenn ein gemeinnütziges Unternehmen eine unrichtige Rechnung ausstellt, die **Umsatzsteuer geschuldet,** die auf der Rechnung **ausgewiesen ist.** Dies betrifft bspw. Fälle, in denen der Unternehmer zu Unrecht den vollen Steuersatz ansetzt oder nicht erkennt, dass der entsprechende Umsatz unter eine Umsatzsteuerbefreiungsvorschrift fällt. In diesen Fällen wird die ausgewiesene Umsatzsteuer geschuldet. Sie wird vom Finanzamt nicht erstattet, auch wenn sich später herausstellen sollte, dass tatsächlich die entsprechende Umsatzsteuer nicht geschuldet wurde, es sei denn, es wird eine ordnungsmäßige **Rechnungsberichtigung** gegenüber dem Leistungsempfänger durchgeführt. Hintergrund ist, dass der Rechnungsempfänger mit der Rechnung einen Vorsteueranspruch geltend machen kann und das Gefährdungspotential, das durch einen unrichtigen Umsatzsteuerausweis entsteht, den Staat veranlasst, es nur bei ordnungsgemäß berichtigten Rechnungen zuzulassen, dass zu viel gezahlte Umsatzsteuer ggf. erstattet wird.

177 Der Rechnungsbegriff knüpft an fünf **Mindestvoraussetzungen** an: den Rechnungsaussteller, den Leistungsempfänger, die Leistungsbeschreibung, das Entgelt und die gesondert ausgewiesene Umsatzsteuer. Eine rückwirkende **Rechnungsberichtigung** ist grundsätzlich erlaubt, wenn Mindestpflichtangaben vorhanden sind.[301] Ein Vorsteuerabzug ist auch ohne ordnungsgemäße Rechnung und ohne Rechnungsberichtigung **im Ausnahmefall** erlaubt, falls dem Finanzamt sämtliche Angaben vorliegen, um überprüfen zu können, dass der Unternehmer auf der vorausgehenden Umsatzstufe tatsächlich die entsprechenden Gegenstände geliefert oder Dienstleistungen erbracht hat und dass dafür tatsächlich die Umsatzsteuer entrichtet wurde.[302] Gelingt dies – wie in aller Regel – nicht, so ist eine Rechnungsberichtigung nach § 31 Abs. 5 UStDV erforderlich. Sofern eine Rechnung mit den dargestellten Mindestpflichtangaben vorlag, lässt die Finanzverwaltung aufgrund der jüngsten Rechtsprechung des EuGH eine rückwirkende Berichtigung der Rechnung zu. Die Angaben in der ursprünglichen Rechnung – typischerweise ist die **Leistungsbeschreibung** das eigentliche Problem – dürfen allerdings nicht derartig unbestimmt, unvollständig oder offensichtlich unzutreffend sein, dass sie fehlenden Angaben gleichkommen. Nur dann entfaltet die Rechnungsberichtigung Rückwirkung.[303] Die **Rückwirkung einer Rechnungsberichtigung** hat deswegen eine hohe Bedeutung, weil typischerweise erst in einer Betriebsprüfung viele Jahre, nachdem der **Vorsteuerabzug erstmalig geltend gemacht wurde,** das Problem der möglicherweise fehlerhaften Rechnung und umsatzsteuerlichen Behandlung auftaucht. Nur wenn eine rückwirkende Rechnungsberichtigung gelingt, entfällt der **Zinslauf** auf die ansonsten nachzuentrichtende Umsatzsteuer.

IX. Steuerverfahren in der Umsatzsteuer

178   Im Umsatzsteuerrecht werden nach § 18 UStG zwischen der sog. umsatzsteuerlichen **Voranmeldung** und der **Steuererklärung nach Ende eines Veranlagungsjahres** unterschieden. Die entsprechenden Steueranmeldungen wirken nach § 165 AO, wenn der Anmeldung nicht vom Finanzamt widersprochen wird, wie eine **Steuerfestsetzung unter Vorbehalt.** Es gibt umsatzsteuerliche **Sonderprüfungen,** die typischerweise dann angeordnet werden, wenn der Steuerpflichtige einen hohen **Vorsteuerüberhang** geltend macht, bspw., weil in Bauten investiert wird, die für das Unternehmen bestimmt sind. Die Umsatzsteuer wird aber auch regelmäßig im Rahmen von **allgemeinen Betriebsprüfungen** bei gemeinnützigen Unternehmen oder Konzernen geprüft. Erfahrungsgemäß stammt das Mehrergebnis der Betriebsprüfungen bei gemeinnützigen Konzernen und Unternehmen im überwiegenden Teil aus der Umsatzsteuer, da diese besonders komplex und daher fehleranfällig ist.

X. Steuerschuldner für fremde Steuerschuld: § 13b UStG und Erstattung ausländischer Umsatzsteuer

179   Gelegentlich wird übersehen, dass gemeinnützige Unternehmen verpflichtet sein können, Umsatzsteuer abzuführen, die ein **ausländischer Unternehmer** für eine ihnen gegenüber erbrachte sonstige Leistung schuldet (sog. **Reverse-Charge-Verfahren**). Für nach § 3a Abs. 2 UStG in Deutschland steuerpflichtige sonstige Leistungen eines in der EU ansässigen Unternehmers, aber auch für sonstige Leistungen eines im übrigen Ausland ansässigen Unternehmers, die nach § 3a Abs. 2 UStG in Deutschland der Umsatzsteuer unterliegen, hat **das gemeinnützige Unternehmen** nach § 13b Abs. 1, Abs. 2 UStG die Umsatzsteuer zu erklären und abzuführen. Dies ist auch beim **Einkauf entsprechender Dienstleistungen oder Wirtschaftsgüter** zu bedenken. So findet zB bei der Inanspruch-

---

[301] Dazu Wäger/*Fleckenstein-Weiland* UStG § 15 Rn. 161 ff.
[302] Dazu BMF 18.9.2020, BStBl. I 2020, 976.
[303] BMF 18.9.2020, BStBl. I 2020, 976.

nahme für Leistungen des Videokonferenzdienstleisters Zoom Video Communications Inc. das Reverse-Charge-Verfahren Anwendung. Dabei ist unerheblich, ob der Gegenstand für das Unternehmen oder für den nicht unternehmerischen Bereich verwendet wird, da jede juristische Person, die sich unternehmerisch betätigt und der eine USt-ID erteilt wurde, für bestimmte in Deutschland der Umsatzsteuer unterliegende Umsätze eines Vertragspartners die Umsatzsteuer abzuführen hat. Nur soweit das deutsche Unternehmen den eingekauften Gegenstand oder die eingekaufte Dienstleistung für den unternehmerischen Bereich und ohne einen Ausschluss wegen der Verwendung für umsatzsteuerfreie Umsätze einsetzt, ist ein Vorsteuerabzug möglich, der diese zusätzliche Kostenbelastung wieder ausgleichen kann.

Ebenso können gemeinnützige Unternehmen unter Umständen eine **Erstattung** der im **Ausland anfallenden Umsatzsteuer** erreichen. Dafür gibt es mittlerweile beim **Bundeszentralamt für Steuern** spezielle Verfahren, die entsprechende Erstattungsanträge erleichtern. Schließlich kennt § 4a UStG noch eine besondere Form der **Steuervergütung** für gemeinnützige Körperschaften zum Ausgleich der Steuer, die auf der an sie bewirkten Lieferung eines Gegenstandes, seiner Einfuhr oder seines innergemeinschaftlichen Erwerbs lastet, wenn dieser der Erfüllung gemeinnütziger Zwecke im Ausland dient.

180

D. Sonstige Steuern

Die Ertragsteuer und die Umsatzsteuer sind die wichtigsten Steuern für gemeinnützige Unternehmen und Konzerne. Zudem hat noch die Lohnsteuer eine hohe Bedeutung. Daneben gibt es aber natürlich zahlreiche weitere Steuern, die im Einzelfall für gemeinnützige Unternehmen bedeutsam sein können. Über diese kann hier nur ein kurzer Überblick gegeben werden.

181

I. Schenkungsteuer

Gemeinnützige Unternehmen erhalten vielfach **Spenden.** Dies sind Schenkungen, die nach § 13 Abs. 1 Nr. 16 ErbStG **steuerfrei** vereinnahmt werden können. Nach Auffassung der Finanzverwaltung kommt diese Steuerbefreiung **nicht** in Betracht, wenn der zugewendete Betrag in einem steuerpflichtigen **wirtschaftlichen Geschäftsbetrieb** verbraucht wird und dazu von vornherein vom Zuwendenden bestimmt ist. Denn dann dient die Zuwendung nicht gemeinnützigen Zwecken, so die These der Finanzverwaltung.[304]

182

Die Steuerbefreiung bei der Schenkungsteuer fällt mit Wirkung für die Vergangenheit weg, wenn die Voraussetzungen für die **Gemeinnützigkeit innerhalb von zehn Jahren** nach der Zuwendung **entfallen sollte** und das Vermögen nicht zwischenzeitlich bereits begünstigten Zwecken zugeführt worden ist oder noch wird.

183

Somit wird nur im absoluten Ausnahmefall die Erhebung von Schenkungsteuer bei einer Zuwendung an eine gemeinnützige Organisation in Betracht kommen. Verliert diese allerdings die Gemeinnützigkeit, können daraus erhebliche Steuerbelastungen drohen.

184

II. Grunderwerbsteuer

Erwirbt eine gemeinnützige Körperschaft ein **Grundstück,** schuldet sie grundsätzlich **Grunderwerbsteuer.** Die Höhe der Grunderwerbsteuer richtet sich nach dem Steuersatz im jeweiligen Bundesland. Eine gesonderte Befreiung von der Grunderwerbsteuer gibt es für gemeinnützige Körperschaften nicht. Allerdings bestimmt § 3 Nr. 2 GrEStG, dass

185

---

[304] ErbStR R E 13.8.

§ 7 Steuern

Grundstücksschenkungen unter Lebenden nicht der Grunderwerbsteuer unterliegen. Soweit allerdings ein **Teilentgelt** gezahlt wird, wird es insoweit zum Anfall von Grunderwerbsteuer kommen.

186 Besonders misslich kann die Grunderwerbsteuer bei **Umstrukturierungen** innerhalb eines gemeinnützigen Konzerns werden. Grundsätzlich sieht das GrEStG nur in eng begrenzten Ausnahmefällen nach § 6a GrEStG eine **Steuervergünstigung** bei einer Umstrukturierung **in einem Konzern** vor. Als Faustformel kann man festhalten, dass das herrschende gemeinnützige Unternehmen bereits seit fünf Jahren an dem Tochterunternehmen, dessen Grundbesitz übertragen wird, beteiligt gewesen sein sollte, wobei die Beteiligung ununterbrochen mindestens 95 % betragen haben muss, damit es zum Eingreifen des § 6a GrEStG kommen kann. Liegen die entsprechenden Voraussetzungen zwar nicht vor, soll aber trotzdem eine Umstrukturierung stattfinden, kommen **Ausweichmodelle** in Frage, in denen bspw. zwischen dem rechtlichen und dem wirtschaftlichen Eigentum an dem Grundbesitz unterschieden wird oder Personengesellschaften zwischengeschaltet werden, denen der Grundbesitz zugeordnet wird.

III. Grundsteuer

187 Gemeinnützige Unternehmen schulden Grundsteuer. Allerdings sind sie von der Grundsteuer nach § 3 Abs. 1 Nr. 3 GrStG **befreit,** soweit der **Grundbesitz für gemeinnützige oder mildtätige Zwecke genutzt wird.** Unter Umständen kommt auch eine Befreiung nach § 4 Nr. 5 GrEStG (Nutzung für Zwecke der Wissenschaft, des Unterrichts oder der Erziehung)[305] oder § 4 Nr. 6 GrEStG (Krankenhaus) in Betracht.

188 Wird ein **räumlich abgegrenzter Teil** des Steuergegenstandes für steuerbegünstigte Zwecke benutzt, so ist nur dieser Teil des Steuergegenstandes steuerfrei. Noch nicht rechtssicher geklärt ist, ob in Bezug auf die infolge des Bundesteilhabegesetz **(BTHG)** nun gesondert genutzten **Wohnungen,** die ertragsteuerlich zu Zweckbetriebseinkünften führen, nach gleichen Regeln im Grundsteuerrecht als eine Form der gemeinnützigen Nutzung anerkannt werden.

Dient der Steuergegenstand oder ein Teil des Steuergegenstandes **sowohl steuerbegünstigten als auch anderen Zwecken,** ohne dass eine räumliche Abgrenzung für die verschiedenen Zwecke möglich ist, so ist der Steuergegenstand oder der Teil des Steuergegenstandes nach § 8 Abs. 2 GrStG nur befreit, wenn die **steuerbegünstigten Zwecke überwiegen.**

189 Insofern ist stets zu prüfen, auf welche Grundstücke das gemeinnützige Unternehmen überhaupt Grundsteuer zahlt. **Ändern sich die Verhältnisse,** besteht wiederum die Pflicht, eine entsprechende korrigierte Erklärung zur Erhebung der Grundsteuer abzugeben. Die Bemessung der Grundsteuer wird gegenwärtig gesetzlich **in den Bundesländern auf unterschiedliche Weise neu geregelt.** Soweit Grundstücke der gemeinnützigen Unternehmen der Grundsteuer unterliegen, werden sie an den entsprechenden Neubewertungsverfahren in jedem Fall teilnehmen müssen.

IV. Quellensteuerabzug für bestimmte Steuerschuldner

190 Gemeinnützige Unternehmen können nach § 50a EStG zum Abzug und zur Abführung von **Quellensteuer auf Zahlungen an bestimmte im Ausland ansässige Vertragspartner** verpflichtet sein. Nach dieser Norm unterliegen die Einkünfte, die durch in Deutschland ausgeübte **künstlerische, sportliche, artistische, unterhaltende oder ähnliche Darbietungen** erzielt werden, einem Quellensteuerabzug. Dasselbe gilt für die Einkünfte, die aus Vergütungen für die Überlassung der Nutzung oder des Rechts auf Nut-

---

[305] Siehe hierzu BFH 1.7.2020 – II B 89/19, BFH/NV 2020, 1281 (NV).

zung von **Rechten, insb. von Urheberrechten** und ähnlichen immateriellen Rechten, von dem ausländischen Vertragspartner erzielt werden.[306] § 50a Abs. 1 Nr. 3 EStG kann bspw. eingreifen, wenn bestimmte **Lizenzen** im Ausland erworben und im inländischen Betrieb eingesetzt werden, bspw. zur Nutzung von Software oder digital vermittelter Angebote. Es gibt **vielfältige Abgrenzungsfragen** und Prüfungen, die sich mit den Besonderheiten des § 50a Abs. 1 EStG auseinandersetzen.

Der Steuerabzug beträgt grundsätzlich 15 % des gezahlten Entgelts. Bei den Darbietungen ausländischer Künstler oder Sportler etc wird ein Steuerabzug nicht erhoben, wenn die Einnahmen je Darbietung **250 EUR** nicht übersteigen. Das gemeinnützige Unternehmen ist verpflichtet, eine entsprechende **Steueranmeldung** gegenüber dem Finanzamt abzugeben, falls es eine derartige Vergütung an einen Steuerausländer ausgezahlt hat. Im Einzelfall mag durch ein **Doppelbesteuerungsabkommen** bestimmt sein, dass das Besteuerungsrecht für derartige Einkünfte nicht in Deutschland, sondern im Ausland liegt, insb. bei der Vergütung von Lizenzen. Nach § 50d EStG kann der Steuerabzug allerdings nur dann unterlassen werden, wenn dem Vergütungsschuldner eine **Freistellungsbescheinigung des Bundesamtes für Finanzen** bei Auszahlung des Honorars oder der Vergütung vorliegt, aufgrund dessen von dem Steuereinbehalt abgesehen werden kann. **191**

Eine weitere spezielle Form der Steuerzahlung für Dritte enthält § 37b EStG. Ein gemeinnütziges Unternehmen, welches **Zuwendungen an Geschäftspartner** macht oder diese **zu Veranstaltungen einlädt,** kann die darauf entstehende Steuer nach § 37b EStG zu einem **pauschalen Steuersatz von 30 %** übernehmen. Die entsprechende pauschale Einkommensteuer gilt als Lohnsteuer und ist in der **Lohnsteueranmeldung** mit zu erfassen. Hintergrund ist, dass für entsprechend bedachte Geschäftspartner die Zuwendung zu einem **geldwerten Vorteil** führt, der an sich von diesen in der eigenen Steuererklärung offenzulegen und zu erklären wäre. Regelmäßig werden und sollen die Geschäftspartner aber nicht wissen, welchen Wert die ihnen gemachte Zuwendung überhaupt hat. Da Eingeladene vielfach die Zuwendung aus geschäftlichem Anlass nicht in ihrer Steuererklärung als Einnahme erfasst hatten, hat sich der Gesetzgeber entschieden, mit § 37b EStG eine Möglichkeit zu schaffen, dass der Zuwendende pauschal die Steuer nach den Voraussetzungen des § 37b EStG übernehmen und an das Finanzamt abführen kann. **192**

E. Steuererhebung

Grundsätzlich ist jeder Steuerpflichtige, auch die gemeinnützigen Unternehmen, dafür verantwortlich, eine **ordnungsgemäße Steuererklärung fristgerecht einzureichen.** Das gemeinnützige Unternehmen muss selbst prüfen, welche steuerlichen Tatbestände erfüllt wurden und welche Steuer in welcher Höhe deswegen zu erklären ist. **193**

Im Prinzip unterscheidet das Steuerrecht zwei verschiedenen Verfahren zur Steuererhebung. Beim **Veranlagungsverfahren** wird eine Steuererklärung (Ertragsteuern, Gemeinnützigkeit) oder Steueranmeldung (Umsatzsteuer) beim Finanzamt eingereicht. In Bezug auf die **Lohnsteuer** oder die **Kapitalertragsteuer** gibt es dagegen ein **Quellensteuerabzugsverfahren,** bei dem direkt von den ausgezahlten Kapitalerträgen oder dem ausgezahlten Lohn ein Steuerbetrag einbehalten und abgeführt wird. **194**

Wer verpflichtet ist, eine Steuererklärung abzugeben, muss diese **berichtigen,** sobald er positive Kenntnis davon erlangt, dass die steuerliche Würdigung eines bestimmten Sachverhaltes nicht zutreffend dargestellt wurde. Die Berichtigung muss nach § 153 AO **unverzüglich** erfolgen. Erkennt ein Steuerpflichtiger nachträglich vor Ablauf der Festsetzungsfrist, dass eine von ihm oder für ihn abgegebene Steuererklärung **unrichtig oder unvollständig** ist und dass es dadurch zu einer **Verkürzung von Steuern** kommen kann **195**

---

[306] Vgl. zur zeitlich befristeten Überlassung und Veräußerung von Rechten BMF 11.2.2021, DStR 2021, 420.

oder bereits gekommen ist, so ist der Steuerpflichtige verpflichtet, dies unverzüglich anzuzeigen und die erforderliche Richtigstellung vorzunehmen. Die entsprechende Verpflichtung ist **strafbewehrt** und kann auch zu einer **persönlichen Haftung** auf Steuern der verantwortlichen Organe führen. Daher muss die Organisation des gemeinnützigen Unternehmens so eingerichtet sein, dass sämtliche steuerlich relevanten Sachverhalte erkannt und dann beurteilt und eingeordnet werden können. Dies wird vielfach durch Einrichtung eines sog. **Tax-Compliance-Systems** sichergestellt, dessen Ziel es ist, das Wissen der einzelnen Sachbearbeiter über die Sachverhalte, die steuerlich relevant sind, und derjenigen, die für die Erstellung der steuerlichen Erklärung verantwortlich sind und die Steuerregeln kennen, zusammen zu führen, nach Möglichkeit digital und automatisch.

196 Gemeinnützige Unternehmen und erst recht gemeinnützige Konzerne werden regelmäßig einer **steuerlichen Betriebsprüfung** unterworfen. Diese prüft zum einen die Einhaltung der gemeinnützigkeitsrechtlichen Vorschriften, zum anderen die zutreffende Erklärung der geschuldeten Steuern, dh insb. bei den Ertragsteuern die Abgrenzung zwischen dem steuerfreien Bereich und dem steuerpflichtigen wirtschaftlichen Geschäftsbetrieb. In Bezug auf die Umsatzsteuer wird geprüft, ob die erzielten Umsätze tatsächlich zutreffend als steuerfrei oder steuerpflichtig mit dem richtigen Umsatzsteuersatz erklärt wurden und ob die Vorsteuer in zutreffender Höhe ermittelt worden ist.

197 Aufgrund der komplexen Steuerrechtslage gerade für gemeinnützige Unternehmen sollte auch stets durchdacht werden, ob sich der Steuerpflichtige bei einer Rechtsänderung möglicherweise auf **Vertrauensschutz** in Bezug auf seine Steuererklärung berufen kann. In § 176 AO ist vorgesehen, dass bei der Aufhebung oder Änderung eines Steuerbescheids nicht zu Ungunsten des Steuerpflichtigen berücksichtigt werden darf, wenn das Bundesverfassungsgericht die Nichtigkeit eines Gesetzes feststellt, der BFH eine Norm nicht anwendet, weil er sie für verfassungswidrig hält oder sich die Rechtsprechung eines obersten Gerichtshofes des Bundes, insb. des BFH, geändert hat. Voraussetzung ist jeweils, dass eine Norm betroffen ist, auf der die bisherige Steuerfestsetzung beruhte. Dasselbe gilt, wenn allgemeine Verwaltungsvorschriften, für gemeinnützige Unternehmen insb. die Regelungen im AEAO und im UStAE, vom BFH als nicht mit dem geltenden Recht in Einklang stehend bezeichnet werden sollten. In all diesen Fällen ist dann, wenn eine Steuerveranlagung vorliegt, selbst wenn diese unter dem Vorbehalt der Nachprüfung nach § 164 AO stehen sollte, eine Änderung des Steuerbescheides zulasten des Steuerpflichtigen wegen § 176 AO im Regelfall nicht möglich. Dies gilt auch dann, wenn aufgrund eines Urteils des EuGH eine entsprechende Rechtsänderung eintritt.

§ 8 Arbeitsrecht, Betriebsverfassungsrecht und Sozialversicherungsrecht

Übersicht

	Rn.
A. Rechtsrahmen	1
B. Arbeitsrecht	2
I. Arbeitsrechtliche Stellung der Mitarbeiter	2
1. Ehrenamtliche Mitarbeiter	3
2. Organmitglieder	4
3. Abgrenzung Selbstständige – Nichtselbstständige	6
II. Vergütung und Übernahme von Bußgeldern	8
III. Teilzeitanspruch	13
IV. Arbeitsrechtliche Schutzbestimmungen	15
C. Betriebsverfassungsrecht	18
I. Bildung eines Betriebsrats	19
II. Anhörung und Entscheidungsrechte	20
III. Einschränkung der Mitwirkungsrechte bei Tendenzbetrieben	23
D. Sozialversicherungsrecht	30
I. Grundsätze	31
II. Vorstände und Geschäftsführer	34
III. Ehrenamtliche Mitarbeiter	36

A. Rechtsrahmen

Dem Arbeitsrecht und Sozialversicherungsrecht kommen in gemeinnützigen Unternehmen besondere Bedeutung zu, die im Regelfall besonders personalintensive Tätigkeiten als Sozial-, Wissenschafts- oder Bildungsunternehmen ausführen. Es handelt sich um einen Bereich mit einer hohen Regelungsdichte, der einer ständigen Fortentwicklung durch die verschiedenen Gerichte und den Gesetzgeber unterliegt. Zusammen mit zahlreichen Sanktionsregelungen führt dies dazu, dass der Bereich nicht unerhebliche Haftungs- und Strafrisiken für das Unternehmen und die geschäftsführenden Organe mit sich bringt. Für gemeinnützige Unternehmen und Konzerne gelten hier im Prinzip keine Besonderheiten. Allerdings haben gemeinnützige Körperschaften ggf. zusätzliche Problemstellungen, die bei kommerziellen Unternehmen nicht auftreten, zB im Zusammenhang mit der Beschäftigung von ehrenamtlichen Mitarbeitern oder der Bemessung der Vergütung. Das folgende Kapitel gibt einen ersten Überblick zu den praxisrelevanten Themen, mit denen sich gemeinnützige Unternehmen im Bereich des Arbeitsrechts, Sozialversicherungsrechts und Betriebsverfassungsrecht typischerweise auseinandersetzen müssen. 1

B. Arbeitsrecht

I. Arbeitsrechtliche Stellung der Mitarbeiter

Bei gemeinnützigen Körperschaften stellt sich häufig zunächst einmal die Frage nach der arbeitsrechtlichen Stellung der für sie tätigen Personen. **Arbeitnehmer im arbeitsrecht-** 2

lichen Sinne ist, wer aufgrund eines privatrechtlichen Vertrags im Dienste eines anderen zur Leistung weisungsgebundener, fremdbestimmter Arbeit in persönlicher Abhängigkeit verpflichtet ist.[1] Diese Einordnung ist wichtig für die Frage, ob arbeitsrechtliche Vorschriften bspw. über den Kündigungsschutz für die entsprechenden Personen Anwendung finden.

1. Ehrenamtliche Mitarbeiter

3 Für gemeinnützige Körperschaften wird oftmals eine ganze Reihe von Mitarbeitern ehrenamtlich oder zu einem geringen Entgelt tätig. Diese Personen stehen im Regelfall nicht in einem Arbeitsverhältnis zur gemeinnützigen Körperschaft, wenn sie mangels **Entgelts** nicht persönlich abhängig beschäftigt sind.[2] Der Begriff des Ehrenamts ist im Arbeitsrecht grundsätzlich nicht definiert. Der Gesetzgeber geht von einer ehrenamtlichen Tätigkeit regelmäßig dann aus, wenn die Tätigkeit nicht von der Erwartung einer adäquaten finanziellen Gegenleistung, sondern von dem Willen geprägt ist, sich für das Gemeinwohl einzusetzen.[3] Unter dieser Voraussetzung kann eine persönliche Abhängigkeit und damit ein Arbeitsverhältnis grundsätzlich auch dann verneint werden, wenn eine Aufwandsentschädigung gezahlt wird, sofern es sich um einen echten Aufwendungs- bzw. Auslagenersatz, ggf. auch in pauschalierter Form handelt. Diese darf sich aber nicht am Tätigkeitsumfang orientieren, sondern nur an dem durch die Tätigkeit entstandenen Aufwand, da es sich sonst um ein verdecktes Entgelt handelt. Wird ein Entgelt gezahlt und unterliegt der Mitarbeiter den Weisungen der gemeinnützigen Körperschaft, liegt regelmäßig ein Arbeitsverhältnis vor.

2. Organmitglieder

4 Mitglieder von Organen, bspw. des Vorstands oder der Geschäftsführung, sind idR – mangels Weisungsabhängigkeit – **keine Arbeitnehmer** iSd Arbeitsrechts.[4] Eine Weisungsgebundenheit des Geschäftsführers, die so stark ist, dass dieser zum Arbeitnehmer iSd Arbeitsrechts wird, kommt allenfalls in extremen Ausnahmefällen in Betracht, wenn die Gesellschaft eine – über ihr gesellschaftsrechtliches Weisungsrecht hinausgehende – Weisungsbefugnis auch bezüglich der Umstände hat, unter denen der Geschäftsführer seine Leistung zu erbringen hat, und die konkreten Modalitäten der Leistungserbringung durch arbeitsbegleitende und verfahrensorientierte Weisungen bestimmen kann.[5] Gesetzliche Vertreter einer Gesellschaft nehmen typischerweise **Arbeitgeberfunktionen** wahr und sind deshalb keine arbeitnehmerähnlichen, sondern arbeitgebergleiche oder arbeitgeberähnliche Personen. Durch die gesetzlichen und nach außen nicht beschränkbaren Vertretungsbefugnisse unterscheidet sich der Geschäftsführer grundlegend von anderen leitenden oder nicht leitenden Arbeitnehmern.[6] Etwas anderes kann im Einzelfall für Mitglieder des erweiterten Vorstands gelten, die ihr Tätigkeit regelmäßig nach den Weisungen des Vorstands iSd § 26 BGB erbringen,[7] oder für den besonderen Vertreter iSd § 30 BGB.[8] Von der arbeitsrechtlichen Einordnung der Organe

---

[1] BAG 1.12.2020 – 9 AZR 102/20, NZA 2021, 552; BAG 29.8.2012 – 10 AZR 499/11, BAGE 143, 7; BAG 14.3.2007 – 5 AZR 499/06, NZA-RR 2007, 424.
[2] BAG 29.8.2012 – 10 AZR 499/11, BAGE 143, 77; BAG 26.9.2002 – 5 AZB 19/01, BAGE 103, 20.
[3] Vgl. Gesetzesbegründung zum MiLoG, BT-Drs. 18/2010, 15.
[4] Vgl. zum Verein: BAG 28.9.1995 – 5 AZB 4/95, NZA 1996, 143; *Grambow* Organe von Vereinen und Stiftungen, 2011, Rn. 227 ff.; zur Stiftung: *Grambow* Organe von Vereinen und Stiftungen, 2011, Rn. 794; *Lunk/Rawert* Non Profit Law Yearbook, 2001, 91 (103); zur GmbH: BGH 9.11.1967 – II ZR 64/67, BGHZ 49, 30; OLG Thüringen 14.3.2001 – 7 U 651/00, OLG-NL 2001, 157; Altmeppen/*Altmeppen* GmbHG § 6 Rn. 81; MHLS/*Tebben* GmbHG § 6 Rn. 124; einen guten Überblick gibt *Boemke* RdA 2018, 1.
[5] BAG 21.1.2019 – 9 AZB 23/18, NZA 2019, 490.
[6] BAG 21.1.2019 – 9 AZB 23/18, NZA 2019, 490.
[7] *Grambow* Organe von Vereinen und Stiftungen, 2011, Rn. 232.
[8] Vgl. BAG 5.5.1997 – 5 AZB 35/96, NZA 1997, 959, das zur Frage der Rechtswegeröffnung zum Arbeitsgericht danach unterscheidet, ob der besondere Vertreter ausdrücklich in der Satzung vorgesehen ist oder nicht; ebenso unterscheidet das LAG Hamm 7.3.2013 – 8 Sa 1523/12, BeckRS 2013, 69377, bei der

zu unterscheiden ist die sozialversicherungsrechtliche und lohnsteuerrechtliche Einordnung. Organmitglieder sind lohnsteuerlich im Regelfall bei einer bezahlten Hauptbeschäftigung als Arbeitnehmer anzusehen[9] und unterliegen idR der Sozialversicherungspflicht.[10]

Mangels Arbeitnehmereigenschaft sind die besonderen **Schutzvorschriften für Arbeitnehmer** auf Organmitglieder grundsätzlich nicht anwendbar. Teilweise ist dies, zB im Kündigungsschutzgesetz, auch ausdrücklich im Gesetz angeordnet.[11] Der Umstand, dass der schuldrechtliche Vertrag mit dem Organmitglied regelmäßig nicht als Arbeitsvertrag einzuordnen ist, bedeutet aber nicht, dass keine Kündigungsfristen zu beachten wären. Diese richten sich dann allerdings nach § 621 BGB.[12] In Einzelfällen können Organmitglieder in den Schutzbereich bestimmter Vorschriften für Arbeitnehmer aber auch einbezogen sein, wenn sie sich tatsächlich in einem Unterordnungsverhältnis befinden. Dies betrifft vor allem Vorschriften, in denen der unionsrechtliche Arbeitnehmerbegriff maßgeblich ist.[13] Das Unionsrecht definiert den Arbeitnehmer als „eine Person, die während einer bestimmten Zeit für eine andere nach deren Weisung Leistungen erbringt, für die sie als Gegenleistung eine Vergütung erhält".[14]   5

3. Abgrenzung Selbstständige – Nichtselbstständige

Probleme bereitet häufig die Abgrenzung eines Arbeitsverhältnisses von dem Rechtsverhältnis eines **freien Mitarbeiters.** Beide unterscheiden sich durch den **Grad der persönlichen Abhängigkeit,** in welcher sich der zur Dienstleistung Verpflichtete befindet. Entscheidend ist dabei die Weisungsabhängigkeit. Arbeitnehmer ist derjenige Mitarbeiter, der nicht im Wesentlichen frei seine Tätigkeit gestalten und seine Arbeitszeit bestimmen kann.[15] Dabei sind alle Umstände des Einzelfalls in Betracht zu ziehen und in ihrer Gesamtheit zu würdigen. Für den Bildungs-, Wissenschafts- und Sozialbereich gibt es zahlreiche Gerichtsentscheidungen, in denen typisierend der feste freie Mitarbeiter vom abhängig Beschäftigten unterschieden wird.[16] Maßgeblich ist hierbei das „tatsächlich Gelebte".[17] Widersprechen sich Vereinbarung und tatsächliche Durchführung, ist letztere maßgebend. Das Weisungsrecht kann Inhalt, Durchführung, Zeit, Dauer und Ort der Tätigkeit betreffen.[18] Zeitliche Vorgaben oder die Verpflichtung, bestimmte Termine für die Erledigung der übertragenen Aufgaben einzuhalten, schließen ein freies Mitarbeiterverhältnis nicht aus. Auch bei Dienst- oder Werkverträgen können Termine für die Erledigung der Arbeit bestimmt werden, ohne dass daraus eine zeitliche Weisungsabhängigkeit folgt, wie sie für das Arbeitsverhältnis kennzeichnend ist.   6

Handelt es sich um einen echten freien Mitarbeiter, liegt kein Arbeitsverhältnis vor, sondern ein Werk- oder Dienstverhältnis.   7

II. Vergütung und Übernahme von Bußgeldern

Hinsichtlich der Vereinbarung einer Vergütung gelten für gemeinnützige Körperschaften einige Besonderheiten. Mitgliedern von **Vereins- und Stiftungsorganen** darf eine Vergü-   8

Frage der Anwendung des Kündigungsschutzgesetzes auf einen besonderen Vertreter; *Grambow* Organe von Vereinen und Stiftungen, 2011, Rn. 654 ff.
[9] Dazu → § 7 Rn. 91.
[10] Dazu → Rn. 34.
[11] ZB § 14 KSchG, § 5 Abs. 1 S. 3 ArbGG. Vgl. zum Kündigungsschutz für (Fremd-)Geschäftsführer *Zaumseil* NZA 2020, 1448; *Stöhr* RdA 2021, 104.
[12] BAG 11.6.2020 – 2 AZR 374/19, NZA 2020, 1179; ausführlich zu den Kündigungsfristen und Vorschlägen zur gesetzlichen Fortentwicklung *Stöhr* RdA 2021, 104.
[13] BGH 26.3.2019 – II ZR 244/17, BGHZ 221, 325 zur Anwendung des AGG auf einen GmbH-Geschäftsführer. Vgl. hierzu auch Schaub ArbR-Hdb/*Vogelsang* § 14 Rn. 3; *Boemke* RdA 2018, 1.
[14] EuGH 20.9.2007 – C-116/06, EuZW 2007, 741, Kiiski; EuGH 26.4.2007 – C-392/05, IStR 2007, 371, Alevizos.
[15] BAG 14.3.2007 – 5 AZR 499/06, NZA-RR 2007, 424; BAG 25.5.2005 – 5 AZR 347/04, BAGE 115, 1.
[16] Vgl. auch unter → Rn. 32 f.
[17] BAG 17.4.2013 – 10 AZR 272/12, NZA 2013, 903.
[18] BAG 1.12.2020 – 9 AZR 102/20, NZA 2021, 552.

9 Unabhängig von der Rechtsform müssen gemeinnützige Körperschaften bei der Bemessung der Vergütung den **Grundsatz der Angemessenheit** beachten (§ 55 Abs. 1 Nr. 3 AO). Unverhältnismäßig hohe Vergütungen stellen eine Mittelfehlverwendung dar und führen grundsätzlich zum Verlust der Gemeinnützigkeit.[20] Für die Angemessenheit der Vergütung gibt es nach ständiger höchstrichterlicher Rechtsprechung keine festen Regeln. Die Vergütung ist angemessen, wenn sie einem Fremdvergleich standhält, wobei auch die Vergütungen für eine vergleichbare Tätigkeit bei nicht steuerbegünstigten Unternehmen in den Vergleich einzubeziehen sind. Bei der Angemessenheitsbetrachtung ist nicht nur das eigentliche Gehalt einzubeziehen, sondern auch alle weiteren Begünstigungen wie bspw. Dienstwagen, Pensionszusage etc, oder Zahlungen von Tochtergesellschaften.[21]

tung generell nur gezahlt werden, wenn die **Satzung** eine solche vorsieht.[19] Bei GmbH-Geschäftsführern besteht dieses Erfordernis dagegen nicht.

10 Werden einzelne Personen für **mehrere Konzerngesellschaften** tätig, ist grundsätzlich abzugrenzen, wofür die Personen konkret eingesetzt werden und wer die Kosten für diese Mitarbeiter trägt. Die Mitarbeiter können entweder auf der Grundlage eines mit der jeweiligen Gesellschaft abgeschlossenen Vertrages tätig werden. Dann ist darauf zu achten, dass klar geregelt ist, in welchem Umfang die Person für welche Gesellschaft tätig ist. Denkbar ist auch, dass die Person nur bei einer Gesellschaft beschäftigt ist und diese den Mitarbeiter teilweise bei einer anderen Konzerngesellschaft einsetzt. In der Regel müssen die Kosten mit Gewinnaufschlag an die andere Konzerngesellschaft weiterbelastet werden. Auf eine vollständige Weiterbelastung bzw. auf den Gewinnaufschlag kann verzichtet werden, wenn eine gemeinnützige Körperschaft einer anderen gemeinnützigen Körperschaft Mitarbeiter zur Verfügung stellt.[22] Voraussetzung ist allerdings, dass die Mitarbeiter dort im ideellen Bereich oder im Zweckbetrieb eingesetzt werden, nicht aber im steuerpflichtigen wirtschaftlichen Geschäftsbetrieb. Bei der Mitarbeiter stellenden Körperschaft liegen, wenn ihr maximal die Kosten für den Mitarbeiter ersetzt werden, Einnahmen im Zweckbetrieb vor.[23] Unklar ist, ob hierfür auch die satzungsmäßigen Voraussetzungen des § 57 Abs. 3 AO erfüllt sein müssen.[24] Andersherum darf auch eine steuerpflichtige Konzerngesellschaft Mitarbeiter nicht ohne marktübliches Entgelt bei einer gemeinnützigen Körperschaft einsetzen. Dies wäre als verdeckte Gewinnausschüttung zu werten. Nach der Gemeinnützigkeitsreform kann in bestimmten Fällen hier jedoch der neue § 57 Abs. 3 AO helfen. Danach können bislang steuerpflichtige Gesellschaften bei entsprechender Satzungsgestaltung ebenfalls die Gemeinnützigkeit erlangen, wenn sie mit einer gemeinnützigen Körperschaft planvoll zur Erreichung eines gemeinnützigen Zwecks zusammenarbeiten und die Tätigkeiten in der Gesamtschau die Voraussetzungen eines Zweckbetriebs erfüllen.[25] In einem solchen Fall darf auf ein marktübliches Entgelt für den Einsatz der Mitarbeiter verzichtet werden.

11 Vorsicht ist auch geboten, wenn Personen in der einen Funktion **ehrenamtlich** und in der anderen Funktion gegen Vergütung tätig werden. In diesem Fall muss sichergestellt sein, dass nicht verdeckt auch die Tätigkeit (mit)vergütet wird, für welche das Gesetz oder die Satzung Unentgeltlichkeit vorsieht.

12 Verstöße gegen gesetzliche Regelungen, insb. im Bereich des Arbeits- und Sozialversicherungsrechts, ziehen häufig Ermittlungsverfahren gegen die geschäftsführenden Organe nach sich. In diesem Zusammenhang stellt sich die Frage, ob gemeinnützige Körperschaften **Bußgelder, Geldstrafen oder Geldauflagen** zur Einstellung eines strafrechtlichen Ver-

---

[19] Für den Vereinsvorstand: § 27 Abs. 3 S. 2 BGB; für den Stiftungsvorstand: § 86 S. 1 iVm § 27 Abs. 3 S. 2 BGB bzw. ab 1.7.2023 § 84a Abs. 1 S. 2 und 3 idF des Gesetzes zur Vereinheitlichung des Stiftungsrechts vom 16.7.2021, BGBl. 2021 I 2947.
[20] BFH 12.3.2020 – V R 5/17, DStR 2020, 183; genauer dazu Anm. *Kirchhain/Kampermann* npoR 2020, 310.
[21] Siehe hierzu unter → § 1 Rn. 139 und ausführlich unter → § 2 Rn. 130 ff.
[22] § 58 Nr. 1 AO bzw. § 57 Abs. 3 AO, siehe auch *Kirchhain* DStR 2021, 129 (132 und 135), sowie *Kirchhain* npoR 2021, 235.
[23] So AEAO zu § 58 Nr. 1 Tz. 7.
[24] Siehe → § 2 Rn. 122.
[25] Siehe unter → § 2 Rn. 122 ff.

fahrens, die gegenüber ihren Organmitgliedern festgesetzt wurden, übernehmen dürfen. Während dies bei kommerziellen Unternehmen unter Beachtung der lohnsteuerlichen Konsequenzen und gesellschaftsrechtlichen Zustimmungserfordernisse mitunter denkbar ist, ist dies bei gemeinnützigen Körperschaften aufgrund der gemeinnützigkeitsrechtlichen Vorgaben praktisch ausgeschlossen. Ein Anspruch des geschäftsführenden Organmitglieds auf Übernahme durch die gemeinnützige Organisation scheidet praktisch stets aus, selbst in dem Fall, dass das Organmitglied auf Weisung der Gesellschafter- oder Mitgliederversammlung gehandelt haben sollte. Der Grund hierfür ist, dass gesetzeswidrige Weisungen der Mitglieder- oder Gesellschafterversammlung vom geschäftsführenden Organmitglied nicht befolgt werden müssen[26] und ihm grundsätzlich zumutbar ist, sich zu widersetzen. Nur in Ausnahmesituationen, zB wenn ganz konkret mit der Beendigung des Arbeitsverhältnisses gedroht wird, kann diese Erwartung unzumutbar sein und eine Verpflichtung zur Übernahme des Bußgelds etc in Betracht kommen.[27] Eine entsprechende Weisung ist bei gemeinnützigen Unternehmen kaum vorstellbar, da diese die Gemeinnützigkeit gefährden würde. Da im Regelfall keine Pflicht des Arbeitgebers besteht, Bußgelder etc zu übernehmen, wäre eine freiwillige Übernahme durch die gemeinnützige Organisation eine unangemessene Vergütung und damit eine Mittelfehlverwendung, die zum Verlust der Gemeinnützigkeit führt.

III. Teilzeitanspruch

Ein Arbeitnehmer, dessen Arbeitsverhältnis länger als sechs Monate bestanden hat, kann verlangen, dass seine vertraglich vereinbarte Arbeitszeit verringert wird (§ 8 Abs. 1 TzBfG). Der Arbeitgeber hat der Verringerung der Arbeitszeit zuzustimmen und ihre Verteilung entsprechend den Wünschen des Arbeitnehmers festzulegen, soweit betriebliche Gründe nicht entgegenstehen und wenn der Arbeitgeber idR mehr als 15 Arbeitnehmer beschäftigt (§ 8 Abs. 4 S. 1, Abs. 7 TzBfG).[28] Ein betrieblicher Grund liegt insb. vor, wenn die Verringerung der Arbeitszeit die Organisation, den Arbeitsablauf oder die Sicherheit im Betrieb wesentlich beeinträchtigen oder unverhältnismäßige Kosten verursachen würde (§ 8 Abs. 4 S. 2 TzBfG).[29] 13

Die Prüfung, ob betriebliche Gründe entgegenstehen, ist nach der Rechtsprechung des BAG regelmäßig in drei Stufen vorzunehmen. Zunächst ist festzustellen, ob der vom Arbeitgeber als erforderlich angesehenen Arbeitszeitregelung überhaupt ein betriebliches Organisationskonzept zugrunde liegt und – wenn das der Fall ist – um welches Konzept es sich handelt (erste Stufe). In der Folge ist zu untersuchen, inwieweit die aus dem Organisationskonzept folgende Arbeitszeitregelung dem Arbeitszeitverlangen tatsächlich entgegensteht (zweite Stufe). Schließlich ist das Gewicht der entgegenstehenden betrieblichen Gründe zu prüfen (dritte Stufe). Dabei ist die Frage zu klären, ob das betriebliche Organisationskonzept oder die zugrunde liegende unternehmerische Aufgabenstellung durch die vom Arbeitnehmer gewünschte Abweichung wesentlich beeinträchtigt wird.[30] 14

IV. Arbeitsrechtliche Schutzbestimmungen

Als Arbeitgeber hat die gemeinnützige Körperschaft zahlreiche Bestimmungen zum Schutz ihrer Mitarbeiter zu beachten. So muss sie bei der Ausgestaltung der Arbeitsbe- 15

---

[26] MüKoGmbHG/*Stephan/Tieves* GmbHG § 37 Rn. 118.
[27] *Eufinger* RdA 2018, 224 (231 f.).
[28] Vgl. zur Beteiligung des Betriebsrats *Hamann* NZA 2010, 785.
[29] Die Ablehnungsgründe können auch durch Tarifvertrag festgelegt werden, § 8 Abs. 4 S. 3 TzBfG.
[30] BAG 20.1.2015 – 9 AZR 735/13, NZA 2015, 816; BAG 13.11.2012 – 9 AZR 259/11, NZA 2013, 373.

dingungen bspw. das **Arbeitszeitgesetz** (ArbZG) oder das **Mindestlohngesetz** (MiLoG) berücksichtigen, sowie Arbeitsschutz und Arbeitssicherheit gem. dem **Arbeitsschutzgesetz** (ArbSchG) und dem **Arbeitssicherheitsgesetz** (ASiG) gewährleisten. Wird nicht nur eigenes Personal eingesetzt bzw. das eigene Personal nicht nur im eigenen Unternehmen eingesetzt, ist zudem das **Arbeitnehmerüberlassungsgesetz** (AÜG) zu beachten. Danach bedarf die Arbeitnehmerüberlassung idR der Erlaubnis durch die Bundesagentur für Arbeit und es sind zahlreiche Schutzvorschriften wie die Höchstüberlassungsdauer und der Equal Pay-Grundsatz zu beachten. Bei Verstößen gegen das AÜG drohen empfindliche Bußgelder und Strafen. Darüber hinaus gibt es noch eine Reihe von weiteren Vorschriften, die dem Schutz der Mitarbeiterschaft bzw. bestimmter Personengruppen dienen und deren Einhaltung der Arbeitgeber sicherstellen muss.[31]

16   **Ehrenamtlich Tätige** und **Organmitglieder** haben keinen Anspruch auf den gesetzlichen Mindestlohn. Sie sind außerdem weder Arbeitnehmer iSd ArbZG noch Beschäftigte iSd ArbSchG.

17   Die **allgemeine Fürsorgepflicht** der gemeinnützigen Körperschaft, die durch die Bereitstellung von Einrichtungen entsteht, erstreckt sich auf auch auf alle dort tätigen Personen, unabhängig davon, ob es sich um Arbeitnehmer im arbeitsrechtlichen Sinne handelt.

C. Betriebsverfassungsrecht

18   Das Betriebsverfassungsrecht regelt, wann und in welchen Bereichen ein Betriebsrat mitbestimmen darf. Auch in gemeinnützigen Unternehmen und Konzernen kann grundsätzlich ein Betriebsrat gegründet werden. Gemeinnützige Unternehmen und Konzerne fallen allerdings häufig unter die Sonderregelung für sog. Tendenzbetriebe, bei denen nur eingeschränkte Mitbestimmungsrechte des Betriebsrats gelten (§ 118 Abs. 1 Nr. 1 BetrVG).[32] Auf Religionsgemeinschaften und ihre karitativen und erzieherischen Einrichtungen findet das Betriebsverfassungsgesetz dagegen keine Anwendung (§ 118 Abs. 2 BetrVG). Voraussetzung hierfür ist, dass „eine institutionelle Verbindung zwischen der Kirche und der Einrichtung besteht, aufgrund derer die Kirche über ein Mindestmaß an Einflussmöglichkeiten verfügt, um auf Dauer eine Übereinstimmung der religiösen Betätigung der Einrichtung mit kirchlichen Vorstellungen gewährleisten zu können".[33] Dort gibt es typischerweise Mitarbeitervertretungen, die in bestimmtem Umfang die Interessenvertretung für die Arbeitnehmer übernehmen.

I. Bildung eines Betriebsrats

19   Nach dem Betriebsverfassungsgesetz ist in Betrieben mit idR mindestens fünf ständigen wahlberechtigten Arbeitnehmern, von denen drei wählbar sind, die Wahl eines Betriebsrats (§ 1 Abs. 1 S. 1 BetrVG) und bei mehreren Betrieben eines Gesamtbetriebsrat (§ 47 Abs. 1 BetrVG) vom Arbeitgeber zu dulden.[34] In Konzernen kann zudem ein Konzernbetriebsrat errichtet werden (§ 54 Abs. 1 S. 1 BetrVG). Die vertretungsberechtigten Organe einer juristischen Person, also insb. Geschäftsführer und Vorstände, zählen dabei nicht als **Arbeitnehmer im betriebsverfassungsrechtlichen Sinne** und sind daher nicht mitzuzählen (§ 5 Abs. 2 Nr. 1 BetrVG). Gleiches gilt grundsätzlich für die ehrenamtlichen Mitarbeiter (§ 5

---

[31] Siehe ausführlich Schaub ArbR-HdB/*Vogelsang* bzw. *Linck* §§ 151–164; *Tschöpe* ArbR-HdB 6. Teil.
[32] Zum Tendenzbetrieb bei Konzernen siehe *Lorenzen* RdA 2016, 186.
[33] BAG 5.12.2007 – 7 ABR 72/06, BAGE 125, 100 zum Fall eines von einem Mitglied des Diakonischen Werkes betriebenen Krankenhauses.
[34] BeckOK ArbR/*Besgen* BetrVG § 1 Rn. 2.

Abs. 2 Nr. 3 und 4 BetrVG).[35] Auf den zeitlichen Umfang der Tätigkeit der Arbeitnehmer und ihre aktuelle Beschäftigung im Betrieb kommt es dagegen nicht an, mitzuzählen sind daher bspw. auch Teilzeitbeschäftigte.[36]

II. Anhörung und Entscheidungsrechte

Der Betriebsrat fungiert als **Bindeglied zwischen dem Arbeitgeber und der Belegschaft.** Die Aufgabe des Betriebsrats besteht vorrangig darin, darüber zu wachen, dass in dem Unternehmen die Schutzvorschriften zugunsten der Arbeitnehmer beachtet werden (§ 80 Abs. 1 Nr. 1 BetrVG). Darüber hinaus hat der Betriebsrat zB die Aufgabe, die tatsächliche Gleichstellung von Frauen und Männern, die Vereinbarkeit von Familie und Beruf, die Eingliederung schwerbehinderter Menschen und die Beschäftigung älterer Arbeitnehmer zu fördern.[37] Damit der Betriebsrat seine Aufgaben erfüllen kann, ist der Arbeitgeber verpflichtet, den Betriebsrat rechtzeitig und umfassend zu **unterrichten** (§ 80 Abs. 2 S. 1 BetrVG). Neben diesem allgemeinen Unterrichtungsrecht stehen dem Betriebsrat noch weitere, besondere Unterrichtungsrechte zu.[38]

Darüber hinaus verfügt der Betriebsrat über zahlreiche **Mitwirkungs- und Mitbestimmungsbefugnisse,** insb. in sozialen und personellen Angelegenheiten sowie hinsichtlich der Gestaltung von Arbeitsplatz, Arbeitsablauf und Arbeitsumgebung (§§ 87–113 BetrVG). So ist der Betriebsrat etwa in Unternehmen mit idR mehr als 20 wahlberechtigten Arbeitnehmern vor jeder Einstellung, Eingruppierung, Umgruppierung und Versetzung von Personen zu unterrichten und es ist seine Zustimmung einzuholen (§ 99 Abs. 1 BetrVG). Ebenso ist der Betriebsrat vor jeder Kündigung (unter Mitteilung der Kündigungsgründe) zu hören und ihm ist Gelegenheit zu geben, der geplanten Kündigung zu widersprechen (§ 102 BetrVG). Geplante Betriebsänderungen müssen in Unternehmen (mit idR mehr als 20 wahlberechtigten Arbeitnehmern) mit dem Betriebsrat beraten werden und anschließend muss ein Interessenausgleich über die geplante Betriebsänderung sowie ein Sozialplan verhandelt werden (§§ 111 ff. BetrVG).

Werden die Aufklärungs- oder Auskunftspflichten nicht, wahrheitswidrig, unvollständig oder verspätet erfüllt, liegt eine Ordnungswidrigkeit vor, die ein **Bußgeld** von bis zu 10 000 EUR nach sich ziehen kann (§ 121 BetrVG). Bei vorsätzlicher Behinderung der Wahl eines Betriebsrats oder dessen Tätigkeit liegt sogar eine **Straftat** vor (§ 119 BetrVG).

III. Einschränkung der Mitwirkungsrechte bei Tendenzbetrieben

Eine wichtige Einschränkung, die bei gemeinnützigen Unternehmen und Konzernen im Hinblick auf die Mitwirkungsrechte des Betriebsrats eingreifen kann, ist die Regelung für sog. Tendenzunternehmen und Tendenzbetriebe. Für solche gelten die Regelungen des Betriebsverfassungsgesetzes nämlich nur eingeschränkt (§ 118 Abs. 1 BetrVG).

Ein **Tendenzunternehmen bzw. -betrieb** liegt vor, wenn das Unternehmen bzw. der Betrieb unmittelbar und überwiegend politischen, koalitionspolitischen, konfessionellen, karitativen, erzieherischen, wissenschaftlichen oder künstlerischen Bestimmungen dient (§ 118 Abs. 1 Nr. 1 BetrVG).

Ein Unternehmen dient dann **karitativen Bestimmungen,** wenn es ohne Gewinnerzielungsabsicht tätig wird und sich den sozialen Dienst am körperlich oder seelisch leidenden Menschen zum Ziel gesetzt hat, oder wenn es auf Heilung oder Milderung innerer

---

[35] Voraussetzung ist, dass ihre Beweggründe vorwiegend karitativer oder religiöser Art sind bzw. sie vorwiegend zu ihrer Heilung, Wiedereingewöhnung, sittlichen Besserung oder Erziehung beschäftigt werden, § 5 Abs. 2 Nr. 3 und 4 BetrVG.
[36] Näher hierzu BeckOK ArbR/*Besgen* BetrVG § 1 Rn. 46.
[37] Vgl. Katalog in § 80 Abs. 1 BetrVG.
[38] Beispielsweise gem. § 111 BetrVG über geplante Betriebsänderungen; siehe auch → Rn. 21.

und äußerer Nöte des Einzelnen gerichtet ist, wobei gleichgültig ist, ob diese Hilfe zur Linderung und Beseitigung der Nöte oder zu deren vorbeugender Abwehr geleistet wird.[39] Dazu gehören bspw. Behindertenwerkstätten[40] und Krankenhäuser.[41] Die Ausnahme von der Mitbestimmung greift nach der – vom Bundesverfassungsgericht bestätigten – Rechtsprechung des BAG nur ein, wenn bei einer karitativen Tätigkeit der Dienst an leidenden Menschen direkt erbracht wird.[42]

26 Ein Unternehmen verfolgt **erzieherische Bestimmungen,** wenn durch planmäßige und methodische Unterweisung in einer Mehrzahl allgemeinbildender oder berufsbildender Fächer die Persönlichkeit des Menschen geformt werden soll.[43] Dazu gehören etwa Privatschulen[44] und Kindertagesstätten.[45]

27 Zur Beurteilung der unmittelbaren und überwiegenden **wissenschaftlichen Bestimmung** eines Betriebs greift das BAG auf den vom Bundesverfassungsgericht entwickelten weiten Wissenschaftsbegriff zurück.[46] Zur Wissenschaft gehört alles, was nach Inhalt und Form als ernsthafter planmäßiger Versuch zur Ermittlung der Wahrheit anzusehen ist.[47] Zu den Betrieben mit wissenschaftlicher Bestimmung gehören bspw. private Hochschulen,[48] Forschungseinrichtungen[49] und wissenschaftliche Museen.[50]

28 Ob ein **Mischunternehmen** überwiegend tendenzgeschützten Bestimmungen dient, richtet sich danach, in welchem Umfang das Unternehmen seine personellen und sonstigen Mittel zur Verwirklichung seiner tendenzgeschützten und seiner anderen Ziele einsetzt. Bei personalintensiven Unternehmen ist in erster Linie auf den Personaleinsatz abzustellen und zu prüfen, ob mehr als die Hälfte der Gesamtarbeitszeit des Personals zur Tendenzverwirklichung eingesetzt wird. Dabei kommt es nicht allein auf die Arbeitszeit der eigentlichen Tendenzträger an, sondern auf die Arbeitszeit aller Arbeitnehmer, die an der Tendenzverwirklichung mitwirken.[51]

29 Liegt ein Tendenzunternehmen bzw. -betrieb vor, ist kein Wirtschaftsausschuss zu bilden und bei Betriebsveränderungen muss kein Interessenausgleich mit dem Betriebsrat ausgehandelt werden, sondern lediglich ein Sozialplan (§ 118 Abs. 1 S. 2 BetrVG). Zudem sind die **Mitwirkungsrechte des Betriebsrats** insoweit **eingeschränkt,** als die Eigenart des Tendenzunternehmens bzw. -betriebs dem entgegensteht (§ 118 Abs. 1 S. 1 aE BetrVG). Bei personellen Einzelmaßnahmen setzt dies jedoch voraus, dass ein sog. **Tendenzträger** von einer tendenzbezogenen Maßnahme betroffen ist.[52] Tendenzträger ist ein Beschäftigter dann, wenn die Bestimmungen und Zwecke des Tendenzunternehmens bzw. -betriebs für seine Tätigkeit prägend sind.[53] Dies setzt voraus, dass der Beschäftigte die Möglichkeit einer inhaltlich prägenden Einflussnahme auf die Tendenzverwirklichung hat. Dazu gehören zB die Pflegedienstleitung einer Altenhilfeeinrichtung[54] oder der Psychologe eines Berufsför-

---

[39] BAG 8.11.1988 – 1 ABR 17/87, NZA 1989, 429; BAG 12.11.2002 – 1 ABR 60/01, BAGE 103, 329; BAG 15.3.2006 – 7 ABR 24/05, NZA 2006, 1422.
[40] BAG 7.4.1981 – 1 ABR 83/78, BeckRS 1981, 1990.
[41] BAG 24.5.1995 – 7 ABR 48/94, BeckRS 9998, 22883.
[42] BVerfG 30.4.2015 – 1 BvR 2274/12, BeckRS 2015, 46971; BAG 31.1.1995 – 1 ABR 35/94, NZA 1995, 1059; BAG 14.9.2010 – 1 ABR 29/09, NZA 2011, 225.
[43] BAG 21.6.1989 – 7 ABR 58/87, NZA 1990, 402; BAG 13.1.1987 – 1 ABR 49/85, AP BetrVG 1972 § 118 Nr. 33.
[44] BAG 13.1.1987 – 1 ABR 49/85, AP BetrVG 1972 § 118 Nr. 33.
[45] LAG Sachsen 13.7.2007 – 3 TaBV 35/06, BeckRS 2009, 57413.
[46] BAG 20.11.1990 – 1 ABR 87/89, NZA 1991, 513.
[47] BVerfG 29.5.1973 – 1 BvR 424/71, BVerfGE 35, 79.
[48] Düwell/*Lakies* BetrVG § 118 Rn. 27; Richardi BetrVG/*Forst* BetrVG § 118 Rn. 83.
[49] BAG 13.2.1990 – 1 ABR 13/89, NZA 1990, 575.
[50] *Grambow* ZStV 2013, 161 (163).
[51] BAG 21.6.1989 – 7 ABR 58/87, NZA 1990, 402; BAG 15.3.2006 – 7 ABR 24/05, NZA 2006, 1422.
[52] Vgl. hierzu *Grambow* ZStV 2013, 161 (165 ff.).
[53] BAG 8.11.1988 – 1 ABR 17/87, NZA 1989, 429; BAG 12.11.2002 – 1 ABR 60/01, BAGE 103, 329.
[54] LAG Hamm 10.8.2007 – 13 TaBV 26/07, BeckRS 2007, 49043.

derungswerks für behinderte Menschen.[55] Tendenzträger ist dagegen nicht schon jeder, der bei der Verfolgung einer Tendenz mitwirkt.[56] So ist eine Erzieherin einer Kita dann keine Tendenzträgerin, wenn sie bei tendenzbezogenen Tätigkeitsinhalten im Wesentlichen nicht frei über die Aufgabenerledigung entscheiden kann, sondern Weisungen zu folgen hat.[57] Aus diesem Grund ist auch ein Schulassistent für behinderte oder von Behinderung bedrohte Schüler kein Tendenzträger.[58]

D. Sozialversicherungsrecht

Arbeitnehmer und Auszubildende sind idR sozialversicherungspflichtig. Die Frage, ob eine Versicherungspflicht vorliegt, ist für die Kranken-, Pflege-, Renten- und Arbeitslosenversicherung grundsätzlich getrennt zu beurteilen.[59] Da Verstöße gegen die rechtzeitige Meldung und Entrichtung der Sozialversicherungsbeiträge als Ordnungswidrigkeit (§ 111 SGB IV) oder Straftat (§ 266a StGB) geahndet werden können, kommt der zutreffenden Beurteilung der Sozialversicherungspflicht bzw. -freiheit eine wichtige Bedeutung zu. Zudem kann der Arbeitgeber, wenn Sozialversicherungsbeiträge wegen einer unzutreffenden Beurteilung nachgezahlt werden müssen, nur innerhalb kurzer Fristen anteilig vom Arbeitnehmer diese zu viel gezahlte Vergütung zurückfordern (§ 28g S. 3 SGB IV).

I. Grundsätze

Voraussetzung für die Versicherungspflicht ist das Vorliegen einer **Beschäftigung,** also einer nichtselbstständigen Arbeit, insb. in einem Arbeitsverhältnis (§ 7 Abs. 1 S. SGB IV). Der Umstand, dass eine Person kein Arbeitnehmer iSd Arbeitsrechts ist (zB der Vorstand), führt aber nicht dazu, dass diese automatisch auch nicht sozialversicherungspflichtig beschäftigt ist.[60] Anhaltspunkte für eine Beschäftigung sind eine Tätigkeit nach Weisungen oder eine Eingliederung in die Arbeitsorganisation des Weisungsgebers (§ 7 Abs. 1 S. 2 SGB IV). Nach der ständigen Rechtsprechung des BSG setzt eine **abhängige Beschäftigung** voraus, dass der Arbeitnehmer vom Arbeitgeber persönlich abhängig ist.[61] Bei einer Beschäftigung in einem fremden Betrieb ist dies der Fall, wenn der Beschäftigte in den Betrieb eingegliedert ist und dabei einem Zeit, Dauer, Ort und Art der Ausführung umfassenden Weisungsrecht des Arbeitgebers unterliegt. Diese Weisungsgebundenheit kann bei sog. Diensten höherer Art eingeschränkt sein, sodass in diesen Fällen der Eingliederung in den Betrieb entscheidende Bedeutung zukommt.[62] Kennzeichnend für die persönliche Abhängigkeit Beschäftigter ist ebenfalls, dass Beschäftigte ihre Arbeitsleistung auf der Grundlage eines gegenseitigen Vertrages oder Rechtsverhältnisses (insb. eines Arbeitsverhältnisses) erbringen, um als Gegenleistung dafür eine Entlohnung zu erhalten.[63]

---

[55] BAG 8.11.1988 – 1 ABR 17/87, NZA 1989, 429.
[56] BAG 12.11.2002 – 1 ABR 60/01, BAGE 103, 329.
[57] LAG Mecklenburg-Vorpommern 12.2.2020 – 3 TaBV 7/19, ArbR Aktuell 2020, 238.
[58] BAG 14.5.2013 – 1 ABR 10/12, NZA 2014, 336.
[59] § 5 SGB V (Krankenversicherung), § 20 SGB XI (Pflegeversicherung), § 1 SGB VI (Rentenversicherung), §§ 24, 25 SGB III (Arbeitslosenversicherung).
[60] BSG 23.2.2021 – B 12 R 15/19 R, BeckRS 2021, 9458 Rn. 15; BSG 19.6.2001 – B 12 KR 44/00, DStR 2001, 1768. Zur Sozialversicherungspflicht für Mitglieder des Geschäftsführungsgremiums siehe → Rn. 34 f.
[61] BSG 23.2.2021 – B 12 R 15/19 R, BeckRS 2021, 9458; BSG 30.10.2013 – B 12 KR 17/11 R, BeckRS 2014, 66942.
[62] LSG Baden-Württemberg 21.1.2020 – L 11 BA 1596/19, ZStV 2020, 241; LSG Baden-Württemberg 25.6.2020 – L 7 BA 1208/18, NZS 2020, 916; *Sittard/Mehrtens* NZA-RR 2019, 457.
[63] BSG 16.8.2017 – B 12 KR 14/16 R, DStR 2018, 144.

32 Demgegenüber ist eine selbstständige Tätigkeit durch das eigene Unternehmerrisiko, das Vorhandensein einer eigenen Betriebsstätte, die Verfügungsmöglichkeit über die eigene Arbeitskraft und die im Wesentlichen frei gestaltbare Tätigkeit und Arbeitszeit gekennzeichnet. Die **Abgrenzung** von selbstständiger und nichtselbstständiger Beschäftigung hängt vom Gesamtbild der Tätigkeit ab, und welche Merkmale überwiegen.[64] Für die Abgrenzung werden zahlreiche **Indizien** herangezogen, wie zB die Vereinbarung einer festen Vergütung, Entgeltfortzahlung im Krankheitsfall und Urlaub sowie der Ausschluss des Unternehmerrisikos.[65] Die Zuordnung einer Tätigkeit nach deren Gesamtbild zum rechtlichen Typus der Beschäftigung oder selbstständigen Tätigkeit setzt voraus, dass alle nach Lage des Einzelfalls als Indizien in Betracht kommenden Umstände festgestellt, in ihrer Tragweite zutreffend erkannt und gewichtet, in die **Gesamtschau** mit diesem Gewicht eingestellt und nachvollziehbar, dh den Gesetzen der Logik entsprechend und widerspruchsfrei gegeneinander abgewogen werden.[66]

33 Besondere Bedeutung kommt der Abgrenzung in der Praxis beim Einsatz **freier Mitarbeiter** zu. Auf die Bezeichnung des Arbeitsverhältnisses, etwa als Dienstvertrag oder Vertrag über freie Mitarbeit, kommt es dabei nicht an. Der objektive Geschäftsinhalt ist den ausdrücklich getroffenen Vereinbarungen und der praktischen Durchführung des Vertrags zu entnehmen. Widersprechen sich Vereinbarung und tatsächliche Durchführung, ist letztere maßgebend.[67]

II. Vorstände und Geschäftsführer

34 Sofern Vorstände und Geschäftsführer einen Dienst- oder Anstellungsvertrag mit dem **Verein** oder der **Stiftung** abgeschlossen haben und eine Vergütung erhalten, liegt idR ein sozialversicherungspflichtiges Beschäftigungsverhältnis vor.[68] Dies gilt jedenfalls dann, wenn in einem mehrgliedrigen Gremium das einzelne Mitglied überstimmt werden kann[69] oder das Geschäftsführungsgremium für bestimmte Geschäfte der Zustimmung eines weiteren Gremiums, bspw. des Kuratoriums, bedarf.[70] Diesbezüglich ist in den letzten Jahren eine Verschärfung der Rechtsprechung zu beobachten. Der Geschäftsführer einer **gGmbH** ist ebenfalls idR abhängig und damit sozialversicherungspflichtig beschäftigt.[71]

35 Wird der Vorstand oder Geschäftsführer **ehrenamtlich** und ohne Dienst- oder Anstellungsvertrag tätig, kann ggf. die Versicherungspflicht verneint werden.[72] Dies gilt insb. dann, wenn die Person vornehmlich repräsentative Aufgaben hat. Allerdings führt die Ehrenamt-

---

[64] BSG 14.3.2018 – B 12 KR 13/17 R, NJW 2018, 2662; BSG 16.8.2017 – B 12 KR 14/16 R, DStR 2018, 144; BSG 31.3.2017 – B 12 R 7/15 R, NZS 2017, 664; BSG 30.4.2013 – B 12 KR 19/11 R, BeckRS 2014, 66942.
[65] LSG Berlin-Brandenburg – 25.10.2013 – L 1 KR 477/12, BeckRS 2013, 73970.
[66] BSG 4.6.2019 – B 12 R 11/18 R, BeckRS 2017, 151101; BSG 23.5.2017 – B 12 KR 9/16 R, NZS 2017, 780.
[67] BAG 17.4.2013 – 10 AZR 272/12, NZA 2013, 903.
[68] BSG 23.2.2021 – B 12 R 15/19 R, BeckRS 2021, 9458; BSG 19.6.2001 – B 12 KR 44/00, DStR 2001, 1768; LSG Baden-Württemberg 21.1.2020 – L 11 BA 1596/19, ZStV 2020, 241; LSG Berlin-Brandenburg – 25.10.2013 – L 1 KR 477/12, BeckRS 2013, 73970; LSG NRW 27.2.2019 – L 8 R 398/17, NZS 2019, 839; LSG Sachsen 15.10.2015 – L 1 KR 92/10, NZS 2016, 110; *Kempermann* ArbRAktuell 2016, 446; *Küstermann* npoR 2011, 37; *Plagemann/Plagemann/Hesse* NJW 2015, 439; *Ritter* SB 2020, 215.
[69] LSG NRW 27.2.2019 – L 8 R 398/17, NZS 2019, 839.
[70] BSG 23.2.2021 – B 12 R 15/19 R, BeckRS 2021, 9458; LSG Berlin-Brandenburg – 25.10.2013 – L 1 KR 477/12, BeckRS 2013, 73970; LSG Sachsen 15.10.2015 – L 1 KR 92/10, NZS 2016, 110.
[71] BSG 23.2.2021 – B 12 R 18/18 R, BeckRS 2021, 11802; BSG 14.3.2018 – B 12 KR 13/17 R, NJW 2018, 2662; *Schlegel* NZA 2021, 310. Anders idR nur bei Gesellschafter-Geschäftsführern, wenn diese mindestens 50 % der Anteile am Stammkapital der GmbH halten oder ihnen nach dem Gesellschaftsvertrag eine echte/qualifizierte Sperrminorität eingeräumt ist.
[72] BSG 16.8.2017 – B 12 KR 14/16, DStR 2018, 144, zum ehrenamtlich tätigen Kreishandwerksmeister, der selbst keine Geschäftsführungsaufgaben wahrnimmt; LSG Baden-Württemberg 21.1.2020 – L 11 BA 1596/19, ZStV 2020, 241. Siehe auch → Rn. 36.

lichkeit nicht automatisch zum Entfall der Versicherungspflicht. Im Zweifel ist die Durchführung eines Statusfeststellungsverfahrens bei der Deutschen Rentenversicherung Bund zu empfehlen, über das der sozialversicherungspflichtige Status des Vorstands- bzw. Geschäftsführungsmitglieds verbindlich geklärt werden kann (§ 7a SGB IV).

III. Ehrenamtliche Mitarbeiter

Durch eine ehrenamtliche Tätigkeit wird idR **kein sozialversicherungspflichtiges** 36
Beschäftigungsverhältnis begründet, da die ehrenamtliche Tätigkeit durch ihre ideellen Zwecke und Unentgeltlichkeit geprägt ist und nicht durch persönliche Abhängigkeit, wie sie für die abhängige Beschäftigung typisch ist.[73] Sorgfältig zu prüfen ist, ob es sich tatsächlich um eine ehrenamtliche Tätigkeit ohne Erwerbsabsicht handelt, oder ob ggf. ein **verdecktes Entgelt** vorliegt.[74]

Nach der für die gesamte Sozialversicherung gültigen gesetzlichen Definition zählen als 37
Arbeitsentgelt „alle laufenden oder einmaligen Einnahmen aus einer Beschäftigung, gleichgültig, ob ein Rechtsanspruch auf die Einnahmen besteht, unter welcher Bezeichnung oder in welcher Form sie geleistet werden und ob sie unmittelbar aus der Beschäftigung oder im Zusammenhang mit ihr erzielt werden" (§ 14 Abs. 1 S. 1 SGB IV). Steuerfreie Aufwandsentschädigungen aus inländischen öffentlichen Kassen (§ 3 Nr. 12 EStG) und die steuerfreien sog. Ehrenamts- und Übungsleiterpauschalen (§ 3 Nr. 26 und Nr. 26a EStG) stellen kein Arbeitsentgelt dar (§ 1 S. 1 Nr. 16 SvEv). Der reine Auslagenersatz (zB für entstandene Reisekosten) stellt grundsätzlich ebenfalls kein Entgelt dar. Problematisch können in diesem Zusammenhang pauschalierte Zahlungen sein, bei denen immer sorgfältig zu prüfen ist, ob durch sie entstandene Kosten (zB Fahrtkostenpauschale) abgegolten werden sollen oder ob, ggf. partiell, eine (verdeckte) Vergütung vorliegt. Entscheidend ist, dass die Tätigkeit nicht der Erzielung von Erwerbseinkommen wegen verrichtet wird.[75]

Ehrenamtlich Tätige können, wenn wegen der ehrenamtlichen Tätigkeit in ihrem 38
Hauptberuf eine Gehaltskürzung erfolgt, für Zwecke der **Rentenversicherung** auf Antrag bei ihrem Arbeitgeber den Betrag zwischen dem tatsächlich bezogenen Arbeitsentgelt und dem Arbeitsentgelt, das ohne die ehrenamtliche Tätigkeit erzielt worden wäre (Unterschiedsbetrag), als beitragspflichtiges Arbeitsentgelt behandeln lassen (§ 163 Abs. 3 SGB VI).

Außerdem besteht für ehrenamtliche Mitarbeiter – die im **Gesundheitswesen** oder in 39
der **Wohlfahrtspflege** tätig sind – **Unfallversicherungsschutz,** ohne dass hierfür ein Beitrag an den Unfallversicherungsträger geleistet werden muss (§ 2 Abs. 1 Nr. 9 SGB VII). Zuständiger Unfallversicherungsträger ist die Berufsgenossenschaft für Gesundheitsdienst und Wohlfahrtspflege (BGW).

---

[73] BSG 16.8.2017 – B 12 KR 14/16, DStR 2018, 144.
[74] BSG 23.2.2021 – B 12 R 15/19 R, BeckRS 2021, 9458.
[75] BSG 23.2.2021 – B 12 R 15/19 R, BeckRS 2021, 9458; BSG 16.8.2017 – B 12 KR 14/16, DStR 2018, 144.

§ 9 Rechnungslegung

Übersicht

	Rn.
A. Arten der Rechnungslegung	6
B. Gesetzliche und außergesetzliche Vorgaben	10
I. Vereinsrecht	13
II. Landesstiftungsgesetze	16
1. Buchführungspflicht	17
2. Rechnungslegung	18
3. Vermögensübersicht	19
4. Tätigkeitsbericht	20
5. Abschlussprüfung	21
III. Handelsrecht	22
1. Pflicht zur Buchführung und Rechnungslegung	22
2. Bestandteile der Rechnungslegung und inhaltliche Ausgestaltung	25
3. Besonderheiten bei gemeinnützigen Körperschaften	31
IV. Stellungnahmen des IDW	32
1. Stiftungen	33
2. Vereine	39
3. Spenden sammelnde Organisationen	41
V. Allgemeine steuerrechtliche Rechnungslegungspflichten	43
VI. Gemeinnützigkeitsrecht	46
1. Tätigkeitsbericht	49
2. Aufstellung der Einnahmen und Ausgaben	50
3. Vermögensübersicht	51
4. Mittelverwendungsrechnung	52
5. Deklaration: KSt 1 mit Anlage Gem	53
VII. Sonstige gesetzliche und freiwillige Vorgaben	56
C. Konzernrechnungslegung	62
I. Einzelrechnungslegung innerhalb des Konzerns	63
II. Gesonderter Konzernabschluss	65
1. Handelsrechtliche Aufstellungspflicht	66
2. Pflicht zur Aufstellung nach PublG	69
III. Gruppenabschluss	74
D. Rechnungslegungspublizität	75
I. Abschlussprüfung	77
II. Offenlegung	80

Die Rechnungslegung erfüllt im Allgemeinen mehrere Funktionen. Auch gibt es nicht 1 nur ein Rechnungslegungswerk, sondern es führen diverse Rechnungslegungsstandards oder gesetzliche Vorgaben zu unterschiedlichen Jahresabschlüssen. Intern dienen das Rechnungswesen bzw. die **Buchführung** als Informationsgrundlage für die Geschäftsführung und der Rechenschaft gegenüber dem Aufsichtsorgan. Die periodische Abrechnung (insb. der **Jahresabschluss**) ist eine primär „nach außen" gerichtete Rechnungslegung. Sie ermöglicht die Information der Gesellschafter (Shareholder) und interessierter Dritter (Stakeholder), zB etwaiger Kreditgeber. Daneben dient sie Aufsichts- und Finanzbehörden unter anderem zur Ermittlung der Bemessungsgrundlage iRd Ertragsbesteuerung. Für gemeinnützige Körperschaften soll im Wege der Rechnungslegung zudem Rechenschaft über die zweckentsprechende Tätigkeit abgelegt werden, um die Gewährung des steuerbegünstigten

§ 9 Rechnungslegung

Status zu rechtfertigen. Zugleich dient die Rechnungslegung der Erfüllung zunehmender **Transparenzerwartungen** der Öffentlichkeit, insb. gegenüber Spenden sammelnden Organisationen. Daher ist die freiwillige, also über die gesetzlichen Anforderungen hinausgehende, Bilanzierung auch bei mittelgroßen Vereinen und Stiftungen weit verbreitet. Kapitalgesellschaften, wie gemeinnützige GmbHs, müssen einen Jahresabschluss nach HGB erstellen.

2 Neben die prinzipiell rechtsformspezifischen und damit regelmäßig zivilrechtlichen Vorgaben treten **gemeinnützigkeitsspezifische** und allgemeine **steuerrechtliche Rechenschaftsanforderungen,** weil die zivilrechtlichen Darstellungsarten den besonderen Anforderungen nicht gerecht werden, die der Gesetzgeber im Gegenzug zu den gewährten steuerlichen Privilegien von Gemeinnützigen einfordert (insb. Ausschließlichkeit, Pflicht zur zeitnahen Mittelverwendung). Zudem ist Zweck der Rechnungslegung bei gemeinnützigen Unternehmen nicht die Ermittlung eines ausschüttungsfähigen Gewinns, denn es soll und – an nicht gemeinnützige Gesellschafter – darf nicht ausgeschüttet werden. Vielmehr sollte die Darstellung den rechtsformspezifischen und gemeinnützigkeitskonformen Besonderheiten (Stiftung, Spenden sammelnde Vereine) gerecht werden.

3 Aus diesen Ausführungen wird bereits ersichtlich, dass diesem Kapitel ein **weites Begriffsverständnis** der Rechnungslegung zugrunde liegt. Sowohl das laufende (betriebliche) Rechnungswesen als auch die periodischen Jahres(ab)rechnungen und steuerrechtlich erforderlichen (Neben-) Rechnungen werden hiervon erfasst, ebenso wie ergänzende Formen der nicht zahlengebundenen Rechenschaftslegung, die insb. das Zivil-, aber auch das Gemeinnützigkeitsrecht den juristischen Personen bzw. ihren Organen auferlegen.

4 Grundsätzlich kann der Begriff der Rechnungslegung auch die in die Zukunft gerichtete **Planungsrechnung** und sonstige strukturierten Planungsprozesse umfassen. Bei größeren Unternehmen und Konzernen sind im Rahmen der internen Rechnungslegung auch unterjährige Reportings zur Information der Geschäftsführung und der Organe üblich (insb. Quartalsberichte). Diese können insb. einen vorläufigen Abgleich der vorherigen Planungsrechnung mit den tatsächlichen Ergebnissen bieten.[1]

5 Der eigentlichen Rechnungslegung nachgelagert ist die Frage der **Publizität,** also ob und inwieweit die erstellten Unterlagen etwa durch einen Wirtschaftsprüfer geprüft bzw. diese (ggf. nebst Prüfungsergebnissen) veröffentlicht werden. Auch hierzu kann eine gesetzliche Pflicht bestehen.[2]

A. Arten der Rechnungslegung

6 Das Gesetz kennt verschiedene Arten der Rechnungslegung, die spezifische Vor- und Nachteile in Bezug auf den damit verbundenen Aufwand und die darstellbare (insb. zeitbezogene) Detailtreue bieten. Sofern keine spezifischen gesetzlichen Vorgaben bestehen, stehen Körperschaften grundsätzlich sämtliche Formen der Rechnungslegung zur Verfügung. Diesen ist grundsätzlich gemein, dass sie einen **zahlenbezogenen („quantitativen") und vergangenheitsbezogenen Blickwinkel** haben. Die gesetzlichen Vorgaben kennen in Ergänzung dazu auch qualitative und zukunftsbezogene Formen der Rechenschaftslegung (zB im Rahmen des Lageberichts[3]).

7 Die schlichteste anerkannte Form der Rechnungslegung ist die **Einnahmen-/Ausgaben-Rechnung,** üblicherweise ergänzt mit einer Vermögensübersicht. Hierbei werden in chronologischer Abfolge alle Veränderungen des Geldvermögens auf Finanzmittelkonten (zB Bankkonto oder Kasse) als Zu- und Abflüsse erfasst (sog. **Staffelform**). Übersteigen die Einnahmen im Laufe des Betrachtungszeitraums nach dieser einfachen Buchführung die Ausga-

---

[1] Siehe dazu umfassend → § 4 Rn. 6 ff. und → § 9 Rn. 39 ff.
[2] Dazu genauer unter → Rn. 75 ff. sowie überblicksartig *Lorenz* Ubg 2020, 279.
[3] Siehe dazu §§ 289 ff. HGB sowie genauer unter → Rn. 29 f.

ben, ergibt sich ein Gewinn. Weil diese Form der Darstellung nur das Geldvermögen erfassen kann, werden typischerweise in einer separaten Auflistung die Bestandteile des Sachvermögens erfasst und bewertet. Im Steuerrecht findet diese Form der Rechnungslegung ihre Entsprechung in der sog. **Einnahmenüberschussrechnung** gem. § 4 Abs. 3 EStG. Auch die kameralistische Buchführung der öffentlichen Hand – also ein Soll-/Ist-Vergleich vor dem Hintergrund des Haushaltsplans – ist ein Unterfall der einfachen Buchführung. Für gemeinnützige Unternehmen oder Konzerne wird dies regelmäßig nicht in Betracht kommen, da dadurch kein vollständiges Bild von der Vermögens- und Ertragslage vermittelt werden kann.

Der kaufmännische (dh handelsrechtliche) **Jahresabschluss** ist demgegenüber die bessere Form der Rechnungslegung. Er basiert auf der Technik der doppelten Buchführung (sog. **Doppik**), nach der jeder Buchungsvorgang auf mindestens zwei Sachkonten eine wertgleiche Buchung nach sich zieht. Er setzt sich grundsätzlich zusammen aus einer **Bilanz,** also einem Vermögensvergleich der Vermögensgegenstände (Aktiva) und deren Finanzierung (Passiva), sowie aus einer **Gewinn- und Verlustrechnung** (GuV), also der kategorisierten Auflistung der Aufwendungen und Erträge. Letztere beziehen sich dabei in Abgrenzung zur Einnahmen-/Ausgaben-Rechnung auf das Reinvermögen, bilden folglich auch solche Wertveränderungen ab, die bei der bloßen Erfassung von Zahlungsströmen gar nicht oder erst in einem anderen Zeitraum erfasst würden (zB Abschreibungen auf langfristig genutzte Wirtschaftsgüter oder Rückstellungen für unsichere Verbindlichkeiten). 8

Eine Zwischenform ist die sog. Jahresrechnung mit Vermögens- und Ergebnisrechnung, die ebenfalls auf der doppelten Buchführung basiert. Ungenauigkeiten können sich dadurch ergeben, dass hierbei die handelsrechtlichen Bewertungsvorschriften nicht – bzw. nicht konsequent – angewandt werden. 9

B. Gesetzliche und außergesetzliche Vorgaben

Es gibt keine spezifisch gemeinnützige Vorgabe an eine bestimmte Form der Buchhaltung und der Rechnungslegung. Auch die Finanzverwaltung macht dafür keine Vorgaben, da die Verhältnisse bei den gemeinnützigen Körperschaften viel zu unterschiedlich sind.[4] Die Anforderungen ergeben sich daher im Wesentlichen aus dem **Gesellschafts- und Handelsrecht** bzw. aus dem sonstigen **Zivilrecht.** Dies führt zu erheblichen rechtsformspezifischen Abweichungen in den Anforderungen, die im Folgenden dargestellt werden. 10

Die gelebte Praxis der Rechnungslegung in gemeinnützigen Unternehmen und Konzernen ist allerdings nur in Teilen von den nachfolgend dargestellten gesetzlichen Vorgaben geprägt. Zwar ist es für die Verantwortlichen wichtig, sich die bestehenden Pflichten zu verdeutlichen und diesen zu entsprechen. In der Realität sind aber regelmäßig sowohl für die interne als auch die externe Informationsbeschaffung unterschiedliche Formen der Rechnungslegung sachgerecht, die über die gesetzlichen Pflichten hinausgehen. Die Entscheidung darüber obliegt der Geschäftsführung und dem Aufsichtsgremium, je nach Vorgabe in der Satzung. Wesentlich sind die Umstände des Einzelfalls. 11

Für eine **freiwillige Rechnungslegung** gelten die Ausführungen je nach Umfang der Auferlegung entsprechend. Eine solche freiwillige Rechnungslegung kann insb. in der jeweiligen Satzung angeordnet worden sein. Da die gesetzlichen Vorgaben teilweise dispositiv sind, sind die nachfolgenden Ausführungen immer vor dem Hintergrund der individuellen Satzungsbestimmungen zu lesen. 12

---

[4] Zu den (allgemeinen) steuerrechtlichen Anforderungen an die Rechnungslegung siehe sogleich unter → Rn. 43 ff.

I. Vereinsrecht

13 Das bürgerlich-rechtliche Vereinsrecht erlegt dem Vorstand die Pflicht zur **Rechenschaft gegenüber der Mitgliederversammlung** durch einen Verweis in das Auftragsrecht auf (§§ 27 Abs. 3 S. 1, 666 iVm §§ 259 ff. BGB). Damit bezweckt die gesetzlich vorgegebene Form der Rechnungslegung primär eine **interne** Rechenschaft des Geschäftsführungsorgans gegenüber seinem Aufsichtsorgan.

14 Die **auftragsrechtliche Auskunfts- und Rechenschaftspflicht** beinhaltet nach allgemeinem Verständnis sowohl eine (insb. laufende) Auskunftserteilung über den Gang der übertragenen Geschäfte, als auch die abschließende Rechenschaftslegung nach den allgemeinen schuldrechtlichen Vorschriften (§§ 259 f. BGB). Nach überwiegender Auffassung[5] versteht das BGB unter der Pflicht, Rechenschaft abzulegen, schlicht die Rechnungslegung, es wird nicht zwischen beiden Begriffen differenziert (vgl. §§ 259, 666, 1840 Abs. 2 BGB). Hierzu verpflichtet das BGB den Vorstand, seinem Aufsichtsorgan „eine die geordnete Zusammenstellung der Einnahmen oder der Ausgaben enthaltende Rechnung mitzuteilen und, soweit Belege erteilt zu werden pflegen, Belege vorzulegen" (§ 259 Abs. 1 BGB).

15 Auch wenn die Informationen nicht ungeordnet, sondern in aufbereiteter und damit in sich verständlicher Form vorgelegt werden müssen, muss der mit der Aufbereitung verbundene Aufwand in Relation zum Informationsbedürfnis des Adressaten zumutbar sein. Die Rechtsprechung lässt daher eine **„zweckmäßige und übersichtliche Aufgliederung"** ausreichen, ohne darüber hinausgehende verallgemeinerbare Vorgaben zu machen.[6] Hinzu kommt nach § 260 Abs. 1 BGB die Pflicht, dem Berechtigten in vergleichbarer Form ein **„Verzeichnis des Bestands"** des betreuten Vermögens vorzulegen. Ausdrückliche Vorgaben zum Zeitpunkt der Rechenschaftslegung kennt das Gesetz nicht, aus den Umständen (insb. der Satzung) kann sich aber eine Pflicht zur periodischen Ablegung ergeben.[7] Damit wird jedenfalls eine den üblichen Ansprüchen entsprechende Einnahmen-/Ausgaben-Rechnung mit Vermögensübersicht diesen Anforderungen genügen. Es sind aber je nach Größe und Ausgabeverhalten eines Vereins auch Darstellungsformen denkbar, die einfacher ausgestaltet sind. Vereine, die wie die gemeinnützigen Unternehmen und Konzerne einen Gewerbebetrieb unterhalten (wenn auch ggf. steuerbefreit als Zweckbetrieb), werden regelmäßig zur kaufmännischen Buchführung verpflichtet sein.

II. Landesstiftungsgesetze

16 Auch wenn das Vereinsrecht grundsätzlich für die rechtsfähige Stiftung bürgerlichen Rechts entsprechend gilt (§ 86 S. 1 BGB), werden deren Rechenschaftspflichten maßgeblich durch die strengeren aufsichtsrechtlich begründeten Anforderungen der insofern vorrangigen Landesstiftungsgesetze geprägt. Durch die besondere Schutzbedürftigkeit der mitgliedslosen und rechtstatsächlich regelmäßig gemeinnützigen Stiftung und ihrer Satzungszwecke besteht für die **Stiftungsaufsicht** die hoheitliche Pflicht zur Überwachung der Tätigkeiten der Stiftung. Dies ist nur mit einer ausreichenden Informationsgrundlage möglich, deren Bereitstellung den beaufsichtigten Stiftungen auferlegt wird. Die Regelungstiefe der Dokumentations- und Rechenschaftspflichten variiert von Bundesland zu Bundesland, es lassen sich aber die nachfolgenden übereinstimmenden Grundzüge ausmachen.

---

[5] Palandt/*Grüneberg* BGB § 259 Rn. 3; Richter StiftungsR-Hdb/*Spiegel* § 19 Rn. 43 ff.
[6] So BGH 23.11.1981 – VIII ZR 298/80, NJW 1982, 573, Rn. 11; vgl. auch BGH 29.1.1985 – X ZR 54/83, BGHZ 93, 327, Rn. 20.
[7] IDW RS HFA 14 Rn. 7 bezeichnet die Pflicht zur periodischen Rechenschaftslegung als herrschende Lehre.

B. Gesetzliche und außergesetzliche Vorgaben

1. Buchführungspflicht

Einige Stiftungsgesetze kennen eine ausdrückliche Buchführungspflicht, in den übrigen Ländern ergibt sich diese zumindest mittelbar aus der Pflicht zur Aufstellung eines Rechnungsabschlusses. Die Art der Buchführung wird dabei regelmäßig nicht vorgegeben. Allerdings bestimmen einige Landesstiftungsgesetze eine Pflicht zur (Rechnungsführung nach den Grundsätzen der) ordnungsgemäßen bzw. ordnungsmäßigen Buchführung. Die Mehrzahl der Stiftungsgesetze verlangt zudem, dass das Stiftungsvermögen von anderem Vermögen getrennt zu erfassen ist.[8] Die Abgrenzung muss im Rahmen der (stiftungseinheitlichen) Buchführung und der zugehörigen Rechnungslegung abgebildet werden.

17

2. Rechnungslegung

Auch bei der Rechnungslegung von Stiftungen unterscheiden sich die begrifflichen Vorgaben. Regelmäßig wird für jedes abgeschlossene (Geschäfts-)Jahr die zeitnahe Einreichung eines Rechnungsabschlusses oder sog. Jahresberichts verlangt, jeweils bestehend aus einer **Jahres(ab)rechnung,** einer **Vermögensübersicht** und einem Bericht über die **Erfüllung des Stiftungszwecks.** Nach herrschender Auffassung[9] decken sich diese Begriffe gezielt nicht mit den handels- bzw. allgemein zivilrechtlichen Formen der Rechnungslegung, sondern sind als Oberbegriff zu verstehen. Es kann jede verbreitete (schriftliche) Form gewählt werden, die geeignet ist, die positiven und negativen „Strömungsgrößen"[10] des Abrechnungszeitraums abzubilden und dabei den stiftungsrechtlichen Besonderheiten Rechnung zu tragen.[11] Insbesondere eine Pflicht zur Aufstellung eines kaufmännischen Jahresabschlusses – und damit zur doppelten Buchführung – besteht grundsätzlich nicht, auch eine Einnahmen-/Ausgaben-Rechnung mit Vermögensübersicht kann den Anforderungen an die Rechnungslegung entsprechen – jeweils ergänzt um einen Bericht über die Erfüllung des Stiftungszwecks. Auch ein kaufmännischer Jahresabschluss muss allerdings – insb. bei der Darstellung des Eigenkapitals – an die stiftungsrechtlichen Besonderheiten angepasst und ggf. um Darstellungselemente erweitert werden, um den stiftungsspezifischen Informationserfordernissen zu genügen.[12] In der Praxis werden im Regelfall größere Stiftungen bilanzieren.

18

3. Vermögensübersicht

Die Vermögensübersicht weist den Bestand des Stiftungsvermögens am Stichtag aus (regelmäßig dem Schluss des Geschäftsjahres). Dazu werden alle Vermögensgegenstände und Schulden gegenübergestellt, um das Reinvermögen bzw. Eigenkapital zu ermitteln. In der Regel werden hierbei die handelsrechtlichen Regeln zur Aufstellung eines Inventars (§§ 240, 241 HGB) entsprechend herangezogen. Eine genaue Vorgabe zur Gliederung der Vermögensübersicht enthalten die Vorschriften über die Handelsbücher nicht.[13] Um den Anforderungen der Stiftungsaufsicht zu entsprechen, genügt eine Beschränkung auf die handelsrechtlichen Vorgaben indes nicht. Zur Darlegung einer Erfüllung der stiftungsrechtlich gebotenen Vermögenserhaltung ist es erforderlich, bei gegenständlicher Vermögenserhaltung die zu erhaltenden Vermögensgegenstände gesondert auszuweisen. Im Fall der wertmäßigen Vermögenserhaltung sollte die Vermögensübersicht einen **überjährigen**

19

---

[8] Unklar ist, ob damit lediglich das zu erhaltende (Grundstock-)Vermögen inkl. entsprechender Zustiftungen oder das gesamte Vermögen der Stiftung gemeint ist.
[9] Werner/Saenger/Fischer Stiftung/*Sandberg* § 16 Rn. 45; Wallenhorst/Halaczinsky Besteuerung/*F. Wallenhorst* Kap. B Rn. 11.
[10] Dh Einzahlungen/Auszahlungen, Einnahmen/Ausgaben oder Ertrag/Aufwand; Begriff bei Richter StiftungsR-HdB/*Spiegel* § 19 Rn. 184.
[11] Eine Ausnahme hiervon stellt die Berliner Stiftungsaufsicht dar, die prinzipiell eine Einnahmen-/Ausgaben-Rechnung unter Verwendung einer gesonderten Vorlage vorsieht (sog. „Berliner Muster"), vgl. § 8 Abs. 1 Nr. 2 S. 2 StiftG Bln.
[12] Siehe dazu genauer unter → Rn. 33 ff.
[13] Zu den diesbezüglichen Empfehlungen des IDW siehe IDW RS HFA 5 Tz. 88.

Soll-/Ist-Vergleich beinhalten, je nach Art der Werterhaltung (nominal oder real) ggf. unter Berücksichtigung inflationsbedingter Wertminderungen.[14] Bei bilanzierenden Stiftungen sind diese Darstellungen typischerweise als **Nebenrechnung** in den Jahresabschluss integriert.[15]

4. Tätigkeitsbericht

20 Auch Inhalt und Form des Berichts über die Erfüllung der Stiftungszwecke (oft kurz „Tätigkeitsbericht" genannt) sind nicht gesetzlich vorgegeben. Da er dem Zweck dient, über die Art und Weise der Zweckverwirklichung in Übereinstimmung mit den Vorgaben der Satzung zu berichten, richtet sich der Inhalt maßgeblich danach, ob und inwieweit die Stiftung **fördernd oder operativ** tätig wird. Die Darstellung sollte demnach einen umfassenden Überblick bieten unter anderem über die zweckgerichteten Projekte und Maßnahmen, die Leistungsempfänger und außergewöhnliche vermögensrelevante Vorkommnisse. Insbesondere bei operativ tätigen Stiftungen liegt der Zweck des Tätigkeitsberichts darin, die aus der Jahresabrechnung und Vermögensübersicht bereits in ausreichendem Umfang ersichtlichen Zahlen „mit Leben zu füllen" und einen nachvollziehbaren Bezug zur satzungsentsprechenden Zweckverwirklichung darzutun. Dabei kann es sinnvoll sein, nach abgeschlossenen und laufenden (ggf. geplanten) **Tätigkeiten/Projekten** zu unterscheiden. Auch die **Organaktivitäten** (zB personelle Neuerungen, Tagungshäufigkeit, zukunftsgerichtete Beschlüsse) sowie Beziehungen zum Stifter und zu den einzelnen Organmitgliedern können in den Tätigkeitsbericht einfließen. Einige Stiftungen nutzen die Gelegenheit dieser Dokumentationspflicht, um den Tätigkeitsbericht zu einer öffentlichkeitswirksamen und gestalterisch aufbereiteten Chronik bzw. Eigendarstellung aufzuwerten **(„Jahresbericht"),** deren Adressatenkreis über die Stiftungsaufsicht hinausgeht.

5. Abschlussprüfung

21 Viele Landesgesetze sehen die Möglichkeit vor, den Rechnungsabschluss/Jahresbericht durch einen Abschlussprüfer[16] prüfen zu lassen.[17] Dies kann entweder von der Stiftungsaufsicht (auf Kosten der Stiftung) angeordnet, als Vorgabe des Stifters in der Satzung geregelt oder von deren Organen beschlossen werden. Eine inhaltliche Prüfung durch die Stiftungsaufsicht entfällt dann insoweit. In einigen Ländern genügt in diesen Fällen schon die Einreichung des Prüfberichts bei der Aufsicht den an die Stiftung gestellten Informationspflichten.

III. Handelsrecht

1. Pflicht zur Buchführung und Rechnungslegung

22 Nach § 238 Abs. 1 S. 1 HGB ist jeder Kaufmann verpflichtet, „Bücher zu führen und in diesen seine Handelsgeschäfte und die Lage seines Vermögens nach den Grundsätzen ordnungsmäßiger Buchführung ersichtlich zu machen." Daneben hat er gem. § 242 HGB für den Schluss eines jeden Geschäftsjahrs einen **Jahresabschluss** aufzustellen, bestehend aus Bilanz sowie Gewinn- und Verlustrechnung (GuV). Auf gemeinnützige Kapitalgesellschaften sind die handelsrechtlichen Vorschriften für Kaufleute gem. § 6 Abs. 1 HGB schon aufgrund ihrer Rechtsform als Handelsgesellschaft uneingeschränkt anzuwenden (sog. **Formkaufleute**). Für Kapitalgesellschaften sieht das HGB zudem erweiterte Pflichten im

---

[14] Zur Empfehlung der ausdifferenzierten Darstellung des Eigenkapitals siehe unter → Rn. 34, 36.
[15] Vgl. *Hoppe/Wunderlich* SB 2020, 183.
[16] ZB Behörde der öffentlichen Verwaltung, Prüfungsverband, vereidigter Buchprüfer, öffentlich bestellter Wirtschaftsprüfer oder anerkannte WP-Gesellschaft.
[17] Eingehender zur Rechnungslegungspublizität siehe unter → Rn. 75 ff.

Rahmen des Jahresabschlusses vor (§§ 264 ff. HGB). Gleiches gilt für Konzerne (§§ 290 ff. HGB).[18]

Für sonstige Rechtsformen, insb. (gemeinnützige) Vereine und Stiftungen gelten diese Pflichten, wenn sie als **Kaufleute gem. §§ 1 ff. HGB** einzuordnen sind.[19] Dies ist vor allem der Fall, wenn und soweit sie ein **Handelsgewerbe** betreiben, also einen Gewerbebetrieb, der nach Art oder Umfang einen in kaufmännischer Weise eingerichteten Geschäftsbetrieb erfordert.[20] Unterhält die gemeinnützige Körperschaft einen wirtschaftlichen Geschäftsbetrieb von einer gewissen Größe, werden diese Voraussetzungen in aller Regel erfüllt sein und zwar prinzipiell ungeachtet einer etwaigen Zweckbetriebsprivilegierung. Maßgeblich sind insb. die Schwellenwerte in § 241a S. 1 HGB, also die nachhaltige Überschreitung von jährlichen Umsatzerlösen iHv 600 000 EUR und eines Jahresüberschusses von 60 000 EUR. Ob zur Annahme eines Gewerbebetriebs mit der herkömmlichen herrschenden Auffassung eine **Gewinnerzielungsabsicht** erforderlich ist, wird zwar von den ganz überwiegenden Stimmen im handelsrechtlichen Schrifttum inzwischen angezweifelt.[21] Bei gemeinnützigen Unternehmen dürfen steuerpflichtige wirtschaftliche Geschäftsbetriebe allerdings grundsätzlich allein zum Zweck der Mittelbeschaffung unterhalten werden, sodass bei diesen eine Absicht zur Gewinnerzielung ohnehin vorliegen dürfte.[22] 23

Die handelsrechtliche Rechnungslegungspflicht beschränkt sich zwar prinzipiell auf den unternehmerischen Bereich.[23] Die Rechnungslegung für den originär ideellen und vermögensverwaltenden Bereich kann also nach gesonderten Maßstäben erfolgen. Regelmäßig dürfte sich aber schon aus handelsrechtlicher Perspektive aus Praktikabilitätsgründen eine **einheitliche Rechnungslegung** nach kaufmännischen Maßstäben anbieten.[24] 24

2. Bestandteile der Rechnungslegung und inhaltliche Ausgestaltung

Der notwendige Inhalt einer **Bilanz** und deren Gliederung ergeben sich aus dem Gesetz, wobei der geforderte Darstellungsumfang und die Gliederungstiefe sich nach der Rechtsform und Größe der Körperschaft richten.[25] Wichtigste Eigenart der Bilanz ist die Gegenüberstellung von Aktiva und Passiva in nach inhaltlichen Aspekten untergliederter Kontenform. Nach der Minimalanforderung sind zumindest Anlage- und Umlaufvermögen, Eigenkapital, Schulden und Rechnungsabgrenzungsposten gesondert auszuweisen und „hinreichend aufzugliedern" (§ 247 Abs. 1 HGB). Bei freiwilliger kaufmännischer Rechnungslegung ist es auch für Vereine und Stiftungen üblich, sich an den umfangreicheren Vorgaben für mittelgroße und große Kapitalgesellschaften zu orientieren, zumindest aber an der den eigenen Verhältnissen entsprechenden Größenklasse einer Kapitalgesellschaft. 25

Die Gliederung der zwingend in Staffelform aufzustellenden **Gewinn- und Verlustrechnung** ergibt sich nur für Kapitalgesellschaften ausdrücklich und verpflichtend aus dem Gesetz (§ 275 HGB). Vereine und Stiftungen sind daher grundsätzlich in der Ausgestaltung einer GuV frei, müssen sich aber an den allgemeinen Grundsätzen orientieren. Für Kapitalgesellschaften richten sich der genaue Inhalt und die Gliederung nach dem Gesetzeswortlaut danach, ob das sog. Gesamtkostenverfahren oder das sog. Umsatzkostenverfahren zur 26

---

[18] Zur Konzernrechnungslegung gesondert unter → Rn. 62 ff.
[19] Vgl. AEAO zu § 63 AO Nr. 1 S. 3.
[20] Vgl. § 1 Abs. 2 HGB. Dasselbe gilt ungeachtet der Art und des Umfangs des Gewerbebetriebs bei freiwilliger Eintragung gem. § 2 Abs. 1 HGB.
[21] Vgl. nur Baumbach/Hopt/*Hopt* HGB § 1 Rn. 15–18 mwN.
[22] Zur Unerheblichkeit der Gewinnerzielungsabsicht im Kontext der Definition als wirtschaftlicher Geschäftsbetrieb siehe aber § 14 S. 2 AO.
[23] Auch wenn dem bislang von Behördenseite allenfalls punktuell nachgegangen wird, ergibt sich aus einer Bejahung eines Handelsgewerbes für Vereine und Stiftungen prinzipiell die Pflicht zur Eintragung der gesamten juristischen Person in das Handelsregister gem. § 33 Abs. 1 HGB (vgl. OLG Frankfurt 24.1.2017 – 20 W 290/14, npoR 2017, 250, Rn. 38; OLG Köln 24.5.2016 – I-2 Wx 78/16, npoR 2017, 152, Rn. 20). Vgl. dazu bereits → § 1 Rn. 14–16.
[24] So auch die Empfehlung in IDW RS HFA 5 Tz. 22.
[25] Vgl. §§ 247, 266 HGB; zu den maßgebenden sog. Größenklassen vgl. § 267 HGB.

§ 9 Rechnungslegung

Anwendung kommt.[26] Auch für gemeinnützige Körperschaften besteht nach inzwischen herrschender Auffassung diese Wahlmöglichkeit, wobei insb. für Spenden sammelnde Körperschaften die Anwendung des Umsatzkostenverfahrens erhebliche Unterschiede in der Darstellung gegenüber dem Gesamtkostenverfahren ergibt.[27] Bei gemeinnützigen Körperschaften kann die GuV zudem zweckmäßigerweise bereits nach den **vier Sphären**[28] gegliedert werden, bzw. sich eine solche Darstellung zumindest in Ergänzung an die gewöhnliche GuV anschließen.

27 Weitere notwendige Bestandteile des Jahresabschlusses sieht das HGB für **Kapitalgesellschaften** vor (§§ 264ff. HGB). Diese Vorgaben dienen dem primär gläubigerschützenden Maßstab des *true and fair view*, sollen also unter Beachtung der Grundsätze ordnungsmäßiger Buchführung ein den tatsächlichen Verhältnissen entsprechendes Bild der Vermögens-, Finanz- und Ertragslage vermitteln. Daraus folgen strengere Vorgaben an die Bewertung von Vermögensgegenständen im Rahmen der Bilanz und an die Gliederung der GuV. Der Jahresabschluss wird um einen Anhang mit Erläuterungen und Ergänzungen erweitert und es besteht grundsätzlich die Pflicht zur Aufstellung eines sog. Lageberichts.[29]

28 Der sog. **Anhang (§§ 284–288 HGB)** bezweckt die Erläuterung der Bilanz und der GuV. Daher muss dieser – im Aufbau der jeweiligen Gliederung entsprechend – Angaben enthalten, die in methodischer oder tatsächlicher Hinsicht eine Erklärung für die Darstellung in Bilanz oder GuV geben. Außerdem soll der Anhang eine Übersicht über die Entwicklung der einzelnen Posten des Anlagevermögens beinhalten.[30] In § 285 HGB findet sich eine umfangreiche Liste unterschiedlicher sonstiger Pflichtangaben, die im Rahmen des Anhangs berücksichtigt werden sollen.

29 Der **Lagebericht (§§ 289ff. HGB)** soll den Geschäftsverlauf einschließlich des Geschäftsergebnisses und die Lage der Kapitalgesellschaft so darstellen, dass ein den tatsächlichen Verhältnissen entsprechendes Bild vermittelt wird. Seinen informativen Mehrwert zieht der Lagebericht insb. aus seinen nichtfinanziellen Erklärungen und zukunftsorientierten Bestandteilen. Der geforderte Inhalt ist sehr dezidiert in den §§ 289ff. HGB dargestellt. So ist etwa auf Vorgänge von besonderer Bedeutung einzugehen, die nach dem Abschlussstichtag eingetreten sind, ebenso wie auf die voraussichtliche Geschäftsentwicklung mit den wesentlichen Chancen und Risiken sowie auf die gegenwärtigen und zukünftigen Tätigkeitsschwerpunkte (§ 289 Abs. 1 HGB). Auch für den Anhang und den Lagebericht bestehen größenabhängige Erleichterungen für kleine und mittelgroße Kapitalgesellschaften.[31]

30 Bei freiwillig nach den Maßstäben für große Kapitalgesellschaften rechnungslegenden Stiftungen kann der Lagebericht so ausgestaltet werden, dass er den stiftungsrechtlich geforderten Bericht über die Erfüllung der Stiftungszwecke ersetzt bzw. umfasst.[32] Die hauptsächlichen Unterschiede zwischen beiden Berichten bestehen in der partiellen Zukunftsorientierung des Lageberichts. Solche prospektiven Elemente sind im stiftungsrechtlichen Tätigkeitsbericht zulässig, aber nicht erforderlich. Der Tätigkeitsbericht unterscheidet sich zudem von der gesetzlichen Grundform eines Lageberichts dadurch, dass er spezifisch die Zusammenhänge zwischen den einzelnen Ausgaben und den darin bzw. dadurch verfolgten satzungsmäßigen Zwecken beleuchten muss.

---

[26] Auch bei der GuV bestehen im Übrigen größenabhängige Erleichterungen in der Darstellung, für Kleinkapitalgesellschaften besteht sogar die Möglichkeit einer einheitlichen und verkürzten Gliederung: vgl. §§ 275 Abs. 5, 276 HGB.
[27] Siehe dazu genauer IDW RS HFA 21 Tz. 14–16.
[28] Ausführlich dazu → § 2 Rn. 50ff.
[29] Diese Vorgaben gelten nur in eingeschränktem Umfang für kleine (§ 267 Abs. 1 HGB) und Kleinstkapitalgesellschaften (§ 267a HGB). So hat eine kleine Kapitalgesellschaft gem. § 264 Abs. 1 S. 4 HGB keinen Lagebericht zu erstellen, Kleinstkapitalgesellschaften können ggf. einen vollumfänglichen Anhang durch wenige Angaben im Anschluss an die Bilanz ersetzen (§ 264 Abs. 1 S. 5 HGB).
[30] Vgl. § 284 Abs. 3 HGB.
[31] §§ 264 Abs. 1 Sätze 4 und 5, 288 HGB.
[32] Zu den stiftungsrechtlichen Anforderungen siehe → Rn. 20.

3. Besonderheiten bei gemeinnützigen Körperschaften

Bei gemeinnützigen Körperschaften ergibt sich gegenüber den allgemeinen Grundsätzen des kaufmännischen Jahresabschlusses insb. für die typischen Einnahmen und Ausgaben Anpassungsbedarf in der Darstellung, weil diese Vorgänge der auf Gewinnermittlung ausgelegten Rechnungslegung des HGB fremd sind. Dies betrifft insb. Zuwendungen (Spenden, Mitgliedsbeiträge), Sponsorenleistungen sowie die zweckentsprechenden Ausgaben. Gleiches gilt für die Eigenarten einer Stiftung, insb. die Abbildung der unterschiedlichen Bestandteile des Stiftungsvermögens. Dies kann nur in Teilen im Rahmen der gesetzlich vorgegebenen Gliederung erfolgen, regelmäßig bedarf es der **Änderung oder Ergänzung** von Gliederungs- oder Postenbezeichnungen.[33] Relevante Informationen können als „Davon-Positionen" oder erst im Rahmen des Anhangs dargestellt bzw. ausdifferenziert werden, bspw. die Bildung einzelner Rücklagen nach § 62 AO. Im Rahmen ihres jeweiligen Anwendungsbereichs kann man sich dabei an den im Folgenden dargestellten Stellungnahmen des IDW orientieren, wobei diese keinen spezifisch gemeinnützigen Blickwinkel einnehmen. 31

IV. Stellungnahmen des IDW

Die Lücke, die sich zwischen Vereins- und Stiftungsrecht und den handelsrechtlichen Bestimmungen zur Rechnungslegung der Handelsgesellschaften ihrer Funktion nach für die Rechnungslegung von Vereinen und Stiftungen ergibt, wird durch die Verlautbarungen des Instituts der Wirtschaftsprüfer in Deutschland (IDW) gefüllt. Diese sind zwar **keine Rechtsvorschriften,** sondern richten sich an den Berufsstand der Wirtschaftsprüfer, um die allgemeine Berufsauffassung zu Fragen der Rechnungslegung darzutun. Weil aber ein Abweichen von diesen Empfehlungen regelmäßig für ein Verschulden in Haftungsfragen als Wirtschaftsprüfer maßgeblich ist, weist die Stellungnahme in faktischer Hinsicht eine **erhebliche Bedeutung** auf. Dies gilt nicht nur für die Wirtschaftsprüfer selbst, etwa im Fall der Prüfung eines Jahresabschlusses, sondern kann sich faktisch – in Ermangelung anderer objektiver Maßstäbe – auch auf die Organe von Vereinen und Stiftungen sowie die Stiftungsaufsicht auswirken. Der Empfehlungscharakter lässt aber inhaltlich hinreichenden Spielraum, um im Einzelfall aus sachlichen Gründen von diesen abzuweichen. Für Vereine und Stiftungen, aber auch andere Spenden sammelnde Organisationen, hat das IDW bislang drei eigenständige Stellungnahmen veröffentlicht. 32

1. Stiftungen

Die IDW Stellungnahme zur **„Rechnungslegung von Stiftungen" (IDW RS HFA 5)**[34] bezieht sich allein auf rechtsfähige Stiftungen bürgerlichen Rechts und gilt somit unabhängig davon, ob die Stiftung als steuerbegünstigt eingestuft ist. Eine Jahresabrechnung in Form der Einnahmen-/Ausgaben-Rechnung (mit Vermögensübersicht) soll hiernach nur in leicht zu überschauenden Verhältnissen ausreichen (Tz. 32). In allen anderen Fällen wird auch nicht gewerblich tätigen Stiftungen die Aufstellung eines kaufmännischen Jahresabschlusses nach den qualifizierten Anforderungen an Kapitalgesellschaften (§§ 264 ff. HGB) empfohlen (Tz. 33, 40). 33

Die wohl wichtigste rechtsformspezifische Anforderung gegenüber der Bilanz einer Kapitalgesellschaft stellt die sachgerechte **Darstellung des Stiftungsvermögens** und seiner Erhaltung dar. Das IDW empfiehlt hierzu den Ausweis des Stiftungsvermögens auf der Passivseite als Bestandteil des Eigenkapitals (vgl. Tz. 55 ff.): 34

---

[33] Die Zulässigkeit von bzw. Pflicht zu Änderungen richtet sich insb. nach § 265 Abs. 5 und Abs. 6 HGB.
[34] IDW-FN 1/2014, 61 (Stand: 6.12.2013). Vgl. auch den zugehörigen Prüfstandard IDW PS 740.

A. Eigenkapital
  I. Stiftungskapital
    1. Errichtungskapital
    2. Zustiftungskapital
  II. Rücklagen
    1. Kapitalrücklage
    2. Ergebnisrücklagen
  III. Umschichtungsergebnisse
  IV. Ergebnisvortrag

35 Daran zeigt sich bereits, dass den klassischen stiftungsrechtlichen Begrifflichkeiten bei der Bilanzierung kaum eine Bedeutung zukommt. Teile des Grundstockvermögens können zB auch als Umschichtungsergebnis ausgewiesen sein (Tz. 66). Auch gemeinnützigkeitsrechtliche „Rücklagen" (insb. nach § 62 AO) spielen bei der bilanziellen Darstellung des Eigenkapitals gemeinnütziger Stiftungen keine Rolle und sind grundsätzlich gesondert darzustellen (Tz. 67).[35] Bei der Dotation des Zustiftungskapitals kann im Einzelfall eine Abgrenzung der Zuwendung zur Spende schwierig sein, die als Teil der Kapitalrücklage auszuweisen ist (Tz. 61, 63).

36 Für den Nachweis der **Kapitalerhaltung** (Tz. 58–60) bedeutet dies, dass nur im Fall der nominalen Kapitalerhaltung das zu erhaltende Kapital dem ausgewiesenen Stiftungskapital entspricht. Bei der realen Kapitalerhaltung muss das zu erhaltende Kapital hingegen durch eine Indexierung des Stiftungskapitals ermittelt werden, um insb. die inflationsbedingte Wertminderung abzubilden. Die Einhaltung der Kapitalerhaltung wird durch eine Gegenüberstellung mit dem der Stiftung dauerhaft zur Verfügung stehenden Kapital überprüft, wobei allerdings stille Reserven und Lasten zu berücksichtigen sind (Tz. 58).[36] Dies muss regelmäßig im Anhang bzw. in einer als Anlage angefügten Nebenrechnung dargestellt werden.

37 Die weiteren Vorgaben des Rechnungslegungsstandards umfassen im Wesentlichen:
- Aufbau und Inhalt des Jahresabschlusses und Lageberichts (Tz. 38–42), Gliederung der Bilanz und GuV (Tz. 47–54)
- Alternativ: Einnahmen-/Ausgaben-Rechnung und Vermögensübersicht (Tz. 75–93)
- Bewertungsgrundsätze[37] (Tz. 44–46)
- Ergebnisverwendung (Tz. 68 f.) und Bilanzierung satzungsgemäßer Leistungszusagen (Tz. 70–72)
- Mindestinhalt eines Berichts über die Erfüllung des Stiftungszwecks (Tz. 94)

38 Auch wenn damit eine hilfreiche Handreichung für die – regelmäßig freiwillige – Aufstellung von Jahresabschlüssen von Stiftungen vorliegt, sind die Ausführungen des IDW im Einzelnen von der Literatur zu Recht kritisiert worden.[38] Insbesondere tragen diese kaum der Realität Rechnung, da bis auf wenige Ausnahmen die rechtsfähigen Stiftungen bürgerlichen Rechts in Deutschland **steuerbegünstigte Zwecke** verfolgen. Die vom IDW präferierte Darstellung weicht aber nur marginal von der Darstellung einer primär gewerblichen Tätigkeit ab.[39] Insbesondere für die Vermögenserhaltung und die zweckentsprechende Vermögensverwendung sind die gewählten Darstellungsformen daher ergänzungsbedürftig.

2. Vereine

39 Die IDW Stellungnahme zur „**Rechnungslegung von Vereinen**" (IDW RS HFA 14)[40] bezieht sich auf eingetragene Vereine (unabhängig von ihrer steuerlichen Qualifizie-

---

[35] Kritisch dazu *Hüttemann* DB 2013, 1561 (1569 f.), weil dies einer sachgerechten Einheitsrechnung entgegensteht.
[36] Genauer zur Ermittlung der Kapitalerhaltung im Rahmen der Rechnungslegung *Hoppe/Wunderlich* SB 2020, 183.
[37] Insb. Wertminderung von Finanzanlagen im Jahresabschluss; beizulegender Wert für unentgeltlich (Zustiftung, Sachspende) erworbene aktivierungspflichtige Vermögensgegenstände.
[38] Vgl. den Überblick bei Richter StiftungsR-HdB/*Spiegel* § 19 Rn. 103 f.
[39] Vgl. statt aller nur *Hüttemann* DB 2013, 1561.
[40] IDW-FN 1/2014, 75 (Stand: 6.12.2013), vgl. auch den zugehörigen Prüfstandard IDW PS 750.

rung als steuerbegünstigt), soll aber entsprechend auch für nichtrechtsfähige und sog. Alt-Vereine gelten.[41] Für den Umfang der heranzuziehenden handelsrechtlichen Anforderungen soll – wie schon bei der Stiftung – eine Orientierung an vergleichbar großen Kapitalgesellschaften erfolgen (§§ 264ff., 267 HGB).[42] Im Übrigen entsprechen die Vorgaben weitestgehend den entsprechenden Vorgaben an die Rechnungslegung von Stiftungen, sofern sich bei diesen nicht spezielle Anforderungen stellen (insb. Eigenkapital, Kapitalerhaltung). Beim Verein soll das Eigenkapital in der Bilanz daher wie folgt gegliedert werden (Tz. 35):
A. Eigenkapital
   I. Vereinskapital
   II. Rücklagen
   III. Ergebnisvortrag

Da dies bei Vereinen auch nach Auffassung des IDW relevanter ist, sind die Ausführungen **40** zu Aufbau und Inhalt der Einnahmen-/Ausgaben-Rechnung und Vermögensübersicht detaillierter als im Rahmen der Stiftung (Tz. 41–62). Als Alternative wird die Verwendung einer Einnahmenüberschussrechnung in Anlehnung an § 4 Abs. 3 EStG eröffnet (Tz. 45a).[43]

3. Spenden sammelnde Organisationen

Die IDW Stellungnahme zur Rechnungslegung: **„Besonderheiten der Rechnungsle- 41 gung Spenden sammelnder Organisationen" (IDW RS HFA 21)**[44] gilt rechtsformunabhängig für Körperschaften, die „ganz oder teilweise darauf ausgerichtet [sind], Geldmittel, Sachmittel, Arbeitsleistungen oder Dienstleistungen als freigebige Zuwendungen […] entgegenzunehmen und für bestimmte Förderzwecke einzusetzen" (Tz. 1).[45] Die Zuwendungen umfassen neben den namensgebenden Spenden auch Schenkungen, Erbschaften oder Vermächtnisse. Die Ausführungen bauen für Stiftungen und Vereine auf den beiden vorgenannten Stellungnahmen auf und gelten sowohl für bilanzierende Organisationen als auch für solche, die eine Einnahmen-/Ausgaben-Rechnung mit Vermögensrechnung („Jahresrechnung") aufstellen (Tz. 7, 56–58). Die inhaltlichen Vorgaben an die Rechnungslegung tragen der Tatsache Rechnung, dass bei Spenden sammelnden Organisationen abweichend von den für die kaufmännische Rechnungslegung maßgeblichen Unternehmen nicht die Gewinnerzielung, sondern die Verwendung der Spenden zur Erfüllung satzungsmäßiger Zwecke im Vordergrund steht. Die sofortige Ertragsrealisierung der Spenden im Zeitpunkt der Vereinnahmung soll daher nach Auffassung des IDW nicht sachgerecht sein. Spenden sollen daher zunächst erfolgsneutral in einem passiven Sonderposten erfasst werden, für die Realisierung maßgeblich soll dann die satzungsmäßige Verwendung der Spenden sein (Tz. 17).[46] Die weiteren Ausführungen umfassen die Besonderheiten der Behandlung von Sachspenden (Tz. 26–31), Arbeits- und Dienstleistungen (Tz. 32), Spendenwerbung und -sammlung (Tz. 35–41) und sonstige Finanzierungsquellen (Tz. 42–46). Neben der Berücksichtigung von Besonderheiten bei (Bilanz-)Anhang und Lagebericht (Tz. 47–52) rät das IDW größeren Organisationen mit einer Vielzahl geförderter Projekte zur Erstellung einer gesonderten Projektberichterstattung (Tz. 53–55). Diese soll insb. eine genauere Information über die (Verwaltungs-)Kostenstruktur der Organisation ermöglichen.[47]

---

[41] Zu diesen siehe → § 1 Rn. 125.
[42] Vgl. Tz. 27. Anstelle des Größenkriteriums der Umsatzerlöse soll allerdings auf die Gesamterträge (Umsatzerlöse, Beiträge, Spenden) abgestellt werden.
[43] Diese Möglichkeit sieht IDW RS HFA 5 auch für Stiftungen vor (Tz. 79).
[44] IDW-FN 5/2010, 201 (Stand: 11.3.2010).
[45] Auch hier muss es sich nicht zwingend um gemeinnützige Körperschaften handeln, weil auch politische Parteien Spenden sammeln können.
[46] Diese tiefgreifende Änderung gegenüber den Grundprinzipien der Rechnungslegung ist in der Literatur ganz überwiegend auf Ablehnung und Kritik gestoßen. Vgl. nur Richter StiftungsR-HdB/*Spiegel* § 19 Rn. 117 mwN.
[47] Das IDW legt eine Orientierung an der diesbezüglichen Darstellung durch den Deutschen Spendenrat oder das Deutsche Zentralinstitut für soziale Fragen (DZI) nahe (Tz. 54 Fn. 23).

§ 9 Rechnungslegung

42 Typischerweise sind alle gemeinnützigen Organisationen nicht auf die Erzielung von Gewinnen, sondern auf die Mittelverwendung für die jeweiligen gemeinnützigen Projekte ausgerichtet. Die Modifikationen der Rechnungslegung oder die Ergänzung durch eine Projektberichterstattung kann sich daher auch für andere Organisationen anbieten.

V. Allgemeine steuerrechtliche Rechnungslegungspflichten

43 In den §§ 140 ff. AO werden die den Steuerpflichtigen für Zwecke des Besteuerungsverfahrens treffenden **Buchführungs- und Aufzeichnungspflichten** geregelt.[48] Allgemeine Vorgaben an die Beschaffenheit und den Umfang dieser Dokumentationspflichten finden sich in den §§ 145, 146 AO. Grundsätzlich knüpft das Steuerverfahrensrecht in § 140 AO an die nach den bereits dargestellten sonstigen Vorgaben bestehenden Pflichten an (sog. abgeleitete Buchführungs- und Aufzeichnungspflichten, vgl. → Rn. 3 ff.), die folglich entsprechend für steuerliche Zwecke gelten. Dies gilt auch für eine lediglich freiwillige Bilanzierung, wie sie bei vielen größeren Vereinen üblich ist. Nach den Konkretisierungen in der EStDV ist damit in Fällen gesetzlicher oder freiwilliger doppelter Buchführung und Bilanzierung der Steuererklärung grundsätzlich eine Steuerbilanz hinzuzufügen (vgl. § 60 Abs. 2 S. 2 EStDV), deren Methodik von der Handelsbilanz im Einzelnen abweicht.

44 Die AO kennt aber auch sog. **originäre Buchführungspflichten** (§ 141 AO), ua für gewerbliche Unternehmer (also ggf. auch wirtschaftliche Geschäftsbetriebe steuerbegünstigter Körperschaften) mit einem Umsatz von mehr als 600 000 EUR oder einem Gewinn von mehr als 60 000 EUR pro Jahr (sog. Schwellenwerte).[49] Diese haben ihren Gewinn für Zwecke der Besteuerung also auch dann durch Bilanz und GuV zu ermitteln, wenn sie nach §§ 242 ff. HGB nicht dazu verpflichtet sind. Maßgebend ist hierfür die Mitteilung einer entsprechenden Pflicht durch das Finanzamt (§ 141 Abs. 2 AO).

45 In der Rechnungslegung gegenüber der Finanzverwaltung ist darauf zu achten, dass auch für gemeinnützige bilanzierende Körperschaften – selbst bei freiwilliger Bilanzierung – grundsätzlich gem. § 5b EStG eine Pflicht zur Übermittlung der Bilanz und GuV nach amtlich vorgeschriebenem Datensatz durch Fernübertragung (sog. **E-Bilanz**) besteht. Aufgrund der lediglich partiellen Steuerpflicht im Bereich der wirtschaftlichen Geschäftsbetriebe beschränkt sich die Pflicht grundsätzlich auf diesen Teilbereich. Unterhält eine Körperschaft keinen steuerpflichtigen wirtschaftlichen Geschäftsbetrieb, weil dieser etwa unterhalb der Freigrenze in § 64 Abs. 3 AO bleibt, oder weil ausschließlich Zweckbetriebe vorliegen und deren Umfang sich in den Grenzen des § 141 AO hält, besteht keine Pflicht zur Einreichung einer E-Bilanz.[50]

VI. Gemeinnützigkeitsrecht

46 Aus dem steuerbegünstigten Status selbst folgen für gemeinnützige Körperschaften ebenfalls **besondere Aufzeichnungspflichten,** um den Nachweis der materiellen Satzungsmäßigkeit erbringen zu können (§ 63 Abs. 3 AO – dh eine den Anforderungen entsprechende tatsächliche Geschäftsführung gem. § 63 Abs. 1 AO). Die Feststellungslast der Körperschaft erstreckt sich insb. auf die ordnungsgemäße satzungsmäßige Mittelverwendung.[51] Die Aufzeichnungs- und Nachweispflichten erhöhen sich bei einer Zweckverwirk-

---

[48] Zur Anwendbarkeit auf steuerbegünstigte Körperschaften vgl. AEAO zu § 63 AO Nr. 1 S. 2; BLSB Gemeinnützigkeit/*Leichinger* S. 271 ff.
[49] Bei steuerbegünstigten Körperschaften beziehen sich die Schwellenwerte auch auf die Gesamtheit der wirtschaftlichen Betätigung (sog. einheitlicher wirtschaftlicher Geschäftsbetrieb gem. § 64 Abs. 2 AO).
[50] Zu den Einzelheiten für steuerbegünstigte Körperschaften siehe BMF 19.12.2013, DStR 2014, 100; vgl. auch Wallenhorst/Halaczinsky Besteuerung/*F. Wallenhorst* Kap. B Rn. 178 ff.
[51] Vgl. AEAO zu § 63 Nr. 1; zu den Anforderungen an die tatsächliche Geschäftsführung und deren Kontrolle siehe bereits → § 1 Rn. 102 ff.

lichung im Ausland (§ 90 Abs. 2 AO). Anders als die Pflichten aus §§ 140, 141 AO beschränken sich diese Anforderungen nicht auf die erwerbswirtschaftliche Tätigkeit (insb. Gewinnermittlung), sondern dienen prinzipiell dem Nachweis aller gemeinnützigen Anforderungen. Daher sind auch die „Geschäftsvorgänge" des ideellen Bereichs entsprechend aufzubereiten. Dies umfasst neben gesonderter quantitativer Rechnungslegung (zB Mittelverwendungsrechnung) auch qualitative Formen der Rechenschaftslegung (zB Tätigkeitsbericht oder Erläuterung der Projektrücklagen).

Aufgrund der abgeleiteten Buchführungspflicht kann die Darlegung der Erfüllung der gemeinnützigen Vorgaben grundsätzlich im Rahmen der zivil- bzw. stiftungsrechtlich geforderten Formen der Rechnungslegung erfolgen. Auch aus Sicht des Gemeinnützigkeitsrechts gibt es keine Pflicht zur Bilanzierung bzw. doppelten Buchführung.[52] Es reichen streng genommen sogar **schlichte Dokumentationsformen** wie Schriftverkehr, Protokolle, Projektunterlagen und interne Vermerke zum Nachweis aus, insb. die Anfertigung von Geschäfts- oder Tätigkeitsberichten ist nicht zwingend erforderlich.[53] Bei der quantitativen Rechnungslegung finden sich zwei Ansätze, zwischen denen die steuerbegünstigte Körperschaft im Regelfall frei wählen kann. Die erforderlichen Informationen können entweder im Zuge einer sog. **Einheitsrechnungslegung** in die nach zivil- oder handelsrechtlicher Pflicht bestehende Form eingebunden werden oder dieser als separate Nebenrechnung angefügt werden. Aufgrund der gemeinnützigen Vermögensbindung ist die Rechnungslegung auf das gesamte Vermögen der Körperschaft zu erstrecken. Eine Beschränkung auf die genuin wirtschaftliche, dh partiell steuerpflichtige, Tätigkeit bzw. die Zweckbetriebe kennt das Gesetz nicht, anders als bei jPöR und ihren BgA. 47

Diese abstrakte Nachweispflicht konkretisiert sich nach Vorstellung der **Finanzverwaltung** auf die Beibringung ordnungsmäßiger Aufzeichnungen, insb. eine Aufstellung der Einnahmen und Ausgaben, einen Tätigkeitsbericht sowie eine Vermögensübersicht mit Nachweisen über die Bildung und Entwicklung der Rücklagen.[54] 48

1. Tätigkeitsbericht

Der von den Finanzämtern teilweise geforderte Tätigkeitsbericht soll der Finanzverwaltung insb. eine inhaltliche Einschätzung ermöglichen, ob die durchgeführten oder geförderten Maßnahmen einer Verfolgung der Satzungszwecke entsprechen. Es soll daher ein primär qualitativer Überblick über das abgelaufene Jahr gegeben werden. Die Nennung konkreter Fördersummen und Beträge kann im Einzelfall die Darstellung aufwerten, wichtiger ist jedoch eine Erklärung, wie die einzelne Maßnahme mit der **Verfolgung der Satzungszwecke** in Verbindung steht. Im Wesentlichen kann daher auf die Ausführungen zum stiftungsrechtlichen Bericht über die Erfüllung der Stiftungszwecke verwiesen werden, der den gemeinnützigen Anforderungen regelmäßig entsprechen dürfte.[55] Gemeinnützige Stiftungen müssen für das Finanzamt und die Stiftungsaufsicht nicht zwei unterschiedliche Tätigkeitsberichte erstellen. 49

2. Aufstellung der Einnahmen und Ausgaben

Für die Aufstellung der Einnahmen und Ausgaben bestehen im Gemeinnützigkeitsrecht grundsätzlich keine spezifischen Anforderungen. Jedenfalls die aufgrund der zivilrechtlichen Vorgaben erstellte Auflistung (dh regelmäßig Einnahmen-/Ausgabenrechnung oder GuV) wird dieser Anforderung in aller Regel gerecht. Auch eine Einnahmenüber- 50

---

[52] BFH 17.8.1954 – I 119/52 U, BStBl. III 1954, 324, Rn. 32.
[53] BFH 23.7.2003 – I R 29/02, BStBl. II 2003, 930, Rn. 19.
[54] Vgl. AEAO zu § 63 AO Nr. 1 S. 1. Zusätzliche Aufzeichnungs- und Nachweispflichten können sich etwa im Bereich der Mildtätigkeit (§ 53 AO), der Mittelweiterleitung (§ 58 Nr. 1 und Nr. 2 AO) oder der spendenrechtlichen Zuwendungsbestätigung (§ 50 EStDV) ergeben.
[55] Siehe → Rn. 20.

schussrechnung in Anlehnung an § 4 Abs. 3 EStG ist prinzipiell eine geeignete Darstellungsform.[56] Es gilt jedoch keine Maßgeblichkeit der übrigen Rechnungslegungspflichten für die gemeinnützig erforderlichen Aufzeichnungen. Als Besonderheit zu beachten ist aber, dass unter anderem zur Überprüfung der internen Mittelflüsse und der Rücklagenbildung die gewählte Aufstellung (zumindest auch) nach den **vier Sphären** ideeller Bereich, Vermögensverwaltung, steuerpflichtige wirtschaftliche Geschäftsbetriebe und Zweckbetriebe aufgegliedert sein sollte.[57]

3. Vermögensübersicht

51   Die Vermögensverhältnisse der Körperschaft sind in Ergänzung der Darstellung der Einnahmen und Ausgaben in einer Vermögensübersicht darzustellen. Auch hierfür genügen prinzipiell die den zivilrechtlichen Anforderungen gemäß erstellten Übersichten. Sofern **Rücklagen** gebildet werden, sind die Voraussetzungen ihrer Bildung, Aufrechterhaltung und Auflösung[58] ebenfalls in diesem Rahmen darzustellen.[59] Sofern die Rücklagen in einer Bilanz auf der Passivseite ausgewiesen werden, kann diese Erläuterung gut im Kontext des (ggf. freiwilligen) Anhangs erfolgen. Ansonsten ist eine sachgerechte Form der Nebenrechnung zu wählen (sog. Rücklagenspiegel), an die es keine ausdrücklichen Vorgaben gibt. Während sich bei der freien Rücklage (§ 62 Abs. 1 Nr. 3 AO) die Erläuterung regelmäßig auf die korrekte Bemessungsgrundlage beschränkt, muss insb. für die sog. zweckgebundenen Rücklagen (§ 62 Abs. 1 Nr. 1 AO) das Vorliegen der Voraussetzungen ihrer Bildung und Aufrechterhaltung[60] nach aktuellem Stand genauer dargetan werden.

4. Mittelverwendungsrechnung

52   Sofern zugeflossene Mittel in nennenswertem Umfang nicht unterjährig für die steuerbegünstigten Zwecke verwendet werden oder in Rücklagen eingestellt wurden, muss die Einhaltung des Gebots der zeitnahen Mittelverwendung gem. § 55 Abs. 1 Nr. 5 AO nach Auffassung der Finanzverwaltung durch die Aufstellung einer sog. Mittelverwendungsrechnung nachgewiesen werden.[61] Vor dem Hintergrund der bis zu dreijährigen Mittelverwendungsfrist und unter Beachtung der inzwischen höchstrichterlich bestätigten Saldo-Betrachtung[62] sind hierfür die Zuflüsse und die zweckentsprechende Verwendung eines Jahres gegenüberzustellen, um am Ende für das Folgejahr einen sog. Mittelvortrag zu beziffern. Bei Übererfüllung der Mittelverwendungspflicht in einem Veranlagungszeitraum kann ein entsprechender Verwendungsüberschuss ausgewiesen werden, durch den sich die Reichweite der Pflicht zur zeitnahen Mittelverwendung für das Folgejahr reduziert. Auch für die Mittelverwendungsrechnung gibt es keine bindende Vorgabe an die Darstellung oder gar ein offizielles Muster. Daher ist eine in den Jahresabschluss integrierte Darstellung iSd Einheitsrechnungslegung möglich. In der Praxis und Literatur haben sich in den letzten Jahren unterschiedliche Ansätze entwickelt, teils mit anschaulichen Beispielen für Nebenrechnungen.[63]

---

[56] So ausdrücklich IDW RS HFA 5 Tz. 79.
[57] Vgl. *Hüttemann* DB 2013, 1561 (1570); *Steffen/Wunderlich* SB 2020, 143.
[58] Vgl. § 62 Abs. 2 AO.
[59] Vgl. AEAO zu § 62 Abs. 2 AO Nr. 14 S. 4; BFH 20.12.1978 – I R 21/76, BStBl. II 1979, 496.
[60] Bei Entfallen des Grundes der Rücklagenbildung sind Rücklagen nach § 62 Abs. 1 Nr. 1, 2 und 4 AO unverzüglich aufzulösen (vgl. § 62 Abs. 2 S. 2 AO).
[61] Vgl. AEAO zu § 55 Abs. 1 Nr. 5 AO Nr. 29 S. 2 f.
[62] Siehe dazu BFH 20.3.2017 – X R 13/15, BStBl. II 2017, 1110 sowie → § 1 Rn. 69 und → § 2 Rn. 39.
[63] Vgl. AEAO zu § 55 Abs. 1 Nr. 5 AO Nr. 29; *Thiel* DB 1992, 1900; BLSB Gemeinnützigkeit/*Leichinger* S. 165 ff.; Schauhoff Gemeinnützigkeits-HdB/*Hoppen* § 18 Rn. 54 ff.; Wallenhorst/Halaczinsky Besteuerung/ *F.Wallenhorst* Kap. B Rn. 141 ff.; *Spitaler/Schröder* DStR 2014, 2144 (2149 ff.).

5. Deklaration: KSt 1 mit Anlage Gem

Aufgrund der Steuerbefreiungen in § 5 Abs. 1 Nr. 9 KStG und § 3 Nr. 6 GewStG ist es 53 möglich, dass steuerbegünstigte Körperschaften keiner Ertragsteuerpflicht und zugleich auch keiner entsprechenden Erklärungspflicht unterliegen. Da die Einhaltung der gesetzlichen Anforderungen an die steuerbegünstigte Tätigkeit – mit Ausnahme der satzungsmäßigen Voraussetzungen gem. § 60a AO – nach der gesetzlichen Systematik nur im Zuge der Veranlagung zu einer konkreten Einzelsteuer erfolgt, würde dies mit einem Kontrolldefizit bei gemeinnützigen Körperschaften einhergehen. Dies gilt insb. für den Fall, dass die Körperschaft keinen (steuerpflichtigen) wirtschaftlichen Geschäftsbetrieb unterhält.

Daher erlegt die Finanzverwaltung steuerbegünstigten Körperschaften zumindest die 54 Einreichung einer **vereinfachten Körperschaftsteuererklärung** auf, welche die Überprüfung der Einhaltung der gesetzlichen Vorgaben ermöglichen soll. Neben dem Mantelbogen „KSt 1" sind die eigentlichen mit der Steuerbegünstigung in Verbindung stehenden Abfragen in der beizufügenden Anlage Gem enthalten.[64] Eine solche vereinfachte Erklärung hat grundsätzlich im **Turnus von drei Jahren** zu erfolgen, Kapitalgesellschaften müssen jährlich deklarieren. Die Prüfung umfasst zwar alle drei zurückliegenden Jahre, der Prüfungsschwerpunkt liegt allerdings auf dem letzten Jahr des Prüfungszeitraums. Die Angaben in der Anlage Gem sind daher prinzipiell auf dieses Jahr zu beschränken. Der Erklärung sind allerdings für alle drei Jahre die den soeben dargestellten gesetzlichen Anforderungen entsprechenden Unterlagen beizufügen (insb. Tätigkeitsbericht, Einnahmen-/Ausgabenrechnung und Vermögensaufstellung). Auch darüber hinausgehende, bei der Körperschaft vorhandene Unterlagen der Rechnungs- und Rechenschaftslegung sind sachgerechterweise der Erklärung beizufügen.[65]

Die in der Anlage Gem abgefragten Daten umfassen neben Informationen über die Satzung und die satzungsmäßigen Zwecke insb. Angaben zu folgenden Themen: 55
- Darstellung der **wirtschaftlichen Betätigung,** insb. Einnahmen aus wirtschaftlichen Geschäftsbetrieben einschließlich Zweckbetrieben (Zeilen 10–24),
- Angaben zu den besonderen Anforderungen an **mildtätige Einrichtungen** und an Zweckbetriebe von Einrichtungen der **Wohlfahrtspflege** (Zeilen 25–37),
- Anforderungen an die speziellen Zweckbetriebe für **Krankenhäuser und Sportveranstaltungen** gem. §§ 67, 67a AO (Zeilen 38 sowie 39–49),
- Rücklagenbildung und Vermögenszuführungen gem. **§ 62 AO** (Zeilen 50–63).

VII. Sonstige gesetzliche und freiwillige Vorgaben

Unabhängig von der Rechtsform und der Kaufmannseigenschaft können sich Rechnungslegungspflichten für Gemeinnützige aus dem spezifischen Tätigkeitsgegenstand ergeben. Diese Vorgaben umfassen typischerweise die Pflicht zur kaufmännischen (doppelten) Buchführung sowie zur Aufstellung eines Jahresabschlusses nach handelsrechtlichen Grundsätzen (dem Inhalt und Umfang nach regelmäßig den erweiterten Vorgaben für Kapitalgesellschaften angenähert und teils zusätzlich mit der Pflicht zur Prüfung durch einen Abschlussprüfer). Sie bestehen grundsätzlich etwa für **Krankenhäuser, Pflegeeinrichtungen, Werkstätten für behinderte Menschen und Heime.**[66] 56

---

[64] Bis einschließlich des Veranlagungszeitraums 2016 handelte es sich um einen eigenständigen amtlichen Erklärungsvordruck mit der Bezeichnung „Erklärung zur Körperschaftsteuer und Gewerbesteuer von Körperschaften, die gemeinnützigen, mildtätigen oder kirchlichen Zwecken dienen" (kurz: „Gem 1").

[65] Die amtliche Anleitung zählt hierzu beispielhaft auf: „Bilanz, Gewinn- und Verlustrechnung bzw. Aufstellung über sämtliche Einnahmen und Ausgaben, Aufstellung über das Vermögen am 31.12. des letzten Jahres des Prüfungszeitraums, Protokolle der Mitgliederversammlung, Geschäftsbericht, Tätigkeitsbericht usw.".

[66] Vgl. §§ 3 ff. Krankenhaus-Buchführungsverordnung (KHBV) vom 24.3.1987; §§ 3 ff. Pflege-Buchführungsverordnung (PBV) vom 22.11.1995; § 12 Abs. 1 Werkstättenverordnung (WVO); § 13 Heimgesetz (HeimG); dazu im Einzelnen NK-GemnR/*Lerchenmüller* Nr. 22.

57 Für kirchliche Einrichtungen können sich auch aus dem **Kirchenrecht** entsprechende Pflichten ergeben. Auch die Förderung durch **öffentliche Gelder** kann an entsprechende allgemeine Pflichten zur Rechnungslegung geknüpft sein. Nach einer umstrittenen aktuellen Entscheidung des OLG Köln soll sich im Fall einer Verschmelzung von Vereinen – ungeachtet der gesetzlichen Vorgaben an die Rechnungslegung im Übrigen – eine ereignisbezogene Pflicht zur Aufstellung einer Schlussbilanz aus § 17 Abs. 2 UmwG ergeben.[67]

58 Eine Pflicht zur Rechnungslegung nach den für Kapitalgesellschaften geltenden Vorgaben des Handelsrechts (§§ 264 ff. HGB) kann sich unabhängig von der Rechtsform, aber abhängig von ihrer Größe nach § 5 PublG für rechtsfähige Stiftungen bürgerlichen Rechts ergeben. Dafür müssen diese als **Unternehmen iSd PublG** zu qualifizieren sein. Dies setzt nach § 3 Abs. 1 Nr. 4 PublG voraus, dass diese ein Gewerbe betreiben. Verbunden mit den einschlägigen Größenklassen dürfte eine solche Pflicht allerdings regelmäßig nur größere operativ[68] handelnde Unternehmensstiftungen treffen. Die maßgeblichen Größenschwellen betragen nämlich ein Vielfaches der handelsrechtlichen Größen zu Abgrenzung der großen von den mittelgroßen Kapitalgesellschaften.[69]

59 Vereine sind nach § 3 Abs. 1 Nr. 3 PublG nur erfasst, wenn ihr „Zweck auf einen wirtschaftlichen Geschäftsbetrieb gerichtet ist", insb. also wirtschaftliche Vereine gem. § 22 BGB. (Eingetragene) **Idealvereine** (§ 21 BGB) sind im Rahmen des Nebenzweckprivilegs nach noch als herrschend zu bezeichnender Meinung keine Unternehmen iSd PublG.[70] Daran ändert auch eine etwaige Eintragung im Handelsregister nichts, weil der Betrieb eines Handelsgewerbes nicht die prinzipielle ideelle Zwecksetzung des Vereins berührt, solange dieses iRd vereinsrechtlichen Nebenzweckprivilegs bzw. der gemeinnützigkeitsrechtlich zulässigen Mittelbeschaffung ausgeübt wird.[71]

60 Neben diesen zwingenden Vorgaben gibt es – den zunehmenden innerhalb und außerhalb des Dritten Sektors geäußerten Forderungen nach mehr Transparenz entsprechend - zahlreiche **unverbindliche Empfehlungen und Initiativen,** deren Vorgaben sich gemeinnützige Körperschaften freiwillig unterwerfen können.[72]

61 Im Rahmen der Denkrichtung der sog. Gemeinwohl-Ökonomie ist als Bewertungsmaßstab der Tätigkeiten von Gemeinden, Unternehmen, Institutionen und Privatpersonen die Aufstellung einer sog. **Gemeinwohl-Bilanz** entwickelt worden. Anders als in der komplementär hierzu verstandenen konventionellen Handelsbilanz, in der ausschließlich ökonomische Wertkategorien berücksichtigt werden, bezieht die Gemeinwohl-Bilanz unter anderem Aspekte der ökologischen Nachhaltigkeit, sozialen Gerechtigkeit und demokratischen Partizipation in ihre Bewertung der Tätigkeit ein. In Deutschland stellen bis dato etwa 300 Unternehmen nach diesen Maßstäben eine Gemeinwohl-Bilanz auf oder lassen diese von unabhängiger Seite aufstellen. Als Ergebnis dieses Verfahrens steht am Ende eine Punktzahl von bis zu 1000 möglichen Punkten, die die bilanzierenden Einrichtungen im Rahmen ihrer Öffentlichkeitsarbeit verwerten dürfen.

---

[67] OLG Köln 10.2.2020 – 2 Wx 28/20, ZIP 2020, 1072; dazu kritisch *Wachter* npoR 2020, 283 sowie → § 10 Rn. 20.
[68] Zu lediglich verwaltend tätigen unternehmensverbundenen Stiftungen vgl. *Hüttemann* DB 2013, 1561 (1561 f.).
[69] Bei eigener gewerblicher Tätigkeit ist dies etwa bei einer Bilanzsumme von über 65 EUR Mio. und jährlichen Umsatzerlösen von über 130 EUR Mio. und/oder einer Anzahl von im Jahresmittel über 5000 Arbeitnehmern über einen Zeitraum von mindestens drei Jahren der Fall (vgl. § 1 Abs. 1 PublG).
[70] Vgl. die i. S. ADAC ergangene Rechtsprechung: BGH 29.9.1982 – I ZR 88/80, BGHZ 85, 84; LG München I 30.8.2001 – 17 HKT 23689/00, DB 2003, 1316. Zur daraus ebenfalls folgenden Verneinung einer Pflicht zur Konzernrechnungslegung nach dem PublG siehe → Rn. 70.
[71] Ausführlich dazu *Schwenn* npoR 2021, 93 (96 f.).
[72] Zu nennen wären beispielsweise die Grundsätze Guter Stiftungspraxis des Bundesverbands Deutscher Stiftungen, die Voraussetzungen zur Erlangung des DZI Spenden-Siegels und die Initiative Transparente Zivilgesellschaft. Zur allgemeinen Entwicklung vgl. statt aller Krimmer/Weitemeyer/Kleinpeter *Vogt/von Schönfeld*Transparenz im Dritten Sektor, 2014.

C. Konzernrechnungslegung

In Konzernen[73] tritt neben die jeweilige Einzelrechnungslegung auf Ebene des Mutter- und der Tochterunternehmen die Konzernrechnungslegung, insb. der Konzernabschluss. Darin werden die jeweiligen Einzelabschlüsse der rechtlich selbstständigen Einheiten zu einem Gesamtabschluss des Konzerns als wirtschaftliche Einheit zusammengefasst (Summenabschluss) und im Anschluss **konsolidiert,** also zur besseren Übersicht um konzerninterne Verflechtungen und wirtschaftliche Beziehungen bereinigt. Dadurch wird der Konzern so dargestellt, als ob er ein einheitliches Unternehmen wäre (sog. **Einheitsfiktion,** vgl. § 297 Abs. 3 S. 1 HGB). Dies bietet regelmäßig nicht nur eine bessere Übersicht über das Gesamtbild der Unternehmung, sondern beinhaltet regelmäßig eigenständigen Informationswert, der sich der Summe der Einzelabschlüsse, geschweige denn dem Einzelabschluss der Konzernspitze, nur schwerlich entnehmen ließe. 62

I. Einzelrechnungslegung innerhalb des Konzerns

Bei gemeinnützigen und allen anderen Konzernen muss die Rechnungslegung nach den dargestellten Maßstäben **für alle zum Konzern gehörenden** Körperschaften und Gesellschaften zunächst gesondert erfolgen. Auch die Prüfung etwaiger gesetzlicher Rechnungslegungspflichten erfolgt auf Ebene jeder einzelnen Einheit. Dies umfasst bei regional gegliederten Verbänden organisatorische Untereinheiten der jeweiligen Mitglieder ohne eigene Rechtspersönlichkeit (zB Ortsgruppen). 63

Sofern im Rahmen der Einzelabschlüsse Beteiligungen an nachgelagerten Tochtergesellschaften bilanziert werden, ist darauf zu achten, dass die **Bewertung der Anteile von gemeinnützigen Tochtergesellschaften** umstritten ist.[74] Weniger problematisch ist dies für selbst gegründete Tochter(kapital)gesellschaften, die mit dem Nominalwert der Anteile aktiviert werden. Bei der Aktivierung von Anteilen an erworbenen gemeinnützigen Gesellschaften ist jedoch zu beachten, dass die Finanzverwaltung davon ausgeht, dass steuerbegünstigte Körperschaften aufgrund der gemeinnützigen Vermögensbindung (§ 55 Abs. 1 Nr. 4 AO) für einen steuerpflichtigen Anteilseigner keinen über den Nominalwert der eingezahlten Kapitalanteile und den gemeinen Wert der Sacheinlagen hinausgehenden Wert haben können.[75] Auf ihrerseits gemeinnützige Gesellschafter dürfte diese Bewertung aber zumindest dann nicht übertragbar sein, wenn sich die satzungsmäßigen Zwecke der beiden Körperschaften (zumindest in Teilen) decken. 64

II. Gesonderter Konzernabschluss

Die Aufstellung eines Konzernabschlusses kann sich wie schon beim Einzelabschluss aus der Verfassung der Körperschaft ergeben (insb. Satzung oder Gesetz) oder freiwillig erfolgen. Je größer ein Konzern ist, desto eher wird es ungeachtet etwaiger gesetzlicher Verpflichtung im eigenen Interesse der verantwortlichen Lenkungsorgane liegen, sich in Gestalt eines Konzernabschlusses zumindest alljährlich einen **Gesamtüberblick über den Konzern** zu verschaffen. Bei besonders großen oder weitverzweigten Konzernen sind auch Zwischenabschlüsse oder zumindest konzernweite Quartalsberichte eine unerlässliche Informationsgrundlage für die Geschäftsführung. 65

---

[73] Zur Definition des Konzerns (auch in gemeinnütziger Hinsicht) siehe bereits → § 1 Rn. 20.
[74] Vgl. *Kirchhain/Lorenz* DStR 2014, 1941.
[75] Vgl. AEAO zu § 55 Abs. 1 Nr. 1 AO Nr. 10.

§ 9 Rechnungslegung

Die gesetzliche **Pflicht zur Aufstellung** eines konsolidierten Konzernabschlusses richtet sich für die Konzernmutter primär nach deren Rechtsform (§§ 290–312 HGB) oder der Unternehmens- bzw. Konzerngröße (§ 11 PublG).

1. Handelsrechtliche Aufstellungspflicht

66 Eine handelsrechtliche Pflicht zur Aufstellung besteht ihrem Wortlaut nach allein für Kapitalgesellschaften, die als Mutterunternehmen auf ein anderes Unternehmen (Tochtergesellschaft) einen beherrschenden Einfluss ausüben können (§ 290 Abs. 1 S. 1 HGB). Wonach sich der maßgebliche beherrschende Einfluss bemisst, ergibt sich aus den nachfolgenden Absätzen 2–4. Dazu zählt insb. das Halten einer Mehrheit der Gesellschafterstimmrechte (Abs. 2 Nr. 1), die Bestellungs- und Abberufungskompetenz für die personelle Mehrheit im maßgeblichen Entscheidungsorgan (Abs. 2 Nr. 2) oder das Bestehen eines Beherrschungsvertrags bzw. einer dementsprechenden Satzungsklausel beim Tochterunternehmen (Abs. 2 Nr. 3).

67 Damit unterläge eine gemeinnützige Kapitalgesellschaft bereits dann der Pflicht zur Aufstellung eines Konzernabschlusses, wenn sie einen einzigen wirtschaftlichen Geschäftsbetrieb in eine Tochter-GmbH ausgegliedert hat. Auch von der Pflicht zur Aufstellung eines Konzernabschlusses sieht das Handelsrecht allerdings (insb. größenabhängige) **Befreiungen** vor.[76] Nach § 293 Abs. 1 S. 1 Nr. 1 HGB besteht zB keine Aufstellungspflicht, wenn die (unkonsolidierte) Gesamtbilanzsumme aller für den etwaigen Abschluss relevanten Konzerngesellschaften 24 Mio. EUR und die Umsatzerlöse 48 Mio. EUR nicht übersteigen und/oder im Jahresmittel durchschnittlich höchstens 250 Arbeitnehmer beschäftigt wurden. Von diesen drei Kriterien müssen mindestens zwei erfüllt sein, um in den Genuss der Befreiung zu kommen.

68 Die handelsrechtliche Pflicht zur Konzernrechnungslegung umfasst neben der Aufstellung des Konzernabschlusses die Aufstellung eines Konzernlageberichts (§ 290 Abs. 1 HGB). Der Konzernabschluss (§ 297 Abs. 1 HGB) besteht grundsätzlich aus Konzernbilanz, Konzern-GuV, Konzernanhang (§§ 313, 314 HGB), einer Kapitalflussrechnung und dem Eigenkapitalspiegel. Der Konzernlagebericht entspricht seinem Inhalt nach im Wesentlichen dem Lagebericht eines Einzelabschlusses (vgl. § 315 HGB).[77] Insbesondere bezüglich der Pflichten zu nichtfinanziellen Erklärungen greifen aber auch beim Konzernabschluss je nach Art des Konzerns und seiner Unternehmen Befreiungen (vgl. § 315b HGB).

2. Pflicht zur Aufstellung nach PublG

69 Für andere Rechtsformen als Kapitalgesellschaften kann sich eine Pflicht zur Aufstellung eines Konzernabschlusses und Konzernlageberichts nur nach Maßgabe ihrer Größe aus § 11 Abs. 1 PublG ergeben. Dafür muss nach § 11 Abs. 1 PublG ein inländisches Unternehmen unmittelbar oder mittelbar einen beherrschenden Einfluss auf ein anderes Unternehmen ausüben.[78] Um unter die im Übrigen **größenspezifische Pflicht** zur Aufstellung eines Konzernabschlusses zu fallen, muss die (fiktiv konsolidierte) Konzernbilanzsumme über 65 Mio. EUR, der Konzernumsatz über 130 Mio. EUR und/oder die durchschnittliche Zahl der Arbeitnehmer über 5000 liegen. Auch hierbei müssen zumindest zwei der drei genannten Kriterien erfüllt sein.

70 Ein typischer Fall eines gemeinnützigen Konzerns ist ein eingetragener Verein (eV), der eine oder mehrere Kapitalgesellschaften als Tochtergesellschaften hält. **Idealvereine** unterfallen nach der Rechtsprechung und der daraus folgenden herrschenden Mei-

---

[76] Eine weitere Befreiung kann sich aus § 290 Abs. 5 iVm § 296 HGB ergeben.
[77] Siehe dazu → Rn. 29 f.
[78] Zur Bestimmung des beherrschenden Einflusses verweist § 11 Abs. 6 S. 1 Nr. 1 PublG auf § 290 Abs. 2–5 HGB.

nung[79] hingegen per se nicht der auch im Kontext des § 11 PublG geltenden gesetzlichen Unternehmensdefinition (vgl. § 3 Abs. 1 Nr. 3 PublG) und können daher auch nicht als Konzernspitze einer besonderen Rechnungslegungspflicht unterliegen. Solange die erwerbswirtschaftlichen Tätigkeiten eines Idealvereins vom sog. Nebenzweckprivileg umfasst seien, könne nicht davon ausgegangen werden, dass der Zweck – wie bei einem wirtschaftlichen Verein (vgl. § 22 BGB) – nach dem Wortlaut des § 3 PublG „auf einen wirtschaftlichen Geschäftsbetrieb gerichtet" sei.

Stiftungen können ebenfalls Beteiligungen an Tochtergesellschaften halten, damit beherrschenden Einfluss auf ein anderes Unternehmen ausüben und nach § 11 PublG zur Konzernrechnungslegung verpflichtet sein. Seitdem nach dem Normwortlaut des § 11 Abs. 1 Satz 1 PublG nicht mehr das herkömmliche Kriterium der einheitlichen Leitung, sondern die Beherrschungs*möglichkeit* zur Annahme eines Mutterunternehmens ausreicht,[80] unterfallen auch unternehmensverbundene Stiftungen im Grunde darunter, wenn sie etwa eine Mehrheitsbeteiligung an einem anderen Unternehmen halten.[81] **71**

Bei Stiftungen stellt sich allerdings die Frage, unter welchen Voraussetzungen sie überhaupt als tatbestandliche Mutter*unternehmen* gelten. Nach § 3 Abs. 1 Nr. 4 PublG können Stiftungen Unternehmen sein, wenn sie selbst ein Gewerbe betreiben. Diese Annahme wird aber in der Literatur in Frage gestellt, weil sich die Unternehmensbestimmung in § 3 PublG ihrem Wortlaut nach allein auf den ersten Abschnitt des Gesetzes bezieht, die Pflicht zur Konzernrechnungslegung aber im zweiten Abschnitt geregelt ist. Es bedürfe damit iRd § 11 PublG einer eigenständigen Unternehmensdefinition in Orientierung am Sinn und Zweck der Konzernrechnungslegung.[82] Eine Stiftung sei zu letzterer demnach nach dem PublG höchstens dann verpflichtet, wenn sie eigene Interessen kaufmännischer oder gewerblicher Art in einer nach außen in Erscheinung tretenden Organisationsform verfolge. Unter naheliegender (vgl. § 86 BGB) Heranziehung der vereinsrechtlichen ADAC-Rechtsprechung[83] könne aber eine Stiftung jedenfalls dann nicht als Unternehmerin iSd § 11 PublG gelten, wenn die unternehmerischen Tätigkeiten sich auf die – im Bereich der Vermögensverwaltung gehaltenen – Tochtergesellschaften beschränken.[84] **72**

Unabhängig davon empfiehlt das IDW allerdings allen Stiftungen eine Konzernrechnungslegung, die ihrerseits nach handelsrechtlichen Vorgaben zur Rechnungslegung verpflichtet sind und beherrschenden Einfluss auf Tochterunternehmen ausüben können.[85] **73**

III. Gruppenabschluss

Abseits der gesetzlichen Vorgaben ist innerhalb eines Konzerns in der Praxis auch die Aufstellung sog. Gruppenabschlüsse verbreitet. Hierdurch kann sich insb. die Geschäftsführung einen Überblick über Teilbereiche der Konzerntätigkeit verschaffen, indem bspw. alle **74**

---

[79] Vgl. LG München I 30.8.2001 – 17 HKT 23689/00, DB 2003, 1316 unter Bezugnahme auf BGH 29.9.1982 – I ZR 88/80, BGHZ 85, 84 – ADAC; zustimmend Krimmer/Weitemeyer/Kleinpeter/*Vogt/v. Schönfeld* Transparenz im Dritten Sektor, S. 113 f. Vgl. dazu bereits im Kontext der allgemeinen Rechnungslegungspflicht nach § 1 PublG → Rn. 58; aA *Niehus* DB 2003, 1125 (1129 ff.); *Segna* DB 2003, 1311 (1315 f.); sowie *Schwenn* npoR 2021, 93 (97 f.) für den Fall, dass der Verein aufgrund des Betriebs eines Handelsgewerbes ins Handelsregister einzutragen ist.
[80] Zu dieser durch das BilMoG in Angleichung an internationale Gepflogenheiten vorgenommenen Gesetzesänderung vgl. Nomos-BR/*Schäfer* PublG § 11 Rn. 8 mwN.
[81] § 11 Abs. 6 S. 1 Nr. 1 PublG iVm § 290 Abs. 2 Nr. 1 HGB; vgl. *Oser* StuB 2012, 16 (17).
[82] Vgl. *Segna* DB 2003, 1311 (1315), der diese Auffassung allerdings entgegen der zitierten Rspr. auch auf den eV erstreckt.
[83] Vgl. LG München I 30.8.2001 – 17 HKT 23689/00, DB 2003, 1316: „keine eigene erwerbswirtschaftliche Tätigkeit".
[84] So *Oser* StuB 2012, 16 (18 f.); vgl. auch Berndt/Nordhoff Rechnungslegung/*Berndt* Kap. E. Rn. 273 ff. mwN.
[85] IDW RS HFA 5 Tz. 34.

Tochter-/Enkelgesellschaften, die einer – ggf. spezifischen – gewerblichen Tätigkeit nachgehen, im Wege einer Teilkonsolidierung zusammengefasst werden.

D. Rechnungslegungspublizität

75   Die nach außen gerichtete und insb. marktschützende Funktion der Rechnungslegung kann ihre Wirkung nur entfalten, wenn die Adressaten von den Feststellungen Kenntnis erlangen und sich inhaltlich auf diese verlassen können. Dies wird unter dem Begriff der Rechnungslegungspublizität zusammengefasst, der wiederum in zwei Unterarten unterschieden wird.[86] Während die sog. *formelle* Publizität die **Offenlegung** von Jahresabschlüssen und sonstigen Unterlagen zum Gegenstand hat, sichert die **Abschlussprüfung** durch einen Wirtschaftsprüfer oder sonstigen Abschlussprüfer als Ausdruck sog. *materieller* Publizität im Vorfeld der Veröffentlichung die Qualität und Richtigkeit der veröffentlichten Informationen und damit letztlich das Vertrauen der interessierten Öffentlichkeit in diese.

76   Eine **gesetzliche Pflicht** zur Prüfung (vgl. §§ 316–324 HGB, §§ 6, 14 PublG) und Offenlegung (vgl. §§ 325–329 HGB, §§ 9, 15 PublG) besteht dem Grunde nach insb. für Kapitalgesellschaften und Konzerne. Weder das Stiftungs- noch das Gemeinnützigkeitsrecht kennen spezifische gesetzliche Publizitätspflichten, die über eine Offenlegung der Stiftungsaufsicht bzw. Finanzverwaltung gegenüber hinausgehen. Dennoch sind im Bereich der Rechnungslegungspublizität im Dritten Sektor – insb. bei Spenden sammelnden Organisationen und nicht überwiegend kapitalgesellschaftlich geprägten Konzernen – über die gesetzlichen Anforderungen hinausgehende, **freiwillige Publizitätsakte üblich**.[87]

I. Abschlussprüfung

77   Durch die Abschlussprüfung soll beurteilt werden, ob bei der Erstellung des Jahresabschlusses und des Lageberichts die Rechnungslegungsvorschriften eingehalten wurden. Der Abschlussprüfer kontrolliert dafür die Einhaltung der einschlägigen Gesetze, der Vorgaben in der Satzung bzw. im Gesellschaftsvertrag und der Grundsätze ordnungsmäßiger Buchführung. Durch den Prüfungsbericht und das Prüfungsurteil des Abschlussprüfers wird beurteilt, ob in Ansehung der benannten Vorgaben die Lage des Unternehmens durch die Prüfungsobjekte ordnungsgemäß dargestellt wird. Liegen keine wesentlichen Beanstandungen gegen die Rechnungslegung vor, weil diese ein den tatsächlichen Verhältnissen entsprechendes Bild der Vermögens-, Finanz- und Ertragslage wiedergibt, erteilt der Abschlussprüfer einen **Bestätigungsvermerk (Testat)** in uneingeschränkter Form. Bei wesentlichen Beanstandungen kann nach den Umständen ein eingeschränkter Bestätigungsvermerk erteilt werden. Erst bei Einwendungen von erheblichem Gewicht oder Prüfungshemmnissen, die eine belastbare Einschätzung unmöglich machen, erfolgt ein sog. Versagungsvermerk.

78   Eine **gesetzliche Pflicht** zur Prüfung des Jahresabschlusses inkl. Lageberichts bzw. des Konzernabschlusses/-lageberichts ergibt sich für Kapitalgesellschaften aus den handelsrechtlichen Vorgaben in §§ 316–324 HGB.[88] Gegenstand und Umfang der Prüfung richten sich nach § 317 HGB, die §§ 321, 322 HGB enthalten Vorgaben für Inhalt und Ausgestaltung des Prüfungsberichts und des Bestätigungsvermerks. Daneben kommt in der Praxis den die aktuelle Berufsauffassung widerspiegelnden Prüfstandards und Verlautbarungen des IDW besondere Bedeutung für Inhalt und Umfang der Abschlussprüfung zu.

---

[86] Vgl. eingehend Richter StiftungsR-HdB/*Spiegel* § 20 Rn. 20 ff.
[87] Zur freiwilligen Publizität von Stiftungen siehe Richter StiftungsR-HdB/*Spiegel* § 20 Rn. 78 ff. mwN. Zu den damit verbundenen Kontrollerleichterungen im Rahmen der Stiftungsaufsicht siehe → Rn. 21.
[88] Vgl. insb. § 316 Abs. 1 und Abs. 2 HGB; ausgenommen sind kleine Kapitalgesellschaften gem. § 267 Abs. 1 HGB.

D. Rechnungslegungspublizität

Auf **Stiftungen und Vereine** finden die handelsgesetzlichen Vorgaben nach herrschender Meinung auch insofern keine entsprechende Anwendung.[89] Unternehmensträgerstiftungen kann eine (Rechnungslegungs- und) Prüfungspflicht nach den Vorgaben des PublG treffen. Für Unternehmen und Konzerne iSd §§ 1, 11 PublG[90] ergibt sich diese in weitgehend entsprechender Heranziehung der handelsrechtlichen Vorgaben aus den §§ 6, 14 PublG. Zur Prüfungsdurchführung und der inhaltlichen Ausgestaltung der Dokumentation und des Testats sind von Wirtschaftsprüfern neben den allgemeinen Prüfstandards bei einer (regelmäßig freiwilligen) Prüfung von Stiftungen der IDW PS 740[91] und bei einer Prüfung von Idealvereinen der IDW PS 750[92] zu beachten. 79

II. Offenlegung

Zur Offenlegung von Jahres- und Konzernabschlüssen und sonstigen Unterlagen im elektronischen Bundesanzeiger (eBAnz) sind als Ausdruck *formeller* Publizität insb. große Kapitalgesellschaften und Konzerne nach Maßgabe der §§ 325 ff. HGB verpflichtet.[93] Für kleine und mittelgroße Kapitalgesellschaften (vgl. § 267 HGB) finden sich in §§ 326, 327 HGB größenabhängige Erleichterungen, die sich allerdings – anders als iRd Prüfungspflicht (vgl. § 316 Abs. 1 HGB) – grundsätzlich auf den Umfang der Veröffentlichung beschränken. Der Umfang und die Art der Offenlegung ergeben sich im Übrigen aus § 328 HGB. Die Veröffentlichung muss binnen eines Jahres nach dem Abschlussstichtag des Geschäftsjahrs erfolgen (§ 325 Abs. 1a S. 1 HGB). Ähnliches ergibt sich in sinngemäßer Anwendung der handelsrechtlichen Bestimmungen für Unternehmen und Konzerne iSd PublG aus den §§ 9 Abs. 1, 15 PublG. 80

---

[89] NK-GemnR/*Lerchenmüller* Nr. 23 (§ 316 HGB) Rn. 8.
[90] Vgl. → Rn. 69.
[91] IDW-FN 4/2000, 142 (Stand: 25.2.2000).
[92] IDW-FN 2/2011, 113 (Stand: 9.9.2010).
[93] Für die Konzernrechnungslegung ergibt sich eine Offenlegungspflicht aus § 325 Abs. 3 HGB.

§ 10 Umstrukturierung

Übersicht

	Rn.
A. Rechtsgrundlagen	5
I. Gesamtrechtsnachfolge	6
II. Einzelrechtsnachfolge	9
B. Umwandlung nach dem UmwG	13
I. Verschmelzung	14
II. Spaltung	24
III. Formwechsel	27
C. Steuerliche Hürden	33
I. Gemeinnützigkeitsrecht	34
II. Ertragsteuern	38
III. Sonstige Steuern	44

In gemeinnützigen Unternehmen und Konzernen kann es wie bei allen anderen Unternehmen verschiedene **Anlässe für Umstrukturierungen** geben. Umstrukturierungen stehen im Zusammenhang mit Strategiewechseln, dem Wunsch nach einem Rechtsformwechsel[1] oder der Asset Protection, die zu einem Vermögenstransfer von einem Rechtsträger auf einen anderen führen. Bei jeder Umstrukturierung stellen sich Fragen einerseits zu ihrer **zivilrechtlichen Gestaltung** und andererseits zu den **steuerlichen Folgen** des Vermögenstransfers. Außerdem sind bestimmte Schutzvorschriften für die betroffenen **Arbeitnehmer** zu berücksichtigen und – sofern vorhanden – der Betriebsrat zu beteiligen. In der Regel führt eine Umstrukturierung zu einem arbeitsrechtlichen Betriebsübergang nach § 613a BGB mit der Folge, dass die Arbeitsverhältnisse mit allen Rechten und Pflichten automatisch auf den übernehmenden Rechtsträger übergehen und Kündigungen wegen des Betriebsübergangs ausgeschlossen sind. 1

Grundsätzlich laufen Umstrukturierungen bei gemeinnützigen Unternehmen und Konzernen wie bei kommerziellen Unternehmen ab. Allerdings sind bei **Vereinen und Stiftungen** aufgrund der Rechtsform **Besonderheiten** zu beachten. Außerdem können sich aufgrund der **Gemeinnützigkeit** besondere **steuerliche Hürden** ergeben, die vor der Umstrukturierung zu bedenken sind. Das folgende Kapitel gibt dazu einen Kurzüberblick, ohne jedoch auf die zahlreichen Detailfragen, die sich bei einer Umstrukturierung stellen, eingehen zu können.[2] 2

Umstrukturierungen sollten stets sorgfältig und frühzeitig vorbereitet werden. Nach eingehender Prüfung der rechtlichen und steuerlichen Umwandlungsmöglichkeiten sowie denkbarer Hindernisse ist eine (informelle) **Abstimmung** im Vorfeld mit dem **Finanzamt** idR empfehlenswert. Mitunter kann es auch sinnvoll sein, sich vorab mit dem **Registergericht** abzustimmen. Je nach Wahl der Art der Umwandlung muss zudem die **Zustimmung von Vertragspartnern** zur Übertragung von Verträgen eingeholt werden. 3

Zu einer Umstrukturierung kann auch der **Ausstieg aus der Gemeinnützigkeit** gehören. Dabei verändert sich aber idR nicht der Rechtsträger. Es handelt sich vielmehr um eine Änderung der Satzung dahingehend, dass die gemeinnützigkeitsrechtlichen Bindungen 4

---

[1] Dazu → § 1 Rn. 110 ff.
[2] Allgemein: *Engl* FormB Umwandlungen; zum Arbeitsrecht: *Willemsen/Hohenstatt/Schweibert/Seibt* Umstrukturierung; zur Umstrukturierung von Stiftungen: MHdB GesR V/*Gottschald/Knoop* bzw. *Gummert* 21. Kap.; zur Umstrukturierung von Vereinen: MHdB GesR V/*Pathe/Gaffron/Koch* 10. Kap.

aufgehoben werden. Dies führt dazu, dass das Vermögen von der grundsätzlichen Steuerfreiheit in die Steuerpflicht überführt wird. Dies hat weitreichende steuerliche Folgen, da der Wechsel grundsätzlich eine **Nachversteuerung** der letzten zehn Jahre zzgl. Zinsen nach sich zieht, es sei denn, das vorhandene Eigenkapital würde entsprechend dem **Vermögensbindungsgrundsatz** steuerbegünstigten Zwecken verhaftet bleiben und zu diesem Zweck auf einen anderen steuerbegünstigten Rechtsträger übertragen werden (vgl. § 61 Abs. 3 AO). Im Gemeinnützigkeitsrecht wird eine Reform der Regeln zum Ausstieg aus der Gemeinnützigkeit diskutiert.[3] Regelmäßig bedarf es sorgfältiger Prüfung, ob der geplante Ausstieg aus der Gemeinnützigkeit sich sinnvoll verwirklichen lässt und auf welche Weise er umgesetzt werden könnte.[4]

A. Rechtsgrundlagen

5   Zivilrechtlich sind Umstrukturierungen grundsätzlich auf zwei verschiedene Arten denkbar. Der Vermögenstransfer von einem auf den anderen Rechtsträger kann entweder im Wege der **Gesamtrechtsnachfolge** oder im Wege der **Einzelrechtsnachfolge** erfolgen.

I. Gesamtrechtsnachfolge

6   Eine Übertragung im Wege der Gesamtrechtsnachfolge hat den grundsätzlichen Vorteil, dass das Vermögen **im Ganzen** von einem Rechtsträger auf einen anderen übergeht, **ohne** dass die Gläubiger in jedem Einzelfall **zustimmen** müssen und die übertragenen Wirtschaftsgüter, Verträge, Forderungen etc einzeln benannt und übertragen werden müssen. Stets ist zu prüfen, ob einzelne Verträge **explizite Übertragungsbeschränkungen** (sog. change of control-Klauseln) enthalten. Die Gesamtrechtsnachfolge wird typischerweise dadurch herbeigeführt, dass eine **Umwandlung auf der Grundlage des UmwG** durchgeführt wird. Wird diese Art der Umwandlung gewählt, ist zwingend das im UmwG vorgesehene Verfahren mit seinen formellen und zeitlichen Vorgaben sorgfältig einzuhalten. Aus diesem Grund lohnt sich der **Zeit- und Kostenaufwand,** der mit einer Umwandlung nach dem UmwG verbunden ist, nicht in jedem Fall. Bei der Verschmelzung einer **100%-Tochter-GmbH** auf die Muttergesellschaft gibt es allerdings einige Erleichterungen, die das Verfahren schneller und günstiger machen. Auch kann auf einige **formelle Erfordernisse verzichtet** werden, wenn alle Beteiligten zustimmen (§§ 8 Abs. 3, 9 Abs. 3, 12 Abs. 3 UmwG). In der Praxis ist letzteres für Vereine mit einer großen Anzahl von Mitgliedern nur in Ausnahmefällen erreichbar, da hierfür **jedes einzelne Mitglied zustimmen muss.**[5]

7   Bei **Stiftungen** sind Umstrukturierungen naturgemäß nur in sehr **engen Grenzen** möglich, da die Stiftung grundsätzlich auf Ewigkeit angelegt ist. Von der Umstrukturierung nach dem UmwG steht der Stiftung lediglich die **Ausgliederung** offen. Allerdings sieht das Stiftungsrecht für besondere Fälle eine Umstrukturierung im Wege der Gesamtrechtsnachfolge vor, nämlich die **Zulegung** zu einer anderen Stiftung oder die **Zusammenlegung** mit einer neuen Stiftung. Allerdings ist beides nur unter den besonderen Voraussetzungen des Stiftungsrechts und unter Beteiligung der Stiftungsaufsichtsbehörde möglich.[6]

---

[3] Im Rahmen der Gemeinnützigkeitsreform 2020 wurde eine sog. pauschale Ausstiegsabgabe diskutiert, um den Ausstieg aus der Gemeinnützigkeit kalkulierbarer und leichter (nicht aber unbedingt günstiger mit Blick auf die Steuerlast) zu machen. Der Vorschlag hat sich im Gesetzgebungsverfahren jedoch nicht durchgesetzt, da er noch nicht vollständig ausgereift erschien.
[4] Siehe hierzu ausführlich → § 2 Rn. 173 ff.
[5] OLG Bamberg 18.6.2012 – 6 W 26/12, BeckRS 2012, 14877.
[6] Ab 1.7.2023: §§ 86–86h BGB idF des Gesetzes zur Vereinheitlichung des Stiftungsrechts vom 16.7.2021, BGBl. 2021 I 2947.

Das Gesetz zur Vereinheitlichung des Stiftungsrechts vom 16.7.2021[7] sieht umfangreiche Vorschriften über die Zulegung und Zusammenlegung vor. Diese orientieren sich an den Vorschriften zu Verschmelzungen im UmwG. Anders als Umwandlungen nach dem UmwG sind Zulegungen oder Zusammenlegungen von Stiftungen aber nur möglich, wenn bei den beteiligten Stiftungen besondere inhaltliche Voraussetzungen vorliegen. Eine Stiftung kann einer anderen Stiftung nur zugelegt werden, wenn sich die Verhältnisse für die Stiftung wesentlich verändert haben und sie durch Satzungsänderung nicht an die veränderten Verhältnisse angepasst werden kann.[8] Dasselbe gilt für die Zusammenlegung von zwei oder mehreren Stiftungen zu einer neuen Stiftung.[9] Die aufnehmende Stiftung muss im Wesentlichen die gleichen Zwecke wie die übertragenden Stiftungen haben.[10] Dies gewährleistet, dass die vom Stifter einer übertragenden Stiftung geschaffene Zweck-Vermögen-Bindung mit dem Übergang des Vermögens der übertragenden Stiftung auf die übernehmende Stiftung im Wesentlichen erhalten bleibt.

Neben der Umwandlung nach dem UmwG gibt es noch andere Umstrukturierungen, **8** die zu einer Gesamtrechtsnachfolge führen, aber eine eher untergeordnete Rolle spielen. Dazu gehört zB der Austritt des vorletzten Gesellschafters einer Personengesellschaft, welcher zu einer **Anwachsung** des Vermögens auf den letzten Gesellschafter und Erlöschen der Personengesellschaft führt. Wirtschaftlich gesehen entspricht die Anwachsung auf den letzten Gesellschafter einer Verschmelzung auf diesen, da das Vermögen einschließlich aller Verbindlichkeiten im Wege der Gesamtrechtsnachfolge uno actu auf den letzten verbleibenden Gesellschafter übergeht.

II. Einzelrechtsnachfolge

Anstelle einer Umwandlung mit Gesamtrechtsnachfolge kann ein Vermögenstransfer von **9** einem Rechtsträger auf einen anderen auch im Wege der Einzelrechtsnachfolge durch einen **Asset Deal** erfolgen. Dabei müssen – anders als bei der Gesamtrechtsnachfolge – alle Wirtschaftsgüter, Verträge, Forderungen etc **einzeln benannt** und auf den – ggf. noch zu gründenden – Zielrechtsträger **übertragen werden.**

Bei einer Umstrukturierung im Rahmen einer Einzelrechtsnachfolge stellt sich die Frage, **10** ob und mit welcher Mehrheit die **Anteilseigner** des übertragenden Rechtsträgers der Umstrukturierung zustimmen müssen. Dies hängt vom konkreten Einzelfall ab. In Betracht kommt ein Zustimmungserfordernis der Anteilseigner aufgrund der Satzung. Umstritten ist, inwiefern die sog. **Holzmüller-Rechtsprechung**[11] bei grundlegenden Strukturänderungen einen Zustimmungsbeschluss der Mitgliederversammlung des Vereins erfordert.[12]

Um eine Einzelrechtsnachfolge handelt es sich auch, wenn ein Rechtsträger **liquidiert 11** und das verbliebene Vermögen an die in der Satzung genannte anfallberechtigte gemeinnützige Organisation ausgekehrt wird. Bei einer Liquidation ist allerdings das sog. **Sperrjahr** zu berücksichtigen, vor dessen Ablauf das Vermögen nicht ausgekehrt werden darf. Häufig wird deshalb vorab das Vermögen im Wege eines Asset Deal übertragen und die Liquidation ggf. anschließend durchgeführt.[13] Die Vermögensübertragung wird regelmäßig als **faktische Zweckänderung** einzuschätzen sein und erfordert entsprechende Beschlüsse des zuständigen Organs.

---

[7] BGBl. 2021 I 2947. Siehe hierzu *Lorenz/Mehren* DStR 2021, 1774 (1778).
[8] § 86 Nr. 1 BGB idF des Gesetzes zur Vereinheitlichung des Stiftungsrechts vom 16.7.2021, BGBl. 2021 I 2947.
[9] § 86a Nr. 1 BGB idF des Gesetzes zur Vereinheitlichung des Stiftungsrechts vom 16.7.2021, BGBl. 2021 I 2947.
[10] §§ 86 Nr. 2, 86a Nr. 2 BGB idF des Gesetzes zur Vereinheitlichung des Stiftungsrechts vom 16.7.2021, BGBl. 2021 I 2947.
[11] BGH 25.2.1982 – II ZR 174/80, BGHZ 83, 122.
[12] Vgl. *Leuschner* Non Profit Law Yearbook 2012/2013.
[13] Zur „Umwandlung" eins Vereins in eine Stiftung auf diesem Wege: *Voigt de Oliveira/Becker* DStR 2013, 2554.

12 Kommt sowohl eine Umwandlung im Wege der **Gesamtrechtsnachfolge** als auch im Wege der **Einzelrechtsnachfolge** in Betracht, sind die **Vor- und Nachteile** bezogen auf den konkreten Einzelfall sorgfältig **abzuwägen.** Dabei gilt als Faustformel, dass sich eine Umwandlung nach UmwG trotz des sehr formellen Verfahrens umso eher auszahlt, je umfangreicher und kleinteiliger das zu übertragende Vermögen ist, da in diesem Fall der Aufwand für die einzelne Übertragung sehr hoch ist.

B. Umwandlung nach dem UmwG

13 Das UmwG stellt **verschiedene Möglichkeiten zur Durchführung** einer Umstrukturierung zur Verfügung: die Verschmelzung, die Spaltung (Aufspaltung, Abspaltung, Ausgliederung), die Vermögensübertragung sowie den Formwechsel (§ 1 Abs. 1 UmwG).

I. Verschmelzung

14 Eine Verschmelzung (§§ 2 ff. UmwG) führt dazu, dass das Vermögen eines Rechtsträgers (übertragender Rechtsträger) uno actu entweder **im Wege der Aufnahme** auf einen bereits bestehenden Rechtsträger oder **im Wege der Neugründung** auf einen neu entstehenden Rechtsträger übertragen wird. Anschließend wird der übertragende Rechtsträger **automatisch aufgelöst,** ohne dass es einer Abwicklung bedarf.

15 Die Verschmelzung kann grundsätzlich auch von Rechtsträgern **unterschiedlicher Rechtsform** erfolgen (§ 3 Abs. 4 UmwG). Dies gilt jedoch **nicht für Stiftungen** oder wenn der aufnehmende Rechtsträger ein rechtsfähiger **Verein** ist. Bei einer Verschmelzung auf einen Verein muss auch der zu verschmelzende Rechtsträger ein rechtsfähiger Verein sein (§ 99 Abs. 1 UmwG).[14]

16 Zentrales Dokument der Verschmelzung ist der **Verschmelzungsvertrag,** der insb. Angaben zu den an der Verschmelzung beteiligten Rechtsträgern, zum Verschmelzungsstichtag und zu den für die Arbeitnehmer insoweit vorgesehenen Maßnahmen enthalten muss (§§ 4, 5 UmwG). Angaben über den Umtausch der Anteile sind bei der Verschmelzung einer **100%-Tochter** auf die Muttergesellschaft entbehrlich (§ 5 Abs. 2 UmwG). Wenn ein Betriebsrat existiert, muss der Verschmelzungsvertrag spätestens einen Monat vor der Zustimmung der Anteilseigner der beteiligten Rechtsträger dem jeweiligen Betriebsrat zugeleitet werden (§ 5 Abs. 3 UmwG). Der Verschmelzungsvertrag wird durch die Geschäftsführer bzw. Vorstände beider Gesellschaften in jeweils vertretungsberechtigter Zahl abgeschlossen und muss notariell beurkundet werden (§ 6 UmwG).

17 Grundsätzlich muss außerdem ein ausführlicher schriftlicher **Verschmelzungsbericht** erstellt werden, in dem die Verschmelzung und der Verschmelzungsvertrag rechtlich und wirtschaftlich erläutert und begründet werden (§ 8 UmwG). Der Bericht ist jedoch nicht erforderlich, wenn **alle Anteilsinhaber** aller beteiligten Rechtsträger mit notariell beurkundeten Verzichtserklärungen darauf **verzichten** oder eine **100%-Tochter** auf die Muttergesellschaft verschmolzen wird (§ 8 Abs. 3 S. 1 UmwG). Die Erleichterung durch Verzichtserklärung scheidet bei Vereinen mit einer großen Anzahl von Mitgliedern regelmäßig aus, da die Zustimmung aller Mitglieder[15] rein praktisch meist nicht erreichbar ist.

18 Der Verschmelzungsvertrag ist durch einen sachverständigen Prüfer zu prüfen und das Ergebnis in einem **Verschmelzungsprüfungsbericht** festzuhalten (§§ 9, 12 UmwG). Für eine **GmbH** gilt dies allerdings nur, wenn es einer ihrer Gesellschafter innerhalb einer Frist von einer Woche **verlangt,** nachdem er den Verschmelzungsvertrag und den Verschmel-

---

[14] Siehe zur Verschmelzung von Vereinen auch *Hager* RNotZ 2011, 656; *Wachter* npoR 2020, 283.
[15] OLG Bamberg 18.6.2012 – 6 W 26/12, BeckRS 2012, 14877.

B. Umwandlung nach dem UmwG

zungsbericht erhalten hat (§ 48 UmwG). Bei einem eingetragenen **Verein** ist die Prüfung nur erforderlich, wenn mindestens **zehn vom Hundert der Mitglieder** sie schriftlich **verlangen** (§ 100 S. 2 UmwG). Auf die Verschmelzungsprüfung und die Erstellung des Verschmelzungsprüfungsberichts kann durch notariell beurkundete Verzichtserklärungen aller Anteilsinhaber der beteiligten Rechtsträger **verzichtet werden** (§ 9 Abs. 3 iVm § 8 Abs. 3 S. 1 Alt. 1, Satz 2 und § 12 Abs. 3 iVm § 8 Abs. 3 S. 1 Alt. 1, Satz 2 UmwG). Außerdem ist bei der Verschmelzung einer **100%-Tochter** auf die Muttergesellschaft die Verschmelzungsprüfung und der Verschmelzungsprüfungsbericht entbehrlich (§ 9 Abs. 2, Abs. 3 iVm § 8 Abs. 3 S. 1 Alt. 2 und § 12 Abs. 3 iVm § 8 Abs. 3 S. 1 Alt. 2 UmwG). Notariell beurkundete Verzichtserklärungen sind in diesem Fall nicht notwendig.

Die Anteilseigner des übertragenden und des übernehmenden Rechtsträgers müssen dem Verschmelzungsvertrag durch einen jeweils im Rahmen einer Gesellschafterversammlung gefassten **Verschmelzungsbeschlusses** zustimmen (§ 13 Abs. 1 UmwG). Bei einer **GmbH** bedarf der Beschluss der Gesellschafterversammlung einer Mehrheit von **mindestens drei Vierteln** der abgegebenen Stimmen, soweit der Gesellschaftsvertrag keine größere Mehrheit vorsieht (§ 50 Abs. 1 UmwG). Gleiches gilt bei einem **Verein** (§ 103 S. 1 UmwG). Sofern Minderheitsrechte oder bestimmte **Sonderrechte** einzelner Gesellschafter beeinträchtigt werden, ist deren **Zustimmung zwingend** erforderlich (§ 50 Abs. 2 UmwG). Zudem kann die Satzung bzw. der Gesellschaftsvertrag der beteiligten Rechtsträger besondere Erfordernisse vorsehen, bspw. die Zustimmung bestimmter Gremien. Der Beschluss muss notariell beurkundet werden (§ 13 Abs. 3 S. 1 UmwG). Bei der Einladung muss die Verschmelzung grundsätzlich als Gegenstand der Beschlussfassung angekündigt und der Verschmelzungsvertrag übersandt, sowie die Jahresabschlüsse und Lageberichte der beiden Gesellschaften für die letzten drei Geschäftsjahre zur Einsicht durch die Anteilseigner ausgelegt werden (§§ 47, 49 UmwG – bei Beteiligung einer GmbH). Hierauf – so wie auf die Einhaltung der sonstigen gesetzlichen oder satzungsmäßigen Form- und Fristvorschriften für die Beschlussfassung in der Versammlung der Anteilseigner – kann durch alle Anteilseigner verzichtet werden, was aber im Protokoll festzuhalten ist. 19

Schließlich ist die Verschmelzung durch die Geschäftsführer bzw. Vorstände in vertretungsberechtigter Zahl zu den **Handels- bzw. Vereinsregistern** beider Rechtsträger anzumelden (§ 16 Abs. 1 UmwG). Der Verschmelzungsvertrag, die Verschmelzungsbeschlüsse sowie die Schlussbilanz[16] des übertragenden Rechtsträgers sind in Ausfertigung oder öffentlich beglaubigter Abschrift der Anmeldung als Anlage beizufügen (§ 17 UmwG). Die **Schlussbilanz** darf auf einen höchstens acht Monate vor der Anmeldung liegenden Stichtag aufgestellt worden sein (§ 17 Abs. 2 S. 4 UmwG).[17] Sofern es sich nicht um die Verschmelzung einer 100%-Tochter auf die Muttergesellschaft handelt, sind darüber hinaus noch der Verschmelzungsbericht und der Verschmelzungsprüfungsbericht bzw. die notariell beurkundeten Verzichtserklärungen vorzulegen. Sofern ein Betriebsrat existiert, muss zudem die rechtzeitige Zuleitung des Verschmelzungsvertrages nachgewiesen werden. Eine Eintragung ist erst möglich, wenn die Frist für eine Klage gegen die Wirksamkeit des Verschmelzungsbeschlusses – ein Monat nach Beschlussfassung (§ 14 Abs. 1 UmwG) – abgelaufen ist oder eine notariell beurkundete Verzichtserklärung vorgelegt werden kann (§ 16 Abs. 2 UmwG). 20

Mit Eintragung der Verschmelzung im Register des übernehmenden Rechtsträgers wird die Verschmelzung **wirksam** (§ 19 UmwG). Mit der Eintragung geht das Vermögen des 21

---

[16] Zum Erfordernis einer Schlussbilanz bei Vereinen siehe OLG Köln 10.2.2020 – 2 Wx 28/20, ZIP 2020, 1072; *Wachter* npoR 2020, 283.
[17] Aufgrund der COVID-19-Pandemie wurde dieser Zeitraum vorübergehend bis 31.12.2021 auf 12 Monate verlängert, § 4 des Gesetzes über Maßnahmen im Gesellschafts-, Genossenschafts-, Vereins-, Stiftungs- und Wohnungseigentumsrecht zur Bekämpfung der Auswirkungen der COVID-19-Pandemie vom 27.3.2020, BGBl. 2020 I 569 und Verordnung zur Verlängerung von Maßnahmen im Gesellschafts-, Genossenschafts-, Vereins- und Stiftungsrecht zur Bekämpfung der Auswirkungen der COVID-19-Pandemie vom 20.10.2020, BGBl. 2020 I 2258.

übertragenden Rechtsträgers auf den übernehmenden Rechtsträger über und der übertragende Rechtsträger erlischt (§ 20 Abs. 1 Nr. 1 und 2 UmwG). Die Anteilseigner des übertragenden Rechtsträgers sind nun Anteilseigner des übernehmenden Rechtsträgers (§ 20 Abs. 1 Nr. 3 UmwG).

22   Eine **Verschmelzung zur Neugründung** läuft im Prinzip ähnlich ab, allerdings tritt an die Stelle des übernehmenden Rechtsträgers der mit der Verschmelzung neu zu gründende Rechtsträger (§ 36 UmwG). Die Satzung bzw. der Gesellschaftsvertrag des neu zu gründenden Rechtsträgers muss dem Verschmelzungsbeschluss beigefügt sein bzw. festgestellt werden (§ 37 UmwG). Die Anmeldung zur Eintragung des neuen Rechtsträgers bei dessen zuständigem Registergericht erfolgt durch die Geschäftsführer bzw. Vorstände des übertragenden Rechtsträgers in vertretungsberechtigter Zahl (§ 38 UmwG).

23   Je nach Rechtsform der beteiligten Rechtsträger können noch weitere Voraussetzungen zu beachten sein.[18]

II. Spaltung

24   Die Spaltung (§§ 123 ff. UmwG) führt ebenfalls zu einer **Gesamtrechtsnachfolge.** Das UmwG sieht verschiedene Formen der Spaltung vor: Denkbar ist eine **Aufspaltung,** bei der das Vermögen eines Rechtsträgers (übertragender Rechtsträger) als Ganzes entweder auf andere bestehende Rechtsträger oder andere neu zu gründende Rechtsträger übertragen wird (§ 123 Abs. 1 UmwG). Der übertragende Rechtsträger erlischt dabei automatisch und die Anteilseigner des übertragenden Rechtsträgers werden automatisch Anteilseigner der übernehmenden Rechtsträger. Wird nur ein Teil des Vermögens übertragen, spricht man von einer **Abspaltung** (§ 123 Abs. 2 UmwG) oder einer **Ausgliederung** (§ 123 Abs. 3 UmwG). In beiden Fällen bleibt der übertragende Rechtsträger bestehen. Bei einer Abspaltung werden die Anteilseigner des übertragenden Rechtsträgers Anteilseigner am aufnehmenden Rechtsträger, bei einer Ausgliederung gehen die Anteile an dem aufnehmenden Rechtsträger an den übertragenden Rechtsträger über.

25   An einer Spaltung können auch Rechtsträger **verschiedener Rechtsformen** teilnehmen (§ 124 Abs. 2, § 3 Abs. 4 UmwG). Die **Stiftung** kann sich allerdings lediglich an einer Ausgliederung und nur als übertragender Rechtsträger beteiligen (§ 124 Abs. 1 UmwG). Ein eingetragener **Verein** kann als übernehmender Rechtsträger im Wege der Spaltung nur andere eingetragene Vereine aufnehmen oder mit ihnen einen eingetragenen Verein gründen (§ 149 Abs. 2 UmwG).

26   Auf die Spaltung finden weitestgehend die **Vorschriften über die Verschmelzung** Anwendung (§ 125 UmwG).[19] Anders als bei der Verschmelzung gibt es bei der Spaltung **keine Prüfung** durch einen sachverständigen Prüfer und folglich auch **keinen Prüfungsbericht** (§ 125 Abs. 1 S. 2 UmwG). Wie bei der Verschmelzung finden auch bei der Spaltung je nach Rechtsform der beteiligten Rechtsträger besondere Vorschriften Anwendung (§§ 138 ff. UmwG).

III. Formwechsel

27   Der Formwechsel (§§ 190 ff. UmwG) stellt dabei einen Sonderfall dar, da es hier lediglich um den **Austausch der Rechtsform** geht und nicht um einen Vermögenstransfer von einem Rechtsträger auf einen anderen. Damit kommt es auch nicht zu einem arbeitsrechtlichen Betriebsübergang iSd § 613a BGB.

---

[18] Vgl. insb. die besonderen Vorschriften für Verschmelzungen unter Beteiligung von Personengesellschaften (§§ 39 ff. UmwG), unter Beteiligung von GmbHs (§§ 46 ff. UmwG) und unter Beteiligung rechtsfähiger Vereine (§§ 99 ff. UmwG).
[19] Vgl. hierzu sinngemäß die Ausführung in → Rn. 14 ff.

Zu beachten ist, dass zwar ein Formwechsel eines **Vereins**[20] bspw. **in eine GmbH** möglich ist, **umgekehrt aber nicht,** da der Verein als Zielrechtsform gesetzlich ausgeschlossen ist (§ 191 Abs. 2 UmwG). Ein Formwechsel eines Vereins in eine GmbH wird in der Praxis häufig dann durchgeführt, wenn die Rechtsform des Vereins aufgrund von dessen Entwicklung nicht mehr passt, etwa weil seine wirtschaftliche Betätigung das Nebenzweckprivileg zu überschreiten droht oder weil sich die Entscheidungswege unter Beteiligung der Mitgliederversammlung als zu unflexibel erweisen. 28

Für einen Formwechsel ist ein **Umwandlungsbeschluss** der Anteilsinhaber des formwechselnden Rechtsträgers erforderlich, der notariell beurkundet werden muss (§ 193 Abs. 1 und 3 S. 1 UmwG). Der Beschluss muss den Gesellschaftsvertrag der neuen Rechtsform enthalten (§ 218 UmwG; ggf. iVm § 243 Abs. 2 S. 1 UmwG oder § 276 Abs. 1 UmwG). Bei einem **Verein** muss eine Mehrheit von **mindestens drei Vierteln** der abgegebenen Stimmen in der Mitgliederversammlung zustimmen, sofern die Satzung keine größere Mehrheit vorsieht (§ 275 Abs. 2 S. 1 UmwG). Sofern zusammen mit dem Formwechsel der **Zweck des Vereins geändert wird,** müssen dem Formwechsel **alle Mitglieder** zustimmen (§ 275 Abs. 1 UmwG iVm § 33 Abs. 1 S. 2 BGB). Je nach Mitgliederzahl des Vereins kann dieses Erfordernis eine kaum überwindbare Hürde darstellen. Der Formwechsel bedarf einer Mehrheit von mindestens neun Zehnteln der abgegebenen Stimmen, wenn spätestens bis zum Ablauf des dritten Tages vor der Mitgliederversammlung wenigstens hundert Mitglieder, bei Vereinen mit weniger als tausend Mitgliedern ein Zehntel der Mitglieder durch eingeschriebenen Brief **Widerspruch** gegen den Formwechsel erhoben haben (§ 275 Abs. 2 S. 2 UmwG). 29

Ein **Umwandlungsbericht ist nicht erforderlich,** wenn an dem formwechselnden Rechtsträger entweder nur ein Anteilsinhaber beteiligt ist oder wenn alle Anteilsinhaber (auch die nicht anwesenden) durch notariell beurkundete Verzichtserklärung auf seine Erstattung verzichten (§ 192 Abs. 2 UmwG). 30

Der Formwechsel und die neue Rechtsform sind von den Geschäftsführern bzw. Vorständen in vertretungsberechtigter Zahl zur **Eintragung im Handelsregister bzw. Vereinsregister** des formwechselnden Rechtsträgers anzumelden (§ 198 UmwG). Mit der Eintragung wird der Formwechsel wirksam und der Rechtsträger existiert in der neuen Rechtsform weiter (§ 202 UmwG). Sofern nicht alle Anteilseigner an dem Rechtsträger in der neuen Rechtsform beteiligt sein wollen, müssen diese rechtzeitig vor Durchführung des Formwechsels austreten. 31

Je nach Rechtsform der beteiligten Rechtsträger können noch weitere Voraussetzungen zu beachten sein.[21] 32

C. Steuerliche Hürden

Bei der Umstrukturierung gemeinnütziger Unternehmen und Konzerne ist im Vorfeld genau zu prüfen, welche **steuerlichen Konsequenzen** die Umstrukturierung mit sich bringt. Besonderes Augenmerk liegt dabei natürlich auf dem **Erhalt der Gemeinnützigkeit.** Daneben sind die Auswirkungen auf die **Ertragsteuer** und ggf. auf die **Schenkungsteuer, Grunderwerbsteuer** und **Umsatzsteuer** zu untersuchen. 33

I. Gemeinnützigkeitsrecht

Bei der Umstrukturierung gemeinnütziger Konzerne und Unternehmen kommt der steuerlichen Prüfung eine besondere Bedeutung zu, damit dadurch nicht der Gemeinnüt- 34

---

[20] Zum Formwechsel eines eigetragenen Vereins in eine gGmbH: *Schwenn* npoR 2017, 192.
[21] Vgl. insb. die besonderen Vorschriften für den Formwechsel von Kapitalgesellschaften (§§ 226 ff. UmwG) und rechtsfähigen Vereinen (§§ 272 ff. UmwG).

zigkeitsstatus verloren wird. Es ist zu gewährleisten, dass insb. das **Gebot der zeitnahen Mittelverwendung** und die **Vermögensbindungsklausel** nicht beeinträchtigt werden. Mittel, die vor der Umstrukturierung bei dem übertragenden Rechtsträger der zeitnahen Mittelverwendung unterlegen haben, müssen auch vom übernehmenden Rechtsträger zeitnah verwendet werden. Erlischt der übertragende Rechtsträger bei der Umstrukturierung, zB bei der Verschmelzung oder der Aufspaltung, muss der übernehmende Rechtsträger zwingend gemeinnützig sein. Andernfalls wird gegen den Grundsatz der Vermögensbindung verstoßen. Allerdings muss der übernehmende Rechtsträger nicht bereits in der Satzung als Anfallberechtigter bei Auflösung genannt sein, da der Umwandlungsbeschluss ohnehin mit satzungsändernder Mehrheit gefasst wird und die entsprechende Satzungsklausel dann geändert werden kann.[22]

35 Dabei ist zu unterscheiden, ob die Umstrukturierung eine **Vermögensumschichtung** oder einen **Mittelabfluss** darstellt. Um eine Vermögensumschichtung handelt es sich, wenn der übertragende Rechtsträger für das übertragene Vermögen eine Gegenleistung erhält, zB Anteile an dem übernehmenden Rechtsträger wie bei der Ausgliederung oder bei einem entgeltlichen Asset Deal. Kommt es dagegen zu einem Mittelabfluss, müssen die Voraussetzungen des § 58 Nr. 1 AO beachtet werden. Der übernehmende Rechtsträger muss also selbst gemeinnützig sein. Nach der Gemeinnützigkeitsreform 2020 ist eine Zweckidentität nicht mehr erforderlich.[23]

36 Werden nur bestimmte **Teilbereiche** auf neu zu gründende Gesellschaften übertragen, ist zu prüfen, ob die Tätigkeit dort für eine Gemeinnützigkeit ausreicht. Ein typisches Beispiel ist die Verselbstständigung einer **Krankenhauswäscherei** oder **Zentralfunktionen** wie Buchhaltung, IT oder Ähnlichem. Solche Tätigkeiten waren für sich genommen nicht gemeinnützig. Nach der Gemeinnützigkeitsreform 2020 können die neuen Körperschaften unter Anwendung des § 57 Abs. 3 AO nunmehr gleichwohl gemeinnützig ausgestaltet werden, wenn ein planvolles Zusammenwirken mit anderen gemeinnützigen Körperschaften erfolgt und die Satzung entsprechend gestaltet wird.[24]

37 Häufig sind bei Umwandlungen **Satzungsänderungen** erforderlich bzw. wird im Falle des Formwechsels oder einer Verschmelzung/Spaltung zur Neugründung eine **neue Satzung** erstellt. Deshalb sollte vorab beim zuständigen **Finanzamt** die **informelle Bestätigung** eingeholt werden, dass gegen die neue Satzung keine gemeinnützigkeitsrechtlichen Bedenken bestehen. Nach der Eintragung kann dann ein neuer Bescheid nach § 60a AO beantragt werden, der die formelle Satzungsmäßigkeit offiziell bestätigt. Bei Neugründung und Formwechsel muss nach der Eintragung im Handelsregister zudem der **Fragebogen zur steuerlichen Erfassung** ausgefüllt werden. Zu beachten ist schließlich, dass die **Bindungswirkung verbindlicher Auskünfte,** die in der Vergangenheit eingeholt wurden, nur erhalten bleibt, wenn eine Gesamtrechtsnachfolge vorliegt.[25] Bei einer Einzelrechtsnachfolge müssen verbindliche Auskünfte deshalb ggf. erneut beantragt werden.

II. Ertragsteuern

38 Zentrale Frage bei der Umstrukturierung nicht gemeinnütziger Unternehmen ist, ob diese **ertragsteuerneutral,** also ohne Aufdeckung und Besteuerung der **stillen Reserven** erfolgen kann. Bei einer Verschmelzung nach dem UmwG ist eine ertragsteuerneutrale Übertragung möglich, wenn der übertragende Rechtsträger in der steuerlichen Schlussbilanz auf **Antrag** den **Buchwert** der übertragenen Wirtschaftsgüter ansetzt (§ 11 Abs. 2, 3

---

[22] Schauhoff Gemeinnützigkeits-HdB/*Kirchhain* § 19 Rn. 27; vgl. auch OLG Düsseldorf 29.1.2019 – 25 Wx 53/18, ZIP 2020, 27, das in einer Vermögensbindungsklausel zu Recht kein Verschmelzungshindernis iSd § 99 Abs. 2 UmwG sieht.
[23] AEAO zu § 58 Nr. 1 Tz. 3.
[24] Siehe hierzu ausführlich → § 2 Rn. 122 ff.
[25] AEAO zu § 89 Tz. 3.6.2.

UmwStG). Voraussetzung für den Buchwertansatz ist ua, dass die stillen Reserven später bei dem übernehmenden Rechtsträger der Körperschaftsteuer unterliegen. Bei einer Auf- oder Abspaltung ist weitere Voraussetzung, dass ein **Teilbetrieb** übertragen wird und im Falle der Abspaltung bei dem übertragenden Rechtsträger ein Teilbetrieb verbleibt (§ 15 Abs. 1 UmwStG iVm § 11 Abs. 2, 3 UmwStG). Ist der übernehmende Rechtsträger eine gemeinnützige Körperschaft und nutzt diese die **Wirtschaftsgüter im steuerfreien Bereich,** ist die Voraussetzung, dass die stillen Reserven später der Körperschaftsteuer unterliegen, nicht erfüllt, sodass die zu übertragenden Wirtschaftsgüter mit dem **gemeinen Wert** anzusetzen sind.[26] Zu einer Steuerbelastung kommt es gleichwohl nicht, wenn die Wirtschaftsgüter aus dem steuerfreien Bereich des übertragenden Rechtsträgers stammen, da ein etwaiger Veräußerungsgewinn aufgrund der Gemeinnützigkeit nicht der Ertragsteuer unterliegt. Waren die Wirtschaftsgüter einem **wirtschaftlichen Geschäftsbetrieb** und damit der steuerpflichtigen Sphäre des übertragenden Rechtsträgers zugeordnet, ist der **Buchwertansatz** möglich, da insoweit eine Besteuerung mit Körperschaftsteuer erfolgen wird und somit die Voraussetzungen des § 11 Abs. 1 UmwStG erfüllt sind. Bei einer Ausgliederung ist zudem erforderlich, dass der gesamte Betrieb übergeht und nicht für diesen unter funktionalen Gesichtspunkten wesentliche Wirtschaftsgüter zurückbehalten werden.

Zu einer **Besteuerung der stillen Reserven** kann es aber kommen, wenn die Wirtschaftsgüter beim übertragenden Rechtsträger einem steuerpflichtigen wirtschaftlichen Geschäftsbetrieb zugeordnet waren, beim übernehmenden Rechtsträger aber im steuerfreien Bereich genutzt werden sollen. In diesem Fall sind die Voraussetzungen für den Buchwertansatz nicht erfüllt und ein etwaiger Umwandlungsgewinn fällt in die partielle Steuerpflicht des übertragenden Rechtsträgers. Bei Beteiligung des übertragenden Rechtsträgers an einer Tochterkapitalgesellschaft oder Personengesellschaft gilt das UmwStG vorrangig vor § 6 Abs. 1 Nr. 4 EStG. **39**

Bei dem **übernehmenden Rechtsträger** ist der Wert aus der Schlussbilanz des übertragenden Rechtsträgers zu übernehmen (§ 12 Abs. 1 UmwStG, bei Auf- und Abspaltung iVm § 15 Abs. 1 S. 1 UmwStG). Bei einer Verschmelzung auf die Muttergesellschaft kann je nach Wertansatz handelsbilanziell ein **Verschmelzungsgewinn oder -verlust** entstehen, der aber steuerlich außer Ansatz bleibt (§ 12 Abs. 2 UmwStG). Bei der Übernahme in einen wirtschaftlichen Geschäftsbetrieb sollte ein Verschmelzungsverlust dennoch vermieden werden. Denn **Verluste im wirtschaftlichen Geschäftsbetrieb** sind bei Dauerhaftigkeit gemeinnützigkeitsschädlich.[27] Entsteht ein Verschmelzungsverlust, könnte dies daraufhin deuten, dass mit der verschmolzenen Tochtergesellschaft ein schädlicher Verlust erwirtschaftet wurde. Es muss in einem solchen Fall daher gesichert erscheinen, dass in Zukunft tatsächlich Mittel zufließen und die übernommenen Wirtschaftsgüter im wirtschaftlichen Geschäftsbetrieb Gewinne erwirtschaften werden. Wenn die Übernahme in den steuerfreien Bereich erfolgt, wird eine Ausschüttung angenommen (§ 12 Abs. 5 UmwStG), die nach Besteuerung der aufgedeckten stillen Reserven im steuerpflichtigen wirtschaftlichen Geschäftsbetrieb bei der übernehmenden gemeinnützigen Körperschaft steuerfrei bleibt. **40**

Bei den **Anteilseignern** des übertragenden Rechtsträgers gelten die Anteile als zum gemeinen Wert veräußert und die an ihre Stelle tretenden Anteile an der übernehmenden Körperschaft gelten als mit diesem Wert angeschafft (§ 13 Abs. 1 UmwStG). Wurde die Beteiligung **im steuerfreien Bereich** gehalten, fällt auf Ebene des Anteilseigners keine Steuer an. Wurde die Beteiligung **im wirtschaftlichen Geschäftsbetrieb** gehalten, kann eine Besteuerung vermieden werden, wenn auf Antrag der Buchwert angesetzt wird (§ 13 Abs. 2 UmwStG). **41**

---

[26] Haritz/Menner/Bilitewski/*Bärwaldt* UmwStG § 11 Rn. 40; Schmitt/Hörtnagl/*Schmitt* UmwStG § 11 Rn. 97.
[27] AEAO zu § 55 Abs. 1 Tz. 9.

42 Bei einem **Formwechsel** bleibt der Rechtsträger identisch und wechselt nur die Rechtsform, sodass es nicht zu einer Besteuerung kommt, sofern die Gemeinnützigkeit gewahrt bleibt.

43 Findet die **Umstrukturierung außerhalb des UmwG** statt und ist ein **wirtschaftlicher Geschäftsbetrieb** betroffen, liegt eine **Betriebsaufgabe bzw. eine Betriebsveräußerung** vor, die im Grundsatz zu einem steuerpflichtigen Aufgabe- bzw. Veräußerungsgewinn, dh Aufdeckung und Besteuerung der stillen Reserven, führt (§ 8 Abs. 1 KStG iVm § 16 Abs. 3 EStG). Wird ein Betrieb oder Teilbetrieb **unentgeltlich** übertragen, ist der **Buchwert** anzusetzen, sofern die Besteuerung der stillen Reserven sichergestellt ist (§ 8 Abs. 1 KStG iVm § 6 Abs. 3 S. 3 EStG), der wirtschaftliche Geschäftsbetrieb also bei dem übernehmenden Rechtsträger fortgeführt wird. Wird der wirtschaftliche Geschäftsbetrieb vom übernehmenden Rechtsträger **nicht fortgeführt,** sondern die Wirtschaftsgüter im **steuerfreien Bereich verwendet,** kann ggf. das **Buchwertprivileg** des § 6 Abs. 1 Nr. 4 S. 4 EStG in Anspruch genommen werden, wenn die Übertragung unentgeltlich erfolgt. An der Unentgeltlichkeit scheitert es allerdings häufig, da oftmals auch **Verbindlichkeiten** übernommen werden.

III. Sonstige Steuern

44 Schließlich kann eine Umstrukturierung ggf. Umsatzsteuer, Schenkungsteuer und Grunderwerbsteuer auslösen.

45 **Umsatzsteuer** kommt in Betracht, wenn der übertragende Rechtsträger **Unternehmer** iSd Umsatzsteuerrechts ist. Dies ist der Fall, soweit er Wirtschaftsgüter aus dem Zweckbetrieb oder dem wirtschaftlichen Geschäftsbetrieb überträgt. Häufig liegt dann allerdings eine **Geschäftsveräußerung im Ganzen** vor, die gem. § 1 Abs. 1a UStG nicht der Umsatzsteuer unterliegt. Voraussetzung dafür ist, dass der übernehmende Rechtsträger die Tätigkeit des übertragenden Rechtsträgers im Rahmen seiner eigenen Geschäftstätigkeit fortführt.[28] Daran würde es fehlen, wenn die Wirtschaftsgüter beim übernehmenden Rechtsträger fortan im ideellen Bereich eingesetzt würden.

46 Zu prüfen ist zudem, ob eine bestehende **umsatzsteuerliche Organschaft** durch die Umstrukturierung aufgehoben oder eine neue begründet wird oder ggf. **Vorsteuerkorrekturen** nach § 15a UStG ausgelöst werden könnten. Anders als im Ertragsteuerrecht kann die Umwandlung im Umsatzsteuerrecht nicht zurückbezogen werden. Der ausführende Unternehmer wechselt im Zeitpunkt des zivilrechtlichen Übergangs.

47 **Schenkungsteuerliche** Fragen können sich stellen, wenn die Vermögensübertragung (teilweise) unentgeltlich erfolgt. Schenkungsteuer fällt aber nicht an, wenn der übernehmende Rechtsträger selbst gemeinnützig ist (§ 13 Abs. 1 Nr. 16 Buchst. b ErbStG). Dies gilt auch für die Übertragung eines Zweckbetriebs.[29] Wird einer gemeinnützigen Körperschaft ein wirtschaftlicher Geschäftsbetrieb zugewendet, bleiben die Voraussetzungen für die Steuerbefreiung für diese und weitere Zuwendungen an die Körperschaft grundsätzlich erhalten.[30] Führt die gemeinnützige Körperschaft den Betrieb fort, ist Voraussetzung, dass der wirtschaftliche Geschäftsbetrieb verpflichtet ist, seine Überschüsse an den ideellen Bereich abzugeben und diese Verpflichtung auch tatsächlich erfüllt.[31]

48 Werden bei einer (teilweise) entgeltlichen Umstrukturierung Grundstücke, grundstücksgleiche Rechte oder Anteile an Grundbesitz haltenden Gesellschaften übertragen, kann grundsätzlich **Grunderwerbsteuer** anfallen. Hier ergeben sich aufgrund der Gemeinnützigkeit keine Besonderheiten gegenüber Umstrukturierungen unter nicht gemeinnützigen Gesellschaften, da das GrEStG keine Sondervorschriften für gemeinnützige Körperschaften

---

[28] UStAE 1.5 Abs. 1.
[29] ErbStR R E 13.8 Abs. 2 S. 2.
[30] ErbStR R E 13.8. Abs. 2 S. 5.
[31] ErbStR R E 13.8. Abs. 2 S. 6.

vorsieht. Bei einer nach dem UmwG durchgeführten Umstrukturierung innerhalb eines Konzerns kommt grundsätzlich eine Befreiung von der Grunderwerbsteuer nach § 6a GrEStG in Betracht.[32]

---

[32] Zur Frage der Anwendbarkeit der Vorschrift auf Vereine siehe *Wachter* npoR 2020, 283 (283 f.); vgl. zur Grunderwerbsteuer → § 7 Rn. 187 f.

§ 11 Krise, Insolvenz und Sanierung

Übersicht

	Rn.
A. Gesellschaftsrechtliche Pflichten	3
B. Insolvenzantragspflicht	4
I. Überschuldung	6
II. Zahlungsunfähigkeit	9
III. Vorbereitung und Stellung des Insolvenzantrags	10
C. Sanierungsmaßnahmen	12
I. Qualifizierter Rangrücktritt	13
II. Eigenkapitalzuschuss	14
III. Außergerichtliche Sanierung	16
IV. Restrukturierungsrahmen	17
D. Insolvenzverfahren	19
E. Vermeidung strafrechtlicher Haftung	22

Auch gemeinnützige Unternehmen und Konzerne können – wie jedes andere Unternehmen – in eine (existenzbedrohende) Krisensituation geraten. Die Unternehmensleitung muss sicherstellen, dass sie eine Krise rechtzeitig erkennen kann und in dieser Ausnahmesituation alle gesetzlichen Handlungspflichten fristgerecht erfüllt. Geht die Krise mit einer Existenzbedrohung einher, müssen insb. die insolvenzrechtlichen Pflichten sorgfältig überwacht werden. Die Pflichten sind grundsätzlich für alle Rechtsformen gleich, unterscheiden sich mitunter aber im Detail. Schließlich muss je nach Rechtsform darauf geachtet werden, dass die entsprechenden Gremien in jedem Stadium der Krise ordnungsgemäß eingebunden werden. Es gilt einerseits zivilrechtliche und strafrechtliche Haftungsfallen der Organe zu vermeiden und andererseits rechtzeitig Sanierungsmöglichkeiten zu sondieren. Hierzu gibt es mit dem Unternehmensstabilisierungs- und -restrukturierungsgesetz (StaRuG),[1] mit dem die EU-Richtlinie über Restrukturierung und Insolvenz[2] umgesetzt wurde, seit 1.1.2021 neue Regelungen. Kommt es zu einer finanziellen Krise und drohen dem Unternehmen die liquiden Mittel auszugehen, wird zu prüfen sein, ob Insolvenz angemeldet werden muss (→ Rn. 4 ff.), oder mittels einer Sanierung vor Insolvenzantragstellung (→ Rn. 12 ff.) eine Einigung mit den Gläubigern gefunden werden kann. Ist die Krise eingetreten, entsteht für die Organe eine Reihe von Handlungspflichten, welche nachfolgend kurz im Überblick erläutert werden. **1**

In jeder Krisensituation stellt sich zudem die Frage nach dem richtigen Umgang damit in der **Kommunikation** nach innen und außen. Gerade gemeinnützige Unternehmen und Konzerne sind darauf angewiesen, dass in einer Krisensituation das Vertrauen insb. der Öffentlichkeit nicht verloren geht. **2**

---

[1] Gesetz über den Stabilisierungs- und Restrukturierungsrahmen für Unternehmen (Unternehmensstabilisierungs- und -restrukturierungsgesetz – StaRuG) vom 22.12.2020, BGBl. 2020 I 3256.
[2] Richtlinie (EU) 2019/1023 des Europäischen Parlaments und des Rates vom 20.6.2019 über präventive Restrukturierungsrahmen, über Entschuldung und über Tätigkeitsverbote sowie über Maßnahmen zur Steigerung der Effizienz von Restrukturierungs-, Insolvenz- und Entschuldungsverfahren und zur Änderung der Richtlinie (EU) 2017/1132 (Richtlinie über Restrukturierung und Insolvenz).

A. Gesellschaftsrechtliche Pflichten

3   Gerät das Unternehmen in eine Krise, ist darauf zu achten, die verschiedenen **Gremien** rechtzeitig einzubeziehen. Bei der gGmbH ist die Geschäftsführung verpflichtet, spätestens bei Verlust der Hälfte des Stammkapitals die Gesellschafterversammlung einzuberufen (§ 49 Abs. 3 GmbHG). Bei der Berechnung ist auf die tatsächliche Vermögenssituation abzustellen. Stille Reserven sind nicht zu berücksichtigen,[3] ebenso wenig der Umstand, dass Darlehen ggf. nachrangig sind oder mit einem Rangrücktritt versehen sind.[4] Eine außerordentliche Mitgliederversammlung des Vereins ist einzuberufen, wenn es das Interesse des Vereins gebietet (§ 36 BGB), was bei drohender Insolvenz der Fall ist. Daneben ist in einer Krisensituation selbstverständlich – falls vorhanden – das Kontrollorgan frühzeitig einzubeziehen und bei Stiftungen die **Stiftungsaufsicht** zu informieren.

B. Insolvenzantragspflicht

4   Die zentrale Pflicht in einer Krise ist die fortlaufende **Prüfung der Insolvenzantragspflicht**.[5] Die Geschäftsleitung muss die Finanzen ihrer Organisation stets im Blick haben. Bei Anzeichen einer Krise hat die Geschäftsleitung einen aktuellen Liquiditäts- und Überschuldungsstatus aufzustellen und fortlaufend zu aktualisieren. Dabei muss auch geprüft werden, ob ggf. noch Verbindlichkeiten oder Rückstellungen gebucht werden müssen. Sofern die Organisation über ein Kontrollorgan verfügt, verdichten sich in der Krise dessen Überwachungspflichten.

5   Eine Krisensituation kann auch entstehen, wenn durch eine Betriebsprüfung eine **Steuernachforderung** in erheblicher Höhe droht, die das Eigenkapital des Unternehmens aufzubrauchen droht. Solange noch keine geänderten Steuerbescheide nach der Betriebsprüfung ergangen sind, kommt die Bildung einer Rückstellung in Betracht. Diese ist grundsätzlich nicht zu bilden, solange überwiegende Erfolgsaussichten des Einspruchs oder der Klage gegen den möglicherweise ergehenden Steuerbescheid bestehen. Dazu sollte eine qualifizierte Rechtsmeinung eingeholt werden. In jedem Verfahrensabschnitt ist ggf. neu zu beurteilen, wie aufgrund des unstreitigen oder streitigen Sachverhalts die Erfolgsaussichten eingeschätzt werden. Wird ein geänderter Steuerbescheid erlassen, ist, auch wenn Rechtsmittel dagegen eingelegt werden, eine entsprechende Verbindlichkeit zu buchen, es sei denn, es wird auf Antrag die **Aussetzung der Vollziehung (AdV)** der Steuerzahlung gewährt.[6] Die AdV setzt voraus, dass ernstliche Zweifel an der Rechtmäßigkeit des angefochtenen Steuerbescheids bestehen oder die Vollziehung für den Betroffenen eine unbillige, nicht durch überwiegende öffentliche Interessen gebotene Härte zur Folge hätte (§ 361 Abs. 2 AO). Bei gewährter AdV ist die Verbindlichkeit weiterhin nicht fällig. Sofern der Erfolg des Einspruchs bzw. der Klage gegen den Steuerbescheid überwiegend wahrscheinlich erscheint – worauf die Gewährung der AdV hindeutet – muss auch keine Rückstellung gebildet werden. Wird die AdV dagegen nicht gewährt, kann nach wohl überwiegender Auffassung eine Gegenforderung an das Finanzamt (Steuerrückerstattungsanspruch) erst mit erneuter Änderung bzw. Aufhebung des Steuerbescheids angesetzt werden, selbst wenn der Erfolg des Einspruchs oder der Klage überwiegend wahrscheinlich erscheint.[7] Aller-

---

[3] MüKo GmbHG/*Liebscher* GmbHG § 49 Rn. 59; Altmeppen/*Altmeppen* GmbHG § 49 Rn. 19.
[4] MüKo GmbHG/*Liebscher* GmbHG § 49 Rn. 60; Altmeppen/*Altmeppen* GmbHG § 49 Rn. 19; Baumbach/Hueck/*Zöllner/Noack* GmbHG § 49 Rn. 19.
[5] § 15a InsO; Verein: § 42 Abs. 2 BGB; Stiftung: § 42 Abs. 2 iVm § 86 S. 1 BGB bzw. ab 1.7.2023 iVm § 84 Abs. 5 BGB idF des Gesetzes zur Vereinheitlichung des Stiftungsrechts vom 16.7.2021, BGBl. 2021 I 2947.
[6] BGH 22.5.2014 – IX ZR 95/13, DB 2014, 1480; IDW S 11 Rn. 31.
[7] HFA: Bilanzierung Bestrittener Steuerforderungen und -schulden nach HGB, IDW Life 2017, 528.

dings kann dies dann zur buchmäßigen Überschuldung führen, wenn die Zahlungsfähigkeit weiter gegeben ist. Ein meist mehrere Jahre dauernder Rechtsstreit über die Berechtigung der Steuerforderung wird nur dann ausgetragen werden können, wenn aufgrund der Erfolgswahrscheinlichkeit eine positive Fortführungsprognose besteht.

I. Überschuldung

Überschuldung liegt vor, wenn das Vermögen der gemeinnützigen Organisation die bestehenden Verbindlichkeiten nicht deckt, es sei denn, es liegt eine positive Fortführungsprognose vor (§ 19 Abs. 2 S. 1 InsO). 6

Für die **Fortführungsprognose** kommt es darauf an, ob für mindestens zwölf Monate (vorübergehend bis 31.12.2021 reichen unter bestimmten Voraussetzungen vier Monate)[8] eine Fortführung des Unternehmens überwiegend wahrscheinlich erscheint. Entscheidend ist, ob in diesem Zeitraum voraussichtlich alle fälligen Zahlungsverpflichtungen erfüllt werden können. Die Fortführungsprognose wird auf der Grundlage des Unternehmenskonzepts und des aus der integrierten Planung abgeleiteten Finanzplans getroffen.[9] Das Unternehmenskonzept muss mit einem realistischen Sanierungsplan zeigen, auf welche Weise in hinreichender Zeitnähe die erforderlichen ertragswirksamen Ziele und eine Ausräumung der Überschuldungssituation tatsächlich erreicht werden können.[10] 7

In der **Überschuldungsbilanz** sind die Vermögenswerte abweichend von den handelsrechtlichen Bewertungsansätzen mit den Liquidationswerten anzusetzen. Dabei können deshalb auch stille Reserven berücksichtigt werden.[11] Nachrangige oder mit einem qualifizierten Rangrücktritt versehene Verbindlichkeiten finden unter bestimmten Voraussetzungen keinen Eingang in die Überschuldungsbilanz, weshalb sie als Mittel zur Abwendung einer Insolvenz eingesetzt werden können.[12] Gesellschafterdarlehen sind grundsätzlich nachrangig (§ 39 Abs. 4 S. 1 InsO). Darlehen von Vereinsmitgliedern an den Verein sind dagegen nicht nachrangig, da die Vereinsmitglieder nicht am Vereinsvermögen beteiligt sind. Zur Sanierung eines gemeinnützigen Unternehmens werden regelmäßig Wege gesucht, um diesem frisches Kapital zuzuführen, welches eigenkapitalähnlich behandelt werden kann, weil die Gläubiger entsprechende Erklärungen abgeben. 8

II. Zahlungsunfähigkeit

Zahlungsunfähigkeit liegt vor, wenn die gemeinnützige Organisation nicht in der Lage ist, ihre fälligen Zahlungspflichten zu erfüllen (§ 17 Abs. 2 S. 1 InsO). Dieselbe wird vermutet, wenn die gemeinnützige Organisation ihre Zahlungen eingestellt hat (§ 17 Abs. 2 S. 2 InsO). Abzugrenzen ist die Zahlungsunfähigkeit von der **Zahlungsstockung,** bei der die Zahlungsverpflichtungen lediglich vorübergehend nicht vollständig erfüllt werden können. Zahlungsunfähig ist ein Unternehmen dann, wenn es nicht in der Lage ist, seine fälligen Verbindlichkeiten zu begleichen und die bestehende Liquiditätslücke innerhalb von drei Wochen vollständig zu schließen.[13] Beträgt eine innerhalb von drei Wochen nicht zu beseitigende Liquiditätslücke weniger als 10% der fälligen Gesamtverbindlichkeiten, ist regelmäßig von Zahlungsfähigkeit auszugehen, es sei denn, es ist bereits absehbar, dass die 9

---

[8] Art. 10 SanInsFoG vom 22.12.2020, BGBl. 2020 I 3256, der das COVID-19-Insolvenzaussetzungsgesetz (CoVInsAG) vom 20.3.2020, BGBl. 2020 I 569 ergänzt. Voraussetzung ist, dass die Überschuldung auf die COVID-19-Pandemie zurückzuführen ist.
[9] IDW S 11 Rn. 59.
[10] IDW S 11 Rn. 60.
[11] IDW S 11 Rn. 74.
[12] Siehe unter → Rn. 13; IDW S 11 Rn. 87; BGH 5.3.2015 – IX ZR 133/14, NJW 2015, 1672; Andres/Leithaus/*Leithaus* InsO § 19 Rn. 10; RHW InsR/*Heckschen* § 4 Rn. 456.
[13] BGH 24.5.2005 – IX ZR 123/04, BGHZ 163, 134.

Lücke demnächst mehr als 10% erreichen wird.[14] Um die Zahlungsunfähigkeit von der Zahlungsstockung abgrenzen zu können, ist ein stichtagsbezogener Finanzstatus und darauf aufbauend ein zeitraumbezogener Finanzplan aufzustellen.[15]

III. Vorbereitung und Stellung des Insolvenzantrags

10 Liegt Überschuldung oder Zahlungsunfähigkeit und damit ein Insolvenzgrund vor, muss der Geschäftsführer einer **gGmbH** spätestens drei Wochen nach Eintritt der Zahlungsunfähigkeit und spätestens sechs Wochen nach Eintritt der Überschuldung einen **Insolvenzantrag** stellen (§ 15a Abs. 1 InsO). Die Pflicht trifft grundsätzlich jeden einzelnen Geschäftsführer und bei Führungslosigkeit auch die Gesellschafter (§ 15a Abs. 3 InsO). Bei **Vereinen** und **Stiftungen** ist jedes einzelne Vorstandsmitglied zur Stellung des Antrags verpflichtet. Anders als bei der gGmbH muss der Antrag aber nicht spätestens innerhalb von drei bzw. sechs Wochen gestellt werden.[16] Allerdings kann sich der Vorstand schadensersatzpflichtig machen, wenn er schuldhaft die Stellung des Antrags verzögert.[17] Verbindlichkeiten, die wegen verspäteter Stellung des Insolvenzantrags nicht mehr erfüllt werden können, können dann aus dem Privatvermögen der handlungspflichtigen Organe gefordert werden. Im Ergebnis sollte der Antrag daher ebenfalls innerhalb von drei Wochen nach Eintritt der Zahlungsunfähigkeit bzw. sechs Wochen nach Eintritt der Überschuldung gestellt werden. Deswegen ist, sobald die Krise auftritt, rasches Handeln geboten, um Sanierungsmöglichkeiten nicht nur zu prüfen, sondern auch rechtzeitig zu vereinbaren.

11 Nach Eintritt der Zahlungsunfähigkeit oder Überschuldung dürfen die Geschäftsführer einer **gGmbH** nur noch **Zahlungen** tätigen, die mit der Sorgfalt eines ordentlichen und gewissenhaften Geschäftsleiters vereinbar sind (§ 15b Abs. 1 InsO). Zahlungen, die im ordnungsgemäßen Geschäftsgang erfolgen – insb. solche Zahlungen, die der Aufrechterhaltung des Geschäftsbetriebs dienen – gelten als mit der Sorgfalt eines ordentlichen und gewissenhaften Geschäftsleiters vereinbar, wenn die Insolvenzantragspflichten beachtet und Maßnahmen zur nachhaltigen Beseitigung der Insolvenzreife oder zur Vorbereitung eines Insolvenzantrags eingehalten wurden (§ 15b Abs. 2 S. 1 und 2 InsO). Dazu gehören zB die Zahlungen auf die Wasser-, Strom- und Heizrechnungen, aber auch die Abführung der Arbeitnehmeranteile der Sozialversicherung und Lohnsteuer.[18] Zahlungen, die im Zeitraum zwischen der Stellung des Antrags und der Eröffnung des Insolvenzverfahrens geleistet werden, gelten auch dann als mit der Sorgfalt eines ordentlichen und gewissenhaften Geschäftsleiters vereinbar, wenn diese mit Zustimmung eines vorläufigen Insolvenzverwalters vorgenommen wurden (§ 15b Abs. 2 S. 3 InsO). Bei **Vereinen** und **Stiftungen** gilt das Zahlungsverbot nicht.[19]

C. Sanierungsmaßnahmen

12 In einer Krisensituation kommt der Frage, wie eine drohende Insolvenz ggf. abgewendet kann, eine wesentliche Rolle zu. Je nach Unternehmen kommen verschiedene Maßnah-

---

[14] BGH 24.5.2005 – IX ZR 123/04, BGHZ 163, 134.
[15] IDW S 11 Rn. 23.
[16] § 42 Abs. 2 S. 1 BGB, bei Stiftungen iVm § 86 S. 1 BGB bzw. ab 1.7.2023 iVm § 84 Abs. 5 BGB idF des Gesetzes zur Vereinheitlichung des Stiftungsrechts vom 16.7.2021, BGBl. 2021 I 2947. § 15a InsO gilt dagegen gem. § 15a Abs. 7 InsO nicht.
[17] § 42 Abs. 2 S. 2 BGB, bei Stiftungen iVm § 86 S. 1 BGB bzw. ab 1.7.2023 iVm § 84 Abs. 5 BGB idF des Gesetzes zur Vereinheitlichung des Stiftungsrechts vom 16.7.2021, BGBl. 2021 I 2947.
[18] BGH 14.5.2007 – II ZR 48/06, DStR 2007, 1174; BGH 5.11.2007 – II ZR 262/06, NZI 2008, 126; BGH 25.1.2011 – II ZR 196/09, NZG 2011, 303.
[19] Vgl. Gesetzesbegründung vom 16.12.2020, BT-Drs. 19/25353, 11. Eine Haftung des Vereinsvorstands wurde trotz zahlreicher Forderungen, ua durch den Deutschen Juristentag 2018 Beschluss Nr. 20 der Abteilung Zivil-, Wirtschafts- und Steuerrecht, abrufbar unter www.djt.de, nicht in das Gesetz aufgenommen.

men in Betracht, die an dieser Stelle nicht im Detail betrachtet werden können.[20] Wenn alle Gläubiger rechtzeitig überzeugt werden können, kann eine **außergerichtliche Sanierung** vorgenommen werden. Seit 1.1.2021 kann aufgrund des Unternehmensstabilisierungs- und -restrukturierungsgesetzes zudem eine Sanierung im Rahmen eines **Restrukturierungsplans** (§ 5 StaRuG) erfolgen, ohne dass sämtliche Gläubiger zustimmen müssen. Im Rahmen des Insolvenzverfahrens kann eine Sanierung schließlich im Rahmen eines **Insolvenzplans** (§§ 217 ff. InsO) erfolgen.

I. Qualifizierter Rangrücktritt

Eine Überschuldung kann ggf. durch einen qualifizierten Rangrücktritt vermieden werden. Voraussetzung dafür ist, dass ein Schuld- oder Schuldänderungsvertrag abgeschlossen wird, nach dessen Inhalt die Forderung des Gläubigers nicht mehr passiviert wird und nur im Falle eines die Verbindlichkeiten übersteigenden Aktivvermögens befriedigt werden darf.[21] Die Rangrücktrittsvereinbarung muss sich sowohl auf den Zeitraum vor als auch nach Insolvenzeröffnung erstrecken.[22] Bei der Formulierung eines Rangrücktritts ist besondere Vorsicht geboten, damit dieser die qualifizierten Anforderungen tatsächlich erfüllt und damit den Zweck der Vermeidung der Überschuldung erfüllen kann.[23] 13

II. Eigenkapitalzuschuss

Eine drohende Insolvenz kann auch durch einen Eigenkapitalzuschuss abgewendet werden. In Betracht kommt eine **Zahlung in die Kapitalrücklage** oder eine **effektive Kapitalerhöhung** (Kapitalerhöhung gegen Einlage). In akuten Sanierungsfällen kann ausnahmsweise eine sofortige Erfüllungswirkung eintreten, auch wenn die Einlage vor dem Kapitalerhöhungsbeschluss und der damit üblicherweise verbundenen förmlichen Übernahme der Einlage geleistet wird.[24] Eine Durchbrechung der gesetzlichen Reihenfolge der einzuhaltenden Schritte kommt in Betracht, wenn die Rettung der sanierungsbedürftigen und sanierungsfähigen Gesellschaft scheitern würde, falls die üblichen Kapitalaufbringungsregeln beachtet werden müssten. Voraussetzung ist, dass die Gesellschafter mit Sanierungswillen handeln, die Gesellschaft nach der pflichtgemäßen Einschätzung eines objektiven Dritten objektiv sanierungsfähig ist und die Voreinzahlung objektiv geeignet ist, die Gesellschaft durchgreifend zu sanieren.[25] 14

Bei der **Stiftung** kommt eine Zahlung des Stifters mit der Auflage, dass diese dem nicht zu verbrauchenden Vermögen zugeführt werden soll, in Betracht. 15

III. Außergerichtliche Sanierung

Ist eine Sanierung aus eigener Kraft bzw. mit Unterstützung der Gesellschafter nicht möglich, kommt eine **außergerichtliche Sanierung mithilfe der Gläubiger** in Betracht. Voraussetzung für eine außergerichtliche Sanierung ist, dass das Unternehmen sanierungsfähig ist. Hierfür verlangen die beteiligten Gläubiger und Finanzierer idR ein Sanierungsgutachten nach IDW S 6. Welche Sanierungsmaßnahmen ergriffen werden – etwa Forderungsverzichte oder die Umwandlung von Fremd- in Eigenkapital – muss zwischen dem Unternehmen und den Gläubigern sowie den Organen bzw. Gesellschaftern verhan- 16

---

[20] Siehe hierzu ausführlich Gottwald/Haas InsR-HdB/*Drukarczyk/Schöntag* § 3.
[21] Grundlegend BGH 5.3.2015 – IX ZR 133/14, BGHZ 204, 231.
[22] BGH 5.3.2015 – IX ZR 133/14, BGHZ 204, 231.
[23] Vgl. FormB RS/*Schwedhelm/Wollweber* A. 6.51 Rn. 1 ff.
[24] BGH 26.6.2006 – II ZR 43/05, BGHZ 168, 201.
[25] BGH 26.6.2006 – II ZR 43/05, BGHZ 168, 201.

delt werden. Die vereinbarten Maßnahmen und Sanierungsbeiträge werden typischerweise in einem **Restrukturierungsrahmenvertrag** verbindlich niedergelegt. Der Vorteil einer solchen außergerichtlichen Sanierung ist, dass sie anders als bei einem Insolvenzverfahren ohne große Öffentlichkeit stattfinden kann. Der Nachteil besteht darin, dass der Abschluss eines Sanierungsrahmenvertrages freiwillig erfolgt und daher alle Gläubiger, die einen Sanierungsbeitrag leisten sollen, zustimmen müssen.

IV. Restrukturierungsrahmen

17   Mit dem Unternehmensstabilisierungs- und -restrukturierungsgesetz (StaRUG)[26] wurde zum 1.1.2021 in Umsetzung einer EU-Richtlinie der sog. Restrukturierungsrahmen eingeführt. Dieser stellt Unternehmen, die in eine Krise geraten sind, aber noch nicht insolvenzantragspflichtig sind, **präventive Stabilisierungs- und Restrukturierungsinstrumente,** insb. den Restrukturierungsplan, zur Verfügung (§ 29 StaRUG). Anders als die außergerichtliche Sanierung durch Abschluss eines Restrukturierungsrahmenvertrages kann ein Restrukturierungsplan – ähnlich einem Insolvenzplan – **auch gegen den Willen einzelner Gläubiger** durchgesetzt werden. So soll verhindert werden, dass eine wirtschaftlich vernünftige außergerichtliche Sanierung am Widerstand einzelner Beteiligter scheitert. Der Restrukturierungsplan ist für alle betroffenen Gläubiger verbindlich, wenn eine qualifizierte Mehrheit von 75% in den Gläubigergruppen – gerechnet nach der Höhe der jeweiligen Forderungen – erreicht wird (§ 25 Abs. 1 StaRUG).

18   Unternehmen erhalten Zugang zum Restrukturierungrahmen, wenn zwar die **Zahlungsunfähigkeit droht,** aber bisher weder Überschuldung noch Zahlungsunfähigkeit bereits eingetreten sind (§§ 29 Abs. 1, 33 StaRUG). Der Schuldner droht zahlungsunfähig zu werden, wenn er innerhalb der nächsten 24 Monate voraussichtlich nicht in der Lage sein wird, die bestehenden Zahlungspflichten im Zeitpunkt der Fälligkeit zu erfüllen (§ 18 Abs. 2 InsO).

D. Insolvenzverfahren

19   Scheitert die vorinsolvenzliche Sanierung und musste ein Insolvenzantrag gestellt werden, prüft das Insolvenzgericht im nächsten Schritt im Rahmen des **Eröffnungsverfahrens,** ob ein zulässiger Insolvenzantrag vorliegt. Hierbei wird geprüft, ob tatsächlich ein Insolvenzgrund besteht und – falls dies der Fall ist –, ob ausreichend Masse vorhanden ist, um wenigstens die Kosten des Verfahrens zu decken. Das Insolvenzgericht kann einen vorläufigen Insolvenzverwalter bestellen. Besteht ein Insolvenzgrund und ist genügend Insolvenzmasse vorhanden, eröffnet das Insolvenzgericht durch Beschluss das Insolvenzverfahren (§ 27 InsO). Mit dem Eröffnungsbeschluss beginnt das eigentliche Insolvenzverfahren. Mit der Eröffnung des Insolvenzverfahrens endet die Gemeinnützigkeit, wenn damit die eigentliche steuerbegünstigte Tätigkeit eingestellt wird.[27] Beim Verein und bei der Stiftung führt die Eröffnung des Insolvenzverfahrens oder die Ablehnung der Eröffnung des Insolvenzverfahrens mangels Masse zur Auflösung.[28]

20   Im **Eröffnungsbeschluss** bestellt das Insolvenzgericht den Insolvenzverwalter und setzt eine Frist zur Anmeldung der Insolvenzforderungen. Möglich ist auf Antrag auch ein Insolvenzverfahren in Eigenverantwortung ohne Insolvenzverwalter (§§ 270 ff. InsO).

---

[26] Gesetz über den Stabilisierungs- und Restrukturierungsrahmen für Unternehmen (Unternehmensstabilisierungs- und -restrukturierungsgesetz – StaRUG) vom 22.12.2020, BGBl. 2020 I 3256.

[27] BFH 16.5.2007 – I R 14/06, BStBl. II 2007, 808; siehe zu den Auswirkungen der Eröffnung des Insolvenzverfahrens auf die Gemeinnützigkeit auch NK-GemnR/*von Holt* § 55 Rn. 136 f. und § 56 Rn. 59 f.

[28] Verein: § 42 Abs. 1 S. 1 BGB, Stiftung: § 42 Abs. 1 S. 1 iVm § 86 S. 1 BGB bzw. ab 1.7.2023 iVm § 87b BGB idF des Gesetzes zur Vereinheitlichung des Stiftungsrechts vom 16.7.2021, BGBl. 2021 I 2947.

Der **Insolvenzverwalter** nimmt die Insolvenzmasse in Besitz, prüft und verwaltet die 21
Bestände, entscheidet über die Fortsetzung oder Beendigung bestehender Verträge und
schwebender Prozesse und prüft, ob Anfechtungsrechte bestehen. In der Regel wird
das Unternehmen zunächst fortgeführt. Die **Gläubigerversammlung** entscheidet, ob das
Schuldnervermögen liquidiert werden soll, oder ob das Unternehmen – ganz oder teilweise – erhalten und fortgeführt werden soll. Eine Sanierung kann mithilfe des **Insolvenzplanverfahrens** erfolgen (§§ 217 ff. InsO). Im Rahmen eines Insolvenzplanverfahrens
können Gläubiger zu einem Sanierungsbeitrag, bspw. einem Forderungsverzicht, gezwungen werden, wenn die Gläubiger dem Insolvenzplan mehrheitlich zustimmen. Bei einem
Insolvenzverfahren in Eigenverantwortung kann eine Sanierung mithilfe des sog.
Schutzschirmverfahrens durchgeführt werden (§ 271 InsO). Sofern keine Sanierung in
Betracht kommt, wird das Vermögen verwertet und der Erlös an die Gläubiger, die jeweils
quotal befriedigt werden, verteilt.

E. Vermeidung strafrechtlicher Haftung

Neben einer zivilrechtlichen Haftung gilt es in der Krise insb. auch eine strafrechtliche 22
Haftung zu vermeiden, allem voran natürlich die Strafbarkeit wegen (fahrlässiger) **Insolvenzverschleppung** (§ 15a Abs. 4 und 5 InsO). Die Insolvenzverschleppung ist allerdings
nur bei der gGmbH strafbar, bei Verein und Stiftung ist sie dagegen nicht mit Strafe bedroht
(§ 15a Abs. 7 InsO). Mit am häufigsten wird daneben der Straftatbestand der **Vorenthaltung der Sozialversicherungsbeiträge** verwirklicht (§ 266a StGB). Das StGB stellt außerdem eine Reihe weiterer denkbarer Handlungen in der Krise unter Strafe, etwa den
(versuchten) **Bankrott** (§ 283 StGB), die (fahrlässige) **Verletzung der Buchführungspflicht** (§ 283b StGB) oder die (versuchte) **Gläubigerbegünstigung** (§ 283c StGB). In
Betracht kommt zudem eine Strafbarkeit wegen (versuchten) **Eingehungsbetrugs,** wenn
die Geschäftsleitung trotz Kenntnis der drohenden Insolvenz noch Verbindlichkeiten eingeht, ohne auf die angespannte Situation hinzuweisen (§ 263 StGB). Auch die Strafbarkeit
wegen **Untreue** ist denkbar wegen Gefährdung der Vermögenslage des Unternehmens bzw.
der Tochtergesellschaften (§ 266 StGB). Strafbar ist bei der gGmbH außerdem, wenn den
Gesellschaftern ein Verlust in Höhe der Hälfte des Stammkapitals (fahrlässig) nicht angezeigt
wird (§ 84 iVm § 49 Abs. 3 GmbHG).

§ 12 Zusammenfassung und Ausblick

Gemeinnützige Unternehmen und Konzerne sind einerseits Teil des Wirtschaftslebens, andererseits unterliegen sie rechtlichen Spezifika durch ihre gemeinnützige Prägung. Das Gemeinnützigkeitsrecht ist das Ordnungsrecht für gemeinnützige Unternehmen und Konzerne. Häufig wird es jedoch nur als Teil des Steuerrechts betrachtet. Dies ist aber ein Irrtum, denn das Gemeinnützigkeitsrecht regelt weit mehr als nur die Höhe der Steuern. Vielmehr legt die Abgabenordnung fest, dass die gemeinnützigkeitsrechtlichen Grundsätze in jeder Satzung einer gemeinnützigen Körperschaft niedergelegt sein müssen und daher die Organe der gemeinnützigen Körperschaft an diese gesetzlichen Vorgaben über die Satzung unmittelbar gebunden sind. Verstöße gegen die gemeinnützigkeitsrechtlichen Vorgaben führen zu einem Satzungsverstoß und damit zu einer Pflichtverletzung der handelnden Organe oder Beschäftigten, die ggf. zu einer persönlichen Schadensersatzhaftung führen kann. Die wesentlichen gemeinnützigkeitsrechtlichen Grundsätze sind die Ausschließlichkeit, die Selbstlosigkeit und Unmittelbarkeit, sowie die zeitnahe Mittelverwendung und formelle Satzungsmäßigkeit des gemeinnützigen Handelns. Jede Entscheidung einer gemeinnützigen Körperschaft muss im Einklang mit diesen Vorgaben vorgenommen werden. Dabei kommt es dem Gemeinnützigkeitsrecht insb. auf die Finalität der tatsächlichen Geschäftsführung der gemeinnützigen Organisation, ausgerichtet auf die gemeinnützige Zweckerfüllung, an. Verboten ist die Erwirtschaftung von Gewinnen im Interesse von Gesellschaftern, es sei denn, diese wären ihrerseits gemeinnützig. Ebenso ist die Vermögensmehrung zum reinen Selbstzweck untersagt. Vielmehr verlangt das Gemeinnützigkeitsrecht die Verfolgung spezifischer – in der Satzung niedergelegter – gemeinnütziger Zwecke. Dabei besteht ein weiter Ermessensspielraum, welche konkreten Maßnahmen ergriffen werden, solange diese auf Basis angemessener Informationen geeignet erscheinen, den gemeinnützigen Zweck zu erfüllen. Darauf muss das Handeln der gesamten Organisation stets ausgerichtet sein. **1**

Steuerlich hat das Gemeinnützigkeitsrecht insb. für die Ertragsteuern Bedeutung, da es eine Ertragsteuerbefreiung für den ideellen Bereich, den Bereich der Vermögensverwaltung und die sog. Zweckbetriebe bewirkt. Im Umsatzsteuerrecht knüpfen Steuerbefreiungen nicht direkt an die Gemeinnützigkeit an, doch gibt es für zahlreiche Steuerbefreiungen, bspw. für Wohlfahrtsbetriebe oder für die Jugendhilfe, Regeln, wonach Voraussetzung für die Steuerbegünstigung ist, dass die durch die Tätigkeit erwirtschafteten Umsätze nicht ausgeschüttet werden dürfen, sondern diesem gemeinnützigen Zweck gewidmet bleiben müssen. Es ist ein Irrtum, zu meinen, die Gemeinnützigkeit werde automatisch zur Ertrag- und Umsatzsteuerfreiheit führen. Dies hängt vielmehr von zahlreichen Details und der jeweiligen Steuerart ab, wie im Einzelnen dargestellt wurde. **2**

Das Gemeinnützigkeitsrecht gibt dem gemeinnützigen Unternehmen den rechtlichen Rahmen vor. Die Verfolgung gemeinnütziger Zwecke und eine unternehmerische Tätigkeit schließen sich nicht aus. Vielmehr ist es auch für gemeinnützige Organisationen regelmäßig erforderlich, unternehmerisch erfolgreich zu wirken, möchte man auf Dauer gemeinnützige Zwecke verfolgen. Das Gemeinnützigkeitsrecht kommt somit zu den üblichen Rechtsregeln für Unternehmen hinzu, ersetzt diese aber nicht. Das Gemeinnützigkeitsrecht schreibt den gemeinnützigen Körperschaften aber auch nicht detailliert vor, wodurch sie im Einzelnen die gemeinnützigen Zwecke zu fördern haben. Es lässt den Organen vielmehr einen weiten Ermessensspielraum, innerhalb dessen diese nach eigener Überzeugung jeweils den in der Satzung vorgegebenen gemeinnützigen Zweck fördern können. Das Gemeinnützigkeitsrecht möchte die zeitnahe Mittelverwendung sicherstellen. Es möchte **3** gleichzeitig verhindern, dass Dauerverlustbetriebe auf wirtschaftlichem Gebiet unterhalten werden und damit unzulässig Wettbewerb zu steuerpflichtigen Anbietern – subventioniert durch Erträge aus dem gemeinnützigen Bereich – aufgenommen wird. Ein Nebeneinander der gemeinnützigen Zweckverfolgung und sonstigen Zwecken, wie der Wirtschaftsförderung oder der Förderung der geselligen Interessen der Mitglieder oder der Verfolgung von Zwecken, die im gesetzlichen Katalog der gemeinnützigen Zwecke in § 51 Abs. 2 AO nicht vorgesehen sind, ist nicht erlaubt. Das Gemeinnützigkeitsrecht ist auch formstreng. Nur die Zwecke, die in der Satzung vorgesehen sind und bei denen auch die Art und Weise der jeweiligen Zweckverwirklichung nach § 60 AO in der Satzung niedergelegt sein muss, dürfen durch die gemeinnützige Körperschaft verfolgt werden.

4   Auch wenn das Gemeinnützigkeitsrecht „nur" einen Rahmen bestimmt, bedeutet dies nicht, dass der Rahmen konturenlos wäre. Wichtig ist zu verstehen, welchen Rahmen das Recht setzt und welche Entscheidungen jeweils nach pflichtgemäßer Ermessensausübung getroffen werden können. In diesem Zusammenhang spielt das Gesellschafts- und Zivilrecht mit dem Steuerrecht zusammen. Im Rahmen des vorgegebenen Ermessensspielraums darf auf der Grundlage angemessener Informationen eine vertretbare Entscheidung gefällt werden. Strengere Maßstäbe gelten bei Entscheidungen, die der Legalitätspflicht unterliegen. Selbstverständlich sind die dem gemeinnützigen Unternehmen und Konzern vorgegebenen Rechtsregeln zwingend zu beachten. Satzungsverstöße sind ebenso wenig erlaubt wie Verstöße gegen andere rechtliche Vorgaben. Dabei ist den Organen auch nicht erlaubt, gleichsam selbst nach eigenem Gutdünken die Satzungsvorschriften auszulegen. Vielmehr gibt das Gemeinnützigkeitsrecht in der Interpretation durch Gerichtsentscheidungen oder Verwaltungserlasse vor, wie der Ausschließlichkeitsgrundsatz, wie Selbstlosigkeit und Unmittelbarkeit oder zeitnahe Mittelverwendung und die speziellen gemeinnützigkeitsrechtlichen Regeln zum Angemessenheitsgebot oder zu den einzelnen Zweckbetrieben zu verstehen sind. Wir haben versucht, in dem vorliegenden Buch aus Praktikersicht diesen Rechtsrahmen und seine Grenzen eingehend in konzentriertem Umfang darzustellen.

5   Gemeinnützige Unternehmen leiden darunter, dass es eine größere Regelungsdichte gibt, als dies vielfach für kommerzielle Unternehmen der Fall ist. Auch sind für die Gestaltung der Geschäftsprozesse die für das jeweilige gemeinnützige Unternehmen einschlägigen speziellen gesetzlichen Vorgaben zu beachten. Für Sozialunternehmen sind zB die jeweiligen Sozialgesetzbücher (SGB I–XII) maßgebend. Die Zielrichtungen der unterschiedlichen Rechtsgebiete sind verschieden und die Gesetzesreformen werden meist allenfalls mit zeitlicher Verzögerung aufeinander abgestimmt. Was sozialrechtlich vorgeschrieben wird, ist nicht zwingend von der Umsatzsteuerbefreiung oder der Zweckbetriebsdefinition umfasst. Der Ordnungsrahmen der Gemeinnützigkeit wird zusätzlich dem Ordnungsrahmen für das Unternehmen hinzugefügt. So müssen die verantwortlichen Organe gemeinnütziger Unternehmen und Konzerne alle rechtlichen Regelungen – gleich aus welchem Rechtsgebiet – im Blick haben, um die unternehmerischen Prozesse ordnungsgemäß zu gestalten. Rechtsprechung, Wissenschaft und die Ministerien sind hoch spezialisiert und auf ihr jeweiliges Fachgebiet konzentriert, ohne dass eine hinreichende Abstimmung der verschiedenen Regelungsbereiche erfolgt. Dies verursacht ein Anwachsen der Nachweispflichten, die jedes Rechtsgebiet zur Kontrolle einfordert. Dagegen anzuarbeiten und den gemeinnützigen Unternehmen effektive und rechtssichere Gestaltungen in Konformität mit den verschiedenen gesetzlichen Vorgaben zu ermöglichen, bleibt eine ständige politische Aufgabe.

6   Innerhalb des möglichen Rechtsrahmens gibt die Betriebswirtschaft zahlreiche Hinweise, wie die Strategie, die betriebswirtschaftliche Führung und Organisation der Geschäftsprozesse bzw. das Controlling ausgerichtet sein sollten, um das gemeinnützige Unternehmen erfolgreich am Markt führen zu können. Erfolgreiche gemeinnützige Unternehmen sind innovativ und passen sich den sich ständig ändernden Verhältnissen nach den betriebswirtschaftlichen Erkenntnissen zur guten Unternehmensführung fortlaufend an. Die Märkte für gemeinnützige Unternehmen sind im Regelfall ebenso dynamisch wie die Märkte für andere Unternehmen. Sie unterliegen in hohem Maße der politischen Einflussnahme, wie

dies für Sozialunternehmen besonders auffällig ist. Gemeinnützige Unternehmen haben zu Recht in der Öffentlichkeit einen Imagevorteil, weil diese nicht dem persönlichen Wohlergehen einzelner Gesellschafter oder Aktionären dienen, sondern der Allgemeinheit. Inwiefern der Allgemeinheit gedient wird, lässt sich kaum messen und unterliegt natürlich der Beurteilung der jeweils angesprochenen Gruppen. Gemeinnützige Unternehmen benötigen durchaus in einem gewissen Umfang Gewinne, um nicht nur Ersatz-, sondern auch Erhaltungs- oder Erweiterungsinvestitionen tätigen zu können und am Markt als gemeinnütziges Unternehmen aktiv bleiben zu können. Sie dürfen grundsätzlich auch Gewinne erwirtschaften, lediglich die Gewinnverteilung zu nicht gemeinnützigen Zwecken ist verboten. Diese Zusammenhänge scheinen in der Öffentlichkeit allerdings nicht immer gesehen zu werden, sondern oft werden Unternehmertum und Gemeinnützigkeit zu Unrecht als Gegensätze verstanden.

Der rechtliche Handlungsrahmen für gemeinnützige Unternehmen und Konzerne kann an vielen Stellen noch vereinfacht und harmonisiert werden. Faktisch prägen die Vorschriften der Abgabenordnung das Wirken der gemeinnützigen Körperschaften, ohne dass das Zivilrecht oder Vereins- und Stiftungsrecht ausdrücklich diesen Vorrang des Steuerrechts anerkennen würde. Auch droht der Handlungsrahmen durch die zunehmende Anzahl an Gerichts- und Verwaltungsanordnungen sich immer mehr zu verdichten. Handlungsfreiheit bleibt für erfolgreiches Wirken wesentlich. Der Ehrgeiz, ein erfolgreiches gemeinnütziges Unternehmen zu gestalten, sollte bestimmend sein, weswegen die Rechtsregeln klar und überschaubar gehalten werden müssen. Die Entbürokratisierung des Gemeinnützigkeitsrechts ist noch nicht gelöst, wenn auch der Gesetzgeber mit dem JStG 2020 einige beherzte Schritte in die richtige Richtung gemacht hat. **7**

Stephan Schauhoff und Uwe Ufer

Stichwortverzeichnis

Die fetten Zahlen bezeichnen die Paragraphen, die mageren Zahlen die Randnummern.

Aberkennung der Gemeinnützigkeit 2 10, 173 f.; **7** 10, 13
    Bagatellvorbehalt **2** 133, 174
    Verhältnismäßigkeit **2** 173 f.; **7** 58
Abschreibungen 2 87; **7** 65 f., 68, 73; **9** 8
Aktien 1 67; *s. auch* Vermögensverwaltung/Anlage
Aktiengesellschaft 1 110, 114 ff.
Aktienvermögen 2 64, 66; **7** 22; *s. auch* Vermögensverwaltung/Anlage
Aktivtausch 1 66
Allgemeine Serviceleistungen *s.* Kooperation
Allgemeinheit 2 15 ff., 110; **7** 37
    Aufnahmegebühren **7** 37
    Förderung **2** 15 ff., 72
    Mitgliedsbeiträge **2** 15
Altenhilfe 7 32
Anerkennungsbescheid (Sozialrecht) 7 36
Angemessenheit 2 80, 127 ff.
    Gehalt **1** 95; **2** 127, 130 ff.
    Verrechnungspreise **2** 139 ff.
    s. auch Fremdvergleich
Angestellte 1 80
Anlagerichtlinie 3 82; *s. auch* Vermögensverwaltung/Anlage
Anleihen 1 67; **2** 66; *s. auch* Vermögensverwaltung/Anlage
Anteilsveräußerungsgewinn 7 56, 63
Arbeitnehmer 8 2
    Aufwandsentschädigung **8** 3
    Begriff iSd Arbeitsrechts **8** 2
    besonderer Vertreter **8** 4
    ehrenamtliche Mitarbeiter **8** 3
    erweiterter Vorstand **8** 4
    freie Mitarbeiter **8** 6
    gesetzliche Vertreter **8** 4
    Organmitglieder **8** 4
    Weisungsgebundenheit **2** 107
Arbeitsrechtliche Schutzbestimmungen 8 15
    allgemeine Fürsorgepflicht **8** 17
    ehrenamtliche Tätigkeit **8** 16
    Organmitglieder **8** 16
Asset Protection 1 113
Aufbauorganisation
    Matrixorganisation **1** 90, 135, 144; **2** 120
Auflagen 1 80; **2** 51, 92; *s. auch* Zuschüsse
Aufsichtsgremium
    Ausschüsse **3** 81

    Beschlussmangel **3** 51
    Kompetenzen **3** 46 ff., 84 ff.
    zustimmungspflichtige Geschäfte **3** 84 ff.
    s. auch Aufsichtsrat
Aufsichtsrat 1 114, 129
Auftragsforschung 2 17; *s. auch* Wissenschaft und Forschung
Aufzeichnungspflichten 7 9
Ausgliederung 9 67
Ausschließlichkeit 1 57, 68, 76 f.; **2** 58, 81 ff.
    Geprägetheorie **1** 58
    Nebenzweck **1** 123; **2** 5, 21, 46, 49, 79
Ausstieg aus der Gemeinnützigkeit 10 4; *s. auch* Gemeinnützigkeit/Ausstieg

Bagatellvorbehalt 7 58; *s. auch* Aberkennung der Gemeinnützigkeit
Beherrschung 1 22
Beherrschungsvertrag 9 66
Beirat 1 129
Bemessungsgrundlage 7 8, 72 ff.; *s. auch* die jeweilige Einzelsteuerart
Bericht über die Erfüllung des Stiftungszwecks
    s. Rechnungslegung/Tätigkeitsbericht
Berichtswesen
    Begriff **6** 65
    Berichte **6** 64, 65
Berliner Muster 9 18
Berufsverband 1 83
Beschaffungsstelle
    s. Kooperation/Serviceleistungen
Beschäftigungsgesellschaften 2 18
Beschlussmangel 3 44 ff., 78
    Aufsichtsgremium **3** 51; *s. auch* Organvergütung
    Geschäftsführer **3** 57
    Geschäftsordnung **3** 78
    Gesellschafterversammlung **3** 45
    Mitgliederversammlung **3** 44
    Vorstand **3** 57
Beteiligung 1 66; **9** 64
    an GmbH **1** 66; **2** 106; **7** 23, 62 ff.
    an Personengesellschaft **7** 56, 59 ff.
    Veräußerung **7** 56, 63
Betriebsaufspaltung 1 68; **2** 89; **7** 23, 64, 69
    wirtschaftlicher Geschäftsbetrieb **2** 89
Betriebsausgaben *s.* Gewinnermittlung
Betriebskindergarten 1 92

Betriebsmittelrücklage *s.* Rücklage
Betriebsprüfung **2** 171; **7** 3, 7
    verbindliche Zusage **2** 172
    Vertrauensschutz **2** 168, 171
    s. auch Verfahrensrecht
Betriebsrat **8** 19, 23 ff.
    Aufgaben **8** 21
    Bildungsvoraussetzungen **8** 19
    Mitwirkungs- und Mitbestimmungsbefugnisse **8** 20
    Organmitglieder **8** 19
    Sanktionen **8** 21
    Teilzeitbeschäftigte **8** 19
    Tendenzbetrieb **8** 23
Beweislast *s.* Darlegungs- und Beweislast
Bewertung **9** 27, 64
    Buchwert **7** 66, 71
    Teilwert **7** 66, 68
BGB-Gesellschaft *s.* Gesellschaft bürgerlichen Rechts
Bilanz
    Schlussbilanz **7** 71
Bilanzierung **1** 103; **2** 32; **9** 1, 22, 37
    Anfangsbilanz **7** 66
    Ansatz und Bewertung **7** 71
    Davon-Vermerk **1** 74; **2** 32; **9** 31
    E-Bilanz **9** 45
    Einnahmen und Ausgaben **2** 166
    Steuerbilanz **9** 43
    Vorsichtsprinzip **2** 40
    s. auch Rücklage
Buchführungspflichten
    s. Rechnungslegung/Pflichten
Business Judgment Rule **1** 68, 103; **2** 21 ff., 63, 155; **3** 61 ff.
    Abwägung **3** 66; *s. auch* Betriebsrat
    angemessene Informationsgrundlage **3** 64
    Compliance-Management-System **3** 69
    Culpa in Eligendo **3** 67 f.
    D & O Versicherung **3** 61
    ex-ante-Sicht **3** 66
    Expertenrat **3** 65
    Interessenkonflikt **3** 73 ff.
    Risikogeschäft **3** 66
    Sorgfaltsmaßstab **3** 61
    Tax-Compliance-System **3** 70
    Vermögensschadenhaftpflichtversicherung **3** 61
    vertretbare Entscheidung **3** 66
    Zustimmung Aufsichtsgremium **3** 62 f.
Business Plan *s.* Geschäftsplan
Bußgeld **8** 12
    Übernahme **8** 12

Change-Management
    Begriff **4** 13
Code of conduct **2** 4
Compliance **2** 4 f.

Compliance-Management-System **3** 69
Controlling
    Begriff **6** 31
    betriebswirtschaftliche Führung **6** 35, 36
    Konzeptionen **6** 33
Corona *s.* COVID-19-Pandemie
Corporate Governance **1** 111, 144; **3** 1
    Begriff **3** 1
    Gemeinnützigkeitsrecht als Organisationsrecht **3** 7 ff.
    ideelle Zweckverfolgung **3** 9
    Leistungspflicht **3** 4 ff., 10 ff.
Corporate Social Responsibility **1** 42; **2** 79
Cost Plus (Pricing) *s.* Kostenaufschlagmethode
COVID-19-Pandemie **1** 51; **2** 84; **7** 33, 79
Culpa in Eligendo **3** 67 f.
    Compliance **3** 69 ff.

Dachverband **1** 22
Darlegungs- und Beweislast **1** 104
Darlehen
    Mittelbeschaffung **2** 64, 150
    Zweckverwirklichung **2** 154
Darlehensvergabe *s.* Vermögensverwaltung
Dauerverlustbetrieb *s.* Wirtschaftlicher Geschäftsbetrieb/Dauerverlust
Deklaration **2** 165 ff.; **7** 9; **9** 53
    Anlage Gem **2** 69, 166; **9** 53 ff.
    Berichtigungspflicht **2** 170
D & O Versicherung **3** 61
Dokumentation **1** 68, 102 ff.; **2** 22, 38, 42, 99, 155 ff.
Doppik *s.* Rechnungslegung/Doppelte Buchführung
Drittbegünstigungsverbot **1** 55 f., 95; **2** 23, 60, 73; *s. auch* Mittelfehlverwendung/Begünstigung Dritter
Drittvergleich *s.* Fremdvergleich

Eigengesellschaften (jPöR) **1** 93; **2** 120, 146
Eigenkapital **1** 54, 68, 70 ff.; **2** 10, 27 ff., 35; **9** 34, 68
    Bildung **1** 65, 91, 139; **2** 70, 90
Einkommensermittlung **7** 11
    außerbetriebliche Sphäre **7** 10
    verdeckte Einlage **7** 67, 69
    verdeckte Gewinnausschüttung **7** 11
    s. auch Gewinnermittlung
Einlagen **1** 136; **2** 143 ff.
Entscheidungen der Organe **3** 35
    Aufsichtsgremien **3** 46 ff.
    Geschäftsführer **3** 56
    Gesellschafterversammlung **3** 36 ff.
    Mitgliederversammlung **3** 36 ff.
    Verfahren **3** 35 ff.
    Vorstand **3** 56
Entscheidungskompetenz **3** 16 ff.
    Grenzen **3** 20 ff.

Kirchenbehörde **3** 23 ff.
Stifterwille **3** 22
Stiftungsaufsicht **3** 22
Übergeordneter Verband **3** 26 ff.
Vereinsautonomie **3** 25; *s. auch* Verschmelzung
Ergebnisverwendung 2 49
Ertragsteuern 1 32; **7** 8 ff.
Bemessungsgrundlage **7** 8, 72 ff.

Finanzholding *s.* Holding
Flüchtlinge 2 68
Flüchtlingshilfe 1 50; *s. auch* Gemeinnützige Zwecke
Förderkörperschaft 1 87, 99; **2** 5, 163; **7** 16
Fördernde Tätigkeit 1 52, 59, 81, 88; **2** 7, 91, 94 ff.; **9** 20
Rückforderung **2** 98
Förderrichtlinie 3 82
Formelle Satzungsmäßigkeit 2 2, 24
Mustersatzung **1** 45, 78, 91; **2** 26, 43, 45, 164, 175
Formwechsel 10 27 ff.
Umwandlungsrecht **1** 133 f.
s. auch Spaltung
Forschungseinrichtungen 2 124; **7** 48, 108
Umsatzsteuer **7** 108; *s. auch* Formwechsel
Forschungsförderung 2 125
Freistellungsbescheid 2 99, 162, 165 ff.
Fremdüblich *s.* Angemessenheit/Gehalt
Fremdvergleich 2 61, 131, 135, 139, 147; **7** 52
formeller F. **2** 77, 156
Führungsholding *s.* Holding

Gehalt Organe *s.* Organvergütung
Gehaltsstrukturuntersuchungen 2 131 f.; *s. auch* Fremdvergleich
Gemeinnützige Einrichtung
Gewerbesteuer **1** 32 f.
Mitgliedsbeiträge **2** 15
Gemeinnützige Zwecke
Altenhilfe **7** 32
Änderung **2** 12, 24, 161
Bildung **2** 7, 19, 54 f., 153; **7** 42 ff.
Flüchtlingshilfe **1** 50 ff.; **2** 68, 70; **7** 33
Umweltschutz **2** 19
Gemeinnützigkeit
Ausstieg **1** 106; **2** 11 f., 44, 161, 173 f.
Personengesellschaft **2** 117; **7** 70
Gemeinnützigkeit als Ordnungsrahmen 3 59 f.
Gemeinnützigkeitsrecht 1 1, 30
Organisationsrecht **3** 7 ff.
Gemeinnützigkeitsreform 1 5, 48 ff., 65 f., 75, 83 ff.; **2** 19, 28 f., 41, 68, 70, 88, 91, 93, 95, 102, 122 ff., 142, 145, 164
Genossenschaft 1 6, 12, 110, 122 ff.; **2** 29
Geprägetheorie 1 58
Gesamtverein 3 91 f., 106

Geschäftsbericht 2 166; **9** 29
Geschäftsführer 3 53 ff.
Abberufung **3** 53
Abfindung **3** 54
Anstellungsvertrag **3** 54
Beschlussfassung **3** 56
Beschlussmangel **3** 57
Bestellung **3** 52
Business Judgment Rule **3** 61 ff.
Ermessensspielraum **3** 61 ff.
Geschäftsführungsermessen *s.* Business Judgment Rule
Geschäftsordnung 3 77 ff.
Ausschüsse **3** 81
Ressortverteilung **3** 79 f.
Geschäftsplan 2 65
Geschäftsprozesse
Begriff **6** 1
operative Prozesse **6** 10, 18
Organisation Geschäftsprozesse **6** 25 ff.
Prozessoptimierung **6** 17
Serviceprozesse **6** 11, 26
Supply Chain **6** 5
Geschäftswert 1 68; **2** 179; **7** 71; *s. auch* Immaterielles Wirtschaftsgut
Gesellige Zusammenkünfte 7 93
Gemeinnützigkeit **7** 93
Lohnsteuer **7** 93
Neutralitätsgrundsatz **7** 95
Wettbewerbsneutralität **7** 96; *s. auch* Sanierungsmaßnahmen
Geselligkeit 2 46, 62
Gesellschaft bürgerlichen Rechts 1 125; **2** 117
Gesellschafterversammlung 3 36 ff.
Beschlussmangel **3** 45
Corona **3** 37, 41
Einladung/Tagesordnung **3** 37
Protokoll **3** 43, 83
Satzungsänderung **3** 37, 39 f.
Stimmverbot **3** 42
Versammlungsregister **3** 38
Gesundheitswesen 1 47; **2** 110; **8** 39
Gewerbe 1 12; **9** 58, 72
gewerbliche Einkünfte **7** 22
Gewerblichkeitsfiktion **7** 63
Handelsgewerbe **1** 10, 16 f.; **9** 23
Gewerbesteuer 1 33; **2** 47, 58, 171, 177; **7** 8, 82 ff.
Gewerbebetrieb **7** 10, 82 ff.
Hebesatz **7** 84
Hinzurechnungen **7** 83
Kürzungen **7** 83
Messbescheid **7** 83 f.
Gewerbliche Prägung 7 59
Gewerbliche Schutzrechte 2 89; *s. auch* Immaterielles Wirtschaftsgut
Gewinnabführungsvertrag *s.* Organschaft/Ertragsteuer

Gewinnaufschlag *s.* Wirtschaftlicher Geschäftsbetrieb/Gewinnaufschlag
Gewinnausschüttung *s.* Verdeckte Gewinnausschüttung
Gewinnausschüttungsverbot **2** 49, 60 ff.; *s. auch* Selbstlosigkeit
Gewinnbegrenzung **7** 33
Gewinnermittlung **7** 8 f., 54 ff., 73 ff.
    Altmaterialverwertung **2** 59; **7** 77
    Betriebsausgaben **7** 73 f.
    Blutspendedienst **7** 77
    Gewinnermittlungsmethode **7** 8 f., 54, 72
    pauschalisierte G. **7** 21
    Sponsoring **7** 21
    Totalisator **7** 77
    Überschussrechnung **7** 54
    verdeckte Einlage **2** 143
    Werbung **2** 59
    wirtschaftlicher Geschäftsbetrieb **7** 54 ff.
Gewinnerzielungsabsicht **1** 13, 27, 57; **2** 124, 167, 180; **7** 51, 58; **9** 23
    Gewinnaufschlag **2** 77, 146, 149
    Liebhaberei **7** 58
    s. auch Gewinnaufschlag
Gewinnpauschalierung *s.* Gewinnermittlung
Gewinnverwendung *s.* Ergebnisverwendung
Gleichbehandlungsgrundsatz **1** 112
GmbH **1** 110, 113
    Bedeutung **1** 113
    gemeinnützige **1** 113
    Gewinnausschüttung **1** 76, 88, 106
    Haftungsrisiken **1** 113
    Konzern **1** 113
    Stammkapital **1** 128
Governance **1** 1
Grunderwerbsteuer **7** 6, 185 f.
    Schenkung unter Lebenden **7** 185
    Teilentgelt **7** 185; *s. auch* Gesellige Zusammenkünfte
    Umstrukturierung **7** 186
Grundsteuer **1** 34; **2** 177; **7** 6, 187 ff.
    Befreiung **7** 187 f.
    gemischte Nutzung **7** 188
    Wohnung iSd BTHG **7** 188; *s. auch* Lohnsteuer

Haftung *s. auch* Organhaftung
Handelsregister **1** 12, 16, 145; **9** 24, 59
    Formkaufleute **1** 12, 26, 113, 115, 123; **9** 22
    Publizitätswirkung **1** 14
Hilfebedürftigkeit *s.* Mildtätigkeit/Hilfsbedürftigkeit
Hilfsperson **1** 78 f., 80, 90; **2** 72, 91, 107, 113 ff., 125; *s. auch* Unmittelbarkeit/Hilfsperson
Hilfstätigkeit **1** 85; *s. auch* Zentralfunktionen
Hochschule **1** 63; **2** 7; **4** 23; **7** 42 ff.; **8** 27
Holding **1** 84, 87; **2** 101 ff.

Idealverein *s.* Verein
Ideelle Sphäre **2** 51 f.; *s. auch* Sphärenbetrachtung
Immaterielles Wirtschaftsgut **1** 68; **7** 71
Immobilien **1** 68, 77; *s. auch* Vermögensverwaltung/Anlage
Immobilienvermögen **2** 33, 53, 66, 89; **7** 24, 64
    gewerblicher Grundstückshandel **2** 53; **7** 24
    Grunderwerbsteuer **7** 6
    Grundsteuer **7** 6
    s. auch Vermietung von Immobilien
Impact Investing **1** 108; *s. auch* Social Impact
Inklusionsbetrieb **2** 18; **7** 2, 35 f.
Insolvenz **2** 176; **11** 4 f.
    Insolvenzantrag **11** 10
    Insolvenzantragspflicht **11** 4 ff.
    Insolvenzplanverfahren **11** 21
    Schutzschirmverfahren **11** 21
    Steuernachforderung **11** 5
    Straftat **11** 22
    Überschuldung **11** 6 ff.
    Verfahren **11** 19 ff.
    Zahlungsunfähigkeit **11** 9
    Zahlungsverbot **11** 11
Interessenkonflikt
    Doppelmandate **3** 76
    nahestehende kommerzielle Unternehmen **3** 75
    nahestehende Personen **3** 74
Investition *s.* Mittelbeschaffung/(Re-)Investition
Investitionen **1** 62, 66 ff., 99; *s. auch* Vermögensverwaltung/Anlage

Jahresabschluss **1** 14, 70, 74, 103, 115; **2** 40; **7** 8; **9** 8, 18, 33, 37, 56, 77
    Gewinn- und Verlustrechnung **9** 8, 22, 37, 50
    Gruppenabschluss **9** 74
    Lagebericht **9** 6, 27, 29 f., 37, 77
    s. auch Bilanzierung
Jahresbericht **9** 18; *s. auch* Rechnungslegung/Stiftung
Joint Ventures **1** 124
Jugendhilfe **7** 32
Juristische Person des öffentlichen Rechts **2** 77, 100, 116, 122
    Grundlagen **1** 6

Kapazitätsauslastung **2** 87
Kapitalanlage **1** 7, 72, 77; *s. auch* Vermögensverwaltung/Anlage
Kapitalerhaltung **9** 36, 39
Kapitalerhaltungskonzept **3** 82
Kapitalertragsteuer **7** 14, 85 ff.
    Abstandnahme **7** 86, 88
    sammelverwahrte K. **7** 88
    wirtschaftlicher Geschäftsbetrieb **7** 87

Kapitalgesellschaft 1 6; 7 10
   Personalunion 7 62
Kapitalgesellschaften 1 12, 110
Kaufleute 1 10 ff., 145; *s. auch* Handelsregister
Kaufmann *s.* Kaufleute
Kennzahlen
   Balanced-Scorecard 6 47
   Begriff 6 35
   Du-Pont-Kennzahlensystem 6 38
   R-L-Kennzahlensystem 6 42
Kindertagesstätte 1 37, 92; 2 9, 16, 45, 69; 7 32; 8 26
Kirchliche Zwecke 1 6
Kleiderkammer 7 31
Kleinunternehmer *s.* Umsatzsteuer
Konzern 1 20, 83 ff., 144; 2 42, 91, 101 ff., 138 ff.; 3 87 ff.; 7 53; 9 22, 62 ff., 76
   Begriff 3 87 ff.
   Dachverband 3 108
   eigene steuerbegünstigte Satzungszwecke 3 109
   Gemeinnützigkeitsrecht 3 108 ff.
   Gesamtverein 3 97 f.
   Großverein 3 91
   Haftung 3 95 ff.
   Holding 3 94, 108
   Kooperation 3 108 ff.
   Leistungspflicht 3 90, 102
   Leitung 3 102 ff.
   Rechnungslegung 1 22; 3 107; 9 62, 65, 68
   Servicetätigkeiten 3 109 f.
   Spitzenverband 3 108
   Vereinsband 3 97
Konzernspitze 1 85
Konzert *s.* Kulturelle Veranstaltungen
Kooperation 1 20, 83, 119; 2 88, 91, 111, 115 ff., 145; 7 25, 48, 53
   planmäßiges Zusammenwirken 2 122
   Serviceleistungen 1 85; 2 101, 104; 7 25, 53
   Umsatzsteuer 7 148
   Vertrauensschutz 2 124
   Zusammenarbeit 7 147 ff.
Kooptation 1 119
Körperschaft öffentlichen Rechts
   s. Juristische Person des öffentlichen Rechts/Grundlagen
Körperschaftsteuer 1 32; 7 10 ff.
   Bemessungsgrundlage 7 8, 72 ff.
   partielle Steuerpflicht 2 47, 58, 171, 177
Kosten- und Leistungsrechnung
   Begriff 6 51
   Kostenartenrechnung 6 56
   Kostenstellenrechnung 6 57
   Kostenträgerrechnung 6 58
   Prozesskostenrechnung 6 62
   Teilkostenrechnung 6 61
   Vollkostenrechnung 6 60

Kostenaufschlagsmethode 2 148, 150
Krankenhäuser, Alten- und Pflegeheime 2 18, 54, 55, 110, 138; 7 32, 34; 9 56
Krise 11 2
   gesellschaftliche Pflichten 11 3
   Insolvenzantragspflicht 11 4 ff.
   Kommunikation 11 2
   Sanierungsmaßnahmen 11 12 ff.
   s. auch Vorsteuerabzug
Kulturelle Einrichtungen 1 63; 2 7, 54; 7 45, 98
   Berufung auf Unionsrecht 7 98 ff.; *s. auch* Organschaft
   Mitgliedsbeitrag 7 101
   richtlinienkonforme Auslegung 7 98
   Umsatzsteuer 7 99, 103, 132, 145 f.
   unionsrechtskonforme Auslegung 7 98
Kulturelle Veranstaltungen 7 20, 45
Künstler 2 125
Kuratorium 1 129; *s. auch* Stiftungsorgane

Landesstiftungsgesetze 9 16
Legalitätspflicht 3 59 f.
Leistungspflicht 3 4, 10 ff.
   Compliance-Organisation 3 10
Liquidation 2 176; 10 11
   Gemeinnützigkeitsrecht 2 176
   Sperrjahr 10 11
   s. auch Mitgliedsbeitrag
Lohnsteuer 7 89 ff.
   Arbeitgeberpflicht 7 87
   Befreiungen 7 90
   gesellige Zusammenkünfte 7 93
   Pauschalisierung 7 87
   Sachzuwendungen an den Arbeitnehmer 7 92 f.

Markenrecht 1 68; *s. auch* Immaterielles Wirtschaftsgut
Mildtätigkeit 1 6; 9 48
   Beweispflicht 7 29, 31
   Hilfsbedürftigkeit 2 166; 7 28
Mission Investing 1 105, 108
Mitgliederversammlung 1 112; 3 36 ff.
   Beschlussmangel 3 44
   Corona 3 37, 41
   Einladung/Tagesordnung 3 37
   Protokoll 3 43, 83
   Satzungsänderung 3 37, 39 f.
   Stimmverbot 3 42
   Versammlungsleiter 3 38
   Wahl 3 39
Mitgliedervorteile 2 62, 153
Mitgliedsbeitrag 1 112; 2 62, 149; 7 13, 16, 19, 37, 47, 101
   Umsatzsteuer 7 19, 37, 101, 108, 122 ff.
   wirtschaftlicher Geschäftsbetrieb 7 19
Mittel 2 27

Mittelbeschaffung 1 8, 13, 58 f., 67, 77, 95;
  2 10, 23, 46, 49 ff., 63, 82 ff., 124; 7 51
  (Re-)Investition 2 10, 23, 86, 90
Mittelfehlverwendung 1 100; 2 133, 140, 173;
  7 58
  Begünstigung Dritter 1 55 f., 95; 2 133; *s. auch*
    Drittbegünstigungsverbot
  vorübergehende M. 2 173
Mittelverwendung 1 58 ff., 66, 95, 97 ff.;
  2 88 ff.; 9 46
Mittelverwendungsrechnung 2 38, 72 ff., 166;
  9 46, 52
Mittelvortrag 9 52; *s. auch* Zeitnahe Mittelverwendung
Museen 7 45; *s. auch* Kulturelle Einrichtungen
Musiker *s.* Künstler
Mustersatzung 1 45, 78, 91; 2 26, 43, 45, 164,
  175

Nachhaltigkeit 9 61
Nachversteuerung 2 159, 161
Nebenzweck *s.* Ausschließlichkeit/Nebenzweck
Nebenzweckprivileg 1 38, 124; 9 59, 70
Nichtanwendungserlass 2 149
Nichtrechtsfähige Stiftung 1 6, 8, 126
Nichtrechtsfähiger Verein 1 6, 8, 26, 110,
  125 ff.
Nutzungsgebundenes Vermögen 1 66; 2 27,
  34 f.
Nutzungsüberlassung 2 142

Operative Tätigkeit 1 52, 81, 97; 2 17, 72, 91,
  107 ff.; 9 20
Ordnungsrecht des Dritten Sektors 2 2 f.,
  14; *s. auch* Gemeinnützigkeitsrecht
Organhaftung
  Business Judgment Rule 2 21 ff., 63, 155
Organisation
  agile Organisation 5 13
  Begriff 5 1
  Einliniensystem 5 5
  funktionale 5 10
  Matrixorganisation 5 12, 34
  Mehrliniensystem 5 6
  neue Struktur 5 37, 38
  Spartenorganisation 5 11
  Stabliniensystem 5 7, 31
  Structure follows strategy 5 24
  typische Aufbauorganisation 5 9
  zukünftige Anforderungen an Struktur 5 32
Organmitglieder 2 134
  Altersgrenze 1 118
  Interessenkonflikt 1 71
  Kooptation 1 119
  Stimmrechtsausschluss 2 129
Organschaft
  Ertragsteuer 7 79, 80
  Umsatzsteuer 1 86; 2 101; 7 62, 110 ff.

Organvergütung 1 55 f., 106; 8 8
  Angemessenheit 8 9
  Kooperation 8 10
  Lohnsteuer 7 91
  Satzungserfordernis 8 8, 11
  Sozialversicherungspflicht 8 30 ff., 37
  Tätigwerden für mehrere Konzernmitglieder
    8 10
  Übernahme Bußgeld 8 12
  verdeckte Gewinnausschüttung 8 10
  s. auch Angemessenheit/Gehalt
Organwalter *s.* Organmitglieder
Ortsgruppen 9 63

Partielle Steuerpflicht 7 1
  Beteiligungsertrag 7 63
  Körperschaftsteuer 1 32; 2 47, 58, 171, 177;
    7 10 ff.
  Steuersubjekt 7 1
Patent *s.* Wirtschaftsgut/Immaterielles W.
Pflegeeinrichtungen 9 56
Planungsrechnung 2 148; 9 4
Politische Betätigung 1 52; 2 19
Preisnachlass
  Personalrabatt 2 153
Privatautonomie 1 14
Private Equity 1 67; *s. auch* Vermögensverwaltung
Privatschule 2 15
Projekttätigkeit *s.* Operative Tätigkeit
Projektträger *s.* Forschungseinrichtungen
Prokura 1 14
Protokoll 3 83
Publizität 9 5, 75 ff.
  Abschlussprüfung 9 21, 75
  Bestätigungsvermerk 1 103; 9 77
  Einheitsrechnungslegung 1 37
  Einheitsrechnung(slegung) 9 35, 47, 52
  Einnahmen-/Ausgabenrechnung 9 7, 15, 33,
    40, 50
  Einnahmenüberschussrechnung 9 7, 40, 50
  Offenlegung 9 75, 80
  Wirtschaftsprüfung 1 36, 103; 9 5, 75

Quartalsberichte *s.* Rechnungslegung
Quellensteuer 7 190 ff.
  Doppelbesteuerungsabkommen 7 191
  Rechteüberlassung 7 190
  Sportler und Künstler 7 190 f.

Rechenschaftslegung 9 3, 14; *s. auch* Rechnungslegung
Rechnungslegung 1 36, 145; 9 1 ff.
  doppelte Buchführung 9 8, 43
  Einnahmenüberschussrechnung 7 8, 54, 68, 72
  Gemeinwohl-Bilanz 9 61
  Grundsätze ordnungsgemäßer Buchführung
    9 17, 27, 77

Kameralistik **9** 7
kaufmännische Buchführung **1** 12; **7** 9; **9** 15, 56
Konzern **9** 62 ff., 65, 68
Mittelverwendungsrechnung **9** 46, 52
Nebenrechnung **2** 39; **9** 19, 47
Pflichten **2** 21; **7** 9; **9** 10 ff., 17
Quartalsberichte **9** 4, 65
Staffelform **9** 7, 26
Stiftung **9** 16 ff.
Tätigkeitsbericht **9** 18, 37
Vermögensübersicht **1** 102; **9** 7, 18, 48, 51
s. auch Jahresabschluss
Rechnungslegungspublizität *s.* Publizität
Relativität der Rechtsbegriffe **1** 9
Rentenversicherung **8** 38
Ressortverteilung **3** 79 f.
Reverse Charge **7** 179 f.; *s. auch* Umsatzsteuer/Reverse-Charge-Verfahren
Richtlinienintern **3** 82
Rücklage **1** 54, 65, 74; **2** 32, 166; **9** 35, 48, 51
Betriebsmittelrücklage **2** 33
Bildung **1** 70
freie R. **1** 73; **2** 34 f.; **9** 51
Gewinnrücklage **1** 73; **2** 32
Kapitalrücklage **1** 73; **2** 31, 38; **9** 34 f.; **11** 14
Projektrücklage **2** 33
zweckgebundene R. **9** 51
Rückstellung **2** 32; **7** 8; **9** 8; *s. auch* Rücklage

Sacheinlage **2** 43, 160
Sachspende **2** 9
Entnahme aus dem Betriebsvermögen **2** 9
Sanierungsmaßnahmen **11** 12 ff.
außergerichtliche Sanierung **11** 16
Eigenkapitalzuschuss **11** 14 f.
Rangrücktritt **11** 13
Restrukturierungsrahmen **11** 17 f.
Satzung **1** 43 f.; **7** 25
Änderung **1** 52
formelle Satzungsmäßigkeit **1** 29; **2** 2, 24, 43 ff.
Mustersatzung **1** 45, 78, 91; **2** 26, 43, 45, 164, 175
Vertrauensschutz **2** 48
Satzungsänderung **1** 52; **2** 11 f., 47, 97, 175; **3** 23
Einladung/Tagesordnung **3** 37
Kirchenbehörde **3** 23 f.
Mehrheitserfordernis **3** 40
Registereintragung **3** 39; *s. auch* Reverse Charge
Stifterwille **3** 22
Stiftungsaufsicht **3** 22
übergeordneter Verband **3** 27
Zweckänderung **1** 29, 40 f., 45, 113, 143
s. auch Satzung/Änderung
Schachtelprivileg *s.* Partielle Steuerpflicht/Beteiligungsertrag

Schenkung **1** 112; **7** 17
unter Auflage **7** 17
Schenkungsteuer **1** 34
Spende **2** 9, 177; **7** 182 ff.
Umstrukturierung **10** 47
Wegfall Gemeinnützigkeit **7** 183
Schlussbesprechung *s.* Betriebsprüfung
Schuldnerberatung **7** 43
Selbstlosigkeit **1** 91 ff.; **2** 75 ff.
eigenwirtschaftliche Zwecke **2** 75
Geprägetheorie **1** 58
Gewinnausschüttungsverbot **2** 49, 60 ff.
s. auch Mittelfehlverwendung
Servicegesellschaft **2** 88, 103, 123, 124; *s. auch* Kooperation
Serviceleistungen **1** 85; *s. auch* Zentralfunktionen
Shareholder **9** 1
Social Entrepreneur(ship) **1** 105
Social Impact **1** 105, 107; *s. auch* Impact Investing
Solidaritätszuschlag **7** 8, 81
Sozialunternehmen **2** 16
Sozialversicherungspflicht **8** 30
abhängige Beschäftigung **8** 31 ff.
Arbeitsentgelt **8** 37
Aufwandsentschädigung **8** 37
Bedeutung **8** 30
ehrenamtliche Mitarbeiter **8** 36
ehrenamtliche Organmitglieder **8** 35
Ehrenamts- und Übungsleiterpauschale **8** 37
freie Mitarbeiter **8** 33
Organmitglieder **8** 34
Rückforderung vom Arbeitnehmer **8** 30
Voraussetzungen **8** 31
Spaltung **10** 24
Sparsamkeitsgebot *s.* Verwaltungskosten/Angemessenheit
Spende **1** 126; **2** 1, 9, 51, 75, 177; **7** 13, 16 f., 20 f., 47, 83; **9** 41, 76
Schenkungsteuer **7** 182 ff.
Spendenabzug **2** 160, 163; **7** 83
Wegfall Gemeinnützigkeit **7** 183
Sphärenbetrachtung **1** 32; **2** 50 ff.; **9** 26, 50
Sponsoring **2** 53; **7** 6, 20 f., 76; **9** 31
Abgrenzung zur Spende **7** 20 f.
Vertrag **2** 79
Werberecht **2** 53
Sport **1** 63; **2** 11, 15, 55, 62; **7** 19, 20, 37 ff., 99
Quellensteuer **7** 190 f.
Umsatzsteuer **7** 99, 103, 132, 140 f., 161
Veranstaltungen **7** 37 ff.
Zweckbetrieb **1** 63
Stakeholder **9** 1
Stammeinlage *s.* GmbH/Stammkapital
Steuerbefreiungen **1** 2; **7** 12
Steuererhebung **7** 193 ff.
Vertrauensschutz **7** 196; *s. auch* Leistungspflicht

Steuererklärung *s.* Deklaration
Steuerfreie Zuwendungen **9** 31;
  s. Zuwendungen
Steuersubjekt **7** 1
Stifterwille *s.* Stiftungsverfassung, Stiftungsaufsicht
Stiftung **1** 6, 117 ff.
  nichtrechtsfähige Stiftung **1** 6, 8, 126
  Satzungsänderung **1** 118
  Stifter **2** 60
  Unternehmensträgerstiftungen **2** 102
  unternehmensverbundene Stiftung **1** 72; **2** 46; **9** 71
  Zulegung **1** 133
  Zusammenlegung **1** 133
  Zweckverfolgung **1** 40
Stiftungsaufsicht **1** 103, 110, 119 f., 126, 143; **2** 3, 47; **9** 21, 76
  Rechtsaufsicht **1** 120
  Stifterwille **1** 120
  Zweckänderung **2** 12, 24
Stiftungsorgane
  Kuratorium **1** 129
Stiftungsverfassung
  Stifter **2** 60
  Stifterwille **1** 40 f.; **2** 12, 24, 161
Stiftungsvermögen **9** 19, 31
  Grundstockvermögen **1** 117, 121; **9** 35
Stille Lasten **9** 36; *s. auch* Stille Reserven
Stille Reserven **1** 134, 136; **2** 38, 40, 179; **7** 67, 71; **9** 36
Stipendium **2** 125
Studentenheim **7** 32
Subunternehmer *s.* Hilfsperson
Subvention **2** 9
Suppenküche **7** 31

Tafel **7** 31
Tätigkeitsbericht **1** 102, 103; **2** 22, 166; **9** 30, 46, 48 f.; *s. auch* Rechnungslegung
Tatsächliche Geschäftsführung **1** 44, 46, 53; **2** 13, 22, 48, 130, 164; **3** 30 ff.; **9** 46
  Ermessensspielraum **3** 32 ff.
  gemeinnützig vs. erwerbswirtschaftlich **3** 31 f.
  Haftung **3** 34
  Nachweis *s.* Dokumentation
  Zurechnung **2** 108, 114, 121
Tax-Compliance-System **3** 70; **7** 7; *s. auch* Compliance
Teilzeitanspruch **8** 13
Tendenzbetrieb **8** 23
  Begriff iSd Arbeitsrechts **8** 24
  Einschränkung Betriebsratsrechte **8** 29
  erzieherische Tätigkeit **8** 26
  karitative Tätigkeit **8** 25
  Mischunternehmen **8** 28
  Tendenzträger **8** 29
  wissenschaftliche Tätigkeit **8** 27

Testat *s.* Publizität/Bestätigungsvermerk
Tochtergesellschaft **1** 66, 135
  Betriebsaufspaltung **1** 68; **7** 62, 64, 69
  verdeckte Einlage **7** 67, 69
  verdeckte Gewinnausschüttung **7** 11
Tochterkapitalgesellschaft **2** 28
Transparenz **9** 1, 60
True and fair view **9** 27

Überlassung von Räumlichkeiten **2** 142
Ultra-Vires-Lehre **3** 17
Umsatzsteuer **1** 31; **2** 9, 171, 180; **7** 2 ff., 99
  Befreiung **7** 132 ff.
  Befreiung für Kultureinrichtungen **7** 99, 103, 132, 145 f.
  Befreiung im Sportbereich **7** 99, 103, 132, 140 f.
  Beherbergung **7** 163
  Bemessungsgrundlage **7** 150 ff.
  Bildung **7** 142 ff.
  Bildungsleistung **7** 133
  Corona **7** 133, 136
  Eintrittsberechtigung **7** 163
  eng verbundener Umsatz **7** 133
  Entgelt von dritter Seite **7** 124 ff.
  Ermessen des Gesetzgebers **7** 103
  Erstattung ausländischer Umsatzsteuer **7** 180
  Forschungseinrichtung **7** 108
  Gesundheit und Pflege **7** 137 ff.
  Jugendhilfe **7** 136
  Kfz-Überlassung **7** 120
  Kleinunternehmer **1** 31
  Kooperation **7** 133
  Kostentragungsgemeinschaft **7** 149
  Kultur **7** 145 f.
  Leistungsaustausch **2** 112; **7** 108
  Lieferung und Leistung **7** 120 ff.
  Mitgliedsbeitrag **7** 19, 108, 122 ff.
  Organschaft **1** 86; **2** 101; **7** 62, 110 ff.
  Ort der Leistung **7** 128 ff.
  Preisauffüllung **7** 126
  Rechnung, ordnungsgemäße **7** 175 ff.
  Rechnungsberichtigung **7** 176 f.
  Reverse-Charge-Verfahren **7** 6, 179
  richtlinienkonforme Auslegung **7** 102
  Rückforderung **7** 119
  rückwirkende Änderung **7** 105
  Schulförderungsverein **7** 161
  Sport **7** 140 f., 161
  Steuerbefreiungen **7** 2 ff.
  Steuersatz **7** 153 f.
  Steuersatz, ermäßigt **2** 9, 177; **7** 2, 103 ff., 148, 155 ff.
  Steuersubjekt **2** 117
  Steuervergütung **7** 180
  Studentenwerk **7** 161
  Teilentgelt **7** 121
  Teilunternehmer **7** 109; *s. auch* Beschlussmangel
  Trikotwerbung **7** 141

Stichwortverzeichnis

Übergangsregelung **7** 106
Umlage **7** 122
Umsatzsteuerklausel **7** 119, 162; *s. auch* Vorstand
Umstrukturierung **10** 45 f.; *s. auch* Geschäftsführer
unentgeltliche Wertabgabe **7** 111, 121, 133
unionsrechtskonforme Auslegung **7** 102
Unternehmer **7** 107 ff.; *s. auch* Beschlussmangel
Unternehmereigenschaft **7** 107 ff.
Urheberrechte **7** 163
Verfahren **7** 178
Vermögensverwaltung **7** 155, 157
Vertrauensschutz **7** 105
Vorsteuerabzug **7** 2, 109
Vorsteueraufteilung **7** 19
Werbemobil **7** 161
Wohlfahrt **7** 134 ff.
zusätzliches Entgelt **7** 126
Zuschuss **7** 108, 124 ff.
Zweckbetrieb **7** 103 ff., 155 ff.
Umschichtungsgewinne 1 70, 72; **2** 36
zeitnahe Mittelverwendung **2** 36
Umstrukturierung 10 3
Abstimmung mit Finanzamt **10** 3
Abstimmung mit Registergericht **10** 3
Anwachsung **10** 8
Asset Deal **10** 9 ff.
Einzelrechtsnachfolge **10** 9 ff.
Ertragssteuern **10** 38 ff.
Formwechsel **10** 27 ff.
Gemeinnützigkeitsrecht **10** 34 ff.
Gesamtrechtsnachfolge **10** 6 ff.
Gesamtrechtsnachfolge vs. Einzelrechtsnachfolge **10** 12
Grunderwerbsteuer **10** 48
Schenkungsteuer **10** 47
Spaltung **10** 24 ff.
steuerliche Hürden **10** 33
Stiftung **10** 7
Umsatzsteuer **10** 45 f.
Verschmelzung **10** 14 ff.
Zulegung **10** 7
Zusammenlegung **10** 7
Umweltschutz 2 19
Unfallversicherung 8 39
Unionsrecht 1 10, 25
Universität *s.* Hochschule
Unmittelbarkeit 1 78 ff.; **2** 91 ff., 107 ff.
Arbeitnehmer **2** 107
Hilfsperson **2** 72, 91, 107, 113 ff., 125
Holding **2** 101 ff.
Kooperation **2** 115 ff.
Organhandeln **2** 107
Unternehmen 1 10
Unternehmens- und Konzernleitung 3 5 ff.
Ermessensspielraum **3** 13 f.

Kontroll- und Organisationssystem **3** 11
Legalitätspflicht **3** 12, 15
Leistungspflicht **3** 4 ff., 10 ff.
Personal **3** 13
Unternehmensplanung **3** 11, 13
Unternehmensbegriff 1 10 f., 12 ff.
Unternehmensgegenstand 1 37 ff., 45
Unternehmensträgerstiftungen 9 79; *s. auch* Stiftung
Unternehmereigenschaft 1 12 ff.
Zivilrecht **1** 24 ff.
Unternehmergesellschaft 1 110, 127 f.
Untreue 2 2, 108

Venture Philanthropie 1 108
Veranlagungsverfahren 1 43
Verband
Dachverband **3** 91 f.
Gesamtverein **1** 22
Ortsverband **1** 110
Verbandsklagerecht 2 1
Verbindliche Auskunft 1 137; **2** 169
Verbindliche Zusage 2 172; *s. auch* Betriebsprüfung
Verbot
Förderung politischer Zwecke **1** 52; *s. auch* Politische Betätigung
Verbraucher 1 10, 24 ff.
Verbrauchsstiftung 1 117
Verdeckte Einlage 1 137; **2** 77, 143 f.; **7** 67, 69
Verdeckte Gewinnausschüttung 1 89, 96; **2** 61, 77, 131, 135, 143 ff.; **7** 11; **8** 10
Verein 1 6, 110, 112; **2** 29
nichtwirtschaftlicher V. **1** 37, 112; **9** 59, 70
wirtschaftlicher V. **9** 70
Vereinsautonomie 3 25, 29
Kirchenbehörde **3** 25
übergeordneter Verband **3** 29
Vereinsheim 7 75
Vereinsregister 1 39
Vereinsverband 3 91, 106
Verfahrensrecht
Betriebsprüfung **2** 138, 152, 168, 171 f., 173; **7** 3, 7
Darlegungs- und Beweislast **2** 22
einstweilige Anordnung **2** 164
Freistellungsbescheid **2** 99, 162, 165 ff.
Steuerbescheid, Korrektur **2** 168, 171
verbindliche Auskunft **2** 172
Vorbehalt der Nachprüfung **2** 168, 172
vorläufiger Rechtsschutz **2** 164
Vergaberecht 1 94; **2** 73
Verlust
im wirtschaftlichen Geschäftsbetrieb **2** 87
Verlust der Gemeinnützigkeit 1 55; *s. auch* Aberkennung der Gemeinnützigkeit
Verlustabzug 7 57

337

Verlustrücktrag *s.* Verlustverrechnung
Verlustverrechnung **7** 79, 84
Verlustvortrag *s.* Verlustverrechnung
Vermietung von Immobilien **2** 53, 66
Vermögensanlage *s.* Vermögensverwaltung/ Anlage
Vermögensaufstellung **2** 166
Vermögensbindung **2** 43, 159 ff., 178
  Nachversteuerung **2** 159, 161
Vermögensschadenhaftpflichtversicherung **3** 61
Vermögensverwaltung **1** 2, 57, 58, 68; **2** 8, 53; **7** 13, 22 ff., 40, 62, 85 ff.
  Anlage **1** 7, 66 ff., 72, 77, 108; **2** 64; **7** 22
  Beteiligungen **1** 66; **2** 64
  Betriebsaufspaltung **1** 68; **7** 62
  Darlehensvergabe **2** 150
  Diversifikation **2** 64
  Drei-Objekte-Grenze **2** 53; **7** 24
  Kapitalertragsteuer **7** 85 ff.
  Private Equity **2** 64
  Spekulationsverbot **1** 67; **2** 64, 65
  Umsatzsteuer **7** 103
  Verlust **1** 57; **7** 51
  Zweckbetrieb **7** 155 ff.
Verpflichtungsklage **2** 164
Verrechnungspreise **2** 139 ff.; *s. auch* Angemessenheit
Verrechnungspreisgrundsätze **1** 96
Verschmelzung **10** 14 ff.
  Stiftung **10** 15
  Verein **10** 15
Verstoß gegen Gemeinnützigkeitsrecht
  Mittelfehlverwendung **2** 173
Vertrauensschutz **2** 163, 168, 171
  Mittelweitergabe **1** 100; **2** 99 f., 124
  Satzung **2** 48, 164 ff.
  Verfahrensrecht **7** 5
Vertretungsmacht **3** 17
Verwaltungskosten **1** 103; **7** 74; **9** 41
  Angemessenheit **2** 128
  Öffentlichkeitsarbeit **2** 21
Verwendungsüberhang **9** 52
Volksbildung *s.* Gemeinnützige Zwecke/ Bildung
Volkshochschulen **7** 42; *s. auch* Hochschule
Vorläufige Bescheinigung (§ 60a-Bescheid) **2** 99, 162, 164 ff.; **9** 53
  Rechtsinhalt **2** 164 ff.
  Spendenbestätigung **2** 163
  Verfahren **2** 164
Vorratszwecke **2** 24 f.
Vorstand **3** 52 ff.
  Abberufung **3** 53
  Abfindung **3** 54
  Aktiengesellschaft **1** 114
  Anstellungsvertrag **3** 54
  Beschlussfassung **3** 56

Beschlussmangel **3** 57
Bestellung **2** 132; **3** 52
Business Judgment Rule **3** 61 ff.
Ermessensspielraum **3** 61 ff.
Ressortverteilung **3** 79 f.
Vorsteuer **7** 2
Vorsteuerabzug **7** 109, 164 ff.
  Änderung Nutzungsverhältnis **7** 168, 174
  Aufteilungsgebot **7** 167
  pauschalierter Abzug **7** 109
  Rechnung, ordnungsgemäße **7** 175 ff.
  Rechnungsberechtigung **7** 176 f.
  Verein **7** 109
  Verwendungsabsicht **7** 169
  Vorsteuerschlüssel **7** 166, 170 ff.

Weisungsabhängigkeit **2** 113 f., 117, 125 f.
  Hilfsperson **2** 113 f., 117
Weisungsgebundenheit
  Hilfsperson **1** 80
Werbung **7** 39
Werkstatt für Menschen mit Behinderung **2** 18; **7** 2, 35 f.; **9** 56
Wettbewerb **1** 49
Wettbewerbsbeeinträchtigung **2** 54 ff., 105; **7** 22, 26
Wirtschaftlicher Geschäftsbetrieb **1** 8, 27; **2** 58; **7** 11, 19, 24, 50 ff.; **9** 23
  Beginn **7** 66 ff.
  Begriff **7** 50 ff.
  Dauerverlust **1** 13, 57, 58, 139; **7** 51, 59, 71, 79
  Dauerverluste **2** 23, 58, 83
  einheitlicher w. G. **7** 51, 72, 78; **9** 44
  Ende **7** 66 ff.
  Freibetrag **7** 81, 84
  Gewerbesteuer **1** 33
  Gewinnaufschlag **1** 86, 93
  partielle Steuerpflicht **1** 58
  Thesaurierung **2** 67
  Thesaurierungen **1** 76
  Vorsteuerabzug **7** 19
Wirtschaftlicher Verein **9** 59
Wirtschaftsgut
  gemischt genutztes W. **2** 87
  immaterielles W. **2** 179; **7** 6, 71
Wissenschaft und Forschung **2** 7, 17, 55, 57, 109, 125; **7** 20, 46 ff.
  Auftragsforschung **1** 17; **7** 46 f., 49
Wohlfahrtseinrichtungen **1** 60, 64
Wohlfahrtspflege **1** 13, 94; **2** 7, 18, 68 ff., 155; **7** 28 ff.
  W. Gesamtsphäre **2** 69; **7** 33

Zeitnahe Mittelverwendung **1** 65, 69; **2** 10, 27 ff., 70, 141, 166, 173
  Ersatzinvestitionen **1** 54, 62
Zentralfunktionen **1** 85

Stichwortverzeichnis

Zuschüsse 2 3, 51, 92, 112, 125 f., 149; 7 13, 16 ff., 55
  Auflagen 7 17
  echte und unechte 7 18
Zuwendungen 2 9, 31, 51, 177
Zuwendungsbestätigung 2 163; 9 48
Zweckänderung *s.* Satzungsänderung/ Zweckänderung

Zweckbetrieb 1 2, 8, 13, 64, 66; 2 8, 54 ff., 88, 145, 166; 7 13, 18 f., 25 ff., 50, 82
  Ausgliederung 1 2
  Gewinnbegrenzung 2 23, 68 ff., 167
Zwecksynchronität 2 96
Zweckverwirklichung 1 43 ff.; 2 6 f.